Wilhelm Scherer

Geschichte des Elsasses von den ältesten Zeiten bis auf die Gegenwart

Wilhelm Scherer

Geschichte des Elsasses von den ältesten Zeiten bis auf die Gegenwart

ISBN/EAN: 9783742870087

Hergestellt in Europa, USA, Kanada, Australien, Japan

Cover: Foto ©ninafisch / pixelio.de

Manufactured and distributed by brebook publishing software (www.brebook.com)

Wilhelm Scherer

Geschichte des Elsasses von den ältesten Zeiten bis auf die Gegenwart

Geschichte des Elsasses

von den ältesten Zeiten bis auf die Gegenwart.

Bilder
aus dem politischen und geistigen Leben der deutschen Westmark.

In zusammenhängender Erzählung

von

Dr. Ottokar Lorenz und Dr. Wilhelm Scherer.

Zweite, neu durchgesehene Auflage.

Mit einem Bildnisse Jacob Sturms von William Unger.

Berlin.
Verlag von Franz Duncker.
1872.

Uebersetzungsrecht vorbehalten.

Vorrede.

Deutsche Provinzialgeschichten können im Allgemeinen auf keinen großen Leserkreis zählen. Daß und warum es mit dem Elsaß eine andere Bewandtnis habe, liegt vor Augen. Eine reiche Litteratur, welche innerhalb Jahresfrist erschien und so treffliche Leistungen wie Heinrich von Treitschkes prächtigen Essay und Adolf Wohlwills kurze Geschichte des Elsasses aufzuweisen hat, legt dafür Zeugnis ab. Einerseits war der Wunsch nach Belehrung über das neue Reichsland sehr lebhaft. Andererseits schien es manchem Gelehrten natürlich, seiner schriftstellerischen Thätigkeit eine innere Beziehung auf die großen Ereignisse der Gegenwart zu verleihen. Gegenüber der wechselvollen Aufregung des Tages lag darin Trost und Halt.

Wenn auch wir Anfang Octobers 1870 den Plan faßten, die entgegenkommende Stimmung der Zeit für ein ähnliches Unternehmen zu gewinnen, so leitete uns dabei der Gedanke, daß sich hier eine Aufgabe darbot, in welcher die augenblickliche Neugier des großen Publikums mit einem bleibenden Interesse der deutschen Geschichtswissenschaft zusammen fiel.

Wollen wir die wirkenden Kräfte, die maßgebenden Factoren unsrer historischen Entwickelung ans Licht stellen, so können wir die Kenntniß individueller Eigenart der deutschen Stämme, Landschaften, Stammestheile nicht entbehren. Die Aufmerksamkeit der Gelehrten war bisher meist nur den niedrigeren Problemen dieser Gattung zugewendet. Was sich für Charakteristik einzelner Stämme ausgibt, sind in der Regel wenige, unzuverlässig beobachtete, ohne Wahl und Prüfung zusammengeraffte Züge des gegenwärtigen Zustandes. Selten hat man die Einwohnerschaft eines bestimmten Landstriches als ein Individuum betrachtet und seine Schicksale wie die allseitige Entfaltung einer einheitlichen Persönlichkeit darzustellen gesucht.

Hier kam dazu, daß es sich um eine Provinz handelte, die für das gesammte Deutschland merkwürdig viel geleistet hat. Die Hoffnung war nicht unbegründet, daß eine consequente Durcharbeitung des Stoffes zu Forschungen und Untersuchungen zwingen würde, welche der deutschen Geschichte selbst zu gute kommen und manche Lücken in ihr ergänzen müßten. Das Problem der Betheiligung einzelner Provinzen an dem nationalen Culturleben ließ sich auf diese Weise bestimmter und fruchtbringender als durch theoretische Erörterungen aufstellen.

Es galt freilich zunächst nur Thatsachen zu sammeln, die zerstreuten Züge zu einem anschaulichen Bilde zu vereinigen, nichts Wesentliches zu übergehen und als oberste Frage streng im Auge zu behalten: worin besteht die Eigenthümlichkeit und woher rührt sie?

Diese Fragen allseitig und vollständig zu beantworten, das mannigfaltige Material zu generellen Folgerungen zu verwerthen und auf ein einfaches Resultat zu bringen; das konnte so wünschenswerth es auch wäre, weder der Zweck noch die Aufgabe des vorliegenden Buches sein. —

Gern würden wir überall dankbar verzeichnet haben, was uns die Leistungen unserer Vorgänger erbrachten. Gern hätten wir uns gerechtfertigt, wo wir von ihnen abwichen; gerne die Quellen angeführt, wo uns die Vorarbeiten im Stich ließen. Es wäre lehrreich gewesen zu sehen, wie viel die elsäßische Geschichte den Elsässern, wie viel den Deutschen verdankt: den Franzosen verdankt sie nichts.

Wir mußten auf solche Belege und Anmerkungen leider verzichten, um den Umfang des Buches nicht allzusehr anzuschwellen und dadurch die weitere Verbreitung zu hindern.

Dem Kundigen brauchen wir nicht zu sagen, daß wir uns so viel als möglich an die ersten Quellen hielten. Aber theils haben viele neuere Schriften durch den beklagenswürdigen Untergang der Straßburger Bibliothek, deren Schätze ihnen noch zu Gebote standen, eine Art Quellenwerth erhalten; theils war uns nach vielen Seiten hin durch sie der Weg gezeigt, geebnet oder erspart.

Die ehrenwerthe und fleißige, aber unkritische, trockene und etwas äußerliche „Geschichte des Elsasses" von Strobel und Engelhardt haben wir auf Schritt und Tritt zu benutzen und zu schätzen, aber auch zu berichtigen und zu vervollständigen Gelegenheit gehabt.

Auf die einheimischen Leistungen, durch welche dieses von 1841 bis 1849 erschienene Werk ergänzt wird, ist großentheils schon in unserem 23. Kapitel wenigstens durch Nennung der Verfasser hingewiesen. Aber für ganze große und wichtige Partien, insbesondere des geistigen Lebens, wird die Lokalforschung durch deutsche Gelehrsamkeit gänzlich in Schatten gestellt. Die anregenden Biographien von Spach wollen für die ältere Zeit ausdrücklich nichts anderes sein, als eine Popularisirung rechtsrheinischer Arbeiten, während sie für die neuere und neueste Entwickelung den wichtigsten Beitrag liefern.

Für die ältere Verfassungsgeschichte sind die Werke von Schöpflin und Grandidier auch heute noch neben Strobel unentbehrlich. Doch ist nun durch Hegel die Einsicht in die Entwickelung des Straßburgischen Gemeinwesens auf das wesentlichste gefördert. Auch die Quellenschriftsteller der älteren Zeit liegen uns in einer Reihe von guten Ausgaben vor. Dagegen ist an Actensammlungen und Publicationen für die neuere Geschichte des Elsasses kein Ueberfluß vorhanden. Nur die Documents historiques tirés des archives de Strasbourg von Kentzinger und für die Geschichte der Annexion von Straßburg die sehr schätzbare kleine Sammlung von Coste, sowie für einen einzelnen Punct des dreißigjährigen Krieges eine interessante Publication von Reuß in der Revue d'Alsace wären hier zu erwähnen. Die Mittheilung auf S. 277 beruht auf einem Actenstück des Wiener Staatsarchives. Für die französische Revolution und speciell für die Auffassung der Thätigkeit Eulogius Schneiders im Elsaß ist zu den Arbeiten von Heitz jetzt die dankenswerthe Rettung von Benedey getreten.

Der glänzendste Zweig elsässischer Localforschung ist die Religionsgeschichte, obwol auch hier manche Deutsche fördernd eingriffen. Karl Schmidts Arbeiten über die Mystiker erhalten, abgesehen von Monographien über Meister Eckard, jetzt durch die ausgezeichneten Untersuchungen von W. Preger eine höchst beachtenswerthe Fortbildung. Ueber die Ketzer des Mittelalters belehren Aufsätze von K. Schmidt und Röhrich, über die Straßburger Beginen Schmidt in der Alsatia, über die Nonnen zu Unterlinden Greiths „Mystik im Predigerorden." Ueber Geiler von Kaisersberg zuletzt die Dissertation von Aug.

Stöber. Ueber die Reformationsgeschichte die bekannten Werke von Röhrich, Jung, Baum, K. Schmidt (Peter Martyr, Art. Jacob Sturm bei Herzog). Die Zanchi'sche Streitigkeit (S. 250) am besten in Schweizers „Centraldogmen." Das kirchliche Leben der späteren Zeit erhält insbesondere durch Röhrichs „Mittheilungen" Licht. Tholuck hat auch für Straßburg aus Originaldocumenten geschöpft.

Um zur Geschichte der profanen Wissenschaften überzugehen, so war dieselbe natürlich aus den Biographien von Melchior Adam und Henning Witte und den Specialgeschichten der einzelnen Fächer zusammenzustellen. Georg Obrecht (S. 256) ist von Roscher (Die deutsche Nationalökonomik an der Grenzscheide des 16. und 17. Jahrhunderts) charakterisirt. Was den Humanismus anlangt, so hat K. Schmidt über das Kapitel von St. Thomas, über Peter Schott, Thomas Wolf, Johannes Sturm theils in besonderen Schriften, theils in Aufsätzen der Revue d'Alsace gehandelt. Es waren ferner für Dringenberg Röhrich und Dorlan (Revue d'Alsace 1855 p. 308), für Wimpheling Wiskowatoff, für Beatus Rhenanus Mähly (Alsatia), für Otmar Luscinius Walchner (Johann v. Botzheim S. 172) zu vergleichen.

Die Litteratur der elsässischen Dichtungsgeschichte aufzuzählen, scheint uns überflüssig. Ueber das Neue was wir hier zu sagen hatten, namentlich über unseren Bericht von dem Drama des 16. und 17. Jahrhunderts, soll an einem anderen Orte Rechenschaft abgelegt werden.

Ueber Geschichte der Musik gaben Winterfeld und Lobstein die nöthigen Aufschlüsse. Für die Kunstgeschichte bot Strobels elsässisches Künstlerverzeichniß (bei Schreiber, Münster zu Straßburg) eine bequeme Grundlage, aber auch nur diese. Adlers Arbeit über das Straßburger Münster (Deutsche Bau-

zeitung 1870) kam erst unserer zweiten Auflage zu gute.
Daniel Specklin ist von L. Schneegans (Elsässische Neujahrs=
blätter 1847) und Spach geschildert. Für die Kunst der Ge=
genwart war außer Julius Meyers Geschichte der französischen
Malerei ein Artikel von E. Müntz in der Revue d'Alsace
1870 zu Rathe zu ziehen.

Ueber die materiellen Interessen, Industrie und Handel,
Kochkunst, Speise und Trank, Preise der Lebensmittel u. s. w.
verbreitete sich Gérard in trefflichen Aufsätzen (l'Alsace à
table: Revue d'Alsace 1850 p. 55). Ueber allerlei culturhistori=
schen Kleinkram, Geißler, Pfeifergericht, Roraffen, Bildnis
Karls IV. am Münster und dergl. gewähren die Bände der
„Alsatia" das meiste. Statistische Angaben liefert ein kleines
seltenes Büchelchen von Silbermann und die zum Theil daraus
geschöpften Notices historiques, statistiques et littéraires
sur la ville de Strasbourg von J. F. Hermann.

Die Description du Bas-Rhin stand uns ebenso wenig
zu Gebote wie die übersichtliche Geschichte des Niederelsasses
von L. Spach. Meist waren wir für die Zustände des 19.
Jahrhunderts auf Baquol=Ristelhubers Alsace ancienne et
moderne angewiesen. Das geistige Leben der letzten Jahr=
zehnde ist neuerdings von Spach zum Gegenstande sehr ein=
gehender und gehaltreicher Artikel in der „Straßburger Zeitung"
gemacht worden, die wir im einzelnen für die vorliegende
zweite Ausgabe dankbar benutzten und die wir im ganzen als
eine werthvolle Bestätigung unserer Auffassung betrachten
dürfen.

Daß wir alle uns bekannt gewordenen Recensionen des
gegenwärtigen Buches sorgfältig erwogen und gewissenhaft be=
rücksichtigten, bedarf kaum der Versicherung. Wieder ist es
vor allen Herr Ludwig Spach, der sich durch eine ausführliche

Besprechung in der „Straßburger Zeitung" ganz besonderen Anspruch auf unsere Dankbarkeit erworben hat.

Dürfen wir diesen liebevollen Antheil, den ein geborener Elsässer unserem Werke schenkte, als eine gute Vorbedeutung ansehen? Dürfen wir hoffen, daß die Elsässer in nicht allzu ferner Zeit die Geschichte ihres Landes aus denselben Gesichtspuncten betrachten werden, aus denen wir sie zu schreiben versuchten?

Wenn wir am Schlusse unserer Erzählung alle Pfleger deutschen Geisteslebens als die sichersten, obgleich unfreiwilligen Verbündeten der nationalen Sache hinstellten, so freut es uns zu beobachten, daß die Natur der Dinge schon jetzt stark genug war, um dem deutschen Staate sogar freiwillige Alliirte aus diesen Kreisen zuzuführen. Wer heute deutsche und elsässische Zeitschriften aufmerksam durchblättert, der entdeckt immer mehr und mehr Gelehrte und Schulmänner, die sich rückhaltslos dem neuen Regimente anschließen. Auf dem Gebiet der Poesie dieselbe Erscheinung. Der reformirte Pfarrer Ph. Candidus sendet aus Odessa der alten Heimat seine Grüße, seinen jubelnden Glückwunsch:

> In deiner Waffen stolzer Zier,
> Mein Volk, mein Volk, wie dank ich dir!
> „Jetzt immer ditsch" für alle Zeit
> Von nun an bis in Ewigkeit.

Gustav Mühl besingt Germaniens Wacht auf den Vogesen. Karl Hackenschmidt huldigt dem deutschen Kaiser zum Sieg- und Krönungsfeste. Und Adolf Stöber wendet sich zürnend gegen die französischen Schürer und Wühler, die aus dem Elsaß ein conspirirendes Venetien machen wollen:

> Nicht länger sollt ihr unser Volk verwälschen!
> Wir sind der alten Mutter Söhn' auf's neue;
> Ihr schwören wir, nicht Haß, nein — ew'ge Treue! —

Von deutscher Einheit, von neuer deutscher Macht und Herrlichkeit haben zuerst die Dichter gesungen, und die Männer der That sind dann nicht ausgeblieben. Mögen auch im Elsaß die Dichter den Weg weisen, und alle Edlen ihres Landes ihnen bald und willig folgen. — —

Wir können diese Vorbemerkungen nicht schließen, ohne den verschiedenen Bibliotheksvorständen, welche uns insbesondere bei Durchforschung der Litteratur des 16. und 17. Jahrhunderts auf das Bereitwilligste unterstützten, und Herrn Professor William Unger, welcher die außerordentliche Freundlichkeit hatte, vorliegende zweite Auflage mit einem Bildnisse Jacob Sturms zu schmücken, — unseren ergebensten und herzlichsten Dank zu sagen.

Wien, 25. November 1871.

Die Verfasser.

Inhalt.

	Seite
Erstes Kapitel. Aelteste Geschichte des Elsasses	1
Zweites Kapitel. Reichsstädte	19
Drittes Kapitel. Mönchs- und Ritterdichtung	32
Viertes Kapitel. Verfassungskampf und Bürgerzwist	45
Fünftes Kapitel. Historiker und Mystiker	63
Sechstes Kapitel. Das Straßburger Münster	86
Siebentes Kapitel. Die ersten Franzosenkriege	96
Achtes Kapitel. Kaiser Maximilians Zeit und der Bauernkrieg	116
Neuntes Kapitel. Reformatorische Volksstimmungen	132
Zehntes Kapitel. Predigt, Satire, Schule	149
Elftes Kapitel. Die Reformation	171
Zwölftes Kapitel. Die Protestantenkriege	210
Dreizehntes Kapitel. Lutherthum und Calvinismus	237
Vierzehntes Kapitel. Auf der Höhe der Cultur	254

Fünfzehntes Kapitel.
Gegenreformation 277
Sechszehntes Kapitel.
Renaissance und Volksthum in der Litteratur 294
Siebzehntes Kapitel.
Der dreißigjährige Krieg 316
Achtzehntes Kapitel.
Der Fall von Straßburg 346
Neunzehntes Kapitel.
Die Universität Straßburg 374
Zwanzigstes Kapitel.
Französische Verwaltung 394
Einundzwanzigstes Kapitel.
Die Revolution 406
Zweiundzwanzigstes Kapitel.
Die Napoleonische Herrschaft und die deutschen Freiheitskriege . . 432
Dreiundzwanzigstes Kapitel.
Geistige Zwitterschaft 449
Vierundzwanzigstes Kapitel.
Gegenwart und Zukunft 470

Erstes Kapitel.

Aelteste Geschichte des Elsaß.

Fast zwei volle Jahrtausende sind vorübergegangen, seit zum erstenmale germanische Völker mit der altrömischen Welt zusammenstießen und die Geschichte zu berichten weiß, wie die Heere der römischen Consuln vor den germanischen Streitern flohen. Sie hatten den Norden Europa's verlassen und durch die Gaue der Kelten sich den blutigen Weg zu den Pässen des obern Italiens gebahnt. „Die Südländer, — so erzählt der neueste deutsche Geschichtschreiber des alten Roms — sahen mit Verwunderung diese hohen schlanken Gestalten mit den tiefblonden Locken und den hellblauen Augen, die derben stattlichen Frauen, die den Männern an Größe und Stärke wenig nachgaben, die Kinder mit dem Greisenhaar, wie die Italiener verwundernd die flachsköpfigen Jungen des Nordlandes bezeichneten." Das waren die Cimbern und Teutonen, deren Zug wie eine große Recognoscirung des weltgeschichtlichen Schauplatzes vor dem Hauptangriff der germanischen Völker auf die antike Welt erscheint.

Wenn man aber von diesem Einbruch wandernder Germanen in das römische Reich absieht, so geschah der erste Zusammenstoß zwischen Deutschen und Römern vierzig Jahre später da, wo heute die vielgenannte Festung Belfort das Thal zwischen den Vogesen und dem Jura beherrscht. Hier auf dem classischen Boden des Elsaß hat die deutsche Geschichte recht eigentlich ihren Anfang genommen. Denn schon waren die Germanen in einer Reihe nur zu ahnender Kriege in stetem Vordringen gegen die Kelten bis an den Rhein gelangt. Indem sie diesen Strom überschritten, traten sie in die Welt der Geschichte ein, und eben von dem Augenblicke, wo unsere Voreltern den Fuß auf das jenseitige Ufer in das Land, das später Elsaß hieß, gesetzt haben, ist uns die deutsche Vergangenheit in ununterbrochener historischer Erinnerung zusammenhängend überliefert.

Es waren Streitigkeiten zwischen den Stämmen der untergehenden von den zwei mächtigen Nationen der Römer und der Deutschen in die Mitte genommenen Kelten, welche den Ariovist nach Gallien lockten. Denn schon war, wie man auch sonst bei ablebenden Staaten findet, alles Volk der Kelten in zwei Parteien getheilt, wovon die eine auf die Römer, die andere auf die Germanen sich stützte. Die Sequaner riefen den Ariovist gegen die Haeduer, und diese eilten die römische Hilfe zu gewinnen. Manches Jahr zog sich unter wechselnden Erfolgen hin, bis der Haeduer-Führer Eporedorix endlich mit großer Uebermacht gegen die Germanen aufbrach. Ariovist wich dem Kampfe aus, bis die Kelten ermüdet sich aufzulösen begannen. Da brachen die germanischen Schaaren hervor und schlugen bei Admagetobriga unweit Belforts die Schlacht, in welcher die Blüte des Haeduer Stammes dahinsank.

Von da an breiteten sich die Germanen im Elsaß aus, zahlreiche Einwanderer kamen über den Strom und ließen sich häuslich nieder. Die Römer ahnten noch nicht, welche Feinde in diesen Ankömmlingen drohten, noch wurde Ariovist vom Senate als König und Freund begrüßt. Aber Cäsar kam nach Gallien, und wußte besser, als der Senat, was am Rheine geschehen war und weiter sich vorbereitete. Wollte er die römische Herrschaft in Gallien in dauernder Weise sichern, so mußte er den Rhein gewinnen und Ariovist besiegen. Welches Denkmal altgermanischer Größe ist es, wenn uns Cäsar in seinen Büchern erzählt, wie seine Soldaten ein panischer Schrecken überkam, als sie mit den Kerntruppen Ariovist's sich messen sollten, und wie der Feldherr seine ganze Beredtsamkeit aufbieten mußte, um die sieggewohnten Legionen in jene Schlacht gegen die Deutschen zu führen, welche der Anfang von vierhundertjährigen Kämpfen, Empörungen, Unterwerfungen und von dem schließlichen Ende des römischen Reiches war.

Ariovist ward besiegt, das Elsaß ging in römische Verwaltung über, aber nicht alle Deutschen, welche sich da angesiedelt hatten, wurden vertrieben. Nur allmählich schritt die Romanisirung vor, und erst als diesseits wie jenseits des Rheins die Herrschaft der kaiserlichen Adler befestigt war, erhob sich jene Blüte des elsässischen Landes, an welche auch nach dem Untergange der Römer die Civilisation späterer Zeiten anknüpfte. Zwei große Castelle, Augusta Rauracorum und Argentoratum, vereinigten städtisches Leben mit dem strengen Dienst der römischen Soldaten. Im letzteren, d. i. Straßburg, lag der Stab der 8. Legion, welche ihre Lorbeern im batavischen Kriege gegen Claudius Civilis erwarb, und die die Augusta, Pia, Fidelis, Antoniniana, hieß. Straßen durchzogen das Land und die römischen Götter und Göttinnen hielten ihren lebensheiteren Einzug.

Welche Bevölkerungsmischungen unter diesen römischen Provinzialen vor sich gegangen, und ob das alte Germanenthum während der römischen Epoche des Elsaß völlig vernichtet wurde, vermag man nicht zu bestimmen. Nur soviel ist gewiß, es bedurfte neuer gewaltiger deutscher Elemente, um den alten Boden und Besitz wieder zu gewinnen. Und mit der unerschöpflichen Kraft germanischer Völker drängten immer neue Schaaren gegen die Grenzwälle der Römer heran.

Seit dem Ende des dritten Jahrhunderts traten die Alemannen hervor. Einer von ihren Führern, der König Chrokus, war es, durch dessen Beistand Constantin der Große, der erste christliche Kaiser, auf den Thron kam. Aber bald wurden diese Alemannen eine von den furchtbarsten Geißeln der Römer. Um die Mitte des vierten Jahrhunderts erstreckte sich ihr Gebiet vom Schwarzwald und Bodensee bis an den Main und die Lahn. Als unmittelbarste Nachbarn der Römer, die noch die Rheingrenze hielten, waren sie unzähligemale in die Provinzen eingefallen, und hatten in dem Bürgerkriege zwischen den Nebenbuhlern auf dem Cäsarenthron, Constantius II. und Magnentius, nicht weniger als 45 blühende Städte, darunter Straßburg, Brumat, Elsaßzabern, in Asche gelegt. Ein großer Theil des Elsaß blieb im Besitz der Alemannen und insbesondere, um diese zu bekämpfen, mußte Kaiser Constantius seinen Neffen als Mitregenten nach Gallien senden, jenen Julian, den die Christen den Abtrünnigen nannten.

Eine wunderliche Erscheinung, wie dieser romantische Philosoph, der als der letzte Bewunderer und Wiederhersteller der heidnischen Götterwelt den Cäsarenthron bestieg, mit dem jugendkräftigen naturgewaltigen aber noch in tiefer Barbarei befindlichen Alemannenstamm in Kampf gerieth. Die Tage des Julius Cäsar schienen sich wiederholen zu sollen. Ein neuer Ariovist mußte über den Rhein zurückgedrängt werden, ein Feind, der noch immer die gleiche Furchtbarkeit und Wildheit besaß, wie damals, als die Gallier hilfesuchend dem Julius Cäsar gestanden, daß sie den niederschmetternden Blick eines deutschen, trotzigen, tiefblauen Auges im Kampfe nicht auszuhalten vermögen. Auch in Tracht und Aussehen unterschieden sich diese neuen germanischen Ankömmlinge nur wenig von den alten Deutschen, wie sie Cäsar fand, wie sie Tacitus schilderte. Ohne Panzer und Schienen, nur wenige mit Helmen bedeckt, mit nackten Armen, die Beine mit ledernen Hosen bekleidet, um die Lenden das Schwert, in der Linken den Schild, in der Rechten mit zweischneidiger Streitart, oder mit dem Speer, der weithin geschleudert wurde, bewaffnet, so gingen sie in die Schlacht. Aber um die Schultern hing malerisch der weite, bei den Vornehmen mit Silber verzierte Mantel, der dem Kaiser Caracalla würdig erschien, zur römischen Mode gemacht zu werden, wie die Franzosen sich heute gefallen in das Costüm ihrer Araber den pariser Gamin zu stecken.

Von zwei Seiten drangen die Römer unter Kaiser Julian in das Elsaß, vom Süden und Westen, allein das südliche Corps unter Barbatio's Führung wurde geschlagen und bis nach Lyon verfolgt, während Julian selbst von batavischen Hilfscohorten zahlreich unterstützt in Zabern sich festsetzte. Nun kamen die alemannischen Heerführer unter ihrem Könige Chnodemar mit vereinigter Macht über den Rhein gezogen. Bei Argentoratum, das sie seit der Zerstörung noch nicht geräumt, setzten sie drei Tage und Nächte hindurch über den Strom und lagerten auf der Höhe, wo sich später der Ort Hausbergen erhob, als die Römer heranzogen, um den starken Feind zu vertreiben. Es war ein blutig errungener Sieg, den die Legionen durch die taktische Ueberlegenheit errangen. Da sich die durchbrochenen Reihen der Römer jederzeit wieder schlossen und der lebende Wall von Schilden und Schwertern sich immer wieder erneute, die Alemannen aber durch die Leichen der eigenen Brüder am Angriff gehindert wurden, sank nach den tapfersten Thaten den deutschen Streitern der Mut. Es war die 22. Legion, primigenia Severiana, eines der ältesten Corps vom obern Rhein, welche wie eine Mauer Stand hielt. Der römischen Cavallerie dagegen zeigte sich das alemannische Fußvolk genau durch dieselben Mittel des Kampfes überlegen, durch welche die Schweizer und Landsknechte über die Ritter zu siegen gelernt haben. Nachdem der Kampf stundenlang wogte, entschieden die batavischen Hilfsvölker die Schlacht bei Straßburg, deutsche Schwerter gegen Deutsche. Furchtbar verfolgten die Sieger den Sieg; wer nicht im Kampfe erschlagen wurde, mußte durch Flucht und Schwimmen dem empörten Stromgott sein Leben abringen. Am Ufer standen die Römer und sahen gleichwie im Circus dem Schauspiele zu. Chnodemar aber in einem Gehölze umzingelt, wurde gefangen. Da kamen 200 Edle, die im Gefolge geschworen, mit dem Heerkönige jedes Schicksal zu theilen, und boten freiwillig die Hände den Fesseln der Römer dar.

Das war die letzte große Action des römischen Kaiserthums zum Schutze des Rheins. Zwar hat Gratian noch einmal einen

verwegenen Zug der Alemannen ins Elsaß zurückgewiesen, aber
nachher vermochten die Römer ihre germanischen Gegner nur noch
durch jährliche Geschenke von den Grenzen des Reichs abzuhalten.
Denn nicht lange mochten die kriegerischen Stämme, die am rechten
Ufer des Rheins saßen, hinüber blicken in die freundliche Ebene bis
an die Vogesen, ohne den Fluß überschreiten zu sollen. Um die
Mitte des fünften Jahrhunderts treffen wir sie bereits im dauernden
Besitz des Elsasser Landes, hier wohnten sie

"trotzig auf römischem Ufer,
Tranken den Rhein und stolz auf linkem und rechtem Gefilde
Waren sie Bürger hier, dort aber Sieger."

So beklagt ein römischer Dichter den Verlust des linken Rhein-
ufers, das Elsaß aber hat alemannische Sitte bewahrt durch alle
Stürme von Jahrhundert zu Jahrhundert bis auf den heutigen Tag.
In dem uralten Volksrecht der Alemannen kündigt es sich wol als
einer der stärksten Gegensätze gegen das römische Staatswesen an,
daß die Frauen, wie bei allen Germanen, eine so hohe Stellung in
der Gesellschaft einnehmen. Fast in allen Fällen, wo Verbrechen
zu büßen sind, ist die Frau durch das Gesetz doppelt geschützt.
Landesverrath, Empörung beim Heere, Mordanschlag gegen den
Herzog wird mit dem Tode gebüßt. Die freien Männer versammeln
sich zur Pflege des Rechts hier wie bei den anderen großen Stämmen
des deutschen Volks. Diesseits und jenseits des Rheins war ein und
dasselbe Volksthum begründet.

Als nächste Nachbarn der Alemannen blieben Burgunder und
Franken über den Trümmern des römischen Reichs gleichsam als
wuchtiger Bodensatz der germanischen Wanderungen und Kriege des
fünften Jahrhunderts zurück. Der nördliche Theil unseres heutigen
Elsaß zeigt mehr fränkischen, der südliche mehr alemannischen
Charakter in der großen Masse des Volkes. Aber in politischer
Beziehung war der fränkische Stamm berufen die Herrschaft über
alle Deutschen zu führen, und auch die Alemannen geriethen in
Abhängigkeit von den gewaltigen Königen der Franken. Konnte es

eine Zeitlang ungewis sein, ob diese oder die Alemannen die volle Erbschaft der Römer erlangen werden, so entschied das Schicksal einer großen Schlacht, die zwischen Bonn und Jülich im Jahre 496 geschlagen wurde, die Verherrschaft des fränkischen Stammes für Jahrhunderte. Es war der König Chlodwig, der das Gelübde gemacht hatte, er wolle sich und sein Volk dem christlichen Gotte dienstbar machen, wenn ihm dieser den Sieg über die Alemannen schenke. Und so geschah, daß das Elsaß unter fränkische Oberhoheit kam und mit dieser das Christenthum rasche Verbreitung fand.

Gewisse Erinnerungen an christliches Wesen aus den Zeiten der Römer waren durchaus vorhanden. In den römischen Provinzialstädten des Elsaß hatte es nicht an christlichen Kirchen gefehlt, da die Kaiser aus dem Constantinischen Hause, wie wir sahen, keine Mühe scheuten, dieses Land der römischen Herrschaft zu bewahren. Dennoch waren es nur Fabeln, wenn die Bisthümer der fränkischen Zeit ihre Entstehung und Gründung auf Glaubensboten der ersten Jahrhunderte zurückführten. In der Zeit aber, wo im fränkischen Reiche mit der strengeren politischen Gestaltung auch die genaueste kirchliche Ordnung Hand in Hand ging, war die religiöse Leitung der Bewohner des Elsaß in zwei verschiedene Hände gekommen, der nördliche Theil gehörte zu dem Bisthum, das in der alten Römerstadt Straßburg errichtet wurde, der südliche dagegen stand unter Basel; dieser kirchlichen Ordnung entsprechend, theilte man das Land in den Nordgau und Sundgau, in Ober- und Niederelsaß, — an welcher Gliederung des Landes selbst die französische Revolutionsgeographie nichts zu ändern vermochte, da sie die zwei Departements des Ober- und Niederrheins gründete, deren Grenzen mit der uralten historischen Diöcesaneintheilung ziemlich genau zusammenfielen. Nur im Süden griff das Gebiet des Sundgaues etwa zwölf Meilen weiter als heute, während im Norden in späterer Zeit des Mittelalters auch Landau zum Elsaß gerechnet wurde. Bei der scharfen Ausbildung der natürlichen Grenzen des Landes fühlten sich die Bewohner der beiden Gaue in vollem provinzialen Zusammenhang und durch länger als ein Jahrhundert haben die fränkischen Könige selbständige Herzoge vom Elsaß, Herzoge der Elisassen, d. h. der fremden Bewohner unter ihrer Oberherrlichkeit bestehen lassen und eingesetzt.

So bildete sich unter fränkischer Herrschaft der historisch-geographische Begriff des Landes, welches zwar vom „fremden Stamme" bewohnt war, aber durch ein inniges Band mit der großen Monarchie zusammenhing, welche die Merovinger und Karolinger beherrschten.

Herzog Eticho und zwei Söhne, Adalbert und Lintfried, regierten fast ein Jahrhundert lang das Land, welches durch seine Lage, zwischen einem großen Strom und einer starken Gebirgskette, mehr als ein anderes geeignet war die germanische Eigenart aufrecht zu halten und zu entwickeln. Auf dem festen Boden eines großen geschützten Staatswesens hat der kernige Stamm in wenigen Jahrhunderten einen Garten hoher Cultur geschaffen, den ein Dichter des neunten Jahrhunderts mit hohem Entzücken preist und elsässische Gelehrte des dreizehnten wie des sechzehnten mit dem höchsten Stolze echten deutschen Heimatgefühls schildern.

Das Zeitalter dieser einheimischen Herzoge aus Eticho's Stamm (600—700) war durch die höchste Entwickelung des Christenthums bezeichnet. Es ist die Epoche des mittelalterlichen Lebens, wo die deutschen Stämme mit ganzer Inbrunst dem neuen Gottesglauben ihre Seele weihten, wo jeder Tag neue Schöpfungen kirchlichen Geistes brachte, wo die großen Klöster des Elsaß entstanden, welche von Eticho und seinen Söhnen so reich bedacht wurden. Welche Erscheinung, wenn man sieht, wie die freiheitsstolzen alemannischen Männer mit Frauen und Kindern in die Dienste der Kirche treten und als höchstes Ziel ihres Lebens betrachten, den Gotteshäusern unterthan zu werden. Zu einer Tochter jenes Eticho macht die Legende auch die heilige Ottilie, deren rührende Geschichte sich in das Gedächtnis frommer Menschen an den verschiedensten Orten einprägte und zu reicher gewissermaßen concurrirender Verehrung Anlaß gab. Vier Stunden unterhalb Schlettstadt liegt der Ottilienberg mit dem alten Kloster Hohenburg, welches Eticho für seine Tochter und dreizehn andere fromme Frauen gründete; unweit davon befindet sich der heilkräftige Brunnen, zu welchem die Kranken und Gebrechlichen durch alle Jahrhunderte gewallfahrtet sind und der die Blinden sehend gemacht haben soll. Die Sage erzählt uns von den Leiden der armen Fürstentochter, welche der grausame Herzog, weil er sie für blindgeboren hielt, tödten wollte. Aber die Mutter wußte ihr Kind durch die Amme zu retten und durch die Taufe wurde das Mägdlein sehend. Da wuchs es auf unter den Blumen des Feldes in einsamer Hütte, fern von dem Hofe des Vaters, eine Wohlthaten spendende Dulderin, Wunder thuend durch heilende Quellen, welche hervorsprießten an der Stelle, wo ihr Fuß geweilt. Und wie die späte Reue des Vaters das prachtvolle Schloß von Hohenburg zu gotterfüllter Stätte für heilige Frauen machte, da vermochten die Thränen und Bitten Ottilien's noch den Schatten des grausamen Herzogs den Qualen des Fegefeuers zu entreißen. So starb auf der Hohenburg Ottilie verklärt in den Armen der trauernden Schwestern. Ihr Sarg und ihr Gebein, die man bewahrte, erschütterten beim Anblick Jahrhunderte hindurch die Zweifler, die es auffallend fanden, daß man hier sogut, wie drüben im Breisgau den wahren Ottilienbrunnen zu haben meinte, aber tausend Jahre nachher stand Goethe „auf dieser Höhe, wo er das herrliche Elsaß wie ein Amphitheater übersah". — „Einer mit hundert, ja tausend Gläubigen auf den Ottilienberg begangenen Wallfahrt", — so erzählt uns der Dichter — „denk ich noch immer gern. Hier, wo das Grundgemäuer eines römischen Castells noch übrig, sollte sich in Ruinen und Steinritzen eine schöne Grafentochter aus frommer Neigung aufgehalten haben. Unfern der Capelle, wo sich die Wanderer erbauen, zeigt man ihren Brunnen und erzählt gar manches Anmuthige. Das Bild, das ich mir von ihr machte, und ihr Name prägte sich tief bei mir ein. Beide trug ich lang mit mir herum, bis ich endlich eine meiner zwar spätern, aber darum nicht minder geliebten Töchter damit ausstattete, die von frommen und reinen Herzen so günstig aufgenommen wurde."

Welche erstaunliche Verknüpfung in den Zeiten und den Ideen, von denen die Gefühle einer einigen Nation beherrscht werden!

Eticho's Söhnen folgte kein Herzog vom Elsaß nach. Drüben über dem Rhein war es zu gewaltigeren Aufständen und Kämpfen zwischen der fränkischen Monarchie und den Herzogen der Alemannen gekommen, bis auch diese beseitigt waren und alles Land diesseits und jenseits des Rheins der Staatsverwaltung der Franken sich beugte, welche Pipin der Kleine begonnen und Karl der Große zu der Höhe jener germanisch-romanischen Völkerverbindung emporgehoben hat, welche allem europäischen Leben die tausendjährige Bahn vorgezeichnet. Auch im Elsaß führen zahlreiche Erinnerungen zu Karl dem Großen zurück. In Schlettstadt sammelte sich der fränkische Heerbann, als Karl der Große im Jahre 776 nach Friaul gegen die Longobarden aufbrach, wohin auch der Bischof von Straßburg, Heddo, aus Eticho's Geschlecht, den Kaiser begleitete. Es waren Schwaben und Elsässer, die der Kaiser gegen die Baiern und später gegen die Avaren führte. Am Rhein besaß Karl der Große die lange Reihe seiner Pfalzen, in denen er abwechselnd wohnte. In Schlettstadt war eine solche und in Colmar befand sich ein königliches Haus, wo Kleidungsstücke und Putzsachen von zahlreichen Sklavinnen für den kaiserlichen Hof verfertigt wurden. Der vollständige Frieden, welchen das Elsaß im Mittelpunkt des großen Kaiserreichs durch viele Jahrzehnte genoß, hob die reichen Kräfte der Bewohner zu herrlicher Thätigkeit empor. Man rühmt die große Production, den reichen Export von Bauholz und Wein; die Bewohner — so sagt ein Zeitgenosse — müßten im Ueberflusse ersticken und verkommen, wenn sie alles selbst verbrauchten, was das Land hervorbringt, aber die große Straße, die bei Straßburg, d. i. die Stadt an der Straße, über den Rhein führt, dient dem Heere des Königs und dem Handel der Bürger zugleich.

Wenn nun aber das Elsaß im Herzen der großen Monarchie wie im gesichertsten Theile des Körpers pulsirte, so lange Karl der

Große lebte, so mußten die Theilungen seiner Nachfolger gewaltige Kämpfe gerade um die Länder am Rhein erwecken. Bei Colmar (833) stießen die Söhne Ludwig's des Frommen mit ihrem Vater feindlich zusammen, als sie über die Theilung des Reiches seit lange sich entzweit hatten. Bei dem Dorfe Sigolsheim zeigt man das „Lügenfeld", wo ein beispielloser Abfall der Seinen den alten Kaiser nöthigte, sich seinen Söhnen zu ergeben. Das Schicksal des Elsaß schwankte lange zwischen den Herrschaften der karolingischen Fürsten, bis das neugegründete deutsche Reich es mit dem festen Kitte der großen Kaiserzeit in dauernde Verbindung mit den Bruderstämmen brachte. Erst hatten die Söhne und Enkel Ludwig's zu Worms, dann zu Verdun, später zu Mersen und noch öfters an andern Orten die weiten Ländergebiete getheilt. Die meiste Aussicht auf staatliche Dauer schien die Gründung eines großen Mittelreichs zwischen dem östlichen und westlichen Reiche der Franken zu gewähren, ein großes Lothringen, welches auch das Elsaß umfaßte. Allein diese Schöpfung der Karolingerzeit ist rasch verfallen und mehr und mehr dehnte sich das deutsche Reich der Ottonen und der Salier gegen Frankreich so weit noch irgend deutsche Zunge verständlich war und darüber hinaus.

Denn in diesen Jahrhunderten nach Karl's Tode hatte sich der Begriff der deutschen und französischen Nation recht eigentlich entwickelt, und einen stillen Grenzkrieg um Sprache und Sprachgebiet begonnen. Die Theilungen der Karolinger hatten nichts, gar nichts mit diesen nationalen Fragen zu thun. An der Maas und Mosel sprach man deutsch sowie im Elsaß, aber das stolze Mittelreich, das erst der Kaiser Lothar von der Nordsee bis ans mittelländische Meer beherrschte, hat so wenig Dauer gehalten, wie das kleinere Lotharingien, das sein Sohn besaß. So wenig Rücksicht legte noch im achten Jahrhundert das nationale Band der Völker den Fürsten auf, daß man ebensogut eine Theilungslinie von Westen nach Osten, als eine von Süden nach Norden für möglich und gestattet hielt, und daß man die Hälfte von Aquitanien, die Länder Burgund, Provence,

Gothien, Elsaß und Alemannien als ein einiges Reich ebensogut, wie später den deutschen oder französischen Staat erachtete. Die politischen Theilungen selbst haben zur Ausbildung des starken Gegensatzes zwischen deutsch und wälsch geführt. Was einst in bunter Mischung nebeneinander wohnte, hier der fränkische und burgundische Kriegsmann auf seinem eroberten Besitz, dort der römisch-gallische Bauer, den man doch nur unterwerfen, nicht verdrängen konnte, hier ein edles Geschlecht von romanischer Abstammung, dort ein fränkischer Krieger, der sich der feineren Sitte römischer Civilisation mit Fleiß und Nachahmungstrieb bemächtigte, das alles war nun in bewußten Gegensatz getreten, und hat von den politischen Gestaltungen Macht und Antrieb zu gegenseitiger Ausschließung und innerer Assimilirung erhalten. An den Grenzen dieses nationalen Prozesses, die wie die hohen Berge gleichsam die Wasserscheiden des menschlichen Geistes bestimmen, an diesen vielumrungenen, umworbenen und blutgetränkten Grenzen lag neben anderen Ländern in langgestreckter Ausdehnung das Elsaß mit seinen Erinnerungen an Ariovist und Chnodomar und seinem festen Grund von deutschem Recht und Sitte.

Wird es seine deutsche Nationalität bewahren? Es wäre ein Irrthum, wenn man dächte, daß sich irgend jemand vor 1000 Jahren diese Frage vorgelegt hätte, welche seit 200 Jahren so natürlich geworden ist. Damals wäre die Antwort im Elsaß selbstverständlich gewesen; aber wenn südlich vom Elsaß die deutschen Burgunder vollständig verwälschten, so darf und muß man eine Antwort fordern, warum das Elsaß nicht französisch geworden, und Dank unserer großen Zeit nun niemals werden wird.

Ein Hauptgrund des zähen Festhaltens des elsässischen Landes an deutschem Wesen liegt ohne Zweifel in der stärker ausgeprägten Individualität des alemannischen Stammes. Aber mehr noch entscheiden in den Wandlungen der Völker und in den Mischungen der Racen Verhältnisse von Grundbesitz und Ehe. War im westlichen Franken und in Burgund die Zahl der germanischen Einwanderer überhaupt geringer, als an der Donau und zwischen dem Rhein und der Maas, so weiß man überdies, daß die gebietenden Germanen dort nur wenig an den Verhältnissen des Grund- und Bodenbesitzes verändert haben.

In Frankreich hat eine Lehre, welche den germanischen Eroberern zuschrieb, die ganze alte Bevölkerung zum Joch der Sklaven verdammt zu haben, lange Zeit und heute noch zum Theil günstiges Gehör gefunden, weil der Adel Frankreichs im vorigen Jahrhundert seine großen Vorrechte auf diese Eroberungen stützte, und weil die demokratische Bewegung der Revolution bedacht war, die Gleichheitsschwärmerei zu einem nationalen Anspruch zu erheben und zu einem Rechtsanspruch der unterdrückten Romanen gegenüber den eingewanderten Barbaren. Allein man weiß sehr gut, daß eine Unterwerfung der Romanen in diesem Sinne in Frankreich niemals stattgefunden. Zahlreiche freie Männer romanischer Abkunft werden in der Geschichte der Meroringer genannt und gerade in Staat und Kirche, vielleicht selbst in der Verwaltung der alten Municipien, treten diese Romanen häufig in bevorzugten Stellungen hervor.

Wenn auf solche Weise in den westfränkischen Ländern der romanische Grundcharakter stets vorherrschend blieb, während derselbe in den ostfränkischen und alemannischen Gebieten verloren ging, so zeigte sich auf dem Gebiete der ehelichen Verhältnisse eine ähnliche Ungleichheit zwischen den verschiedenen Stämmen der Germanen.

Alle ethnographischen Forschungen beweisen in allen Jahrhunderten, daß die Frau die nationale Stellung der Familie beherrscht. Nun schlossen Franken und Burgunder von Anfang an mit Vorliebe Ehen mit den Töchtern der Romanen; ein Gesetz der Kaiser Valentinian und Valens verbot dieselben bei Todesstrafe, aber schon im nächsten Menschenalter waren solche Heiraten gesetzlich erlaubt. Nicht die Franken sind es, die Abscheu gegen die Vermischung zeigen, sondern die Römer. Später jedoch, als die Franken Herren wurden, waren die zahlreichen Römerinnen, ihrer hohen Bildung sich bewußt, gern bereit, die vornehmen Kriegsleute zu heiraten: so wurde deutsches Blut in welsche Form gegossen.

Nicht so bei den Alemannen und Sachsen; diese zeigten durch alle Jahrhunderte die stärkste Abneigung gegen fremde Heirat. Fanden sich im Elsaß theils von alter Zeit her, theils vermöge der stärkeren Einwanderungen von Germanen, die romanisch-gallischen Bewohner schon nicht in Ueberzahl, so mußten dieselben nach einigen Generationen schwinden, wenn die herrschenden Alemannen Misheirat, wie man es nannte, streng vermieden.

Und noch eingreifender sind ohne Zweifel die Besitzverhältnisse von Grund und Boden hier gewesen. Wenn man heute in diesem Lande den Bauernstand nach 200jähriger Beherrschung Frankreichs als ungefälschtestes Element des deutschen Stammes betrachten darf, so lagen die Verhältnisse schon bei der Einwanderung der Alemannen im Elsaß nicht wie dort in Aquitanien, und in den heute französisch redenden Ländern überhaupt. Im Elsaß ging der ganze Grundbesitz auf Deutsche über, die Romanen verloren ihn, wie die Slaven an der Elbe. Haben romanisirte Gallier im vierten Jahrhundert den Alemannen noch widerstanden, im neunten waren sie verschwunden, gleich den Avaren an der Donau.

So war durch Abstammung, Natur und Grundbesitz das deutsche Elsaß davor behütet, in den Kreis der Bildungen des neuen französischen Volks hineingezogen zu werden. Und wenn es der Franzose nicht aufgegeben hat, stets lüstern nach der Grenze des alten Galliens hin zu blicken, so war ihm Sprache, Sitte und Cultur im Wege. Nur durch List und durch Gewalt hat er erreichen können, den deutschen Stamm zu unterwerfen. Im südlicheren Burgund und in Lothringen ging die Sprache Frankreichs dem Staate wie ein Pionier voran, im Elsaß dagegen konnte nur die Politik und nur das Schwert die ewig deutsche Art besiegen.

Doch daß dies nicht geschah, davor hat Deutschlands Kaisermacht Jahrhunderte hindurch das Land geschützt. Als unsere großen sächsischen und salischen Dynastieen den deutschen Namen in aller

Welt gefürchtet machten, mußte sich Frankreich mit einer kleinern Rolle in der Weltgeschichte begnügen. Als es den Versuch unternahm, sich Lothringens zu bemächtigen, hat Heinrich I. dies Herzogthum mit starker Hand dem deutschen Reiche fester eingefügt. Dann kam Otto I., der gewaltige Heinrich III., — wer erinnert sich nicht aller der großen Thaten, der tapferen Streiche, welche von Deutschland geführt wurden, um den ganzen Westen des Reiches von der Nordsee bis an die Rhone-Mündungen zu decken, — ein gewaltiger germanischer Staat, ein deutsches Kaiserthum von unermeßlicher Herrlichkeit bei aller inneren Schwäche, bei aller jugendträumerischen Verachtung starker innerer Lebensbedingungen. Durch Jahrhunderte stand dies Elsaß als festes Bollwerk gegen das Uebergreifen der Verwelschung in stetem Bund mit seinen deutschen Bruderstämmen durch starke Kaisermacht geschützt.

Aber mit nichten dürfte man meinen, daß diese weltbeherrschende Macht der Kaiser auf die Gestaltungen des nationalen und politischen Lebens der einzelnen Länder einen moralischen Einfluß genommen hätte. Es war kein nationales Band, mit dem das deutsche Kaiserthum die Völker umschloß, sondern die zahlreichen, oft untereinander zerfallenen Stämme beherrschte es, gleichwie der breite Strom ein unsicheres Bett von aufgeschüttetem Gerölle umwogt, welches die Frühjahrsbäche zusammengetragen haben. Nicht von der Staatsgewalt wurde im Mittelalter das reiche innere Leben der Völker und Gemeinden bewegt, auf eigenem Boden und aus eigener Kraft entfaltete jeder einzelne Stamm aus sich heraus seine Stellung und Bedeutung für die Nation.

Wenden wir uns zu dem Bilde, das uns das Elsaß während dieser großen Zeit des Kaiserthums gewährt. Was da zunächst in Staat und Kirche aufgebaut wurde, hängt mit der Reichsverfassung eng zusammen. Die Herzogthümer lebten im zehnten Jahrhunderte wieder auf und sogleich trat auch der Zusammenhang der Stämme in seine Rechte wieder ein. Mit dem Herzogthum Alemannien wurde Elsaß in eine Hand gelegt, auch ist der Titel des alten Herzogthums vom Elsaß nicht vergessen worden und ward in steter Verbindung mit dem von Schwaben geführt. Durch diese Vereinigung wurde aber das Elsaß in manche Kämpfe seiner schwäbischen Herzoge gegen die deutschen Kaiser verwickelt, denn immer war ein starker Zug von empörerischem Sinn in diesen großen Herzogthümern vorhanden, für welchen das Drama des Herzogs Ernst von Schwaben in seinem Kampfe gegen König Konrad gleichsam typisch geworden ist.

Desto festere Stütze fand das Kaiserthum an den Bischöfen von Straßburg, durch welche ein starker Verkehr zwischen Elsaß und dem Hof der Könige vermittelt wurde. Es war sehr erklärlich, daß die Kaiser die Macht der Bischöfe nach Kräften mehrten, um an diesen treuen Dienern ein Gegengewicht gegen die gefährliche Herzogsgewalt zu schaffen. Zur Zeit des Kaisers Otto findet man da den klugen und gewandten Erkenbold, dem der Kaiser die Grafschaftsrechte und das Gericht verlieh. Auch Münzrecht ward den Bischöfen zu Theil. Dann folgte auf dem bischöflichen Sitz ein naher Freund des heiligen Heinrich II., der Bischof Werner. Den läßt die alte Ueberlieferung als einen der frühesten Sprossen der Grafen von Habsburg im Argau erscheinen. Er nahm den besten Antheil an dem Bau der Burg, welche das gewaltige Geschlecht als seinen Stammsitz ansah. Mit seinem Bruder Ratbod Grafen von Habsburg führte er seinen Stammbaum auf die alten Etichonen zurück. Es war ein kühnes streitbares Paar. Der bischöfliche Chorrock hielt Wernern nicht zurück, das Schwert an der Seite, das Schlachtroß zu besteigen und gemeinschaftlich mit seinem Bruder unter den Fahnen des Kaisers zu streiten, wie er im Rathe und in der Synode an Heinrich's Seite stand. So sehn wir ihn mit dem Kaiser ausziehn mit zahlreichen Knechten von Ratbod's Gütern aus Unterwalden, Luzern und Niederargau, mit Straßburgern und Elsässern, als Heinrich II. mit dem Herzoge von Burgund 1016 das Abkommen von Straßburg schloß, durch welches Burgund dem Kaiser übergeben wurde. Noch im Jahre 1020 wird erzählt, sei Werner durch das Uechtland siegreich bis an den Genfersee gedrungen.

Es war die Zeit, wo die Bischöfe des Reiches die ersten Stellen in Staat und Politik einnahmen und dafür von den Kaisern Gewalt und Ansehn erhielten in den Städten und Ländern, wo sie wohnten. Werner war ganz diesem Dienst des Staats gewidmet. Auch in den inneren Angelegenheiten vom Elsaß sehen wir ihn ununterbrochen beschäftigt: da gilt es Streit zu schlichten, Recht zu sprechen, Bauten zu besorgen und die Güter des Bisthums zu verwalten. Nach dem Tode Kaiser Heinrich's II. dauerte Werner's Ansehn am neuen Kaiserhofe im Anfang ungeschwächt fort. Konrad II. sendete ihn mit großer Gesandtschaft nach Byzanz, aber nach seiner Rückkehr fiel er in Ungnade, und mehr einem modernen Minister vergleichbar, als einem Mönche des Mittelalters, vermochte er den Sturz und die Entfernung von den Quellen der Macht nicht lang zu überleben; 1029 starb er.

Dieser Werner bietet ein lebendiges Bild von dem Dasein eines Bischofs in den Jahrhunderten, als die großen Kaiser herrschten, aber schon faßte eine andere Richtung in der Kirche langsam Fuß, und den weltlich-staatlichen Gesinnungen der geistlichen Oberhirten trat ein neues Element von mönchischer Reform der Kirche schroff entgegen. Freiheit der Kirche vom Staate und vom Kaiser war die Losung. Freie Wahl der Bischöfe, Versenkung in die religiösen Pflichten, Abschaffung der Priesterehe und des Pfründenkaufs, das waren die Forderungen, die eine strenge und fromme Partei in Deutschland, Frankreich und Italien mit immer lauterer Stimme in die Welt geschleudert hatte. Selbst der Kaiser konnte der Nothwendigkeit der großen Reform sein Ohr nicht verschließen. Heinrich III. war den Männern dieser Richtung von Herzen zugethan. Auch ein Elsässer, ein Graf von Dachsburg, stand an der Spitze der Reformpartei, er wurde Bischof von Toul und hat als Leo IX. den päpstlichen Stuhl bestiegen, eingesetzt von Kaiser Heinrich selbst und ausersehen, den Gedanken des reformatorischen Jahrhunderts Bahn zu brechen. Dennoch fand in Straßburg die neue Richtung keinen Boden. Als der gewaltige Hildebrand, Papst Gregor VII., die reformirte Kirche zum Ansturm gegen die Kaisermacht führte, war es ein Straßburger Bischof, der am zähesten zu jenem Heinrich IV. hielt, den man den Märtyrer von Canossa nannte. Werner II., ein Graf von Achalm, erlebte die furchtbarsten Jahre des Investitur= streits in Deutschland (1065—1079). Des Papstes Bann ver= mochte nicht, ihn seinem Kaiser abtrünnig zu machen, gegen all die fürstlichen Gegner Heinrich's hat er im Elsaß das Feld behauptet, bis er unter den Verwünschungen der kirchlichen Eiferer starb. Es kann kein Zufall sein, daß auch die Nachfolger im Bisthum dieselbe Politik verfolgten; wol mag der kaiserliche Sinn, der in der Be= völkerung lebte, Einfluß gewonnen haben auf die Leiter der Straß= burger Kirche. Mit klarem Sinne haben diese Elsässer die Pläne der deutschen Fürsten durchschaut, welche unter dem Deckmantel kirchlicher Reform und ausgestattet mit dem Segen des anspruchs= vollen Priesters von Rom nichts anderes wollten als die Macht des Kaisers schwächen und das stolze Reich der Deutschen zerstückeln. Die Macht der Fürsten aber war es nie, welche im Elsaß Wurzel schlug, hier war man immer abgeneigt dem kleinen Treiben der kleinen Souveräne, die sich Herzoge nannten; stets fand die Idee des Reichs im Elsaß ihre aufrichtigsten Vertheidiger, in allem Mis= geschick blieb Elsaß seinen Kaisern treu. Die eigenen Landesherzoge von Schwaben und Elsaß waren erst von jenem Augenblicke geliebt, wo aus dem Geschlecht der Staufer die Träger der deutschen Krone hervorgegangen waren und unter dem Schutze dieser staufischen Kaiser ein neues Zeitalter städtischer Entwickelung dem guten treuen Reichs= land aufgeblüht war.

Zweites Kapitel.

Reichsstädte.

Nichts ist für die reichstreue Gesinnung des Elsässischen Landes bezeichnender, als der Umstand, daß Bischof Gebhard von Straßburg mit den Herzogen von Schwaben in stetem Kriege sich befand, bis zu dem Moment, wo Herzog Konrad (1138) den Kaiserthron bestieg. Sofort söhnte sich Gebhard mit dem neuen Kaiser aus und wurde einer seiner getreuesten Anhänger. Diese Staufer waren in den schwersten Zeiten des Kampfes des Kaisers Heinrich IV. mit seinen Gegnern, im Jahre 1079, Herzoge von Schwaben und Elsaß geworden. Der Stammvater, Friedrich I., ahnte noch nicht die künftige Größe seines Hauses. In steter Gefahr, den neuen Besitz wieder zu verlieren, endete er sein Leben noch vor dem Tode des unglücklichen Kaisers Heinrich IV., aber seine Söhne Friedrich II. und Konrad vermochten bereits den Kampf um die Krone der Deutschen selbst aufzunehmen und Konrad III. begann die Reihe jener kraftvollen Männer, welche ein Jahrhundert lang Deutschland groß und mächtig gemacht haben. Der Sohn jenes Friedrich II. war der gewaltige Rothbart, der seinem Oheim Konrad 1152 auf dem Kaiserthrone folgte, während Konrad's Sohn zum Herzoge von Schwaben gesetzt wurde. Nachher waren es die Nachkommen des Rothbarts, welche die Herzogswürde in Schwaben und Elsaß bekleideten: erst jener Friedrich, der mit dem Vater den verhängnißvollen Kreuzzug in das heilige Land unternahm, wo beide, Vater und Sohn, so traurig endeten, — hierauf der jüngste Sohn des Rothbarts, der edle Philipp, der dann (1208) als König von Mörders Hand erschlagen ward. Seit Philipp aber führten die Könige persönlich die Verwaltung von Schwaben und Elsaß: so Kaiser Friedrich II., Heinrich VII., Konrad IV. Nur das arme Opferlamm, der Konradin, hatte die Kronen seiner Väter nicht zu erlangen vermocht und endete als Herzog von Schwaben und Elsaß zu Neapel auf dem Schaffot 1268.

Neben den Herzogen traten seit der Stauferzeit die Landgrafen im Elsaß bedeutender hervor. Sie hatten die Pflege der hohen Gerichtsbarkeit im Namen des Kaisers in den dem Reiche unmittelbar unterstehenden Gebieten. Die Landgrafschaften waren getheilt; eine besondere bestand im Niederelsaß und eine andere im Oberelsaß; dort waren die Grafen von Oettingen im Besitz derselben, hier ein Geschlecht, das wir schon kennen gelernt: die Grafen von Habsburg, welche hier, sowie in ihrer Heimat, im obern Schwaben, eine rasch wachsende Macht durch Sparsamkeit und Mut, und glückliche Benutzung jedes Vortheils erwarben. Zahlreiche Eigengüter, Vogteien von Klöstern, Grafschaftsrechte von Kaisern verliehen, bildeten die feste Grundlage der großen Stellung, welche diese glücklichen Dynasten seit dem 12. Jahrhundert erlangten. Kein andres Herrengeschlecht des Landes hat so großen Einfluß auf die Schicksale des Elsaß genommen, wie diese Habsburger.

Die hohe Bedeutung, welche die staufische Epoche nun für das Elsaß hat, liegt aber keineswegs blos in den großen und allgemeinen Weltbegebenheiten, die, wie zu keiner andern Zeit, den einheitlichen Charakter des deutschen Volkes in Cultur und Politik bezeugten, sondern noch mehr in seiner innern Geschichte, in dem Erwachen und Entwickeln des städtischen Wesens und Geistes, der dem Elsaß seine eigenthümlichsten Vorzüge verlieh. Denn wer die Geschichte dieses Landes im ganzen betrachtet, dem treten auf kleinem Raum eine große Menge städtischer Gemeinwesen entgegen, die alle dem Reiche unmittelbar und allein unterthan sein wollten und einen starken Gegensatz gegen Grafen- und Fürstenherrschaft zeigten.

Die Entstehung dieser **freien Städte**, so reich an Bürgertugend und tapferer Gesinnung, voll lebendiger Begebenheiten und großen geschichtlichen Lebens, kann man nicht ohne die herzlichste Theilnahme verfolgen. Voran ging Straßburg, eines der ältesten Gemeinwesen des deutschen Reiches, das über seine genau gegliederte Verfassung urkundlichen Nachweis gibt. Es war mit seinem Recht und seinen Einrichtungen vielen andern Städten des Reichs vorangeschritten, und als ein leuchtendes und beneidetes Beispiel deutscher Bürgerkraft munterte es im ganzen Reiche, vom Rhein bis zur Oder, fortwährend zu neuer Nachahmung auf.

Der Rhein, der heute eine gute Strecke östlich von der Stadt sein Bett gefunden, ging zur Zeit der Römer dicht am alten Castell vorüber, und noch im Mittelalter scheint er seinen Lauf näher der Stadt genommen zu haben. Vorzüglichstes Verkehrsmittel war die Ill, der muntere Fluß, an dem man um das Jahr 1200 nicht weniger als 1500 Fischer, in kleinen Dörfern vertheilt, gezählt haben will. In späterer Zeit, wo die Einwirkung der Straßburgischen Genossenschaften stärker hervortrat, haben sich diese Fischer nach strengen Regeln organisirt, gleichwie die Gärtner in Straßburg und wie die Schiffer am Rhein. Die ersten Anfänge des städtischen Gemeinwesens sind den Bischöfen zu verdanken. Sie setzen die Schultheißen ein, ernennen die Richter der Gemeinde; der Vogt der Straßburger Kirche, der immer aus dem Herrenstand gewählt ist, übt im Namen des Kaisers das hohe Gericht über Hals und Hand, über Erbe und Eigen. Auch bildet das Gesinde des Gotteshauses, die Ministerialen des Bischofs, einen bevorrechteten Stand in der Stadt, neben dem die Bürger in einer Art von patriarchalischem Verhältnisse zu dem Bischof, als dem Stadtherrn stehen. Die Kaufleute müssen Botendienste thun, immer 24 zur Zeit und jeder dreimal im Jahre, doch nur innerhalb des Bisthums und auf des Bischofs Kosten. Die Kürschner sollen die Felle und Pelze für den

Bischof bereiten, den Stoff dazu in Mainz oder Köln auf seine Kosten einkaufen, acht von den Schustern die schwarzen Lederfutterale zu Leuchtern, Geschirr u. dgl. liefern, wenn der Bischof an den kaiserlichen Hof oder zur Heerfahrt reist; auch Schmiede und Schwertfeger müssen für den Bischof und seine Reisigen arbeiten. Die Weinwirte besorgen die Reinigung der bischöflichen Vorrathskammern, alle übrigen Bürger leisten jährlich fünf Tage Herrendienste.

Dieser patriarchalische Zustand konnte indes nicht für die erweiterten Bedürfnisse genügen, welche sich bei großem Wachsthum der Stadt und ihrer Bevölkerung rasch entwickelten. Noch läßt sich aus urkundlicher Ueberlieferung deutlich erkennen, wie dieses deutsche Gemeinwesen räumlich gewachsen ist. Schon in den Karolingerzeiten erhebt sich im westlichen Theile die Neustadt neben der alten, auf den Trümmern des römischen Argentoratum erbauten Stadt. In der Zeit Kaiser Friedrich's II. hat auch die Neustadt eine beträchtlichere Ausdehnung nach der nördlichen Seite erhalten, über die Place Broglie hinaus. In der Nähe der heutigen Quais Schoepflin und Kellermann, hat man im vorigen Jahrhundert noch die Spuren der mittelalterlichen Stadtmauern gesehen, deren Gräben später zum Bau des großen Canals benutzt worden sind. Mit dieser räumlichen Erweiterung begann auch das Leben der Stadt stärker zu pulsiren.

In Straßburg, wie in allen, unter bischöflicher Herrschaft stehenden Städten wiederholte sich die Erscheinung, daß die Verwaltung der geistlichen Herren den steigenden Bedürfnissen der Bürgerschaften bald nicht mehr gewachsen war und daß die größeren Verhältnisse des Handels und der Gewerbe, das rasch sich erhebende städtische Bewußtsein mit der patriarchalischen Auffassung der alten Regierung in schneidenden Gegensatz geriethen. Es kam eine Zeit, wo Theilnahme am Regiment und Gericht als die allgemeine Forderung der Bürgerschaften sich geltend machte; erst mußte der Stadtrath auf neuen Grundlagen, anfänglich mit ausnahmsweiser, dann mit gesetzlicher Zuziehung von Vertretern der alten Bürgergeschlechter geordnet werden; hierauf folgte eine Epoche vollkommener Selbstverwaltung der Bürgerschaft und die volle Unabhängigkeit von allen bischöflichen Beamten.

In Straßburg war es Bischof Heinrich von Veringen, unter dessen Regierung der erste entscheidende Schritt auf dieser vorgezeichneten Bahn geschah. Anfangs sprachen die Schöffen nicht selber das Recht, sie überwachten bloß das Gericht, welches der Schultheiß nach den Statuten pflegte, bald jedoch findet man Gericht und Polizeiverwaltung in den Händen des Stadtraths. Dessen Macht ist es, die sich von Stufe zu Stufe hebt, so daß die Consuln und Richter, völlig unabhängig vom Bischof, auch die Ministerialen desselben vor ihr Forum ziehen, und den geistlichen Herrn mehr und mehr auf die Ausübung geistlicher Thätigkeit zu beschränken wissen. Immer als die Krone dieser städtischen Entwickelung wird man es anzusehen haben, wenn es gelingt, Kaiser und Könige zu bestimmen, daß sie das Gemeinwesen unter ihren eigenen unmittelbaren Schutz nehmen, und der Stadt die Reichsunmittelbarkeit verleihen. Man hat in Straßburg das entscheidende Wort der Reichsfreiheit dankbaren Angedenkens immer dem König Philipp von Schwaben zugeschrieben, und die Staufer erklärten in der nächsten Zeit die Reichsstadt Straßburg zu wiederholten malen in ihren und des Reiches Schirm und gaben Brief und Siegel darüber. Ein einsichtsvoller Bischof aber, Herr Heinrich von Stahleck, veranlaßte, daß die so gewachsenen Rechte der Stadt und ihre Beziehungen zum bischöflichen Hof in einem Grundvertrag geordnet und festgestellt wurden, und von nicht geringerer Bedeutung war, daß Straßburgs Stadtrath nun auch als Obergericht von allen Gemeinden angerufen wurde, welche unter dem Straßburger Krummstab lebten.

In dieser Entwicklung eines großen Gemeinwesens zeigt sich uns nun das Bild des reinsten deutschen Lebens. Es kommt dabei nicht auf den Inhalt der Gesetze und Gebräuche im einzelnen an, die sich im Laufe zweier Jahrhunderte Geltung verschafften, denn was man in Straßburg als Recht erkannte, mochte Aehnlichkeiten mancherlei Art auch mit Städten romanischer Bevölkerung bieten, aber das wesentliche und bedeutsame liegt hier in dem Gesetz der historischen Entwickelung, in dem eben beschriebenen eigenthümlichen Gange der die Verfassung begründenden Ereignisse, hier in Straßburg genau wie in Worms, Mainz oder Köln; es ist ganz dieselbe Kette deutschen Fortschritts, den wir da und dort wahrnehmen.

Der große Zug städtischer Entwickelung, der die Bewohner des Elsasses auszeichnet, hat indessen auch noch von anderer Seite seine Nahrung erhalten. In Hagenau waren es die staufischen Herzoge und Kaiser, welche ohne Dazwischenkunft bischöflicher Gewalt unmittelbar ihre Hand zum Ausbau der Stadtverfassung boten.

Konrad III. hatte hier auf eigenem Grund und Boden eine Niederlassung gegründet und derselben Regel und Recht vorgezeichnet. Auf einer Insel in der Motter hatte er sich einen herzoglichen Palast erbaut, den dann Kaiser Friedrich der Rothbart zu seiner kaiserlichen Burg umgestaltete — ein gewaltiger Bau mit vier eckigen Thürmen, in der Mitte ein fünfter, der stärkste und festeste, dessen Gipfel der Reichsadler zierte, weithin sichtbar auf dem dunkeln Hintergrunde des großen Hagenauer Forsts, wo noch zahlreiche Bären und Füchse dem Jagdvergnügen der Kaiser dienten. Ueber dem inneren Eingangsthore der Burg erhoben sich drei Kapellen, auf das beste verwahrt, wo der Rothbart die Reichsinsignien aufbewahrte, zwei Schwerter, den goldnen Reichsapfel mit dem Kreuz, den kaiserlichen Mantel, drei goldne Sporen, eine Albe von weißem Sammet, zwei scharlachrothe Beinkleider und Schuhe mit Edelsteinen. Dazu Holz vom heiligen Kreuz, der Zahn von Johann dem Täufer, St. Mauritius Speer und andere kostbare Dinge des frommen kaiserlichen Aberglaubens. Hier in der Burg zu Hagenau sollte das alles für den Erben, den gewaltigen Heinrich verwahrt sein, als der Kaiser in den Kyffhäuser schlafen ging. Möchte sein, daß heute die Deutschen in dem alten Hagenau, wenn nicht die Krone, so doch den Geist des deutschen Reichs wiedergefunden haben!

Für Hagenau aber war 1164 das Geburtsjahr reichsstädtischer

Freiheit gekommen. In einem feierlichen Augenblick hat Friedrich der Stadt die Urkunde freier Reichsverfassung geschenkt. Selbständiges Stadtregiment und die Unabhängigkeit der Bürger von fremder Gerichtsbarkeit bildeten auch hier die Grundlagen späterer Entwickelung und großer Wolfahrt, wie in Straßburg. Nicht weniger als zehn ähnliche Gemeinwesen haben sich im Laufe des 13. Jahrhunderts im Elsaß gebildet.

Im Oberelsaß ging Colmar den anderen Städten voran. Es erhielt seine Mauern durch Kaiser Friedrich's II. Vogt vom Elsaß, Herrn Albin Wölflin, einen seltenen Mann, dessen persönliche Schicksale einen reichen Stoff tragischer Momente bieten. Denn er, der das ganze Vertrauen des Kaisers genoß, fiel bei seinem Herrn in Ungnade, wurde gefangen gesetzt und die Sage läßt seine eigene Frau zur Mörderin an dem tapfern Manne werden. Das wolhabende Colmar aber hielt seinen Namen in Ehren und dankbar haben noch späte Geschlechter der neuntherigen Stadt den Erbauer ihrer Mauern gerühmt. Auch Schlettstadt wurde durch Wölflin befestigt und erhielt Stadtrecht wie Colmar von Friedrich II., ebenso Kaisersberg, die Wächterin des wichtigsten Passes nach Lothringen und Neuburg und Breisach. Die Zeit Kaiser Friedrich's II. erhielt sich überhaupt im Andenken der Elsäßer als die Epoche des höchsten Glanzes und gewis war es nicht ohne Bedeutung, daß der letzte unter den mächtigen Kaisern der älteren Zeit als Landesherr im Elsaß waltete und reichen Samen eigenthümlichen Lebens ausstreute. Persönliche und sachliche Umstände wirkten zusammen, daß das Gefühl der Reichsangehörigkeit diesem Volke in Fleisch und Blut überging.

Und es kamen die Zeiten, wo sich dieser reichsfreie Geist zu erproben hatte. Allerorten war nach dem Untergange des alten Kaiserthums die Macht der Landesfürsten und Territorialherren gewachsen; wo diese noch nicht zu selbstherrlicher Macht auf dem Wege von Privilegien oder durch Familientradition gelangt waren, suchten sie in den folgenden Jahrhunderten durch Vereinigung größerer Herrschaften sich unabhängig gegenüber dem Reiche zu machen und die kleineren Stände sich zu unterwerfen. Im Elsaß gab es nach dem Aussterben der Hohenstaufer zwei Gewalten, die geeignet schienen, eine landeshoheitliche Gewalt über das Elsaß anzustreben: die Grafen von Habsburg, welche Landgrafen waren im Elsaß, und die Bischöfe von Straßburg. Bald mußte sich zeigen, ob das Land in die Bahnen landesfürstlicher Entwickelung lenken werde, gleich wie die benachbarten Gebiete von Würtemberg, Baden, der Rheinpfalz, oder ob das köstliche, wenn auch nicht ungefährliche Gut reichsunmittelbarer Stellung behauptet werden konnte. Köln und Mainz und Trier sind damals mächtige Fürstenthümer geworden, auch bischöfliche Gebiete, wie Bamberg und Würzburg, haben eine hohe Stellung landesherrlicher Gewalt behauptet. Sollte es den Bischöfen von Straßburg nicht auch gelingen, bei dem Untergange der großen schützenden Kaisermacht die Reichsfreiheit der Städte zu erschüttern und ein Fürstenthum zu gründen, wie Köln?

In Straßburg gelangte damals ein kühner, ehrgeiziger und kriegstüchtiger Mann auf den bischöflichen Stuhl, Walter von Geroltseck (1260). Sein Geschlecht war durch die Staufer emporgekommen, im Elsaß durch den Besitz zahlreicher Schlösser gefürchtet, den Bürgerschaften der neuen Zeit nicht eben zugethan, — Leute von jenem niederen Reichsadel, der in Schwaben und im Elsaß zahlreich war und auf seine Freiheit und Reichsritterschaft nicht wenig pochte. Walter von Geroltseck begann am Tage nach seiner Erhebung zum Bischof sofort die Untersuchung der Rechte, welche die Bürger seiner Stadt nun schon seit Jahren übten. Einiges war vorgekommen, wofür sich urkundlich verbriefte Beweise schwerlich geltend machen ließen. Wenn die Bürger neue Statuten festsetzten, durften sie dies ohne Genehmigung des Bischofs thun? Walter von Geroltseck ging weiter, er bestritt den Bürgern selbst die Wahlrechte, die sie in Bezug auf die Beamten der Stadt so lange besaßen. Der Gegensatz konnte nicht schärfer gedacht werden. Auf der einen Seite das alte Bischofsrecht, auf der andern der lebendig fortschreitende Organismus eines freien Gemeinwesens. Aber es war kein vereinzelter Kampf zwischen

Bischof und Stadt. Auf der Seite Walter's von Gereltseck stand der gesammte kleinere Adel, auch der Landgraf Rudolph von Habsburg hielt es Anfangs mit dem Bischof. Die Städte dagegen schienen sämmtlich in Straßburgs Sache verwickelt, sie waren alle bedroht. Ohnehin standen sie seit fünf Jahren in einem Bunde, welcher den Herren und Rittern ein arger Gräuel dünkte. Denn um den Landfrieden, der nirgend gehalten wurde, zu sichern, traten die rheinischen Städte im Jahre 1255 in eine Eidgenossenschaft zusammen und sagten sich gegenseitig Schutz und Hilfe gegen alle Feinde und Widersacher zu, gegen die ungerechten Zölle, die man ihnen aufrichtete und die Gefährdung ihres Handels und Wandels. Was das Reich nicht, was kein Kaiser mehr geben konnte, suchten die Städte durch eigene Kraft zu sichern. Aber dem Adel erschien es als unerträgliche Anmaßung. So hatte der Streit zwischen Walter und seinen Bürgern eine allgemeine Bedeutung, Ereignisse traten ein von weitgreifender Wirkung auf die gesammte Geschichte des Elsaß.

Schon wurden die Klagen des Bischofs bestimmter bezeichnet. Daß der Stadtrath auch ritterbürtige Leute mit Steuern beschwerte, selbst in geistliches Gericht eingriff und Friedensstörer wider die Kirche in Schutz nahm, gab die nächste Veranlassung, daß Walter von Gereltseck die Stadt verließ, allen Geistlichen befahl, ihm zu folgen, und Bann und Interditt über die Bürgerschaft verhängte. Daß aber die Demütigung von Straßburg nicht Ziel des Angriffs war, erkannten die Schwesterstädte besonders dadurch, daß sich Walter von den Schattenkönigen, welche auf Friedrich II. folgten, das Aufsichtsrecht über sämmtliche Städte des Elsaßes verleihen ließ. Da erhob man sich überall. In Colmar tritt in diesem Kampf gegen den Bischof zuerst das berühmte Geschlecht der Rösselmann hervor; in Mühlhausen vertrieb man den bischöflichen Vogt, andere Städte versprachen den Straßburgern Zuzug zu leisten und rüsteten, während Walter von Gereltseck mit Hilfe elsässischer Herren und des Erzbischofs von Trier mit 1700 Mann heranzog, um Straßburg zu belagern.

Am 12. Juli 1261 versuchten die Bischöflichen einen Sturm auf das St. Aurelienthor zu machen, sie wurden aber mit großem Verluste zurückgeschlagen. Dann folgte ein Waffenstillstand, während dessen wesentliche Aenderungen in den Reihen der Verbündeten vorgingen. Einerseits war der Graf Rudolf von Habsburg mit Bischof Walter in Streit gerathen und schloß sich den Städten an, andererseits war in Colmar die bischöfliche Partei stark geworden und vertrieb den Schultheiß Johann Rösselmann, den Führer der reichsstädtisch gesinnten Bürgerschaft. Bischof Walter legte seine Truppen nach Gripolsheim, Kochersberg und Molsheim, damit sie von da den Straßburgern die Zufuhren von Lebensmitteln abschneiden und der Stadt Schaden zufügen sollten. Mancher Monat verstrich. Schmerzlich bemerkten die wohlbehäbigen Bürger die Abnahme der Weinvorräthe in Straßburg, während man auf dem Lande kaum Gefäße genug fand, die reichliche Weinernte des Jahres zu bergen. Der Preis des Weins sank zum Schaden der Bauern so sehr, daß man für ein leeres Faß ein volles erhalten konnte, und die Unzufriedenheit über des Bischofs Starrsinn wurde außerhalb, wie innerhalb der Stadt sehr groß.

Nicht allein durch kriegerische Mittel bekämpften sich die Parteien. Es wird erzählt, wie der Bischof die Bürger überreden lassen wollte, von ihren eingebildeten Rechten abzustehen; mit großer Gewandtheit wurden ihnen die Vortheile gezeigt, die sie von der Herrschaft des Bischofs hätten, auch wies man auf manche Maßregeln des Raths, die eben nicht des Beifalls der Masse sich erfreuten. Allein die Bürgerschaft von Straßburg wurde gut geführt, und geistig bedeutende Männer, wie der große Ellenhart, von dem wir noch manches zu sagen haben werden, standen in ihren Reihen. Auch in Colmar hatte Herr Rösselmann durch listigen Anschlag sich wieder der Regierung bemächtigt: in einem Fasse versteckt wurde er in die Stadt gebracht und öffnete Nachts seinen Helfern ein Thor. Andererseits suchte auch der Bischof durch Klugheit und List zu erlangen, was ihm die Waffen versagten, und nicht ohne einigen Erfolg setzte er seine Hoffnungen auf die durstigen Kehlen der Straßburger, als sie einen Ausfall gegen Breuschwickersheim machten, von wo aus die Ritter sie lange genug geschädigt hatten.

Endlich kam es zu einem entscheidenden Schlag. Am 8. März 1262 fühlten die Bürger, durch zahlreichen Zuzug gestärkt, sich mächtig zu einem Unternehmen gegen den festen Thurm von Mundolsheim, der die Straßen nach Hagenau und Zabern beherrschte. In einem günstigen Augenblick zogen sie aus, die Steinmetzen voran, und brachen das Bollwerk ab. Als die Bischöflichen es merkten, läuteten sie Sturm von Dorf zu Dorf und gaben die Zeichen. Walter von Geroltseck stellte sich selbst an die Spitze seiner wohlgewaffneten Ritter und hoffte in dem Augenblicke, wo er die Straßburger Truppen in Mundolsheim beschäftigt wußte, in die Stadt dringen zu können. Allein die Bürger hatten rechtzeitig Kundschaft, und da der Bischof von Dachstein heranzog, so eilte die Straßburger Mannschaft von Mundolsheim auf die Anhöhen bei der zerstörten Veste von Haldenburg und stellte in guter Ordnung bei Oberhausbergen sich auf. An demselben Orte, wo 900 Jahre zuvor die große Alemannenschlacht geschlagen wurde (S. 5), kam es zum Kampf um die Freiheit der Stadt. Schon verkündeten die Glocken von Straßburg die nahe Gefahr und wer Waffen tragen konnte ward aufgefordert zum offenen Feldstreit. Es war Herr Nikolaus Zorn, der an der Spitze der streitbaren Bürger in Oberhausbergen zu rechter Zeit ankam, bevor noch das Straßburger Heer unter Reinbold Liebenzeller von den Bischöflichen angegriffen war.

Der Bischof hatte mehr als 300 schwerbewaffnete Reiter und 5000 Mann Fußvolk. Die Bürger waren in weit größerer Anzahl gekommen, aber ohne schwere Cavallerie, und unter ihnen gab es viele kampfungeübte Leute. Dennoch wurde alles auf das beste angeordnet. Die Fußgänger wurden in Massen formirt, um dem Anprall der Reiterei zu widerstehen, die Schützen dem feindlichen Fußvolk entgegengestellt, um es vom Handgemenge abzuhalten. Dem Fußvolk ward der Befehl, die Pferde der Ritter niederzustechen, und so die Schwergepanzerten zum Falle zu bringen, eine Kampfesweise, die nachher in zahlreichen Schlachten den Fußvölkern den Sieg über die Ritter verschaffte. So kam es zur heißen Schlacht, welche über das Schicksal der städtischen Entwickelung nicht bloß von Straßburg, sondern vom ganzen Elsaß entschied. Des Bischofs getreueste Diener widerrietheu die Schlacht, da sie die Ueberzahl sahen, der sie gegenüber standen. Aber Walter von Geroltseck, müde der langen Fehde, wollte die günstige Gelegenheit nicht vorübergehen lassen, das bürgerliche Heer im freien Felde zu bekämpfen. So sprach er seinen Truppen Mut zu und rechnete auf die größere Kriegstüchtigkeit und Erfahrung der tapferen Ritter. Er selbst stellte sich an die Spitze des Heeres. Als die Reiterei hervorbrach, wichen die Straßburger vor der Wucht des Angriffs zurück, aber da das Fußvolk des Bischofs, von den Schützen der Stadt scharf beschossen, nur schwach in die Schlacht eingriff, erlagen endlich die Ritter im ungleichen Kampf. Der Bischof selbst stritt mutig voran. Zwei Pferde waren unter ihm getödtet worden, auf dem dritten nahm er die Flucht, als er seine Sache verloren sah. Als mit ihm die Ritterschaft den Kampfplatz ungeordnet verließ, stürzten die leichten Straßburger Reiter hervor und richteten noch unter dem fliehenden Fußvolke des Bischofs ein gewaltiges Blutbad an. Siebzig Ritter aus den besten Geschlechtern und eine ungezählte Masse von Pferden lagen todt am Platze, auch des Bischofs Bruder und sein Oheim.

Am 17. März schloß Walter einen Waffenstillstand ab, allein der Krieg dauerte noch bis in die Fastenzeit 1263 fort und oftmals zogen die Bürger während des Sommers und Winters hinaus, um an bischöflichem Gut und bischöflichen Leuten das Uebergewicht ihrer Macht zu beweisen und zu befestigen. Walter von Geroltseck starb, ohne Frieden mit dem empörten Bürgerthume geschlossen zu haben. Erst der Nachfolger versöhnte sich am 21. April 1263 mit der Stadt, deren Verfassung und Stellung nun im neuen Grundvertrage gesichert wurde.

Als nächste Wirkung des Waltherianischen Kriegs, wie man

in Straßburg diese Heldenzeit der Bürgerschaft nannte, kann man das Streben des Adels und der Herrengeschlechter bezeichnen, mit der mächtigen Stadt in Frieden und Freundschaft zu leben. Auch zahlreiche Bündnisse wurden geschlossen. Graf Rudolf von Habsburg trat von jenem Augenblicke in seine nahen Beziehungen zu Straßburg, die er auch als König aufrecht zu halten wußte und welche selbst seinen Nachkommen zu manchem Vortheil gereichten. Denn das große städtische Gemeinwesen jenseits des Rheins war nun selbst wie ein König geworden, weithin maßgebend im Elsaß und über die Grenzen desselben hinaus.

Drittes Kapitel.

Mönchs- und Ritterdichtung.

Die Jahrhunderte, die wir soeben im Fluge überblickt, müssen wir noch einmal durchmessen, um die Frage zu beantworten: welchen Antheil nahm das Elsaß an dem geistigen Leben Deutschlands bis zum Anfang des dreizehnten Jahrhunderts?

Zu der Zeit, als germanische Kraft in den Bewegungen der Völkerwanderungen überquoll, war der deutsche Geist noch unberührt von fremden Einflüssen, die Phantasie unseres Volkes erbaute sich an einheimischen Schöpfungen, es blickte auf zu seinen eigenen Göttern, zu Wodan, der Sieg verlieh und die Geheimnisse der Welt seinen Lieblingen aufschloß, zu dem Riesentödter Donar, zu dem Kriegsgotte Irmin oder Ziu, den der Stamm der Alemannen als seinen Urahn verehrte.

Damals waren die elsässischen Alemannen um die Mitte des fünften Jahrhunderts Zeugen, wie hunische Schaaren den benachbarten Burgundern jene furchtbare Niederlage beibrachten, aus welcher die Sage den verrätherischen Untergang der burgundischen Könige an Attilas Hofe gemacht hat, den das Nibelungenlied erzählt. Noch kennt das Gedicht seine alte Heimat, es weiß, daß die Burgunder einst zu Worms saßen, es läßt sie mit dem fränkischen Königssohne Siegfried in die Vogesen auf die verhängnisvolle Jagd reiten, wobei der arglose Held seinen Tod durch Hagen's Hand findet.

Und wieder in den Schluchten der Vogesen kämpft ein sagen=

hafter Flüchtling aus Hunenland, Walther von Aquitanien, gegen Gunther, Hagen und ihre Recken (darunter ein Trogus von Straßburg), welche ihm seine Schätze und die Geliebte, die er entführt hat, rauben wollen. Gunther verliert ein Bein, Hagen ein Auge, Walther selbst die Rechte. Unter wilden Scherzreden trennen sich die Helden in Freundschaft.

Kein Zweifel, daß Lieder von Siegfried, von den Nibelungen, von Walther und Hildegunde auch im Elsaß gesungen wurden — in das elsässische Tronia verlegte man später Hagens Heimat —: solche Gedichte, in denen sich Erinnerungen der Völkerwanderung mit alten heidnischen Mythen vermischen, bilden für die ganze deutsche Poesie des früheren Mittelalters den stillen Hintergrund. Aber sie liefen als Volkslieder um und die gebildeten Kreise kümmerten sich von Jahrhundert zu Jahrhundert immer weniger darum, nur in Oesterreich erfuhren sie noch einmal höhere Gunst und wurden dort aufgeschrieben, späte Denkmale des längst versunkenen Heidenthums.

Unterdessen waren der Nation ganz andere Aufgaben gestellt worden. Von jeher sind die Deutschen mit dem Vorzug bedacht, die Erzeugnisse fremden Volksthumes in sich aufnehmen, verarbeiten und zur Ausgestaltung ihres eigenen Wesens verwerthen zu dürfen. Nach der Völkerwanderung begannen die Einwirkungen fremder Cultur. Das Christenthum, das heidnische Alterthum der Griechen und Römer, die selbständige Civilisation der romanischen Nationen waren die Geistesmächte, mit denen sich unser Volk zunächst auseinander zu setzen hatte. Alle diese Elemente vereinigt muß man sich denken, um zu ermessen, was Frankreich im Mittelalter für Deutschland bedeutete. Von dorther kam die Bekehrung zum Christenthum. Von dorther wurde der Gedanke des Kaiserthums den Deutschen eingeimpft. Von dorther holte man sich den feinsten Schliff gelehrter Bildung. Von dorther kam Ritterwesen und Minnedienst, von dort Roman und Liebeslied im zwölften, von dort die sogenannte gothische Baukunst im dreizehnten Jahrhundert.

Natürlich waren es die Grenzlande, denen die Aufgabe der

3

Vermittelung vor allem zufiel. „Straßburg ist der Schlüssel zu Deutschland", sagte Fürst Bismarck. Der Satz hat seine Wahrheit auch auf geistigem Gebiete. Schon früh war das Elsaß die offene Pforte, durch welche fremde Bildung in Deutschland eindrang. Unter Karl dem Großen wurden am Mittel- und Oberrhein die ersten Versuche angestellt, die litterarischen Hauptartikel des Christenthums den Deutschen zugänglich zu machen. Lateinisch-deutsche Wörterbücher zur Bibel, wortgetreue Uebersetzungen der Kirchenlieder und der kirchlichen Formeln, des Vaterunsers, des Glaubens sowie der christlichen Moralbegriffe entstanden, wie es scheint, in den elsässischen Klöstern Weißenburg und Murbach. In Weißenburg hat auch der Mönch Otfrid sein Evangelienbuch gedichtet und im Jahre 867 oder 868, vor nunmehr tausend Jahren, vollendet.

Armer Mönch! Wie mag es in deiner Seele ausgesehen haben, wie liefen da Einheimisches und Fremdes streitend gegen einander, wie mühst du dich ab um eine unlösbare Aufgabe, wie sind deine schönen dichterischen Anlagen entstellt durch deine gelehrte Bildung, durch deine gelehrten Absichten! Deine geläufige schönredende Zunge scheint zu lallen. Die Musik deiner fließenden Verse ertönt ungenossen vor unserm Ohr, wo nicht deine herzliche Empfindung wie ein verlorner Strahl durch das Dunkel bricht.

Patriotismus hatte Otfrid an die Arbeit getrieben. Jener nationale Wetteifer führte ihm die Feder, der in Deutschland so vielfach litterarische Fortschritte auf fremden Bahnen begünstigt hat. Der christliche Dichterruhm der Griechen und Römer ließ ihn nicht schlafen. „Die Deutschen stehen keinem Volke nach an Tapferkeit — sagt er — sie sind so kühn wie die Römer und auch die Griechen thun es ihnen nicht zuvor. Sie sind fleißig und arbeitsam in ihrem Lande, beharrlich in allem Guten, behend sich gegen Feinde zu vertheidigen. Kein Nachbarvolk entgeht ihnen, und bis zum Meere hin hat man vor ihnen Furcht. Kein Volk wagt es, wider sie zu kämpfen, mit Schwert und scharfem Speer haben sie sich

Respect verschafft. Auch sind sie gottesfürchtig, fromm und wißbegierig: — nur das eine fehlt noch, daß sie Gottes Lob in ihrer Zunge singen."

Dazu will ihnen nun Otfrid verhelfen, indem er das Leben Christi in gereimten Versen beschreibt. Aber er fängt es recht ungeschickt an. Er behandelt den Stoff weder rein lyrisch noch rein episch. Er hat weder eine Reihe frommer Hymnen, noch eine Reihe epischer Gesänge daraus gemacht. Sein Gedicht ist in Wahrheit eine gereimte Predigt, worin das Wesentliche der Evangelien in verschwemmener Breite und mit unausstehlicher Wortverschwendung vorgetragen, und nach der Weise damaliger Theologie mit allegorischen Deutungen und ermüdenden Betrachtungen begleitet wird. Das menschlich Ergreifende des Gegenstandes kommt unter dem gelehrten Schwall nicht zur Geltung. Andere Germanen, welche biblische Stoffe vor Otfrid behandelten, angelsächsische und niedersächsische Dichter, wußten sie der heimischen Auffassung näher zu bringen. Sie wußten die fremdartigen heiligen Gestalten in ein wohlbekanntes Gewand zu hüllen, das ihnen germanisches Ansehen verlieh. Sie wußten den Gottessohn auf deutsche Erde herniederzuziehen: — da wandelt er als ein germanischer Volkskönig unter seinen Getreuen, und Jerusalem scheint am Rhein zu liegen. Otfrid dagegen hat durch gelehrte Bildung sich selber losgelöst von der Nation. Der mütterlichen Erde entrückt, schlägt er über den Wolken seinen Sitz auf. Aus dem himmlischen Jerusalem läßt er die Stimme ertönen und will sein Volk zu sich hinaufrufen. Aber die Entfernung ist zu groß, wie soll es ihn vernehmen?

Trotzdem bleibt Otfrids Werk ein ehrwürdiges Denkmal des Ernstes, womit die Deutschen sich des Evangeliums zu bemächtigen suchten; und nebenbei auch ein Denkmal tiefen deutschen Gemüths. Das Herz blutet dem Dichter, indem er den bethlehemitischen Kindermord erzählt. Er empfindet den Schmerz dieser Mütter nach, wie er die Mutterfreuden Marias schildert:

O Seligkeit der Mutterbrust,
Die Christus selber hat geküßt;
O Seligkeit der Mutter auch,
Die ihn bedeckt, mit ihm gekost;
O selig, die ihn hat geherzt,
Die ihn gesetzt auf ihren Schoß,
Die ihn in Schlummer hat gewiegt,
Die neben sich ihn hat gelegt.
Ja selig, die gekleidet ihn,
Die mit den Windeln ihn umwand
Und die auf einem Lager schläft
Mit einem solchen theuren Kind.
Ja selig die, die ihn umhüllt,
Wenn ihm der Frost zu schaden sucht,
Die mit den Händen und dem Arm
Umschlinget seinen theuren Leib.

An einer andern Stelle bittet er Gott, ihn als höchsten Richter
je gelinde zu bestrafen, wie eine Mutter, welche die Hand, womit
sie eben ihr Kind geschlagen, schirmend vorhält, wenn Jemand
dasselbe zu beschädigen droht. Gewiß war Otfrid ein guter Sohn;
er gedenkt seiner eigenen Mutter im Lied; in der Trennung von
ihr wird er die Sehnsucht kennen gelernt haben und die Freude des
Wiedersehens. Denn er weiß, wie dem Sehnsüchtigen geschieht:

Er sieht sein süßes Lieb vor sich,
Doch fürchtet er, es sei es nicht.

Er weiß auch wie die Fremde thut:

Trennung von dem Heimatland,
O du bist hart und schwer fürwahr!
Kummer faßt den armen an,
Der ferne lebt vom Vaterland.
Ich habs erfahren einst an mir,
Nichts liebes fand ich je in dir.
Nichts andres hab' in dir gefunden,
Als trüben Sinn und bittre Stunden,
Gram und mannigfalten Schmerz.

Mit dieser Sehnsucht nach der Heimat vergleicht er die Sehn=

sucht nach dem Paradies, und die ganze Innigkeit seiner Empfindung trägt er dem Heiland entgegen.

Mit seiner innersten Geistesverfassung, worin das Nationale völlig dem Christlichen die Herrschaft einräumt, ist Otfrid der richtige Ausdruck jener Bildung, welche Karl der Große in Deutschland anbahnte. —

Was nach Otfrid die elsässischen Klöster geleistet, kann sich mit den Verdiensten anderer Convente Deutschlands nicht messen. Kein großer Geschichtschreiber, kein großer Dichter ist daraus hervorgegangen. Aber gute Schulen scheint man immer besessen zu haben, wozu gewiß Frankreich manchen fähigen Lehrer lieferte. Einmal in dem großen Kampfe zwischen Kaiser und Papst läßt auch das Elsaß sich vernehmen: ein Priester Mangold zu Lautenbach, der als Grammatiker angesehen war, that sich als Heißsporn der ultramontanen Partei hervor und schrieb eine heftige Schrift in rohem Ton, voll unwürdiger Schmähungen gegen Kaiser Heinrich IV.

Im übrigen gaben sich die elsässischen Klöster einem Stillleben hin, das außer frommen Betrachtungen vorzugsweise der bildenden Kunst gewidmet war. In Marbach verstand man sich auf Malerei, ein Mönch Sintram wird um 1150 namentlich als Miniator ausgezeichnet. Im Nonnenkloster Hohenburg (s. oben S. 9) wurde im zwölften Jahrhundert in sehr gewandter und schöner deutscher Prosa eine Erklärung des Hohenliedes geschrieben, und auch hier stand die Malerei in Blüte. Die Aebtissin Herrad von Landsberg (1167—1195) verfaßte unter dem Titel „Lustgarten" (Hortus deliciarum) eine Art illustrirter lateinischer Encyclopädie für Damen, die sie mit fließenden lateinischen Versen und einer großen Anzahl von Bildern ausstattete. Diese Bilder, illuminirte Federzeichnungen, sind hochinteressant und kunstgeschichtlich sehr wichtig. Das Buch ist auch nach der künstlerischen Seite hin eine Encyclopädie. Man denke sich unsere photographischen Albums nach den berühmtesten Künstlern in eine Sammlung vereinigt und mit Bildern aus dem heutigen Leben vermehrt. Man denke sich ferner, daß nach Jahrhunderten die Originale größentheils verloren oder zerstreut und das Leben ein völlig anderes geworden wäre: würde nicht für jene späteren Zeiten eine solche Sammlung als Urkunde unserer Gegenwart ganz unschätzbaren Werth gewinnen? Etwas ähnliches leistet uns Herrads Arbeit für das zwölfte Jahrhundert.

Die Illustrationen umfassen so ziemlich alle Gegenstände, welche für die mittelalterliche Kunst überhaupt als darstellenswerth in Betracht kamen. Neben dem gesammten Inhalt der Bibel mehreres aus der Mythologie der Alten, eine Anzahl von Allegorien und umfangreiche phantastische Compositionen, wie die Kirche, das jüngste Gericht, Apokalyptisches, Kampf der Tugenden mit den Lastern, Hölle, Paradies u. s. w. Und diese Gegenstände hat Herrad theils byzantinischen Mustern nachgebildet, die ihrerseits meist auf altchristliche zurückgehen; theils hat sie Neuschöpfungen nach selbständiger Beobachtung der Natur versucht. Dort ist sie stilvoll, hier oft roh naturalistisch. Dort finden wir antike Auffassung, mitunter vom feinsten Gefühl, hier zum Theil ungeschlachte Erfindungen, welche an die ersten Zeichenversuche der Kinder erinnern. Dort begegnen uns nach der Weise der classischen Kunst Personificationen von Naturgegenständen, der Jordan als Flußgott bei der Taufe Christi, Aeolus und Neptun für Luft und Wasser bei der Schöpfungsgeschichte u. s. w. Hier gänzlich gescheiterte Wagnisse auf dem Gebiete der Landschaftsmalerei, vollkommen mißlungene Bäume, Gesträuche u. dergl. Dort die Ruhe und Mäßigung der idealistischen Kunst, hier die Anfänge eines Realismus, der auf drastisch bewegte Scenen aus ist. Dort ein traditionelles, hier ein individuelles Element. Dort gibt uns die Aebtissin Auskunft über alte angesehene Kunstwerke, die durch vielfältige Nachbildung sich fortpflanzten und für uns verloren sind. Hier entrollt sie ein mannigfaltiges Bild des Lebens ihrer Zeit, wie sie es mit ihren eigenen Augen geschaut. Ihre Intentionen sind immer bedeutend, aber ihre Mittel erscheinen oft so unvollkommen, daß wir Beispiele jener Hieroglyphen vor uns zu haben glauben, die zwischen Malerei und Schrift mitten inne schweben.

Zu der Zeit, als Herrad schrieb und zeichnete, hatte bereits eine neue weltliche Poesie in deutscher Sprache ihr Haupt erhoben, welche sozial auf dem Rittertum, litterarisch auf Import aus Frankreich beruhte. Hier greift das Elsaß wieder mächtiger ein, und sein Charakter der Vermittelung zwischen Französisch und Deutsch kommt recht zur Geltung. Fahrende Sänger, ritterliche Dichter, vornehme Bürger theilen sich in die Aufgabe. Keine große Zahl, wenige Namen, aber darunter solche vom ersten Range.

Die lustigen Geschichten von Reinecke Fuchs und dem Wolf Isegrimm, an welchen die Deutschen bis auf die neueste Zeit so viel Vergnügen fanden, wurden damals zuerst durch den Elsässer Heinrich den Glichezare, einen fahrenden Mann, aus französischen Vorlagen in deutsche Reime gebracht. Der Ritter Reimar von Hagenau zeichnete sich in lyrischer Poesie nach Art der Südfranzosen aus; Meister Gottfried von Straßburg im erzählenden Gedicht, das er aus nordfranzösischen Quellen entnahm.

Die geistreiche Liebesdichtung der Provence wurde durch den Pfälzer Friedrich von Hausen, einen der angesehensten Hofmänner jener Zeit, in Deutschland eingeführt. Der Elsässer Reimar von Hagenau brachte sie zur feinsten Ausbildung und erbte das beste Theil seines Könnens auf den Oesterreicher Walther von der Vogelweide fort, der daneben freilich noch ganz andere vollere und tiefere Töne anzuschlagen wußte.

Reimar wird von seinem Landsmann Gottfried für den ersten aller lyrischen Dichter erklärt. Er bewundert die Unerschöpflichkeit der Variationen, in denen sich sein Gesang bewegt. Es ist ihm, als ob Orpheus' Zunge, der alle Töne kannte, tönte aus seinem Munde. Diese Variationen drehen sich aber alle um ein Thema: Reimar hat fast ausschließlich Liebeslieder gedichtet. Nirgends jedoch vernehmen wir den Naturlaut tief erregten Gefühls, nirgends das Stammeln der Leidenschaft. Er ist ein Scholastiker der Liebe. In spitzfindigen Wendungen philosophirt er über seine Empfindung, er zergliedert und macht sich Einwürfe, er strengt allen Scharfsinn an, dieselben einfachen Dinge unzählige mal anders zu sagen.

Diese Poesie ist der Niederschlag des geistreichen Salongespächs, wie man es von den Südfranzosen zu führen gelernt hatte. In solchen Wendungen machte man zu Ende des zwölften Jahrhunderts in Deutschland den Hof. Es sind zierliche Spiele des Witzes, in denen der Ausdruck zärtlicher Klage, ergebenen Duldens, ausdauernder Treue verwaltet. Der feine Conversationston verräth sich in der Schmucklosigkeit des Stils, der von allen sinnlichen Elementen absieht, niemals lebhafte Farben aufträgt, selbst den Natursinn nicht zu Worte kommen läßt und in Freude wie in Trauer ein gewisses Gleichgewicht und Mittelmaß der Empfindung nie verläugnet. Auch ist es dem Dichter nicht starker Ernst mit den Gefühlen, die er äußert. Er gefällt sich in der klagenden Attitüde, darum nimmt er sie zum Vergnügen an. Er ist recht zufrieden „mit dem langen süßen Kummer sein, den er gar gerne dulden will". Er nimmt den Ruhm in Anspruch, daß kein Mann sein Leid so schön zu tragen wisse. Ja er stellt den allgemeinen Satz auf: „Man soll sich Liebessorgen machen, Sorg' ist gut, ohne Sorg' ist niemand werth (beliebt und angesehen)."

Neben Reimar — wie anders erscheint uns Gottfried von Straßburg, der größte Dichter, den das Elsaß je hervorgebracht hat. Auch Gottfried reflectirt viel und ist theoretisch gestimmt; aber wo Reimar spielt, ist es Gottfried bitterer Ernst; wo Reimar bleich und farblos erscheint, ist Gottfried glutroth. Die Leidenschaft, mit welcher Reimar sich Unterhaltung macht, stellt Gottfried mit allen ihren tragischen Verwickelungen dar an der Geschichte des berühmtesten Liebespaares jener Zeit, an Tristan und Isolde.

Gottfried äußert sich mit leichter Ironie über die ewigen Liebesseufzer der Minnesänger. Er scheidet sich in bewußter Kunst ab von dem gewöhnlichen Geiste des Ritterromans, der in der äußeren Pracht des aristokratischen Lebens, in Schmuck und Kleidern, glänzenden Rüstungen, Festen, Aufzügen und Turnieren schwelgte. Gottfrieds Ziel ist Seelenschilderung, er weist alles ab, was diesem Zweck nicht dient. Und dabei entwickelt er eine Feinheit der Beobachtung und eine Kunst der Darstellung, welche wahrhaft in Erstaunen setzen müssen. Er besitzt die absolute Herrschaft über die Sprache, die graziöseste Leichtigkeit des vielgegliederten Periodenbaues und eine Fülle der Rede, die sich in Strömen zu ergießen scheint. Mit dem tiefsten Naturgefühl, mit der Pracht der Malerei verbindet er die Kunst der Charakteristik. Was für durchgebildete, menschlich wahre Gestalten: sein Rual der getreue; seine aufopferungsvolle Brangäne; sein schwacher, gutmütiger, verliebter, leichtgläubiger König Marke; seine unwiderstehliche, gleich einer Göttin bezaubernde, dabei wie eine Hexe listige und in der Verblendung der Leidenschaft bis zum Verbrechen rücksichtslose Isolde; und vor allem sein Tristan!

Gottfried war Stadtschreiber zu Straßburg (um 1207). Damit muß man aber nicht den Begriff einer verkümmerten Bureaukratenexistenz verbinden, sondern eher die Vorstellung eines einflußreichen Staatsmannes oder Diplomaten, der sich in den Geschäften bewegt und dabei freien Weltblick und liberale Lebensanschauung erworben hat. Das weltmännische Ideal der Mittelalters hat kein anderer Dichter mit solcher Kunst dargestellt wie Gottfried im jugendlichen Tristan.

Niemand, der die Geschichte Tristans liest, kann sich dem Eindrucke der hinreißenden Liebenswürdigkeit dieses Herzenbezwingers entziehen, dem alles, auch das schwerste, mühelos zu glücken scheint. In der Erzählung seines ersten Auftretens bei Hofe, wo er seine Talente in der ungezwungensten Weise zu entfalten und alles zu entzücken weiß, scheinen Artigkeit, freundliches Benehmen, angenehme Sitten und ausgebildete Umgangsformen ein ununterbrochenes Fest zu feiern. Nirgends wird uns so anschaulich, daß die Aesthetik des Lebens im damaligen Deutschland eine Stufe erklommen hatte, wie sie bei uns höchstens im vorigen Jahrhundert in wenigen Kreisen wieder erreicht wurde.

Alle verborgensten und wunderbarsten Register seiner Kunst

hat Gottfried aufgezogen in der Schilderung der Minnengrotte. Das einsame Leben, das die Liebenden dort führen, gehört zu den schönsten Idyllen, die je geschrieben sind. Hier steht ihm die einschmeichelndste Gewalt der Sprache zu Gebote. Das Rauschen der Bäume meinen wir über uns zu hören, das Fächeln leiser Lüfte an unsern Wangen zu spüren, wir fühlen uns gewiegt und geschaukelt und eingelullt in süße Träume. Wie ein zarter Duft schwebt über dem Ganzen die idealische Schilderung der Liebe, die an eine allegorische Deutung der Grotte angeknüpft wird.

Der Liebesdienst erweicht Sitten und Gesinnung. Alles was von zarten Stimmungen und Gefühlen in der Zeit vorhanden war, was von den verschlungensten Wegen und Irrwegen der Empfindung in der tiefsten Brust verschlossen lag, das hat Gottfried wie in einen Strauß zusammengebunden. Sein Gedicht ist gleichsam ein Coder des männlichen und weiblichen Herzens. Und die ergreifende Tragik seiner Erzählung liegt in jener auflösenden Seelenweichheit, durch welche jede feste Lebensführung dem Menschen entgleitet. Der Tristan ist die Tragödie der Schwäche, die aus der unbedingten Herrschaft des Gefühls entspringt. Das Gedicht erscheint uns vorbildlich — und wurde von Gottfried mit Bewußtsein so aufgefaßt — für die ganze Gemüthsrichtung der Zeit, aus welcher der Minnegesang erwuchs. Wie die jugendliche Phantasie der Völker gewaltige Geistesmächte auf übernatürliche Einwirkungen zurückführt, so hat die Sage hier die Allgewalt der Leidenschaft durch den Zaubertrank symbolisirt, der Tristan und Isolde an einander bindet. Dieser tritt als das unabwendbare Verhängnis auf, da alle Verhältnisse zerrüttet, das Getrennte vereinigt, das Verbundene trennt, das Reine befleckt, die Satzungen des Rechtes durchbricht und schließlich die Liebenden selbst einander entfremdet. Die Sophistik Tristans, der seine Untreue beschönigen will, hat etwas erschütterndes, so trostlos wahr ist jeder Zug. Gottfried ist damit auf dem Gipfel der psychologischen Kunst angelangt. Gerade bei dieser Stelle aber ereilte ihn der Tod, er hat sein Werk unvollendet hinterlassen.

In gewissem Sinne ist Gottfrieds Tristan der französischste Roman des deutschen Mittelalters. Nicht blos wegen der vielen französischen Wörter und Wortbildungen, die er als ein rechter Elsässer einmischt, nicht blos wegen der sonderbaren Fremdheit, mit der er seine Landsleute gelegentlich nicht als Deutsche, sondern als Allemands bezeichnet. Sondern wenn wir unter dem Französischen die vollendete äußere Durchbildung, die untadelige Feinheit der geselligen Form, die liberale Lebensanschauung, die lässige Beurtheilung sittlicher Dinge — kurz was Hr. Renan sehr klangvoll „die lebendige Protestation gegen Pedantismus, Dogmatismus und Rigorismus" nennt — verstehen: so ist der Tristan das französischste Buch der älteren deutschen Litteratur.

Aber nicht blos das französischste — vielleicht auch das antikste. Gottfried besaß mehr als die gewöhnliche Schulbildung. Gottfried besaß ein unmittelbares Verhältniß zur Antike. Römischen Dichtern entlehnt er Wendungen und Anschauungen. Die Gestalten der griechischen Fabelwelt sind ihm gegenwärtig und nehmen in den Schöpfungen seiner Phantasie eine ähnliche Stellung ein wie in den poetischen und künstlerischen Producten der Renaissance.

Die reichere Bildung hat Gottfrieds Geist befreit von manchen Fesseln, in denen die mittelalterlichen Menschen seufzten. Ein Athem der Unabhängigkeit weht durch sein Gedicht. Ansätze von Kritik machen sich bemerkbar. Er ist ein Prophet der Liebe und des Rechts der Leidenschaft, und ein Prophet der keine Consequenzen scheut: bis auf die Ahnung selbst verschwunden scheint das Christenthum und christliche Moral. Gott selber wird bei ihm galant, und ein im Volksglauben des Mittelalters sehr geheiligtes Institut, das Gottesurtheil, setzt er zu einer leeren Comödie herab, worin verwegene, aber glückliche Frauenlist den glänzendsten Triumph feiert.

Nicht mit seinen aufgeklärten Ansichten, zu deren individueller Kühnheit sich kein Anderer erhob, auch nicht mit den höchsten Vorzügen seiner künstlerischen Macht; aber mit dem was von untergeordneten Geistern nachgeahmt werden konnte, war Gottfried einer der einflußreichsten Dichter des dreizehnten Jahrhunderts. Eine ganze Schule formgewandter Poeten schloß sich ihm an, und der talentvollste seiner jüngeren Nachahmer, Konrad von Würzburg, der zu Basel 1287 seine Tage beschloß, war auch im benachbarten Straßburg bekannt und hat dort Gönner gefunden.

Das weltmännische Lebensideal, das der Tristan vorführt, war in adeligen Kreisen gezeitigt worden. Derjenige aber, der es aller Aeußerlichkeit zu entkleiden, der dessen rein menschlichen Kern in vollendeten Seelengemälden darzustellen verstand, war ein Bürgerlicher. Allerdings ein Mann, der zu den regierenden Familien der Stadt gehörte und ein Mann von ungewöhnlichem Talent, nicht gemeiner Bildung und sehr freier Gesinnung. Wie hoch muß aber das Gemeinwesen gestanden haben, dem er sein Selbstgefühl verdankte! Wir haben gesehen, welche Stellung Straßburg zu Anfang des dreizehnten Jahrhunderts einnahm, wie die Stadt sich hob, wie die Bürgerschaft um sich griff. Das litterarische Symptom der wachsenden Kraft, des wachsenden Muthes, der wachsenden Sicherheit und Kühnheit ist Gottfrieds Roman.

Viertes Kapitel.

Verfassungskampf und Bürgerzwist.

Die deutsche Geschichte hat seit dem Untergange der Staufer einen wesentlich verschiedenen Charakter erhalten. Aus dem Zeitalter einer alles umspannenden, die verschiedensten Nationen vereinigenden Weltherrschaft war sie mit dem Auftommen des Königs Rudolf von Habsburg herausgetreten in eine Epoche bundesstaatlicher Einrichtungen mit sehr schwacher Praerogative der Krone. Das Prinzip der Wählbarkeit des Königs, welches in den früheren Zeiten durch den starken und fast immer beachteten Anspruch der Erben gemildert war, wurde nun eine lange Zeit hindurch mit der eifersüchtigen Tendenz gehandhabt, die Macht des Reichsoberhauptes möglichst zu vernichten. An die Stelle der allgemeinen Volkswahl war das ausschließliche Wahlrecht einiger weniger gleichsam zufällig dazu bestimmter Familien und Fürsten getreten. Das Ziel der kaiserlichen Politik wurde von keinem Könige mehr in der reinen Entwicklung einer starken Centralgewalt, sondern in der Erwerbung einer möglichst großen Hausmacht erblickt. Der bundesmäßige Charakter der deutschen Verfassung übte im Laufe der Jahrhunderte seine abschwächenden Wirkungen auch auf das Verhältnis zwischen den Kaisern und den ihnen unmittelbar unterstehenden Reichsständen aus. Ein allgemeines, kaum recht zu bezeichnendes, dem Staatszwecke abholdes Gefühl der Unbotmäßigkeit, ein immer stärker hervortretender Particularismus machte sich geltend.

Nur in wenigen Ländern war die Ueberzeugung der Reichsangehörigkeit mächtig, und man darf ohne Uebertreibung sagen: das Elsaß war eines der besten Reichsländer und galt auch dafür. Wie man in früheren Jahrhunderten die Franken als den vorzugsweise königlichen Volksstamm ansah, so hat es bei der Wahl Rudolfs von Habsburg keinen geringen Ausschlag gegeben, daß er aus dem Stammland der Staufer war und so viele Beziehungen zu dem letzten Kaiserhause hatte. Auch war er Landgraf in diesem vorzugsweise als Reichsland betrachteten Elsaß. Die Bewohner des Elsasses selbst sahen in seinem Geschlechte auch ihrerseits die gleichsam vorherbestimmten Nachfolger der allbeliebten staufischen Vorfahren. Aber freilich mußte man, wenn auch ungern, zugestehen: schon König Rudolfs Regiment entsprach nicht ganz der stolzen Größe staufischer Erinnerungen. Er war wol oft und gern im Elsaß; in Hagenau hielt er, unter allen Städten des Reichs, mit Ausnahme etwa von Augsburg, fast am häufigsten großen Hof. Aber wie kläglich war es zu sehen, daß der Herr des Kaiserthums in endlosen Kämpfen seine Zeit mit den Grafen von Würtemberg über dem Rhein drüben und mit den Herren in Burgund und dem französischen Einfluß daselbst ohne alle großen Erfolge verlor, und ohne daß er seine Absicht, das schwäbische Herzogthum zu erneuern, durchgesetzt hätte. Die große Heerfahrt nach Oesterreich im Anfang der Regierung hat zwar den Elsässern nicht wenig imponirt, aber unter der Masse des Volkes trug man sich doch mehr und mehr mit dem Gedanken, es möchte dieser Rudolf der rechte Kaiser nicht sein. Im Elsaß war es einem alten Einsiedler möglich, sich für den todten Kaiser Friedrich auszugeben und als auferstandener Träger der wahren Krone viel Volks an sich zu locken und große Unruhe zu schaffen, ganz so wie etwas später jener Tile Kolup, der am Niederrhein seinen Kaiserspuk, dem lebendigen König zum Spotte, trieb und auch nicht wenig Anhänger in Hagenau und Colmar fand. Die Steuern Rudolfs fand man zu hoch in den Reichsstädten und seinen Dienst hielten die Ritter nicht für lohnend genug.

Dem folgte der Kampf um das Reich zwischen Albrecht von Oesterreich und Adolf von Nassau, sodann der zwischen Friedrich und Ludwig dem Baier. Gerade in den rheinischen Ländern entschied sich der erste; der zweite diente zum Vorwand für die gewaltigsten Fehden der Herren und Ritter des Elsaß, unter denen die Städte zu leiden hatten. Die Bürgerschaft stand zwar im allgemeinen mehr auf habsburgischer Seite, aber seit dort im fernen Osten die Habsburger ein weites Land beherrschten, war doch die Unmittelbarkeit ihres Einflusses verloren gegangen. In Ensisheim, wo die Landgrafschaft ihre Aemter hatte, sah man selten die habsburgischen Fürsten, kaum daß einer vorübergehend hier weilte, wenn er von seinen oberschwäbischen Besitzungen kam. Die Unterbeamten des Landgrafen aber waren nicht immer beliebte Herren, jeder Zusammenhang hörte allgemach auf. Karl IV. wußte dann vollends mit geschickter Hand den Städten die alten Sympathien für das habsburgische Haus abzuschmeicheln, mehr und mehr verzog sich im Elsaß die Vorstellung einer engen heimatlichen Verbindung mit der Kaiserkrone, gleich dem Abendglühen drüben auf den dunkeln Wipfeln des Schwarzwaldes. Die im Elsaß so greifbare Herrlichkeit des staufischen Kaiserthums hatte sich erst nur noch in dem Abglanz der Krone Rudolfs von Habsburg gezeigt, dann sich in Familienstreitigkeiten verloren und war endlich in der Entfernung in böhmischer und österreichischer Familienpolitik gänzlich verblaßt. Was zurückblieb, war Selbsthilfe der Städte, Unbotmäßigkeit des Adels und Schutzlosigkeit des ganzen Landes gegen fremde Mächte.

Es war eine fehdereiche Zeit, welche das Elsaß des 14. Jahrhunderts erlebte. Nur in den Städten zeigt sich ein schönes Bild von stetiger Entwicklung, nur die Bürgerschaften geben hier, wie sonst in Deutschland, eine gleichsam vorgezeichnete Bahn, auf welcher mit dem zunehmenden Wohlstand die zunehmende Bevölkerung und mit dieser neue Verfassungskämpfe in den Vordergrund des geschichtlichen Lebens treten.

In den Städten gab es ein Element, welchem bisher keine

politische Bedeutung zukam, und das in sozialer Beziehung kaum den Platz behauptete, welchen es anzusprechen alles Recht hatte. Die Handwerker, die in dem städtischen Gemeinwesen allmählich zu einer gewissen Wohlhabenheit, durch Fleiß und feste Ordnung zu einem bestimmten Gefühle eigenen Werthes gelangten, waren doch in einer so abhängigen Lage, daß sie kaum ohne das Patronat von Edelleuten recht gedeihen konnten. Gerade in Straßburg führten sie nicht selten Klage, daß man ihnen keinerlei Recht, vielleicht nicht einmal ihren Arbeitslohn gewähren würde, wenn sie sich nicht des Schutzes der Edelleute in der Stadt bedienten. Gleichwol waren sie sehr gut organisirt. Seit alter Zeit bestanden in Straßburg die Handwerksverbrüderungen, welche dem deutschen Städtewesen einen so ganz bestimmten Charakter gaben. Es ist nicht zu unterschätzen, daß die elsässischen Städte in diesem Punkte einen starken Gegensatz gegen romanische Bürgerwesen bildeten, durchaus angelehnt an die Entwickelungen deutscher Eigenart. Die Verbrüderungen der Handwerker hatten ihre Satzungen und ihre Vorsteher; und wenn sie die Anerkennung von dem Stadtrath als Handwerkszunft erlangt hatten, so durften sie fordern, daß ihre Interessen auch von den regierenden Klassen geachtet und gewahrt würden. Aber das geschah keineswegs immer und die natürliche Folge war, daß Wunsch und Bedürfnis eintrat, am Regiment Theil zu haben, und den Vorstehern oder Vertretern der Zünfte gleichberechtigte Stimmen im Rathe zu erwirken. Nun waren es eigentlich drei Stände, in welche die Stadtbevölkerung zerfiel. Der in der Stadt ansässige Adel, der noch immer im ausschließlichen Besitz der Aemter sich behauptete; der höhere Bürgerstand, besonders Kaufleute, welche längst im Stadtrathe vollberechtigt waren; und die Handwerkerzünfte, in Straßburg 25 von den Behörden anerkannte Verbrüderungen. Aus diesen Verhältnissen ergab sich ein reichbewegtes politisches Getriebe. Unter dem Adel hielt es der eine Theil mehr mit den Handwerkern, der andere mehr mit den alten Bürgergeschlechtern, der eine Theil stützte sich auf die große Masse des Volkes, der andere auf die bevorzugten Klassen, welche die Regierung führten. Dieser verdammte jede neue Einrichtung des Raths, jener forderte eine solche durchaus. Es bezeichnet die ganze Leidenschaft der Parteien, wenn ein Conservativer zu Köln den in den Rath eindringenden Zünften das unmuthsvolle Wort entgegenruft: wie werden sie Recht und Gesetz zu handhaben wissen, verändert doch der Esel auch nicht seine Natur, wenn man ihn in eine Löwenhaut steckt.

In Colmar, wo die alte Stadtsage den Kolben im Wappen mit nicht geringem Bürgerstolz auf Herkules selber zurückführt, standen schon die Unruhen zur Zeit der Rösselmann im 13. Jahrhundert in Beziehung zu den oben geschilderten Parteiverhältnissen. Diese Rösselmann waren ein Geschlecht, welches sich ganz auf die niederen Klassen der Bürger stützte, die im Rathe nicht vertreten waren; daher denn die Macht, die sie so lange behaupteten, und der Haß, der sich unter dem Stadtadel gegen sie entwickelte. Zur Zeit König Adolfs war es Walter Rösselmann, der in der Verzweiflung über die sinkende Macht seiner Partei zu der ungeheuren That sich entschloß, einen auswärtigen Kriegsmann, Herrn Anselm von Rappoltstein, herbeizurufen, um sein Schultheißenamt gegen die Opposition zu behaupten. Da wurde er von dem König selbst angegriffen. Sieben Wochen wurde die Stadt belagert, ein schreckliches Schicksal erreichte den unglücklichen Schultheiß, der fast der Abgott des Volkes war. Er wurde an ein Rad gebunden, von Ort zu Ort geschleppt, der Verspottung des Pöbels preisgegeben und endlich in einen finstern Thurm geworfen, wo ihn der Tod erlöste.

Nicht viel später trat in der kleinen Stadt Ruffach die zünftige Bewegung in deutlicherer Form hervor. Aber als der Bischof Johannes von Dirrheim 1306 zur Regierung gelangte, verbot er alle Zunftvereine und befahl dem Vogt, die bürgerlichen Angelegenheiten jeder Art zu entscheiden, ohne Rücksicht auf die Statuten, welche jene Handwerker sich eigenmächtig gesetzt. Das konnte in Ruffach gelingen, weil die Stadt kein reichsstädtisches Privilegium besaß und des Bischofs war. Aber in Hagenau, wo der Streit außerhalb landesherrlicher Einwirkung lag, kamen schon 1320 die Zünfte empor. Es war ihnen sehr günstig, daß das Niederelsaß entschieden im Machtkreis Kaiser Ludwigs des Baiern lag, und dieser den zünftigen Bewegungen nicht abhold war.

Am gewaltigsten waren die Kämpfe jedoch in Straßburg, wo so vieles zusammentraf, was den Gang der Begebenheiten verwickelte. Zwar von der bischöflichen Gewalt hatte die Stadt nicht mehr zu leiden. Nachdem das Geschlecht der Lichtenberge der Stadt zwei Bischöfe gegeben, welche in enger Beziehung zu dem Hause Habsburg standen, folgte 1306—1328 die Regierung Johannes von Dirpheim und dann die noch staatsklügere Bertholds v. Bucheck, dessen Thätigkeit die dankbarste Bewunderung in den Geschichtswerken von Straßburg gefunden hat. Denn Bischof Berthold hat in dem langen Zeitraum seiner Regierung, 1328—1353, während Land und Stadt von blutigem Zwist erfüllt waren, auch nicht den leisesten Versuch gemacht, seine landesherrliche Macht zu erweitern. Wie er sich in den großen Fragen der Thronstreitigkeiten nach Kräften neutral verhielt, so ließ er die Bürgerschaft auch gewähren in Betreff ihrer Verfassung. Um sich gegen übermächtige Feinde zu schützen, hat er mit den Bürgern von Straßburg Bündnisse geschlossen wie von Macht zu Macht; nicht der leiseste Zweifel herrschte über die jedem andren Reichsstand ebenbürtige Stellung von Straßburg. Ja, es geschah, daß der Stadtrath den Bischof zum Vergleiche nöthigte, als dessen langjähriger Streit mit den Herrn von Kirkel und anderen feindlichen Herren der Bürgerschaft selbst beschwerlich fiel. Eine so entscheidende Rolle spielte Straßburg in den Verwicklungen des elsässischen Herrenstandes, während im Oberelsaß die Städte die Absagebriefe der Ritter zu fürchten hatten und oft ein kleiner Herr wie Peter von Regisheim einer großen Stadt wie Mühlhausen gefährlich werden konnte.

Im Jahre 1322 schien man in Straßburg die inneren Bürgerzwiste durch ein neues Stadtrecht, welches die Bürgerschaft durchaus selbständig vereinbarte, für lange Zeit beseitigen zu wollen. Eine

Gesetzgebungskommission von zwölf Mitgliedern trat zusammen und bearbeitete das neue Recht, nach welchem künftig Gericht und Verwaltung der Stadt gehandhabt werden sollten. Allein der Grund der Unzufriedenheit lag nicht, wie man meinte, in den rechtlichen Bestimmungen, vielmehr mußte Straßburg die Erfahrung machen, daß die Heilung politischer Gebrechen weit weniger von der Güte der Gesetze, als von dem Vertrauen zu den regierenden Behörden abhängig sei. Denn ein so bevorrechteter Stand wie der, welcher in den mittelalterlichen Städten überall herrschte, konnte nur seine Macht behaupten, wenn er durchaus einig war und die conservativen Prinzipien in Eintracht und Ruhe vertrat. Wenn aber in großen Staaten alter und neuer Geschichte der politische Fortschritt, den die unteren Stände anstreben, über die Bresche führt, welche der Streit der regierenden Familien unter einander in den Wall der eigenen Vorrechte legt, so war dies in den Stadtgemeinden des Mittelalters ganz ebenso. Es ist überall derselbe prinzipielle Gegensatz, wie ihn das Staatswesen Englands in den Tories und Whigs aufkommen sah, welcher die demokratischen Bahnen eröffnet. In Straßburg sehen wir zwei Rittergeschlechter diesen Gegensatz vertreten: die Mülnheim und die Zorn. Lange Jahre hindurch ist die Parteidiscilin derselben ganz strenge. Sie haben ihre politischen Clubs, die man aber damals gut deutsch die Trinkstuben der Mülnheim'schen und Zorn'schen Partei nannte. Dort wurden die Angelegenheiten, welche im Rath verhandelt wurden, mit einem Eifer besprochen, der nicht selten der Freiheit der Berathung im Rathe gefährlich wurde. Doch nicht in diesem Kampfe der Geschlechter, nicht in diesem erblichen Gegensatz des regierenden Stadtadels liegt ein besonderer deutscher Charakterzug; das Eigenthümliche, das die Entwickelung der deutschen Städte zeigt, liegt vielmehr in den Lösungen, welche der aristokratische Streit erfährt. Die gleichsam fundamentale Geschichte der Montechi und Capuletti geht durch alle städtischen Gemeinwesen romanischer und germanischer Cultur; aber eigenthümlich ist fast jeder Nation die Art, in welcher diese Gegensätze gelöst werden. In Italien ist es überall die städtische Tyrannis, welche die Geschlechterherrschaft ablöst: die Visconti und Medizeer erreichten auf den Schultern der niedrigen Volksmassen ihre Macht über die Parteien des Adels. In Frankreich ließ der Geschlechterkampf die Städteherrschaft wie eine reife Frucht in den Schooß des allschützenden Königthums fallen. In Deutschland allein hat man Formen gefunden, welche die städtische Selbständigkeit mit den Volksrechten versöhnte. In Köln und Worms, in Frankfurt und Lübeck findet sich romanischer Geschlechterhaß der Blauen und Rothen wie im Süden und Westen, aber daß die Masse des Volkes in organisirter Gestalt eintritt in das politische Leben der Stadt, darin liegt der deutsche Charakterzug, welcher die Entwickelung deutscher Bürger unterscheidet von wälschem Schicksal.

Wird Straßburg, die wichtige Grenzstadt, diesem deutschen, oder wird es dem wälschen Gange politischen Lebens gefolgt sein?

Im Elsaß war doch noch der Einfluß deutscher Kaisermacht in erfreulicher Weise sichtbar: als in Hagenau der Streit zwischen den Geschlechtern und Zünften entbrannte, wandte man sich noch einmal an die Quelle des alten Rechts und erinnerte sich an Reich und Reichsgewalt. Denn wie sollte der Stadtrath, jene oberste Regierung, die einst von den Kaisern gegründet wurde, noch ferner bestehn, wenn alle die Zünfte nach eigenem Recht und Gesetz sich unabhängig machen wollten. „Wenn ihr, sprach Kaiser Ludwig zu seinen Bürgern, aus jedem Handwerk zwei in den Rath setzet, so seid ihr die Mehrzahl und euer Einfluß wird dann überwiegend." Was der Fürst rieth, ward ausgeführt, und Ludwig bestätigte am 6. März 1332 die neue Ordnung der Dinge.

Den Straßburgern ward nicht zu rechter Zeit ein rechtes Wort von solchem Mund zu Theil; was hier geschah, mußte in ureigener Weise vollzogen werden. Das entscheidende Ereignis, wenige Monate nach der Hagenauer Sühne, ist von den Straßburger deutschen Chroniken in herrlicher Weise beschrieben und es ist, wie wenn ein stolzer Zug des Bewußtseins ihnen die Feder führte, daß nicht jedem Volke

gegeben, die schwersten Kämpfe sozialen und politischen Lebens zu so
gedeihlichem Abschluß im Sinne der Freiheit zu bringen.

Es war am 20. Mai, vier Wochen nach Ostern, an einem
Mittwoch, an welchem seit langer Zeit Turnier gehalten wurde und
der deshalb die Martsche hieß*). Die Festlichkeiten beschloß Tanz
und Mahl, wovon das ganze Fest auch die Runtafel hieß. Dies=
mal war der Schauplatz der Feierlichkeit der Ochsensteinische Hof
in der Brandgasse. Im Garten war der Tanzsaal aufgeschlagen.
Nachts, als die Frauen sich entfernt, ein Theil der Edelleute in die
Trinkstuben sich begeben hatten, erhob sich unter den Zurückgeblie=
benen Zwietracht. Die Zorne, wie wenn sie sich auf eine solche
Scene vorbereitet hätten, waren in blauen Kugelhüten und dicken
Wämsern, theils mit, theils ohne Waffen erschienen. Als sich der
Streit erhoben hatte, fingen diese mit Stoßen an; die Mülnheimer
erwiderten auf dieselbe Weise und es erfolgte ein heftiges Handge=
menge. Jetzt kam, auf des Schultheißen Begehren, der Meister Jo=
hannes Sicke der Jüngere mit mehreren Bewaffneten herbei, gebot
Frieden bei hundert Mark Strafe und zehnjähriger Verweisung aus
der Stadt. Wol hundertmal erschallte, um Ruhe zu gebieten, sein
Zuruf: Trutze! trutze! Aber fruchtlos ertönte seine Stimme. Schon
waren nach Reinbold Hüffelins und Jakobs von Ersich Beispiel
die Schwerter gezogen worden: Knechte eilten von beiden Seiten
herbei und brachten, selbst schon bewaffnet, ihren Herrn Schilde und
Spitzmesser. Der Meister, unverletzlich nach dem Gesetz, wurde von
Krepelin und Hermann Wirich beim Halsfragen gefaßt. Beinahe wäre
es ihnen gelungen, ihn von seinen Begleitern zu trennen. Da suchten
ihn die Seinen zu schirmen; er selbst aber schürzte sein Kleid auf
und griff nach dem Schwerte. Noch eilte er schnell bis auf die in
jenen Zeiten zum Roßmarkte führende Brücke; aber jedes Einschreiten
der Behörde war ohne Erfolg. Die ganze Straße nebst dem an=

---

*) Wir führen die fast wörtlich aus Closener genommene Schilderung
meist nach Strobels Gesch. d. Elsaß II. 192 ff. hier an.

stoßenden Markt war zum Kampfplatz geworden. In fürchterlichen
Getümmel, durch welches schwere Flüche, entehrende Schimpfwörter
hervortönten, flogen Steine und klirrten Waffen: hier wurden Faust-
schläge und Tritte ausgetheilt, mit Prügeln dreingeschlagen; dort
verwundende Hiebe geführt; dort wieder Stiche mit Spießen und
Lanzen gegeben. Die Leidenschaft des langgenährten Hasses hatte
so sehr die Gemüther erbittert, daß die Kämpfenden an mehreren
Orten in Haufen übereinander lagen und blindlings dreingeschlagen
wurde. Auch auf der Brücke wurde hitzig gefochten. Auf dem
Markte endete unter andern der von Wasselnheim sein Leben. In
den Kampf der Herren mischte sich der Streit der Knechte.

Diesen traurigen Ausbruch politischen Hasses hatte gemeines
Schimpfen noch mehr vergiftet. War nicht einer der Blauhüte vor
den Mühlstein gelaufen und ließ die Worte hören: „Heraus ihr
schäbigen Hunde! wo seid ihr." Auch Claus Zorn der Junge, des
Schultheißen Sohn, hatte unverständige Reden geführt. Als ihn
beim Ausbruch des Lärms sein Vater, der eben einem der Anfänger
gewehrt hatte, freundlich ermahnte, sich nicht in den Streit zu mischen,
antwortete er: „Es muß so sein; Niemand kann es mehr aufhalten",
und mit einem derben Schimpfwort fügte er hinzu: „Es giebt auch
Leute, die Alles wollen". Dann nahm er Schild und Schwert und
mischte sich in den tobenden Haufen. Als die Hitze des Kampfes
sich gelegt hatte und die Edelleute mit blanken Schwertern in ihre
Trinkstuben zurückkehrten, lag eine große Menge todt und verwundet,
von den Edelleuten neun erschlagen, zwei von den Mülnheimern,
sieben von den Zornen.

Während so der Bürgerkrieg tobte, saß der Rath, in welchem
die Anhänger beider Parteien sich ziemlich das Gegengewicht hielten,
in völliger Machtlosigkeit beisammen, Schlimmeres befürchtend. Denn
Niemand schien es zweifelhaft, daß beide Parteien einen Augenblick
der Waffenruhe nur benutzten, um ihre Anhänger außerhalb der
Stadt herbeizurufen und, mit Hilfe der Ritter und Knechte von den
benachbarten Burgen, den Sieg auf die eine oder die andere Seite

zu wenden. Diesen Moment nun ergriffen die Bürger, um eine neue Ordnung zu schaffen.

Die Mülnheimer hatten Sympathien unter den Zünften, aber wie die Sachen lagen, durfte die Zukunft der Stadt nicht mehr in den ungewissen Händen des Adels bleiben. Die Erzählungen lassen den Weg, den die Zünfte einschlugen, nicht ganz klar erkennen, denn dem Anschein nach haben sie alles in der legalsten Form vollendet. Gewiß ist aber, daß sie zum Schutze der Stadt gegen auswärtige Parteigänger die Thore eigenmächtig besetzten, und daß ein gewaltiger Andrang von vielem Volk auf dem Rathhaus stattfand, durch welchen der gesammte Rath bewogen wurde, abzudanken. Auch daß sie mit dem fertigen Programm einer neuen Regierung auftraten, beweist, daß alles wohl vorbereitet war. Um die Ruhe der Stadt vor Parteienkampf zu schützen, nahmen sie Schlüssel, Siegel und Banner an sich und setzten den neuen Rath auf geänderter Grundlage ein. Der alte Rath aus dem Adel und den dem Adel gleichgehaltenen Bürgergeschlechtern wurde durch Mitglieder aus dem Handwerkerstande verstärkt, je eins von jeder der 25 Zünfte. Die vier Meister, die bisher vierteljährig im Vorsitze des Rathes wechselten, blieben bestehn, aber als eigentliches Haupt der Handwerker wurde der Ammeister den bisherigen vier Stättmeistern gleichgesetzt. Der erste, der solchergestalt das Amt des Ammeisters erhielt, war Burkard Twinger. Von dem neugewählten Rath wurden energische Verkehrungen getroffen und gegen den Adel, der an den blutigen Händeln betheiligt war, mit Verbannung vorgegangen. Auch wurden die Trinkstuben des Adels abgebrochen. Im folgenden Jahre traf man zur Befestigung der siegreichen Sache die Einrichtung, daß die höchsten Aemter lebenslänglich sein sollten, das des Ammeisters und zweier Stättmeister.

Die letztere Bestimmung war sicherlich sehr zweckmäßig, um eine gewisse Ruhe in die schwer erworbene Verfassung zu bringen; und ein ausgezeichneter Mann wie Burkhard Twinger auf Lebenszeit gewählt, konnte viel zur dauernden Begründung des zünftigen Regiments thun und that dazu; allein, daß sich die freie Bürgerschaft bei lebenslänglicher Aemterverleihung beruhigen werde, war unwahrscheinlich und durch keinerlei Beispiel der Stadtgeschichte bewährt. Die Aufhebung der neuen lebenslänglichen Aemter und die endgiltige Feststellung der Verfassung aber gingen unter den schwersten und schrecklichsten Ereignissen vor sich, die das mittelalterliche Staats- und besonders Stadtwesen aufweist.

Das soziale Elend, welches von Zeit zu Zeit die mittelalterliche Gesellschaft heimsuchte, vermag man nach dem Maße unserer heutigen Vorstellung kaum in Gedanken zu ermessen. Die moderne Volkswirthschaft hat sich oft genug bemüht, durch Zahlenverhältnisse über Pauperismus und Sterblichkeit ein annäherungsweises Bild davon zu geben, wie groß die Fortschritte sind, die unsere Welt in diesen Dingen gemacht hat, aber diese Daten genügen nicht, um tief in die Vergangenheit zurückzugreifen, und nur der Historiker kann ganz erkennen, daß das soziale Elend in den mittelalterlichen Zeiten jeder Beschreibung zuweilen Trotz bot.

Der wesentlichste Grund sozialer Unordnungen lag fast immer in der vollständigen Abhängigkeit der großen Volksmasse eines Ortes von den Naturproducten einzelner Jahrgänge. Nicht daß es an Getreidehandel vollständig gefehlt hätte. Im 13. und 14. Jahrhundert bezog man in Frankreich große Getreidelieferungen aus Sizilien, am Rhein wurden nach den Bedürfnissen, hinauf und hinab, Nahrungsmittel aller Art verschifft. Und dennoch melden die Jahrbücher, in fast regelmäßigen Abschnitten, Nothstände selbst im Elsaß, diesem fruchtbaren Erdstrich. Es ist erstaunlich, wie stark da die Schwankungen der Getreidepreise waren: im Jahre 1278 kostete der Scheffel Roggen, dem heutigen Geldwerth nach, 3 Francs 80 Centimes und im Jahre 1294, 39 Fr. 20 C. Solche Verhältnisse, wie sie die neueren Zeiten nur einmal kennen, im Jahre 1817, wo der Hectolitre von dem gewöhnlichen Preis von 8 auf 96 Fr. gestiegen, sind gewöhnlich und regelmäßig in früheren Jahrhunderten. Im Anfang des 14. Jahrhunderts hatte das westliche Europa mehrere starke Mißjahre erlebt. Im Jahre 1313 herrschten große Epidemien im Elsaß, und in den folgenden Jahren gab es große Ueberschwemmungen, Miswachs, Hungersnoth. Zahllose Menschenmengen strömten aus den westlichen Ländern, aus Lothringen und Frankreich, Arbeit und Nahrung suchend, in die Rheinlande. Aber das Elend vermehrte sich nur, in Colmar allein sollen in einem Jahre 13,600 Menschen gestorben sein.

Die nächste Folge dieser Unregelmäßigkeiten war eine unnatürliche Circulation der Geldwerthe. Die kleineren Bürgerschaften gingen in solchen Zeiten materiell gänzlich zu Grunde. Von Stadtbehörden und Landesherren erhielten sie keinerlei Hilfe, alles fiel dem Wucher in einer ganz maßlosen Weise anheim. Es gibt Urkunden, aus denen man sieht, daß gewerbtreibende Leute vollständig in den Frohndienst ihrer jüdischen Gläubiger gerathen waren, die ihrerseits für sehr hohe Steuern den Schutz von Bischöfen, Fürsten, Landesherren und von den Kaisern selbst genossen. Aber diese von den öffentlichen Gewalten gewissermaßen begünstigten Uebel führten in ganz Deutschland zu den stets wiederholten Excessen gegen die Juden. Vereinzelte Judenverfolgungen, wie sie alljährlich zu den gewöhnlichen Erscheinungen der Gesellschaft in allen Jahrhunderten gehörten, mögen kaum mehr in den Blättern der Geschichte beschrieben werden. Dagegen erhielt die Judenfrage in den Städten des Elsaß im 14. Jahrhundert eine principielle und wichtige Bedeutung, und in Straßburg gab sie einen Anstoß zur Aenderung der Verfassung.

Schon im Jahre 1337 hatte im Oberelsaß die üble Stimmung, welche seit den letzten Nothjahren gegen die Juden allerorten entstanden war, zu einer Art systematischer Behandlung des Gegenstandes geführt. Da zeigte sich, wie genau die Dinge untereinander zusammenhingen: 1315 der Nothstand, 1320—1330 die Judenverfolgung, 1337 die neue Lehre des Königs Armleder.

Wer war dieser Bettelkönig mit zahlreichem Gefolge? Seit kurzer Zeit hatte sich eine religiöse Secte gebildet, welche behauptete, daß das sogenannte Judenrecht im Evangelium verboten sei und dem Christenthum widerspreche. Die Herrschaften und der Kaiser müßten die Juden abthun und diese außer Landes gebracht werden; gingen sie nicht gutwillig, so sei es billig, sie zu tödten. Bürgerliche und Rittersleute folgten dem König Armleder, der ein Wirth einer Bauernschenke war und viel von göttlichen Inspirationen sprach, die er empfangen habe. Bei der Ausführung der neuen Lehre ging er durchaus gleichmäßig zu Werke. Der zahlreiche Haufen zog bewaffnet vor die Städte, mit vorangetragenem Kreuz erklärte König Armleder den Stadtbehörden, was seine Aufgabe, seine göttliche Mission sei; die Bürger sahen ruhig — nicht selten mit grausamem Behagen — den Scenen zu, die dann folgten, der Vertreibung, Plünderung und Tödtung der Juden in ihren abgesperrten Quartieren.

Dem Unfug wurde natürlich durch die öffentlichen Gewalten endlich gesteuert, aber die Lehre des Königs Armleder war in den Städten nicht vergessen. Unter dem schrecklichen Gewicht der Wucherschulden, welche die Bürgerschaft drückte, fing man an, laut und lauter den Stadträthen, den Landesherren, ja dem Kaiser zum Vorwurf zu machen, daß sie die armen Leute gleichsam dieser Pest zur Beute ließen. In Straßburg war dieser Vorwurf nicht gänzlich unbegründet. Mußten doch die Juden ihr Wuchergeld nicht weniger als dreimal versteuern, einmal dem Stadtrath, einmal dem Bischof und einmal dem Kaiser, und nicht nach bestimmten Sätzen, sondern wie es den Schutzherren paßte; der Kaiser nahm von seinen Kammerknechten so viel er konnte.

In dieser tiefsten Zerrüttung sozialer Verhältnisse war in Straßburg das Zunftregiment, wie wir gesehen haben, eingeführt worden. Die Hoffnungen, welche man auf die Männer des Volks, die nun zur Regierung gekommen waren, setzte, waren ohne Frage auch ganz materieller Art. Es findet sich nirgends ausgesprochen, aber mit Zuhilfenahme so trefflicher historischer Analogien, wie sie die alten Stadtgeschichten Griechenlands bieten, darf man es ungescheut behaupten: was die Zünfte hauptsächlich von ihrer neuen Regierung erwarteten, waren Maßregeln zur Beseitigung der Judenschulden, ein Schuldentilgungsgesetz überhaupt. Daß man dazu nicht gelangte, daran war eben der Umstand schuld, daß die Juden durch ihre dreifache Abhängigkeit auch dreifach geschützt waren und eben deshalb vom Stadtrath gar nicht gezwungen werden konnten, auf einen Vergleich mit ihren Gläubigern einzugehen, wie der weise Solon einst seinen Bürgern einen solchen zuzuwenden wußte. Es wird von Bischof Berthold von Bucheck erzählt, daß er mehr als einmal die Juden geschützt habe gegen Vergewaltigung, freilich hat er wol schwerlich geahnt, welche Consequenzen dieser Schutz haben würde und welches Gräßliche vielleicht zu vermeiden gewesen wäre, wenn er mit dem Schutz auch auf den Gewinn verzichtet hätte, den er doch am meisten mit habsüchtiger Hand aus dem Judenwucher einstrich.

Wie oft hat man erzählt, daß der Judenhaß entstanden sei aus dem Aberglauben an vergiftete Brunnen, aus dem Vorwurf, daß die Juden zu Ostern Kinder geschlachtet hätten und dergleichen mehr. Unter den Straßburger Geschichtschreibern muß man einen, der uns die Ereignisse erzählt hat, vielleicht deshalb am meisten bewundern, weil er mit seltener Wahrheitsliebe die wirklichen Motive der Dinge enthüllte. Ist es vielleicht auch auf den ersten Blick noch grauenvoller zu erfahren, daß viele tausend Menschen in allen Städten des Rheins und Elsaß in den Jahren 1346—1348 getödtet worden sind, weil man sich der Verpflichtungen gegen sie entledigen wollte, so ist es doch andererseits für das Gewissen der Menschheit beruhigend, zu sehn, daß diese gewaltsame Revolution erst vor sich ging, nachdem viele Mittel erschöpft waren, um arbeitsame Menschen aus dem qualvollen Zustand des materiellen Elends auf gesetzliche Weise zu befreien.

Die Prozesse wegen der von den Juden vergifteten Brunnen waren wie eine moralische Seuche längst überall im Gang, als man auch in Straßburg anfing von dem Stadtrath Untersuchung und Gericht gegen die Juden zu fordern. Der Stadtrath weigerte sich, da geschah das Unerhörte, daß die Bürger auf das Rathhaus kamen und mit Gewalt und Drohung ihr sogenanntes Recht verlangten. Es waren Leute von der Metzgerzunft. Aber am Tage vorher, am 8. Februar 1349, hatte sich noch der Bischof mit den Stadtmeistern vereinigt, den Juden Schutz angedeihen zu lassen. So hatte denn der Ammeister Peter Schwarber die Metzger verhaften lassen, von denen einer die Kühnheit hatte an ihn heranzutreten und zu sagen, „er möge doch den Handwerkern auch etwas von dem Gelde geben, mit dem die Juden die Meister bestochen hätten". Bald erscholl der Ruf zu den Waffen. Eine Revolution vollzog sich, ohne daß die Stadtmeister Widerstand leisteten, sie alle dankten ab. Bemerkenswerth war, daß man an der Spitze der Aufrührer auch Anhänger der Zorn sah, die sich seit ihrem Sturz ganz auf die Handwerker stützten.

Die neue Verfassung vermehrte die Zahl der Mitglieder des Raths um je drei aus jedem Stand, so daß es 11 vom Adel, 17 von den Altbürgern und 28 von den Handwerkern waren. Die Wahl jedes neuen Rathes geschah von dem gesammten abgehenden Rath; die vier Stadtmeister, welche wieder, wie ehedem, vierteljährlich im Vorsitz wechseln sollten, wurden ebenfalls vom ganzen Rath gewählt, ohne Rücksicht des Standes, der Ammeister aber aus den Zunftvertretern allein.

Diese Verfassung blieb die Grundlage der Stadt durch alle Zeiten; bis zum Jahre 1419 stand sie völlig ungeändert aufrecht. Aber die Revolution sollte nicht mit dem friedlichen Werke einer weisen Verfassung schließen. Schreckliche Volksjustiz wurde auf dem Judenfriedhof vollzogen, wo man 6000 Opfer dieser Revolution verbrannte.

Vier Monate später schwang „der schwarze Tod" seine rächende Geißel über Straßburg, der schon seit dem Jahre 1348 die europäischen Länder heimsuchte. Keine der furchtbaren Seuchen des Mittelalters ist genauer und eingehender geschildert worden als diese Pest, die kaum einen Ort verschonte. Wer hätte nicht die gräßlichen

Erzählungen gelesen, die uns von Italienern, Deutschen, Franzosen und Engländern überliefert sind. Gerade in Straßburg sind wir durch ebenso farbenreiche Schilderungen über den schwarzen Tod unterrichtet, wie über die entsetzliche Katastrophe von Florenz und London. Interesse historischer Art bietet dabei die Auffassung dar, mit welcher die verschiedenen Völker den gräßlichen Gast empfingen, und welche sich in den Erzählungen hier eines Villani, dort eines Knighton, des französischen Berichterstatters von Nangis und des deutschen von Straßburg widerspiegeln. Wenn auch an keinem dieser Orte die nackte Rohheit des Sinnengenusses sich mit dem Leichenhumor so vermischte, wie man neuerer Zeit wol mehr nach Pariser Phantasie von Eugen Sues Choleragemälde, als auf Grund der Quellen vermuthet hat, so waren doch Eindruck und Wirkungen der Pest in Florenz allerdings anders als in London. In Deutschland nimmt die durch das Ereigniß entartete Phantasie am meisten Vorstellungen von religiöser Vergeltung und einer alle Stände gleichmachenden Justiz in sich auf, wie sich in den Todtentänzen der Maler dies ausdrückt. Auch die Secte der Geißler ist bezeichnend für diese Richtung, welche die Pest zwar in allen Ländern, aber doch am meisten in Deutschland zu neuem Aufschwung brachte, und die gleichsam das moralische und physische Elend der Zeit zu dem Abschluß einer ins Burleske hinüber streifenden religiösen Selbstreinigung brachte.

Noch sind uns die Reime erhalten, die die Geißler in Straßburg gesungen, wenn sie sich im Kothe der Erde peitschten:
„Nun betet auf die starken Hände,
Daß Gott dies große Sterben wende."

Man rechnet, daß im Durchschnitt, überall wo die Pest auftrat, der vierte Theil der Bevölkerung starb, was nicht ausschließt, daß man in manchen Gegenden behauptete, es wäre nur ein Drittel der Einwohner übrig geblieben. Diese Zahlen sind natürlich nicht mit vollem Vertrauen zu gebrauchen, aber tausende von Denen, welche die große Revolution in Straßburg und den Judenbrand erlebt hatten, waren in wenigen Wochen hingestorben, und nur eines überdauerte die Geschicke dieses harten Geschlechtes: die festgestellte Verfassung vom Jahre 1349, die auch Berthold von Bucheck's Nachfolger nicht zu erschüttern im Stande waren, als das Hereinziehen der Pfahlbürger in die Gerichtsbarkeit der Stadt neue Kämpfe herbeiführte.

Fünftes Kapitel.

Historiker und Mystiker.

Der geistige Boden, auf welchem die Litteraturblüte des deutschen Mittelalters im zwölften und dreizehnten Jahrhundert emporgewachsen, war die adelige Gesellschaft unter dem befruchtenden Sonnenglanze des Kaiserthums. Mit dem Fall der Staufer, mit dem Beginn jener sechs Jahrhunderte des Particularismus, aus dem erst unsere Gegenwart sich herausarbeitet, tritt eine neue geistige Macht in Deutschland auf. Ein edelgeborener Bürger, wie Gottfried von Straßburg, hatte sich dem Kern der ritterlichen Lebensanschauungen mit ganzer Seele hingegeben. Jetzt ist es vielfach das Bürgerthum, zu dessen Cultur und Geschmacksrichtung der Adel heruntersteigt.

Das Bürgerthum aber ist sehr deutsch, sehr exclusiv volksthümlich, es kümmert sich um fremde Bildung wenig, es hat nur das Christenthum gänzlich eingeordnet dem nationalen Gedankenkreis und gibt sich den politischen wie religiösen Interessen hin, bis die wieder erstehende Antike auf noch unbetretene Bahnen leitet und eine neue bürgerliche Figur in dem weltlichen Gelehrten zu Tage fördert, der mindestens mit eben so großer Inbrunst auf Horaz und Cicero schwört, wie auf den heiligen Bernhard oder Augustinus.

Im vierzehnten Jahrhundert aber ist diese Gattung noch nicht vorhanden. Noch immer tritt der Gelehrte als Geistlicher auf. Und als solcher schreibt er zwar mit verdoppeltem Eifer tiefsinnige theologische Abhandlungen und spitzfindige canonistische Erörterungen in der Kirchensprache, oder er dichtet lateinische Verse über alles mögliche und unmögliche, wie der Straßburger Canonicus Gottfried von Hagenau († 1313) über die Feste der heiligen Maria. Aber er bequemt sich auch den litterarischen Bedürfnissen des Bürgers. Er predigt ihm in deutscher Rede. Er schreibt ihm erst lateinische, dann deutsche Geschichtswerke. Kurz, er bewegt sich mitten unter seinem Publikum, denn er hat gelernt, daß man aus vornehmer Höhe keine Massenwirkungen ausübt.

Und dieses Publikum ist, wie gesagt, rein deutsch. In Straßburg nehmen wir im vierzehnten Jahrhundert keine litterarischen Einflüsse Frankreichs wahr. Wie sehr auch der elsässische Adel französischer Mode und Sitte huldigen mochte, das Bürgerthum blieb davon frei. Der Geschmack des Ritterthums war gesunken, die großen Schöpfungen des dreizehnten Jahrhunderts verstand man nicht mehr zu würdigen, und diesen Meistern nachzueifern, gab man sich vollends keine Mühe. Als einst ein Ritter, Ulrich von Rappoltstein, die unglückliche Idee faßte, das gewaltige Epos Wolframs von Eschenbach, den Parzival, mit all den bunten zusammenhangslosen Abenteuern wieder auszustatten, welche die französischen Erzähler vorbrachten und Wolframs künstlerische Weisheit über Bord geworfen hatte: da mußte er sich an zwei Bürger von Straßburg wenden, an Klaus Wisse und den Goldschmied Philipp Kolin, denen er einen eigenen Schreiber hielt und die ihm für gutes Geld die Arbeit lieferten. Aber — sehr charakteristisch — die Leute verstanden kein Französisch, sondern bedienten sich eines Juden als Dolmetsch. Im Jahre 1336 war das Machwerk fertig.

Doch nicht auf dem Gebiete der Romandichtung sollte sich das Straßburger Bürgerthum jener Zeit seine litterarischen Lorbeern pflücken. Ihr eigentliches Feld der Ehren liegt in der Geschichtschreibung und im religiösen Leben.

Geschichtschreiber des dreizehnten Jahrhunderts.

Für die Straßburger war es ein bedeutender Moment, als sie im Jahre 1262 ihren Bischof bei Hausbergen aus dem Felde schlugen (oben S. 29). Für das ganze Elsaß war es ein großes Ereignis, daß im Jahre 1273 ihr Landgraf Rudolf von Habsburg deutscher Kaiser wurde (S. 46). Diese beiden Begebenheiten sind es, welche die elsässische Geschichtschreibung ins Leben rufen.

Was man früher von historischen Werken hier abgefaßt hatte, will nicht viel sagen. Aber mit der Schlacht von Hausbergen und mit der Erhebung Rudolfs von Habsburg wurde das ganz anders. War es nicht eine große Bethätigung städtischer Macht, als man jenen glänzenden Sieg erfocht? Mußte er nicht das schon früher hochgesteigerte bürgerliche Selbstgefühl noch beträchtlich heben? Und Rudolf von Habsburg, hatte er ihnen nicht oftmals schon Armeen angeführt? War er nicht vom Elsaß ausgezogen, um das Reich in Besitz zu nehmen? Waren es nicht elsässische Ritter, mit denen er seine Schlachten schlug? Kehrte er nicht ins Elsaß stets zurück, wenn er frischer Kräfte bedurfte? Wenig hatten sich die blühenden Lande des Oberrheins sonst um die ferne Ostmark an der Donau gekümmert. Nun hörten sie von König Ottokar und seinen Böhmen, sie hörten von Ungarn, Jazygen und Kumanen: und mitten in dieser seltsamen Welt nistete sich ihr Landgraf ein. Sie verfolgten seine Laufbahn mit stets wachsendem Interesse, das sich auch auf seinen Sohn Albrecht noch übertrug.

Alle diese Zeitläufte durchlebte ein Bürger von Straßburg, Namens Ellenhard, den „großen Ellenhard vor dem Münster" nannten ihn seine Mitbürger. Während der Schlacht von Hausbergen versah er bereits Wachdienste in der Stadt. Von 1284 bis zu seinem Tode 1304 war er Inspector des Münsterbaues und nebenbei Armenpfleger: selbst ein patriotischer, wohlthätiger und gebildeter Mann, der aus eigenen Mitteln viel zur Förderung des Baues und der städtischen Humanitätsanstalten beitrug. Das Münster hat damals durch den Baumeister Erwin von Steinbach seinen höchsten Stolz, die Façade, erhalten. Gleichzeitig legte der Bauinspector Ellenhard den Grund zur städtischen Geschichtschreibung.

Um das Jahr 1290, als bereits das Alter an seine Thüre pochte, empfand er das Bedürfnis, Umschau zu halten über die merkwürdigen Ereignisse, die vor seinen Augen vorübergezogen waren. Er selbst schrieb kurze historische Notizen zusammen, die er bis 1297 fortsetzte. Und durch Andere ließ er verschiedene historische und sonstige Aufzeichnungen machen, für die er auch zum Theil das Material lieferte. Alles noch in lateinischer Sprache.

Annalen des deutschen Reiches waren von den ersten römischen Kaisern bis auf Albrecht von Habsburg geführt.

Die Schlacht bei Hausbergen fand eine besondere Darstellung in ausführlicher Erzählung und lebendiger Schilderung. Dies wurde das Prachtstück der Straßburgischen Geschichtschreibung, das sich auf die späteren Historiker forterbte, wie in der Heldenzeit ein kostbares Schwert vom Vater auf Sohn und Enkel. Die Erinnerung an jenen Sieg hatte für den Straßburger kaum geringeren Werth, als für den Schweizer die Sage vom Tell und vom Rütli.

Die Geschichte König Rudolfs vertraute Ellenhard dem bischöflichen Notar Gottfried von Ensmingen an, der ihm auch die Wunder beschreiben mußte, welche das Muttergottesbild des Münsters im Jahre 1280 gewirkt haben sollte. Dieser Gottfried war ein ernster gesinnungsvoller Mann, der sich für den Ruhm deutscher Waffen ereifert und ganz erhitzt gegen die Habsucht des welschen Cardinals losfährt, gegen den Drachen — wie er sich ausdrückt — der die italischen Berge überstieg und seinen giftigen Schwanz durch das ganze deutsche Reich zog. Für Rudolf von Habsburg ist er voll Liebe und Verehrung. Gottfrieds Nachfolger übrigens, den Ellenhard zehn Jahre später für die Darstellung von König Albrechts Thaten gewann, überbietet ihn noch weit in Parteilichkeit für die Habsburger, in blinder Wuth wider deren Gegner.

Gleichzeitig brachte den Habsburgern auch ein Dominicaner

zu Colmar den Zoll seiner Verehrung dar in der sogenannten Chronik von Colmar, welche die Geschichte Rudolfs und seiner beiden Nachfolger im Reich bis 1304 erzählt. Das Buch ist dem Anscheine nach mit Sachkenntnis geschrieben und liest sich wie eine Reihe von Novellen mit lebhaftem Dialog und allerlei pikantem Aufputz. Diese Mönche kamen überall umher, verkehrten mit allen Ständen, vom Kaiser bis zum Bettler, wurden zu manchem benutzt, in vieles halb eingeweiht, den Rest mochten sie errathen. Man empfängt bei der Schrift den Eindruck, als ob eine Anzahl solcher weitgereister Herren sich eines schönen Tages bei einem guten Diner zusammenfänden und sich gegenseitig ihre Geschichten auftischen, möglichst in dem Ton von Leuten, die dabei gewesen sind: ungefähr wie englische Reporters, die sich in den Hauptquartieren kriegführender Mächte aufhalten durften.

Ein anderer Dominicaner von Colmar verfaßte geographisch-statistische Arbeiten über Deutschland und das Elsaß, sowie Annalen bis 1305. Der Mönch macht seine Aufzeichnungen von Jahr zu Jahr mit der Naivetät eines jungen Mädchens, das ihr Tagebuch führt und ein neues Kleid, das sie bekommt, mit derselben Wichtigkeit einträgt, wie die Capitulation von Sedan. Wenn man sich den Inhalt einer Zeitung bunt durcheinander gewürfelt denkt, jetzt ein Stück Feuilleton, dann ein Stück Inland, jetzt ein Stück Tagesneuigkeiten, dann ein Stück Ausland, jetzt ein Stück Volkswirthschaftliches, dann ein Stück Meteorologisches: so bekommt man ungefähr ein Bild dieser sonderbaren Arbeit.

Jedenfalls aber liefert sie mit ihren Notizen aus allen Lebensgebieten den Beweis, wie vielseitig die Interessen dieser Mönche waren. Wie sollten sie auch nicht? Albert der Große, ein schwäbischer Edelmann, den seine Zeit den Doctor universalis nannte, den die unsrige mit Alexander von Humboldt vergleicht, ein Mann, der den ganzen Umfang des damaligen Wissens beherrschte wie kein Zweiter, und der namentlich in der Naturforschung Epoche machte, Albert der Große, war auch ein Dominicanermönch. Seine mannig-

5*

faltigen Interessen pflanzten sich auf seine Schüler fort und trugen
dazu bei, die Lebendigkeit des wissenschaftlichen Treibens innerhalb
des Ordens zu steigern.

Diese Lebendigkeit, die geistige Gewandtheit, das ungemeine
Agitationstalent, die Rührigkeit und der Eifer jedes Einzelnen haben
die fabelhaft rasche Ausbreitung des Ordens wesentlich gefördert. Im
Jahre 1216 war er offiziell gegründet worden. Fünf Jahre später
besaß er bereits 60 Klöster, auf 8 Provinzen vertheilt. Im Jahre
1278 zählte er zwölf Provinzen mit 417 Klöstern, im Jahre 1303
nicht weniger als 18 Provinzen mit 746 Klöstern. Am zahlreichsten
war der Orden in Deutschland: 174 Klöster, wovon 114 allein auf
Oberdeutschland und die Rheinlande fallen, das ist nur um ein
Dutzend weniger als auf ganz Frankreich. Und in Deutschland
wiederum hat vielleicht keine Landschaft die Wirksamkeit des Ordens
so unmittelbar empfunden wie das Elsaß.

Die Mystiker.

Nächst Köln war Straßburg die bedeutendste Schule des Ordens
in Deutschland. Die wissenschaftliche und Lehrthätigkeit der Mönche
war hier sehr lebhaft. Die philosophischen, theologischen, kirchen=
rechtlichen Werke der berühmten Ordensmitglieder Albertus Magnus,
Thomas von Aquino, Raimundus von Pegnafort wurden uner=
müdlich studirt, commentirt und excerpirt. Bruder Hugo Ripilinus
von Straßburg, ein guter Sänger, trefflicher Prediger, gewandt als
Schriftsteller, Schreiber und Maler, verfaßte eine theologische Ency=
clopädie. Bruder Nicolaus von Straßburg, ein populärer Pre=
diger, der sich in deutscher Sprache meist an Priester und Nonnen
wendete, und sie ohne tiefe Speculation in einfacher und anschau=
licher Weise zur Frömmigkeit und Ergebung in den göttlichen Willen
anzuregen suchte, schrieb (bald nach) 1326 ein Werk zur Widerlegung
des thörichten Glaubens an den unmittelbar bevorstehenden Unter=
gang der Welt.

Aber ganz außerordentlich muß der Einfluß dieser Mönche auf das Volk gewesen sein. Insbesondere auf die Frauen. In Straßburg hatten die Dominicaner sieben Nonnenklöster und nur ein Männerkloster. Das dominicanische Nonnenkloster Unterlinden zu Colmar war eine wahre Hochschule frommer Gefühle und überirdischer Zustände. Der Orden der Büßerinnen wurde den Dominicanern unterstellt, weil sie bei diesen am liebsten zur Beichte gingen und sich geistlichen Rath erholten. Bruder Heinrich, Prior im benachbarten Basel, dichtete deutsche Lieder eigens für gute und fromme Frauen.

Ganz vorzüglich waren es vornehme Damen, welche sich durch die aristokratischeren Dominicaner angezogen fühlten: während die armen und geringen sich lieber an die volksthümlicheren Franciscaner hielten. In Straßburg bestanden schon seit der zweiten Hälfte des dreizehnten Jahrhunderts drei vornehme Beginenhäuser, auf Anregung der Dominicaner errichtet und unter ihre Aufsicht gestellt. Diese Häuser sind den adligen Damenstiftern vergleichbar: Vereine von reichen Wittwen und Jungfrauen, die freiwillig zusammentraten, um gemeinsam ein ruhiges und beschauliches Leben zu führen, ohne sich gerade Entbehrungen auferlegen zu wollen. Ihre Tafel war nicht schlecht besetzt, sie hatten ihr Silbergeschirr, ihren Schmuck, ihre Dienerinnen, sie luden sich Gäste zu Tische, unternahmen Badereisen, und kein Gelübde trennte sie auf ewig von allem irdischen Glück. Aber das einfache graue wollene Kleid und der lange Schleier deuteten auf Weltverschlossenheit, und sie werden gerühmt als „gar schweigsame, einfältige, gutherzige Frauen von gar großem inwendigem Ernst, so daß ihnen Gott gar heimlich war mit seiner Gnaden". Solche Frauen hatten vielleicht die höchsten geistigen Bedürfnisse, welche damals vorkamen. Das geistreiche Salongetändel der ritterlichen Zeit war abgethan, aber mit nicht minderem Geist und eben solcher Feinheit forschten jetzt im Verkehr mit erleuchteten Predigern tiefere Naturen nach dem Ewigen.

Für diese Kreise war es ohne Zweifel ein Ereignis, als der berühmte Philosoph und Mystiker Meister Eckard, ebenfalls ein Dominicaner, um das Jahr 1312 nach Straßburg kam. Eckard war vermuthlich ein Landsmann Luthers und um 1260 geboren. Als Prior von Erfurt lernen wir ihn zuerst kennen. Seine Studien hat er in Köln und Paris gemacht, dann hohe Vertrauensposten des Ordens bekleidet, jetzt übernahm er das Lehramt an der Ordensschule in Straßburg und blieb hier etwa bis 1317, um nachher demselben Berufe noch in Frankfurt und Köln obzuliegen, wo er 1327 starb. Wenige Jahre vor seinem Tode haben Johannes Tauler von Straßburg und Heinrich Suso von Konstanz zu seinen Füßen gesessen und sind dann eifrige Verbreiter seiner Lehren geworden.

Meister Eckard gilt noch heute bei solchen, welche das christliche Dogma gern mit der Philosophie versöhnen möchten, für einen Mann, der sich im Besitz wichtiger Wahrheiten befand. Andere sehen in ihm einen Vorläufer der Hegel'schen Religionsphilosophie. Und so viel ist gewiß, daß er am Pantheismus nahe vorbeistreifte und daß die Kirche nach seinem Tode mehrere seiner Lehrsätze, denen sie ketzerischen Sinn beimaß, verdammte. Wir unsererseits bewundern an dem Manne vor allem die persönliche Energie des Denkens, die es wagte und durchsetzte, den kirchlichen Gedankenkreis in zum Theil origineller Weise speculativ zu verarbeiten — wir bewundern die Energie des Sprachgefühls, welche deutschem Wort und Laut das Gebiet der abstracten Gedanken ganz neu eroberte — wir bewundern die Energie des Charakters, die mit der Wucht der schwersten philosophischen Lösungen sich nicht innerhalb des kleinen Kreises der Gelehrten hielt, sondern frei und muthig vor die Welt trat. Meister Eckard ist der Ahnherr der deutschen Philosophie, der Philosophie in deutscher Sprache, und er ist der Ahnherr des deutschen Mysticismus.

Der Mysticismus ist nur eine der vielen Gestalten, welche der christliche Spiritualismus annimmt, eine der vielen Formen, in denen das Christenthum gegen die Sinnlichkeit ankämpft und den Versuch macht, des Menschen Leib zu einem überflüssigen, höchst schädlichen Anhängsel der Seele zu degradiren. Wenn sich Nonnen zu Unterlinden übten in stetem Stillschweigen, und selbst vom Auge nur beschränkten Gebrauch machen wollten, um nicht durch den Anblick der Welt abgezogen zu werden von der frommen Versenkung des Geistes — wenn andere sich einbildeten, sie hätten es durch anhaltendes Weinen und Seufzen vor dem Marienbilde dahin gebracht, daß das Jesukindlein zu ihnen redete und ihnen Ablaß der Sünden versprach — wenn man der allerfrömmsten nachrühmte, sie werde zuweilen mehrere Fuß hoch über der Erde schwebend erblickt: so befanden sich diese verehrungswürdigen Damen mit dem Geiste des mittelalterlichen Christenthums in der allervollkommensten Uebereinstimmung und haben es vielleicht nur einem unglücklichen Zufalle zuzuschreiben, daß sie nicht heute im katholischen Heiligenkalender prangen. Die fortgesetzte Polemik gegen die Natur blickt daher auch aus Meister Eckards Lehren überall hervor. Ja er hat den phantastischen Erzeugnissen überreizter Weibernerven ausdrücklich und in extravaganter Weise den Zoll seiner tiefen und ernstlichen Achtung entrichtet. Nur daß natürlich der speculative Gelehrte sich bei den Ergebnissen von Visionen und Träumen nicht beruhigen konnte.

Eckard muß sich auseinandersetzen mit dem gegebenen Dogma. Er sucht einzudringen in das Geheimnis der Dreifaltigkeit. Jenes „Eins ist drei und drei ist eins", das so vielen gelehrten und weisen Männern vor ihm schon so viel Kopfzerbrechens gemacht hatte, beschäftigt auch ihn. Er stellt sich den Sohn Gottes wie das Spiegelbild des Vaters vor, nur ein Bild von selbständiger Existenz: und der heilige Geist ist die Liebe, welche Gottvater und sein Abbild für einander tragen. Er denkt sich gleichsam einen Kreislauf des Lebens, ein ewiges Auseinanderströmen und Wiederzusammenströmen innerhalb der Gottheit.

Eckard grübelt ferner über das Räthsel der Erlösung. Er sinnt nach über die beziehungsreichen Begriffe des Gottmenschen, des Menschensohnes, des Mittlers zwischen Gott und Menschheit. Und das bringt ihn auf sehr verwegene Ideen.

Wie verhält sich die Gottheit zur Welt? Sie ist nach Eckard

keineswegs mit ihr identisch, wie der Pantheismus will. Aber die Gottheit erscheint ihm wie ein unendliches Meer von unergründlicher Tiefe und auf ihrem Grunde ruhen von Ewigkeit her alle Creaturen. Doch ruhen sie da als bloße Möglichkeiten, wie ungeschaffene Kunstwerke im Geiste des Künstlers. Es muß ein Willensact des Schöpfers sie emporrufen, wenn sie in wirkliche Existenz treten sollen. Diesem stillen unergründlichen Wesen der Gottheit nun kann die menschliche Seele gleich werden. Denn ihr ist von ihrem Ursprung her ein Fünklein der göttlichen Herrlichkeit geblieben. Wenn sie sich alles Irdischen abthut, sich „von den Creaturen scheidet"; wenn sie in völlige Armuth des Leiblichen versinkt; wenn alles Zeitliche für sie todt ist; wenn sie nackt und bloß dasteht; wenn sie sich des Vergänglichen entledigt, welches ihr das Licht verdüstert; wenn sie von niederen Dingen nicht so viel an sich hat als eine Nadelspitze tragen kann; kurz wenn sie mit aller Macht im höchsten Maß erfolgreich jenen Kampf gegen den Körper durchführt: so offenbart sich der dreieinige Gott in ihr oder so wird — wie sich Eckard ausdrückt — der Sohn Gottes in ihr geboren. „Der Mensch kann das erringen durch Gnade, was Christus hatte von Natur; ein solcher Mensch ist Gott und Mensch"; die Erscheinung des Gottmenschen erneuert sich in verkleinertem Maße. Auf diese Weise ist Christus ein Vorbild des menschlichen Lebens, so können wir Christo nachfolgen.

Die Polemik gegen den Körper gestaltet sich bei Eckard folgerichtig zur Ausmalung eines idealischen Zustandes, in welchem des Menschen edelster Trieb, die feinste, die oberste Kraft seiner Seele aufgeht in Gott. Wie Archimedes vertieft war, der den Ruf des plündernden Soldaten nicht hörte, so sollen wir uns sammeln um die einige ewige Wahrheit zu schauen. Wie das Feuer alles in Feuer verwandelt was ihm zugeführt wird, so verwandelt Gott uns in Gott. Die Seele wird mit der Gottheit vereint, so daß sie in ihr nicht mehr als ein besonderes Wesen gefunden werden kann, so wenig wie ein Tropfen Wein mitten im Meer.

Eckard hat im Grunde nur ausgeführt, er hat nur psychologisch und metaphysisch näher bestimmt, was man früher in den Formen des Hohenliedes als Vereinigung des göttlichen Bräutigams mit seiner Braut, der Seele, bezeichnete und sinnlich ausmalte.

So beschaffen ungefähr waren die Lehren, welche der gefeierte Dominicaner in Straßburg vertrug und von hier aus zuerst in weitere Kreise verbreitete. Straßburg war für ihn, was der einflußreiche Katheder einer gutbesuchten Universität für den heutigen Philosophen wäre. Groß waren die Wirkungen seiner Lehre. Die ganze folgende deutsche Mystik beruht auf ihm und ist, was den speculativen Gehalt betrifft, über ihn nicht hinausgekommen. —

Eine wachsende religiöse Bewegung durchbebte die oberrheinischen Lande in den Jahren von Eckards Aufenthalt zu Straßburg bis in die Mitte des Jahrhunderts. Miswachs und Hungersnoth, dann Bann und Interdict im Kampf zwischen Kaiser und Papst, schließlich die Pest, (wir haben diese Zustände oben S. 57 ff. bereits geschildert), das alles wies die Menschen mehr als je auf ihr Inneres. Und sehr bemerkenswerth ist die hervorragende Rolle, welche die Laien dabei spielen.

Schon die Fahrten der Geißler sind ein Versuch religiöser Selbsthilfe, worin man durch freiwillig auferlegte Noth und Peinigung den zürnenden Gott zu versöhnen und sich auf das nahe geglaubte Weltende vorzubereiten suchte. Augenscheinlich hatten die kirchlichen Heilsmittel durch leichtsinnige Handhabung ihren Kredit verloren und die Geißler schieden zwar nicht aus der Kirche, aber innerhalb derselben verfolgten sie ihren eigenen Weg.

Nicht minder üppig wucherten in bewußtem Gegensatz zur Kirche die ketzerischen Secten. Straßburg war wie Köln immer ein Hauptquartier des mittelalterlichen Ketzerthums gewesen. Haben wir nicht gehört, wie verächtlich Gottfried von Straßburg über die Feuerprobe scherzte? Zu seiner Zeit wurden im Jahre 1212 hunderte von Ketzern verbrannt, und die Dominicaner — damals noch eine Privatgesellschaft — verdienten sich bei der Gelegenheit als Ketzerrichter ihre ersten Sporen in Deutschland. Jene armen Leute waren todt, andere wuchsen nach, die Ketzerei war unausrottbar. Bald tauchen sie als „Ortlieber", bald als Brüder und Schwestern des freien Geistes auf, bald legt man ihnen den Namen der Begharden und Beginen bei und bringt dadurch vorübergehend auch Verfolgung über die unschuldigen Beginen, die wir kennen. Jahrhunderte lang trieben sie in Straßburg ihr Wesen. Denn was auch die Bischöfe und Dominicaner unternehmen mochten, der Stadtrath — dem bei Zwistigkeiten mit dem Bischof die widerkirchlichen Elemente oft ganz willkommen waren — lieh nur ungern den weltlichen Arm dazu her.

Sie gingen in langen Röcken, welche vom Gürtel an vorne herab aufgeschnitten waren, den Kopf bedeckten sie mit kleinen Karuzen, die Weiber verhüllten ihn mit übergeschlagenem Mantel. So zogen sie durch die Straßen und erbettelten „Brot um Gotteswillen!" Die freiwillige Armuth erwarb ihnen allgemeine Sympathie. Sie verbreiteten ihre Ansichten durch Lieder, Predigten und populäre Schriften. Diese Ansichten waren radical genug. Sie läugneten die Gottheit Christi, erklärten die Kirche für überflüssig, bezeichneten den Papst als das Haupt alles Uebels, verwarfen die Sacramente und kirchlichen Ceremonien. Gott war ihnen mit der Welt identisch und aus dem pantheistischen Grundgedanken zogen sie die ausschweifendsten sittlichen Folgerungen. Im vierzehnten Jahrhundert haben sie sich entschieden Lehren Meister Eckards angeeignet, denen sie eine bedenkliche Wendung in ihrem Sinne zu geben wußten.

Abgesehen von pantheistischen Anklängen schloß Eckards Grundprincip einen oppositionellen Keim in sich, der sich unter günstigen Umständen zu dem protestantischen Gedanken des allgemeinen Priesterthums entwickeln konnte. Eckard setzt den Menschen in ein unmittelbares Verhältnis zu Gott, worin man nicht ersieht, was ihm Kirche, Priester, Sacramente, gute Werke weiter nützen sollen. Wer mit Gott innerlich vereinigt ist, was bedarf der noch zur Seligkeit?

Eckard erzählt einmal von einem seiner Beichtkinder, einer Schwester Katrei aus Straßburg, vielleicht einer frommen Begine, die durch freiwillige Armuth, dadurch daß sie Familie und Freunde verließ, auf Vermögen und Wohlleben verzichtete, dadurch daß sie sich der äußersten Entbehrung, der Verachtung der Menschen, der grimmigsten Verfolgung aussetzte — in einen solchen Zustand von Heiligkeit gerathen sei, daß sie ihm selbst weit voraus war. Aus langen Tagen einsamer Betrachtung und Zurückgezogenheit kommt sie zu ihm mit den Worten: „Herr, freut Euch mit mir, ich bin Gott geworden!" Er versetzt: „Dafür sei Gott gelobt! Gehe wieder von allen Menschen weg in Deine Einsamkeit: und bleibst Du Gott, so gönne ich Dir es wol." Sie ist ihrem Beichtvater gehorsam und begibt sich in einen Winkel der Kirche. Da geschah es ihr, daß sie die ganze Welt vergaß und so weit außer sich gezogen wurde und aus allen geschaffenen Dingen, daß man sie aus der Kirche tragen mußte und sie drei Tage für todt lag. Wäre ihr Beichtvater nicht gewesen, man hätte sie begraben. Endlich am dritten Tage erwachte sie. „Ach, ich Arme, — rief sie aus — bin ich wieder hier?" Und nun empfing der Meister ihre Belehrung, alle Herrlichkeit Gottes schloß sie vor ihm auf und wie man dazu gelangen könne. Und sie redete soviel von Gott, daß ihr Beichtvater immerzu sprach: „Liebe Tochter, rede weiter." Und sie sagte ihm soviel von der Größe Gottes und von der Allmacht Gottes und von der Vorsehung Gottes, daß er von Sinnen kam und daß man ihn in eine heimliche Zelle tragen mußte und er da lange lag, bis er wieder zu sich selber kam. „Tochter — sprach er — gelobt sei Gott, der Dich erschuf! Du hast mir den Weg gezeigt zu meiner ewigen Seligkeit. Nun flehe ich um der Liebe willen, die Gott für Dich hat, hilf mir mit Worten und mit Werken, daß ich ein Bleiben da gewinne, wo ich jetzo bin." Sie aber erwidert, das könne nicht geschehen, er sei noch nicht reif dazu, er würde rasend werden, wenn er es erzwingen wollte.

Wie mußte einem Laien zu Muthe werden, wenn er diese Erzählung las oder hörte. Der gelehrte Meister Eckart, der Stolz seines Ordens, der zu Paris die ganze theologische Bildung seiner

Zeit eingesogen, der jetzt sich selbst herab gegenüber einer einfachen Frau, die nichts aufzuweisen hat, als ihre unendliche unaussprechliche Sehnsucht nach dem Höchsten, ihr unbezwingliches Verlangen nach der Seligkeit, dem sie alles opfert. Also es war denkbar, daß ein Laie durch eigene Kraft und durch die Gnade Gottes einen Zustand der Vollkommenheit erreichte, um den ihn die gelehrtesten Geistlichen beneiden mußten. Es war, als ob der Vorhang des Tempels gerissen und das Allerheiligste, bisher nur den Priestern zugänglich, allem Volk eröffnet wäre.

So kam denn dies noch hinzu zu den Geißlerfahrten, zu dem Ketzerwesen: ein starker religiöser Drang der Laien, ein leidenschaftliches Aufwärtsstreben zu Gott, ein schmerzliches Ringen nach der Seligkeit, aber ohne demonstrative Ceremonien, wie bei den Geißlern, ohne Empörung gegen die Kirche, wie bei den Ketzern.

Es bildet sich am Oberrhein aus Laien und Geistlichen eine stille Gemeinde der Frommen und Gottergebenen, welche die wunderbarsten Erscheinungen darbietet. Man führt ein Leben, wie man es in den Legenden der Heiligen beschrieben fand. Strenge ascetische Uebungen werden vorgenommen, man sucht mit der Zurückziehung von allem Sinnlichen Ernst zu machen, man bemüht sich, überirdische Träume und Visionen zu haben. Diese sind niemals schreckhaft und ungeheuerlich, sie haben stets etwas mildes, anmuthiges und sanftes. In das religiöse Leben kommt ein neuer Zug der Innigkeit und ein Zug der Hingebung an die abstracte Gedankenwelt. Sogar in Liedern sucht man Eckards Grundgedanken auszusprechen:

> Ich muß die Creaturen fliehen
> Und suchen Herzensinnigkeit,
> Soll ich den Geist zu Gotte ziehen,
> Auf daß er bleib' in Reinigkeit.

Die frommen Kreise treten mit einander in Beziehung, bestärken sich gegenseitig, tauschen ihre Erfahrungen aus, theilen sich in sorgfältiger Aufzeichnung Träume und Visionen mit, sammeln ihre

Correspondenzen, verbreiten erbauliche Schriften unter einander: alles ungefähr so, wie es in der pietistischen Gesellschaft des achtzehnten Jahrhunderts üblich war. Sie nannten sich „Gottesfreunde", mit einem Ausdruck, den Eckard von solchen gebraucht hatte, die zur Vereinigung mit Gott durchgedrungen seien. Diesen Zustand der Selbstentäußerung und der „Vergottung" in sich zu erleben, wie ihn Eckard geschildert hatte, das war ihr höchstes Ziel.

Alle Stände begegneten sich in dem neuen Medium hochgesteigerter Andacht, Laien und Priester, Vornehme und Geringe, Ritter und adlige Damen, Nonnen und Beginen, ja ein ungenannter Bauersmann wird als einer der „allerhöchsten Freunde Gottes" gepriesen.

In einem Laien, den seine Bekannten nur als den Gottesfreund im Oberlande verehrten, erhielt diese Richtung sogar eine reformatorische Wendung. Im Jahre 1317 als Sohn eines Kaufmanns geboren, übernahm er zuerst das väterliche Geschäft, hat aber dann sein bedeutendes Vermögen bloß noch für Zwecke religiöser Propaganda aufgewendet. In der zweiten Hälfte des vierzehnten Jahrhunderts stiftete er einen Geheimbund, worin man Pläne verfolgte, in die nur wenige eingeweiht waren, und über die sich nichts anderes vermuthen läßt, als daß sie von demselben Gefühl eingegeben waren, das im folgenden Jahrhundert in den großen Concilien zum Ausdruck kam, von dem Gefühl, daß eine Reform der Kirche dringend noth thue, daß sie aber von innen heraus versucht werden müsse, ehe man zu anderen Mitteln greife. Mit vier Bundesbrüdern zog sich der Gottesfreund in die Wildnisse der Vogesen zurück und baute sich ein Haus, wo die Fäden ihrer gleichsam unterirdisch wühlenden Thätigkeit zusammenliefen. Ihre Verbindungen erstreckten sich über viele Länder. In Deutschland, in Italien, ja bis Ungarn hin, hatten sie eingeweihte Freunde. Einmal, im Jahre 1377, reiste der Gottesfreund nach Rom und suchte vergeblich in einer Unterredung mit Papst Gregor XI. diesen zu Reformen zu vermögen. Später wurde ein Mitglied des Bundes in Köln, ein anderes in Wien von der Inquisition aufgegriffen und verbrannt. Das Haupt der Gesellschaft aber soll weit über hundert Jahre alt geworden sein und starb in seiner Bergeinsamkeit ohne irgendwelche sichtbare Spuren seiner Wirksamkeit zu hinterlassen.

Er war aber ein Mann von seltener Gewalt der Persönlichkeit. Er genoß ein Ansehen wie ein Patriarch. Bei wichtigen Gelegenheiten ließ er Sendschreiben ausgehen wie ein Apostel. Seine geistige Macht äußerte sich vor allem in dem ganz erstaunlichen Einfluß, den er bei unmittelbarem Contact auf die Menschen zu üben wußte. Bald diesen, bald jenen mitten im Weltleben Versunkenen, verstand er zu einem gottseligen Leben heranzuziehen und in eine Art Abhängigkeit von sich zu bringen, wodurch sie formell seine unbedingte Ueberlegenheit anerkannten. Sie mußten sich — wie er es nannte — ihm an Gottes Statt im Grunde ihrer Seele überlassen. Durch diese eigenthümliche Gestalt, die er dem mystischen Verzicht auf eigenen Willen gab, hielt er seinen Bund zusammen. So hatte sich ihm z. B. der berühmte Prediger, Bruder Tauler, Dominicanerordens; so desgleichen der Straßburger Bankier Rulman Merswin ergeben.

Johannes Tauler, ein Schüler Meister Eckards, in Straßburg um 1300 geboren, hat in dieser Stadt den größten Theil seines Lebens gewirkt und ist daselbst 1361 nach langem, schmerzlichem Leiden gestorben.

Tauler hat bei der Nachwelt den Ruhm seines größeren Lehrers verdunkelt, ja fast absorbirt. Seine Predigten und Schriften waren weit verbreitet und wurden nachmals oft gedruckt. Man nannte ihn den hohen, den erleuchteten, begnadeten Lehrer; Luther, Melanchthon, Bossuet hielten viel auf ihn; der Begründer des Pietismus, sein Landsmann Spener, wollte seine vollständige Uebereinstimmung mit den Grundsätzen der Reformation nachweisen. Gleichwol steht Tauler mit allen wesentlichen Gedanken seiner Lehre auf den Schultern Meister Eckards. Nur allerdings, er ist nicht so abstract, er ist nicht so speculativ gestimmt: er ist populärer, anschaulicher, eindringlicher, seine Sprache „gleicht einer Wiese voll frischer duftiger Blumen, reich an inneren Anschauungen und vielfachen Beispielen aus dem täglichen Leben, voll freundlicher, lieblicher, inniger, tiefer Worte", manchmal voll poetischen Schwunges. Kurz er ist nicht vorwiegend Denker, sondern vorwiegend Prediger und daher mehr auf das praktische Leben gerichtet. Er ist weit entfernt — wie es in der Richtung einer consequenten Mystik läge — ein bloß beschauliches Leben als sein Ideal hinzustellen. „Werke der Liebe, sagt er, sind Gott wohlgefälliger, als große Beschaulichkeit. Bist du in innerer Andacht begriffen und Gott will, du sollst hinausgehen und predigen, oder einem Kranken dienen, so sollst du es mit Freuden thun, denn Gott wird dir da gegenwärtiger sein, als wenn du in dich selbst gekehrt bleibst." Er wies seine Zuhörer auf die werkthätige Menschenliebe und übte sie selbst. Er war ein süßer, sanftmüthiger, gutherziger Mann. Eine befreundete Nonne erklärte ihn für den liebsten Menschen, den Gott auf dem Erdreich habe, in dem der Geist Gottes wohne wie ein süßes Saitenspiel. Er war eine edle aber weiche Natur, dem die Kraft erst von außen gegeben werden mußte. Das that der geheimnisvolle Gottesfreund im Oberland.

Um das Jahr 1350 tritt der nur dreiunddreißigjährige ungelehrte Laie an den fünfzigjährigen Tauler, den gelehrten Priester, den angesehenen Prediger heran und weiß ihm bald zu imponiren. Er überzeugt ihn, daß er noch in der Nacht der Unwissenheit wandle. Er legt ihm allerlei geistliche Uebungen und körperliche Entbehrungen auf. Er läßt ihn nicht studiren und nicht predigen. Seine Beichtkinder muß er sich selbst verscheuchen und bei seinen Ordensbrüdern sich herabsetzen. Endlich nach zwei Jahren, arm und krank, verlassen und verachtet, leiblich aufs äußerste geschwächt, dabei aber immer demüthig und gottergeben wie er ist, hat er eine Vision. Nun erlaubt ihm der strenge Freund das Predigen wieder. Aber das erstemal, wie er auf der Kanzel steht und das zahlreiche, neugierig herbeigeströmte Publicum vor sich sieht, bricht er in Thränen aus und ringt vergeblich nach Fassung. Die Leute gehen schließlich unwillig nach Hause und sagen, der Prediger habe den Verstand verloren. Aber bei einem neuen Versuch weiß er seiner Erregung Herr zu werden und reißt nun seine Zuhörer bis zur Verzückung hin.

Der Gottesfreund hat Tauler erst zu dem volksthümlichen Redner gemacht, der er war. Früher hatte er doch die Fesseln der Schule nicht ganz abgestreift, prunkte mit lateinischen Brocken und erging sich in scholastischen Distinctionen. Der Gottesfreund verlangte klare völlige Verständlichkeit und theilte ihm auch einigen reformatorischen Eifer mit. Tauler muß in seinen Predigten direct für die Gottesfreunde Propaganda machen, er muß seine persönliche Schüchternheit überwinden, er muß die ungeschminkte Wahrheit allen Menschen ins Gesicht sagen und die Laster seines eigenen Standes enthüllen: die Habsucht und Nachsicht der Beichtväter, die Feigheit der Prediger, die Fahrlässigkeit der Bischöfe, die Weltlust der Domherrn, die Unkeuschheit der Priester und Mönche. Solche Buß- und Rügepredigten, später ganz gewöhnlich, hatten damals noch etwas verblüffendes. Taulers erste derartige Rede brachte in der Stadt die größte Aufregung hervor. Die Dominicaner waren entrüstet, wollten ihn an einen andern Ort versetzen, und nur der Intervention der Bürger hatte er es zu danken, daß er überhaupt noch predigen durfte.

Aehnliche Aeußerungen des Unmuths über die Geistlichkeit, über die Verderbnis von Papst, Cardinälen und Bischöfen finden sich in dem Hauptwerke des Kaufmanns und Wechslers Rulman Merswin (geboren 1308, gestorben 1382) zu Straßburg. Aber diese Klagen und Kritiken halten sich zu sehr im allgemeinen, um auch nur ästhetisch irgend welchen Effect zu machen.

Rulman Merswin ist eine Art deutscher Dante, nur in sehr, sehr verkleinertem Maßstabe, ohne die Bildung, ohne die Schicksale, ohne die Leidenschaft, ohne die plastische Phantasie des großen Italieners, aber doch mit verwandten Intentionen.

Sein Buch „von den neun Felsen" (1352) schildert in der Form einer Vision die neun Stufen, auf denen man zur Pforte des Himmels gelangt. Die Felsen werden immer herrlicher, die Bewohner immer weniger. Auf dem obersten Felsen weilt nur die geringe Zahl der wahren Gottesfreunde. Noch wenigeren aber ist es vergönnt, einen Blick in das innerste Wesen der Gottheit, in den „Ursprung" zu thun. Wenn man sich Dante vergegenwärtigt, wie er mit Müh' den Blick versenket „mehr und mehr hinein in jenen Strahl des hohen Lichts, das an sich ist die Wahrheit": so kann man nicht ohne Lachen bei Rulman den naiven Bericht über die „große ehrwürdige Schule" lesen, worin der heilige Geist der Schulmeister ist. Wie die Seele des Menschen hineintritt, sieht sie, daß die Schule voll von Zetteln liegt, auf denen die höchsten Wahrheiten verzeichnet stehen. Bei diesem Anblick wird sie überaus froh und gierig und springt voll Freuden unter die Zettel und wälzt sich darin um und um, bis daß sie voll der höchsten Wahrheiten wird. Der heilige Geist als Schulmeister, die ewige Wahrheit in Zettelgestalt, die lustige Seele, die sich darin wälzt wie ein nasser Pudel im Häckerling: es ist eine gar zu drollige, ehrliche, rührende, verrückte Phantasie.

Rulman Merswin gehörte zu den Vertrautesten des Gottesfreunds im Oberlande und war ihm unbedingt gehorsam. Im Jahre 1367 kaufte er auf dessen Veranlassung ein altes verfallenes Kloster auf dem grünen Wörth, einer Insel der Ill, und ließ es wieder herstellen. Er übergab es den Johannitern unter der Bedingung, daß stets ein Laie die Oberaufsicht führen müsse und daß jederzeit wohlhabende Laien darin Aufnahme fänden. Rulman selbst zog sich hier in ein beschauliches Leben zurück und blieb in ununterbrochener brieflicher Verbindung mit dem Gottesfreund im Oberland. Als aber Rulman gestorben war, bemühten sich die Bewohner des Johanniterhauses vergeblich, den Zusammenhang mit ihm aufrecht zu erhalten. Expeditionen wurden ausgesendet, um ihn zu suchen, doch er trat aus dem Dunkel nicht mehr hervor.

Damit verschwindet auch für uns jede Spur des merkwürdigen Geheimbundes, der es (wie Geheimbünde pflegen) bei großen weltbewegenden Tendenzen zu wirklich eingreifenden Thaten nicht hat bringen können.

Geschichtschreiber des vierzehnten Jahrhunderts.

Während Eckard, Tauler und manche Gleichgesinnte predigten, der Gottesfreund seine geheimnisvollen Reisen machte und Rulman seine mystischen Bücher schrieb: feierte die Straßburger Geschichtschreibung keineswegs. Was Ellenhard und die Dominicaner von Colmar verheißungsvoll begonnen hatten, blieb nicht ohne Fortsetzung. Ja das sinkende Jahrhundert hat einen Historiker hervorgebracht, der sich in weiteren Kreisen des lebhaftesten Beifalls zu erfreuen hatte. Das war der Canonicus Jacob Twinger von Königshofen (geb. 1346, gest. 1420), dessen Chronik in ihrer ersten Bearbeitung um 1390 erschien und einen fast beispiellosen Erfolg errang. Im Elsaß, in der Schweiz, in Schwaben und Baiern, ja den Rhein entlang bis nach Köln war sie verbreitet, und das ist für mittelalterliche Verhältnisse recht weit. In allen den genannten Ländern hat das Buch den größten Einfluß auf die Historiker des fünfzehnten Jahrhunderts ausgeübt, es wurde eifrig gelesen und benutzt, ausgezogen und fortgesetzt.

Wenn wir das von einem modernen Historiker hörten, würden wir uns nicht einen Mann vorstellen, der viele Sprachen verstände, viele Reisen gemacht, viele gelehrte Bücher gelesen, viele Archive durchstöbert hätte?

Nichts von alledem hier. Der mittelalterliche Historiker ist ein höherer Freibeuter. Er stiehlt und wird bestohlen. Was er für seine Zwecke brauchen kann, eignet er sich ungenirt an und ist bei seinen Fachgenossen auf gleiche Behandlung gefaßt: Autorrechte gibt es nicht. So verfährt auch Königshofen.

Da war ein bischöflicher Staatsmann, Matthias von Neuenburg, zugleich Bürger von Straßburg, der die Reichsgeschichte seiner Zeit bis 1356 in dem besonnenen Tone und mit der Sachkenntnis eines

Mannes schrieb, der den Ereignissen nahe gestanden hat. Königshofen bestiehlt ihn.

Da war der Straßburger Priester Friedrich Closener, der im Jahre 1362 eine Art statistischen Handbuchs merkwürdiger Brände, Seuchen, Klöster, Judenverfolgungen, Ungewitter, Hungersnöthe herausgab, versetzt mit ausgeführten Abschnitten der Straßburger Stadtgeschichte und eingeleitet durch eine gedrängte Kaiser- und Papstgeschichte. Königshofen plündert ihn.

Da waren die älteren, da war Gottfried von Ensmingen, da war die Schlachterzählung von Hausbergen, da war das übrige, was Ellenhard angeregt hatte, da waren Darstellungen der Welt- und Reichs- und Kirchengeschichte. Königshofen erklärt alles für gute Beute, nimmt was er kriegen kann und schreibt aus was ihm paßt. Kurz er arbeitet wie ein heutiger litterarischer Tagelöhner, der aus fünf Büchern ein sechstes zusammenleimt. Und der Unterschied besteht nur darin, daß der Tagelöhner zwar viel Geld, aber keine Lorbeeren erwirbt; während Königshofen zwar viele Lorbeeren, aber kein Geld verdiente: denn die Honorare sind erst im Gefolge der Buchdruckerkunst entstanden.

Wie aber kam Jacob Twinger zu seinen Lorbeeren? Wie kam seine Chronik zu der großen Verbreitung?

Das Buch besaß drei Eigenschaften, die zu allen Zeiten einen gewissen Erfolg gesichert haben: es war zeitgemäß, gesinnungstüchtig und geschickt gemacht.

Unter den Bürgern jener Epoche befanden sich Männer, die weit in der Welt herumgekommen waren, die durch Handelsinteressen mit den entlegensten Theilen Europas in Verbindung standen; sie hatten die Denkmale der Vergangenheit gesehen, fremde Nationen und Sitten kennen gelernt; die Politik ihrer Stadt, an der sie oft activen Theil nahmen, brachte sie in fortwährende Berührung mit Kaiser und Reich: das alles erweiterte den Blick und erweckte das Verlangen nach einer über den Horizont der engsten Heimath hinausgehenden Belehrung, wobei aber natürlich die Ehre der Vaterstadt und die rühmlichen Thaten der Vorfahren nicht vergessen sein durften. Die lateinischen Hülfsmittel waren nur wenigen zugänglich, nach den gereimten deutschen Weltchroniken des dreizehnten Jahrhunderts wollte man nicht greifen. Denn jene Zeit begehrte schon wie die unsrige für solche Zwecke Prosa, sie wollte sich nicht mit poetischen Floskeln herumschlagen, wo es oftmals auf rasche Auskunft ankam. Dabei war sie aber doch etwas verwöhnt durch die beliebte Schwank- und Novellendichtung, der trockene Bericht genügte ihr nicht, sie wollte nette, interessante, kleine Bildchen, die sich ungezwungen nach einander aufrollten und Geist und Phantasie mit leichter Nahrung frisch erhielten.

In Oberdeutschland fehlte es noch ganz an einem solchen Buche, während Niederdeutschland seit 1250 eine deutsche Weltchronik in Prosa besaß. Jacob Twinger kam also, wie man zu sagen pflegt, einem längst gefühlten Bedürfnisse entgegen. Und er war der Mann dazu, es auf das allervollkommenste zu befriedigen.

Königshofen war ein guter Erzähler. Und er war ein guter Erzähler um so mehr, je weniger er ein gewissenhafter Erzähler war. Auf Wahrheit kommt es ihm nicht so sehr an, als auf Abrundung und Pointe. Er will nicht sowohl möglichst richtig, als möglichst unterhaltend erzählen. Schwänke, Schnurren, Witze karrt er zusammen, wo er sie irgend findet. Und wo er sie nicht findet, macht er sie zur Noth. Auf wunderbaren und seltsamen Geschichten verweilt er mit Vorliebe. Ueberall hält er darauf, die Begebenheiten dramatisch zu beleben. Und obwohl ein Geistlicher, nimmt er durchweg den Standpunct des deutschen Bürgers ein. Er steht auf Seite der Stadt gegenüber den Bischöfen, auf Seite des Kaisers gegenüber dem Papst, auf Seite des Vaterlandes gegenüber den Franzosen und anderen fremden Nationen.

Nun wird die vielfache Anerkennung nicht mehr auffallend erscheinen, die sich Königshofen errang. Seine Arbeit war nicht blos Stadtchronik von Straßburg und Landeschronik vom Elsaß, sie war auch ein Abriß der Universalgeschichte von der Schöpfung bis auf die Gegenwart, und sie war nicht blos ein Abriß der Universalgeschichte, sie war auch ein Schatz amüsanter Histörchen. Er wand seinem Heimathsorte den Ehrenkranz und wußte in das Oertliche und Landschaftliche so viel Deutsches und Allgemeinmenschliches zu verflechten, daß durch sein Verdienst die Erweiterung des geschichtlichen Bewußtseins auf den gesammten Inhalt der Weltbegebenheiten für einen großen Theil unseres Volkes von Straßburg ausgegangen ist.

So erblicken wir abermals die oberrheinische Capitale als Mittelpunct. Die Stadt, aus welcher sich Eckards Lehre und der deutsche Mysticismus zuerst verbreitete, ist auch ein Centrum der Historiographie.

Sechstes Kapitel.

Das Straßburger Münster.

Wenn religiöse Schwärmerei den Geist tief ins Jenseits, in eine phantastisch überirdische Welt verlockt hatte, so führte ihn die Betrachtung der vaterländischen Geschichte mit ihren Fehden und Kämpfen, Siegen und Ehren wieder auf die Gegenwart und den festen Boden der Wirklichkeit zurück. Tauler und Königshofen sind es zumeist, welche uns diese beiden Richtungen repräsentiren. Sie sind es vor Allen, welche Straßburger Bürgerherrlichkeit des vierzehnten Jahrhunderts auf die Nachwelt gebracht haben. Aber ein dritter Name steht neben ihnen, größer als beide, ein kühnerer, ein gewaltigerer, ein weit mehr schöpferischer Geist, ein Mann, dem es beschieden war, mit dem was er gewollt, mit dem was er vollbracht, auf die Folge der Jahrhunderte eine selten unterbrochene, mehrfach gesteigerte Wirkung auszuüben.

Was Tauler war, dankte er theils Meister Eckard, theils dem Gottesfreund vom Oberland; was Königshofen leistete, dankte er theils seinen Vorgängern, theils dem Zeitgeschmack, dem er sich fügte: der Dritte, den wir meinen, verdankt sein Bestes eigener Kraft. Jene beiden sind keine Menschen, die sich über Mittelmaß erheben: dieser hat in seinem Fache das Höchste geleistet. Jene beiden sind nur deutsche Localberühmtheiten: dieser ist ein Weltname. Tauler und Königshofen sind nur Talente: Erwin von Steinbach ist ein Genie.

In Erwin von Steinbach hat die elsässische Baukunst ihren Gipfel erreicht. Erwin ist der größte Architekt des Elsasses und vielleicht des ganzen deutschen Mittelalters, er steht als ein mindestens ebenbürtiger Geist neben dem Meister des Langhauses und der Façade vom Kölner Dom.

Unter allen Landschaften Deutschlands finden wir das Elsaß am dichtesten mit älterer Architektur übersät. Hier wurde am intensivsten während des Mittelalters gebaut. Schon zur römischen Zeit muß es nicht arm an Denkmälern gewesen sein, und die Kunsttradition blieb lange lebendig.

Das Straßburger Münster, das schon im neunten Jahrhundert von einem Dichter als glänzender Bau gerühmt wird, war eine altchristliche Basilica, worin die Nische der Apsis unmittelbar an das Querschiff sich ansetzte. Und wenn auch der damalige Bau gänzlich verschwand, so ist doch die Grundanlage geblieben und wurde sogar auf eine andere Straßburger Kirche (St. Stephan) übertragen.

So trifft man auch sonst noch antike und altchristliche Reminiscenzen in den Details späterer elsässischer Bauwerke. Der Aachener Rundbau Karls des Großen ist wie anderwärts auch hier einmal von einem Nonnenkloster (Ottmarsheim) im elften Jahrhundert nachgeahmt worden. Als um diese Zeit eine allgemeine Baulust ganz Deutschland ergriff und der romanische Styl seine große Blüte erlebte, da zeichnete sich das Elsaß durch frühe Aufnahme und Ausbildung des Gewölbebaues, durch großartige und mannigfaltige Thurmanlagen, durch originelle Entwickelung der Vorhallen und Portale aus. Im Gegensatz zu den schlankeren und mehr aufstrebenden Bauten des Niederrheins, finden wir hier vielfach schwere und düstere Formen. Dabei im ein einen neben den Grundzügen der deutschen Bauschule manche fremdartige Bildungen, die man den benachbarten romanischen Provinzen, vielleicht sogar Italien, entlehnt glaubt. Das Elsaß ist auch in der Kunst ein Mittelland, und der Zusammenfluß mannigfaltiger Elemente erzeugt oft eine eigenthümliche, ja abenteuerliche Originalität. Die alterthümliche Säulenbasilica der Georgskirche zu Hagenau, die vornehm sich erhebende Klosterkirche zu Murbach, die etwas schwerfällig und derb gebildete Fideskirche zu Schlettstadt, ganz besonders aber die elegant und reich durchgeführte Kirche zu Rosheim und die großartige Façade der Kirche zu Mauersmünster gehören zu den merkwürdigsten und bedeutsamsten romanischen Bauten unseres Vaterlandes. Eine litterarisch wenig productive Zeit hat sich damit ein Denkmal hoher Cultur und seltener Geisteskraft gesetzt.

In eben dieser Epoche zu Anfang des elften Jahrhunderts (1015) begann auch Bischof Werner (S. 16) den Neubau des im Jahre 1002 verwüsteten Straßburger Münsters. Sein Nachfolger weihte 1031 die Kirche St. Thomas und unternahm den Bau von Jung St. Peter zu Straßburg. Ob von diesen Bauten irgend etwas noch erhalten, kann man so bestimmt nicht sagen. Aber die östlichen Theile des Münsters lassen fast alle Abstufungen in der allmählichen Entwickelung des romanischen Styles erkennen.

Der älteste Theil ist die Gruftkirche, wovon die östliche Hälfte etwa dem Ende des elften, die westliche dem Anfang des zwölften Jahrhunderts angehört. Dann folgen Apsis, Querschiff und die zwei Kapellen, die sich zu beiden Seiten der Apsis lagern: auch dies wieder allmählich entstanden und die Spuren an verschiedenen Stylübergängen aufweisend, aber doch alles aus dem Ende des zwölften und Anfang des dreizehnten Jahrhunderts stammend und der höchsten Ausbildung des romanischen Styls, dem sogenannten Uebergangsstyl angehörig, der schon den Spitzbogen verwendet und nach und nach der Gothik sich nähert.

Diese hält nun im Lauf des dreizehnten Jahrhunderts ihren Einzug. Wie die deutsche Poesie des Ritterthums unter der Einwirkung der französischen gestanden hatte, so war in ihrem Gefolge — wenn auch langsamer — der gothische Styl aus seiner französischen Heimath herübergewandert. An den Grenzgebieten wie im Elsaß mußte man am frühesten der neuen Mode sich bequemen. Die Gothik erscheint um 1250 zu Straßburg, Hagenau, Weißenburg, Colmar, Neuweiler u. s. w. Man hat hier viel aus Frankreich direct gelernt. Das Schiff des Straßburger Münsters hat bei Paris sein Vorbild.

Die Abteikirche zu St. Denis, welche man die Geburtsstätte der Gothik nennen kann, wurde von 1231 an theilweise umgebaut, und verschiedene Neuerungen, welche eine consequentere Entwickelung der Gothik einschließen, kamen dort zum ersten Mal zur Anwendung. Dort scheint der Meister des Straßburger Langschiffes seine Studien gemacht und die Erfindungen der letzten Mode gleich an den Rhein übertragen zu haben, wo sie von Straßburg auch nach Freiburg hinüber kamen.

Der Münsterbau war 1275 vollendet bis auf Façade und Thürme. Ungesäumt aber sollten diese in Angriff genommen werden und hier war es, wo Erwin von Steinbach eintreten und seine unsterbliche Schöpfung beginnen durfte (1277).

Wie sehr auch sein Vorgänger ein französisch gebildeter Architekt war, wie vertraut er sich mit den jüngsten Fortschritten der Gothik zeigte: den Geist der Gothik in seiner entschiedenen Entfaltung hatte er seinem Bau nicht einzublasen vermocht. Nirgends vielleicht hat sich der verwegene Idealismus des Mittelalters so glänzend gezeigt, wie in den gothischen Bauten. Ist es nicht ein Unternehmen, wie es die biblische Sage von jenen himmelstürmenden Menschen zu Babel meldet? Die lastenden Steinmassen sollten, allen Gesetzen der Schwere zum Trotz, leicht wie Bäume in die Höhe schießen oder wie Springbrunnen emporquellen.

Diesen aufstrebenden Charakter hatte das Langschiff nicht mehr gewinnen können. Der Architekt war an das vollendete Querschiff gebunden, die breite Lagerung des romanischen Baues war ihm gegeben, er mußte sich fügen: aber er that, was er konnte, um die ungünstigen Bedingungen zu überwinden.

Die Breite des Mittelschiffes durfte er nicht ändern: also änderte er die Höhe und hob es beträchtlich über das Maß, das ihm ursprünglich zugedacht war, hinaus. Aber auch so brachte er es nur zu einem Verhältniß von 1 zu 2 zwischen Breite und Höhe (47′ 6″ rhein.

im Lichten breit, 96′ hoch), während z. B. das verwandte Freiburger Münster viel schlankere Verhältnisse aufweist. Dadurch hat das Innere etwas Gedrücktes bekommen, romanische Proportionen bei der fortgeschrittensten Gothik im Ganzen.

Was wird nun Erwin thun, indem er den Bau übernimmt? Soll er von dem inneren Widerspruche des Langschiffes noch irgend etwas in die Façade hineintragen? Soll hier noch etwas Lastendes und Schweres zurückbleiben? Oder soll er die vielen Abstufungen des Styls, welche das Denkmal bereits umschließt, durch eine neue vermehren?

Erwin wählte unbedenklich das letztere. Er wollte sich keinen Zwang anthun. Sein Genius sollte sich ungehemmt entfalten, aber doch nicht rücksichtslos, sondern mit gebührender Beachtung des Vorhandenen, das sein maßvoller Sinn zu schätzen und zu verwerthen wußte.

Auch Erwin hatte seine Bildung in Frankreich empfangen. Er hat allem Anscheine nach um 1260 an der Bauhütte von Notre Dame zu Paris die neueste Richtung der Gothik beobachtet, welche Meister Jean de Chelles begründete. Er hat an der Stiftskirche St. Urbain zu Troyes vermuthlich mit eigenen Augen gesehen, wie der geniale Jean Langlois die Steinconstruction an ihre letzte Grenze führte. Durch solche Anregungen war seine Leistung bedingt. Er legte die gewöhnliche französische Façade zu Grunde, aber er hat sie mit den jüngsten Fortschritten bereichert, ganz selbständig durchgebildet und so zu sagen durchgeistigt.

Er theilte die Façade mit einer dem Gegebenen angemessenen Höhe und Breite in zwei Stockwerke, welche durch die hinlänglich kräftige Markirung der Horizontalabschnitte den Eindruck der Ruhe machen mußten. Die Verticaleintheilung mit drei Portalen entsprach den drei Schiffen im Innern. Das untere Stockwerk wird durch die Portale eingenommen. Das Radfenster über dem Hauptportal füllt das ganze Mittelstück des zweiten Stockwerks und fügt dem Innern noch den schönsten und lebendigsten Schmuck hinzu, indem das colof=

iale durchbrochene Rund eine volle Garbe des Lichtes in den weiten
Raum hineinwirft. Ueber den beiden Seitentheilen erheben sich die
Thürme als dritte Stockwerke, denen durchbrochene schlanke Kegel
als Helme aufgesetzt werden sollten.

Diese graziösen Bildungen sollten nicht ohne Vorbereitung an
die dichteren Massen unter ihnen sich ansetzen. Schon in der Gesammt=
gliederung ist das verticale Moment geziemend betont. Dann sind
die dritten Stockwerke sehr luftig und durchsichtig gehalten. Und
dazu tritt noch — ein durch Langlois angeregter, von Erwin lebhaft
ergriffener Gedanke — das emporsteigende Stab= und Maßwerk,
welches in einer Entfernung von zwei Fuß die ganze Façade gleich=
sam überspinnt und den Blick des Beschauers leise nach oben leitet.
Dem Ernsten, Ruhigen, Dunklen, Feierlichen, schwer und colossalisch
Gelagerten ist so ein leichtes, lebendiges, heiteres, anmuthig um=
spielendes Element beigesellt, das sich in die Thürme fortsetzt. Es
ist als ob Epheuranken das Gebäude überzogen hätten, und dann
weit, weit darüber hinausgewachsen wären... Sicherlich war Erwin
nicht ein strenger, trüber, sondern ein feiner, liebenswürdiger Geist.

Leider war es ihm nicht vergönnt, den Bau zu Ende zu führen.
Ueber mangelnde Förderung zwar hatte er nicht zu klagen. Die Zeit=
genossen erkannten seinen Werth. Sein Vorgesetzter, der uns wohl=
bekannte Bauinspector Ellenhard, ließ es an Eifer und Förderung
gewiß nicht fehlen, bis er starb und Erwin selbst die Oberaufsicht
erhielt. Bischöfe und Rath wetteiferten, das Werk zu betreiben.
Ablässe wurden ausgeschrieben, um Geldbeiträge oder freiwillige Ar=
beiter heranzuziehen. Freies Geleit für Hin= und Zurückfahrt wurde
Allen zugesagt, welche Material beischaffen wollten. Mit sicht=
lichem Entzücken über den gelingenden Bau schreibt Bischof Konrad
von Lichtenberg: „Das Werk steigt gleich den Blumen des Maies
in die Höhe."

Aber ach, der Werkmeister wurde hinweggerissen. Erwin starb
1318, ehe das Gebäude auch nur bis zur heutigen Plattform gediehen
war. Der Bau ging nun zunächst langsam von statten, und den

spätern Baumeistern fehlte die Ehrfurcht vor Erwins Entwurf. Um 1365 setzte man auch über das Radfenster ein drittes Stockwerk, das schon an sich ziemlich kahl und schwerfällig war und außerdem Erwins Gedanken völlig verdarb. Der ganze Vorbau erhielt nun das Ansehen einer selbständigen, an das Münster zufällig angelehnten Wand. Das relative Verhältnis von Höhe zu Breite wurde ein ganz anderes als im Inneren; die absolute Höhe stieg weit über das dahinterliegende Dach und beide Umstände bringen ein unangenehmes Gefühl der Enttäuschung hervor, wenn man das ohnedies gedrückte Innere betritt.

Sodann ist nur ein Thurm fertig geworden, auch dieser erst im fünfzehnten Jahrhundert durch Meister Hans Hültz aus Köln (gestorben 1449) und schon im spätgothischen Geschmack vollendet, aber immerhin ein Werk von nicht gemeiner Kühnheit und unzweifelhafter Eleganz. Die an sich bizarre Idee eines bis zur höchsten Spitze besteigbaren Thurmhelmes ist mit meisterhafter Technik verwirklicht. Die von Erwin geweckte Richtung der unbeschränkten Herrschaft über das Material feiert darin ihren höchsten Triumph.

So haben freilich alle Epochen der mittelalterlichen Baukunst, von den ersten Anfängen bis zur Entartung, sich in das Münster, gleich wie in ein grandioses Album, eingezeichnet. Aber diese Bemerkung kann uns über die mangelnde ästhetische Einheit nicht trösten. Schade, daß Erwin nicht dasselbe Glück zu Theil wurde, wie jenem Kölner Domarchitekten, dessen Entwurf noch ein spätes Jahrhundert sorgsam auszuführen trachtet. Indessen ahnt Jeder die Größe des Straßburger Meisters aus dem, was wir besitzen. Immer ist es doch Erwins Idee, die das Ganze beherrscht. Und der gewaltige Eindruck, den alle davon getragen, die sich von Aeneas Sylvius bis auf Goethe und die Heutigen über das herrliche Denkmal ausließen: dieser Eindruck ist Erwins That, ist die Folge von Erwins Plan.

So wie das Werk war und werden sollte und wurde, konnte natürlich nicht ausbleiben, daß es auf die benachbarten Bauleitungen Einfluß übte. Schon die schlanken edlen Formen des Schiffes von

St. Peter und Paul zu Weißenburg zeigen Verwandtschaft. Die Façade der Kirche zu Ruffach mit ihrer prächtigen Rose entstammt der von Straßburg. Der Thurm des Münsters zu Freiburg lehrt uns vermuthlich, wie sich Erwin den seinigen dachte; und im Elsaß selbst hat er zu Haslach, Thann, Weißenburg und Schlettstadt verkleinerte Nachahmung gefunden. Ja, das Vorbild des Münsters läßt sich weit über das Elsaß hinaus, bald mehr, bald weniger bestimmt, in die Schweiz, nach Schwaben, Baiern, Franken und den Rhein hinab verfolgen. Erwin von Steinbach ist der Chorführer für die ganze jüngere deutsche Gothik.

Mit dem Ansehen des Straßburger Münsters wuchs das Ansehen der Straßburger Bauhütte. Und als im Jahre 1459 eine Brüderschaft aller deutschen Bauleute und Steinmetzen sich bildete, übertrug man dem Werkmeister des Straßburger Münsters den Vorsitz und das Oberrichteramt. Die Hauptstadt des Ketzerthums, die Hauptstadt des Mysticismus, die Hauptstadt der Geschichtschreibung ist also auch die Hauptstadt der Baukunst. Auf einigen dieser Gebiete muß sie ihren Ruhm mit der rheinischen Schwesterstadt Köln theilen. Brauchen wir Symbole dieser verwandten und hervorragenden Stellung, so sind es der Kölner Dom und das Straßburger Münster.

Gleich der Architektur, waren auch Plastik und Malerei mit dem Aufschwung des städtischen Gewerbes aus der Hand der Geistlichen in Bürgerhände übergegangen. Aber wir haben für diese Epoche keine Urkunde, wie die Encyclopädie der Herrad von Landsberg für das zwölfte Jahrhundert (oben S. 37). Wenig ist uns geblieben: Glasgemälde zu Neuweiler, Weißenburg und im Münster; Wandgemälde zu Weißenburg; Sculptur in dem reichen Statuen- und Reliefschmuck des Straßburger Münsters. Die Straßburger Maler müssen als tüchtig bekannt gewesen sein, da Karl IV. den Nicolaus Wurmser von Straßburg zu sich berief und neben Theoderich von Prag zur Ausschmückung seiner Burgen verwendete. Die vorhandenen Glasgemälde präsentiren sich zum Theil in wunderbarer Pracht und Farbenglut, und die plastischen Werke des Münsters (deren einige von Frauenhand, von einer Künstlerin Sabina, herrühren) müssen zu den hervorragendsten Leistungen deutscher Sculptur des dreizehnten und vierzehnten Jahrhunderts gezählt werden. Bei dem Tode der Maria an dem Portal des südlichen Querschiffs überrascht die reiche Gruppirung und die dichtanschließende Gewandung, welche die Körperformen durchscheinen läßt. Und der plastische Schmuck der Façade, welcher die ganze Geschichte der Erlösung umfaßt, erinnert in Leichtigkeit und Freiheit der Behandlung an französische Sculpturen.

Aber dies alles kam für die Mit- und Nachwelt wenig in Betracht neben der staunenswürdigen Schöpfung Erwins und seiner Nachfolger. Man begreift, wie die Bädeker und Murray des sechszehnten Jahrhunderts sie für das achte Wunder der Welt erklären mochten.

Es ist doch etwas Großes, so hoch in die Wolken zu bauen. Seit den Werken orientalischer Despoten, seit den riesigen Hügeln, welche ägyptische Könige als Pyramiden über ihren Gräbern aufführten, hat man so vermessen nicht mehr in die Lüfte gestrebt. Auch dort eine Art Mittelalter, die Wissenschaft in den Händen der Priester, der Unterschied der Stände bis zur schroffsten Trennung gediehen. Aber dort der Uebermuth eines Despoten, den die Herrschaft über Knechte trunken macht: hier das Selbstgefühl eines Bürgerstandes, der die Macht des Fleißes und der Hingebung in sich kennen gelernt hat. Dort der grollend geleistete Dienst eingeschüchterter Sklaven: hier die begeisterte Arbeit freier Männer, die trotzig in schwindelnde Höhen klimmen mit einem heiligen, kühnen Glauben, wie jenes fromme Weib: „Herr, freuet Euch mit mir, denn ich bin Gott geworden."

Aber nicht solche Betrachtungen sind es zunächst, zu denen uns Deutsche das Münster auffordert. Ist es nicht ein Werk deutschen Genies, das wir da bewundern? Und war es nicht der Ausdruck unserer tiefsten Erniedrigung, daß wir den Schatz nicht mehr zu hüten vermochten? Und ist es nicht wieder der Ausdruck unserer neugeborenen nationalen Ehre, daß wir ihn zurückgewonnen haben?

Er liegt da, als ob sich einer jener alten Steinriesen hingelagert hätte, von denen die heidnischen Lieder wissen, und dem alten grauen bärtigen Mann ist ein schlankes, zierliches, lebensfrisches Kind auf die Schulter gestiegen und streckt sich hoch in die Höhe und guckt neugierig hinaus über Stadt und Strom und Hain und Feld und Auen, über Wiesen und Bäche, und das ganze unübersehliche, reiche blühende, grünende Land, bis zu den fernen dunklen Bergen, hier zu den Vogesen, dort zum Schwarzwald . . . Freust du dich auch, du stolzes Riesenkind, daß dein Blick, so weit er reicht, jetzt wieder nur auf deutschen Boden fällt?

Siebentes Kapitel.

Die ersten Franzosenkriege.

Wenn man die Geschichte des Elsasses in der frühern Zeit des Mittelalters überblickt, so zeigt sich, daß das Land stets in den nächsten Beziehungen zur deutschen Reichsgewalt, selbst zu den Personen der deutschen Könige und Kaiser gestanden hat. Nie ist es gelungen, eine Landesherrschaft, ein Landesfürstenthum zwischen das Kaiserthum und die unabhängigen Reichsstände des Elsaß einzuschieben. Wenn sich die Städte in harten Kämpfen ihre eigenthümlichen und selbständigen Verfassungen errangen, wenn die Bischöfe, Aebte, Grafen und Herrn untereinander und mit den Städten in endlosen Fehden standen, so waren sie doch alle in dem einen Puncte einig, keine andere Herrschaft als die des Kaisers und Reichs über sich und ihre Heimat anerkennen zu wollen. So hatte das Elsaß zu der Zeit, wo Deutschland mehr den Character einer Föderation fast souverainer Staaten annahm, eine vorherrschend kaiserliche Richtung treu bewahrt.

Zur Zeit Karls IV. hat die kurfürstliche Gewalt ihren Abschluß gefunden, eben damals hat man sich in Baiern wie in Sachsen, in der Pfalz wie in den rheinischen Kurfürstenthümern beglückwünscht, daß der Kaiser Karl IV. auf das kaiserliche Recht der höchsten Gerichtsbarkeit förmlich Verzicht geleistet, und daß nun in diesen Ländern es nicht mehr gestattet war, gegen die Entscheidungen der Landesfürsten bei Kaiser und Reich Berufung einzulegen. In Oesterreich hat man um dieselbe Zeit kein Mittel gescheut, um die Länder des Habsburgischen Hauses von aller Reichsgewalt und allem Reichszusammenhang zu emancipiren: im Elsaß dagegen konnten dieselben Habsburger als Landgrafen dem allgemeinen Zuge des Landes und der Bevölkerung keinen Augenblick entgegenwirken. Nie wäre es gelungen, hier eine Herrschaft aufzurichten wie in Oesterreich. Nur das Reich, nur den Kaiser mochte man als Herrn gelten lassen.

Noch Karl IV. dankte dieser verherrschend kaiserlichen Gesinnung im Elsaß die Anerkennung seiner Macht, denn sowie die elsässischen Städte in dem Streite zwischen Ludwig dem Baiern und den Päpsten ganz entschieden die Partei des Kaisers behaupteten, und auch durch Bann und Interdict nicht einen Augenblick in ihrer Treue gegen Kaiser und Reich schwankend gemacht werden konnten, so traten sie doch nach Ludwigs Tode eben auf die Seite jenes Karl, der mit Hilfe des Papstes die deutsche Krone erlangt hatte. Es war ein unvergeßlicher Augenblick, als Karl IV. dem Bischof Bertholt von Bucheck vor dem Münster die Belehnung von Straßburg ertheilte und als der Stadtrath dem neuen Kaiser huldigte, nachdem der Bischof von Bamberg Interdict und Bann im Namen des Papstes aufgehoben hatte.

Bei diesem historischen Ereigniß, welches Anlaß gab, das Bildniß Karls IV. an dem südlichen Portale des Querschiffs des Münsters neben den Kunstwerken Savinas zu verewigen, wird ein Charakterzug entschlossenen Bürgersinnes überliefert: Herr Peter Schwarber, der Ammeister, welcher im Namen der Rathsherrn um Aufhebung des päpstlichen Bannes bat, verwahrte sich doch mit aller Entschiedenheit gegen jede Zumuthung, das Andenken Kaiser Ludwigs, um deswillen die Stadt gelitten hatte, auch nur im mindesten zu verunglimpfen oder entwürdigen zu lassen. So tief war in diesem bürgerlichen Gemeinwesen die Anhänglichkeit und Treue an das Reichsoberhaupt begründet. Hieran konnten innere Streitigkeiten zwischen Bischöfen und Bürgern oder zwischen Bürgern untereinander nichts verändern; die Nachfolger Bertholds von

7

Bucheck, Johann von Lichtenberg, dann einer aus dem Geschlechte von Ochsenstein, hierauf ein anderer Lichtenberg, machten der Stadt Schwierigkeiten wegen der Gerichtsbarkeit über die Ausbürger oder Pfahlbürger, welche in den Stadtverband traten, ohne daß sie in den Städten wohnten. Die Grundherrschaften erblickten hierin eine Anmaßung der Städte, die Bischöfe von Straßburg bestritten denselben das Recht, auswärtige Bürger anzunehmen.

In Straßburg gab es manchen Streit zwischen den Familien der Rosheim und Rebestock, welche in der zweiten Hälfte des 14. Jahrhunderts sich eben so heftig bekämpften wie einst die Zorn und Mülnheim um die Herrschaft im Stadtrath. Auch der hohe Adel des Elsaß stand in ununterbrochenen Fehden bald mit Straßburg und Hagenau, bald mit Colmar und Mülhausen: es gehört zu den ermüdendsten Schauspielen, diese zahllosen Kriege der kleinen unmittelbaren Stände des heiligen römischen Reichs gerade auch hier im Elsaß in den Chroniken zu verfolgen. Nur das Verhältnis zum Kaiser gewährt Lichtblicke einer ernsteren Ordnung. Karl IV. pflegte nicht ohne Verständnis seine Beziehungen zu den Städten und löste ihre Streitigkeiten mit geschickter Hand. Er beseitigte 1356 die Zwietracht zwischen Straßburg und Schlettstadt über die beiderseitige Gerichtsgewalt, und griff in die Entwickelung anderer Städte vortheilhaft ein: in Colmar entfernte er im Jahre 1358 die Edelleute aus dem Stadtrath, den Hagenauern gab er eine neue Stadtverfassung, damit, wie es da heißt, des Reiches Ehre und zugleich der Stadt Nutzen gefördert werde.

So war trotz alles innern Zwistes das Kaiserthum noch immer der Angelpunct aller Bewegungen der elsässischen Reichsstände. Aber mit den Nachfolgern Karls IV., mit der Regierung Wenzels, Rupprechts, Sigismunds und dann der Habsburger trat der Einfluß der Reichsregierung immer mehr zurück. Um den Frieden aufrecht zu halten, waren die Städte mehr und mehr auf sich selbst angewiesen. Sie traten in große Bündnisse ein, welche am obern und mittleren Rhein geschlossen werden sind, und welche durch Städtetage und

gemeinsame Berathungen zu erietzen suchten, was dem Reich an
Kraft und Mitteln fehlte, die Ordnung aufrechtzuerhalten; so traten
Hagenau, Straßburg und Weißenburg in die Eidgenossenschaft von
Speier im Jahre 1381, so schlossen 52 oberrheinische Städte 1385
den großen neunjährigen Bund von Constanz.

Aber Anstalten dieser Art konnten im besten Falle doch nur
genügen, wenn man blos die inneren Verhältnisse berücksichtigte,
oder wenn es gegönnt gewesen wäre, unabhängig von den allge=
meinen Weltangelegenheiten in diesen Grenzländern des Reiches ein
auf sich selbst gestelltes Staatsleben zu führen. Allein seit der Mitte
des 14. Jahrhunderts pochten die Kämpfe des westlichen Euro=
pas in gewaltigerer Art an die Pforten Deutschlands. Die lang=
jährigen Kriege Englands und Frankreichs konnten nicht ohne Rück=
wirkungen auf das benachbarte Elsaß bleiben. Während dieses
hundertjährigen Kampfes bildete sich eine Mittelmacht zwischen
Deutschland und Frankreich, das neue burgundische Reich, das, wie
einst das Lothringen der Karolinger sich rasch erhob und seine Arron=
dirung vorwiegend in den Gebieten suchte, wo es keine feste Landes=
herrschaft gab, wo keine Fürsten saßen, die sich des fremden Andranges
erwehren konnten, wie im Elsaß und in der Schweiz. Hier lag die
Vertheidigung auf den Schultern schwacher Reichsstände, wenn nicht
die Kaiser stark genug waren, die Grenzen zu schützen.

Der Charakter der Geschichtsepoche, welche wir zunächst betrachten,
ist im Elsaß vornehmlich durch diese äußeren Einwirkungen bestimmt,
die sich mit steigernder Gefahr besonders an drei Knotenpuncten der
Entwicklung erkennen lassen. Noch in der Zeit Karls IV. wurde
die Noth der englischen Invasion gleichsam ein Gradmesser für
die äußere Schwäche des Kaiserthums. Im folgenden 15. Jahr=
hundert haben erst die Franzosen, dann die Burgunder die
Unabhängigkeit des Elsaß wie der oberschwäbischen Gebiete auf das
schwerste geschädigt. Die Geschichte dieser fremden Invasionen ist
das mittelalterliche Vorspiel von dem, was sich in neuerer Zeit unter
Ludwig XIV. vollendet hat.

Oesterreichisch-habsburgische Familienbeziehungen waren es, durch welche der erste ausländische Sturm im Elsaß entstand. Eine Tochter des im Jahre 1326 zu Straßburg verstorbenen Herzogs Leopold von Oesterreich war an Herrn Enguerrand von Concy vermählt. Ihr Sohn, Enguerrand VII., klagte schon seit dem Tode seiner Mutter im Jahre 1349 über Vorenthaltung seines Erbes gegen die österreichischen Herzoge. Prozesse solcher Art waren im heiligen römischen Reich an der Tagesordnung, nur wurden sie fast nie geschlichtet, weil es an jeder Executive fehlte, wenn man vom kaiserlichen Gericht ein Urtheil auch erwirkte. Durch eine besondere Verkettung von Umständen war aber der junge Herr von Coucy ein mächtiger Mann geworden, indem er die Freundschaft des gewaltigen Königs Eduard III. von England gewann. Dieser lernte ihn kennen, als Enguerrand im Jahre 1360 unter den Geiseln für die Befreiung des französischen Königs Johann nach England kam. Diese Geisel besaßen alle Freiheit am Hofe Eduards III. und bekannt genug ist, wie ein französischer Prinz gegen Pflicht und Ehrenwort entfliehen konnte, und dadurch den König Johann nöthigte, nach London zurückzukehren. Enguerrand von Coucy dagegen wußte Eduards III. Tochter Isabella zu fesseln und bekam sie zur Gemahlin. Der junge Coucy wurde Herr von Bedford und erhielt die Hilfe Englands zur Eroberung seiner elsässischen Erbschaften.

Seit dem Frieden, den Eduard III. 1360 mit Frankreich geschlossen, waren zahlreiche Söldner, welche England im Kriege gebraucht hatte, eine wahre Landplage für Lothringen und Burgund geworden. Eben diese Truppen nun sollten dazu dienen, um die Ansprüche der Coucy im Elsaß zu verfechten. Ein Hauptmann, Arnauld von Servole, trat im Jahre 1365 an der Spitze eines gewaltigen Haufens, den man bis auf 60,000 Mann schätzte, mit der Erklärung hervor, daß er im Namen seines Herrn von Coucy käme, um die österreichischen Herzoge zu bekriegen. Einer der wunderlichsten Abenteurer des spätern Mittelalters! den man nur den Erzpriester von Verny nannte und der mit seinen Söldnern das ganze Burgund durchplündert, und selbst den Papst in Avignon trotz Kirchenbann nicht geschont hatte. In Metz ließ er sich eine Summe von 18,000 Goldgulden bezahlen, um welche er die Stadt zu schonen versprach; dann kam er nach dem Elsaß, obwol Karl IV. eben damals selbst in diesem Lande war und erleben mußte, daß ein Haufen erwerbloses Kriegsvolks unter dem Aushängeschild erbrechtlicher Ansprüche eines französischen Herrn die Gebiete des Reichs ungestraft vor seinen Augen verwüstete. Enguerrand von Coucy war bei dieser Unternehmung nicht persönlich hervorgetreten. Aber Cervole erklärte sich für seinen Hauptmann, und seine Ritter mit kostbarem Harnisch und „spitzen Hauben", waren nicht weniger lüstern nach dem Geld der reichen Städte von Straßburg, Mülhausen, Colmar und Basel, wie das barfüßige und schlecht bekleidete Gesindel, das als Fußvolk in seinem Gefolge stand.

Hilflos sank das ganze Elsaß in die Hände dieser sogenannten Engländer. Nur feste Burgen und Städte leisteten Widerstand, und zu Tausenden flüchteten die Einwohner des Landes mit ihren Habseligkeiten in dieselben. Vor Straßburg erschien der Erzpriester mit gesammter Macht und forderte die Bürger zum Streite heraus, aber diese fühlten sich nicht gewachsen und wagten daher nicht, die verschlossenen Thore zu verlassen. Erst spät im Jahre hatte Karl IV. mit Fürsten und Städten des Reichs sich verbunden und war im Felde erschienen. Der Erzpriester zog sich ins obere Elsaß, plünderte Schlettstadt und wandte sich gegen Colmar, wohin endlich auch Karl IV. nachrückte, um die unwillkommenen Gäste zu vertreiben. Durch Kaiser und Reichsgewalt wurde das Land befreit, aber Enguerrand von Coucy gab seine Ansprüche nicht auf. Im Jahre 1375 richtete er eine neue Aufforderung an den Herzog von Oesterreich, ihm sein Erbtheil herauszugeben, und da eine abschlägige Antwort erfolgte, so warb er mit englischem Gelde ein neues Heer, — es waren Engländer darunter, doch nur zum kleinsten Theil, aber überall, wo von diesen Kriegern in Elsaß und Schwaben die Rede war, wurden sie als Engländer bezeichnet, die nun zum zweitenmale die

Länder plünderten, um gegen die habsburgischen Landgrafen ein angebliches Erbrecht ihres Herrn durchzusetzen. Enguerrand stand selbst an der Spitze dieses Heeres und erklärte, der Herzog von Brabant als kaiserlicher Reichsvicar habe seine Ansprüche gebilligt, obgleich nie ein Reichsurtheil in dieser Angelegenheit erfolgt war. Der Zeitpunct aber, den Coucy zu seiner Unternehmung wählte, war in mehr als einem Betracht sehr günstig denn Kaiser Karl IV. war diesmal außer Stande, den bedrängten Reichslanden Hülfe zu bringen.

In den vorderösterreichischen Gebieten herrschte damals Herzog Leopold III., der auch die Landgrafschaft im Elsaß hatte; er war in langen Streit mit den Gemeinden der Schweiz verwickelt und daher wenig gerüstet, dem Einbruch der Fremden zu wehren. So kam es zu einem verderblichen Krieg, in welchem die Vertheidiger das verzweiflungsvolle Mittel wählten, ihre Dörfer und Feldfrüchte selbst zu zerstören, um den Kampf gegen den gewaltigen Feind lediglich hinter festen Mauern und im Bunde mit dem Hunger der englischen Räuber führen zu können. Herzog Leopold, der auf die Unterstützung der Schweizer vergebens gerechnet hatte, mußte schließlich die Hand zu einem Vergleiche bieten, in welchem er seinem Vetter von Coucy die Herrschaften Nidau und Büren abtrat. Aber schon hatten sich Coucys Schaaren, nachdem sie das Elsaß verlassen, über den Hauenstein nach der Schweiz gewendet und hier noch schlimmer geplündert, als im Elsaß zuvor. Winter und Hungersnoth und die unverzagten Thaten einzelner Gemeinden halfen dem Lande zur Ruh. Die Entlibucher mit ihren schweizerischen Helfern schlugen zuerst eine Schaar von 3000 Mann; am meisten thaten die Berner gegen die „Gugelhüte", da sie den Herrn Iser von Galeis schlugen und mit dem Spotte eines unvergessenen Volksliedes verfolgten, worin es am Schlusse heißt:

> Herzog Ivo von Galis kam gen Frauenbrunnen,
> Der Bär der schrie: „Du magst mir nit entrinnen,
> Ich wil euch schlagen, erstechen und verbrennen!"

Zu Engelland und zu Frankenreich
Die Witwen schrien allgeleich:
„Ach Jammer, ach und weh!
Gen Bern sol niemand reisen meh!"

Im Dezember desselben Jahres verließ Coucy die unwirthlichen und ausgebrannten Gebiete der Schweiz und des Sundgaues. In späterer Zeit verwerthete er sein abenteuerliches Leben in würdigerer Weise durch Thaten gegen die Türken, und fand in harter Gefangenschaft zu Brusa in Asien seinen Tod.

Das kühne und doch glücklich zu Ende gebrachte Abenteuer des Herrn von Coucy lud aber andere Ritter der französischen Nachbarschaft zu ähnlichen Unternehmungen in die hilflosen Reichslande ein. Wenige Jahre später war es ein Graf von Barsey, unweit Chatillon, der dem Elsaß zu zweien Malen schweren Schaden zuzufügen wußte, wenn auch Straßburg stark genug des schwachen Feindes sich erwehrte.

Was im 14. Jahrhundert noch als vereinzelte Unternehmungen französischer Abenteurer zu bezeichnen war, erhielt im fünfzehnten bei weitem mehr Zusammenhang und trat bereits mit dem bestimmten Ziele französischer Gebietsvergrößerungen an unsern deutschen Grenzen hervor. Die Reichsgebiete in Schwaben und Elsaß erschienen als gute Beute für die westlichen Nachbarn, je mehr innere Zerrissenheit und Schwäche der Reichsgewalt zu kühnem Raube einzuladen schien.

Als die Macht Frankreichs in den Tagen der Jungfrau von Orleans zu neuem Glanze emporstieg und die Engländer unter Heinrich VI. zum Frieden genöthigt wurden, bezeichnete man die Schaaren der Franzosen mit dem Namen der Armagnacs, obwol der alte Feldhauptmann Bernhard von Armagnac längst tod war und sein Sohn Jean sie nicht mehr unter seinem Banner hielt. Aber in diesen Heeren der Franzosen war die ganze Ritterschaft von Frank-

reich vertreten; es konnte nicht fehlen, daß auch jenseits des Jura
und der Vogesen, was ritterlich fühlte und dachte, große Hinneigung
zu diesem ritterlichen Soldatenthum empfand. Die Engländer, welche
das Elsaß verwüsteten, waren durch Bürger und Bauern hinausge-
drängt, aber der Adel hatte ihre Gesellschaft nicht mißachtet; was
vornehm und adlig sein wollte, ahmte die Sitten der fremden Soldaten nach — der Gugelhut ward seitdem Mode bei den Rittern
von Schwaben und Elsaß. Auch der Frauen Tracht war ganz französisch geworden und mit starker sittlicher Entrüstung erhoben sich
die bürgerlichen Meistersänger in satirischem Gedicht gegen die
entblößten Nacken und gegen die neuen Kleider mit tief unter die
Achsel fallenden Aermeln an den knappen Leibchen, durch welche der
Busen unnatürlich geschwellt ward, wie zu einem jener Kirchenteller
erhoben, auf welche man Wachskerzchen für die armen Seelen ringsum aufsteckt. Wie verhaßt war dieses welsche Wesen dem deutschen
Bürgersmann! und ganz bezeichnend will der Volkswitz die Armagnaken nur als arme Gecken kennen, brotlose, armselige Leute, die nicht
anders wie ehedem die Engländer die Blöße ihrer Armuth durch
Raub und Diebstahl zu decken versuchen.

An den Pässen der Vogesen saß Herr Hanns von Finstringen
(Fenestranges), beider Sprachen mächtig, deutsch von Abkunft, französisch von Gesinnung, ein rechter Verächter des bürgerlichen Wesens,
welches im deutschen Elsaß in seiner Blüte stand. Der war es,
welcher nicht ohne Zustimmung des Bischofs von Straßburg zuerst
im Jahre 1439 den Armagnaken die Wege in das Elsaß wies, und
sie über die Steige von Zabern in die gesegneten Fluren am Rheine
geleitete. Noch vor kurzem konnte man auf der Bibliothek in Straßburg das vermoderte Banner mit dem Bilde unserer lieben Frau
aufbewahrt finden, unter welchem ein allzukühner Theil Straßburgischer Bürger den 12,000 gut bewaffneten Reitern sich entgegen-
warf, aber ebenso wie Ludwig von Lichtenberg der Uebermacht weichen
mußte. Ohne Widerstand brennend und brandschatzend zogen die Armagnaken drei Wochen im Elsaß umher — man hat sie die Schinder

genannt — und raubten dem Landmann sein mühsam erworbenes Gut und den Städtern die Sparpfennige, um welche sie sich lösen mußten, wenn sie in Gefangenschaft geriethen, oder wenn ihre Gemeinden vor größerem Schaden behütet werden sollten. Denn der Franzmann trieb sein Handwerk in großem Styl, und begnügte sich nicht mit kleiner Beute. Mehr als 600 Frauen ritten den Abenteurern zur Seite, wenn sie in die offenen Orte einzogen; und in ihren Lagern hätte man Toilette und Haushalt von Damen, genau so wie heute, gefunden, wenn ein glücklicher Führer die bösen Gäste zu überraschen vermocht hätte. Aber Pfalzgraf Ludwig vom Rhein ließ sie entwischen, und die Städte beschränkten sich auf Vertheidigung von Mauern und Thoren. Als die Armagnaken nach Hause zurückkehrten, konnten sie am Hofe Karls VII. von den Städten am Rhein, von Straßburg und Basel erzählen, und in dem jungen Dauphin lüsterne Blicke nach diesen unbeschützten Grenzen des Reiches erwecken.

Es war die Zeit, wo Friedrich, Herzog von Steiermark, zum Kaiser der Deutschen erwählt worden war. Der Streit zwischen den Schweizer Eidgenossen und den habsburgischen Fürsten hatte nie geschwiegen. Seit der streitlustige Herzog von Tirol, Friedrich mit der leeren Tasche, bei den Händeln des Constanzer Concils in die Reichsacht des Kaisers Sigismund gefallen war, hatten die Eidgenossen viel habsburgisches Gut an sich gerissen und nicht wieder herausgegeben. Der junge Sohn dieses Friedrich mit der leeren Tasche stand noch unter der Vermundschaft des Kaisers, und dieser dachte daran, die Hausmacht in Schwaben nach Kräften zu stärken. Schwerer Krieg herrschte auch da zwischen den Eidgenossen und dem Adel, der österreichisch dachte und wirkte, und die Habsburgermacht am liebsten in ihrer alten Geltung wieder aufgerichtet gesehen hätte. Auch Zürich war von dem Bunde der Eidgenossen abgefallen und hielt sich zu Kaiser Friedrich; Basel aber und die übrigen Städte, welche in Bündnissen standen, waren uneins, ob man den Eidgenossen in den oberen Landen zu Hilfe verpflichtet sei. So standen die Dinge in seltener Weise für die Habsburger günstig, und wenn je, so schienen sie jetzt Gelegenheit zu haben, ihre alte Herrschaft in Schwaben in vollem Maße wiederherzustellen. Mit dem französischen Hof waren die österreichischen Fürsten befreundet, der junge Herzog von Tirol sollte des Königs Tochter heirathen und nicht ohne Freude sahen die Franzosen, wie sich des Kaisers Geheimschreiber mit Briefen an sie wendete und klagte, daß die Schweizer wachsende Frechheit zeigten und ihre Unterdrückung eigentlich ein gemeinsames Interesse aller Könige wäre. Man erwiderte von Frankreichs Seite mit unverholener Theilnahme und in der That das unglaublichste geschah: der deutsche Kaiser schloß einen geheimen Bund mit Frankreichs König und forderte Unterstützung mittelst jener zahlreichen Söldner, welche Ludwig noch immer nicht zu entlassen gewagt hatte. Im Elsaß standen die Städte durchaus auf Seite der Eidgenossen, des Kaisers Vertrag mit Frankreich gefährdete sie nicht weniger, als diese, und man redete schon davon sich in den Schutz des Herzogs von Burgund zu begeben. Die beruhigenden Versicherungen aber, welche von Seite des Kaisers auf eine diplomatische Anfrage Straßburgs gegeben wurden, vermochten das nur allzugerechte Mißtrauen wieder einzuschläfern.

Am Hofe des Königs Karl VII. von Frankreich faßte man den Antrag des Kaisers Friedrich von Anfang an in ganz anderem Sinne auf, als ihn Friedrich meinte. Dieser hatte eine Kriegshilfe von 5—6000 Mann verlangt, die Franzosen dagegen hielten eine Unternehmung, bei der sie nicht mit ganzer Kraft auftraten, für gewinnlos. Friedrich schloß den garstigen Handel mit dem Wunsche, einen Theil der Armagnaken zur Verfügung seiner Parteigänger, der Züricher und des Hauptmanns Hanns von Rechberg, zu erhalten; der König dagegen schickte 40,000 Soldaten unter dem Befehl seines Sohnes des Dauphin Ludwig, der keinem andern, als sich selbst zu dienen kam. So war das Ungeheuere geschehn, daß der römische Kaiser Schuld an dem größten Unternehmen trug, welches die Franzosen bis dahin gegen deutsches Land ins Werk gerichtet hatten. Da und dort wurde die unglaubliche Kunde verbreitet, daß der Kaiser die Franzosen herbeigerufen hätte, und Straßburg wurde von Basel gewarnt und zu Vorsicht und Rüstung ermuntert. Die kaiserliche Regierung leugnete freilich jeden Antheil an der Unternehmung des Dauphin von Frankreich und wälzte die Schuld auf Zürich, aber die Franzosen waren nun da und zogen unaufhaltsam den Thälern der Eidgenossen entgegen, eine gewaltige Streitmacht von ritterlichen Kämpfern aus allen Ländern der Welt nebst Fußvölkern; auch der berühmte Führer gegen die Heere der Jungfrau von Orleans, Talbot, mit 4000 Engländern, hatte sich dem ruhmlosen Raubzug angeschlossen. Frankreichs Absicht war, wie Basel richtig vorausgesehen, gar nicht auf die Länder der Eidgenossen gerichtet. Als der Dauphin über Belfort und Mümpelgard in den Sundgau eindrang, erklärte er laut, wie die Krone von Frankreich im Bunde mit dem Kaiser und den Ständen des Reiches die Frechheit und den Ungehorsam der Schweizer gegen alle Obrigkeit strafen wolle. Er verlangte daher im Elsaß zur Ausführung dieses Werkes willige Aufnahme von 24,000 Mann, die er in die Städte legen wollte, nicht als Feind, wie er sagte, sondern als Freund des Reiches und seiner Stände. Auch vom Rheinstrom und den natürlichen aber seit Jahren entfremdeten Grenzen Frankreichs wagte der Dauphin Ludwig zu sprechen.

Allenthalben herrschte ein panischer Schrecken unter den Städten des Elsaß. So oft man nun auch schon die unliebsamen wolbekannten Gäste gesehen hatte, so war es doch diesmal eine wesentlich verschiedene Sachlage. Die Krone Frankreichs nahm im eigenen Namen den Krieg auf. Der Papst segnete das Unternehmen, weil er wußte, daß es auch gegen Basel gerichtet sei und hoffte, daß die dort versammelten ihm feindlichen Väter des großen Concils genöthigt sein würden, sich endlich aufzulösen. Der Kaiser erschrak nun allerdings selbst über die Folgen seiner Politik, aber wehren konnte er den Franzosen nicht. So war ein Sturm im Anzug, wie sich noch keiner so beängstigend für die oft genug mißhandelten Elsässer zusammengezogen hatte. Nur in Straßburg verlor man nicht die Besinnung. Fleißige Unterhandlung mit den Städten des schwäbischen Bundes ließ Hilfe und Zuzug erwarten, wenn sich das Gewitter gegen das Elsaß und seine Städte richten sollte, und mit Basel wurden gemeinsame Vertheidigungsmaßregeln besprochen.

Inzwischen war der Dauphin im Gefolge des bewaffnet ihm zuströmenden deutschen Adels an Landskron und Basel vorüber bis an die Birs gezogen. Hanns von Rechberg hatte gerathen, die Eidgenossen nicht im freien Felde anzugreifen. Mit 8000 Mann rückte der Seigneur de Bueil, gestützt auf den Marschall Dammartin, welcher in Muttenz stand, auf das Dorf Pratteln. Hier war es, wo die 1650 Mann starken Eidgenossen in der Nacht vom 25. auf den 26. August angelangt waren, um 8 Uhr Morgens das zehnmal stärkere Heer angriffen und im ersten Anlauf über die Birs zurückwarfen, so daß zahlreiche Feinde von den Fluthen des Wassers ergriffen wurden. Nie aber hat der Siegesrausch einer kleinen Zahl von Helden so verderblichen Jammer gebracht, als bei dem Kirchhof von St. Jakob, wo sich die eidgenössische Schaar von der gesammten Uebermacht der Armagnaken umzingelt sah, und nur noch übrig hatte, im Kampfgewühl den Tod zu suchen, wo siegen unmöglich war. Aber mehr als 6000 Reiter wurden dem Dauphin hier erschlagen und sein Sieg war wie eine Niederlage. Die Schweizerberge hätten ihm offen gestanden, aber er begnügte sich mit diesem zweifelhaften Erfolge und zog in das Elsaß zurück, wo es nun deutlicher werden sollte, was die Franzosen begehrten.

Viele von den österreichischen Rittern im obern Elsaß öffneten freiwillig ihre Burgen, und nahmen Besatzung von dem Dauphin, da er sich als Freund und Bundesgenosse des Kaisers empfahl; in Ensisheim, der herzoglichen Stadt, nahm er sein Hauptquartier und heischte nun auch von den Reichsstädten Winterquartiere. Die Leiden der englischen Invasion schienen sich in verstärktem Maße zu wiederholen. Wo war Hilfe und Rettung? Zwar Ludwig von der Pfalz stand mit Rath und That den Straßburgern bei, aber es mangelte

an jeder Hilfe des Reiches, obwohl sich Bürgermeister und Rath an
den Kaiser gewendet hatten, „damit sie nicht, wo Gott für sei, vom
Reiche abgedrängt würden". Endlich war nach langen Berathungen
auf dem Reichstag zu Speier der Reichskrieg gegen die Armagnaken
im October 1444 beschlossen. Freilich waren die seltsamsten Eröff=
nungen von Seite der Franzosen gemacht und das Mistrauen der
Stände gegen den Kaiser, und der Städte gegen die Fürsten, und
der Fürsten gegen die Ritterschaft so glücklich durch gallische List
und Tücke geweckt, daß an ein ernstliches und bedeutendes Eingreifen
des Reiches noch möglichst lange nicht gedacht werden konnte. Zwar
war Pfalzgraf Ludwig zum Reichsfeldherrn ernannt, aber außer dem
Reichspanier war nichts gesendet werden, womit man die Franzosen
zum Lande hinausjagen konnte.

Der Dauphin begab sich nach Nancy, seine Armagnaken aber
ließ er im Elsaß, wo sie von den Kriegssteuern herrlich zu leben
verstanden. Der kleine Krieg, den Bauern und Bürger gegen die
Franzosen führten, verdoppelte nur die Leiden des Landes, da man
mit Brand und Verwüstung den kleinen Abbruch strafte, welchen
die ungeregelten Haufen verursachen konnten. Von den Reichsfürsten
hatte der von Trier sich allezeit für Frieden und Vermittlung mit
dem Könige von Frankreich ausgesprochen und dadurch die Rüstungen
des Pfalzgrafen gelähmt. Viele Monate lang hielten sich die
Schaaren des Königs im Elsaß und nur der harte Winter und
Mangel an Lebensmitteln zwangen ihn die Vermittlung Triers an=
zunehmen und den Abzug der Söldner zu veranlassen.

Am 20. März 1445 räumten die Franzosen das Elsaß unter
den Verwünschungen einer erbitterten Bevölkerung, deren Haß sich
nun um so kräftiger gegen den Adel kehrte, der die Feinde begün=
stigt hatte, gegen Hans von Finstringen und dessen Freunde.
Da gab es mancherlei Herren, wie die Grafen von Lupfen im
Schwarzwald, die es mit den Franzosen gehalten; auch Herzog Sig=
mund von Tirol und seine Räthe wurden beschuldigt, die Fremden
gerufen zu haben, und ein wilder Rachekrieg erhob sich von Straß=

burg und Basel im Sundgau und Oberelsaß gegen zahllose Burgen, die man zerstörte und brach und über deren Trümmern sich dann neue Fehden fortzeugend erhoben. War die fremde Invasion schlimm genug, so war vielleicht noch schlimmer, daß auch nach dem Abzug der Armagnaken die Reichszustände nicht besser wurden und kaum mehr von Kaiser und Reich zu hören war. Während Karl VII. die rückkehrenden Armagnacs in fünfzehn Compagnien organisirte und damit den Grund zu dem stehenden Heere legte, welches in den folgenden Jahrzehenden den militairischen Namen Frankreichs begründete blieb die ausgesprochene Tendenz, welche in dem Armagnaken-Krieg hervortrat, unbeachtet, und das schwerverwüstete Grenzland fernern Zufällen preisgegeben. Man muß es erstaunlich finden, wie tief der nationale Selbständigkeitstrieb wurzelte, der diese Städte noch immer an dem Reich und Kaiserthum mit ehernen Klammern festhielt!

Inzwischen war in Burgund Herzog Karl der Kühne zur Herrschaft gelangt und Frankreich hatte eine rivalisirende Macht gefunden, welche seine Tendenzen, deutsches Land zu gewinnen, mit großem und durch einige Jahre glücklichem Erfolge aufnahm. Gerade diese freien Gemeinden in der Schweiz und im Elsaß, die in fortwährendem Kampfe mit Herrn und Rittern standen, schienen ja wie gemacht zu sein, dem neuen Staate anheimzufallen. Hatten sie sich nicht geneigt erwiesen zu Frankreich überzugehen, so konnte ein mächtiger Mittelstaat, wie einst das alte Lothringen war, doch hoffen, die Verwelschung der deutschen Grenzgebiete zu bewirken. Die österreichische Landgrafschaft im Elsaß war an Herzog Sigmund von Tirol übergegangen, der seine Besitzungen im Aargau gegen die Eidgenossen kaum zu vertheidigen wußte und seit dem Jahre 1465 auch im Sundgau und Breisgau von den Schweizern angegriffen wurde. Die österreichischen Leute auf diesen Herrschaften litten unsäglich und der Herzog, der immer hoffte, von den Reichsstädten Unterstützung zu gewinnen, mußte erleben, daß Mülhausen sogar gegen ihn auf

Seite der Schweizer trat. In dem Frieden, den Sigmund unrühmlich mit den Schweizern abschloß, war hervorgetreten, wie wenig Nutzen seine elsässischen Besitzungen dem habsburgischen Hause brachten, wenn nicht eine wesentliche Verschiebung der politischen Machtverhältnisse zu seinen Gunsten eintrat. Man hatte bei der Entscheidung solcher Fragen in jener Zeit den patriarchalischen Gesichtspunct des Erträgnisses der Herrschaften überall vorangestellt, auch Herzog Sigmund berechnete sein Einkommen und entschloß sich, Anträge, die ihm von Seite Burgunds gestellt wurden, die vorderen Länder zu verpfänden, anzunehmen. Das war also wieder ein Versuch auf eine neue Art das Ziel zu erreichen, das über dem Rhein bald dieser, bald jener sich steckte. So geschah, daß am 21. März 1469 der Sundgau nebst der Grafschaft Pfirt, die Landgrafschaft im Elsaß und der Breisgau an Herzog Karl den Kühnen für 80,000 Gulden verpfändet wurden. Am 21. Juni nahm Markgraf Rudolf von Hochberg nebst den anderen herzoglichen Commissären von diesen Ländereien Besitz und ließ die Einwohner huldigen.

Kaiser Friedrich III. wußte genau um den ganzen Handel, denn er stand selbst mit Herzog Karl von Burgund in guten Beziehungen und hielt Reichstag in Metz, während es zwischen den Elsässern und den herzoglichen Vögten zu schwerem Streit gekommen war; allein das Reichsoberhaupt betrachtete diese Frage als eine vollständig häusliche und habsburgische Angelegenheit, und von einer nationalen Erwägung war um so weniger die Rede, als der Herzog von Burgund des Reiches Lehnsfürst war und nun mit Friedrich sogar in Unterhandlung trat über die Vermählung seiner Tochter Maria mit dessen Sohn Maximilian. So eröffnete sich die Aussicht, daß das, was eben Herzog Karl auf dem Wege der Pfandschaft von den Oesterreichern gewonnen, auf dem Wege der Erbschaft an das kaiserliche Haus dereinst zurückfallen werde. Das war denn auch der Grund, weshalb der alte Kaiser Friedrich den Herzog Karl auf alle Weise begünstigte. Er hat ihn unterstützt in den Uebergriffen gegen die Schweizer, er hat auch die Verpfändung der elsässischen Besitzungen gebilligt. Je weiter der Herzog von Burgund in den reichsfreien Landen vordrang, desto größere Aussichten eröffneten sich dem Hause von Oesterreich dereinst mit der Erbschaft des Burgunders. Es war vielleicht einer der gefährlichsten Anschläge, welchem das Elsaß entgegensah, da ein entschlossener, mächtiger, vor keiner Gewaltthätigkeit zurückscheuender Fürst die Landgrafschaft des Elsaß übernahm und bei allen Schritten, die er that, das Reichsoberhaupt selbst als stillen Theilnehmer ansehn durfte.

Herzog Karl von Burgund betrachtete denn auch den Besitz des Sundgaues nur als die willkommene Stufe, um die Mauern der Reichsstädte zu ersteigen und zum Herrn der letzteren sich aufzuwerfen. Er hatte einen Vogt für diese Länder eingesetzt, dessen Person und Charakter dem gewaltsamen Herzog am besten Bürgschaft für das Gelingen seiner Pläne gab: ein deutscher Edelmann, der ganz verwelscht war, die Städtefreiheit haßte und durch listige Ueberredung die Schwachen zu täuschen, durch Grausamkeit die Zögernden zu schrecken wußte. Das war Peter Hagenbach, der elsässische Geßler, dessen Schädel noch nach Jahrhunderten zu Colmar kein rechtes elsässisches Herz ohne Schrecken und Grauen betrachten konnte, wenngleich der Zweifel allzu berechtigt war, ob es der echte Kopf des bösen Landvogts sei. Aber alles Schreckliche hatte Sage und Geschichte in der Erinnerung an diesen furchtbaren Mann geknüpft. Gewaltthätiger Misbrauch der Macht gegen jeden Stand und jedes Geschlecht, Hohn gegen alles, was den Menschen heilig ist, einschleichende Freundschaft und Heuchelei, das ganze Bild des typischen Tyrannen, wie es jeder Volksstamm unter anderem historischem Namen bewahrt, wird uns in diesem Peter Hagenbach geschildert. „Der Herzog von Burgund, so klagt das Volkslied, derselbe kond sie anhetzen den Hagenbach, das wütend Schwein; derselb bezwang sie schier, daß sie ihm mußten gehorsam sein, als wie gezähmte Thier."

Hagenbach hatte seinen Sitz in dem alten habsburgischen Amt zu Ensisheim aufgeschlagen, von dort suchte er die Lande mit dem bösen Pfennig heim, welchen er als Steuer auf Wein und Lebens-

mittel legte. In der That, mit rücksichtsloser Härte wurde gegen
die verfahren, die sich weigerten, zu zahlen. Ein tieferes Interesse
aber beansprucht sein Versuch, die Stadt Mülhausen der Herrschaft
des Burgunders zu unterwerfen. Mit größter Offenheit machte er
einen Antrag dieser Art dem Rathe von Mülhausen am Ende des
Jahres 1472. Die Mülhauser waren sehr verschuldet und zahl=
reiche Wechsel von Bürgern der Stadt befanden sich in fremden
Händen. Peter von Hagenbach kannte diese Verhältnisse sehr genau,
seine Voreltern waren aus Mülhausen und manche Familienver=
bindungen hatte er noch mit adligen Geschlechtern der Stadt. Ins=
besondere den letzteren mochte ein Handel, wie ihn der Herzog von
Burgund vorschlug, nicht unerwünscht gewesen sein. Man bot viel
Geld, man versprach die Wechsel der Bürger einzulösen, wenn die
Stadt dem Herzog zuschwören wollte; im entgegengesetzten Falle
drohte Peter von Hagenbach der Stadt mit Gewalt. Die Lage war
für die Mülhauser verzweifelt genug.

Im Anfange des Jahres 1474 war Herzog Karl selbst nach Elsaß
gekommen, hatte sich zu Breisach niedergelassen und zog von da mit
5000 Mann vor Mülhausen, um die Stadt zu zwingen. Nur das
Frühjahrswetter und Ueberschwemmungen der Ill nöthigten zum
Abzuge. Aber es war klar, daß die Forderungen und Absichten des
Herzogs nur verschoben seien; da wandten sich die Mülhauser
an die Städte vom Rhein und von Schwaben, um Unterstützung
und Hilfe zu erlangen. Und nicht umsonst; denn in dieser großen
Noth geschah, daß diese Bundesstädte einen außerordentlichen Ent=
schluß ihrer Opferwilligkeit faßten, indem nicht nur der Stadt Mül=
hausen durch bedeutende Vorschüsse aufgeholfen, sondern auch die
Pfandsumme vollständig aufgebracht werden sollte, um die der Her=
zog Sigismund von Tirol Land und Leute dem Herzog Karl überlassen
hatte. Nichts war mit der Freude in den österreichischen Besitzungen
zu vergleichen, als die Nachricht von diesem Beschluß der Reichsstädte
bekannt wurde. Sofort erhoben sich einzelne Gemeinden gegen die
burgundischen Beamten und von Gericht und von Vogtei des Hagen=

bachers wollte Niemand mehr hören. Da kam es zu heftigem Streit; Peter von Hagenbach, entschlossen, den Widerstand des Volkes zu brechen, zog in der Charwoche 1474 nach Breisach im Breisgau, um sich da zu befestigen. Am Charfreitag drang er mit seinen Soldaten und dem Henker in die Kirche, als eben der Pfarrer auf der Kanzel die Leidensgeschichte des Herrn vortrug und gebot ihm herabzusteigen, das Volk aber hieß er den Spaten zur Hand nehmen und Graben und Schanzen machen. Aber der Rächer der Unbilden fand sich unter Hagenbachs eigenen Leuten. Durch Soldaten-Meuterei fiel der Vogt. Ein Hauptmann von 200 deutschen Kriegsknechten, Namens Vögelin, verabredete mit den Bürgern einen Angriff auf die Person Peters von Hagenbach, welcher vollständig gelang. Unter dem Vorwand, Auszahlung des rückständigen Soldes zu fordern, fand sich der Hauptmann im Schlosse ein, auf ein gegebenes Zeichen mit der großen Pauke drangen die Bürger aus allen Gassen hervor, umringten den Landvogt und nahmen ihn sammt Johann Werner von Pforr, den er zum Schultheißen gemacht hatte, gefangen. Als die burgundischen Truppen herankamen, war alles vorüber, von Bürgern und Vögelins Leuten angegriffen, wurden sie aus der Stadt vertrieben; gegen Hagenbach aber trat der Stadtrath mit schwerer Anklage auf Leib und Leben hervor, und im raschen Prozeß ward er zum Tode verurtheilt. Acht Henker stritten um das traurige Vorrecht, ihm den Kopf abzuschlagen. In das Osterlied: „Christ ist erstanden", mischte sich die Freude über seinen Fall: „Der Landvogt ist gefangen, des sollen wir froh sein, Sigmund soll unser Trost sein, Kyrie eleison."

In der That aber war weder vom Kaiser noch vom Herzog Sigmund von Oesterreich irgend ein Einfluß genommen, um die Ereignisse abzuwenden, welche das unglückliche Elsaß durch ihre schmähliche Verpfändung ertragen mußte. Auch als Herzog Karl von Burgund mit neuer gewaltiger Macht die Schweizer mit Krieg überzog und von Besançon her erst die schwäbischen Gebiete unterwerfen wollte, um endlich auch im Elsaß dauernde Herrschaft zu gewinnen, war es wieder nur die eigene Kraft, mit welcher die tapfern Länder den fremden Bedränger schlugen.

Ganz genau wie zwei Jahrhunderte später Ludwig XIV. durch Reunionskammern elsässisches Gebiet einzog, so hat auch durch Gerichtsurtheil des hochburgundischen Parlaments Karl der Kühne die Grafschaft Mümpelgard als sein Lehen gefordert. Von da sollte eine Reihe von Eroberungen ihre strategische Basis erhalten. Da vereinigten sich Reichsstädte und Schweizer Eidgenossen mit aller Macht, dem Herzoge zu widerstehen. Von Colmar, Schlettstadt, Mülhausen, Straßburg, wie von Bern und Soloturn, zogen die Streiter zum Kampfe aus. Aber erst in mehreren Feldzügen ist es gelungen, die gewaltige Macht des Burgunders zu brechen.

Schon erhob sich auch Lothringen gegen Karl den Kühnen, aber Herzog Renatus wurde besiegt, verlor sein Land und mußte flüchtig in der Schweiz und im Elsaß Bundesgenossen suchen. Als hierauf die große Coalition gegen Karl den Kühnen unter allen unabhängigen Reichsgliedern des westlichen Deutschlands sich bildete, an welcher auch der Herzog von Tirol und Vorarlberg Theil zu nehmen gezwungen war, stellten die elsässischen Städte zahlreiche Truppen ins Feld. Die Straßburger standen am 2. März 1476 bei Granson im Hintertreffen mit der Aufgabe, das kämpfende Heer gegen einen Hinterhalt des Herzogs Karl zu decken. Elsässer fochten bei Murten am 9. Juni in den vordersten Reihen und zu der Schlacht bei Nanzig im Januar 1477, wo Karl der Kühne den Tod fand, hatte Straßburg ein Contingent von 500 Reitern gestellt. Das burgundische Reich, für welches Karl eine Königskrone verlangte, fiel hier in Trümmer und die Erbschaft mußte der Gemal seiner Tochter Maria, Maximilian, ohne die Hoffnung übernehmen, die stolzen Gemeinden der Schweiz und die freien Reichsstädte des Elsaß unter burgundisches oder habsburgisches Scepter jemals zu beugen.

Achtes Kapitel.

Kaiser Maximilians Zeit und der Bauernkrieg.

Man stellt sich vor, es wären ausschließlich die Herren und Ritter gewesen, welche in dem fehdereichen Mittelalter die deutschen Gauen belästigt hätten, aber auch die Städte beherbergten unruhige Elemente genug, immer bereit, den Frieden zu stören und mancher kleine Krieg war entstanden, weil die steifen Rathsherren dem Drange einer kriegslustigen Volksbewegung nicht widerstehen konnten. Da zogen die Zünfte mit ihren Fahnen hinaus, der Schützenmeister mußte die Kanonen der Stadt herbeischaffen und dann ging es lustig zur Belagerung von Burgen, deren Herren oftmals zwar durch schwere Schädigung, nicht viel seltener aber auch blos durch eine unvorsichtige Rede den Zorn des beweglichen Volks in der Stadt erregt hatten. Besonders seit dem Aufkommen der schweren Geschütze, denen die Burgmauern nicht mehr zu trotzen vermochten, steigerte sich die Kampflust der Bürger, denn alle diese wohlhabenden Städte hatten ihre tüchtige Artillerie, während ein Ritter schon sehr reich sein mußte, wenn er eine Anzahl von guten Büchsen seinen Leuten zur Vertheidigung geben wollte. Welch unerschöpflicher Quell von Streit und Kampflust sprudelte in diesen stets sich erneuenden Zünften; da haben die Bäcker in Straßburg ihren Tanzsaal mit großen Bildern von dem Kriegszug und der Zerstörung der überaus festen Burg von Wasselnheim schmücken lassen. Unter vielen andern Sprüchen war da zu lesen: „Schießen und Werfen laßt euch nicht dauern, wir wollen brechen Thurm und Mauern." Die Herren von der Thann, die Besitzer von Wasselnheim, hatten der Stadt kein Leid zugefügt, sie wurden 1448 lediglich angegriffen, weil sie Wasselnheim von jenem Finstringen zu Lehen hatten, der im Armagnakenkrieg die schmähliche Rolle des Verräthers spielte. Noch aggressiver war das Vergehen der Städte, als im Jahre 1468 der Pfalzgraf vom Rhein mit dem Weißenburger Abt in Streit gerieth und hierauf nicht blos die Weißenburger, sondern auch die übrigen Reichsstädte zu Straßburg sich verschworen, gegen die Pfalzgrafschaft Partei zu nehmen. Wie einst im alten Rom die vorwärtsdrängende Plebs mit stets neuer Unternehmungslust Krieg auf Krieg beschloß, so hat das Regiment der Zünfte des 15. Jahrhunderts die Fehdelust vermehrt.

Das ganze Reich bedurfte Frieden, Deutschland einer Gewalt, die Recht und Ruhe zu schaffen vermochte. Ein starkes Gericht und einen starken Arm haben die Stände gesucht, als sie den Maximilian zum Kaiser wählten. Und in der That, es schien, als ob das alte Reich noch einmal sich neu gestalten sollte. Wer hätte nicht von jenem Reichstag von Worms gehört, wo man den allgemeinen ewigen Landfrieden verkündigte, wo ein höchstes Gericht geschaffen wurde, das allen Krieg und alle Fehde für immer beseitigen und jeden Streit vor seinen Schranken schlichten sollte (1495).

Die Städte selbst nahmen auf diesem Reichstag eine noch nie erreichte Stellung ein. Maximilian 1. war ein Freund der Städte. Für die im Elsaß hatte er als ihr doppelter Nachbar doppelte Neigungen. Als Herr und Vormund seines Sohnes in den Niederlanden, und zugleich als Landgraf vom Elsaß, berührten sich seine Hausangelegenheiten in der mannigfachsten Weise mit den Reichsstädten und Ständen des Elsaß. Anfänglich hatte man in Straßburg ein gewisses Mistrauen gegen den habsburgischen Glückspilz, der mit der schönen Maria das herrliche Land von Burgund und zugleich die reichen Provinzen der Niederlande erwerben, und im Jahre 1492 wäre es nahezu mitten in der Predigt, welche Geiler von Kaisersberg im Dome hielt, zu offenem Kampf zwischen Maximilians Landsknechten und den Bürgern gekommen, wenn nicht die Stadtwortsprecher, von Maximilians guten Gesinnungen gegen die Stadt überzeugt, die Ruhe erhalten hätten. Aber seitdem hielt sich der Kaiser oftmals bei seinen Straßburgern auf und war beliebt, wie keiner seiner Vorgänger seit Karl IV. In dem bairischen Erbfolgekrieg, wo Maximilian die Pfalzgrafen vom Rhein in die Acht gethan hatte, wurde er von Straßburg mit Geschütz und Mannschaft unterstützt, dann nahm er im Frieden den Pfalzgrafen die Landvogtei von Niederelsaß ab, und vereinigte sie mit der Landgrafschaft in seinem Hause. Nur mit den endlosen Forderungen, die das bedürftige Reichsoberhaupt an die guten Städte des Elsaß stellte, wollten die Bürger sich nicht befreunden. Aber der Kaiser war immer geneigt, den Vorstellungen des Stadtraths Gehör zu geben, erließ die Hälfte seiner Steuern, freilich nur, um das nächstemal desto sicherer das Doppelte zu begehren.

Der Verkehr dieser elsäßischen Bürgerschaften mit dem Kaiser erinnert an die staufischen Zeiten, wo Schwaben und Elsaß recht als die kaiserlichen Länder gegolten haben. Aber während die Schweizer Gebiete soeben mit Maximilian um ihre völlige Losreißung kämpften, schloß sich das Elsaß mit warmer Gesinnung an die Person des Kaisers, der immer durch neue Besuche die Straßburger besonders entzückte. Das eine Mal brachte er die fünfzig Centner schwere „geflockte" Büchse, die Appenzellerin, dem staunenden Volk zum Geschenk, das andere Mal machte er selbst den Schützenmeister bei den Proben mit den neuen Kanonen, dem Strauß und dem Löwen, welche die Stadt hat verfertigen lassen. Wie sehr hat er die heitere Theilnahme der Metzer Bürger erregt, da er mit seinem Hofnarren allein zu Tische saß, und Trompeter mit zwei sonst nie gesehenen Pauken die Musik dazu machten. Die zahlreichen Besuche des Kaisers verzeichneten die Bürger von Straßburg sorgfältig in Tagebüchern und Hauschroniken. Auch war er persönlich anwesend, als Bischof Wilhelm 1507 die Weihe erhielt.

Doch fehlte nur wenig, daß bei dieser Gelegenheit das gute Verhältniß zu den Bürgern dauernd getrübt worden wäre, denn zwischen dem Hofgesinde und der Gärtnerzunft kam es zu schwerer Schlägerei und des Kaisers Beamte wurden von Bürgern als „mitgelossene Finanzer" ehrenrührig beschimpft. Anfangs wollte der Kaiser die schwere Beleidigung nicht ohne ernste Genugthuung dulden und verklagte die Stadt bei dem schwäbischen Bundesgericht wegen Ehrenbeleidigung seiner Getreuen, bald ließ er sich aber wieder besänftigen und so erhielten sich bis zu Maximilians Tod diese schönen Beziehungen und gingen sogar noch auf den neuen Kaiser Karl V., den Herrn der Niederlande und mächtigen König von Spanien, theilweise über.

Aber wenn es ein Element in den Städten gab, welches den Frieden des Reichs nicht selten bedrohte, so machten sich in der Masse der Bevölkerung schon in Maximilians Zeit bereits Gährungen der wunderbarsten Art geltend. Man kennt die Klagen des Bauersmannes, der immer gleich gedrückt war, mochte er den Burgen besitzenden Edeln, oder den frommen und wohlbehäbigen Abt, oder den staatsklugen Bischof, oder auch den wohlweisen Stadtrath als Grundherrschaft anerkennen. Die Bauerschaften des ganzen westlichen Europa haben in endlosen Kämpfen durch das ganze Mittelalter hindurch die heftigsten und fast immer die grausamsten Erschütterungen hervorgebracht. Schon die Bauern des 10. Jahrhunderts haben in der Normandie gegen die Verkümmerung des freien Nießbrauchs von Forst und Wasser ihre Fäuste erhoben. Mit dem gerechten Zorn über Frohndienst und Leibeigenschaft verbanden sich schon damals die Trugbilder eines ländlichen Communismus in Bezug auf Bodenbesitz und Grundeigenthum und die schwärmerischen Ideen eines Gottesreiches: so bei den Bauern in Jütland und Schonen im 11., bei den armen Hirten der Picardie, den Pasteureaur, im 13. Jahrhundert. Die Jacquerie in Frankreich und die englischen Bauern im 14. Jahrhundert führen Krieg gegen fremdes Gut und Eigenthum. Nur in einigen glücklichen

Erscheinungen findet sich eine sorgfältige Grenze zwischen den Ansprüchen persönlicher Freiheit, welche die Bauern mit Grund erhoben, und den Ibertreiten communistischer und religiöser Bestrebungen gezogen. Die Stedinger haben an der Nordsee den Heldenkampf um ihre persönliche Freiheit geführt, und ihre Verketzerung wurde von jeher als eine Lüge der römischen Kirche betrachtet. Die Gemeinden in den Niederlanden, und voran die Friesen, haben wiederholt ebenso wie die Waldstätte Uri, Schwiz und Unterwalden nichts als persönliche Freiheit und persönliches Recht auf ihre Banner geschrieben, unter denen die letztern siegreich von Jahrhundert zu Jahrhundert fortgeschritten sind. Es war drückend, die schwäbischen und elsässischen Bauern in schwerem Frohndienst arbeiten zu sehen, während der benachbarte Schweizer Landmann Herr war auf seinem Grund, persönlich frei, und in Abgaben oder Leistungen an Kirchen oder Herren nur nach klarem Recht besteuert werden konnte. Es erklärt sich leicht, daß von diesen Schweizer Bauern eine Art Evangelium sozialer Stellung durch That und Beispiel über alle Bauerschaft hin sich verbreiten mußte. Wie im Norden die Käsebrödter 1491, die Dithmarsen 1500 das Beispiel der freien Friesen nachbildeten und ihre Freiheit hier gegen die Dänen, dort gegen Holland behaupteten, so erhob sich auch in Schwaben und Elsaß der Ruf der freien Bauerschaft der Schweiz seit dem Ende des 15. Jahrhunderts lauter und lauter und wurde um so drohender, je fester und versteinerter die Gewalten dastanden, welche sich dem Freiheitsdrang der Bauern entgegenstellten, und je mehr die Wege zu ihrem Ziele durch heimliche Verschwörung, finstere Nachepläne und religiösen Schwarmgeist alsbald gleichsam aufgelockert wurden.

Nichts ist bezeichnender für den lang und schwer erduldeten Druck, den im Elsaß der unfreie Mann ertrug, als die dramatische Geschichte, die uns aus dem dritten Viertel des 15. Jahrhunderts unter dem Namen des **Buchsweiler Weiberkriegs** bekannt ist. Es war Herr Jakob von Lichtenberg mit dem Bart, der nach seinem Schloß Buchsweiler die schöne Bärbel brachte, und Anlaß gab zum

Aufstand seiner Dienstleute. Denn die schöne Bärbel misbrauchte die Liebesgunst ihres Herrn, wie je ein Weib und ließ die Bauern frohnen und die Weiber spinnen. Sie mußten Lein säen und Lichter machen und von sämmtlichen Kühen von Buchsweiler täglich die Sahne senden. Wie von den sagenhaften Vögten des Königs Albrecht in der Schweiz galt auch von ihr der Leumund unnatürlicher Gelüste neben schnödem Misbrauch der Gewalt: sie habe ihre Söldlinge zu den säugenden Müttern geschickt und deren Milch begehrt; wer sich zu geben weigerte, wurde in den Thurm gesperrt. Als nun die schöne Bärbel abermals einen Frohntag geboten hatte, und die gedrückten Leute die Ungebühr nicht länger duldeten, zogen sie aus und führten Klage bei Jakobs Bruder Ludwig. Da befahl die Bärbel ihren Knechten, sie möchten die zurückgebliebenen Weiber und Kinder von Haus und Hof vertreiben; wollten die Männer nicht frohnen, so sollten auch die Weiber nicht bleiben; aber die Weiber hatten sich gewaffnet, die Einen mit Bratspieß, die Andern mit Heugabeln, und trieben das böse Weib mit ihren Helfern in die Burg zurück. Erst als Jakobs Bruder Ludwig mit Gefolge herbeikam, wurde Ruhe gestiftet, die schöne Bärbel aber mußte nach Hagenau fort von den Gütern ihres Geliebten. Nach dessen Tode entging sie dem traurigen Schicksal zahlloser Frauen früherer Zeiten nicht, deren zweifelhafte Existenz dem Aberglauben als Hexenwerk und dann dem Richter als todeswürdiges Verbrechen galt. So starb sie als Zauberin; aber das Loos jener Leute ward schwerlich verbessert.

Die Jahrbücher melden von mehrfachen Widersetzlichkeiten gegen die Grundherren und Klöster. Aber man würde sehr irren, wenn man dächte, daß lediglich der Bauernstand an der Bewegung Theil nahm. Alles was mit den sozialen Zuständen unzufrieden war, befand sich in einem revolutionären Bund, der alsbald greifbare Gestalt erlangte. Um Schlettstadt traten Bauern und städtische Leute 1493 zu einer geheimen Gesellschaft zusammen. Es waren Männer aus Sulz, Dambach, Scherweiler und vielen andern Orten, die nächtlicher Weile ihre Zusammenkünfte am Ungersberg hielten. Kein geringerer, als Hans Ulmann, der Bürgermeister von Schlettstadt, stand an ihrer Spitze; auf ihre Fahne hatten sie den Bundschuh gemalt, wie ihn die Bauern trugen. Man hatte die Absicht, Schlettstadt zu überrumpeln, in dieser Stadt die Gewalt an sich zu bringen und von da die misvergnügten Bauerschaften zu organisiren, auch mit den Schweizern sich zu verbinden. Die weitestgehenden Pläne wurden gehegt. Unter den furchtbarsten Eidschwüren mußten die Theilnehmer am Bunde Treue und Verschwiegenheit geloben. Die Ziele, die man verfolgte, waren nicht allen gleichermaßen bekannt, aber sie erstreckten sich ebensosehr auf die Abstellung der Lasten und Frohnden der Bauern, wie auf die Beseitigung von Zöllen und Steuern der Bürger. Wenn aber noch ein Zweifel sein könnte, daß hier auch tiefere geistige Kräfte wirkten, so würde er beseitigt durch die klare Forderung der Abschaffung der geistlichen und rothwelschen, d. h. der neueren von Juristen geführten Gerichte. Eine merkwürdige Erscheinung fürwahr, daß es eben wieder elsässische Männer waren, die für das altgermanische Gericht in die Schranken traten und den Kampf gegen die neue juristische Gelehrsamkeit, gegen die neuen Gesetzbücher und Strafprocesse begannen. Schon sprach man davon, daß man die Juden tödten und ihre Güter theilen müsse. Die Geistlichen sollten nicht mehr als eine Pfründe haben; auch die Beichte wollte der Bundschuh beseitigen.

Es war eine sehr weit verzweigte Verschwörung. Sie wurde erdrückt, aber der Bundschuh blieb immer die Fahne des Schreckens, unter welcher die Bauern sich noch durch Jahrzehende geeinigt haben. Welche Mühe hat es zuweilen noch 20 Jahre später verschworenen Bauern bereitet, einen armen Maler durch List oder Geld zu bestechen, daß er das verpönte Zeichen auf Leinwand malte. Jedermann wußte im ganzen Reich, was der Bundschuh zu bedeuten hatte, den man zu Schlettstadt zuerst auf die Fahne gesteckt hat. Eben diese Verbreitung der Sache bewirkte, daß man in Schlettstadt sich vorsah, und den Ausbruch des Aufstandes verhinderte. Anfänglich wollte man nicht daran glauben, daß Ulmann in die Sache verwickelt sei, durch seine Flucht erst machte er seine Schuld offenbar und wurde zu Basel gefangen und lebendig geviertheilt. Viele andere Opfer fielen dem Henker anheim. Von mehreren erzählt die Geschichte gleichlautend, wie sie sämmtlich gestorben seien mit fester Zuversicht auf den Fortgang des Bundschuhs. Maximilian selbst nahm die Sache sehr ernst und schloß einen Bund mit Fürsten und Städten, damit man sich hilfreiche Hand leiste, wenn der böse Geist noch einmal erwachte.

Aber die Gährung wuchs. Unter den niedern Bürgern der Städte und den mishandelten Bauern des Landes bestand in Bezug auf Klöster und Geistliche eine unverkennbare Gesinnungsverwandtschaft. Besonders gegen die reichen Prälaten richtete sich der Haß der armen Volksklassen. Nicht blos im Elsaß, auch über dem Rhein hatte die Bewegung Stütze und Nahrung gefunden. Bei Bruchsal, im Bisthum Speier, wurde der Plan einer allgemeinen Erhebung der Bauern 1505 entworfen und man rechnete 7000 Männer im Bunde. In Schlettstadt tagte die Commission, welche die Mittel berieth, wie man die Empörer bestrafen und unschädlich machen könne; aber acht Jahre später trat einer der alten Führer, Joß Fritz, der der Strafe entgangen war, viel gewaltiger noch im Breisgau auf und verbreitete diesseits und jenseits des Rheins seine gefährliche Lehre. Wir sind über die Entwickelung und Thätigkeit dieses Mannes etwas genauer unterrichtet; nicht ohne großes Agitationsgeschick wußte er die Leute in seine Bahnen zu zwingen. Neben ihm waren in andern Gegenden andere zum Theil wilde Gesellen, wie der Gugelbastian, aufgestanden, und der arme Konrad in Würtemberg genoß einen so verbreiteten Ruf, daß sich eine große Anzahl von geheimen Bünden nach ihm benannte.

Es waren Vorboten der allgemeinen Erhebung. Die elsässischen Stadtregierungen, und vor allem Straßburg, verfolgten mit Spannung die immer weiter greifende Gährung. Häufige Warnungen waren von Freiburg und von der österreichischen Regierung aus Ensisheim dem Stadtrath von Straßburg zugekommen. Noch ängstlicher blickten Grundherren und Klöster in die Zukunft.

In diesem Augenblicke traf nun die kirchliche Bewegung, welche von Wittenberg ausging, zündend mit den sozialen Forderungen der großen Massen zusammen. In allen den südlichen und westlichen Ländern Deutschlands, wo der gemeine Mann seit Jahren dumpfen Haß gegen die herrschenden Klassen brütete, legte das Evangelium einen gefährlichen Keim in den von wildesten Leidenschaften bereits vollständig durchwühlten Boden. Wer weiß nicht, welche Noth die frommen Kämpfer der Reform mit den Schwärmern, den Schwarmgeistern, hatten, die sich an ihre Sätze so wenig, wie an die Gebote Roms hielten, die den eigenen individuellen Eingebungen als Offenbarungen Gottes folgten, wie Thomas Münzer, der da sagte, er müßte Gottes spotten, wenn er nicht mit ihm redete, wie mit Abraham und andern Propheten, und der in offener Predigt aufrief zu Thaten der Gewalt. „Sieh zu, sagte er, die Grundsuppe des Wuchers, der Dieberei und Räuberei, das sind unsere Fürsten und Herren, nehmen alle Creaturen zum Eigenthum; die Fische im Wasser, die Vögel in der Luft, das Gewächs auf Erden muß alles ihr sein." Als die Bauern im Hegau aufstanden, war Münzer unter ihnen.

Eine ebenso eingreifende, gewaltsame Natur war der frühere Professor zu Ingolstadt Balthasar Hubmaier, aber er war systematischer, wenn man will, doctrinärer als Münzer. Hubmaier hat in der österreichischen Stadt Waldshut das Hauptquartier seiner wiedertäuferischen Lehre aufgeschlagen; politische, soziale und religiöse Fragen waren fortan zu einem unentwirrbaren Knoten geschürzt. Am 1. Januar 1525 brach auf den Gütern des Abtes von Kempten der Aufstand aus. Zu den Bauern gesellten sich die Bürger der Stadt, das Kloster wurde zerstört und der Abt gefangen, die Mönche vertrieben oder getödtet. So begann die Revolution, die sich an tausend Orten unter den bis in die kleinsten Details ähnlichen Erscheinungen wiederholt hat. Alle äußeren Umstände dieser Erhebung blieben sich im ganzen deutschen Reiche so völlig gleich, daß man die strengste Organisation der Massen schwerlich zu verkennen vermag. Vom Elsaß war der Bundschuh ausgegangen, er machte in heimlichen Verschwörungen unter verschiedenen Formen seinen Weg durch halb Deutschland; die Wogen des Meeres brausten nun zurück, welches er aufgeregt hatte. In wenigen geschichtlichen Ereignissen des Elsaß drückt sich so sehr das innere Zusammenleben des Volkes mit seinen deutschen Nachbarstämmen aus, wie in der Revolution des sechszehnten Jahrhunderts. Während der Bauernkrieg an der französischen Grenze halt machte, ist Anfang und Endpunct desselben gerade im Elsaß zu suchen. Wir werden noch kennen lernen, welche wechselnden Einflüsse französischer und deutscher Reformation das geistige und kirchliche Leben der Zeit im Elsaß erfuhr, in diesen elementaren Erscheinungen der großen Massen dagegen waltet ausschließlich der böse Geist deutscher Nation. In diesem seinem Ursprunge nach so gerechten Aufschrei unterdrückter Freiheit, der aber sofort mit titanischer Kraft jedes edlere Maß überschreitet, sofort zur blinden Naturgewalt wird, und in träumerischer Fieberglut keinen Augenblick der religiösen Erhebung und des himmlischen Reiches entbehren kann — in diesem Aeußersten menschlich sozialer Verirrung zeigt sich der elsässische Bauer nun in der nackten Wahrheit seiner germanischen Natur, wie der überm Rhein in Schwaben und Thüringen.

Es waren Geistliche, welche von der Lehre Thomas Münzers und Hubmaiers eifrigen Gebrauch unter dem Landvolk machten. Einer, Namens Johannes Berner, predigte im Sundgau mit großem Erfolg; auf den österreichischen Herrschaften fanden gleich im Anfang des Jahres 1525 die ersten Zusammenrottungen statt. In Ensisheim traf die Regierung alle Anstalten zur Vertheidigung der Stadt; und als man die Bauern aufforderte auseinander zu gehen, antworteten sie rund: „Man drückt uns zu hart, wir wollen selbst Meister sein und ohne Herrschaft leben." Sie wußten, daß es auch in den Städten Leute gab, die zu ihnen hielten. In Mülhausen erhoben sich schon früher Bürger gegen Geistlichkeit und Klöster, ein Theil des Volkes erwartete sehnsüchtig die Bauern, welche das wahre Evangelium angenommen hätten. In Wort und Liedern richtete man sich gegen den Adel und die reichen Leute, welche auf stolzen Hengsten reiten und im Uebermuth daher gefahren kommen, „das Gut der Armen ohn' Unterlaß verzehren". „Der Arme bleibt doch ungespeist", heißt es in einem Lied, „soll das evangelisch sein?" — Man sieht schon, der Aufstand hatte einen weit umfassenderen Charakter angenommen, als jener war, den der Bundschuh vom Jahre 1493 als Ziel der Bewegung bezeichnete.

Die Bauern waren gut geführt. Sie wollten sich, wie schon der Bundschuh beabsichtigte, vor allem in dem Besitz der Städte setzen und dann mit vereinter Macht die Herrschaften und Fürsten angreifen. Die Mittel zum Krieg mußten die Klöster liefern, welche vollständig ausgeplündert und dann verbrannt zu werden pflegten. Vergeblich hatte der Rath von Straßburg sich an die Wüthenden gewendet, um wenigstens für einige Pflegebefohlene, wie etwa die Aebtissin von Andlau, Schonung zu erhalten. In zahllosen Schaaren sah man die Mönche und Nonnen die einsamen Wege über das Gebirge nach Lothringen aufsuchen, um in Nanzig Rettung und Schutz zu finden. Im April standen im obern Elsaß an 13,000 bewaffnete Bauern zu einer Armee vereinigt unter der Führung von zehn Hauptleuten; zum Obrist hatten sie Wolf Wagner von Rhinau gewählt. Wenn sie an die Städte kamen, ließen sie Aufforderung ergehn, sich den Bauern anzuschließen und die Thore zu öffnen, oder sie luden sich wohl zum Abendimbiß ein, wie zu Reichenweiher oder zu Ebersheimünster. Am 18. Mai umlagerten zahlreiche Bauernschaaren Kaisersberg, während andere aus dem Oberelsaß Zabern umzingelt und eingenommen hatten. An der Spitze der letzteren standen der gewaltige Erasmus Gerber, Ittel Jörg und Peter von Nordheim. Sie waren fast gleichzeitig, wie die Bauern im Sundgau aufgestanden, und um St. Leonhard und am Ottilienberg hatte ein widertäuferischer Prediger, Clemens Seich, ihre Schaaren zu entflammen gewußt. Als sie vor Zabern gerückt waren, weigerte der Rath sich nach Kräften die Thore zu öffnen, aber Einverständniß mit dem Pöbel der Stadt nöthigte zur Capitulation. Schon waren einzelne Schaaren in lothringisches Gebiet eingebrochen, in ganz Elsaß war keine Macht stark genug, den Bauern Widerstand zu leisten. Der Bischof von Straßburg und der Stadtrath suchten versöhnende Schritte, auch einzelne Gutsherrn hatten vermittelnde Vorschläge gemacht. Herr Nikolaus Ziegeler von Ziegelberg kam mit dem Antrag zu seinen Bauern, er wolle freiwillig Zins und Gülten verringern, und alle billigen Forderungen sonst gewähren, wenn sie sich ruhig halten wollten, allein die Bauern verlangten unbedingte Annahme der Artikel, die sie aufgestellt hatten. Waren einzelne Haufen geneigt, da und dort nachzugeben, so war der Terrorismus doch zu weit vorgeschritten, um ein friedliches Ende zu finden. Schwankte ja doch selbst in den Reichsstädten die Gesinnung der Bürger unstet hin und her und war in Weißenburg das Außerordentliche geschehn, daß die Bauern Herrn der Stadt wurden. Denn die alte große und reiche Abtei, der Stolz des elsässischen Landes in den ältesten Zeiten seiner Cultur war ganz besonders ein Gegenstand des Hasses der neuen Secten geworden. „Sollen wir," sagten die Bürger von Weißenburg, „uns von den Bauern um Gut und Leben bringen lassen, um den Abt zu schützen, der uns selbst bedrückt und beschwert?" Und so sehr auch der Stadtrath und der bessere Theil der Bürger Einhalt gebot, die Stadt fiel in die Hände der Bauern und die Abtei in Trümmer.

Unter den Grundsätzen der Bauern war auch der, daß kein Unterschied zwischen Reichs- und anderen Städten sein sollte, sie stritten gegen die Vorrechte jeglichen Standes. In dieser Noth stand Straßburg allein, wie die Königin der Städte, unerschüttert im Innern, der Revolution gegenüber. Nicht fehlte es an Versuchen, zum Theil von geschickten Händen, die Brandfackel des Zwistes auch in dieses Gemeinwesen zu werfen. Die Führer der Straßburger Kirchenreform, von denen noch viel zu erzählen sein wird, die Butzer, Capito, Hedio genossen eines weithin reichenden Rufes. Den Predigern der Bauern schien es nothwendig, diesen Männern den litterarischen Handschuh hinzuwerfen. Wie Münzer „wider das geistlose sanftlebende Fleisch zu Wittenberg" geschrieben und gelobt hatte, so haben auch die Prediger der Bauern nach Straßburg geschrieben, daß sie bereit seien, das wahre Wort Gottes zu verfechten, daß ihre Schaaren den christlichen Frieden und das Reich Gottes bringen wollen und werden. Da entschloß sich Butzer mit Erlaubniß des Raths in der That hinaus zu gehen zu den Bauern, um mit ihnen zu reden und sie zu belehren, aber sein evangelisches Wort von dem Gehorsam gegen die Obrigkeit ging spurlos an tauben Ohren vorüber. Schon war der Hochmuth der Bauern von ihren Führern aufs äußerste gestachelt. Ließen sich doch die Weiber beim Marktverkauf in Straßburg vernehmen: „Nun werden wir bald selbst auf vornehmen Pantoffeln einhergehn." Und nicht ohne Grund schienen die Klagen der Meistersänger zu sein:

„Wo ich jetzt in der Welt umfahr,
So nimm ich allermeiste wahr
Der Hoffahrt von den Bauern."

Als Erasmus Gerber mit seinem Haufen vor Mutzig lag, erließ er im Tone kaiserlicher Proclamationen die Aufforderung, daß die Bürger zu den Bauern schwören sollten; als der Landvogt Freiherr von Mörsberg mit Friedensanerbietungen kam, ließ ihn Gerber nicht einmal vor, und in noch schnöderer Weise wurde die Gesandtschaft abgefertigt, welche mit dem Ammeister Martin Herlin und den Räthen des Landgrafen aus Straßburg zu ihnen kam. Die Bauernhäupter, so ließ man sagen, säßen jetzt zu Tische, die Gesandtschaft möge nur auf den in der Nähe liegenden Holzblöcken warten. Dann endlich vorgelassen, erhielt sie schließlich den Bescheid: „Die Bauern hätten nun lange genug in Unterdrückung geschmachtet und wollten ihre Frohne, Zinse und Gülten los sein. Auch wüßten sie besser, was ihnen nützlich wäre, als die von Straßburg, die sich nur wieder nach Haus begeben könnten."

Der volle Höhestand des revolutionären Wahnsinns war erreicht. Höher und höher stieg bei den Führern die Verblendung, recht unmittelbar vor dem gähnenden Abgrund, und immer wüster und wüster löste das Volk jede Schranke der Ordnung und Sitte. „Sie hatten ganz und gar keine Ruh, trugen den Wein in Fässern zu. Der Wein macht sie allesammt rasen." So entrollen uns die Geschichtschreiber der Bauern-Bewegung das Bild des immer tieferen Verfalls. Längst waren die zwölf Artikel der Bauern, welche in Thüringen oder Franken entstanden und auch nach Elsaß hinüber getragen worden waren, ein bloßes Blatt Papier, im schreienden Widerspruch mit allem, was wirklich geschah und gethan wurde. Die Artikel selbst waren mannigfach abgeändert und im Elsaß, wie es scheint, in einer Form beschworen worden, die in manchen Puncten weitergehende Forderungen enthielt, als in ihrer ersten und echten Fassung. Ihrem Ursprunge nach waren die zwölf Artikel der Bauern die Grundrechte der Revolution, mit den Menschenrechten zu vergleichen, welche 250 Jahre später in Paris verkündigt worden sind. Von denselben theoretisch hohen Gesichtspuncten getragen, fordern sie nichts, was nicht zum großen Theile heute verwirklicht wäre. Aber wenn die französische Revolution, von großen Geistern durchgeführt, auf blutgetränktem Boden die Keime eines neuen sozialen Lebens emporschießen sah, so hat der Aufruhr des 16. Jahrhunderts nur Tod verbreitet. Wie der Anfang des Bauernkrieges nichts als roheste Gewaltthat war, so war auch sein Ende nichts als ein Act der Rache, ein ruhmloser Sieg der staatlichen Ordnung ohne innere Heilung.

Sobald Bischof und Stadtrath von Straßburg und der Landvogt alle Versuche, die Ordnung durch Vermittlung herzustellen, als gescheitert ansahen, wandten sie sich an Herzog Anton von Lothringen. Dieser und seine Brüder Claudius von Guise, Ludwig von Vaudemont und die Ritterschaft von Lothringen fanden hier Gelegenheit, zum ersten Male das Schwert des Katholicismus zum furchtbaren Ausrottungskriege zu schwingen gegen die Ketzerei der neuen Zeit. Mit andächtiger Gewissenhaftigkeit und nicht um irdischen Lohn hat Herzog Anton das Amt des furchtbaren Richters übernommen. Unter seinen Landsknechten fanden sich Leute aus aller Herren Länder, auch Albanesen und Stradioten. Die Bauern hatten ihre Stellung in Zabern nach Möglichkeit befestigt. Die Stadt mit den umliegenden Dörfern und Verschanzungen bildete ein großes Lager, wo 30,000 Mann mit Waffen aller Art und auch mit Kanonen versehen, den Entscheidungskampf erwarteten. Am 15. Mai rückten die Lothringer von Sarburg gegen Zabern vor. Am 16. trafen die ersten lothringischen Reiter bei Lupfstein auf eine große Schaar von Bauern, bald kam es hier zum Handgemenge, in welchem die Lothringer mit immer größeren Massen die tapferen Vertheidiger erst aus ihrem Lager, dann aus dem Dorfe vertrieben, bis der Kampf zwischen den Mauern des Kirchhofs und der Kirche sein blutiges Ende nahm. Was da nicht erschlagen wurde, fand seinen Tod in den Flammen des Dorfes. Darauf zog der Herzog unbehelligt gegen Zabern. Wiewol die Bauern des Kriegshandwerks nicht unkundig waren, so war es doch nicht ihre Sache, eine Stadt zweckmäßig zu vertheidigen. Als der Herzog seine Mörser gegen die Mauern richtete, und rasch das Zerstörungswerk begann, nahmen die Bauern gern die dargebotene Gunst freien Abzugs und gänzlicher Vergebung an. Am 19. Mai sollte der Ausmarsch der Bauern waffenlos erfolgen; die Lothringer standen in langer Reihe zu beiden Seiten vom Stadtthor an bis an ihre Lager. Da entstand ein Streit zwischen einem Landsknecht und einem der Bauern, die vorbeizogen, und sofort fiel unter den Landsknechten ein verhängnisvolles Wort: „Schlagt drauf, es ist uns erlaubt." Die Bauern, die sich verrathen sehen, rufen nach Waffen, wollen zur Stadt zurück, um ihre Hellebarden zu holen, aber die geldrischen und lothringischen Landsknechte stürzen wüthend über die Wehrlosen her, und bald ist das Thor durch die Leichen gesperrt. Ein furchtbares Gemetzel war geschehn. 18,000 Bauern, versichern einige Berichte, seien erschlagen worden. Erasmus Gerber war in das Schloß geflüchtet und dort gefangen worden. Am Abend stand er an einen Weidenbaum gebunden, den Strick um den Hals, unweit des herzoglichen Lagers. Aber die Leidenschaft war nicht aus seiner Seele gewichen. Er erzählte von seinen Plänen, von seiner Religion und von der Rache, die er über seine Gefangenwärter verhängen wollte, wenn es ihm gelungen wäre, zu entkommen. So litt er nachher den Tod, wie so viele andere, deren man habhaft wurde. Drei Tage aber nach dem Blutbad von Zabern zog Herzog Anton nach Scherweiler und besiegte den letzten Rest der Bauern in einem hartnäckigen Kampf. Die Revolution war besiegt, nur in Weißenburg fand noch ein kurzes Nachspiel der Bewegung statt, indem die Fürsten von der Pfalz und Trier den Abt zurückführten und die Stadt in schwere Buße nahmen.

Wenn sich an die nun folgende grausame Wiederherstellung jener alten Ordnung, die von den Bauern umgestürzt worden war nicht auch die völlige Ausrottung der kirchlichen Reform anknüpfte, und wenn die Lehre des Evangeliums, welche im Elsaß verbreitet war, nicht in das klägliche Ende der sozialen Revolution verstrickt zu werden vermochte, so ist auch dies jenem großen und erleuchteten bürgerlichen Wesen zu verdanken, das im Sturm der Zeit Widerstand geleistet, um desto sicherer die echte und wahre Freiheit des deutschen Geistes zu retten und die Sache der neuen Kirche zu entwickeln. Straßburg und seine Reformation haben im Elsaß genau die Stellung bewahrt, die Wittenberg und Luther dem verderbendrohenden Aufruhr gegenüber einnahmen, welcher unter dem Schirm evangelischer Freiheit die Welt erschütterte. Dieselbe Klugheit und Mäßigung, welche an der Elbe die geordnete Staatsgewalt mit der Reformation versöhnte und befreundete, hat auch in Straßburg in noch viel schwierigeren Verhältnissen inmitten von hochkatholischen Mächten und Herren bewirkt, daß hier in den westlichen Marken des Reiches der protestantische deutsche Geist unausgerottet blieb und zu eigenthümlicher, für ganz Deutschland selbst bedeutender Entfaltung kam. Mag uns dies Bild zunächst in seiner ganzen Tiefe beschäftigen.

Neuntes Kapitel.

Reformatorische Volksstimmungen.

Im fünfzehnten Jahrhundert ist das Elsaß nicht eben reich an litterarischen Erscheinungen. Die Männer, die von hier aus zuerst wieder bedeutend eingriffen in das geistige Leben Deutschlands, die Kaisersberg, Wimpheling, Brant, sind nicht früher als um die Mitte des Jahrhunderts geboren (Kaisersberg 1445, Wimpheling 1450, Brant 1458), und ihre Thätigkeit führt uns schon an die Schwelle der Reformation. Die Voraussetzungen der Reformation aber sind lange vorhanden, ehe die entscheidende That eintritt: einerseits die Verweltlichung der Kirche, andererseits das Kraftgefühl und die rege Kritik des Volkes.

Wenn wir uns die Kirchenlieder, Erbauungsschriften und biblischen Poesien eines Heinrich von Laufenberg oder Priester Liutwin zu Gemüthe führen, so fühlen wir uns nicht erhoben oder zur Andacht gestimmt. Ein merkwürdig weltlicher Athem weht uns daraus an. Heinrich von Laufenberg war der fruchtbarste geistliche Dichter und Prosaschriftsteller des fünfzehnten Jahrhunderts in deutscher Sprache. Er lebte zuerst als Weltpriester zu Freiburg im Breisgau und zog sich dann 1445 in das einst von Rulman Merswin gegründete Johanniterhaus zum grünen Wörth (S. 81) zurück. Aber die alte mystische Vertiefung in das Jenseits wohnt nicht mehr in diesen Räumen. Heinrichs zahlreiche Kirchenlieder klingen bei all ihrer Anmuth und gefälligen Leichtigkeit der Form wie Volksballaden oder Schelmenliedchen, denen sie zum Theil wirklich nachgebildet sind.

Wollen wir noch einmal die alte Kirche in ihren edelsten Erzeugnissen, in ihrem schönsten Wirken auf Menschenherz und Menschenphantasie belauschen, so müssen wir uns an die Kunst halten und die stille Werkstatt zu Colmar aufsuchen, worin Martin Schongauer malte und seine Kupferplatten gravirte.

Martin Schongauer oder Martin Schön (geb. um 1420, gest. 1488) war unbedingt der größte deutsche Künstler des fünfzehnten Jahrhunderts. Er hat wie andere rheinische Maler jener Zeit von den Niederländern zu lernen gesucht und ist wahrscheinlich bei Rogier van der Weyden zu Brüssel in die Schule gegangen. Seine Farbe und ein gewisser Realismus der Formgebung zeigen, was er sich dort angeeignet. Aber den geistigen Gehalt, das Gefühl, hat er nach Brüssel schon mitgenommen und unversehrt von dort zurückgebracht.

Jene Mystik, die wir kennen, war in ein minnigliches Spiel mit dem Seelenbräutigam verlaufen, jene sanften Visionen und lieblichen Träume des frommen Herzens waren durch Gebete und Gedichte tief ins Volk gedrungen und auch dem deutschen Maler, insbesondere am Rhein, nicht fremd geblieben. Auch in ihm ging jener Same der göttlichen Liebe auf, und die paradiesischen Seelenzustände heiliger Einfalt und idyllischer Schwärmerei reizten auch die malerische Phantasie. So finden wir in der Kölner Malerschule des vierzehnten und fünfzehnten Jahrhunderts eine Zartheit, eine Verklärung, eine überirdische Ergriffenheit, die ganz unbeschreiblich sind. Wie jene weltentrückten Gottesfreundinnen aussehen mochten in dem Augenblicke ihrer höchsten Verzückung, das können wir an den Bildern von Meister Wilhelm und Stephan Lochner studiren, an diesen Madonnen voll Andacht und Hoheit, die nicht mehr auf goldenen Himmelsstühlen thronen, wie in der altchristlichen Kunst, sondern sich menschlich nahe auf grünen Rasenbänken unter bunten

Blumen niederlassen, in Anbetung des Heiligen versunken und wie von einem Abglanze des Himmelslichtes überströmt. Hinter ihnen blühen Rosenhecken, durch welche kleine Vögel zierlich schlüpfen, holde Engel spielen mit dem Christuskinde, holde Engel, die wie weiße Wölkchen um die Jungfrau schweben, jubiliren in den Lüften.

Dies ist die Stimmung, die uns auch bei Martin Schongauer noch entgegen tritt. Eine heilige Jungfrau im Rosenhag ist sein Hauptwerk. Und einen Zug tiefer Innigkeit und manchmal leiser Sehnsucht hat er der Gottesmutter stets geliehen. Ueberraschende Züge warmer menschlicher Empfindung verrathen überall das sinnige Gemüth. Aber freilich, jene Gottgelassenheit, jenes fromme Entzücken spricht sich nur in den Mienen, nur in den Köpfen aus. Hier ist der Meister auf seinem Felde. Da hat er Schönheitsgefühl und Formensinn, Alles was zu den höchsten Leistungen befähigt, aber das Nackte, Beine, Arme, Hände sind mager, unschön, die Bewegung oft verzeichnet. Es ist, als ob er den Körper gering geachtet hätte, um ganz sich in die Darstellung der Seele zu versenken. Aber nur im Milden und Heiligen ist er zu Hause. Die Frauen gelingen ihm vortrefflich. Das erhabene Dulden des Erlösers hat er ergreifend vorgeführt. Johannes am Fuße des Kreuzes ist ein rührendes Bild des Jünglingsschmerzes: er steht aufrecht, das Köpfchen leicht gesenkt, in dem starren Auge zittern Thränen, die rechte Hand faßt krampfhaft ins Gewand und wird von der Linken fest umklammert. Immer hat der Schmerz bei Schongauer etwas gemildertes und die Hände sind sehr ausdrucksvoll.

Er war eine weiche Natur, und alles, was er geschaffen, trägt den Charakter des Zerfließenden an sich. So fruchtbar seine Phantasie in der Bildung des Weiblichen, so unfruchtbar ist sie in der Darstellung des Männlichen. Er weiß nicht mannigfaltige lebenskräftige Individuen hinzustellen. Er verfällt in den gewöhnlichen Heiligentypus oder in jenen Typus der Scheuslichkeit, den die Malerei des fünfzehnten Jahrhunderts für Pharisäer, Henkersknechte und andere Juden bereit hielt. Wo er einmal sich ans wirkliche Leben wagt und Genrebilder versucht, liefert er als echter Idealist unwillkürlich Carricaturen. Und wo er ganz phantastische Regionen betritt, verliert er sich ins Maßlose und zeichnet Teufelsfratzen wie Höllenarabesken hin.

Schongauer, in Italien als Bel Martino berühmt, war allenthalben hochgeschätzt. Seine Gemälde sollen weitherum ins Ausland gegangen sein. Und noch bedeutender war er im Kupferstich, dem er zuerst eine große künstlerische Wirkung abgewann. Der junge Michelangelo hat es nicht verschmäht, seine Versuchung des Antonius mit der Feder zu coviren. Auch sonst arbeitete man viel in seiner Art; mehrfach, besonders in Colmar, wurde nach seinen Stichen gemalt. Daneben bemerkt man gerade wie in Köln, daß die niederländische Manier immer mehr um sich greift. So wird es auch in Straßburg gewesen sein, wo der Maler Johann Hirtz berühmt war, der bereits die Landschaft ausgebildet haben soll.

Wie anders aber erscheint uns die Kunst, wenn wir ein paar Jahrzehnde weiter gehen. Wenn wir z. B. die helldunklen Holzschnitte des Hans Wächtlin betrachten (der 1514 zu Straßburg das Bürgerrecht erhielt), seine nackten, kräftigen Gestalten, seine üppige mannigfaltige Vegetation, seine reiche, belebte Landschaft, seinen oft überladenen Renaissance-Schmuck, seine antiken Stoffe, wie Orpheus, Pyramus und Thisbe und ähnliche. Oder vollends wenn wir die üppigen breiten Figuren des Hans Baldung Grien neben die mageren ascetischen Körperformen Martin Schöns halten. Dieser geniale Künstler war ein Schwabe, arbeitete lange in Freiburg und wurde 1533 bischöflicher Hofmaler in Straßburg, wo er 1545 starb. Man hält ihn für einen Schüler Dürers, dessen Art er an den Oberrhein verpflanzt habe. Und ohne Zweifel hat er (gerade wie Hans Wächtlin auch) von Dürer viel gelernt, aber er ist ein Individuum für sich, das in der Großartigkeit des Styls, in der Breite der Formgebung, in der Liebe zum leidenschaftlich Bewegten an Michelangelo erinnert. Ungemeine Sicherheit der

Technik, kühne virtuose Mache; Kenntnis der Natur, völlige Beherrschung der Anatomie; packende Lebenswahrheit; drastischer, ungemilderter Ausdruck; höchst originelle, vom Typischen oft gänzlich losgelöste Auffassung und Composition; vollendete Wiedergabe des bewegten Menschenleibes; Mannigfaltigkeit charaktervoller, kraftstrotzender Gestalten und durchgearbeiteter männlicher Physiognomien: — dies sind die Eigenschaften, welche seine Arbeiten auszeichnen.

Das Idyllische, Friedliche, Innige ist abgethan. Natur in allen Erscheinungen, vom Niedrigsten bis zum Höchsten, will bei ihm zum Ausdruck kommen. Die Landschaft spielt eine große Rolle. Dem Thierleben, namentlich den Pferden, widmet er das ernstlichste Studium. Nackte, fleischige, elastische Kindergestalten liebt er in mannigfaltigen Wendungen gehäuft anzubringen. Einen betrunken schnarchenden Bacchus oder übermüthige Zechgesellschaften weiß er mit jederlei Muthwillen höchst drollig und derb zu vergegenwärtigen. Hexenwesen und alle Teufelei ist ihm willkommen. In Farbe und Licht geht er auf die grellsten Effecte aus.

Man sieht, die Welt hat sich verändert zwischen Martin Schongauer und Hans Baldung Grien. Die feineren Bedürfnisse des Gemüthes sind verschwunden, die zartbesaiteten Seelen haben sich verloren. Das harte Geschlecht, das gegen die Pfaffen rebellirte, ist aufgetreten. Ein Hünengeschlecht, das kräftige Kost brauchte. Ein Geschlecht, das die Geduld verlor und dreinschlug. Ein Geschlecht, dessen starke Sinne das ewige Gesetz über sich wie eine Zuchtruthe fühlten. Ein Geschlecht, welchem das Gute wie ein köstliches Kleinod erschien, das man dem Beelzebub und der ganzen höllischen Armee in fortwährendem Kampfe abtrotzen müsse.

Es ist ein handelnder Menschenschlag, der keine Zeit zu innerer Sammlung, zu Beschaulichkeit und zu Betrachtung findet. Darum kommt auch behagliches künstlerisches Bilden, es kommt die Behandlung großer Stoffe mit großem Aufwande von Mitteln immer mehr ab. Die Künste der Vervielfältigung werden bevorzugt. Man arbeitet für den Tag, nicht für die Ewigkeit. Es gibt fast keine gewählte, ästhetischen Interessen zugängliche Gesellschaft mehr. Diejenigen die sich anschickten es zu werden, die classisch gebildeten Gelehrten, gehen bald im Dienste der praktischen Zwecke auf.

Wir befinden uns in der Epoche, in der die deutsche Naturwissenschaft allen anderen voran ist, in der Epoche von Peuerbach bis Kepler. Und wie sonst mit den Naturwissenschaften der Aufschwung der Industrie Hand in Hand geht, so war es auch hier. Diesem Aufschwung ist es zuzuschreiben, daß Kupferstich, Holzschnitt und Bücherdruck in Deutschland erfunden wurden. Jene Künste der Vervielfältigung verdanken den Fortschritten des damaligen Naturwissens ebenso ihre Entstehung, wie in unserer Zeit die Photographie und Telegraphie. Nur muß man die Männer der Forschung, welche die Kenntnisse vertieften, weniger in den Hörsälen der Universitäten, als in den Werkstätten der Handwerker im unmittelbaren Verkehre mit den Rohstoffen suchen. Ein Kupferstecher wie Martin Schongauer hängt mit dem Goldschmiedehandwerk auf das Innigste zusammen.

Ihren Ausgang scheinen die genannten Erfindungen alle vom Rhein zu nehmen, der Kupferstich insbesondere vom Oberrhein, die Buchdruckerkunst speziell von Straßburg.

In der Nähe des Klosters St. Arbogast, das südwestlich von der Stadt an der Ill gelegen war, hauste seit etwa 1420 ein mainzischer Patricier, Johann Gensfleisch von Gutenberg, der in Folge städtischer Fehden seine Heimath hatte verlassen müssen. Er war ein unruhiger Geist. Er war wie ein Schatzgräber, der sich in leidenschaftlicher Begier durchtastet durch dunkle Gänge und feuchtes Gemäuer, einem ungewissen, flackernden Lichte nach, das ihm aus der Ferne zu winken scheint. Der gewaltthätige Junker wurde im Exil zum Industriellen. Er schliff Steine, polirte Spiegel, associirte sich mit Straßburger Bürgern, um ihr Kapital für seine Unternehmungen flüssig zu machen, wogegen er ihnen Einblick versprach in alle seine verborgenen Künste.

Darunter befand sich auch die Erfindung, die seinen Namen

für alle Zeit berühmt machen sollte. In dem Hause an der Ill wurde die erste Druckerpresse aufgestellt, wurden vielleicht die ersten Versuche mit beweglichen Lettern gemacht. Mit den Versuchen war es freilich nicht gethan, die siegreiche Anwendung, der gloriose praktische Erfolg mußte hinzukommen, und damit gelang es dem Junker erst, nachdem er 1444 in seine Vaterstadt zurückgekehrt war. Er hat also sein Werk erst außerhalb Straßburgs gekrönt. Aber immerhin darf sich die oberrheinische Hauptstadt rühmen, daß sie 24 Jahre lang der Schauplatz seiner rastlosen geheimnisvollen Experimente war. Und mit Recht hat man nicht weit vom Münster das Denkmal des Mannes aufgestellt, welcher dort eine der Waffen zu schmieden begann, mit denen das Volk sich die mittelalterlichen Zwingherren der römischen Hierarchie vom Halse schaffen sollte.

Uebrigens hat sich Straßburg die weltbewegende technische Errungenschaft sehr früh angeeignet. Bald nachdem aus Gutenbergs Mainzer Officin die ersten Bibeln hervorgegangen waren, wandte der Goldschreiber Johann Mentelin und etwa gleichzeitig Magister Heinrich Eckstein die neue Kunst zu Straßburg an, wo sich ihnen dann rasch noch mehr Gewerbsgenossen beigesellten.

Deutschland war das Land in Europa, welches um die Mitte des fünfzehnten Jahrhunderts das Bedürfnis nach möglichst allgemeiner Ausbreitung der Bildung am stärksten empfand. Diesem Verlangen kamen Holzschnitt und Bücherdruck entgegen: wo das gedruckte Wort nicht half, für den, der nicht lesen konnte, trat die bildliche Darstellung ergänzend ein. So wie sich die Litteratur der neuen Verbreitungsmittel bemächtigte, war ihr demokratischer Charakter entschieden. Sie mußte auf die weitesten Kreise zu wirken suchen, sie mußte auf die Straße hinuntersteigen, sie mußte sich dem Geschmacke der Massen bequemen.

Die Massen aber verlangten derben Scherz. Ein geriebner Litterat, wie der Satiriker Thomas Murner, wußte ganz genau:

Wer dem Ungelehrten will
Schreiben, der muß spaßen viel.

Diesen Grundsatz hatten schon die österreichischen Schwankdichter des dreizehnten und vierzehnten, die Nürnberger Possendichter des fünfzehnten und die fahrenden Spielleute aller Jahrhunderte zur Anwendung gebracht. Und für die Zeiten vor, in und nach der Reformation sind es ganz besonders elsässische Satiriker und Humoristen, welche durch Witz und Laune die weitesten Kreise entzücken: Sebastian Brant, Thomas Murner, Johann Fischart, denen sich im dreißigjährigen Krieg I. Moscherosch beigesellt und denen manche andere von geringerer Bedeutung zur Seite stehen, wie Bartholomäus Gribus aus Straßburg und Jodocus Gallicus aus Ruffach, die sich zu Heidelberg in spaßhaften Universitätsreden auszeichneten (welche 1489 erschienen), oder wie die zahlreichen Verfasser komischer und satirischer Flugschriften, z. B. eines Fastnachtsspiels in Versen vom Jahre 1520, worin ein Examen neugeworbener Landsknechte vorkommt, das mit Falstaffs berühmter Rekrutenwerbung verglichen werden ist.

Wir besitzen Gedichte eines elsässischen Ritters aus dem fünfzehnten Jahrhundert, der in alter Weise Liebesseufzer ausstößt und in den herkömmlichen Formen einer Dame seine Huldigungen darbringt. Einmal läßt er sich auf der Fahrt nach dem idealischen Venusreich, das — wie solche paradiesische Gegenden pflegen — von Wüsteneien, Wildnissen und allerhand Gefahren umgeben ist, durch seinen treuen Knappen begleiten. Das ist aber ein irdischer Klotz, der wenig Sinn hat für seines Herrn Schwärmerei, er fängt über ihn zu spotten an, stößt Flüche aus und kann so plebejische Gefühle wie den Hunger nicht unterdrücken, sondern schreit jämmerlich nach einem Stück Brot.

Wir finden uns an Don Quixote und Sancho Pansa erinnert. Die beiden vertreten aber hier den Unterschied zweier Zeiten. Schon erscheint der liebegirrende Ritter als ein verspäteter Nachzügler, und die bestimmende Macht auf geistigem Gebiete liegt bei dem hungrigen Knappen, dem Repräsentanten des Volkes. Die soziale Voraussetzung der Litteratur des zwölften und dreizehnten Jahrhunderts war der aristokratische Salon: die soziale Voraussetzung der Litteratur des fünfzehnten und sechzehnten Jahrhunderts ist die bürgerliche Kneipe.

Dürfen wir es wagen, an der Hand elsässischer Berichterstatter, in eines dieser dumpfen, schwülen, überfüllten, glücklicherweise noch nicht tabaksqualmenden Locale einzutreten und uns die „Abendzech" zu betrachten?

Welches Gewühl und Gewirre, welches Meer von Stimmen, die durcheinander tosen. Dort an dem großen Tisch sitzt das junge Volk, da geht es am tollsten her und da haben die Kellner am meisten zu laufen in aufgeschürzten Aermeln mit Henkelkrügen, Bechern, Seideln, Kühlkesseln. „Holla, schenk ein, Wirthsknecht!" „Hör, Weinschenk, bring mir den Rothen, bleich sehn die Todten!" Die Gesellschaft wird immer lauter, unflätige Witze fliegen hin und her. „Kann keiner ein Liedlein?" Und nun geht das Singen los:

 Ist keiner hie, der spricht zu mir:
 Guter Gesell, den bring ich dir,
 Ein Gläslein Wein, drei oder vier?

Zechlieder, Buhllieder, Schelmenlieder. „Schürz Dich, Gretlein, schürz Dich! Wol auf, mit mir davon!" Ein junger Mensch schäkert mit der ab und zugehenden Magd: „Die Brunnen die da fließen, die soll man trinken, und der einen lieben Buhlen hat, der soll ihm winken, ja winken mit den Augen und treten auf den Fuß; es ist ein harter Orden, der seinen Buhlen meiden muß." „Ja wol", seufzt ein blasser Gesell, der in der Ecke sitzt, und summt sich ein Verslein, wobei er an die ferne Liebste denkt: „Es steht ein Lind in jenem Thal, ist oben breit und unten schmal." Der Chor aber brüllt: „Den liebsten Buhlen, den ich han, der liegt beim Wirth im Keller."

Aber verlassen wir den tobenden Tisch und setzen uns zu den Alten, da geht es etwas ruhiger, doch nicht minder fröhlich her. Man ist unersättlich im Erzählen und Anhören komischer Geschichten, witziger und sinnreicher Aussprüche und Einfälle. Und je Derberes einer aufzutischen weiß, desto bereitwilliger lohnt ihm wieherndes Gelächter.

Ach, wie läßt man sich da über die armen Frauen aus! Wir sehen wol, wie gänzlich sie aufgehört haben, ein verfeinerndes Culturelement zu bilden. Da weiß man nicht genug vorzubringen, um mit schmunzelndem Behagen dieses schwatzhafte, unzuverlässige, putzsüchtige, kokette, mannstolle Wesen herabzusetzen. Und die spärlichen Worte der Anerkennung, die sie vielleicht findet, gelten höchstens der allergetreuesten Sklavin des Mannes.

Nach den Frauen kommt die Politik an die Reihe. Wie es mit dem römischen Reiche stehe, wie die Türken um sich greifen, wie der Papst Haus halte, was von den Franzosen und seiner List zu fürchten wäre, und wie die deutschen Fürsten ihre Länder regieren. Da regnet es immer neue Geschichten. Einer erzählt von dem Theologen zu Heidelberg, der in Gegenwart von fünf Fürstinnen und vier Fürsten auf der Kanzel erklärte: „Von den Fürstinnen halte ich, was ich von anderen frommen geistlichen Frauen halte, daß sie einst selig werden. Aber von den Fürsten glaube ich auch und halte, daß keiner selig werde, er sterbe denn in der Wiege."

Hiernach bringt ein anderer die Geistlichen aufs Tapet und erzählt die Geschichte von der Prälatenversammlung, die einen schlichten Dorfgeistlichen zur Predigt beruft. Das Pfäfflein hat Angst und grämt sich in seiner Einfalt, was er den hohen Herren vortragen solle. Da kommt der Teufel in Menschengestalt zu ihm und spricht: „Warum machst Du Dir Sorge über das, was Du morgen predigen sollst? Rede nichts, als Folgendes: Die höllischen Fürsten entbieten euch geistlichen Fürsten und Prälaten und Regierern der Kirche ihren freundlichen Gruß, als ihren liebsten Freunden, weil ihr zu allen Zeiten thut, was ihnen lieb ist." Der Priester befolgt den Rath und es geschieht ein Wunder, so daß ihm die Prälaten Glauben schenken mußten: „aber wenig besserten sie sich deshalb".

„Ja, ja — sagt ein würdiger Bürger, der Alles ruhig mit

angehört hat und nun das Gespräch zusammenfaßt — die Christenheit ist verderbt, verderbt von oben bis unten, vom Papst bis zum Küster, vom Kaiser bis zum letzten Schweinehirten."

Unterdessen ist ein fahrender Spielmann eingetreten und fragt, ob er nicht den Herren mit seinen Künsten dienen dürfe. Da verstummt dort der Gesang, hier das Gespräch, man drängt sich um ihn und er gibt das Neueste zum Besten, vielleicht ein Spottlied auf einen verbuhlten Cleriker, den seine Angebetete mit grobem Spaß um die gehoffte Liebesgunst betrügt....

Der Stand dieser Spielleute hatte sich mit dem Aufschwung der Komik, die sie vorzugsweise pflegten und mit der erhöhten Werthschätzung des Volksliedes gehoben, zu dessen Verbreitung und Bewahrung sie am meisten berufen waren. Das Volkslied hatte, wie die Komik, nie aufgehört zu bestehen, aber es kam erst recht zu Ehren, seit die große Poesie, die Kunstdichtung verfiel. So hatten herumziehende Sänger, Musikanten und Puppenspieler, Gaukler und Possenreißer, kurz, was man fahrendes Volk nannte, das ganze Mittelalter hindurch ihr Wesen getrieben. Aber wenn sie früher tief erniedrigt und als ehrlose Leute der allgemeinen Verachtung preisgegeben waren; wenn z. B. Heinrich der Glichezare, dem das zwölfte Jahrhundert den Reinhart Fuchs verdankte (oben S. 39) noch ein rechtloses, jeder Unbill ausgesetztes Dasein führte: so bildeten sie jetzt im Elsaß eine anerkannte Zunft, welche nur ihren Mitgliedern gestattete, Musik, Spiel und Kurzweil zu treiben, und scherzhaft das Königreich der fahrenden Leute genannt wurde. Die Herren von Rappoltstein waren ihre Patrone und ernannten den Obersten der unruhigen Schaar, den Pfeiferkönig, der mit einigen anderen Erwählten das Pfeifergericht bildete und regelmäßige alljährliche Festversammlungen, die Pfeifertage, abhielt.

Noch heute werden zu Rappoltsweiler und Bischweiler alljährlich Volksfeste gefeiert, welche den alten Namen bewahren. Aber sie sind nur noch ein schwacher Abglanz dessen, was sie früher waren, als der langgestreckte Festzug sich mit Opfergaben nach der

Kirche bewegte, die Stadttrompeter und Trommler voran, dann der Fahnenträger und hinter ihm der Pfeiferkönig mit vergoldeter Krone und paarweise die Mitglieder der Innung, jeder auf seinem Instrumente spielend, was ihm gut dünkte: dies alles nur die Einleitung zu Concert, Bankett, Gericht und dreien fröhlichen rauschenden Tagen. Die Krone des Pfeiferkönigs fing so gut wie manche andere von reellerem Werthe mit dem Jahre 1789 auf dem Haupte ihres Trägers zu wanken an. Das Königreich der fahrenden Leute hat vor der französischen Revolution nicht Stand gehalten, und 1838 starb das letzte Mitglied der ehemaligen Pfeiferbruderschaft.

Die Revolution hat solche alte verrostete Institutionen wie überflüssigen Urväterhausrath zum Fenster hinausgeworfen. Aber im fünfzehnten Jahrhundert war die Einrichtung der Pfeiferinnung selbst revolutionär und zeigte, daß die eingewurzelten sozialen Vorurtheile bereits einen tüchtigen Stoß erlitten hatten. Der ehemals verachtetste Stand war in der öffentlichen Meinung beträchtlich gestiegen und beinahe mit altangesehenen bürgerlichen Gewerben auf eine Stufe gestellt: während der ehemals hochgeehrteste Stand, die Geistlichen, immer tiefer sank und seinen Boden in stetiger Abnahme mehr und mehr verlor.

Keine Gesellschaftsclasse ist so sehr auf die öffentliche Achtung angewiesen, wie der Clerus. Darauf beruht seine innere und äußere Macht. Versteht er nicht zu imponiren, so versteht er nicht zu regieren. Das hatten die Priester des fünfzehnten Jahrhunderts gründlich verlernt. Mit dem Respect war es vorbei. Man schlage nur die Novellenbücher auf, ob da nicht stets die Geistlichen am härtesten mitgenommen werden. In dem gereimten Schwank von den drei Mönchen in Colmar wollen die Mitglieder dreier verschiedener Orden den Beichtstuhl benutzen, um eine brave Frau zu verführen, werden aber von der Rache des beleidigten Ehemannes ereilt. Und die Wirklichkeit blieb hinter der poetischen Erfindung keineswegs zurück. Schon im Jahre 1372 brachten die Nonnen dreier Straßburger Klöster beim Papst eine Klage gegen die Dominicaner ein:

„Sie wollen uns — berichteten sie — ihren geistlichen Beistand nur gewähren, wenn wir ihnen Geld, Geschmeide und andere Dinge geben; sie kommen in unsere Klöster in kurzen Röcken, bebänderten Mützen, Stiefeln, wie weltliche Leute; sie haben vor uns getanzt und uns zu eitler Lust aufgefordert, ja einige von uns haben sie verführt." Alle solche Zustände hatten sich im Laufe des fünfzehnten Jahrhunderts gesteigert. War es da ein Wunder, wenn man die Mönche öffentlich in derbstem Ausdruck mit ihren Erfolgen bei Frauen neckte, wenn ihnen das Genrebild regelmäßig die Rolle des Fauns übertrug, wenn „Mönch" und „Nonne" geradezu Schimpfnamen wurden, wenn die Volkspolemik sich gegen den ehelosen Stand überhaupt erklärte? Der Haß der Laien gegen die Geistlichkeit war entschieden. Man fing an, ihnen ihre Reichthümer zu misgönnen und bedenkliche finanzielle Berechnungen anzustellen. Lange ehe Luther seine Thesen anschlug, war der Ablaß verachtet. Lange ehe ein Führer sich zeigte, waren die Massen in die revolutionäre, nichts hochachtende, nichts schonende Stimmung hineingerathen, auf welche sich die ganze Bewegung nachher stützte.

Sogar bis in die kirchlichen Gebäude selbst trugen Künstler und Handwerker die Feindseligkeit gegen das Pfaffenvolk.

Von jeher hatte man in der plastischen Ausschmückung der Architektur dem Humor ungescheut die Zügel schießen lassen. An der Kirche zu Andlau aus dem elften Jahrhundert sieht man phantastische Reliefs, Gestalten aus dem Thierkreis, Männer und Frauen, die auf Fischen reiten, Fußkämpfer, Ritter, Centauren, Bogenschützen, alles bunt durch einander. In der Kirche zu Rosheim aus dem zwölften Jahrhundert sitzen auf dem Dach groteske Figuren und im Innern treiben sich auf Consolen und Kapitälen Frösche, Larven und anderes verdächtige Gesindel umher. In der Kirche zu Maursmünster aus dem dreizehnten Jahrhundert verwandeln sich die Blätter der Kapitäle plötzlich in unzählige Menschengesichter, und ein Teufelchen erscheint als Karyatide en miniature. In Ruffach ist um dieselbe Zeit der Giebel des Hauptportals mit allerlei Figürchen von

Tanzenden, Musicirenden, Gauklern geschmückt werden. An der Außenseite des südlichen Straßburger Münsterthurmes sieht man musicirende Sirenen, dabei phantastische Gestalten, die sich schlagen oder liebkosen, greuliche Ungeheuer, welche Menschen anfallen und zerreißen, einen Centauren, der mit einem Löwen kämpft, und kleine Teufel, die sich in der Nachbarschaft aufhalten.

Das alles war indeß nur harmlose Ausgelassenheit ohne die geringste böse Absicht. Aber was soll man zu dem Relief im Inneren des Münsters sagen, das eine spätere Zeit in frommer Entrüstung vernichtete und worin die heiligen Handlungen offen verspottet wurden? Bock und Schwein bringen den scheintodten oder schlafenden Fuchs zu Grabe. Der Hase trägt die Kerze vor, der Wolf das Kreuz, der Bär den Weihkessel, der Esel singt das Requiem aus einem Buche das der Kater hält, und der Hirsch liest die heilige Seelenmesse. War es nicht, als ob die erwachende Volkskraft den Pfaffeneseln drohen wollte, die den gesunden Menschenverstand, Kritik und Mutterwitz für immer auf die Bahre gebracht zu haben glaubten?

Und damit nicht genug, an der Decke des Münsterchores soll das jüngste Gericht gemalt gewesen sein, wo der Herr in der Mitte sitzend mit der einen Hand auf die unten versammelten Geistlichen deutete und in der anderen eine Schrift hielt mit den Worten: „Dies Volk ehret mich mit seinen Lippen, aber ihr Herz ist fern von mir."

Ja, ganz scandalöse Misbräuche hatten sich in die kirchlichen Cultushandlungen eingeschlichen und wurden vom Straßburger Publicum schon wie 'ein geheiligtes Recht in Anspruch genommen.

Unter der Orgel des Münsters befand sich ein rohes Bildwerk, Simson mit dem Löwen, dem er tactmäßig den Rachen aufriß, wenn er von der Orgel aus in Bewegung gesetzt wurde. Man nannte es den Roraffen. Wenn nun am Pfingstfeste aus der ganzen Diöcese Scharen des Landvolkes mit ihren Reliquien und Fahnen unter heiligen Gesängen in der Mutterkirche zusammenströmten: so verbarg sich regelmäßig Jemand hinter dem Roraffen und trieb das tollste Zeug, warf mit lauter Stimme Witzworte in die Versammlung, sang weltliche und unschickliche Lieder, überschrie die frommen Hymnen der Einziehenden und verspottete die Bauern. Er machte die Andächtigen zerstreut, brachte die Betenden zum Lachen und störte so Kirchenmusik wie Feier der Messe.

Dieser Unfug war, wie gesagt, schon zu einer stehenden Einrichtung geworden und er war nicht der einzige in seiner Art. Am Kirchweihfeste des Münsters brachten Männer und Weiber die Nacht in der Kirche zu mit Singen und Tanzen, mit Neckereien und schamlosen Scherzen; in einer Kapelle waren Fässer voll Wein aufgestellt, der Hochaltar diente zum Schenktisch, Bacchus triumphirte über Christus, Venus über Maria, die Kneipe war in den Dom eingedrungen.

Gewisse Umzüge der Fischer am Pfingstfest, worin sie pfeifend, tanzend und springend die Processionen des Landvolks unterbrachen und durch feierliche Umhertragung eines Fisches parodirten, mußte der Rath schon 1466 auf die Nachmittage einschränken, damit wenigstens der Gottesdienst nicht darunter litt.

Aber wie sollte bei derartigen Zuständen noch viel Ehrfurcht vor dem Heiligen übrig bleiben? In der That, es war nicht mehr blos der geistliche Stand, sondern die Religion selbst, welche unter den Angriffen des Volkshumors zu leiden hatte. Schon konnte man hören, wie die übermüthigen, kecken Weltmenschen sich über Gott und Himmelreich und Hölle hinaussetzten. „Was ist Gott?" — sprachen sie — „Das sind drei Buchstaben. Was ist die Höll? Das sind auch drei Buchstaben." —

Mitten in diese lustige, frivole, im Innersten aufgewühlte Gesellschaft des Elsasses traten gegen Ende des fünfzehnten Jahrhunderts drei redliche, ernste Männer, um ihr als Sittenprediger, Satiriker und Publicisten den Spiegel vorzuhalten.

Keine Landschaft Deutschlands hat um jene Zeit einen Prediger wie Geiler von Kaisersberg, einen Satiriker wie Sebastian Brant, einen publicistisch thätigen Gelehrten wie Jacob Wimpheling aufzuweilen. Diese drei waren unter einander eng befreundet und im Ganzen und Großen hat ihr Leben den gleichen Zweck und Verlauf. Alle drei liebten ihr Vaterland, alle drei waren gut kaiserlich, alle drei wollten dem Verfall des geistlichen Standes entgegen wirken, alle drei hingen an der Kirche, und alle drei werden gleichwol mit vollem Recht zu den Vorläufern der Reformation gezählt.

An jedem dieser Männer war ein Einsiedler verdorben. Sebastian Brant singt begeistert das Lob des goldenen Zeitalters und den Preis der Armuth. Kaisersberg trieb sich auf einsamen Spaziergängen am liebsten in Kirchhöfen und bei Waldeinsiedeleien umher. Wimpheling erhielt einst, als er ruhig in Heidelberg saß und lehrte, den Vorschlag eines Freundes, sich mit ihm und Kaisersberg in ein beschauliches Leben zurückzuziehen. Der heißblütige Mann, der gerade den Petrarca über die Einsamkeit gelesen hat, geht mit Feuer auf den Vorschlag ein, erklärt sich auf den ersten Wink bereit, läßt alles im Stich, eilt nach Straßburg, und würde seine Absicht unfehlbar ausgeführt haben, wenn nicht plötzlich die Nachricht eingetroffen wäre, daß jener Freund es mittlerweile vorgezogen habe, Bischof von Basel zu werden.

Das freiwillige Entbehrenwollen, das Zurückziehen von der Welt hat hier nicht mehr den Sinn eines mächtigen inneren Aufsteigens, wie bei Meister Eckard und Tauler, sondern den Sinn eines übermächtigen inneren Niedersinkens, eines unüberwindlichen Zweifels an sich selbst. In der Resignation, mit welcher diese Männer ihrem erwählten Lebensberufe gegenüberstehen, spricht sich das geheime Bewußtsein ihrer Schwäche und Unzulänglichkeit, ihres widerspruchsvollen, nur wider Willen förderlichen Daseins aus.

Sie haben zerstören geholfen, was sie schützen wollten. Sie haben den Pessimismus genährt, den sie bekämpfen sollten. Die strengen Conservativen haben einer Revolution vorgearbeitet. Die Stützpfeiler sind Mauerbrecher geworden. Die treuen Söhne der Kirche haben das Feuer nicht gelöscht, sondern geschürt, und als das Haus in Flammen stand, jammerten, die es erlebten, über den ehrwürdigen

Bau. „Bin ich ein Ketzer, so habt Ihr mich dazu gemacht", sagte der Straßburgische Reformationsheld Jacob Sturm zu seinem alten Lehrer Wimpheling, der ihn klagend an die Ermahnungen erinnerte, die er in seiner ersten Jugend von ihm erhalten habe.

Es wohnt in dem älteren elsässischen Gelehrtenkreise jene Unklarheit des Denkens, jene Halbheit des Handelns, jene dilettantische Furcht, die Axt an die Wurzel zu legen, jene unpraktische Scheu, wo man den Zweck will, auch die Mittel zu wollen, — wie sie in Zeiten, die großen Umwälzungen vorausgehn, öfters gefunden wird. Kaisersberg, Brant, Wimpheling wollten die Kirche durch moralische Eroberungen reformiren. Unterdessen wuchs in Sachsen der Mann der entschiedenen That heran, der seine Kriegsdepeschen in Gestalt von 95 Theses an die Schloßkirche zu Wittenberg schlug.

Aber niemals darf vor dem Urtheile der Geschichte das vollendete Werk die grundlegenden Vorarbeiten in Schatten stellen. Das thätige Leben jener Gelehrten, der redliche Eifer, der sie beseelte, die reiche Zahl ausgezeichneter Kräfte, die sich um sie ansammelten, waren für das Elsaß, waren für ganz Deutschland keineswegs verloren. Ihr Verdienst zum großen Theil war der rasche Eingang, den die Reformation im Elsaß fand. Ihrer mächtigen Anregung ist es zuzuschreiben, wenn wir im sechszehnten Jahrhundert das Elsaß allen anderen deutschen Gegenden an geistiger Productivität überlegen finden. Ihnen zunächst sind wir daher eingehende Betrachtung schuldig.

Zehntes Kapitel.

Predigt, Satire, Schule.

Dem Besucher des Straßburger Münsters fällt an dem vierten Pfeiler des mittleren Langhauses eine prächtige Kanzel in die Augen. Auf den ersten Blick erkennt er den spätgothischen überladenen Geschmack. Sie besteht ganz aus durchbrochener Arbeit, und zahlreiche Figuren, ein gekreuzigter Christus, Apostel, Engel und Heilige, sowie scherzhafte Gestalten, die sich angebracht finden, legen — soweit sie nicht erneuert sind — Zeugnis ab von dem Stande der elsässischen Plastik gegen Ende des fünfzehnten Jahrhunderts*).

---

*) Die hohe Vollendung, welche die verwandte Kunst der Holzschnitzerei um jene Zeit erreicht hatte, belegt der Issenheimer Antoniusaltar zu Colmar, den Hans Baldung Griens virtuoser Pinsel schmückte. In den Gestalten des Antonius, Hieronymus und Augustinus „gesellt sich zu der höchsten Bildnistreue eine so ernste Großartigkeit des Stils, wie sie nahezu unerreicht dasteht unter allen Leistungen der Epoche". Auch der Hochaltar des Straßburger Münsters war einst aus Holz geschnitzt, ein Werk des Meister Nicolaus von Hagenau, 1501 beendet, jetzt verschwunden und nur aus einer Abbildung bekannt. Für das Stift Alt St. Peter in Straßburg verfertigte im Jahre 1500 Veit Wagner von Straßburg einen Altar aus Lindenholz, auf welchem die Geschichte des h. Maternus ausgeschnitzt ist. — Ob der Bildhauer Nicolaus Lerch († 1493), von dem das Grabmal Friedrichs III. im Wiener Stephansdome herrührt, ein geborner Straßburger war, bleibt zweifelhaft.

Diese Kanzel hat Meister Johannes Hammerer für Geiler von Kaisersberg im Jahre 1486 errichtet. Der berühmteste Prediger des fünfzehnten Jahrhunderts hat hier seine andächtigen Zuhörer um sich gesammelt, nachdem die Lorenzcapelle des Münsters zu klein geworden war, um die Herbeiströmenden zu fassen.

Dr. Johann Geiler von Kaisersberg ist 1445 zu Schaffhausen geboren, wurde aber von Kindheit auf im Elsaß erzogen und hat in Straßburg die Stätte seiner volksthümlichen Thätigkeit gefunden. Geiler war einer der ersten Männer seiner Zeit. Als er starb, war die Trauer allgemein; zahlreiche Gelehrte von Nah und Fern machten Grabschriften und Gedichte auf ihn. Die Universitäten Freiburg und Basel hatten sich einst darum gestritten, ihn als Lehrer zu besitzen. Die Stadt Würzburg, der Bischof von Augsburg, der Erzbischof von Köln, hatten zu verschiedenen Zeiten ihn als Prediger gewünscht. Kaiser Maximilian gewann ihn lieb, versäumte keinen seiner Vorträge, wenn er in Straßburg war, ernannte ihn zum kaiserlichen Kaplan und ließ ihn einmal eigens kommen, um seinen Rath einzuholen.

Alle lockenden Aussichten, alle Ehren und Würden, die ihm anderwärts winkten, achtete der bescheidene Mann gering, um seiner Stellung am Straßburger Münster getreu zu bleiben.

Diese Stellung hatte ihm städtischer Bürgersinn bereitet. Ein edler Bürger mußte thun, was die blinde Hierarchie versäumte. Man sorgte nicht für tüchtige Prediger. Den Zuhörern Possen vorzumachen, sie durch lustige Geschichten zum Lachen zu bringen und auf andere Geistliche zu schimpfen, war allmälich Styl geworden. Seit einem halben Jahrhundert lagen sich in Straßburg Bettelorden und Weltpriester in den Haaren. Und um ernstlichen Unruhen vorzubeugen, mußte der Rath die Münsterkanzel einmal gänzlich sperren lassen. Da griff der Ammeister Peter Schott ein und wies auf sein eigenes Vermögen eine bedeutende Summe an zum Unterhalte eines Predigers, der Doctor der Theologie sein, aber keinem Orden angehören sollte. Dazu wurde 1478

Geiler berufen und wirkte hier unermüdlich bis zu seinem Tode 1510.

Er war ein langer, hagerer, blasser Mann, mit hoher Stirn und feurigen Augen, persönlich bescheiden, rechtlich, gewissenhaft, freundlich im Umgang, unbestechlich und wahrhaftig, daher auch angefeindet von denen, welche seine freimüthige Kritik empfindlich traf.

Geiler war kein Fortschrittsmann und kein hochfliegender Geist. Er fürchtete, die neu aufblühenden classischen Studien möchten der „edlen, freien Dialektik" des Mittelalters nachtheilig werden. Er besorgte, das Lesen der heidnischen Poeten könne die Sitten der Jugend verderben. Und wenn er mystische Anschauungen vertrug, so blieb er fern von der titanischen deutschen Mystik, so äußerte er sich halb ablehnend und warnend über Tauler, so hielt er sich lieber an die plane, verständige, scholastisch geregelte, nett in ein System gebrachte, allen Visionen und sonstigem Ueberschwank feindliche Mystik des Franzosen Jean Gerson. Er drang allerdings auf innere Religion im Gegensatz zur äußeren Werkheiligkeit, die sich bequem mit ihrem ewigen Heil durch Ceremonien, Fasten und Gebetsmurmeln abzufinden denkt. Es stiegen ihm auch über den Ablaß manche Bedenken auf und der Mißbrauch desselben war ihm wol klar. Aber wie zahm macht er solche Ansichten geltend. Wo er an Lehren der Reformation anstreift, geschieht es wie zufällig. Er ist noch ganz der Scholastik ergeben. Die Bibel erklärt er mit der äußersten Willkür. Und alle möglichen anderen Autoren scheinen ihm ebenso viel werth zu sein, wie die heilige Schrift. Auf Reinigung der Kirchenlehre ist sein Absehen nicht gerichtet. Worauf es ihm ankommt, ist allein Sittenbesserung. Und diese sucht er zu erreichen durch die unmittelbare schlagende Gewalt des Wortes.

In der packenden Kraft der Rede liegt seine Stärke. Aber er packt die Phantasie mehr als den Charakter. Er unterhält mehr, als er bekehrt. Er belustigt mehr, als er erschüttert. Er läßt sich mehr zu seinem Publicum herab, als daß er es zu sich hinaufzöge. Er ist ein Satiriker auf der Kanzel. Er ist ein Stück von einem realistischen Maler, der Genrebilder entwirft. Er ist ein Virtuos der Sittenschilderung, der zu jedem Mittel greift, außer zur bewußten Possenreißerei. Er will drastisch sprechen, und er fühlt nicht, daß er grob und roh wird. Es kommt ihm z. B. nicht darauf an, Kaiphas einen großen Schweinskopf zu nennen, oder den ungläubigen Thomas als einen groben Filz und groben Kegel zu bezeichnen, der einen dicken tollen Kopf hatte, oder von dem Heiland zu erzählen: „Er schlief auf dem Schiff wie ein Hase mit offenen Augen" — oder den Juden nachzusagen: „Sie aßen in der Wüste Krametsvögel, daß ihnen die Schnäbel zu der Nase heraus hingen."

Welche tiefen Gedanken, welche erhabenen Bilder hatte Meister Eckard in Bewegung gesetzt, um das Aufsteigen zu Gott, die Zurückziehung von der Sinnlichkeit auszumalen. Dr. Geiler nimmt ein Gleichnis von der Gerberei, um die Verwandlung zu schildern, welche durch ein beschauliches Leben mit dem Menschen vorgeht. „Wenn es ihn vorher gelüstet hat nach dem Fleischlichen, so wird es ihn jetzt gelüsten nach dem Geist, wie eine Haut, die man gerbt, nicht mehr Fleisch ist, sondern zu Leder wird."

Um Abstractes zu veranschaulichen, um durch Unerwartetes zu überraschen und durch Auffallendes zu fesseln, ist Geiler ganz rücksichtslos. Würde des Gegenstandes scheint für ihn nicht vorhanden. „Die bekehrten Sünder sind Kameele", behauptet er einmal und führt den Beweis in allen Regeln eines Vergleiches durch. „Die Seele des Menschen ist durch die Erbsünde gleich geworden einem Esel und vom bösen Geist gebunden mit sieben Halftern": dies ist das Thema einer anderen Predigt. Die Sünden des Mundes sind ihm Fliegen und Mücken, die den Mund verunreinigen, und die Gegenmittel, die er empfiehlt, kündigt er als Fliegenwedel und Leimruthen an, das Schweigen ist ein Fliegengarn. Wie ein Mensch zum vollkommenen Leben gelangen solle, demonstrirt er an einem Hasen, an dessen Eigenschaften und Lebensgeschichte, von den langen Ohren an bis zum Abhäuten, Spicken, Braten und zur Sauce, dem „Pfeffer": darunter versteht er das Kloster.

Was hat nun Geiler erreicht mit seiner Thätigkeit?

Er legte großes Gewicht auf die öffentliche Wirksamkeit und gestand sehr naiv, daß er sich mit einem Concurrenten nicht vertragen würde. Gleichwol ist er kein praktischer Mensch. Er ist keine zugreifende, anfassende, die Welt einrenkende Natur. Er redet über Reformen, wie ein Blinder von der Farbe. Er will eine Reformation von unten herauf, Jeder soll an seiner Stelle reformiren, der Bischof in seiner Diöcese, der Abt in seinem Kloster, der Pfarrer in seiner Gemeinde: alles schön und wohlgemeint, aber alles fromme Wünsche ohne Kenntnis der wahren sittlichen Lebensmächte, naive Rathschläge ohne Ahnung der praktischen Wege um etwas durchzusetzen. Wozu hatte Geiler seine nahen Beziehungen zum Kaiser? Wozu hatte er seine genaue Bekanntschaft mit hohen Kirchenfürsten? Wozu vor allem hatte er seine Kanzel?

Wenn Savonarola Buße predigt, so fährt der Sturmwind einher und entblättert die südlichen Bäume, das sinnenfreudige Volk wirft seinen Schmuck weg und reinigt strenge die Seele zu einem Tempel des Herrn. Geiler von Kaisersberg war nach vierundzwanzigjähriger Amtsführung noch nicht dahin gelangt, den Unfug des Roraffen im Münster zu beseitigen.

Dem deutschen Prediger fehlte das sittliche Pathos, es fehlte ihm der rechte Glaube, der Glaube an sich und seine Kraft, an die Kirche und ihre Zukunft. Die Concilien des fünfzehnten Jahrhunderts hatten sich fruchtlos erwiesen. Nun erwartete er nichts mehr davon und deshalb überhaupt nichts mehr von Reformen im großen Style. „Wen sollte man auf ein Concilium schicken? fragt er. Etwa die Aebte? Nun, betrachtet euch die einmal. Oder die Pröbste? Oder die Dechanten? Nehmen wir selbst an, daß man die Doctores dazu beriefe, die Gelehrten: wenn wir auch dahin kommen, was sind wir für Leut', wir sind nichts werth."

Auf solche Weise hat Kaisersberg nicht einmal, sondern hundertmal seinen eigenen Stand herabgesetzt. Er kannte alle Schäden der Kirche, die Unkeuschheit der Priester, die Lasterhaftigkeit der

Klöster, ihren verderblichen Einfluß auf das Familienleben, die Anhäufung von Pfründen, ihre Verleihung an ganz junge Knaben, die finanzielle Aussaugung der Gläubigen, die ungescheute Pflichtverletzung der Würdenträger. Und das alles brachte er auf die Kanzel. Er bekräftigte die erregte Kritik des Volkes mit der Autorität seines Wortes. Nicht umsonst haßten ihn die Mönche. Er machte die Kanzel zu einem Pranger des Clerus.

Dem Satiriker als Prediger stellen wir den Satiriker als Dichter an die Seite: von Kaisersberg wenden wir uns zu Brant.

Sebastian Brant, ein Straßburger Kind (1458—1521) war Jurist und Professor in Basel, 1503 wurde er Stadtschreiber in Straßburg. Er nahm somit dieselbe Stellung ein, wie dreihundert Jahre früher Gottfried von Straßburg. Und das sechszehnte Jahrhundert hielt nicht weniger von ihm, als das dreizehnte von seinem Vorgänger.

Er hat viel geschrieben und herausgegeben, lateinisch und deutsch, Poesie und Prosa. Aber zu einem berühmten Dichter machte ihn nur sein Narrenschiff, das 1494 zuerst erschien. Einen Erfolg, wie ihn Brant damit errang, hat die deutsche Litteraturgeschichte nur selten zu verzeichnen. Das Buch hat unzählige Auflagen erlebt. Gleich im ersten Jahre wurden drei Nachdrucke veranstaltet. Es wurde überarbeitet, ausgezogen, nachgeahmt. Es wurde ins lateinische, niederdeutsche, niederländische, französische und englische übersetzt. Die schriftstellerischen Genossen nannten es eine göttliche Satire. Kaisersberg hielt Predigten darüber. Man wollte es in die Schulen einführen und erging sich in den ausschweifendsten Lobeserhebungen, als ob eine neue Epoche deutscher Dichtkunst beginne.

Gleichwol hat die moderne Kritik mit Recht geurtheilt, an dem Buche lasse sich nichts poetisches entdecken, als einzelne Ausdrücke und Bilder, die Versabtheilung und der Reim. Worin also lag die Bedeutung des Werkes?

Jede eingreifende litterarische Leistung muß den Januscharakter an sich tragen, sie muß zugleich rückwärts und vorwärts schauen, sie muß Altes abschließen und Neues beginnen. Und dies gilt in vollem Maße von Sebastian Brants Narrenschiff.

Es ist aus Lesefrüchten hervorgegangen. Es ist ein Repertorium moralischer Lehrsätze aus alter und neuer Zeit. Der Verfasser las die Bibel und die lateinischen Autoren durch und sammelte, was sich ihm an treffenden Sentenzen darbot. Er war aber auch mit der volksthümlichen Sittenlehre wohl vertraut, wie sie in Sprichwörtern niedergelegt ist. Den ganzen Stoff, den er in alter Litteratur und lebendiger Ueberlieferung verfand, hat er in Eins gefaßt und trefflich redigirt. Uralte, sittliche Weisheit redet durch seinen Mund zu den Zeitgenossen.

Aber auch die schätzbarsten moralischen Aussprüche und Betrachtungen würden in trockener Zusammenstellung besten Falls ein Schulbuch, ganz gewiß nie ein Volksbuch werden können. Der kluge Dr. Brant verstand sein Geschäft weit besser. Er verarbeitete seine aufgehäuften Schätze zu einer Satire auf alle Stände, wie sie von lange her in der mittelalterlichen Litteratur üblich waren, und er wählte dazu eine Form, die ihm die weiteste Verbreitung sichern mußte.

Es liefen zu jener Zeit Bilderbogen mit kurzen gereimten Aufschriften um, worin die verschiedensten menschlichen Laster und Schwächen als Figuren in Narrenkleider dargestellt wurden. Da zeigt sich der Betrüger mit der Schellenkappe, dort der Aufschneider, dort der Verschwender, dort der Weltlichgesinnte, der nicht ans ewige Leben denkt. Diese Auffassung eignet sich Brant an und packt die sämmtlichen Narren auf ein Schiff, das den Weg nach Narragonien einschlägt. Sein Buch ist eine Sammlung von Holzschnitten, worin die früheren poetischen Beischriften zu längeren Kapiteln ausgedehnt sind, und innerhalb dieses Rahmens ein vollständiges Gemälde der damaligen Gesellschaft entrollt wird.

Und hiermit hat Brant seine Zeit entzückt. Die Stimmung allgemeiner Kritik und der nichts schonenden Satire hat durch ihn ihren stärksten, ihren classischen Ausdruck erhalten. „Wir sind alle nichts werth", sagten sich Hohe und Geringe, Geistliche und Laien, und waren königlich vergnügt über die Entdeckung. Sebastian Brant macht ein System daraus, dessen A und O der Begriff der Narrheit ist. Die moralischen Gebrechen erscheinen als Verstandesschwäche, das Laster als belachenswerth. Da mochte nun noch so viel Edles, Gutes und Erhabenes von dem Dichter ausgesprochen sein, hinter der durchgeführten Grundanschauung mußte es für die Masse der Leser verschwinden. Der läßlichen ironischen Lebensauffassung war die Schellenkappe als Siegel aufgedrückt.

In Straßburg aber war man nicht wenig stolz auf den berühmten Landsmann, und ihm zu Ehren wurde eine der drei größten städtischen Kanonen „der Narr" genannt, wie eine andere „der Roraffe" hieß.

Eine ähnliche Stellung wie Sebastian Brant für die moralisch-satirische, nimmt sein Zeitgenosse und Landsmann, der elsässische Franciscanermönch Johannes Pauli (geb. um 1455, gestorben um 1530) für die kleine Erzählungslitteratur ein. Er hat damit begonnen, die Predigten Geilers von Kaisersberg nachzuschreiben und zu veröffentlichen, treu und sorgsam, bis zu den kleinen Zufälligkeiten der mündlichen Rede herab. Dann übersetzte er die lateinisch erschienenen Predigten Kaisersbergs über das Narrenschiff. Und gleichzeitig sammelte er sein Buch „Schimpf (Scherz) und Ernst", das 1522 erschien und dann oftmals wieder gedruckt wurde. Aus Litteratur und Volksmund hatte er an die 500 Geschichten zusammengebracht, ernste und heitere, oft bloße Witzworte oder Dummheiten, alles so reizend, natürlich und unbefangen erzählt, das Ganze ein solches Stelldichein von guter Laune und gesundem Menschenverstand, daß der Mönch eines der beliebtesten Volksbücher des sechszehnten und siebenzehnten Jahrhunderts damit geschaffen hat, zugleich ein rechtes Schatzkästlein deutscher Sinnesart in jener Zeit. Schon im fünfzehnten Jahrhundert sammelte man im Elsaß gern solche Erzählungen, für die gedruckte Litteratur eröffnete Pauli die Reihe der deutschen Schwankbücher, und fand dann noch manchen Nachfolger unter seinen speziellen Landsleuten. —

Von Kaisersberg, Brant, Pauli gehen populäre Wirkungen aus, welche die Grenzen ihrer engeren Heimath weit überschreiten. Ihr Publicum ist nicht Straßburg, nicht das Elsaß, ihr Publicum ist ganz Deutschland, ja (für Brant wenigstens) ein großer Theil von Europa, und zwar gerade die Länder, in denen die Reformation Wurzel schlagen sollte: Deutschland, Niederlande, England, Frankreich, die sich eben hierdurch als ein zusammengehöriger nordeuropäischer Culturkreis darstellen. Man darf sagen: Sebastian Brant machte Straßburg einen Augenblick lang zu dem Centrum dieses Culturkreises, was die populäre satirische Lehrdichtung betrifft. Die Volksstimmung, auf welche die Reformation sich stützt, hat durch ihn ihren gemeingiltigsten Ausdruck erhalten.

Dem nordeuropäischen Culturkreis steht der südliche und sein Mittelpunct Italien gegenüber, die Heimath des Papstthums und des Humanismus.

Der Humanismus, die wieder belebte Antike, ist die neue geistige Macht, welche Südeuropa gegen den entfesselten Volksgeist des Nordens einsetzt. Aber diese Macht, an sich ein Phänomen rein litterarischer Art, wirft sich in die Opposition gegen das Papstthum. Der auferweckte Donnerer Zeus zieht über dem Statthalter Christi sein drohendes Gewölk zusammen. Und vor Ovid, Horaz und Cicero müssen der heilige Prudentius, Hieronymus und Augustinus die Segel streichen.

Mit solcher Gesinnung wird die Bewegung nördlich von den Alpen aufgenommen. Und das Elsaß zeichnet sich dadurch aus, daß es am meisten gesucht hat, den Humanismus zu nationalisiren und ihn praktisch für Schule und Unterricht zu verwerthen. In der deutschen Westmark ist der Bürgersinn am zähesten, der Volksgeist am mächtigsten, der entschiedene Nationalgeschmack des vierzehnten Jahrhunderts (S. 63) geblieben und erstarkt. Er verleiht dem Humanismus zunächst eine abgeschwächte, unechte Gestalt, welche der Antike ziemlich fern, dafür dem deutschen Wesen um so näher steht.

Die mittelalterliche Schule befand sich ausschließlich unter der Leitung der Geistlichkeit. In der Schule züchteten sie den clericalen Nachwuchs; aber auch die Führer des Volkes, die Lenker des Staates, Alles was auf höhere Bildung Anspruch machte, ging durch ihre Hände. Und was für Hände waren das! Nicht blos was für unreine, sondern was für ungeschickte. Das Schulwesen jener Zeit ist ein solcher Ausbund von Verkehrtheit, daß man den Kopf schüttelt, wenn man die Berichte davon liest, und ungläubig fragt: ob denn so etwas je möglich war? Der ganze Unterricht beruhte auf der lateinischen Grammatik, und es kam vor, daß die Schüler in zehn Jahren nicht mit Declination und Conjugation im Reinen waren. Die armen Jungen wurden übermenschlich gequält und lernten nichts als Dinge, die sie kaum verstanden und die zur wirklichen Kenntnis nur in Ausnahmsfällen führten.

Im Elsaß hatten Einzelne längst die Bedeutung der Schule begriffen. Wenn der gute Rulman Merswin auch nicht Recht hatte, den heiligen Geist für einen Schulmeister zu halten, so lag darin doch die richtige Ahnung, daß die Schulmeister oft Träger eines heiligenden Geistes sein können. Und daß das lebenslustige Völkchen, das die gesegnete Ebene am Oberrhein bewohnt, sich den Unterricht am liebsten in leichteren, bequemeren Formen dachte, bezeugt schon Gottfried von Straßburg, der seinen Tristan bedauert über die Menge schwieriger Gegenstände, die er zu bewältigen hatte.

Eben dasselbe dürfen wir aus dem **ältesten deutschen Kinderbuche** schließen, das im Elsaß entstanden ist, verfaßt im Jahre 1435 von Konrad Dankrotzheim zu Hagenau. Ein gar guter, lieber Mensch. Sein Buch ist unbeschreiblich anheimelnd und herzlich. Der Mann wählte ein sehr trockenes Thema. Er will den Kindern den kirchlichen Festkalender einprägen. Er nimmt das Jahr von Monat zu Monat durch, charakterisirt die Jahreszeiten, erwähnt die Feiertage und die bedeutendsten Heiligen. Dabei weiß er aber so viel Liebenswürdigkeit und Natursinn zu entwickeln, er weiß so viel Rücksicht auf das tägliche den Kindern bekannte Leben einzuweben, er weiß den Kleinen so viel schöne Dinge vorzugaukeln und sich überhaupt der kindlichen Weltanschauung so trefflich anzubequemen, daß er wol nicht zu viel sagt, wenn er in aller Bescheidenheit seinem Werkchen nachrühmt:

>Es kann die Kinder zur Schule locken,
>Und Semmeltuchen in Milchrahm brocken
>Und in den süßen Honigseim.
>Und machte es Konrad Dankrotzheim,
>Aller Kinder Patron,
>Eine löbliche Person,
>Ist wol eines faulen Eies werth.

So haben wir in dem Büchlein außer Humor und Selbstironie noch ein recht tüchtiges Stück Gemüth und können uns darnach vorstellen, mit welcher Empfindung für das Wohl ihrer Kinder die Väter elsässischer Städte an die Gründung von Schulen gehen mochten.

Die Stadt Schlettstadt, meist von geringen Leuten, Weinbauern u. dergl. bewohnt, erwarb sich dieses Verdienst zuerst, indem sie um das Jahr 1450 den Westfalen Ludwig Dringenberg, der am Niederrhein seine Bildung erhalten hatte, zum Rector berief.

Diese Schule zu Schlettstadt war ein schwacher Anfang, aber doch immer ein Anfang. Dringenberg war kein großer Lateiner, kein tiefsinniger Gelehrter, kein Reformator in Unterrichtssachen; aber er hatte pädagogisches Geschick, er verstand anzuregen, er würzte den Unterricht durch deutsche Sprüchlein und wußte die Schüler mit Liebe und Dankbarkeit für sich zu erfüllen. Dringenberg war kein Humanist im strengen Sinn, kein Humanist wie sie nach der Mitte des fünfzehnten Jahrhunderts an den Universitäten Heidelberg und Erfurt auftauchten, Leute, die in Italien gewesen waren, sich an den Classikern vollgesogen hatten, phrasenreiche und mit allen Salben der Rhetorik geölte Briefe abzufassen wußten und zierliche lateinische Verse hingossen; aber Dringenberg hat immerhin mehrere ausgezeichnete Männer erzogen; die verjüngte wissenschaftliche Bildung hat im Elsaß von seiner Schule den Ausgang genommen; die ärgsten pädagogischen Misgriffe der Stifts- und Klosterschulen wurden hier von ihm zuerst beseitigt; und für den Humanismus, wie er bald im Elsaß und an den benachbarten Universitäten Basel und Freiburg sich hervorthat, hat er den Grund gelegt.

In Straßburg klagten höher Strebende noch länger, daß man nur Sinn für Gastereien und Kriegszüge beweise. Ganz allmälich kam auch dort der Geist der neuen Wissenschaft zur Geltung, der sich der mönchischen Gelehrsamkeit entgegensetzte. Insbesondere waren es Domherren und Pfründenbesitzer, welche, an feineren Lebensgenuß gewöhnt, auch dem geistigen Luxus Geschmack abgewannen. Das Capitel von St. Thomas z. B., dem seiner Zeit der Historiker Jacob Twinger von Königshofen angehörte und das im fünfzehnten Jahrhundert hauptsächlich Juristen und Canonisten hervorbrachte, konnte sich um das Jahr 1490 dem Humanismus nicht länger verschließen. Das Haus des Canonicus Thomas Wolf (gestorben 1509) war „ein Symposion von Weisen, er selbst der Wirth von Philosophen", wie sich ein befreundeter Gelehrter ausdrückte. Und schon früher hatte Peter Schott (gestorben 1492), Sohn des Ammeisters (oben S. 150), Schüler Dringenbergs und Mitglied des Capitels zu Jung-St. Peter, den Humanismus in Straßburg vertreten. Beide hatten ihre Bildung in Italien erworben oder vervollständigt, dessen Einfluß auf das Elsaß zu Ende des fünfzehnten und im Anfang des sechzehnten Jahrhunderts überhaupt sehr groß war.

Aus Schlettstadt selbst aber und ebenfalls aus Dringenbergs Schule ist der bedeutendste Humanist dieses Kreises, Jacob Wimpheling, hervorgegangen.

Geboren 1450, studirt er in Freiburg und Heidelberg. Erst Jurist, dann Theolog, bald selbst akademischer Lehrer, dann vierzehn Jahre lang Domprediger in Speier, hierauf wieder Professor in Heidelberg, lebt er von 1501 bis gegen 1520 mit vielfachen Unterbrechungen in Straßburg, indem er theils die Führung adliger Jünglinge übernimmt, theils seinen Freunden in litterarischen und praktichen Beschäftigungen und Aemtern hilfreich an die Hand geht. Die letzten Lebensjahre (er starb 1528) bringt er in seiner Vaterstadt Schlettstadt zu, unthätig nach einem so ruhelosen Leben, verbittert, verspottet, mit aller Welt zerfallen, durch den allgemeinen Abfall von der Kirche im Innersten gekränkt.

Wimpheling ist von einem seiner Schüler mit dem Welttheil Africa verglichen worden, der immer etwas Neues hervorbringe: so vielseitig war seine litterarische Thätigkeit. Er hat in gebundener und ungebundener Rede, aber fast ausschließlich in lateinischer Sprache geschrieben. Er hat eine Comödie verfaßt, die speierische Kirche besungen, die Jungfrau Maria und den englischen Gruß behandelt, verschiedene Fürsten in Gedichten und Aufsätzen über die Pflichten ihres Standes belehrt. Er hat eine Synodalverfassung für Basel ausgearbeitet und für Kaiser Maximilian die Beschwerden Deutschlands gegen den Papst zusammengestellt. Er hat Ausgaben und Vorreden geliefert. Er hat Textkritik und Metrik, Geschichte und Biographie, Politik und Pädagogik in sein Bereich gezogen. Er hat die Geistlichkeit gegen den Adel, die Weltpriester gegen die Bettelmönche, die Theologie gegen die Poeten, Deutschland gegen die Italiener vertheidigt. Er hat Fehden mit den Augustinermönchen, mit dem Franciscaner Thomas Murner, mit dem Dichter Jacob Locher durchgefochten. Er hat die Juristen angegriffen, sich mit den Franzosen herumgebissen, den Schweizern für ihren Abfall vom deutschen Reich den Text gelesen, und bald hätte er auch mit den Schwaben Händel bekommen, allerdings nur über ihre deutsche Mundart und lateinische Aussprache, die er sich zu tadeln herausgenommen.

Wimpheling ist ein Gelegenheitsschriftsteller, der immer unter dem Impuls des Augenblickes steht, das Material eilig zusammenrafft und dann bei jeder Veranlassung Alles heraussprudelt, was er überhaupt auf dem Herzen hat. Wir können sein Bild nicht betrachten, ohne daß wir zwischen Lächeln und Verehrung schwanken. Er ist rührig, federfertig und beredt, dabei sehr wohlmeinend und ehrlich, aber doch ein wenig beschränkt und in seinem gutmüthigen Eifer oft unüberlegt und zufahrend. Er würde in Tugenden, wie in Schwächen, an den Turnvater Jahn erinnern, wenn nicht die ganze Gestalt etwas Beweglicheres und südlich Feurigeres, etwas Gewandteres und Geschmackvolleres hätte. Aber er gehört wie Jahn zu der liebenswürdigen Classe von Menschen, die in rührender Unbefangenheit zeitlebens wohlgemuth ihr Steckenpferd reiten. Das Herz geht uns manchmal auf bei solchen Naturen, und doch können wir einen leisen Anflug von Spott schwer unterdrücken, wo sie uns begegnen. Eigentlich hat es nur eine Feder gegeben, welche diese wunderbaren Mischungen von Größe und Kleinheit würdig und gerecht darzustellen verstand: der unvergleichliche Lorenz Sterne.

In der That muthet uns Wimpheling an wie eine Figur aus Tristram Shandy, wie der Onkel Toby etwa, der so unverdrossen Fortifications baut. Nicht minder unverdrossen scheint Wimpheling im Geiste Schulen anzulegen: eine Schule für den Papst, eine Schule für die Fürsten, eine Schule für widerspenstige Nationalitäten, eine Schule für europäische Friedensstörer u. s. w. Nie hat ein Mensch wieder den Büchern, dem Unterricht, der ruhigen Belehrung und Ueberredung ein so kindliches Vertrauen entgegengebracht, wie unser Wimpheling. Alle schwierigen Weltfragen löst er sozusagen durch den Schulmeister. Wollt ihr die Schweizer dem deutschen Reich wiedergewinnen? Ei, ihr müßt sie aus der Bibel belehren, daß man der Obrigkeit Gehorsam schuldig sei, d. h. dem Kaiser, dem sie sich entziehen. Wollt ihr die Kirche reformiren? Ei, ihr müßt den Papst persönlich aufzuklären suchen über alle die gerechten Klagen, die nun so viele Jahre schon ertönen. Wollt ihr Friede, Glück und Gedeihen der Staaten herstellen? Ei, ihr müßt das Unterrichtswesen verbessern, mit der größeren Einsicht wird die Eintracht von selber kommen.

Natürlich ist Wimpheling ein Feind der Kriege im Allgemeinen und würde sich auf unseren Friedenscongressen vortrefflich ausnehmen: schade, daß er gegen die Türken so energisch Vernichtung predigt

ab auf die Juden so schlecht zu sprechen ist. Im Ganzen aber
önnte er noch heute jeder parlamentarischen Versammlung als
ohlmeinender Redegreis bestens empfohlen werden.

So weit der bloße Patriotismus reicht, ist er vollkommen am
latz. In dem Fache der patriotischen Entrüstung leistet er Vor=
igliches. Aber vergessen wir nicht, daß es politische Fragen gibt,
ı deren richtiger Auffassung die erregbare nationale Empfindlichkeit
irklich ganz allein genügt. Eine solche Frage war schon damals
e französische Theorie der Rheingränze.

Diese Theorie hatte bereits im fünfzehnten Jahrhundert bei den
Aldzügen des Dauphins (oben S. 107) ihre verhängnisvolle Rolle
: spielen begonnen, und von da an fortwährend gespukt, um ins=
sondere in Straßburg selbst deutsche Köpfe zu berücken und deutsche
ewissen zu verwirren. „Viele unter uns — versichert Wimphe=
ag — sind mehr dem französischen, als dem deutschen Reiche ge=
igt. Denn von den unseren werden zu Zeiten Botschafter nach
ankreich gesandt, welche halbe Franzosen sind. Wenn sie von den
anzosen freundlich empfangen werden, so reden sie ihnen zu Munde
nd gehen auf ihre Absichten ein, in der Hoffnung, bei einer künftigen
anzösischen Eroberung Ehren und Würden zu erlangen."

Solchen gegenüber hält Wimpheling die deutsche Fahne hoch und
cht durch zusammengekarrte Aussprüche aller möglichen großen und
einen Schriftsteller zu erhärten, daß Straßburg nie zu Gallien oder
ankreich gerechnet werden sei. „Lassen wir nicht die übermüthigen
allier sich anmaßen, was unser ist", ruft er aus. Schade, daß
ne historische Beweisführung um so viel weniger stark ist, als
in Patriotismus. Schade, daß ihn überhaupt jedes edle Gefühl
leicht über die Gränzen seines Wissens hinausreißt. Sonst wür=
n wir gern seine Schrift „Deutschland" dem berühmten Buche
rndts „Der Rhein Deutschlands Strom, nicht Deutschlands Gränze"
t die Seite setzen.

Auch sein „Abriß der deutschen Geschichte" ist wissenschaftlich
nommen eine schlimme Arbeit. Die Auswahl und Behandlung

des Stoffes richtet sich ungescheut nach den Tendenzen der Gegen
wart. Und in den ältesten Zeiten ist ihm jede fabelhafteste Träu
merei zum Preise der deutschen Nation willkommen. Aber auch hi
müssen wir dem Publicisten verzeihen, was der Gelehrte sündig
Die genannte Schrift war das erste Unternehmen ihrer Art un
bildet für Politik, Litteratur und Kunst wirklich eine Ruhmeshal
unseres Volkes, die wir mit allen ihren Schwächen uns ebenso
achten und zu lieben gezwungen fühlen, wie das treue deutsche He
des ehrlichen Verfassers. Denn wir Deutschen haben wahrhaft
alle Ursache die patriotischen Gefühle hochzuhalten und selbst d
patriotische Phrase nicht gänzlich zu verachten: schon hat in ei
fachen Gemüthern das schallende Wort sich als ein Apostel d
That erwiesen.

Indessen liegt Wimphelings eigentliche Bedeutung weder
seinen politischen, noch in seinen historischen Leistungen, sondern a
dem Gebiete der Pädagogik, wie das bereits die Zeitgenossen e
kannten. Wir sehen, daß selbst das Steckenpferd eines warmherzige
und vaterlandsliebenden Mannes dem Fortschritte einer ganzen Natio
zum Heil gereichen kann.

Auch Wimpheling ist kein rechter Humanist. Er liebt d
vielgepriesenen Studien nicht um ihrer selbst willen, er hat sich nie
in staunender Verehrung vor der neuerstandenen Antike hingeworfe
er ist nicht geblendet von ihrem Glanze. Im Gegentheil, er witte
wie sein Freund von der Münsterkanzel, sittliche Gefahr von de
alten Poeten, er will nur Virgil zulassen und von den Prosaist
sich nur zu den römischen Philosophen bequemen. Er ist ein b
geisterter Anhänger der römischen Kirche und ihrer Moral, er w
die heidnischen Götter nicht in den christlichen Dom hereinlasse
und heidnische Lebensanschauung erfüllt ihn mit Grauen. Die heili
Schrift vielmehr, die Kirchenväter, die christlichen Dichter sind d
litterarischen Mächte, deren gesunkenen Einfluß er wieder beleb
möchte. Deshalb verlangt er Verbesserung der Schulen. U
nicht deshalb allein.

Jene nationale Eifersucht, die einst den Mönch Otfrid zum Dichter machte (oben S. 34), beseelt auch ihn. Sollen die Italiener allein den Ruhm humaner Bildung behaupten? Sollen sie uns Barbaren schelten dürfen? Nein, laßt uns mit ihnen wetteifern, jetzt es uns ihnen gleich thun. Reformiren wir die Schulen, räumen wir auf mit dem alten unpraktischen Wuste, lehren wir nach einer vernünftigen faßlichen Methode, lehren wir was nützlich ist und zur Hebung der Sittlichkeit beiträgt.

In diesem Sinne liefert Wimpheling Handbücher des lateinischen Styls, Anleitungen zur Metrik, Anweisungen für den Lehrer, moralische Anthologien für den Schüler, Vorschriften über das Studium, insbesondere für angehende Theologen, deren Beruf ihm noch unter allen am höchsten stand. Sämmtliche solche Bücher wurden in Schulen viel gebraucht.

In diesem Sinne hat er als Freund und Lehrer der Jugend gegen mittelalterliches Unwesen gekämpft, die Macht der Priesterschaft brechen helfen und den Fortschritt befördert.

In diesem Sinne bemüht er sich vereint mit Kaisersberg die Gründung eines Gymnasiums in Straßburg durchzusetzen, das aber erst die von ihm so gehaßte Reformation wirklich ins Leben rief.

In diesem Sinne endlich suchte er Geistesgenossen und Gleichstrebende zusammenzuhalten und gründete litterarische Kränzchen zu Straßburg und Schlettstadt, die für den persönlichen Austausch und die gegenseitige Förderung unter den Männern der Wissenschaft nur segensreich wirken konnten. Hier concentrirte sich der elsässische Humanismus. Fast Alles, was das Land an bedeutenden Gelehrten besaß, stand mit Wimphelings Gesellschaften in Verbindung: theils ältere, theils jüngere Männer, theils Alters- und Gesinnungsgenossen Wimphelings, theils eine neue vorgeschrittene Generation.

Schon blühen die Studien; an den benachbarten Universitäten, zu Basel, Freiburg, Heidelberg sind vielfach Elsässer thätig: und seit vollends im Jahre 1514 Erasmus von Rotterdam, der berühmteste Humanist diesseits der Alpen, in Basel seinen Wohnsitz auf-

geschlagen hatte, fühlte sich die ganze benachbarte Landschaft, d
Elsaß voran, gleichsam als die Hauptprovinz des humanistische
Ordens, welche der Großmeister selbst durch seine Gegenwart aus
zeichnete. „Apollo mit den neun Musen ist nach Basel ausgewandert"
schrieb damals ein Elsässer aus der Ferne.

Um Erasmus sammelten sich alle Elemente der zahmen kirch
lichen Opposition, alle die Ritter von der blauen Farbe, die n
redeten, aber nicht handelten; die nur kritisirten, aber nicht rebellirten
denen Luther als das rothe Gespenst erschien, das sich dem Au
schwung der edlen Wissenschaft entgegenstellte. Ging es nach Erasmus
so blieb der alte Zustand unerschüttert. Aber dieser ebenso geistreich
wie charakterlose Mann behielt das Heft nicht in den Händen. Mei
als einer seiner Getreuen hat sich, wie Ulrich von Hutten, vo
seinem Einflusse losgemacht und der Bewegungspartei in die Arm
geworfen.

Natürlich Wimpheling blieb fest, auch der als lateinischer Dichte
angesehene Hieronymus Gebwiler sowie der Hellenist und Musi
schriftsteller Otmar Nachtigall (Luscinius) blieben eifrige Katholiker
aber unter den Jüngeren ist mancher abgefallen, wie Capito (geb. 1478
Jacob Sturm (geb. 1489) und Butzer (geb. 1491), die wir als Leit
der Reformation in Straßburg alsbald näher kennen lernen werde

Auch Konrad Pellicanus aus Ruffach (geb. 1478, gest. 1556
der erste Deutsche der Zeit nach, der sich ernstlich mit dem Hebrä
schen beschäftigte, war ein eifriger Anhänger der Kirchenverbesserun

Selbst Beatus Rhenanus aus Schlettstadt (geb. 1485, ge
1547), ein besonderer Freund Wimphelings und Erasmus', verhie
sich der Reformation gegenüber nicht ablehnend. Nur hat er si
allerdings nicht thätig betheiligt. Er war ein beschaulicher Gelehrte
der die großen Welthändel lieber aus der neutralen historische
Ferne betrachtete, als daß er persönlich eingegriffen hätte. Ein gründ
licher Philolog, hat er in den Klosterbibliotheken manchen wertl
vollen Fund gemacht und schärfere Kritik nebst umsichtigerer Queller
benutzung in die historische Forschung hineingetragen. In seine

drei Büchern deutscher Geschichte, welche das Leben und die Thaten, die Wohnsitze und die Sprache der Germanen bis über den Abschluß der Völkerwanderung hinaus behandeln, ist der vage übertreibende Patriotismus Wimphelings zu einer echt wissenschaftlichen Frucht gereift. —

Unter den jüngeren Elsässern jener Zeit begegnet uns endlich — freundlos, gehaßt und gemieden — der prahlerische, unverträgliche Franciscanermönch Thomas Murner aus Straßburg (geb. 1475, gest. nach 1530), ein merkwürdiger, lehrreicher, aber unerfreulicher Charakter, den man treffend als einen Thersites in der Kutte bezeichnet hat.

Er ist ein empfindlicher, eitler, ehrgeiziger Litterat von lockeren Sitten und unstetem Lebenswandel. Er gehört zu jenen Talenten ohne Charakter, die es nicht vertragen können in zweiter Reihe zu stehen, die sich nicht darein finden wollen, daß sie als Epigonen auf die Welt gekommen sind. Solche Leute suchen Erfolg um jeden Preis, sie scheuen kein Mittel um von sich reden zu machen. Sie stellen Paradoxen auf. Sie suchen Händel mit Männern von Ruf und Ansehen. Sie lassen sich auf allerlei Charlatanerien ein, für die sie selbst Reclame machen. Ihr Leben zerbröckelt sich in Ansätzen und Versuchen, die theils gelingen, theils mislingen, immer aber an dem höchsten Lebensgehalte bis zur gänzlichen Verflüchtigung zehren.

Eine solche Natur ist Murner. Der Lorbeer des gekrönten Dichters, den ihm Maximilian verlieh, genügte ihm nicht. Er gerirt sich bald als Theolog, bald als Jurist. Er macht das Volksbuch von Eulenspiegel in Süddeutschland bekannt und übersetzt den Virgil, sowie römische Rechtsbücher. Er versucht sich an Universitäten, wirbt um städtische Aemter und bekleidet Würden seines Ordens. Wir können ihn nicht verfolgen in seinem vielverzweigten Streben und Thun, wir suchen in ihm hauptsächlich den deutschen Poeten.

Seine ernsten Dichtungen sind weder zahlreich noch werthvoll. Die Jungfrau Maria besingt er ohne Innigkeit, er bringt mehr der

Schutzheiligen des vaterstädtischen Münsters seine offizielle Huldigung dar. Einmal (1514) stellt er, ganz auf Kaisersbergs Art — in einem durchgeführten Gleichnisse den Proceß der christlichen Heiligung als ein Bad des Sünders dar, wobei Christus als Bader fungirt, dem Menschen die Füße wäscht, ihn abreibt, ihm die Haut kratzt, ihn schröpft, ihm den Kopf wäscht u. s. w. Alles zugleich in Bildern erbaulich zu sehen. Die unwillkürliche Komik zeigt, wozu er berufen ist.

Das bedeutendste, was er gemacht, sind unstreitig seine satirischen Gedichte. Die früheren (1512—1519) mehr oder weniger in Sebastian Brants Manier, Holzschnitte mit poetischen Erläuterungen, Satiren auf alle Stände in den von Brant gegebenen oder ähnlichen Formen: bald beschwört er Narren, bald schildert er die Schelmenzunft, bald nimmt er die „Gäuche" vor, die sich von Weibern bethören lassen, bald verfolgt er die Eselei in allen Gestalten: kurz es ist immer der Brant'sche Begriff des Narren, der auch als Schelm, Gauch oder Esel verkleidet, stets zu demselben Zwecke dienen muß.

Murner sucht Brant zu überbieten, und überbietet ihn wirklich. Nur bleibt Brant immer das Vorbild und Murner der Nacheiferer; ja neben Murners bodenlosem Leichtsinn erscheint Brant als ein wahrhaft tiefer Geist. Aber Murner ist gewandter, bissiger und witziger. Nur verdankt auch er sein Bestes der mit komischen Elementen durch und durch getränkten Volkssprache, und der Witz besteht oft blos in dem traurigen Muth, Unflätereien der niedrigsten Sorte mit einem Selbstgefühl auszukramen, als wären es Perlen und Diamanten.

Zur vollen Entfaltung seiner satirischen Kraft und seines Dichtertalentes überhaupt erhob sich der unruhige Franciscaner erst gegenüber der Reformation.

So feindselig Murners persönliche Beziehungen zu Kaisersberg, Brant und Wimpheling waren, dem innersten Wesen nach ist er mit dem älteren Straßburger Kreise sehr nahe verwandt. Er zieht wie sie und viel schärfer über die Geistlichen los; er schimpft auf die bösen Prälaten „die thun viel teufelischer Thaten, als die Teufel aus der Höll"; er macht die Mönche herunter, deckt alle ihre Schwächen auf, indem er sich selbst nicht schont; er begrüßt das erste Auftreten Luthers nicht ohne Freude und übersetzt noch Luthers Schrift über die babylonische Gefangenschaft: — plötzlich sattelt er um, der ganze furchtbare Ernst des auflodernden Kampfes wird ihm klar, seine gewöhnliche Frivolität verläßt ihn, der Mönch wacht in ihm auf, er fühlt daß es sich um die Existenz handelt und dichtet die beste, boshafteste, einschneidendste Satire, die gegen die Reformation je erschien, zugleich sein am meisten durchdachtes und einheitliches Werk, den „großen lutherischen Narren" (1522).

Das ist ein Gedicht, das sich selbst neben Ulrich von Huttens lucianischen Dialogen sehen lassen darf. Auch erhebt es sich in den entscheidenden Partien zu ganz dramatischer Spannung und Entwickelung. Wie die lutherischen Bundesgenossen sich sammeln und die verschiedenen Elemente der Reformation dabei charakterisirt werden, wie sie dann den Feldzug beginnen, Kirchen und Schlösser stürmen und zuletzt Murner belagern, wie Luther da Unterhandlungen anfängt und Murner zu sich herüberziehen will, indem er ihn in die Karten sehen läßt und ihm seine Tochter (die Reformation) zur Ehe anträgt, wie dann die Hochzeit vor sich geht und Murner in der Brautnacht entdeckt, daß seine Neuvermählte an dem „Erbgrind" leide, worauf er sie jämmerlich zerbläut und fortjagt: das Alles ist zwar roh und flüchtig ausgeführt, aber ganz vortrefflich angelegt. Nur darf man bei Murner weder hier noch sonst je eigentlichen Humor suchen. Dazu ist er viel zu bösartig, wüthend und wild.

Sebastian Brants satirische Muse ist ein ehrbares Fräulein in höheren Jahren, das mit lächelndem Behagen die Passagiere des Narrenschiffes wie eine Schaar geliebter Canarienvögel oder Möpse überzählt und mustert. Thomas Murners begeisternden Genius können wir uns nicht anders denken, als wie seine Zeitgenossen ihn

selber darzustellen pflegten, und wie er in der Fabel noch heute fort=
lebt, als einen wilden Kater, der beißt und kratzt und den Gegner
am liebsten zerfleischen möchte, wenn er auch zum Schein manchmal
recht glimpflich thut.

Murners lutherischer Narr ist eine großartige Denunciations=
schrift. „Seht die Idealisten — scheint er zu sagen — seht die
frommen Schwärmer, die nach dem rechten Glauben ringen. Ich
habe ihnen die Maske abgezogen. Heuchler sind sie, die den Geist
vorschützen um für den eigenen Leib zu sorgen; Diebe und Räuber,
die die Kirche zerstören wollen, um sich selbst zu bereichern; schein=
heilige Phrasenhelden, die unter dem Schlachtruf Freiheit, Wahrheit
und Evangelium alle göttliche und menschliche Ordnung untergraben."
Und Murners Satire ist darum so ausgezeichnet, weil sie nicht
gegen rein Ersonnenes und Erlogenes kämpft, weil sie an der Re=
formation bei aller feindseligen Uebertreibung doch eine Seite her=
vorhebt, welche durchweg an den gewaltigen Umwälzungen der
moralischen Welt zu Tage tritt: eine geistige Bewegung, die in der
Tiefe packen soll, muß mit starken materiellen Interessen verknüpft sein.

Elftes Kapitel.

Die Reformation.

Die Reformation war beides, eine innere und eine äußere Reinigung, eine geistige und eine soziale Umwälzung.

Einerseits bietet das Christenthum seine beste Kraft auf, um alle jüdischen und heidnischen Elemente aus sich zu entfernen. Es ist als ob der Apostel Paulus und der heilige Augustinus zum zweiten Male über die Erde wandelten um zu predigen: „Nicht Werke, sondern Glaube; nicht unser Verdienst, sondern Gottes Gnade in Christo; nicht eigene Büßungen und Genugthuungen, sondern einzig das Verdienst Christi." Die ewige Quelle alles Großen, die innere Unterwerfung unter eine höhere Macht, wird wieder aufgegraben und sprudelt von neuem. Die negirende pessimistische Stimmung welche schon die Besten ergriffen hat, macht einer gehobenen hoffnungskräftigen Freudigkeit des Lebens Platz, wie sie selten ihres gleichen fand.

Andererseits aber soll der ehelose geistliche Stand in seiner von Rom abhängigen Organisation gestürzt werden.

Dazu war Alles längst vorbereitet. Der Adel machte sich ein Vergnügen daraus, die Kutte und den Chorrock zu beschimpfen. Das Raubritterthum beutete mit Vorliebe den Clerus aus. Die weltlichen Räthe der Fürsten wußten die ergibige Finanzquelle der geistlichen Güter ebenfalls zu finden. Die Volksstimmung war lange empört, das Bestehende als solches übte keine Macht mehr, der Nimbus war verschwunden. Die reinsten Männer unter den Geistlichen selbst verkündeten von der Kanzel die Schande ihres Standes. Der Humanismus raubte ihnen das Monopol der Wissenschaft und Schule und bildete jene Generation von freier blickenden Priestern heran, welche die rüstigsten Kämpen des Evangeliums geworden sind. Die Scharen standen gewappnet; die Alarmtrompete zu Wittenberg erscholl: alle Mächte des Umsturzes waren entfesselt; Luther schritt wie der Erzengel Michael voran, um Lucifer zu schlagen; man warf sich auf die geistige Zwingburg Rom mit einem Gefühl, wie es die alten Juden gegen Babylon beseelte:

> Du schnöde Tochter Babylon,
> Zerbrochen und zerstöret!
> Wol dem, der dir wird gen (geben) den Lohn
> Und dir das widerkehret (vergilt),
> Dein Uebermuth und Schalkheit groß,
> Und mißt dir auch mit solchem Maß,
> Wie du uns hast gemessen!
> Wol dem, der deine Kinder klein
> Erfaßt und schlägt sie an den Stein,
> Damit dein werd vergessen!

Meister Mathis und seine Genossen.

Mit einer Schnelligkeit, als ob Zauberei im Spiel gewesen wäre, kamen die 95 weltgeschichtlichen Thesen nach Straßburg. Zuerst wurden sie den Gelehrten bekannt, dann rasch den Bürgern, und überall schlugen sie ein.

Die Schriften Luthers wurden eiligst verbreitet, nachgedruckt und viel gelesen. Eine Flut von Broschüren ergoß sich über den Büchermarkt, worin Luthers Gegner angegriffen, in den Staub gezogen und für die neue Lehre populär und eindringlich geworben wurde. Die clericalen Drohungen verfingen nichts, wie groß auch ihre Macht noch scheinen mußte. „Soll denn allein die Gewalt Recht sein? — fragt in einer Straßburger Flugschrift der Mann aus dem Volke — wenn der Papst einen Gauch von Rom schickt mit der Vollmacht: fang mir den, verbrenn mir diesen, so fängt mein Dreschflegel an sich zu regen." Je kühner sein Muth, je drohender die Gefahr in die er sich begab, desto mehr fühlte sich das deutsche Volk geschart um Luther. „Laßt uns nur sorgen — spricht jener Mann aus dem Volke zu Dr. Martinus — wir wollen euch erretten von der Gewalt des Papstes und der Breitenhütenträger, es sei denn, daß uns gut Faust, Schwert, Harnisch und Hellebarden sammt gutem Geschütz nicht helfen mag."

Das Jahr 1517 war ein Hungerjahr, die geistlichen Stifter in Straßburg wollten kein Getreide verkaufen, wenn es die Bürger nicht um zwei Schillinge theurer bezahlten, als die Fremden. Der Unwille stieg auf das höchste. Man schlug dem Clerus die Wittenberger Thesen an die Thüre seiner Wohnungen. Sogar zurückhaltendere Naturen fingen Feuer, und als im Februar 1518 ein neuer Ablaßhandel mit vielem Pomp eröffnet wurde, sagte man, das Ding sei mehr erfunden um dem Papst den Seckel, als um den Himmel zu füllen; und ein Bürger erklärte, es sei nichts mit dem Ablaß, und wenn er so viel Geld hätte, so weit von Straßburg bis Colmar ist, so wollte er nichts dafür geben. Die Mißstimmung wurde so ernst, daß der Stadtrath, der streng auf Ordnung hielt, energischer einschreiten und einen oder den andern Wortführer verhaften lassen mußte.

Bald fand sich auch ein Prediger, der Luthers Schriften studirt hatte und der Volksstimmung entgegen kam, indem er in Luthers Sinne das Wort Gottes verkündigte: Matthias Zell aus Kaisersberg (geb. 1477), von den Bürgern nur der Meister Mathis genannt. Er war ein anspruchsloser, populärer Mann; keine Spur von Ehrgeiz in ihm; aller dogmatischen Grübelei fremd, hielt er sich schlicht an die Bibel und vertrat mit männlichem Freimuth die gute Sache.

Aus Straßburg und der umgebenden Landschaft strömte Alles herbei, um ihn „lutherisch" predigen zu hören. Der Zulauf war so groß, daß er die Kanzel in Anspruch nahm, um die einst Dr. Geiler sein Publicum versammelt hatte. Und als das verweigert wurde, verfertigten die Schreiner in der nahen Kurbengasse schnell eine tragbare Kanzel von Holz, welche sie jedesmal aufschlugen, wenn Meister Mathis predigen sollte.

Das im Jahre 1521 von Worms ausgegangene kaiserliche Verbot, lutherische Bücher zu drucken und zu verkaufen, wurde in Straßburg nur zögernd publicirt und bald wieder mißachtet. Aufgeklärte und hochgestellte Geistliche, insbesondere manche Domherren, wirkten selbst auf den Rath im reformatorischen Sinne ein. Der Jurist Nicolaus Gerbel, ein Mann von gediegener classischer Bildung, hielt sich mit Luther, mit Hutten in ununterbrochener Correspondenz. Elsässische Edelleute erklärten sich in Flugschriften für die Reformation und beglückwünschten die Straßburger zu dem religiösen Umschwung, der sich dort fühlbar machte. Was half es, daß der Leibjournalist der päpstlichen Partei, Thomas Murner, alle Schleusen seiner Schmähkunst eröffnete: unter den etwa zwanzig Druckern, welche Straßburg damals zählen mochte, ließ sich nur ein einziger noch herbei, seine und andere katholische Schriften zu drucken. Schon kehrte sich die städtische Censur gegen den bissigen Franciscaner und verurtheilte seine Broschüren zur Verbrennung; schon wurde in einer Flugschrift der Evangelischen der Satz aufgestellt, daß „aller geistliche Stand schuldig sei der weltlichen Obrigkeit zu gehorsamen"; schon hatte Meister Mathis unter den anderen Priestern Nachfolge gefunden; und als der Bischof ihn zur Strafe ziehen wollte, da gab es der Rath nicht zu und ermahnte ihn, das Wort Gottes und die heilige Schrift wie bisher tapfer und ohne Furcht zu predigen, dabei man ihn schützen und schirmen wolle. Auch die Reclamationen des päpstlichen Legaten wurden zurückgewiesen, ohne Ostentation, ohne ausdrückliche Parteinahme, aber mit Kraft und Würde, unter Hinweis auf die Nothwendigkeit einer Reform, die schon Dr. Geiler so lange erfolglos begehrt habe.

Meister Mathis aber vertheidigte sich gegen die Anklagen des Bischofs in einer Schrift, welche als das eigentliche Manifest der Reformation in Straßburg zu betrachten ist.

In kräftiger Rede, mit gediegenem Urtheil, oft mit Laune, oft mit bitterer Rüge und erschütterndem Ernst, schildert Zell darin den traurigen Zustand der elsässischen Kirche und vertheidigt die evangelische Wahrheit gegen den privilegirten Priesterstand. Nicht Luthers Lehre habe er gepredigt, sondern die Lehre der Schrift. Nicht zum Aufruhr habe er gereizt — Beweis sei die besonnene Haltung des Straßburger Volkes — sondern nur himmelschreiende Mißbräuche habe er angegriffen. Er redet die Sprache eines Mannes, der die Macht des Feindes nicht unterschätzt, aber ihm mit Fassung und ruhiger Zuversicht gegenüber tritt. „Wenn ihnen ihre Klagen gelingen — sagt er voll Ergebung — so ist's um mich gethan. Wohl hin in Gottes Namen! Nehmen sie mir mein Haus, so hoff ich, mir sei ein anderes bereit im Himmel, das nicht mit Händen gemacht ist."

Trotz seiner Biederkeit, Ueberzeugungstreue und Tapferkeit wäre Zell der Mann nicht gewesen, um das muthig Begonnene allein glänzend ans Ziel zu führen. Ein Glück, daß die Reformpartei zu Straßburg so bald eine bedeutende Verstärkung erhielt.

Zells Vertheidigungsschrift erschien 1523, und in demselben Jahre fanden sich Capito, Butzer und Hedio in der Stadt ein. Der erste ein Altersgenosse Zells, ein Mann von 45 Jahren, die beiden anderen noch in frischester Kraft, Butzer 32, Hedio 29 Jahre alt.

Wolfgang Köpfel oder Capito (geb. 1478) war der Sohn eines Schmiedemeisters und Rathsherren zu Hagenau, der die Pfaffen haßte und aus seinem Sohn am liebsten einen Mediciner gemacht hätte. Dieser aber war eine echte Gelehrtennatur und durchlief wißbegierig alle Facultäten um zuletzt doch bei der Theologie Halt zu machen. Er wurde rasch ein vornehmer Mann. In kurzer Frist stieg er zu bedeutenden Stellungen auf, die ihn mit den höheren Schichten der Gesellschaft in förderliche Verbindung brachten und ihm meist auch die erwünschte Muße zu wissenschaftlicher Thätigkeit gewährten. Er war ein Bewunderer des Alterthums das — wie er sagte — durch eine eigene ehrwürdige Majestät ihn anzog, und mit Behagen erging er sich unter den Hebräern in ihrer so ganz verschiedenen Bildung und Gesittung.

Capito war weich und bestimmbar, er neigte zur Melancholie und Grübelei. Seine religiösen Gesinnungen haben einen mystischen Anflug. Er selbst spricht von seinem Temperamente der Niedergeschlagenheit und setzt sich denen entgegen, die einen anmaßenden, stolzen, streitsüchtigen Geist haben, den eitlen Naturen, die um des Ruhmes willen alles wagen. Wir haben von ihm ein Lied: „Gib Fried zu unser Zeit, o Herr!" Das bezeichnet ihn ganz. Ein tiefes Ruhebedürfnis geht durch seine Seele. Er war stets ein Friedensstifter und Vermittler. Nachdem er längst mit dem alten Glauben innerlich gebrochen, enthielt er sich doch jedes auffallenden Schrittes und suchte dem Evangelium nur im Verborgenen zu nützen. Noch zuletzt in Mainz als Kanzler und vertrauter Rath des Erzbischofs suchte er diesen bei guter Laune zu erhalten, damit er gegen Luther nicht einschreite, und andererseits Luther zu beschwichtigen, damit er den Kirchenfürsten nicht aufbringe. Endlich aber der zweideutigen Stellung und des Hoflebens doch müde, verließ er Mainz um als Probst des Stiftes St. Thomas in Straßburg die ersehnte Ruhe zu suchen. Als er hier seine Friedensbemühungen fortsetzte und sich an Zell mit abmahnenden Vorstellungen wendete: da gelang es umgekehrt diesem braven schlichten Manne, den vornehmen gelehrten Probst zu sich herüberzuziehen und aus ihm einen unerschrockenen Verkündiger des Evangeliums zu machen.

Caspar Hedio, ein Badenser, zu Ettlingen 1494 geboren, hatte Capito in Mainz als Hofprediger zur Seite gestanden und war jetzt einem Rufe nach Straßburg gefolgt, um bald die Erwartungen derjenigen zu täuschen, welche an ihm einen Vertheidiger des Alten zu gewinnen hofften. Auch er war keine nach außen gerichtete Natur und zog die Studirstube der Kanzel vor. Aber wenn wir in Capito einen Mann der Wissenschaft von tiefem schwerbefriedigten Gemüth und idealem poetischen Hauch erkennen, so erscheint uns Hedio mehr als der behagliche Bücherwurm, den seine kleine Welt ganz ausfüllt. Er hat sich durch eine lateinische und deutsche Chronik bis 1543 einen guten Namen als Historiker gemacht, durch Uebersetzungen zur allgemeineren Kenntnis des classischen Alterthums beigetragen, und sich außerdem um das Straßburger Schulwesen viele Verdienste erworben.

Wie ganz anders erscheint uns neben diesen Männern Martin Butzer. Als armer heimathloser Vertriebener kommt er aus Weißenburg nach Straßburg. Aber man fühlt sofort: das ist der Mann der Situation, der wird eingreifen, der wird vorwärts treiben, der wird organisiren.

Er ist kein Feuergeist von dämonischer Kraft wie Luther. Er ist kein leutseliger Volksredner wie Zell. Er ist kein beschaulicher Gelehrter wie Capito. Aber er ist ein ausgezeichneter Geschäftsmann von unverwüstlicher Arbeitskraft. Seine Natur ist ganz auf Thätigkeit gestellt. Der Wille ist in ihm die herrschende Geisteskraft, der sich Verstand, Speculation, Einsicht, Gelehrsamkeit und Gefühl unterordnen müssen. Nie läßt er eine Situation über sich Herr werden, er bleibt gefaßt und bewältigt sie. Er vereinigt eine unglaubliche Zähigkeit mit eben so großer Elasticität. Schwierige Verhandlungen zu einem glücklichen Ziele führen, unter verwickelten Verhältnissen keinen Faden je verlieren, mit ungemeinem Scharfsinn den rettenden Ausweg rasch einschlagen, die Factoren sämmtlich berechnen, um alle Mittel sicher spielen zu lassen: das ist sein Talent. Butzer ist der Diplomat unter den Reformatoren. Mit seinem Sinn für das Wesentliche, mit seinem umfassenden Blick, der stets die großen Verhältnisse im Auge hat und über Nebendinge hinwegsieht, mit seiner ganzen praktischen Art, das Hauptgewicht auf die Einheit aller Bekenner des Evangeliums zu legen und die dogmatischen Streitigkeiten mehr als Nebendinge zu behandeln, ist er eine wohlthuende Erscheinung unter den starren Eisenköpfen des sechzehnten Jahrhunderts.

Uebrigens stehen ihm in diesem Puncte alle seine Straßburger Collegen stets zur Seite, und an Milde und Duldsamkeit gegen

Andersdenkende, auch wo politische Motive nicht in Betracht kamen wird er von Capito entschieden übertroffen. Sämmtliche Straßburger Prediger gehören jenem Typus des Vermittelungstheologen an, den man sich gewöhnlich unter Schleiermacher vorstellt.

Martin Butzer war als der Sohn eines Küfers in Schlettstadt 1491 geboren. Drang zu den Wissenschaften, Armuth der Eltern, Wunsch baldiger Versorgung trieben ihn den Dominicanern in die Arme. Aber dieser einst so erleuchtete Orden war längst der unwissendste geworden. Man haßte Bildung und Wissenschaft und tyrannisirte die Ordensglieder, die sich einfallen ließen, nach Höheren zu streben. Butzer hat sein Latein, sein Griechisch, seine Bücher und seine Arbeiten den eifersüchtigen Obern mühsam abkämpfen müssen. Er fühlte sich wie im Gefängnis. Und vollends seit Luthers Schriften und bei zufälliger Berührung Luthers Person ihm begeisternd und erweckend nahegetreten war, haßte er die weiße Kutte die er trug.

Es war das Verdienst Ulrichs von Hutten und seiner Freunde ihn aus dieser Lage befreit zu haben. Bei Sickingen auf der Ebernburg fand er Zuflucht. Als Sickingenscher Pfarrer zu Landstuhl heirathete er Elisabeth Silbereisen, eine ehemalige Nonne. Und da Sickingen ihn wie Hutten und andere entließ, um sie nicht in sein Schicksal zu verwickeln, so wandte er sich im November 1522 nach Weißenburg, um daselbst die erste evangelische Gemeinde einzurichten.

Aber seines Bleibens sollte dort nicht lange sein. Sickingen war gefallen, und die siegreichen Truppen seiner Feinde wurden allen Anhängern des Evangeliums auch im nördlichen Elsaß gefährlich. Ende April 1523 verließ daher Butzer die Stadt — bei Nacht zu Fuße, begleitet von seiner kränkelnden Frau, die stündlich ihr Niederkunft erwartete — und wanderte nach Straßburg.

Er hatte drangvolle Wochen durchzukämpfen, und seine Aussichten waren sehr düster. Als ein abtrünniger in die Ehe getretener Priester befand er sich im Bann, und das bischöfliche Gericht verlangte seine Auslieferung. Aber nachdem er Gelegenheit gefunden eine ausgezeichneten Gaben in Vorlesungen zur Geltung zu bringen, wurde er in den Schutz der Stadt und als Bürger aufgenommen.

Er war eigentlich, wie schon bemerkt, kein Prediger für die Masse. Es schadete ihm eine gewisse Vorliebe für die Entwickelung einerer Gedankenreihen und eine damit zusammenhängende überrosse Wortfülle. Er wirkte nicht packend, sondern mehr überzeugend durch eindringliche dialektisch geschulte Beweisführung. „Ich weiß eine so scharfsinnige und gelehrte Predigt zu thun, wie Ihr," sagte ihm späterhin Luther zu Wittenberg, indem er sich über seine alemannische Mundart ein wenig lustig machte. „Aber wenn ich auf die Kanzel trete, so sehe ich, was ich für Zuhörer habe. Denen predige ich was sie verstehen können, denn die meisten sind arme Laien und schlichte Wenden. Ihr aber suchet Eure Predigt gar zu hoch und schwebt in den Lüften im Gaischt, Gaischt. Darum gehören Eure Predigten nur für die Gelehrten, die können meine Landsleute allhier, die Wenden, nicht verstehen."

Nichtsdestoweniger empfand man zu Straßburg in Butzers Kanzelreden die überlegene Geisteskraft, und er predigte im Münster neben Zell mit vielem Beifall.

Es ist eine kleine unansehnliche, wenn auch kräftige Gestalt, welche die Reihen des gewählten Publicums durchschreitet, um den hölzernen Predigtstuhl zu besteigen, den man einst für Meister Mathis gezimmert und für ihn jetzt hervorgeholt hatte, weil die Domherren den gebannten Priester nicht auf die „Doctorkanzel" lassen wollten.

Eine kleine unansehnliche Gestalt. Aber auf dem kurzen Halse sitzt ein mächtiger Kopf mit durchgearbeiteter Stirn und mit großen, klugen, forschenden, prüfenden, beobachtenden Augen; darunter stark heraustretende Backenknochen, eingesunkene Wangen und tiefe Furchen um den vorspringenden Mund und die fleischigen Lippen. Das scharfgeschnittene Gesicht ist ganz Auge und Mund, Späherblick und Ueberredungskunst, eine Hindeutung auf Schlauheit kaum verkennbar.

Wartet nur wenige Jahre, und der kleine Mann ist die Seele

der Reformation nicht blos in Straßburg, sondern in Schwaben, in Hessen, in ganz Oberdeutschland, um überall „Götzen und Messen abzuthun und christliche Zucht tapfer an die Hand zu nehmen." Dabei hält er den Blick fortwährend auf Frankreich gerichtet und läßt keine Gelegenheit vorüber, um dort das Evangelium zu fördern. Seine beste theologische Schrift (eine Psalmenübersetzung mit Commentar) ist bestimmt, die reinere Lehre nach Italien unter einer angenommenen Maske einzuschwärzen; und in der That gilt er unter den italienischen Reformfreunden für den gelehrtesten Theologen Deutschlands. Ja seine ungewöhnliche praktische Befähigung ruft ihn den Rhein hinab und übers Meer: in Köln und in England will man sich dieses „vorzüglich auserwählte Rüstzeug Gottes", diesen Organisator voll Activität und Feuer nicht entgehen lassen. Es ist kein Zufall, daß seine letzte umfangreiche Schrift die Grundzüge einer reformirten Kirchenverfassung enthält.

Der neue Cultus.

Zunächst wirkte Butzers muthiges Beispiel auf alle Diener des Wortes zu Straßburg — wie sich die reformirten Geistlichen nannten — um sie aus dem katholischen Coelibat heraus in den Ehestand zu treiben.

Butzer war einer der ersten Cleriker überhaupt gewesen, die den unwiderruflichen Schritt gethan, durch welchen sie die Brücke hinter sich auf immer verbrannten. Und er hat zeitlebens seine Kunst des Unterhandelns gern auch im kleinen als ein leidenschaftlicher Ehestifter bewährt. Noch im Jahre 1523 folgten Mathias Zell und fünf andere Priester seinem Vorgange, und ihnen schlossen sich im folgenden Jahre auch Hedio und Capito an.

Von ihren Frauen tritt am meisten Katharina Schütz hervor, welche Zell zum Altar führte. Sie war mehr als Magd und Dienerin, oder wie man sonst das Frauenideal des sechzehnten Jahrhunderts bezeichnen mag. Sie stand mit Luther und anderen g ehrten Männern in Briefwechsel. Sie war andererseits eine Beschützerin aller Bedrängten und Verfolgten. „Ich habe — bekennt sie selbst — mit meines frommen Mannes Willen und Wohlgefallen mich vieler Leut angenommen, für sie geredt und geschrieben, es seien sie so unserm lieben Dr. Luther angehangen, oder Zwinglin, oder Schwenkfelden, und die armen Taufbrüder, reich und arm, weis der unweis, nach der Red des heiligen Pauli, alle haben zu uns dörfen kommen." In späteren Jahren, als ihr Mann und Capito und Butzer und ihre Freunde längst unter der kühlen Erde schlummerten, hat sie das Andenken dieser Männer gegen die Anfeindung des erstdeten Lutherthums mit Wort und Schrift in Schutz genommen. Sie trug in sich das berechtigte Gefühl und sprach es offen aus, daß sie mit ihrem echt menschlichen Wirken als gute Patriotin gehandelt und zur Ehre der Vaterstadt beigetragen habe: Treulich und einfältig hab ich mit großer Freud und Arbeit Tag und Nacht meinen Leib, meine Kraft, Ehr und Gut, dir, du liebes Straßburg, zum Schemel deiner Füße gemacht." —

Die Priesterehen waren offene Auflehnung gegen die Kirche, weit entscheidender nach außen als die Predigt des Evangeliums. Aber vergebens mochte der Bischof die Verheiratheten vor sein Gericht laden und in den Bann thun. Der Rath schützte sie, weil sie ihr Recht auf die Schrift gründeten und das Volk sich laut für sie erklärte. Man begriff was ein bürgerlich rechtschaffenes Haus werth war.

Ueberhaupt traten die Geistlichen jetzt in die Reihe der Bürger ein. Im Juni 1523 beschloß der Rath, sie zu den öffentlichen Lasten herbeizuziehen: die Domherren, die sich nicht überwinden konnten, den Bürgereid zu leisten, verließen größtentheils die Stadt. Im Mai 1524 erlaubte der Rath den Mönchen und Nonnen ihre Klöster zu verlassen, ihre Ordenskleider abzulegen und in den Ehestand zu treten: häufig machten sie von der gewährten Freiheit Gebrauch. Um dieselbe Zeit wurden auch die unruhigsten Wortführer und Scandalmacher der Gegenpartei, wie Thomas Murner, aus der Stadt verwiesen. Alle diese Schritte begleitete eine fruchtbare populäre Flugschriftenlitteratur mit ihrem Beifall.

Von nun an kam es immer öfter vor, daß die Priester vor der Gemeinde, nicht mehr von der geistlichen Behörde angestellt wurden. Die Pfarrgemeinde der Gartner zu St. Aurelien war es welche sich den ersten evangelischen Pfarrer in der Person Martin Butzers wählte (vor Ostern 1524). Die materielle Lage der Prediger war im allgemeinen nichts weniger als glänzend. „Drei Gulden wöchentlich, wovon wir nebst Weib und Kind leben müssen das sind unsere Reichthümer", schrieb Butzer.

Aber in ihrem Eifer erkalteten sie darum nicht. Sie entwickelten vielmehr die angespannteste Thätigkeit: predigten unermüdlich, ließen sich die neue Einrichtung des Cultus angelegen sein, und suchten das Schulwesen zu heben.

Die nöthigen Aenderungen im Cultus wurden rasch vorgenommen, die lateinische Kirchensprache beseitigt, die Messe deutsch gelesen und wesentlich vereinfacht, das Abendmal unter beiderlei Gestalt ausgetheilt, die Beichte verworfen, die Taufe deutsch vollzogen. Es folgte die Abschaffung der Feiertage und das Wegräumen ärgerlicher Bilder, Reliquien und Heiligenaltäre: alles geschah sehr maßvoll, und die Hitzköpfe, welche gern einen Bildersturm veranstaltet hätten, ließ man nicht aufkommen.

Die Buchdrucker sorgten durch Zusammenstellung der Straßburger Kirchenordnungen dafür, daß die Aenderungen im Cultus dem Volke geläufig wurden und es die nöthigen deutschen Texte und Lieder in die Hand bekam. Die biblischen Bücher, über die gepredigt wurde, erschienen einzeln im Druck und wurden wie Textbücher in die Kirche mitgenommen.

Dem geistlichen Gesang diente theils was anderwärts die neu erwachte Frömmigkeit poetisch producirte; theils that sich in Straßburg selbst eine ganze Anzahl von Liederdichtern hervor: sei es Pfarrer wie Capito und Meister Zimprian (Symphorianus Pollio) sei es Musiker und Organisten, wie Wolfgang Dachstein und

Matthias Greitter, sei es Laien wie der Maler Heinrich Vogtherr, der sich besonders kräftig und glaubensfroh vernehmen ließ. Ihnen schließt sich später der Buchdrucker Schweinitzer (ein Anhänger der schwenkfeldischen Secte) an und verschiedene Geistliche, wie der aus Freiburg vertriebene Ludwig Oeler, der mit Zell eng befreundete Johann Englisch, der Lothringer Wolfgang Musculus, der eine Zeit lang Butzers Secretär war, und der Elsässer Konrad Hubert aus Bergzabern, Butzers Helfer und treuester Freund, „gar ein frommer Junge, ganz einer fründlichen gütigen Art", wie Butzer den vierundzwanzigjährigen schildert.

Meist sind es, wie allgemein im evangelischen Kirchenlied, die Psalmen und andere biblische Gesänge oder Gebete, an deren Uebersetzung man sich versucht, ohne eigene Conceptionen zu wagen.

Ueber die Melodien, die in Straßburg entstanden, urtheilt der berufenste Kenner: sie tragen ein sehr ernstes, fast herbes Gepräge in sich. Die meisten unter ihnen gehen in Tönen von ganz gleicher Dauer einher; ungerader Tact, rhythmischer Wechsel sind allen fremd; man möchte glauben, sie enthielten sich absichtlich jedes Schmuckes. Auch die überwiegende Molltonart trägt dazu bei, ihnen eine düstere Färbung zu verleihen. Ebendeshalb ist eine dauernde und tiefgreifende Vermehrung des ältesten evangelischen Liederschatzes von Straßburg nicht ausgegangen. Vielleicht hat keine andere Stadt so viele Dichternamen aufzuweisen: aber nur drei hier entstandene Singweisen haben allgemeinen Anklang gefunden: „O Herre Gott, begnade mich", „Es sind doch selig alle die", beide von Greitter, und „An Wasserflüssen Babylons" von Dachstein, wonach jetzt allgemein Paul Gerhards Passionslied „Ein Lämmlein geht und trägt die Schuld" gesungen wird. Auch als Gedicht zeichnet sich das letztgenannte vor vielen Kirchenliedern jener Zeit aus, durch melodischen leichten Fluß des Verses, durch den großartigen Inhalt und die Plastik mit der er herausgearbeitet ist: der Psalm der exilirten Juden erhielt in der gewaltigen Zeit neue Bedeutung: wir haben die Schlußstrophe zu Eingang des Kapitels mitgetheilt.

Vielleicht ist nichts so geeignet uns die unmittelbare Empfindung des Geistes zu geben, in welchem Straßburg die Reformation durchführte, als der musikalische Charakter der Kirchenlieder. Es ist ein hoher, ernster, aufgeklärter, aber etwas nüchterner und kühler Geist.

In eben diesem Geiste konnte Butzer schon Ende 1524 über die von uns erzählten Reformen des Cultus berichten. Mit welcher Milde und Persönlichkeit, mit welcher verständigen Kühle bespricht er dabei die Fragen, welche schon begonnen hatten die junge evangelische Kirche zu entzweien, die Lehren vom Abendmal und von der Kindertaufe: „So wie das Reich Gottes nicht Essen und Trinken ist — bemerkt er — also ist es auch nicht die Wassertaufe, sondern Gerechtigkeit und Friede und Freude in dem heiligen Geist." Nirgends kommt in jener Zeit so wenig Pfaffenthum zum Vorschein, wie in Straßburg. —

Mit jenen Reformen aber gab sich die Bürgerschaft nicht zufrieden. Es genügte ihr nicht, daß das Neue fest begründet und eingerichtet war, man wollte das Alte förmlich beseitigt wissen. Man nahm Anstoß daran, daß der römische Cultus überhaupt noch in dieser und jener Kirche bestand.

Schon 1525 wurde dem Rath eine Bittschrift um **Abschaffung der Messe** überreicht, und die Agitation gegen dieselbe steigerte sich von Jahr zu Jahr. Der Rath hütete sich auch hier sorgfältig vor jedem voreiligen Schritt, er suchte zunächst die Reste des katholischen Cultus möglichst einzuschränken und die Geistlichen im Guten zu bewegen, daß sie davon abstünden. Aber als das Beispiel der schweizerischen Kirche immer mächtiger auf Straßburg wirkte; als Butzer und Capito scharf gegen die Messe predigten und sie als Abgötterei bezeichneten; als die Bittschriften um Beseitigung von allen Classen der Bevölkerung einliefen, von den Predigern, von vielen Bürgern, von einzelnen Rathsmitgliedern und ganzen Zünften; als selbst einige Weiber baten, man möge doch sie machen lassen, mit ihren Händen und Kunkelstöcken wollten sie die

Meßpfaffen vertreiben, weil es durch die Männer nicht gehen wolle: da suchte der Rath zwar anfänglich auch noch auszuweichen, entschloß sich aber endlich doch, das unvermeidliche zu thun.

Es war gerade die Zeit, in welcher der Reichstag von Speier bevorstand, und es war zu erwarten, daß man dort schärfere Maß= regeln zum Schutze der alten Kirche ergreifen würde. Aber vergeblich setzte der Bischof alles in Bewegung, vergeblich sandte der Kaiser selbst ein Abmahnungsschreiben, vergeblich traf ein eigener kaiserlicher Abgeordneter ein, vergeblich schickte das Reichs= regiment drei Gesandte, welche Gegenvorstellungen versuchten: der Rath brachte am 20. Februar 1529 die Frage vor die Schöffen, die letzte Instanz der Republik. Von den 300 Stimmberechtigten waren 21 nicht gegenwärtig: 184 Stimmen sprachen sich für die Abschaffung aus, 94 Stimmen verlangten Aufschub bis nach dem Schluß des Reichstages, eine einzige Stimme erklärte sich entschieden dagegen.

Es war eine folgenschwere Minute, als die Waibel Stille ge= boten und die ganze Versammlung, mit Ausnahme des vorsitzenden Ammeisters, das Haupt entblößte und der Rathsschreiber aufstand und das Resultat der Abstimmung verkündigte.

Hierauf griff der Ammeister an das Barett, lüftete es und sprach: „Bei Schöffen und Ammann einer löblichen freien und Reichsstadt Straßburg, die Messe ist aberkannt." Darnach entließ er die Versammlung.

Die Staatskirche von Straßburg war gegründet. Die Rechte des Bischofs gingen auf den Rath über. Sämmtliche Geistliche der 7 Pfarrkirchen der Stadt, im Kirchenconvent vereinigt, standen ihm zur Seite. Ihnen waren 21 Kirchspielpfleger bei= geordnet, welche unter anderem die Aufsicht über die Prediger führten. In jährlichen Provinzialsynoden sollten sich alle Prediger und Pfleger des Straßburgischen Gebiets versammeln um das Beste der Kirche zu berathen.

Butzer war der erste Präsident des Kirchenconvents, somit der

Vorstand der Staatskirche, und entwickelte als solcher eine fabelhafte Thätigkeit. Seine zahllosen Geschäfte, welche jeder neue Tag vermehrte, seine weitläufigen Correspondenzen als Gelehrter, als Seelsorger, als Haupt der evangelischen Kirche Oberdeutschlands, seine häufigen Reisen, seine Vorlesungen, seine Arbeiten als Prediger und Seelsorger: das Alles wußte er zu bewältigen und war daneben noch einer der fruchtbarsten Schriftsteller der Zeit: das Verzeichnis seiner Werke weist nicht weniger als vierundneunzig Nummern auf.

Der Stadtrath von Straßburg.

Wie kam es, daß in Straßburg alles so glatt und leicht von Statten ging? Wie kam es, daß in Straßburg so viele Dinge ganz wie selbstverständlich eingerichtet wurden, über welche anderwärts noch lange Zwist und Meinungsverschiedenheit bestand? Wie kam es, daß sich Straßburg selbst von einem Gegner wie Erasmus von Rotterdam das Lob verdiente: nirgends sei die Reformation mäßiger und mit geringerem Tumulte durchgeführt worden?

Einen der entscheidenden Factoren, die Prediger mit ihrem milden friedfertigen Geist, haben wir bereits kennen gelernt. Aber auch die anderen wirkenden und gegenwirkenden Kräfte der Straßburger Reformation vereinigten sich zu demselben Resultat eines langsamen, ruhigen, dabei sicheren Ganges.

Wer am meisten Beruf hatte, Einsprache zu erheben und sich dem Neuerungsgeiste entgegenzuwerfen, war der Bischof Wilhelm III. von Hohenstein, unter dessen Regierung die Bewegung begann und auch ihr Ziel erreichte.

Als er gewählt wurde, brachte ihm die Bürgerschaft nicht eben großes Vertrauen oder übermäßige Hoffnungen entgegen. Man hatte damals schon zu sehr gelernt, den geistlichen Herren hinter die Coulissen zu blicken. Man wußte wie es bei der Wahl hergegangen war, was da für Intriguen spielten, wie sie durchkreuzt wurden, was für einen Antheil allerlei Dämchen zweideutigen Charakters daran genommen hatten, welche der Bürger nicht mit besonderem Respect anzusehen gewohnt war. Den Erwählten hatte man als Domherrn schon gekannt: er war jung, wenig über 36 Jahr alt, hatte sich in kriegerischen Händeln bei dem Landgrafen von Hessen umhergetrieben, und man fürchtete, er werde auch als Bischof manchmal nach Kriegsmanier verfahren. Auf seine freundlichen Versicherungen gab man nicht viel. Sebastian Brant, der über die Stimmungen jener Zeit in einer besonderen Schrift sehr genau berichtet, sagt: „Wiewol der Bischof mehr als einmal mit Werten sich merken ließ, er wolle ein guter Nachbar sein und wolle versuchen, sich mit der Stadt über alle schwebenden Irrungen zu vertragen und wolle gar ein gut Kind sein u. s. w., so wagte man doch seiner listigen Art als einem Thüringer nicht sonderlich zu vertrauen." Als die Abgeordneten des Stadtraths zu ihm nach Zabern kamen, um ihm den Eid auf die städtischen Privilegien abzunehmen und die Urkunde darüber zu empfangen, gingen sie erst vor die Thür um die bischöfliche Verschreibung Wort für Wort mit den alten Formularen zu vergleichen, ob er sich auch keine Fälschung erlaubt habe. Die üblichen Geschenke bei der Wahl, bei der Weihe, beim feierlichen Einritt hat man ihm seufzend und mit heimlichem Unwillen dargebracht, es wurden ausführliche Untersuchungen angestellt, wie es bei früheren Gelegenheiten gehalten worden, und mürrisch berechnete man bei Heller und Pfennig, wie viel der Bischof die Stadt koste. Eine Anleihe zur Bestreitung der 6000 Gulden, welche er in Rom für die Bestätigung seiner Wahl zahlen mußte, wollte man ihm zuerst ganz abschlagen, um schließlich doch 1500 Gulden zu bewilligen.

Bei den kirchlichen Ceremonien konnte das kritisch gestimmte Gemüth des ergrauten Bürgers nicht umhin zu bemerken, daß es sich der junge Bischof bequem machte und sich gewisse Abkürzungen des früheren Brauchs gestattete. Und recht trübe Ahnungen kommender böser Zeiten beschlichen das Herz der Rathsherren, als sie beim feierlichen Mal, das dem Einzug folgte, nur in einem Nebengemach untergebracht wurden und nicht im großen Saal beim Bischof essen durften, wie es doch sonst immer gewesen war. Wollte er ihnen die Ehre nicht gönnen? Wollte er sie nicht vor sich sehen? War für seine Tafel besser gesorgt, als für die ihrige, und sollten sie das nicht wissen? O, ohne Zweifel das letztere, denn wie lange mußten sie sitzen und warten, bis aufgetragen wurde. Und als die ersehnten Schüsseln endlich kamen, waren sie kalt, sahen nicht gut aus und schmeckten schlecht. Ja, als man im besten Essen und das Menu noch lange nicht erschöpft war, ereignete sich das Tragische, daß um zwei Uhr der bischöfliche Tafelmeister Hans Nagel erschien und erklärte: „Liebe Herren, es ist spät, man läutet Vesper, wir wollen aufhören und um fünf Uhr wieder anfangen." Und um fünf Uhr mußten sie noch länger warten und das Essen war noch weit schlechter und noch viel weniger reichlich vorhanden, so daß man hungrig und ergrimmt nach Hause ging.

Das war freilich ein böser Anfang des neuen Regiments und allerlei dunkle Gerüchte kamen bald hinzu, um den üblen Eindruck zu verstärken. Der Bischof sollte in Konstanz über 6000 Gulden verspielt; er sollte ein kostbares goldenes Trinkgefäß, das zum Domschatz gehörte, verkauft haben; er sollte im Harnisch und bunten weltlichen Kleidern über Land geritten sein. Sehr schlimm für einen Bischof: aber wie sich später herausstellte, recht vortheilhaft für die Stadt.

Die heiteren Scenen des Regierungsantrittes hatten eine ernste Kehrseite, welche ihre Wohlthätigkeit in den Stürmen der Reformation bewährte. Der neugewählte Kirchenfürst war allerdings ein weltlich gesinnter Herr, ein leichtlebiger sanguinischer Aristokrat, der wol einmal scharfe Reden führen mochte und sich in Augenblicken wichtiger Entscheidungen, wie die Abschaffung der Messe, zu einer gewissen flackernden Energie aufraffen konnte. Aber in der Regel schien ihm die Zeit viel zu kostbar und das Leben viel zu werthvoll, um es an Amtspflichten, Staatsgeschäfte und Bürgerhändel zu verschwenden. Ja, er hielt ein wenig auf guten Ruf und Popularität in der Stadt und legte sich deshalb sogar manche Unbequemlichkeiten auf. Es war also nur natürlich, daß er in den Tagen der Kirchenbewegung die Bürger meist gewähren ließ und sich auf papierne Proteste beschränkte, über welche in der That seine Macht nicht weit hinausging.

Er residirte nicht in Straßburg, sondern in Zabern: und die Stellvertreter, durch die er in der Hauptstadt seine Geschäfte besorgen ließ, erwiesen sich als unzuverlässig oder ungenügend. Die Domherren vermochten entweder nichts gegen den bestimmten Willen der städtischen Behörden, oder sie standen auf Seite der Reformation, so insbesondere die Herren des Hochstiftes vom Münster mit ihrem Dechanten, dem freisinnigen Grafen Siegmund von Hohenlohe an der Spitze, welcher in den ihm untergebenen Landgemeinden entschieden evangelische Pfarrer duldete und die übrigen ausdrücklich aufforderte, das reine Wort Gottes zu predigen. Das Reichsregiment konnte den Bischof nicht unterstützen, theils weil es überhaupt keine zuverlässige und wirksame Executive besaß, theils weil es in sich selbst gespalten war.

So war im Wesentlichen stets der Rath Herr der Lage, welcher seinerseits sich darauf angewiesen fand, getreulich die Volksstimmung zum Ausdruck zu bringen: wie das in seiner Organisation begründet lag.

Die Stadtverfassung, deren frühere Entwickelungsstufen wir S. 22, 55 und 60 kennen lernten, hatte durch den Schwörbrief von 1482 ihre definitive Gestalt erhalten, welche bis auf die französische Eroberung, ja mit wenigen Ausnahmen bis zur französischen Revolution ungeändert blieb.

Die Altbürgerschaft war seit 1420 mit dem Adel verschmolzen, so daß statt der früheren drei Stände nunmehr blos zwei, Adel und Zünfte, erscheinen. Die Zahl der Zünfte war auf 20 herabgesetzt. Und jene große Körperschaft, die uns bei Abschaffung der Messe begegnete und die man nur in ganz besonderen Fällen berief und fragte, wurde gebildet, indem jede der 20 Zünfte 15 Schöffen wählte: was im Ganzen die 300 Mitglieder der erwähnten Versammlung ergab.

Der Rath aber begriff zwei Elemente in sich: ein beständiges und ein wechselndes. Und diese konnten sich zu gemeinschaftlichen Berathungen vereinigen, gleich als ob Magistrat und Stadtverordnete zu einer Körperschaft zusammenträten.

Der wechselnde, alljährlich zur Hälfte neugewählte Bestandtheil, der sich mit den Stadtverordneten vergleichen läßt, enthielt 20 zünftige und 10 adelige Vertreter. Darunter befanden sich die 4 adeligen Stadtmeister, die alle Vierteljahr im Vorsitz wechselten; und dazu kam der zünftige Ammeister, der sein Amt 5 Jahre lang bekleidete.

Das „beständige Regiment" der Stadt dagegen, der eigentliche Magistrat, vereinigte in sich die gewiegteste staatsmännische Erfahrung, welche die Republik aufzuweisen hatte. Ihre Mitglieder waren auf Lebenszeit gewählt und theilten sich in zwei besondere Körperschaften: die Dreizehner (4 Adelige, 8 Zünftige mit dem jeweilig regierenden Ammeister) für Krieg und Auswärtiges, zugleich oberster Gerichtshof; und die Fünfzehner (5 Adelige, 10 Zünftige) für Inneres und Finanzen, welche außerdem das Censoramt selbst über die höchsten Beamten ausübten.

Ueberall ist, wie man sieht, das Verhältnis von Adel und Bürgerthum nach dem Maßstabe von 1 zu 2 geregelt: ein Drittel Adelige, zwei Drittel Zünftige.

Die ganze Verfassung wurde von der gesammten Stadtbürgerschaft alljährlich beschworen.

Daß der Schönfärber Erasmus, als er noch mit der Stadt gut Freund war und in Straßburg gefeiert und bewirthet wurde, seine Bewunderung dieser Verfassung in den ausschweifendsten Lobeserhebungen kundgab, würde nicht so viel bedeuten, als die warme und wiederholt ausgesprochene Anerkennung des Franzosen Bodin, des berühmtesten Staatsrechtslehrers im sechzehnten Jahrhundert, dessen günstiges Urtheil auch wir noch unterschreiben können.

Man begreift nun, weshalb es in Straßburg nicht zu stürmischen Auftritten von ernster Bedeutung kam. Der erklärte Volkswille konnte früher oder später stets auf gesetzlichem Wege zum Ausdruck gelangen, darum wurde Ruhe und Ordnung selten verletzt. Die Mitglieder des beständigen Regiments waren überdies aufgeklärte Männer, die nicht umsonst zu Kaisersbergs Füßen gesessen und die Nothwendigkeit einer Reform Jahre lang discutirt hatten. Und ihre Autorität und Macht war andererseits doch groß genug, um jeder Ueberstürzung vorbeugen zu können. —

Es gibt ein orientalisches Märchen von einem reichen Könige, der den Inhalt seiner ungeheuren Bibliothek zuerst auf wenige Bände, dann auf ein einziges Buch der Weisheit, zuletzt auf einen einzigen Satz reduciren läßt. So trifft es sich manchmal glücklich im Staatsleben, daß von den untersten Massen bis zu den höchsten Behörden jede übergeordnete Stufe der Hierarchie nur wie ein kurzgefaßter Auszug der nächst untergeordneten erscheint. Und so traf es sich zur Zeit der Reformation in Straßburg.

Die Schöffen waren ein Auszug des Volkes, der Rath war ein Auszug der Zünfte und des Adels, das beständige Regiment war ein Auszug des Rathes, und der Auszug des beständigen Regiments — war ein einzelner Mann. Ein Mann, dessen politische Weisheit von alter und neuer Zeit um die Wette gepriesen worden ist: „unsern Heros" nennt ihn Butzer, die Zierde des deutschen Adels und den rechtschaffensten aller Menschen nennt ihn der Geschichtschreiber Sleidan, das Orakel Deutschlands nennen ihn andere Zeitgenossen, „ein Berather der Stadt, werth über den Erdkreis zu herrschen" (Urbis consultor, dignus dominarier orbi) nennt ihn eine Grabschrift. Sleidan besang seinen Tod mit den Worten: „Deine Sonn' ist erloschen, o Straßburg! Nun bete zum Herrn, auf daß er inmitten der Flut, in Nacht und in Dunkel Euch gnädig behüt' und sicher das Schiff zum Hafen geleite. Und Ihr auch, Städte des Reichs, betrauert den Fall des Mannes, der mächtig im Rath mit hellem Verstand und gewaltiger Zunge oftmals Euch die

Freiheit gewahrt und Haß nie fürchtete, als ein Beschirmer des Wahren und Rechten." Ein neuerer Schriftsteller aber bezeichnet ihn geradezu als den größten Mann ohne Zweifel, den Straßburg überhaupt gehabt habe. Dieser Mann war Jacob Sturm.

Jacob Sturm von Sturmeck (geb. 1489) stammte aus einem Geschlechte, das seit der Mitte des vierzehnten Jahrhunderts dem Straßburger Magistrat eine Reihe der tüchtigsten Mitglieder geliefert hatte. Sein Vater war ein Freund Kaisersbergs und Wimphelings. Und der letztere trat dem Sohne ganz besonders nahe. Er hat ihm schon in sehr jungen Jahren Bücher gewidmet, ihn auf die Universität begleitet und im vertrautesten Verkehr mit ihm gelebt. Reizend ist wie dem fünfundfünfzigjährigen Mentor, der sich allenthalben in schiefe Situationen brachte, der Tact und die Welterfahrung des fünfzehnjährigen talentvollen, aber wie es scheint etwas verlauten Zöglings imponirte. Diesem halben Kinde schreibt der enthusiastische Wimpheling in einer gedruckten Widmung: „Ich erinnere mich stets der angenehmen Unterredungen mit Dir, worin Du mir vorstelltest, ich sollte nicht stolz werden über meine litterarische Fruchtbarkeit, und worin Du bemerktest, daß viele glauben könnten, ich schriebe gegen die habsüchtigen Priester nur aus Eifersucht, weil ich selbst keine Pfründen besäße. Hierin hast Du mich, wie ein wahrer Freund, der nicht schmeichelt, treu und wiederholt gewarnt."

Jacob Sturm hat sich seine Bildung ernstlich angelegen sein lassen, er studirte Theologie und Jurisprudenz, ohne indessen einen akademischen Grad zu erwerben, und ging dann auf Reisen, von denen er Besseres zurückbrachte, als einen Doctortitel. Erasmus, der ihn bald darnach kennen lernte, nennt ihn einen unvergleichlichen Jüngling, der die Bilder seiner Ahnen verherrliche durch die Reinheit seiner Sitten, der seine Jugend ziere durch den Ernst des Mannes, und seine ungewöhnlichen Kenntnisse durch seltene Bescheidenheit wunderbar schmücke.

Sturm galt früh für eine Autorität in Schulsachen. Schon 1522 ließ ihn der Kurfürst von der Pfalz um ein Gutachten über die Umgestaltung der Heidelberger Universität ersuchen. In seinen Vorschlägen erkennt man den Anhänger des Humanismus und der Reformation: er will die Scholastik beseitigen, er wünscht das Verständnis der Alten gefördert und verlangt Erklärung der Bibel nach den Kirchenvätern. Aber erst zwei Jahre später sprach er sich entschieden für Luther aus. Und seit dieser Zeit gehörte sein Leben ausschließlich dem Staat. Seine junge Braut war ihm gestorben, und er hat nicht wieder freien mögen: das öffentliche Wirken mußte ihm Haus und Familie ersetzen.

1524 wurde er zum ersten Male in den Rath gewählt, schon 1525 in die Kammer der Fünfzehner und 1526 in die der Dreizehner, wodurch er für immer Antheil an der Stadtregierung bekam. Außerdem war er sein Leben hindurch dreizehnmal Stadtmeister und einundneunzigmal Gesandter Straßburgs bei politischen und religiösen Verhandlungen. Der Bauernkrieg gab ihm zuerst Gelegenheit sich auszuzeichnen und sein Talent der Vermittelung zu bethätigen. Der Rath ließ auf den sechsunddreißigjährigen eine Ehrenmünze prägen, mit der Umschrift: „Geduld schlägt Glück" (Victrix fortunae patientia). Als Redner zeichnete sich Sturm aus durch sicheren, klaren, abgerundeten Vortrag, bewunderungswürdiges Gedächtnis und unerschöpflichen Vorrath an historischen Belegen. Als Staatsmann strebte er in der auswärtigen Politik, unterstützt durch Butzer und vereint mit dem Landgrafen von Hessen, alle Bekenner des Evangeliums unter einander zu versöhnen und zu einer compacten Macht zu verbinden; in der inneren Politik gestattete er freie Bewegung aller Richtungen, soweit damit die öffentliche Ruhe und Ordnung vereinbar schien. Sein oberster Grundsatz war die Gewissensfreiheit; in Sachen des Glaubens, erklärte er, könne er weder Kaiser noch Papst als Herrn anerkennen.

Neben den confessionellen Fragen war es besonders die Schule, welche seine Aufmerksamkeit in Anspruch nahm. Hierin zeigt er sich als der echte Schüler Wimphelings. Nicht blos das Gymnasium hat er zu Stande gebracht, um das sich schon Kaisersberg vergeblich

13

bemühte (oben S. 165): seine Gedanken flogen noch höher, er wollte ein geistiges Centrum der protestantischen Welt schaffen, eine Akademie auf Kosten sämmtlicher evangelischer Stände. Aber das ganze Unterrichtswesen war fortwährend ein Gegenstand seiner regsten Sorge. Er war einer der Scholarchen, welche der Rath 1528 zur Beaufsichtigung der Schulen einsetzte.

Sollen wir die allgemeinsten Umrisse seiner Persönlichkeit beschreiben, so wäre es die Leidenschaftslosigkeit und Lauterkeit des Charakters, die Hoheit und Idealität der Gesinnung, die volle Vertrautheit mit dem geistigen Leben der Zeit und die Doppelstellung als Diplomat einerseits, als oberste Autorität für Cultus und Unterricht andererseits, woraus sich für uns sein Bild zusammensetzt.

Was nun die **Schuleinrichtungen** betrifft, so ist die Volksschule überhaupt eine Frucht der Reformation, und Straßburg ging schon im Jahre 1525 mit der Errichtung zweier „Lehrhäuser" voran worin deutsch Lesen und Schreiben gelehrt wurde. Gegenstände der Lectüre waren — sehr charakteristisch für die Zeit und den Ort — das Neue Testament und die Römische Geschichte des Livius in deutscher Uebersetzung. Christensinn und Römertugend wollte der Rath in den Herzen der städtischen Jugend pflanzen. Außerdem war noch die sonntägliche Kinderlehre dazu bestimmt, die Elemente der Religion auch solchen einzuprägen, die sonst keinen Unterricht genossen.

Die bestehenden lateinischen Schulen wurden verbessert und später vermehrt, die Privatlehranstalten begünstigt, Männer von pädagogischem Talent und Erfahrung, wie Otto Brunfels aus Mainz und Hans Witz (Johannes Sapidus) aus Schlettstadt in Dienste der Stadt angestellt.

Aber auch das Bedürfniß einer höheren Lehranstalt, namentlich für künftige Theologen, machte sich geltend, und auf Sturms persönliche Anregung traten vorläufig die Prediger dafür ein, indem Butzer das Neue Testament, Capito das Alte erklärte, Hedi geschichtliche und theologische Gegenstände übernahm und für ander

Disciplinen noch andere Gelehrte herbeigezogen wurden, denen sich öfters auswärtige, in Straßburg vorübergehend anwesende Männer der Wissenschaft mit ihren Verträgen anschlossen. Capito brachte es dahin, daß schon 1525 das Thomasstift seinem alten Rufe als das „gelehrte Kapitel" (vergl. oben S. 160) Ehre machte und die Besoldung der Professoren übernahm, später auch die nöthigen Hörsäle gewährte. Es wurde so der Grund gelegt zur späteren Akademie und Universität.

Alle aufgeführten Anstalten griffen nun freilich nicht in einander und bildeten kein Ganzes, der Eifer der Einzelnen erschien nicht gehörig verwerthet durch planmäßige Organisation und geregelte gegenseitige Ergänzung.

Eine solche systematische Organisation wurde von den Scholarchen erst in den dreißiger Jahren in Angriff genommen und 1536 der berühmte Pädagog Johannes Sturm (ein Namens-, aber nicht Blutsverwandter des Staatsmannes) zur Leitung berufen: dessen Leben und Thätigkeit uns in einem folgenden Kapitel ausführlicher beschäftigen soll. In ihm fand Jacob Sturm den geistigen Erben, der seine Pläne im großartigsten Sinne aufnahm und ins Leben zu führen wußte.

Herrschte auf dem Gebiete des Schulwesens das schönste Einvernehmen zwischen dem Rath und den Predigern, so war es nicht ganz ebenso in anderen Dingen.

Die öffentliche Sittlichkeit hob sich in der Stadt. Aber Butzer, Capito, Zell waren nicht die Menschen, um ihre Gemeinde zu beherrschen, wie die strenge Censorgestalt Calvins. Es fehlte ihrer Persönlichkeit das Harte, Unerbittliche, Rücksichtslose, Bezwingende, Wuchtige, Einschüchternde, was allein den Massen puritanischen Geist einblasen kann.

Daher manche Klagen, welche namentlich Butzer ausstößt, und das Bestreben, die Zügel straffer anzuspannen, Einheit im Glauben herzustellen und die Sittenzucht im Nothfall durch äußere Macht zu erzwingen. Butzer schwebt ein einseitliches evangelisches Kirchenwesen vor, wie es die Reformation fast überall im Gefolge hatte. Dazu war aber die Großstadt nicht angethan, und Butzer mußte sich vergebens ab. Hier stand der Rath nicht hinter ihm, und der tolerante humane Sinn Jacob Sturms wird den Zwang gegen andere eben so wenig gewollt haben, als er ihn selber dulden mochte. Straßburg bewahrte lange Zeit den Ruhm, die Zufluchtsstätte unschuldig Verfolgter zu sein. Ein Zeitgenosse sagte: diese Großmuth gereiche der Stadt zu größerer Ehre, als der hohe Münsterthurm und die Thaten des Burgunderkrieges. Aus Elsaß, Baden, Würtemberg, Frankreich strömten die Religionsflüchtigen in Straßburg zusammen und fanden freundliche Aufnahme. Aber auch Hungersnoth und Krieg trieb die Leute aus der Umgegend in die gastfreie, mildthätige Stadt, welche für Humanitätsanstalten von jeher die größten Opfer brachte. Jetzt war eine vernünftige Armenpflege eingeführt, der Straßenbettel abgeschafft und ein städtischer Gasthof „der Elenden Herberge" errichtet, worin einmal im Laufe Eines Jahres bei 24,000 Fremdlinge gepflegt und gespeist werden sind.

Sollte man nun grausamer verfahren gegen die zum Theil sehr unschuldigen Schwärmer, welche unter dem Namen der Wiedertäufer in den zwanziger Jahren ihr Wesen zu treiben anfingen?

Das ganze Mittelalter hindurch sind die Ketzer in Straßburg geduldet worden (oben S. 73). Und wenn auch Ketzerprozesse, sogar Verbrennungen vorkamen — wie zu Anfang des fünfzehnten Jahrhunderts gegen die sogenannten Winkler, um die Mitte des fünfzehnten Jahrhunderts gegen Friedrich Reiser, der die weltliche Macht des Papstes bekämpfte und 1458 den Feuertod erlitt — so ging der Rath doch stets nur ungern auf das Drängen der verfolgungssüchtigen Dominicaner ein und suchte nach Möglichkeit Milde und Schonung walten zu lassen.

Die Brüder des freien Geistes (S. 74) hat noch Sebastian Brant gekannt: und mit jenen alten Secten standen die Wiedertäufer einigermaßen im Zusammenhang. Männer wie Hans Denk und Jacob Kautz bewegten sich ganz in den Anschauungen der deutschen Mystik, nur daß sie ungescheut alle ketzerischen Folgerungen daraus zogen und neben der Bibel noch das innere Wort der unmittelbaren Offenbarung als eine Quelle der Erkenntnis hinstellten. Ein stürmischer ungebundener Geist wie Ludwig Hätzer ging zur kühnsten Bekämpfung der Gottheit Christi über.

Diese und manche andere kamen gelegentlich in Straßburg zum Vorschein. Am 22. December 1526 disputirten die Prediger mit Denk, der sich mit wunderbarer Geschicklichkeit benahm. „So viel ist gewiß — schrieb Capito — daß er unsere Kirche arg beunruhigt hat. Sein tugendsames Leben und sein frommes Aeußere, das Gewürfelte seines Geistes, seine Haltung und sein Anstand im Vortrage machen einen tiefen Eindruck auf den gemeinen Mann."

In den dreißiger Jahren tauchte eine neue Generation von protestantischen Sectirern in Straßburg auf: der schlesische Edelmann Schwenkfeld, der Tiroler Pilgram Marbeck, der phantastische Kürschner Melchior Hoffmann, der Geschichtschreiber und mystische Philosoph Sebastian Frank, der Spanier Miguel Servete, den Calvin nachmals verbrennen ließ — kurz, es gab fast keinen berüchtigten Ketzer der Zeit, der nicht in Straßburg einmal sein Glück versuchte.

Auch mit einigen dieser Männer wurde auf der ersten Provinzialsynode (1533) disputirt, ohne daß man damit viel erreichte. Sie fanden zum Theil großen Anhang und machten Butzer manche trübe Stunde, worin ihm die Grundfesten seiner Kirche zu wanken schienen.

Während daher Butzer sich mit Ideen der Einführung des Kirchenbannes trug und für seine Person vielleicht die Strenge Calvins oder Zwinglis angewendet haben würde: stand Capito zwar nicht mit den Häuptern, aber mit einzelnen Mitgliedern der täuferischen Secte in gutem Vernehmen, er wollte einige ihrer Lehren nicht unbedingt verdammen, in anderen suchte er sie ruhig des Irrthums zu überführen, jedenfalls berührte der mystische Zug man-

cher Taufbrüder bei ihm eine verwandte Saite. Capito hatte unter
den Wiedertäufern vortreffliche und für wahre Frömmigkeit em=
pfängliche Seelen gefunden. Er ist gegen eine äußere gewaltsame
Kircheneinigung, diese führe zur Lüge, und angenommene Frömmig=
keit ist ihm zwiefache Bosheit. Er behandelt das Täuferthum wie
eine Krankheit der Seele, die man nicht urplötzlich mit einer Arznei
auf einmal heilen könne. Der Mangel an Verstand und Einsicht
in Glaubenssachen, meint er, soll die sonstige Unschuld dieser Leute
nicht strafbar machen. „Ich glaube das Partei= und Sectenwesen in
meinem Herzen besiegt zu haben," schreibt er an Zwingli.

Dies ist der Geist echt christlicher Duldung, welchen Capito
stets bewährte, den aber Butzer nur dort fand, wo die allgemeinen
Interessen der kirchlichen Politik in Frage kamen.

Der Rath seinerseits begnügte sich, gegen die aufrührerischen
Auswüchse des Täuferthums einzuschreiten, welche die bürgerliche
Ordnung bedrohten; er hat wiederholt Ausweisungen gefährlich
scheinender Menschen angeordnet, aber zur Hinrichtung griff er nur
einmal, als der Scheidenmacher Thomas Salzmann Christum für
einen falschen Propheten erklärte, der die Welt verführt habe (1527).
In Deutschland ging die Rede: „Was man anderswo henkt, das
wird in Straßburg mit Ruthen ausgestrichen."

Die Wiedertäufer selbst haben das Recht der Obrigkeit in
Glaubenssachen immer bestritten. In Straßburg erschien bereits um
die Zeit des Bauernkrieges ein gereimter Tractat, worin mit voller
Klarheit das Princip der Trennung von Staat und Kirche, der Unter=
schied zwischen „Welt" und „Christenheit" proclamirt wurde. Und
bald darnach, im Anfang der dreißiger Jahre, verfochten der Pfarrer
Schultheiß und der ehemalige Weihbischof Engelbrecht in besonderen
Schriften den Satz, daß es keiner Obrigkeit zustehe, sich in Religions=
und Glaubenssachen zu mischen. Dagegen erhob sich Butzer. Aber
die Agitation für jenes Princip dauerte fort, und die aufgeklärten
Pädagogen Brunfels und Sapidus (S. 194) waren daran betheiligt.

Der Rath hat zwar solche Behauptungen entschieden mißbilligt und durch die Provinzialsynode von 1533 ließ er sich die Befugnis ausdrücklich zuerkennen, in das religiöse Leben einzugreifen. Aber thatsächlich ist er stets nach den Grundsätzen einer edlen Duldsamkeit verfahren. Und nur dieser thatsächlichen Duldung haben wir es zuzuschreiben, daß die Trennung von Staat und Kirche und die Forderung unbedingter Toleranz in Straßburg zuerst mit aller Bestimmtheit aufgestellt, und schon so frühzeitig ein Gegenstand öffentlicher Verhandlung werden konnte.

Vor Kaiser und Reich.

Wollen wir ein Gegenbild zu der milden Regierung des Straßburger Rathes, so brauchen wir uns nur in das Oberelsaß nach Ensisheim zu begeben. Hier erwarb sich die Habsburgische Verwaltung den traurigen Ruhm, die ersten elsässischen Märtyrer gemacht zu haben.

Als im Juli 1524 König Ferdinand seine oberrheinischen Erblande persönlich besuchte, verschärfte er die schon erlassenen Verfolgungsbefehle. Und in wenigen Jahren sollen hier über 600 Menschen des Glaubens wegen hingerichtet sein. Wehe dem, der es wagte, seine Sache zu vertheidigen! Die Zunge oder die Augen wurden ihm ausgerissen oder sonstige Verstümmelung drohte, ehe man ihn aufhing oder verbrannte.

Während im übrigen Elsaß eben wie in Straßburg die geistliche Autorität sich verhältnismäßig nachsichtig erwies, sind weltliche Herren vielfach energische, jeder Gewaltthat fähige Vertheidiger des Alten gewesen.

So weit der Einfluß der Habsburgischen Regierungsräthe von Ensisheim reichte; so weit die Macht des Reichsvogtes zu Hagenau sich erstreckte; so weit der blutige Arm des fanatischen Antons III. von Lothringen einen Ketzer zu fassen vermochte: so weit hatte das Evangelium einen schweren Stand. Der größte Theil des Adels ward durch Ehren und Würden, durch Hoffnung oder Furcht auf die kaiserliche Seite gezogen: ein Rappoltsteiner präsidirte der Ensis- heimer Regierung. Im benachbarten Colmar wirkten österreichische Drohungen. Kleinere oberelsässische Städte wie Kaisersberg, Thüring- heim, Münster waren eines selbständigen Handelns nicht fähig: die Magistrate unterdrückten gewaltsam jede evangelische Regung, um nicht katholischer Rache zu verfallen. In Hagenau waren Capitos Bemühungen, seine Vaterstadt dem Evangelium zu gewinnen, ziemlich erfolglos.

Andererseits hat das Beispiel Straßburgs weniger fortgerissen, als man leicht denken könnte. Zwar die Gesuche um evangelische Prediger liefen so zahlreich ein, daß man sich außer Stande sah, sie zu befriedigen. Aber das Entscheidende waren überall die poli- tischen Verhältnisse.

So weit Straßburgs unmittelbare Machtsphäre reichte, in den ihm untergebenen Dorfschaften und Landgemeinden, blühte und gedieh die Reformation. Aber darüber hinaus hat es nur als ein Mittel- punct der Bildung und Aufklärung sein Ansehen bethätigt, ohne zu directer Förderung eingreifen zu können. Im Süden und im Norden des Elsasses machen sich andere Einflüsse geltend.

Mülhausen erhielt den Anstoß zur Neuerung von der Schweiz. Dem pfalz-zweibrückischen Bergzabern kam die evangelische Gesinnung des Herzogs zu gute, und das hier gegebene Beispiel wirkte auch auf das damals elsässische Landau. Der Eindruck der Sickingenschen Thaten riß Weißenburg mit fort und einen Theil des Adels; aber mit Sickingens Fall machten sich Gegenwirkungen geltend: wir haben gesehen, wie Butzer die Stadt verlassen mußte. In seiner Vaterstadt Schlettstadt war Wimphelings Gegnerschaft und Beatus Rhenanus' Neutralität weniger gefährlich als der Bauernkrieg, der hier wie anderwärts das Signal der Reaction gab.

Die Reformation im Elsaß glich einem glimmenden Brande, der rasch die Balken und Sparren entlang flog und überall zu hellen Flammen aufloderte, wo nicht sogleich Löschung zur Hand war. Aber es wurde viel gelöscht und zertreten: im Herzen des Landes war und blieb der einzige sichere, unbestrittene Hort des evangelischen Glaubens vorläufig doch Straßburg.

Erst im Jahre 1534 wurden die würtembergischen Theile des Oberelsaß mit dem Herzogthum Würtemberg selbst in die reformatorische Bewegung hineingezogen. Im Jahre 1538 begann der Graf von Hanau im Unterelsaß evangelische Pfarrer anzustellen, mehrere Adelige folgten seinem Beispiele, und auch in den Reichsstädten griff das Evangelium wieder mehr um sich: in Weißenburg seit 1534, in dem oberelsässischen Münster seit 1543, während andererseits in Mülhausen und im Zweibrückischen die Kirche fort und fort blühte und in Landau Schwenkfeld Anhang gewann.

Für die gesammten Interessen des evangelischen Deutschlands zählt doch das Elsaß in der Regel nur so weit, als es durch Straßburg vertreten wird.

Sehen wir also, welche Stellung die oberrheinische Hauptstadt zu den übrigen evangelischen Mächten, welche Stellung sie zu Kaiser und Reich einnahm; werfen wir einen raschen Blick auf die auswärtige Kirchenpolitik von Männern wie Jacob Sturm und Martin Butzer. —

Als von jenem berühmten Wormser Reichstag des Jahres 1521, der Luthers mannhaftes Bekenntnis vernahm, das strenge Edict gegen die neue Lehre ausging, da ergriff einen Augenblick lang Verwirrung und Betrübnis ihre Anhänger zu Straßburg: aber die vorwärtsstürmende Volksgesinnung ging über den kaiserlichen Willen bald zur Tagesordnung über. Und als das Nürnberger Edict von 1523 im geraden Gegensatze zu dem von Worms verfügte, es solle nichts gelehrt werden, als das rechte reine lautere Evangelium: da beeilte sich der Stadtrath, seine Prediger in diesem Sinne und noch schärfer zu instruiren.

Der sehr günstige Schluß von Speier 1526, der bis zu einem Concilium jeden Reichsstand sich selbst und seinem Gewissen überließ, beförderte die schon begonnene Agitation um Abschaffung der Messe, welche in wenigen Jahren ihr Ziel erreichte.

Auf dem Speierer Reichstag von 1529 vertheidigte Jacob Sturm diese Abschaffung mit Nachdruck, und als König Ferdinand die elsässische Hauptstadt vom Reichsregiment ausschloß, um ihre Kühnheit zu bestrafen, da traten noch sämmtliche Reichsstädte, auch die katholischen, für das gute Recht Straßburgs ein. Aber bald schieden sich die Parteien: vierzehn Städte, Straßburg voran, schlossen sich der Protestation der evangelischen Fürsten an. Die protestantischen Stände Deutschlands erschienen als eine Einheit.

Kaum ist ein Jahr vergangen: und was für ein anderes Bild stellt sich uns dar! Welche traurige Isolirung: die Gesandten von Straßburg, Constanz, Lindau, Memmingen am 8. Juli im Vorzimmer Kaiser Karls V. zu Augsburg, um ihm das Glaubensbekenntnis der vier Städte, die Tetrapolitana, vorzulegen. Die große Augsburger Confession war schon vor vierzehn Tagen übergeben, diese Städte aber davon ausgeschlossen. Mit welchen Gefühlen mochten Jacob Sturm und seine Collegen hier Stunden lang warten, nachdem sie so lange vergeblich gestrebt, sich den übrigen Evangelischen anschließen zu dürfen. Der erboste Habsburger ließ sie die Schwere seines Unwillens rücksichtslos empfinden. Nachdem sie den ganzen Morgen gestanden, wurde ihnen gesagt, der Kaiser habe jetzt wichtigere Dinge zu thun als sie anzuhören, sie sollten am nächsten Tage wieder kommen. Und als sie sich andern Tags einfanden, hieß es: seine Majestät sei früh auf die Jagd geritten. Ihr Sonderbekenntnis kam gar nicht zur öffentlichen Verlesung: nur eine Widerlegung wurde vorgetragen, die von so ungeheuerlichen Beschuldigungen und handgreiflichen Lügen strotzte, daß Butzer leichtes Spiel hatte, sie in einer vernichtenden Gegenschrift zu beantworten.

Wie war das so gekommen? Was war hier vorgegangen? Brauchen wir an all das Unheil zu erinnern, das in der Geschichte unseres geistigen Lebens unter dem Namen Abendmahlsstreit bekannt ist?

Welche Grübeleien, welche Spitzfindigkeiten, welchen Streit, welche Wuth, welchen Haß haben die unschuldigen friedlichen Worte „Dies ist mein Leib" hervorgerufen. Im Mittelalter mußte Berengar von Tours gegen seine bessere Ueberzeugung bekennen, daß der Leib Christi von den Gläubigen zerbissen werde. Und man konnte die Frage aufwerfen, ob nicht auch Mäuse den Leib Christi genössen: das denn doch selbst der Kirche zu stark war. Luther dagegen sagte: „Brot bleibt Brot, Wein bleibt Wein; aber Leib und Blut Christi sind wahrhaft darin enthalten." „Nein — sagte Zwingli — sie sind nicht darin enthalten, Brot und Wein erinnern nur an Leib und Blut, das Wort ist heißt so viel als bedeutet."

Die Straßburger Prediger, Capito und Butzer, standen theoretisch auf Seite Zwinglis und der Schweizer, praktisch mißbilligten sie den Ungestüm, mit welchem der Streit geführt wurde. „Lieben Freund — schrieb Capito — nehmt doch des Hauptstückes wahr, des Glaubens und der Liebe, und bedenket, daß Christus inwendig und unsichtbar ist und daß er gar an kein äußerlich Ding gebunden ist. Das Abendmal ist zur Gedächtnis Christi eingesetzt. Weiter zu forschen ist überflüssig, der thörichten Fragen sollen wir uns entschlagen."

Die Straßburger ermessen vom ersten Augenblick an, wie gefährlich der Streit für das Gedeihen der jungen evangelischen Kirche werden könne. Sie schicken einen eigenen Gesandten an Luther, um ihn zu begütigen. Vergebens, Luther wird nur immer heftiger. Nicolaus Gerbel, sein allzugetreuer Anhänger in Straßburg, schürt noch mit allerlei Zuträgerei. Aber fort und fort halten sich die Prediger in echt christlicher Versöhnlichkeit, stellen die Sache als eine Bagatelle hin und heben hervor, daß allein sittliche Besserung, Glaube und Liebe den Menschen selig machen könne.

So sehr die Straßburger immer entschiedener auf die Seite der Schweizer gedrängt wurden, so blieben sie doch gegen Luther ehrerbietig, priesen nach wie vor seinen Werth, schrieben nie direct gegen ihn, und Butzer suchte in einem hübschen deutschen, sehr populär gehaltenen Dialog nachzuweisen, daß man sich nicht so gar ferne stehe, als es den Anschein habe, weil doch auch Luther die gan rohe katholische Anschauung nicht theile. Der Jupiter von Wittenberg aber wurde über den Vermittler so ergrimmt, daß er die Prediger mit wilden Thieren, Vipern, Löwen Panthern und seinen Freund Gerbel mit Daniel in der Löwengrub verglich.

Der Riß schien unheilbar. Vergebens waren alle Einigungs versuche des Landgrafen Philipp von Hessen, der hierin an Jaco Sturm stets einen getreuen Bundesgenossen fand. Vergeblich suchte die beiden auf dem Reichstag von Speier 1529 ein Schutzbündni aller evangelischen Stände vorzubereiten: auf den Zusammenkünften zu Rothach und Schwabach beschloß man nach Luthers Wunsch sic mit niemand zu verbünden, der über das Abendmal anders denke Vergeblich war das Religionsgespräch zu Marburg (October 1529 dem von Seiten Straßburgs Jacob Sturm, Butzer und Hedio bei wohnten: als Butzer fragte, ob Luther sie als Brüder annehme wollte, oder ob er meinte, daß sie irrten, da schlug er die Antwor rund ab und befahl sie dem Gerichte Gottes. Vergeblich traten di Evangelischen in Schmalkalden und Nürnberg zusammen: die An hänger der schweizerischen Abendmalslehre wurden geradezu aus geschlossen.

So blieb für Straßburg nichts anderes übrig, als die Allian mit der evangelischen Schweiz, welche in der That am 5. Janua 1530 zu Stande kam. Weitere Vereinigungen mit Landgraf Philip und mit der Republik Venedig waren in Aussicht genommen.

Damals hat man den Gottesdienst in Straßburg ganz au schweizerischen Fuß gebracht, Heiligenaltäre, Crucifixe, Statuen un Gemälde, so viel dergleichen früher noch geblieben war, wurde jet entfernt; die Wände übertüncht; die Instrumentalmusik verbann die Orgel zum Schweigen verurtheilt.

Dies war Straßburgs Lage, als am 22. Januar 1530 de Reichstag zu Augsburg eröffnet wurde. Was half es, da Jacob Sturm die Instruction mitnahm, vor allem die Vereinigun der protestirenden Stände zu bewirken? Das Vierstädtebekenntnis, die Tetrapolitana, ein Werk Butzers und Capitos, weicht von der großen Augsburger Confession wesentlich nur in dem einen Artikel vom Abendmale ab, und zwar so unbedeutend, daß ein heutiger unbefangener Leser den Unterschied kaum merken würde. Und doch Entzweiung! Doch Vereinsamung jener tapferen vier oberdeutschen Städte!

Als der Kaiser den harten Reichsabschied bekannt machen ließ, da protestirten noch mehr Stände als im vorigen Jahre zu Speier und der Rath von Straßburg erklärte: „daß er lieber Weib und Kinder vor seinen Augen ermordet sehen und alle Güter verlieren wolle, ja die Stadt lieber wolle zerstören lassen und selbst das Leben daran setzen, als solche Bedingungen anzunehmen, durch die dem Evangelium der Weg versperrt würde."

Mußte er bei solchen Gesinnungen nicht verdoppelte und dreifache Anstrengungen machen, um die ersehnte Einigung zu Stande zu bringen? Man war gefaßt auf eine Verfolgung der Gläubigen, wie sie kaum zu Diocletians Zeit gewesen. Die Allianz mit der Schweiz hatte Zwinglis Tod (1531) nicht überleben können. Welchem Schicksal ging die Stadt entgegen, wenn es nicht gelang, den festen Anschluß an eine größere Macht zu erreichen!

Hier zeigte es sich, welch' ein Glück Martin Butzer für Straßburg war.

Luther erscheint uns in dem Abendmalsstreite wie ein leidenschaftlicher Priester, der das schauerliche Mysterium des Tempels wahrt gegen freche Zerstörer. Zwingli steht da, wie ein klarer, weitblickender Philosoph, welchem der Ausspruch der Vernunft als unantastbares Gesetz gilt. Butzer dagegen ist der entschlossene Politiker im Dienste der neuen Kirche, deren äußere Einheit er um jeden Preis herstellen will. Es hätte kaum der entschiedenen Erklärung des Straßburger Stadtraths bedurft, daß er sich um des einen Artikels willen von der sächsischen Kirche nicht trennen werde. Butzer sah, welches Unheil der Gegensatz zwischen Vernunft und Mysterium

angerichtet hatte, er wußte, daß Luther nicht zu beugen war, so muß
die Vernunft ein wenig nachgeben. Es wurden neutrale Worte ge
wählt, vieldeutige Formeln aufgestellt, von einem wahrhaften Genu
des Leibes Christi gesprochen, womit ein geistiger gemeint war. Di
Worte mußten möglichst lutherisch klingen, der Sinn doch imme
eine vernunftgemäßere Auffassung zulassen. Kurz es war eine Arbei
wie keine diplomatische Friedensconferenz je eine schwierigere gelö
hat. Trotz der vorsichtigen Fassung der Tetrapolitana, welche scho
in diesem Sinne eingerichtet war, trotz dem Aufgebot aller Mitte
seines Scharfsinnes und seiner Ueberredungskunst, kam Butzer er
1536 ans Ziel. Erst in diesem Jahre wurde am 21. Mai di
Wittenberger Concordie abgeschlossen.

Luther war selbst schließlich von einem gewissen Friedensbedürfni
ergriffen worden. Er schrieb an die Straßburger einen wahrha
väterlichen Brief, worin er betheuerte, daß er die Einigung selb
mit seinem Blut erkaufen wolle. In der That gestaltete sich da
Verhältnis nun auf das freundlichste. Gegenseitige Gefälligkeite
wurden ausgetauscht. Die Straßburger behandelten Luther wie ein
spröde Braut, um die man lange vergeblich geworben. Der al
Zell, der sich von dem Streite immer gänzlich fern gehalten, unter
nahm jetzt mit seiner Frau eine Reise zu Luther, der sie sehr liebens
würdig aufnahm, so daß sie voll Begeisterung für den theuren Man
Gottes in die Heimath zurückkehrten.

Die Straßburger scheuten keine Mühe, um die erlangte Einhe
auf die Schweizer auszudehnen. Sie hatten an dem kirchliche
Leben der Schweiz stets den lebhaftesten, auch thätigen Antheil g
nommen. Seit Zwingli und Oecolampadius, die Hauptstützen de
eidgenössischen Protestantismus, todt waren, wuchs die Autorit
der Straßburger, welche jetzt in ganz Oberdeutschland die ers
Stelle einnahmen. Unter Capitos Einflusse kamen jene berühmten
durch ihn redigirten Beschlüsse der Berner Synode von 1532 z
Stande, über welche ein neuerer Theologe urtheilt: sie bilden ein
Kirchenordnung und Pastoralinstruction, ausgezeichnet selbst unt

den Denkmälern des Reformationszeitalters durch apostolische Kraft
und Salbung, durch tiefen Ernst, edle Einfalt und praktische Weisheit,
ein wahres Meisterwerk auch für unsere Zeiten. Trotzdem gelang
es Butzer und Capito nicht, die Schweizer ganz in das Friedens-
werk hereinzuziehen. Wenigstens Zürich, Constanz, Schaffhausen,
Genf blieben unerschütterlich.

Unterdessen hatten sich auch die allgemeinen politischen
Verhältnisse dem Anscheine nach weit friedlicher und für Straß-
burg weit ungefährlicher gestaltet, als man nach dem Augsburger
Reichstage fürchten mußte.

Die auffallende Uebereinstimmung der Augsburger Confession
und der Tetrapolitana konnte schon damals weltlichen Augen nicht
entgehen. Manche Unterzeichner der ersteren erklärten die letztere
für feiner und subtiler und für sehr gut abgefaßt. Die bald darauf
eintretende versöhnlichere Haltung der beiderseitigen Theologen lin-
derte die starren Herzen in etwas, und man war zu Unterhandlungen
geneigt.

Jacob Sturm, den der Streit von Anfang an so tief empörte,
daß er Jahre lang gar nicht zum Abendmale ging, freute sich, daß
er die Theologen endlich so weit hatte. Und wenn ihm auch noch
gelegentlich aus dem Munde weltlicher Staatsmänner die vielmiß-
brauchten Kampfworte „leiblich, geistig, wesentlich, figürlich" entgegen flogen: so brachte er es doch endlich dahin, daß Straßburg
im Jahre 1532 zu Schweinfurt in den schmalkaldischen Bund der
evangelischen Stände definitiv aufgenommen wurde, nachdem es —
unbeschadet der Tetrapolitana, und deren wesentliche Uebereinstimmung
vorausgesetzt — die Augsburger Confession unterschrieben hatte.

Ebenso aber ließen sich die Beziehungen zwischen dem Kaiser
und den Protestanten weit freundlicher an, als man zu hoffen ge-
wagt. Die europäische Politik hatte auch ein Wort miteinzureden.
Ein Angriff der Türken verschaffte den Protestanten den Nürnberger
Religionsfrieden von 1532. Dann waren es bald die Corsaren von
Tunis, bald der König von Frankreich, bald wieder der Sultan,

welchem die deutschen Protestanten ungestörte, ja fortschreitende Entwickelung und nach und nach immer bedeutendere Concessionen zu danken hatten. Es kam sogar im Jahre 1541 nach mehreren ähnlichen Verhandlungen zu einem Religionsgespräch in Regensburg auf welchem sich Katholiken und Protestanten so nahe traten, wie nie zuvor: die versöhnlichsten Männer von beiden Seiten, die freisinnigsten Katholiken, die gemäßigtesten Protestanten, waren aufgeboten: der Entwurf, den man der Discussion zu Grunde legte rührte von keinem geringeren her, als wieder von dem großen Vermittler Butzer, der seine diplomatischen Fähigkeiten, welche innerhalb des neuen Glaubens so erfolgreich spielten, nun auch an diese schwierigere und umfassendere Aufgabe noch setzte.

Leider sollte an der Klippe, die er einst so geschickt umsegelt das Schiff jetzt scheitern. Es war wieder die Abendmahlsfrage, bei welcher die Meinungen aus einander gingen, um sich nicht mehr zu begegnen. Trotzdem wollte man den Versuch erneuern, und einige Theilnehmer waren sehr hoffnungsvoll gestimmt: wie sich denn wirklich auf dem Reichstage zu Speier von 1544 eine gegenseitige Nachgibigkeit der Parteien zeigte, welche die besten Aussichten eröffnete.

Da fuhr die päpstliche Politik dazwischen mit der Ankündigung des Conciles zu Trient, das am 13. December 1545 in der That eröffnet wurde: — kein wirklich allgemeines Concil, kein oberstes unbefangenes und gerecht urtheilendes Tribunal, wie man es von allen Seiten oft ersehnt, herbeigewünscht, angerufen hatte, sondern eine fanatische Parteiversammlung, welche die evangelische Lehre von vornherein als Ketzerei und Teufelswerk betrachtete. Die Protestanten waren entschlossen, sich nicht zu unterwerfen. Der Kaiser seinerseits welcher diesmal ohne äußeren Feind dastand und auf die Wirksamkeit des Concils das allergrößte Gewicht legte, war entschlossen diese Unterwerfung mit Waffengewalt zu erzwingen.

Noch einmal freilich gab es ein Religionsgespräch: wieder Butzer auf evangelischer Seite der Vorkämpfer. Auf der anderen aber nicht mehr ein Mann freisinniger Richtung, sondern ein bornirter Spanier, Pedro Malvenda, der den schroffsten Gegensatz herauskehrte. Die Protestanten sahen sich bald gezwungen, die gänzlich fruchtlose Conferenz abzubrechen.

Damals lebte zu Neuburg an der Donau ein junger Spanier, Namens Johann Diaz, ein Anhänger des Evangeliums, der Butzer nahe stand und nichts begehrte, als in ruhiger arbeitsamer Existenz seine Ueberzeugungen festhalten zu dürfen. Aber er hatte ohne den religiösen Fanatismus seiner Nation gerechnet, welche keine Schranken weder des göttlichen noch des menschlichen Gesetzes anerkannte, wo es galt einen Abtrünnigen zu vernichten, der sich nicht bekehren ließ. Den Friedlichen, nichts Ahnenden, überfiel sein eigener Bruder Alfonso, ein Priester, der mit Malvenda nach Deutschland gekommen war, und ließ ihn durch einen Diener ermorden. „Wie dieser neue Kain gegen den zweiten Abel — sagte Melanchthon — so sind die Feinde der göttlichen Wahrheit gegen alle frommen Glieder Christi gesinnt." Das Wort sollte sich nur zu bald bestätigen.

Zwölftes Kapitel.

Die Protestantenkriege.

In den Erscheinungen der Reformation im Elsaß, deren glorreiches Bild sich vor unsern Augen entrollte, zeigt sich das individuelle Leben dieses Landes mit dem allgemeinen nationalen Geist in innigster Verschwisterung, wie fast in keiner anderen Epoche der Geschichte. Was sich in der westlichen Mark ereignet, ist deutsche Nationalgeschichte und kann mit keinem Gliede aus der großen Kette fallen, welche die Schicksale des deutschen Volkes im Zeitalter der Reform bilden. Und genau wie auf dem geistigen Gebiete verhält es sich auf dem politischen; auch hier trifft jede Wendung des elsässischen Lebens mit den allgemeinen Angelegenheiten zusammen, die das Reich und den Kaiser berühren. Nur daß nicht ein gleicher Segen aus diesen politischen Verwicklungen erwuchs. Denn es war uns Deutschen nicht vergönnt die schwere Arbeit innerer Reform ungestört von fremden Mächten zu vollenden, und an die hohen Erinnerungen geistiger Auferstehung knüpft sich in unserer Geschichte der traurige Gedanke des Verlustes von Reichsgebiet und Reichsstädten an die Franzosen. Auf jedem Schritt der neuen Bahn begegnet man dem lauernden Blick des gallischen Nachbars, der aus der Spaltung der Nation den Gewinn schadenfroh zu nutzen weiß. Der Kampf der neuen Kirche mit der alten hat die Einheit der Nation zerstört, der Krieg der Fürsten mit dem Kaiser hat die westlichen Grenzen schutzlos preisgegeben und Frankreichs langgehegte Begehrlichkeit in Fluß gebracht.

Bei diesem Puncte deutscher Geschichte vermag kein denkender Mensch zu verweilen, ohne daß sich ihm die Frage aufdrängt: war nicht der protestantische Geist der neuern Jahrhunderte allzu theuer erkauft um den schweren Preis von lothringischen Städten, und allzubald auch um den Preis des Elsaß? Und hier kann nur die sichere Ueberzeugung Beruhigung gewähren, daß für Deutschland doch nur auf diesem Wege der inneren geistigen Befreiung die einst verlorene Einheit in einem höheren nationalen Sinne zu erreichen war. Nirgend mehr als in der Geschichte des Elsaß im folgenden Jahrhundert, drängt dieser Gedanke sich uns auf: die gespaltene Nation hat ihre westlichen Provinzen verloren, aber die geeinte hat sie wieder zu gewinnen vermocht. Zunächst aber wird sich zeigen, wie in den deutschen Bürgerkriegen die Gefahren immer näher rückten, und wie sich Frankreich listig seine Stücke aus dem verfallenden Reiche schnitt.

Werfen wir einen Blick auf die politische Karte des 16. Jahrhunderts, so zeigt uns das Elsaß ein wunderliches Gemenge von verschiedenartigsten Herrschaften. Da waren die Reichsstädte, in mannigfachen Bündnissen untereinander oder mit dem schwäbischen Städtebund. Mülhausen allein war in die Schweizer Eidgenossenschaft geschworen und blieb es bis ans Ende des 18. Jahrhunderts. Zehn Reichsstädte und 42 dazu gehörige Dörfer erfreuten sich des Schutzes der von den Kaisern eingesetzten Vogtei, diese hatten die Habsburger mit der Landgrafschaft vereinigt. Doch gaben ihnen diese Aemter kein landeshoheitliches Recht. Dagegen besaßen sie die Grafschaft Pfirt als eigene Herrschaft. Straßburg war ausgenommen von dem Vogteigericht der Habsburger, da es sich selbst schützen und helfen konnte. Zahllos waren die reichsfreien Herrn und Ritter, von eigentlicher Bedeutung aber doch nur die Landesherrn, welche den Schwerpunct ihrer Besitzungen in den benachbarten

Ländern hatten. So die Pfälzer, welche große Enclaven im Elsasse besaßen, die Landgrafen von Hessen, die Markgrafen von Hochberg und Baden, die Grafen von Hanau und die Grafen von Würtemberg, auch französische Familien, wie Valentinois, Rohan, Broglie und Choiseul. Alle diese waren Reichsstände im Elsaß, ebenso die Bischöfe von Speier und die zahlreichen Aebte, wie der von Weißenburg und andere, welche reichsunmittelbar waren. Es ist klar, daß eine Einheit des Landes nicht mehr bestand und daß selbst die geistigen Bewegungen, die wir in Straßburg in vorzüglicher Entwicklung sahen, die zahlreichen Schlagbäume von kleinen Staaten nicht leicht umgehen konnten. Sehr viele dieser Reichsstände hatten Sitz und Stimme auf den Reichstagen. Auch die Städte waren seit Maximilian regelmäßig vertreten. Bei der Kreiseintheilung dagegen wurde das Elsaß — was man nicht hoch genug für seine folgenden Schicksale anschlagen kann — aus seiner natürlichen Lage gerissen und an seiner alten Einheit schwer geschädigt, denn der Sundgau wurde vermöge des großen Einflusses der Habsburger nebst dem Breisgau zu dem österreichischen Kreis geschlagen, während das Niederelsaß in das Chaos des unbestimmtesten und auch ausgedehntesten Kreises, in den oberrheinischen, eintreten mußte. So war die vielversprechende Kreiseintheilung Deutschlands gerade für diese bedrohtesten Länder kein stärkendes Element geworden. Seit der Mitte des 16. Jahrhunderts scheint man denn auch im Elsaß ein deutliches Gefühl von der Zerfahrenheit dieser Zustände gehabt zu haben. Die Unsicherheit der Existenz hat die verschiedenen Stände des Landes zu wiederholten Versammlungen in Straßburg bestimmt. Es bildete sich eine Art von Landtagen, die aber jeder territorialen Einheit entbehrten. Der oberrheinische und der benachbarte burgundische Kreis waren den Einflüssen der fremden Nationen am meisten ausgesetzt, und die eigene Hilflosigkeit trat überall zu Tage. In einer Zeit, wo die Reichstage von den Aufgaben der kirchlichen Ordnung ganz erfüllt waren, und alle Stände seit Jahren sich gewöhnt hatten in zwei großen religiösen Lagern an die politischen

Fragen heranzutreten, mußte die Spaltung der Nation den Grenzlanden nothwendig verhängnisvoll werden.

In dieser thatkräftigen Epoche, in der sich alles rührte, was irgend Lebenskraft besaß, wo die ganze deutsche Welt aus den alten Zuständen von Kirche und Staat herausstrebte, war das Kaiserthum dauernd an ein Haus gekommen, welches seine Weltstellung vorzugsweise auf undeutsche Länder und auf ein enges Bündnis mit der katholischen Kirche gründete. Noch war zwar keineswegs in Deutschland ein so starkes nationales Gefühl vorhanden, daß man an Karls V. durchaus romanischem Wesen, an seiner Unkenntnis der deutschen Sprache, an seinen französischen Sitten irgend welchen Anstoß genommen hätte; besonders in den westlichen Ländern Deutschlands wurde ein solcher Gegensatz nicht eben tief empfunden, aber um so mehr Eindruck machten seine starken katholischen Tendenzen, sein scharfes Auftreten gegen die Protestanten. Wie willig hatten die Straßburger selbst diesen Kaiser, dessen Reichstagsabschiede der Stadt so viele Sorge machten, bei seinen Kriegen in Italien, in seinem Kampfe mit Franz I. von Frankreich unterstützt; Geld, Truppen und Kanonen hatten sie ihm zur Verfügung gestellt, aber ohne Mistrauen und Vorsicht waren sie schon seit dem Augsburger Reichstag nicht, und suchten, wie so viele andere Städte, in dem schmalkaldischen Bunde ihren Rückhalt.

Es ist hier nicht der Platz, das gewaltige Drama des großen Kriegs nach allen Seiten und Beziehungen vorzuführen, das den Fall des Kurfürsten von Sachsen und des Landgrafen von Hessen, die Erhebung des Herzogs Moriz und die für unmöglich erachtete Uebermacht Karls V. über das ganze Reich zur Folge hatte. Wir werden nur seine dem Elsaß zugewendeten Erscheinungen im einzelnen zu erzählen haben. Aber wenn der Kaiser in den merkwürdigen Aufzeichnungen, die er von seiner Hand über sein Leben hinterlassen, sagt, daß Gott ihn sichtlich durch die Verblendung der Häupter des schmalkaldischen Bundes unterstützt habe, so liegt in diesem Ausspruch ein großes historisches Urtheil, nur in einer etwas subjectiven Weise gefaßt.

Auch die Straßburger kann man nicht ganz von Selbst-
täuschung freisprechen, fällt auch der kleineren Macht, welche die
politische Lage nicht ganz überblicken konnte, eine weit geringere
Schuld zur Last. Aber alle diese schmalkaldischen Reichsstände täuschten sich über den Umfang der Mittel, welche dem Kaiser zu Gebote
standen, wenn er sich einmal zum Kriege entschlossen hatte, indem
sie sein jahrelanges Zaudern zu ihrem Unglück seiner Schwäche
zuschrieben.

Es war im Jahre 1546 zu Regensburg, wo der verhängniß-
volle Entschluß des Kaisers zur Reife kam, die Protestanten mit
Krieg zu überziehen. Der Kaiser hatte mit Frankreich Frieden geschlossen, war mit dem Papste in ein Bündnis getreten, und da die
Türken eben damals sich vollkommen ruhig verhielten, so schien der
Moment so geeignet, wie niemals zuvor, um Deutschland den Herrn
zu zeigen. Karl war sorgfältig bestrebt jeden Schein zu vermeiden,
als hätte er irgend welche Absichten die religiösen Fragen mit dem
Schwerte zu lösen. Noch vor dem Regensburger Reichstag war er
mit dem Landgrafen Philipp persönlich zusammengetroffen, und gab
sich große Mühe ihn zu überzeugen, daß jede feindliche Absicht ihm
so fern als möglich sei. Man besprach sich offen über das Trienter
Concil, das nun schon seit Jahresfrist beisammen war und nicht
die Miene machte, auch nur das geringste in Verfassung und Ge-
bräuchen der alten Kirche zu reformiren. Der Landgraf bemerkte,
daß sich von einem allgemeinen Concil nichts mehr erwarten lasse,
und fügte mehr als unbefangen dann hinzu, man müßte hundert-
tausende umbringen, wenn der vom Concil so arg verkannte Glaube
unterdrückt werden sollte.

So war man auf dem Regensburger Reichstag in schein-
barer Freundschaft noch versammelt, da schon von allen Seiten die
Truppen des Kaisers und des Papstes herbeigezogen wurden. Noch sollte
aber Niemand den Zweck des Krieges erfahren, so lange nicht auch
eine Anzahl protestantischer Fürsten in des Kaisers Garn gefangen
waren. Man kennt des schlauen Karl Unterhandlungen mit Herzog

Moriz, der in mancherlei Streit mit seinem kursächsischen Vetter stand und sich dem schmalkaldischen Bunde niemals angeschlossen hatte. Gerade dieser Moriz war es, dessen Beitritt zur kaiserlichen und päpstlichen Allianz die Ziele des religiösen Kampfes verdecken und den Schein erwecken sollte, als handle es sich lediglich um politische Differenzen zwischen dem Kaiser und einigen Fürsten. Und wirklich schloß in Regensburg der Herzog Moriz mit dem Kaiser ab; der große Bund ward hier besiegelt, der die Schmalkaldener stürzen und die Macht des Kurfürsten Moriz begründen sollte.

Sehr erklärlich scheint zu sein, daß diese hervorragendste Persönlichkeit des deutschen Kriegs im Elsaß niemals hochgeschätzt worden ist. Der Mann, dessen Politik mit reichsstädtischen Rechten wie mit feiler Waare handelte, der Magdeburg belagerte, die Städte Lothringens verschacherte, konnte in einem Lande, wo so vorzugsweise reichsstädtische Gesinnung herrschte, nur verhaßt sein. Um so größeres Interesse gewährt es aber, daß in einem Puncte der Rath von Straßburg mit Moriz ganz zusammentraf, wenn er die lahme Politik des schmalkaldischen Bundes so wenig gut hieß, wie dieser. Gar oft beklagte man in Straßburg die Unentschiedenheit und Halbheit des Kurfürsten von Sachsen und die Vertrauensseligkeit des Landgrafen von Hessen. Beim Ausbruche des Krieges erkannte man in Straßburg sofort, daß die süddeutschen Städte vor allem dem feindlichen Anprall ausgesetzt sein würden, und ertheilte den schmalkaldischen Verbündeten frühzeitig den Rath, alle Kraft aufzubieten, um soviel Mannschaften und Kanonen wie möglich ins Feld zu stellen. Die Straßburger hatten von den Schweizer Städten unzweideutige Nachrichten über den ganzen Ernst der Lage erhalten, denn dort hatte die römische Curie in etwas verzeitigem, dem Kaiser selbst sehr ärgerlichem Eifer durch ein besonderes Breve unumwundene Mittheilungen von dem Bündnis gemacht, welches der Kaiser zur Ausrottung der Ketzer geschlossen hätte. Papst Paul III., der sich so oftmals über den eigenwilligen Kaiser zu beklagen fand, und der wol wußte, wie sehr er sammt seiner ganzen farnesischen Sippschaft dem Habsburger innerlich verhaßt war, versagte sich nicht die Genugthuung, die Gesandten aller Welt zu versichern, wie der Kaiser durch seine Capitulation vom 9. Juni ein gehorsamer Sohn der Kirche geworden wäre und sich anschicke, in schöner Harmonie mit dem Stellvertreter Christi dem Concilium von Trient Gehorsam zu verschaffen.

Die Reichsstädte waren auf diese Art nur zu wol unterrichtet und es darf daher nicht allzu großes Erstaunen verursachen, wenn die Straßburger eine bis ins Herz treffende Erklärung zu geben wußten, als des Kaisers Minister Granvella den Abgeordneten von Straßburg, Augsburg, Nürnberg, Ulm Eröffnungen machte, durch die der Einmarsch der kaiserlichen Völker ins Reich in beruhigendster Weise gedeutet wurde: — „Der Kaiser — sagte er — wolle einige Reichsfürsten, welche den Landfrieden verletzt, Stifter und Klöster eingenommen und andere Fürsten verjagt hätten, zum Gehorsam zurückbringen, den Städten werde er ein gnädiger Herr sein, wie immer, und dieselben bei allen ihren Rechten und Freiheiten schützen. Da war es wol Jacob Sturms Verdienst, wenn der Rath von Straßburg erwiderte, er könne von den verbündeten Fürsten nicht lassen. Sie hätten alle die Anerkennung jenes unchristlichen Concils von Trient verweigert, hätten alle auf dem Reichstage gemeinsam gestimmt, es träfe sie alle die gleiche Schuld, Fürsten und Städte; der Kaiser müsse sie alle bekriegen."

Die Straßburger stellten 2000 Mann und 12 Kanonen zur Bundesarmee, welche sich unter Sebastian Schärtlin von Burtenbach um Augsburg sammelte. Im August war Wilhelm, der Sohn des Landgrafen Philipp von Hessen, in Straßburg, um die Bürger in ihrem Widerstande zu bestärken und zur Aufbringung von Geldmitteln zu veranlassen, mittelst welcher besonders im Elsaß Söldner geworben werden sollten. Denn im übrigen war von den Reichsständen des Elsaß kein Zuzug zu erwarten. Die habsburgische Herrschaft im Sundgau und die habsburgische Reichsvogtei in den Reichsstädten und die habsburgische Landgrafschaft im oberen und niederen

Elsaß lähmte, wie sich von selbst verstand, jeglichen Aufschwung der protestantischen Sympathien daselbst, obwol man im Kreise des Schmalkaldischen Bundes noch immer in der süßen Täuschung sich wiegte, es werde der König Ferdinand seinen kaiserlichen Bruder in dem verwegenen Angriff auf das deutsche Gewissen nicht unterstützen.

Wenn es nach Schärtlins Rath und der gerüsteten Städte festem Willen gegangen wäre, so hätte der Kaiser in Regensburg überfallen werden können, bevor er noch die spanischen Truppen aus den Niederlanden und die italischen Hilfsvölker des Papstes zur Stelle gehabt. Aber die fürstlichen Bundeshäupter ließen durch die scheinbare Neutralität von Baiern sich anfänglich in allen Unternehmungen ängstlich behindern, und als es zu Tage getreten war, daß Baiern so gut wie Ferdinand und Moriz von Sachsen zu den Feinden der Schmalkaldischen Stände zählten, war alles zu spät. Dem tapfern Schärtlin und seiner städtischen kampfbegierigen Schaar brach der Muth, als man jede Gelegenheit, den Kaiser zu schlagen, versäumte. Am 25. August war Karl V. von Regensburg auf dem linken Donauufer nach Ingolstadt gezogen, wo er vor der Festung in vortheilhafter Stellung die Ankunft des Grafen von Egmont mit den Niederländern abzuwarten beschloß. Wenn der gesammte Bund hier zum Angriff überging, so konnte das Lager des Kaisers erstürmt werden. Schärtlin hatte 111 schwere Geschütze aufgestellt, darunter die zwölf Apostel, wie er seine größten Feldschlangen benannte. Selbst in das Zelt des Kaisers schlugen die wolgezielten Kugeln. Verwirrung und Schrecken herrschte in Karls Lager. Aber die Fürsten, uneins im Kriegsrath, unterbrachen den Angriff, zogen ab und wandten sich gegen das niederländische Heer. Da verlor Schärtlin die Hoffnung auf den Sieg, denn „er sehe — sagte er den Fürsten — keinen Ernst zu einem rechtschaffenen Kriege".

Als nun zu Ende October die Nachricht von dem Einfalle Ferdinands und des Herzogs Moriz in das Kurfürstenthum Sachsen eintraf, überließen die Fürsten die oberländischen Städte ihrem eigenen Schicksal. Zuerst mußte sich Ulm unterwerfen, dann Augsburg, Frankfurt.

Es war eine verworrene, für die süddeutschen Protestanten furchtbare Katastrophe. „Ich habe — schrieb in diesen Tagen de[r] Straßburger Butzer — unsern Herrn Jacob Sturm mit vielen Thränen Gott bitten sehen, ihm einzugeben, was er rathen solle, damit e[s] der Stadt zu Nutzen und Wolfahrt gereiche." In diesem verhängnis[=] vollen Augenblicke nun war es, wo der Rath von Straßburg eine[n] Beschluß faßte, der ungeahnte Folgen hatte. Zum erstenmale wandt[e] sich die alte deutsche Reichsstadt um Schutz gegen den Kaiser an de[n] König von Frankreich. Nicht diese Stadt allein hatte ihre Zufluch[t] zu solchen Mitteln der Verzweiflung genommen. Auch in Fürsten[=] kreisen erwog man schon, ob nicht die Hilfe Frankreichs als letzte[s] Mittel der Vertheidigung gegen den spanischen Kaiser zu suche[n] wäre. In Mismuth über die Heimath und vom Kaiser in di[e] Reichsacht erklärt, verließ der alte Schärtlin mit seinen Söhnen da[s] theuere Burtenbach, das ihm der Kaiser wegnehmen ließ, und tra[t] in den Dienst des Königs Heinrich. Auch in Straßburg konnt[e] man laut sagen hören, es sei besser, sich dem Könige von Frank[=] reich in die Arme zu werfen, als von dem Kaiser um das Evange[=] lium und die Freiheit des Glaubens betrogen zu werden. Zwa[r] Heinrich II. war ein Franzose, und nirgends mistraute man de[n] gallischen Schlichen mehr, als in den Grenzländern: aber war nich[t] Karl V. ebenfalls ein Fremder? Mußte man ihm nicht gerade s[o] gut französische Briefe schreiben, wie nach Paris, wenn man wollt[e] daß er sie las; hatte er nicht eben jetzt den schrecklichen Alba, de[n] leichtsinnigen Farnese, den hochkatholischen Maximilian von Büren mit ihren spanischen und italienischen Soldknechten und ihren nieder[=] ländischen Reitern in das Reich herein gebracht, was durchaus gege[n] die Capitulation verstieß, die er bei seiner Wahl beschworen hatte[?] Und war es für die Ehre und Freiheit der deutschen Nation etw[a] erträglicher, die Scheiterhaufen, die man noch im obern Elsaß i[n] Andenken hatte, von spanischen Beichtvätern wieder angezündet zu sehn[?] War es da nicht besser, den gallischen Hahn zu rufen, von dem ma[n] wenigstens voraussetzte, daß er sein und manierlich zu Werke gehen werd[e]

In solcher Weise gährte es unter den Protestanten des Elsaß, unter den Bürgern von Straßburg. Für uns Deutsche aber, die wir die Geschichte jener Zeit heute zu beschreiben in der Lage sind, ist es eine der tröstlichsten Erscheinungen, daß wir mit solcher Sicherheit es aussprechen können: der Gedanke der Losreißung des herrlichsten Grenzlandes vom deutschen Reiche nahm seinen Ursprung in dem erst in diesem Kriege erwachten katholisirenden Fanatismus Karls V., in der unerträglichen Uebermacht des römischen Kaiserthums, in der Hilflosigkeit des alten Reichs, seine Machtstellung und die Freiheit der Gewissen zugleich und gleichermaßen aufrecht zu erhalten.

Bei dieser allgemeinen Furcht, bei dieser tiefgedrückten Stimmung der leichtbeweglichen Bürgerschaft von Straßburg begreift man wol, welche inneren Kämpfe politisch denkende Männer, wie Jacob Sturm, durchgemacht hatten, bevor sie sich mit dem Hofe von Frankreich in Beziehungen setzten. Man entschloß sich zunächst nur zu einer freundnachbarlichen Correspondenz mit dem französischen Könige, und rechnete dabei hauptsächlich auf den Eindruck, welchen die Kenntnißnahme von Verhandlungen zwischen Straßburg und Frankreich unter allen Umständen am kaiserlichen Hofe hervorbringen mußte. Die Straßburger baten den König um ein Anlehen von 80,000 Goldthalern gegen billige Bürgschaft, da wegen der großen Kriegskosten Mangel an barem Gelde eingetreten sei. Die Motivirung, welche der Stadtrath seiner Bitte beifügte, ist aber im hohen Grade lehrreich. Es heißt da, daß Straßburg sich immer als freundliche Nachbarin erwiesen habe, und daß es für den König von Frankreich höchst gefährlich wäre, wenn der Kaiser diese freie Stadt gänzlich überwältigen und ihrer Selbständigkeit berauben würde. Um also dem Kaiser gegenüber ihre Stellung zu wahren, möge der König dieser schützenden Vormauer für Deutschland und Frankreich seine Hilfe nicht versagen.

Wie freudig man in Paris das Schreiben des Straßburger Raths aufgenommen, läßt sich ermessen, wenn man sieht, daß König

Heinrich II. sofort einen eigenen Gesandten nach Straßburg abschickte, der die Bürger jeder Gunst zu versichern hatte, die nur immer der König erweisen könnte. Die fein gesponnenen Verhandlungen wurden von französischer Seite mit einer Reihe von Phrasen gewürzt, welche nachher stehend geworden sind. Der Franzose versicherte die benachbarten Reichsstände mit endloser Geschwätzigkeit seines ungemeinen Interesses für die Freiheit derselben, seines Mitgefühls gegenüber der kaiserlichen Tyrannei, seiner uneigennützigen Freundschaft und Bereitwilligkeit zum Schutze unterdrückter Reichsglieder

Es war im Grunde betrachtet eine ziemlich armselige in der Mitteln mit ewigem Einerlei operirende Politik, welche Frankreich durch zweihundert Jahre anwendete und welche erfolgreich war nicht durch eigenes Verdienst, sondern durch die Haltlosigkeit des alten Kaiserthums und durch dessen Misgriffe. Wenn aber der König Heinrich II. schon die erwähnten Versicherungen den Straßburgern gab, so mag es wol Leute in Straßburg gegeben haben, welche dieselben für Ernst nahmen, Jacob Sturm aber und die Männer, welche im beständigen Regimente mit dem außerordentlichsten Geschick durch diese Zeit des schwersten Gewitters steuerten, gehörten nicht dazu; ihr Zweck war erreicht, wenn sie mit dem französischen Bündnis im Rücken, der kaiserlichen Regierung so viel Achtung einflößten, daß die Verfassung der Stadt ungetrübt erhalten wurde. Denn die Unterwerfung unter den siegreichen Kaiser war nun einmal nicht mehr zu vermeiden. Nachdem alle süddeutschen Bundesgenossen in demüthigster Weise Abbitte geleistet und dem Kaiser Gehorsam geschworen, nachdem Augsburg nur durch die Fürbitte des Hauses Fugger vor schwerster Sühne geschützt werden konnte, mußte sich der Rath von Straßburg zu dem gleichen Schritte entschließen.

Am 21. März 1547 traf die Gesandtschaft der Stadt unter Führung Jacob Sturms den Kaiser in Nördlingen. Er hatte eben wieder einmal einen seiner heftigen Anfälle von Podagra, die er sich auch in seinen Memoiren mit pedantischer Genauigkeit aufzuzeichnen pflegte. Er war in solchen Zeiten sehr schwer zugänglich; und die

Straßburger Gesandtschaft konnte es als ein Glück ansehn, daß das wesentliche schon früher durch den Minister Granvella bis in das kleinste Detail geordnet war, als es zu den Förmlichkeiten kommen sollte. Wirklich hatte der schlaue Bischof von Arras es für nöthig gehalten, der französischen Concurrenz gegenüber die Straßburger Sache mit sammtenen Fingern zu berühren. Als Kriegsentschädigung sollte bloß 30,000 Gulden bezahlt und zur Buße mußten 12 Kanonen mit aller Munition aus dem Arsenale der Stadt dem kaiserlichen Kriegsherrn überantwortet werden. Dagegen wurde von den äußerlich demüthigenden Cermonien nichts nachgelassen. „Die Gesandten — heißt es in den Verhandlungsacten — sollen zuerst den Fußfall thun und knieend bekennen, daß wir (die Straßburger) Se. kaiserliche Majestät schwer beleidigt haben."

Das auffallendste bei dieser Sühne der Reichsstadt war, daß auch der König Ferdinand die Gelegenheit sich nicht entgehen ließ, den Straßburgern eine Kriegskostenberechnung vorzulegen und 12,000 Gulden und Vernichtung aller auf die österreichische Regierung zu Ensisheim lautenden, in Straßburg cursirenden Wechsel zu begehren. Da Oesterreich stark genug auf den Handel der Stadt mit dem Sundgau und der Schweiz zu drücken vermochte, so bezahlte der Stadtrath die Schulden Ferdinands und jene geforderten 12,000 Gulden.

Bis dahin war nun alles glatt gegangen. Als später die kaiserlichen Offiziere nach Straßburg kamen und der Schützenmeister mit gepreßtem Herzen die schönen Stücke aus dem Arsenale ausliefern mußte, fehlte allerdings nicht viel, daß die Masse des Volks sich empörte, aber im ganzen war der besonnenere Theil der Bürgerschaft doch beruhigt, daß die Freiheit und das alte Recht der Stadt so vollkommen gerettet waren. Dennoch aber blieb der Kampf der Gewissen nicht aus.

Im Frühjahr und Sommer des Jahres 1547 drängte eine schlimme Nachricht die andere: erst die Vernichtung des schmalkaldischen Bundes bei Mühlberg und die Gefangennahme des Kurfürsten von Sachsen, dann die nothgedrungene Unterwerfung des

Landgrafen Philipp von Hessen und die aufregenden Erzählungen von dessen Capitulation zu Halle, — wie sich sein Schwiegersohn, Moriz von Sachsen, für Philipps Freilassung verbürgt habe, wie der Kaiser durch Umdeutung und Verdrehung der Worte sich in die Gewalt des Landgrafen gesetzt, wie er ihn nach einem Gastmahl bei dem Herzog Alba hinterlistig gefangen nehmen ließ, wie die erlauchten Fürsten von spanischen Musketieren mishandelt in engen Zellen gehalten, von einem Ort zum andern geschleppt würden und wie der Kaiser auf die Vorstellungen des Kurfürsten Moriz nur Achselzucken und spöttisches Lächeln gehabt hätte. — Es waren traurige Zeitungen, die man in den Reichsstädten verbreitete! Hob doch auch hier die Reaction schon kühner ihr Haupt. Manche Predigerfamilie mußte bereits zur Flucht sich wenden, und rührend erzählt uns ein Geschichtschreiber jener Zeiten, wie seine Eltern damals heimathslos von Ort zu Ort vertrieben wurden.

Was wird unter solchen Umständen der Reichstag, den der Kaiser zu Augsburg eröffnet hatte, und der von den Katholischen eifrig besucht wurde, wol verfügen?

Straßburg hatte, wie immer in solchen Fällen, zu dem Auskunftsmittel die Zuflucht ergriffen, den Stadtboten keine vollständigen Vollmachten zu geben, sondern ihnen zu gebieten, ungünstige Beschlüsse abzulehnen und „hinter sich zu bringen"; so nannte man auf den Reichstagen die Verweigerung der Abstimmung wegen mangelhafter Instruction. Jacob Sturm, Johannes von Odrazheim und Marx Haug waren Straßburgs Vertreter. Sie hatten dem Rath zu berichten, daß man in Augsburg ein Reichsgesetz von den weitgehendsten Folgen beschlossen habe — das Interim, von dem der Volkswitz sagte, „es hat den Schalk hinter ihm".

Die Verlegenheit des Kaisers, welcher mitten in seinem Siegeslauf erlebte, daß der Papst sich ganz von ihm abwendete, das Concil von Trient auseinandergegangen und das Hirngespinnst der kaiserlichen Räthe von einer Reform im Schooße der Kirche vollständig zu Boden gefallen war, wurde mühsam genug durch das (ugsburger Gesetz verdeckt, welches unter dem Scheine evangelischer Zugeständnisse Besitz und Recht der katholischen Kirche im weitesten Umfange wiederherstellte. Aber das Reichsgesetz war da und die Frage der Einführung des verhaßten Interim trat unmittelbar an en Rath von Straßburg heran. Wie konnte man hoffen, daß Männer von Butzers Gesinnung sich mit diesem vergiftenden Auskunftsmittel der kaiserlichen Diplomaten jemals aussöhnen würden. Butzer erklärte dem Minister Granvella rundweg seine Opposition, und ihm zur Seite stand Paul Büchlin, Fagius genannt, der seit 1541 Capitos Stelle einnahm, ein Elsäßer war und den größten Einfluß in Straßburg und Constanz besaß. Als am 26. Mai 1548 der Inhalt des Reichstagsbeschlusses amtlich bekannt gemacht wurde, entstand solche Aufregung in Straßburg, daß der Rath alle Schritte zu machen genöthigt war, um ein Ausnahmsprivileg für die Durchführung von der kaiserlichen Regierung zu erwirken. In besonderer französischer Bittschrift wandte man sich an den Kaiser persönlich, der höchstens eine Fristerstreckung wurde gewährt, dagegen auf dem Interim bestanden. Auf der Bahn, welche von der kaiserlichen Regierung nun einmal beschritten war, konnte es nicht mehr Grauen erregen, daß fünfzehnhundert im Elsaß herumschwärmende hungrige neapolitanische Reiter die Richtigkeit des Augsburger Reichsgesetzes den Straßburger Bürgern einleuchtender zu machen suchten.

Der Rath verhandelte lange über Annahme oder Ablehnung. Endlich beschloß man die Sache vor die Schöffen zu bringen, die der mit 134 gegen 132 Stimmen den Beschluß faßten, die Frage der ganzen Gemeinde vorzulegen. Es war dies einer der Fälle, wo die Einrichtung des beständigen Regiments, das wir kennen gelernt haben, sich als wichtigstes Institut der ganzen Stadtverfassung bewährte, denn wer vermöchte wol zu ermessen, welche Wendung die Stadtgeschichte genommen hätte, wenn dieser Beschluß sofort ausgeführt worden wäre. Da aber die Dreizehn und Fünfzehn eine Art von Controlle gegenüber den Beschlüssen der großen Gemeindeer besaßen, so war es möglich eine fast revolutionäre Maßregel, wie die bezeichnete, zu verhindern. Indem man eine neue Abstimmung des Schöffenraths bewirkte, ergaben sich 206 Stimmen für Annahme der von dem Magistrat gestellten Anträge. Diese gingen freilich dahin, das verhaßte Reichsgesetz, das böse Interim in Straßburg einzuführen — man fügte sich der unerbittlichen Nothwendigkeit der Dinge, bessere Zeiten für die religiösen Angelegenheiten erwartend.

Indem wir aber den Gang der Verhandlungen genau verfolgen lassen sich die Standpuncte der verschiedenen Parteien in Straßburg deutlich erkennen und sie sind bezeichnend für die ganze Zukunft der Stadt: dem Magistrat stand in erster Linie die Aufrechthaltung der freien Verfassung, die man um keinen Preis, auch um den der Religion nicht, gefährdet wissen wollte. Die Bürgerschaft in ihrer Majorität hätte dagegen ohne Zweifel die religiöse Frage vorangestellt, wenn es zur geforderten allgemeinen Volksabstimmung gekommen wäre. Man hätte sich dem Kaiser und Reich widersetzt, selbst auf die Gefahr hin die Freiheit zu verlieren oder vom Reiche für immer abzufallen. Aber die stramme Disciplin des Stadtraths behielt das Uebergewicht. Selbst die geliebtesten und bedeutendsten Männer mußten der augenblicklichen politischen Lage zum Opfer fallen, wenn sie sich nicht mit dem neuen Zustand und dem Wiedereinzuge der katholischen Geistlichkeit in das Münster und in die meisten andern Kirchen, mit Ausnahme von dreien, zu versöhnen im Stande waren. Butzer, der fast mit Aufopferung seiner Ueberzeugung sich zu so vielen Transactionen herbeigelassen hatte, wo es die Förderung des Evangeliums galt, war nie geneigt zu transigiren, wo es sich nur um sein persönliches Wohl und Wehe handelte. Er fügte sich dem Interim nicht. Er und sein Amtsgenosse Fagius verließen den Ort ihrer welthistorischen Thätigkeit. Sie gingen nach England, wo eben damals dem protestantischen Geiste eine Zufluchtsstätte durch Eduard VI. eröffnet wurde. Nicht ohne Schwierigkeit konnten die beiden Prediger auch nur erreichen, daß sie von Gemeinde und Schülern Abschied nehmen durften. „Der Teufel, sagte Fagius b seinem Abgang, jetzt denen allweg am meisten zu, die ihm mehr Schaden thun können." Er entschuldigte jedoch die Obrigkeit der Stadt, die alles versucht hätte, um die reine Lehre des Evangeliums zu erhalten, aber der Gewalt weichen müsse. Butzer hielt seine Abschiedsrede an seine theologischen Zuhörer am 23. März. Dann zogen die Prediger ab und wurden in England in glänzende Stellungen gesetzt, mit Ehren überhäuft. Ihr Vaterland aber sahen sie nicht wieder, und fühlten bei allem Glanze sich fremd und verlassen.

Eine neue Zeit begann, als die katholische Geistlichkeit am 2. Februar 1550 ihren Gottesdienst im Münster wieder eröffnete. Es gab ärgerliche Scenen, welche der Rath nur schwer verhindern konnte; die liebe Stadtjugend war nicht im Zaume zu halten, der Bischof aber sehr empfindlich im Puncte der Autorität, die ihm in der fast ausschließlich protestantischen Stadt doch aus der Natur der Sache kaum erwachsen konnte. Bischof Erasmus trat daher wiederholt als Kläger beim kaiserlichen Hofe auf und mehr als einmal mußte der Straßburger Rath Gesandte an Granvella schicken, um Acht und Execution zu vermeiden. Strenge Verordnung gab der Rath nun gegen alles, was irgend dem katholischen Clerus nachtheilig sein konnte; ebedem hatte man bei der Taufe dem Teufel und dem Papste abgesagt, das wurde verboten. Wie oft erscholl sonst das Münster von dem Gesange:

Erhalt uns, Herr, bei deinem Wort
Und steur' des Papsts und Türken Mord.

Nun war dagegen die katholische Clerisei wieder eingezogen und jene Strophe zu singen wurde mit schwerer Strafe geahndet. Zwar waren die katholischen Kirchen leer, und der Andrang zu den wenigen geduldeten protestantischen so groß, daß der Rath es doch wagen mußte, noch eine Kirche der evangelischen Predigt zu eröffnen, aber nicht ohne Widerspruch des Bischofs konnte dies geschehn. Es mußte als ein Glück betrachtet werden, daß die politischen Verhältnisse der kaiserlichen Regierung noch immer gewisse Rücksichten gegenüber Straßburg wegen der Nachbarschaft von Frankreich auferlegten.

Nicht anders als in Straßburg, ging es in den anderen Städten des Elsaß. In Weißenburg fanden sich bei der gewaltsamen Herstellung der Messe nur 20 Personen beim Gottesdienst ein. In Schiltigheim verweigerten die Einwohner die Heilighaltung der katholischen Feiertage. Ueberall endlich konnte man gegen das Interim predigen hören, da es an Meßpriestern, wie man den aufgedrungenen Clerus zum Unterschiede von den evangelischen Predigern nannte, mangelte. Die Diöcesansynode, welche Bischof Erasmus nach Zabern berief, ging ohne Resultat irgend einer Verständigung der Parteien auseinander.

Verhältnisse, wie sie im Elsaß bestanden, ließen jener extremen Partei der katholischen Kirche, welche inzwischen auf dem Concil von Trient sich wieder zusammengefunden hatte, schlechterdings keine Hoffnung übrig, daß sich die evangelisch gesinnten Deutschen überreden, oder durch Scheingründe überzeugen lassen würden. Auf dem Wege der Verhandlung, das stand bei den Römlingen fest, war keineswegs zu Ende zu kommen, kürzer und einzig zum Ziele führend war das System der Verketzerung und der Gewalt, welches man in Trient beschloß. Dennoch hatten die deutschen Protestanten dem kaiserlichen Mandat nunmehr Gehorsam leisten und das Concil beschicken wollen. Straßburg hatte nicht ohne Schwierigkeiten Männer gefunden, die als Gesandte nach Trient gingen. Es war Johann Philippson aus Sleida, bekannt unter dem Namen Sleidanus, den der Rath erwählte, um das zweifelhafte Werk der Wiedervereinigung der Kirchen zu versuchen. Dann folgte noch Dr. Marbach, der eifrigste der jüngeren Straßburger Prediger, dahin. Sie hatten Geleitsbriefe vom Kaiser erhalten, dessen Räthe sich keine geringe Mühe gaben, um doch in Trient den protestantischen Deputationen wenigstens zum Worte zu verhelfen; aber wie vergeblich war dieser Versuch, da schon die früher auf dem Concil beschlossenen Artikel über die Grundlehren jede Verhandlung ausschlossen. Es erregt dem Betrachter dieser Dinge fast ein gewisses Behagen, daß es der weltlichen Gewalt des Kaisers nicht gelingen konnte, zwischen Gegensätzen zu vermitteln, deren geistige Bedeutung er nicht begriff und deren Vorhandensein seine völlige Abhängigkeit von dem ganzen katholischen Wesen und dem herkömmlichen kirchlichen Apparate nie zu erschüttern im Stande war.

Sleidanus hatte in Trient sofort die völlige Nutzlosigkeit einsehen gelernt, mit den Prälaten aller Welt einen geistigen Strauß über eine die deutsche Nation so eigenthümlich berührende Angelegenheit zu versuchen, auch war ihm keine Gelegenheit geboten, irgend einen Einfluß auf den Gang der Dinge zu nehmen. An den Rath und an die Freunde in Straßburg gab er in seinen Briefen Nachricht von dem völlig hoffnungslosen Stande dieser Dinge. Aber seine Abreise, eben so wie die der Gesandten aller andern deutschen Stände und die Auflösung des Concils war nicht durch innere Gründe, sondern durch die große Verschwörung der Fürsten herbeigeführt, welche nun unter Morizens Führung so plötzlich und unerwartet den Kaiser überfallen und zu einer anderen Politik gezwungen haben.

Der Kurfürst Moriz von Sachsen ist durch seinen Verrath am Kaiser auch für das Elsaß der unabsichtliche Retter der protestantischen Sache geworden. Der unlösbar geschürzte Knoten konnte nur mit dem Schwerte durchschnitten werden, aber indem die Fürsten den Kaiser angriffen, waren sie in der traurigen Lage, sich mit dem alten Erbfeind Deutschlands, mit Frankreich, zu verbinden. Natürlich drückte dieser Bund am meisten auf den Westen Deutschlands, auf Lothringen und Elsaß.

Die erste Anregung zu dem Bündnis zwischen den deutschen Fürsten und dem König Heinrich war nicht vom Kurfürst Moriz ausgegangen. Er sah vielmehr nicht ohne Mistrauen eine Allianz entstehen, die ihm, wenn etwa der alte Nebenbuhler Kurfürst Friedrich aus der Gefangenschaft des Kaisers befreit werden sollte, gefährlich werden konnte für die eigene Vorherrschaft in Deutschland. Lange schwankte er noch unentschieden zwischen den mit Frankreich schon verschworenen Fürsten und der alten kaiserlichen Freundschaft. Aber sein Abfall von des Kaisers Sache, sein rasches Handeln, sein Vordringen nach Süddeutschland und nach Tirol, dies war es, was dem Unternehmen Kraft verlieh und den flüchtenden Kaiser zur Nachgiebigkeit verurtheilte.

Während aber der Osten Deutschlands von den kühnen Streichen noch erdröhnte, welche Moriz wolberechnet gegen das Hauptquartier der katholisch-kaiserlichen Sache führte, zitterte der Westen schon vor dem gefährlichen Verbündeten, der nach den Verträgen den deutschen Protestanten Hilfe bringen sollte, in Wahrheit aber nur ausgezogen war, um Metz, Toul, Verdun und Straßburg dem Frankenreiche zu erobern.

Man hatte auf beiden Seiten eine sehr bestimmte Vorstellung von dem ungeheuer frevelhaften Spiele eines Bündnisses, das deutsche Städte der Krone Frankreichs opferte; man wußte auch am Hofe Heinrichs II. gar wol, wie sehr das deutsche Volk dem ganzen Handel widerstrebte; der Marschall Vieilleville fand es doch nöthig den König gegen den Vorwurf des räuberischen Ueberfalles deutscher Länder zu vertheidigen, indem er alle Schuld den Fürsten Deutschlands beigemessen wissen wollte. Und Markgraf Albrecht von Culmbach andererseits fühlte das Bedürfnis, die Vorwürfe, als ob die Verschworenen deutsches Land den Fremden auszuliefern dächten, mit einem Anfluge von sittlicher Entrüstung zurückzuweisen. So gleißnerisch aber wußte Heinrich II. seine Pläne zu verhüllen, daß er zu sagen wagte, er wäre gekommen aus göttlicher Eingebung die Freiheit der deutschen Nation zu retten und begehre keinen andern Nutzen, als die ewige Dankbarkeit der Geretteten und die Unsterblichkeit seines Namens.

Bei diesem Vorgehen Frankreichs sollte nun aber nicht blos Deutschland über die wahren Zwecke der königlichen Politik getäuscht, es sollten auch die verbündeten Protestanten um den Preis ihres Verraths betrogen werden. Denn Kurfürst Moriz hatte, da er dem verhängnisvollen Bunde beitrat, nichts anderes erwartet, als daß es möglich werden würde eine große Säcularisation der geistlichen Fürstenthümer durchzusetzen und so die Art zu legen an die Wurzeln der katholisch-kaiserlichen Macht! In der That ein Gedanke von unvergeßlicher Tragweite, der fast um drei Jahrhunderte der Zeit vorausgeeilt war; ein Gedanke, der die Leiden des dreißigjährigen Kriegs von Deutschland abgewendet hätte, wenn er im 16. Jahrhundert verwirklicht worden wäre. Allein Frankreich war kein Verbündeter irgend einer Macht, die Deutschland kräftigen und aus innerer Zerrissenheit erlösen mochte. Haben Absichten der Säcularisation bestanden, so war es das größte Unheil, von Frankreich wahre Hilfe zu erwarten. Denn die geistlichen Fürstenthümer preis zu geben, konnte nie die Absicht eines Königs sein, der für seine Nachkommen ein reiches Feld eröffnen wollte, um aus den offengehaltenen Wunden neue Vortheile zu ziehen. Die Franzosen hatten Metz, Toul und Verdun besetzt, aber den Bischöfen nahe zu treten, lag ihrem katholischen Sinne fern; die Städte zahlten vielmehr die Rechnung, welche nach Moriz Plan auf Kosten der geistlichen Fürsten gesetzt war.

In Straßburg zeigte die Bürgerschaft beim Ausbruch dieses Krieges eine die Fürstenpolitik weit überragende Einsicht und Klugheit. Sie hatte ein deutliches Gefühl davon, daß der Streich, zu dem nun Frankreich ausholte, nicht die katholischen Stände, nicht die geistlichen Fürsten, sondern lediglich die westlich gelegenen Reichsstädte treffen mußte. Gleich im Beginn des Krieges nahm der Rath 5000 Landsknechte in Sold unter dem Obristen Claus von Hettstadt. Die Festungswerke wurden in Eile ausgebessert, selbst alte Grabsteine mußten zum Bau der Mauern dienen, und die Zünfte schanzten und gruben um die Wette. Es war lediglich darauf abgesehn, sich zum äußersten zu vertheidigen, im übrigen nach allen Seiten strenge Neutralität zu wahren. So hatte die Stadt, die noch vor wenig Jahren selbst Gedanken eines Bündnisses mit Frankreich spielen ließ, sich jetzt, da es zum Ernste kam, nicht einen Augenblick über die wahren Absichten des Königs täuschen lassen und hat für hundert Jahre ihre Freiheit noch gerettet. Denn die besetzten Städte Metz, Toul, Verdun sind niemals wieder von den Franzosen aufgegeben worden. Am 3. Mai kam König Heinrich mit gewaltiger Macht nach Zabern. Von eigentlicher thatsächlicher Hilfe, die Moritz von Sachsen und seine Verbündeten erhalten hätten, war kaum mehr die Rede. Man hatte verabredet, daß der König in Deutschland Landsknechte werben und den Verbündeten zur Verfügung stellen werde. Der Markgraf von Culmbach hatte immer gehofft mit französischem Gelde an die Spitze eines gewaltigen deutschen Heeres treten zu können. Von alledem war nichts erfolgt. Der König erklärte, mit seinen Truppen über den Rhein kommen zu wollen, und wünschte von Straßburg nichts geringeres, als freien Durchzug durch das „Thor des Reichs".

Wo waren die Träume hingekommen, als werde der Franzmann dem deutschen Protestantismus nützen? Den Schlüssel zu der protestantischen Stadt begehrte er, mit dem Bischof Erasmus aber vertrug er in Zabern sich gut und war wol weit entfernt, die Geistlichen zu beschädigen, die selbst in dieser großen Noth ihr altes verrostetes Recht der Steuerfreiheit dem Rathe von Straßburg gegenüber mit ängstlicher Sorgfalt bewachten. Als Heinrich II. die Anfrage über den gewünschten Durchzug nach Straßburg schickte, war man rasch entschieden, auf jede Gefahr ihn zu verweigern, aber Sturm und Sleidan gingen in Gesandtschaft zum Könige, um alle Unterstützung einer neutralen Macht mit Lebensmitteln für das Heer zuzusagen. Auch ward der König eingeladen, persönlich mit vierzig Rittern die Stadt zu besuchen.

Bemerkenswerth genug, daß die Franzosen dennoch einen Versuch nicht unterließen, die Stadt durch listige Ueberrumpelung gerade bei dieser Gelegenheit zu gewinnen; aber die Vorsicht Straßburgs und seine Kanonen vereitelten den Anschlag. Der König mußte, wie verabredet, mit kleinem Gefolge in die Stadt einreiten und ließ sich von dem Rath bewirthen. Schamröthe darüber, daß er mitten unter

Freundschaftsheuchelei den offenbaren Ueberfall beabsichtigte, war auf der Stirne des Franzosen schon damals völlig unbekannt.

Rascher als man irgend erwarten konnte, wurde der Werth der französischen Verbindung nicht blos den deutschen Städten, sondern auch den Fürsten klar. Schon in dem Augenblicke, wo im Lager Frankreichs noch zwischen Montmorency und Vieilleville über die Form Streit war, wie man die Deutschen am pfiffigsten um Metz betrüge und ob man der Stadt einen Statthalter des Reichs unter Frankreichs Protectorat geben oder die Annerion ausdrücklich aussprechen solle, hatte Kurfürst Moriz seine Maßregeln getroffen, um das Bündnis der Fürsten mit Frankreich so unschädlich wie jetzt noch möglich für das Reich zu machen. Er schloß mit dem völlig gedemüthigten Kaiser Frieden, und König Ferdinand unterhandelte in Linz und Passau über die denkwürdigen Verträge, die dem deutschen Protestantismus dauernde Sicherheit gegeben haben.

Daß Kurfürst Moriz zu äußerst billigen Bedingungen den Frieden schloß, war durch die französische Politik doch vorzugsweise mitbedingt, denn an die Säcularisation des deutschen Reichs im großen Style, wie Moriz großdenkend sie einen Augenblick gehofft, war bei dem lügnerischen Vorgang Frankreichs nicht zu denken. Der Bundesgenosse hatte sich so schlecht erwiesen, als irgend möglich war, und selbst ein so kluger deutscher Mann, wie Kurfürst Moriz, mußte sich gestehen, daß der Nutzen dieses Bündnisses die Schande des Verrathes deutscher Städte bei weitem nicht aufgewogen habe.

Der Passauer Vertrag aber setzte den Kaiser in die Lage, mit ganzer Macht an die westlichen Grenzen zu eilen und dem Vordringen Frankreichs ein Ziel zu setzen. Denn nichts konnte für die burgundisch-spanische Familienmacht ärgerlicher und gefährlicher sein, als die Ausbreitung des feindlichen Nebenbuhlers in Lothringen und seine Festsetzung in Metz. Von da war ganz Burgund, waren vor allem die niederländischen Städte stets bedroht. Es war natürlich, daß Karl V. keinen Augenblick säumen konnte, hier kräftig einzuschreiten. Wie anders nahm er nun die Straßburger Gesandten auf welche vor ihm in Rastadt erschienen, Herrn Jacob Sturm und den Stadtadvocaten Dr. Ludwig Gremp; wie anders, als damals, als es sich um die Einführung des Interims handelte, wußte Karl V. den Bürgern nunmehr freundlich zu begegnen. Er ritt in Straßburg ein und unterdrückte nicht die Anerkennung für den toleranten und gerechten Sinn des Raths, als er im Münster die katholischen Geistlichen in ungestörter Ruhe fand.

Inzwischen hatten die Franzosen bei dem Herannahen zweier kaiserlichen Heere von Deutschland und den Niederlanden her das Elsaß geräumt. Noch an manchen Orten waren sie den Bürgern sehr wenig zu Danke aufgetreten. In Weißenburg hatte der König selbst Quartier genommen, und schon war Vieilleville nach Speier abgegangen, um mit dem dortigen Rath den schon zu bekannten Schwindel über den Durchmarsch zu versuchen. Wie aber die Städte, so hatten auch die Bauern im Elsaß gar wenig Neigung zu der welschen Art, und mancher französische Trupp ward von den Bauern gefangen oder erschlagen.

Der Krieg des Kaisers zog sich indessen tief in den Winter hinein, und die begonnene Belagerung von Metz mußte abgebrochen werden. Das deutsche Reich war nicht mehr stark genug, die drei lothringischen Städte jemals wieder zu erobern. So blieben sie verloren bis zum Jahre 1870.

Das Elsaß aber ward diesmal von den Franzosen noch verschont, und noch vermochte es der Segnungen sich zu erfreuen, welche auf dem Augsburger Reichstag 1555 dem deutschen Reiche geschaffen worden sind. Schon ward das Interim in Straßburg und selbst in den anderen elsäßischen Reichsstädten dem Wesen und seiner gefährlichen Absicht nach beseitigt, da keine Reichsgewalt seit des Kurfürsten Moriz überzeugendem Kriegszug die Aufrechthaltung desselben vertrat. Die katholische Geistlichkeit, welche sich seit 1548 herrschend dachte, war nun vielmehr geduldet und bedurfte des Schutzes des Stadtrathes mehr, als jemals. Die evangelischen Preiger konnten Hoffnungen aussprechen im Münster wieder einzuziehn. Aber alles kam dem Rathe darauf an, abzuwarten was man von Reichs= und Rechtswegen zu Augsburg über die Religionssache beschließen werde.

Der Stadtrath scheute keine Kosten, um auf die entscheidenden Beschlüsse durch seine Abgesandten Einfluß zu nehmen. Gleich anfangs wurde der Stadtsyndicus Jacob Hermann nach Augsburg abgeordnet, und auch Dr. Gremp, der in anderen Geschäften dort erschien, nahm sich der Straßburger Angelegenheiten an. Später ging auch der Stadtmeister Heinrich von Müllenheim und der Altammeister Hans von Bersch nach Augsburg; dennoch hatte der Religionsfriede, wie man ihn zu Augsburg faßte, den durchgreifenden Charakter nicht, der den Straßburgern völlig zugesagt hätte. Denn daß in den Städten, wo zur Zeit beide Religionen geübt werden, es auch ferner dabei verbleiben und kein Theil dem andern darin Eintrag thun solle", — diese Bestimmung konnte theoretisch als gerechte Duldung gepriesen werden, in Straßburg erschien sie den Thatsachen gegenüber als Beeinträchtigung des allgemeinen Willens. Hier, wo seit dem Interim die Protestanten in kleinen Kirchen zahlreich sich versammeln mußten und die alten Hauptkirchen der Stadt in den Besitz des Bischofs wieder gekommen waren, hatten die Protestanten nicht Lust ein so verkehrtes Verhältnis fortbestehen zu lassen. Marbach, der rücksichtsloseste Führer nach Butzers Abgang, und viele andere jüngere kampflustige Prediger mit ihm, drängten ganz gewaltig, die Einheit des Gottesdienstes in der freien Stadt zu sichern. War es nicht Schmach und Schande, daß Straßburgs Rath den herrlichen altberühmten Tempel der wahren Lehre, so sagten diese Männer, den Händen der Katholiken überließ, und dort der wenigen alten Weibern die Messe dem Evangelium zum Hohn täglich gefeiert wurde? Es kam zu großen Bewegungen; der Rath verlangte Mäßigung; die Prediger drohten sämmtlich Straßburg zu verlassen.

In diesem Zwiespalt konnte der Beschluß des Augsburger

Religionsfriedens nicht befriedigen. Die Abgesandten auf dem Augsburger Reichstag hatten sich alle Mühe gegeben den Städten das gleiche Recht der Selbstbestimmung, dieselbe Macht zu reformiren wie sie die anderen weltlichen Reichsstände davon trugen, zuzuwenden. Ihre Meinung war nicht durchgesetzt worden. Und dazu kam, daß durch den „geistlichen Vorbehalt", den man zu Augsburg festgestellt jede Hoffnung das Bisthum Straßburg jemals dem Protestantismus zuzuwenden, abgeschnitten wurde.

So zog sich denn auch nach dem Religionsfrieden zwischen der Stadt und dem Bischof ein böser Streit durch vier Jahre hin, bis der letztere sich entschloß, den verlornen Posten aufzugeben, als die Stadt den Vertrag kündigte, den sie zur Zeit des Interims über den Besitz der Hauptkirchen mit ihm geschlossen hatte. Die Schirmbriefe welche nach dem Jahre 1559 der Stadtrath von Straßburg der bischöflichen Geistlichkeit gegen eine besondere Schutzsteuer von zehn zu zehn Jahren ertheilte, erstreckten sich nicht auf ihren Gottesdienst und nicht auf ihre Confession, sondern lediglich auf die Personen und das Eigenthum. So blieb Straßburg eine ausschließlich protestantische Stadt bis zur Zeit, wo die Franzosen zur Herrschaft kamen. Im übrigen Elsaß aber hatte der Religionsfriede von Augsburg das Nebeneinanderbestehn von katholischen und protestantischen Gemeinden und Ständen ermöglicht, und auch in den Reichsstädten waren beide Confessionen rechtlich anerkannt.

Es war doch ein Abschluß von ungeheurer Wichtigkeit in einer Frage, die mehr als ein volles Menschenalter das ganze deutsche Volk in seinem tiefsten Geiste aufgeregt hatte, und von deren geschichtlichem Dasein kein deutsches Herz, für welche Seite auch sich seine Sympathien entschieden, seit jener Zeit mehr abzusehen vermochte. Wenn man aber die Geschichtsbücher in Betracht zieht welche über diese großartige politisch kirchliche Entwickelung von Zeitgenossen im großen, ja im größten Style abgefaßt wurden, so werden wir noch einmal nach Straßburg zurückgeführt, wo diese Zeit in Thaten wetteiferte mit allen Gauen Deutschlands, wo aber auch er Griffel des Historikers sich fand, der sie nach großen classischen Vorbildern zu beschreiben wußte.

Wir haben Herrn Jacob Philippson aus Sleida an der Seite Jacob Sturms zu nicht geringem Nutzen der Stadt Straßburg thätig und eifrig gesehn. Man wird an die alten Zeiten erinnert, wo der Bürger Ellenhart oder der Ammeister Twinger die Geschichten der Stadt von schriftenkundigen Männern aufzeichnen lassen. Ebenso steht Jacob Sturm neben unserem Sleidan.

Aber die Zeit war eine völlig andere, als jene, wo Closener und Königshofen ihre schlichten Erzählungen von dem individuellen Leben der deutschen Stadt geliefert. Der Mann, dessen Geist an Matons Staatsschriften gereift war, fand Straßburg als ein wichtiges Centrum des großen allgemeinen politischen Lebens und schrieb eine Geschichte der Zeit von weitestem Umblick.

Auf der vollen Höhe des Lebens angelangt, war Sleidan nach Straßburg gekommen. 1506 an der Eifel geboren, führte ihn der innere Drang und die Richtung seiner Studien nach Köln und Löwen, nach Paris und Orleans. In Hagenau lebte er lange als Historiograph des Schmalkaldischen Bundes, in Straßburg seit 1542 als Rechtslehrer, wo er am 31. October 1556 starb. Seine Thätigkeit war aber immer politischer Art. Mit dem Minister Franz des I., Jean du Bellay stand er in lebhaftem Briefwechsel, am fruchtbarsten war seine Verbindung mit dem bürgerlichen Staatsmann von Straßburg. Als hervorragend bezeichnet er selbst den Einfluß, den Jacob Sturm auf sein Geschichtswerk genommen. Denn dieses behandelt in 26 Büchern die ganze Zeit vom Auftreten Luthers bis zu Karls V. Resignation. Nach einer zwar unverbürgten Erzählung soll der Kaiser nach der Lectüre des Werkes gesagt haben: „Entweder waren meine Minister Verräther, oder der Mann, der dies schrieb, war der Hausgeist meiner Regierung." Kann man solches Lob im vollen Umfang auch heute nicht bestätigen, so ist doch aus diesem Geschichtswerke, welches mit der seltensten Fülle von Staatsacten und diplomatischen Papieren ausgestattet vor uns liegt, wie aus keinem anderen zu sehen, was Straßburg war und was die deutsche Stadt bedeutete, wo man das Material und auch den Geist fand zu einem solchen Producte genauester Kenntnis und treuester protestantischer Ueberzeugung.

Dreizehntes Kapitel.

Lutherthum und Calvinismus.

In der Zeit von Jacob Sturm und Martin Butzer stand Straßburg ohne alle Frage an der Spitze der evangelischen Städte Deutschlands. Die verschiedensten Parteien priesen es als vornehmsten Hort der confessionellen Freiheit: das neue Jerusalem nannten es die französischen Religionsflüchtlinge, das neue Jerusalem nannte es der phantastische Wiedertäufer Melchior Hoffmann. Calvin, der Centralgeist der protestantischen Fortschrittspartei in der zweiten Hälfte des sechszehnten Jahrhunderts, hat sich von Straßburg wie von einem Wartthurme aus den freien Weltblick für die großen Verhältnisse der kirchlichen Politik angeeignet. Religion und religiöse Dinge waren hier am meisten in dem Sinne geregelt, wie es sich mit einer freisinnigen modernen Anschauung verträgt. Es war etwas von dem Geiste der Aufklärung, es war eine Verahnung des Humanitätsevangeliums, was in den Staatsmännern und Predigern Straßburgs lebte.

Wie ganz anders wurde es bald nach der Mitte des sechszehnten Jahrhunderts.

Nachdem Capito 1541 vorangegangen, starb die erste Generation der Straßburger Reformatoren rasch hintereinander weg. Zell starb 1548. Fagius starb in England 1549 (s. oben S. 224), Butzer drei Jahre später (1551). Hedio, der nach Butzers Abgang dem

Kirchenconvent präsidirte, starb 1552. Der hoffnungsvolle Söll ein treuer Verehrer Butzers, ein schöner und angenehmer Mann aus vornehmer tirolischer Familie, wurde 1553 durch einen frühzeitigen Tod hinweggerafft. Endlich — vielleicht der schwerste Verlust — Jacob Sturm verschied am 30. October 1553.

Und wer sind die Männer, welche an ihre Stelle treten? Der herrschsüchtige Marbach, der ehrgeizige eifersüchtige Rabus, der eigenwillige unbetmäßige Gerung, der beschränkte Flinner, der derbe heftige rücksichtslose Specker: alle, wie es scheint, keine gebornen Elsässer großentheils Zöglinge der Wittenberger und Tübinger Schule, d. h Zöglinge der Orthodoxie und der Unduldsamkeit. Was sind das für Ersatzmänner! An der Stätte, wo Friedensliebe, praktisches Christenthum, Milde und Versöhnlichkeit geherrscht hatte, jetzt eine wahre Musterkarte der übelsten Pfaffenlaster. Und kein weltlicher Mann, wie Jacob Sturm, der das Ansehen und die Macht gehabt hätte, um die böse Zucht niederzuhalten.

Dazu kam der Augsburger Religionsfriede, der blos dem lu therischen Bekenntnisse freie Religionsübung in Deutschland zusichert und daher überall engeren Anschluß an die lutherische Orthodoxi bewirkte. Während jetzt die kurpfälzischen Theile des Elsaß sich de Reformation zuwandten, während die Rappoltsteiner und der größt Theil des unterelsässischen Adels zur evangelischen Kirche übertrate und die ihnen untergebenen Ortschaften reformirten, während di Grafen von Hanau elsässisches Gebiet, das sie neu erwarben, den Evangelium zuführten, während von den Reichsstädten Hagena und Colmar gewonnen wurden, während so überhaupt der Augs burger Religionsfriede die Ausbreitung der neuen Lehre begünstigte griff das strenge Lutherthum im Elsaß immer mehr um sich, un die freieren Richtungen wurden verdrängt.

Der sichtbarste Ausdruck des veränderten Geistes sind die neue Straßburger Prediger, unter ihnen der bedeutendste, aber auch bös artigste, Johannes Marbach aus Lindau, der -- 1521 gebore und seit 1545 Pfarrer zu Straßburg — das Präsidium des Kirchen

…enrentes nach Hedios Tode erhielt und dasselbe achtundzwanzig Jahre bis an sein Lebensende 1581 bekleidete. Seine Physiognomie war die eines Raubvogels, große Habichtsnase, breiter Mund, rechender Blick, üppiger Haarwuchs und Vollbart. Er hatte etwas Wildes, Schreckenerregendes. Er war ein mäßiger Gelehrter, ein zorn- und haßerfülltes Gemüth, unduldsam und tyrannisch, dabei habsüchtig und geldgierig. Gleich nachdem er seine erste Predigt in Straßburg gehalten, sagte der kluge Menschenkenner Butzer: „Dieser anmaßende Theologe wird der Kirche noch viel Unglück bringen."

Jacob Sturm war kaum todt, so enthüllte sich Marbachs rücksichtslose Hartnäckigkeit in der Agitation gegen das Interim, und der ehrwürdige Altammeister Mathias Pfarrer, der Schwiegersohn Sebastian Brants, der treue Genosse Sturms auf unzähligen Gesandtschaften, hielt ihm das Unwürdige seines Betragens vergeblich vor: „Die alten verstorbenen Prediger — sagte er — haben sich nie etwas der Art unterstanden; Ihr wollt die gutherzige Obrigkeit mißbrauchen und in Sack schieben: ist das evangelischer Prediger Art? heißt das christliche Demuth?" Nein, demüthig war Marbach nicht. Er gehörte zu jenen protestantischen Päpstlein, welche unter dem Schilde des großen Namens Luther ihre Ideenlosigkeit zu verbergen und ihren persönlichen Machtkitzel zu befriedigen suchten. In Straßburg galt es, das Andenken Butzers und seiner Genossen herabzusetzen; es galt die Tetrapolitana zu verunglimpfen; es galt zu verdammen und zu verketzern und aus den Leichen moralisch vernichteter Sacramentsschwärmer, Zwinglianer, Calvinisten einen Thron für das alleinseligmachende Lutherthum zu errichten. Rechtgläubigkeit hieß das Medusenhaupt, das man den freisinnigeren Gegnern vorhielt. Es war eine unangenehme Gesellschaft, diese neuen Prediger. Mit Vergnügen liest man, wie Zells Wittwe sie abkanzelt. „Ihr jungen Gecken — sagte sie ihnen ins Gesicht — ihr wähnt die umzustoßen, deren Gürtel ihr kaum erreicht, aber die Schleuder und den Geist Davids habt ihr nicht, auch keine Philister vor euch."

Die sächsische und schwäbische Orthodoxie war das Ideal, welchem Marbach entgegenarbeitete. Die Zügel der Kirchenzucht wurden straff angezogen, eine Art Privatbeichte wieder in Gang gebracht. Der religiöse Jugendunterricht lief auf blinden Glauben und gedankenlosen Gedächtniskram hinaus. Es kamen Versuche vor, eine förmliche Inquisition einzurichten: was aber doch der Rath nicht zugab. Auch eine allgemeine Agende für sämmtliche Kirchen des Stadtgebietes durchzusetzen, bemühte sich Marbach vergebens.

Mit dem inneren Charakter veränderte sich das äußere Gewand. In den Gottesdienst kehrte ein gewisser Pomp und größere Feierlichkeit zurück. Die nackten Wände bedeckten sich von neuem mit Gemälden, welche einzelne Züge der evangelischen Geschichte oder Auftritte und Personen aus der Geschichte der Reformation, hauptsächlich Luthers Bildnis, darstellten. Und um die Kirchenmusik erwarb sich Marbach wirkliches Verdienst. Die Tonkunst in ihrer vollen Ausbildung durch den mehrstimmigen Satz durfte zur Freude und Erbauung der Gemeinde nun erst in die Gotteshäuser wieder eindringen. Auch ganz freie Erfindungen älterer und mitlebender Componisten in Motetten und dergleichen kunstreichen Formen waren vom kirchlichen Gebrauch nicht ausgeschlossen, sondern nur an das Ende des Gottesdienstes verwiesen. Beim Haupttheil trug zuerst der Sängerchor in Begleitung der Orgel ein Lied in einfachem Satze vor, dann folgte eine kunstreiche fugirte Ausführung der Melodie mit Orgel und mancherlei Instrumenten. Bei mehreren Strophen wiederholte sich der Wechsel, so daß Kunstgesang und Gemeindegesang in ein lebendiges Verhältnis zu einander traten. In der Geschichte des evangelischen Kirchenliedes ist diese Wendung durch den Namen des Straßburger Gymnasiallehrers Thomas Wallifer (1568—1648) bezeichnet: ein tüchtiger und achtungswerther Tonsetzer, der noch spät in der Weise des sechszehnten Jahrhunderts fortcomponirte, nur daß sie bei ihm feiner und gewandter ausgebildet, melodischer und fließender erscheint.

Allen inneren und äußeren Wandelungen des religiösen Lebens

gegenüber war es nun die Schule in ihren besten Vertretern und die in Straßburg anwesenden Fremden, welche die Tradition der ersten Reformationszeit, die Gesinnungen Jacob Sturms und Butzers festhielten.

Aus diesen Gesinnungen war seinerzeit das ganze Straßburgische Schulwesen entsprungen.

Wir erinnern uns, wie sich Butzer, Capito, Hedio auf Jacob Sturms Betrieb zu einer höheren Lehranstalt verbanden (S. 194). Diese wurde zu Anfang der dreißiger Jahre vervollständigt: das Griechische und Hebräische, die Mathematik und andere Gegenstände fanden Vertretung. Die Professoren der Hochschule wurden Mitglieder des Stiftes St. Thomas und ihre materielle Lage dadurch beträchtlich verbessert. Aus dem Wilhelmerstift machte man ein Alumnat für arme Schüler. Unter Theilnahme der schwäbischen Städte wurde eine Reihe von Stipendien für die Bildung künftiger Prediger errichtet. Jacob Sturm legte 1531 den Grund zur Stadtbibliothek.

Straßburgs Gastfreundschaft gegen Verfolgte aus Italien, Frankreich, Spanien kam dem Unterrichtswesen zu Gute. Ein so ausgezeichneter, weithin einflußreicher Theologe, wie der Italiener Peter Martyr Vermigli lehrte mit mehreren anderen Landsleuten an der Hochschule und wurde Canonicus zu St. Thomas. Die berühmten französischen Rechtslehrer Franz Hotoman (einer der Urheber der Theorie der Volkssouveränität), Franz Balduin, Dionysius Gothofredus u. A. vergalten die Freistätte, die man ihnen bot, ebenfalls durch öffentlichen Unterricht, den sie ertheilten. Die Zahl der französischen Religionsflüchtlinge war im Jahre 1538 so bedeutend, daß der Rath auf Butzers Vorschlag ihnen einen eigenen Gottesdienst und Prediger bewilligte: und der erste, der dieses Amt versah, war kein geringerer als Calvin selbst, der drei Jahre lang in Straßburg wohnte, Vorlesungen unter großem Beifall abhielt, eine sehr bedeutungsvolle litterarische Thätigkeit entfaltete, im Auftrage der Stadt sich an allen kirchlichen Verhandlungen betheiligte und überhaupt sein Genie in so hervorragender Weise zur Geltung brachte, daß man ihn sehr ungern 1541 wieder nach Genf entließ.

So erhöhten freilich auch die übrigen Flüchtlinge meist nu vorübergehend den Glanz der oberrheinischen Hauptstadt. Aber auch den Mann, der ihr im sechszehnten Jahrhundert zu europäischer Be rühmtheit verhalf, der ihren Schulanstalten dauernd den Stempe seines Geistes aufdrückte, der von nah und fern Scharen wißbe gieriger Schüler anzog, auch Johannes Sturm verdankte die Stad den französischen Religionswirren.

Johannes Sturm war ein specieller Landsmann Sleidan (S. 235). Der größte Pädagog und der größte Geschichtschreibe der Reformationszeit sind aus demselben kleinen Städtchen der Eife hervorgegangen. Sie waren im Alter nur um ein Jahr ausein ander, Sleidan 1506, Johannes Sturm 1507 geboren. Sie habe einen Theil ihrer Jugend gemeinsam verlebt. Sie haben beide i Löwen ihre Studien vollendet. Sie haben in Paris dieselben Gönne und Freunde gehabt. Sie haben beide schließlich in Straßburg d bleibende Stätte ihres Wirkens gefunden.

Ein buchhändlerisches Unternehmen führte Sturm zuerst nac Paris. Bald aber brach seine ungewöhnliche Begabung sich in de großen, geistig belebten Stadt nach anderer Richtung Bahn. E hielt Vorlesungen über Cicero und über Logik, welche mit allg meinem Beifall aufgenommen wurden. Er verstärkte durch seine gewichtigen Beitritt die Partei des religiösen Fortschritts. Er w schen damals ein Vermittler zwischen Frankreich und Deutschlan indem er sich an den religiösen Unionsversuchen Franz des Erste betheiligte. Er stand je nach den Schwankungen der confessionelle Politik dieses unzuverlässigen Mannes ihm bald nahe, bald fer Und die entschieden protestantenfeindliche Wendung der Krone, d beginnenden Verfolgungen der Hugenotten veranlaßten ihn 1536 de Ruf nach Straßburg anzunehmen.

Hier vereinigte er unter Jacob Sturms Augen die bestehend

lateinischen Schulen zu dem Gymnasium, dessen erster Rector er wurde und dessen Eröffnung im Mai 1538 stattfand. Und dreizehn Jahre nach Jacob Sturms Tode hatte er die Verwandlung der hohen Schule in eine Akademie d. h. (um es kurz zu sagen) in eine unvollständige Universität mit beschränkten Rechten durchgesetzt, welche er wiederum als beständiger Rector leitete.

Die Schöpfungen Sturms zeichneten sich durch die Entschiedenheit aus, mit der er die Wiederbelebung des Alterthums anstrebte. Wenn wir den älteren elsässischen Humanisten, wenn wir Wimpheling und seinen Genossen nachsagen konnten, daß sie den Humanismus nationalisirten: so gilt von Johannes Sturm umgekehrt, daß er die Antike in ihrer Reinheit, allerdings in einer bestimmten einseitig ausgewählten Gestalt, mit der größten Rücksichtslosigkeit wieder aufzuwecken suchte.

Wer einer Straßburger Schulfeierlichkeit beiwohnte, konnte manchmal glauben, sich auf dem Forum romanum zu befinden. Da wurde der Proceß einer römischen Gerichtsverhandlung nachgebildet mit Advocaten, Richtern, Lictoren und Volk: und ciceronische Reden, die man vortrug, entfalteten durch die lebendige Vergegenwärtigung des äußeren Vorganges doppelten Glanz. Und wer vollends das prächtige Theater der Akademie besuchte, das erste stehende Theater Deutschlands, der konnte alljährlich zur Zeit der Johannismesse die Gestalten über die Bühne wandeln sehen, welche einst Plautus und Terenz für die Römer, welche Sophokles, Euripides, Aristophanes für die Athener geschaffen.

Das alles aber waren nicht Einrichtungen, die ohne Vermittlung dastanden, als eine gelehrte Schöpfung, ohne Boden im Volk. Hätte sonst auch nur der Magistrat von Straßburg Sinn dafür gehabt, jenes Theater mit nicht geringen Kosten zu errichten und zu erhalten? Die akademischen Schauspiele wirkten auf weitere Kreise; auch wer die Sprache nicht verstand, ergötzte sich an dem was seine Augen erfassen konnten, wie an einer Pantomime, und ein deutscher Prolog vor der Vorstellung, deutsche Einleitungen vor den einzelnen

Acten erklärten ihm in voraus was er sehen würde, ein rückblickender deutscher Epilog zog die Nutzanwendung daraus. Die Theilnahme war um so allgemeiner, als eine ausgebreitete Uebersetzungslitteratur einen Stand der Gebildeten herangezogen hatte, welche keineswegs studirte Leute zu sein brauchten, um das Alterthum in mancher Richtung zu kennen. Seit dem Ende des fünfzehnten Jahrhunderts waren in Straßburg Uebersetzungen classischer Werke erschienen: unter anderen zeigten sich Thomas Murner und seine Altersgenossen Gallinarius und Ringmann dafür thätig. Daß die römische Geschichte des Livius in den Volksschulen gelesen wurde, haben wir schon erfahren·(S. 194). In den dreißiger Jahren stand das Uebersetzerhandwerk am meisten in Blüte. Der Schultheiß von Colmar, Hieronymus Boner, verdeutschte massenhaft griechische und römische Geschichtschreiber. Der uns wohlbekannte Theologe und Historiker Kaspar Hedio that einiges in derselben Richtung. Die Pfarrer Zacharias Münzer und Konrad Lautenbach, so wie der österreichische Regierungsrath Johann Gras zu Ensisheim folgten ihm darin nach. Auch ein Gelehrter und lateinischer Dichter wie Jacob Micyllus verschmähte es nicht, dem Livius und Tacitus seine Sorgfalt und sein geschultes Verständniß zu widmen. Ihre Arbeiten erlebten zum Theil so zahlreiche Auflagen, daß ihnen kaum ein Werk der gleichzeitigen deutschen Originallitteratur darin gleichkam.

Neben den genannten konnten andere wie Jacob Vielfeld, Heinrich von Eppendorf, Michael Herr, Peter Selbet, Walther Riff auch satirische, moralische und andere wissenschaftliche Schriften der Alten übertragen. Und der Dramatiker Valentin Boltz von Ruffach so wie der Straßburger Gymnasiallehrer Jonas Bitner durften lateinische Komödien in deutsche Prosa und Verse kleiden.

Aber offenbar waren es die erhebenden Schicksale des griechischen und römischen Volkes, welche ein am staatlichen Leben eifrig betheiligtes Bürgergeschlecht zumeist anzogen. Man las von gewaltigen Freiheitskämpfen, man las von Unterdrückung und Revolutionen, von inneren und äußeren Zwistigkeiten, von großen Staatsmännern und Helden, von packenden Rednern und klugen Volksführern: man las was man erlebt und geschaut hatte in den aufregenden Begebenheiten der Reformation, deren Bewegungen noch nicht zu Ende waren.

Alle jene Uebersetzer nun gehören durch Geburt oder Aufenthalt dem Elsaß an, so daß man bei weitem den größten Theil alles dessen, was das sechszehnte Jahrhundert an deutschen Uebersetzungen lateinischer und griechischer Autoren hervorbrachte, dieser kleinen Landschaft verdankte.

Ob hier nicht Sturm ein treffliches Feld für seine Thätigkeit vorfand? Wohl das bestzubereitete in Deutschland! Auch entsprachen die Erfolge den Voraussetzungen. In einem der ungünstigsten Jahre, 1542, zählte das Gymnasium 500 Schüler, im Jahre 1578 mehrere 1000, worunter gegen 200 Adlige, 24 Grafen und Barone und drei Fürsten. Alle Nationen Europas waren vertreten: aus Böhmen, Polen, Dänemark, England, Frankreich und Italien zogen wißbegierige Jünglinge herbei. Sturms Autorität war weithin geachtet, eine ganze Reihe auswärtiger Schulanstalten hat er selbst organisirt, andere seine Schüler, und insbesondere haben es sich die Jesuiten sehr angelegen sein lassen, manche seiner Einrichtungen ziemlich genau nachzubilden und in ihrem Sinne auszubeuten.

Welcher geheimnißvolle Zauber hat diesem Manne solchen Einfluß verschafft? Waren es die vernünftigen Erziehungsgrundsätze, die ihn leiteten? War es die zweckmäßige Vertheilung des Lehrstoffes? War es die Klarheit und Ordnung, das System und die Harmonie, in welche er die verschiedenen Zweige und Abstufungen des Unterrichtes mit einander zu bringen verstand? War es der Eifer und die Thatkraft, die er nach allen Seiten in seinem Berufe entwickelte? War es die Sicherheit, die Energie und das Organisationstalent, mit welchem er auf seine Ziele losging und seine Gehilfen in dieselbe Richtung zu treiben verstand? War es die Festigkeit und sehr nöthige Strenge, mit der er die Schüler behandelte und dem klar erkannten Bildungsideale zuführte?

Es war von allen diesen Dingen etwas. Aber der eigentliche Talisman, der ihm so ungemeine Anziehungskraft verlieh, hieß — Cicero.

Der schwäbische Philologe Nicodemus Frischlin hat den glücklichen Einfall gehabt, in einer seiner Komödien Cäsar und Cicero aus der Unterwelt zu beschwören und ihrem staunenden Blicke deutsche Bürgerherrlichkeit vorzuführen. Er versetzt sie nach Straßburg, in welchem er den Inbegriff alles Ruhmes sieht, der das übrige Deutschland schmücke. „Athen scheint mir nach Deutschland ausgewandert", läßt er Cicero bewundernd rufen.

Da muß nun der gepriesene Redner auch über Johannes Sturm seine Meinung sagen. Er rühmt an ihm

Die große Fülle und die Kraft der Rede,
Des Ausdrucks Fluß und Leichtigkeit; geschmückt
Durch manch gewichtig Wort und wohlverziert
Mit manchem weisen inhaltsvollem Spruch.

Das heißt: Cicero muß an Johannes Sturm rühmen, was die Zeit an Cicero selbst zu rühmen gewohnt war. Und Sturm nannte man den neuen Cicero.

Die Benennung war nicht ungegründet. Wir sehen an Sturm keinen Mann, der mit tiefen wissenschaftlichen Problemen ringt. Er ist auch kein Mann von weitem Gesichtskreis. Wo er auf Fragen einer höheren Ordnung stößt, finden wir ihn oberflächlich und gewöhnlich. Aber es ist immer eine glänzende Oberflächlichkeit, es ist immer ein klarer leichtfaßlicher Gedanke in wirkungsvoller Sprache, was er uns bietet. Und das gerade bedurfte jene Zeit des gesunden Menschenverstandes. Einfaches Princip und sichere Anwendung, durchsichtige Entwickelung und bestechende Form, kurz ausgezeichneter Styl bei mäßigem Inhalt: das machte Cicero groß, das machte Johannes Sturm berühmt. Und diese innere Aehnlichkeit war der Hebel für Sturms geistige Existenz. Er fühlte sich von Cicero angezogen wie von einem wahlverwandten Element. Cicero war sein begeistertes Studium, die ungewöhnliche Kenntnis Ciceros sicherte seine ersten Erfolge. Nachahmung Ciceros war das höchste Ziel seines pädagogischen Wirkens.

Wenn er selbst dieses Ziel als gut leben, gut denken, gut sprechen bezeichnete, so lag doch auf dem Gutsprechen der für ihn charakteristische Accent. Wenn in den sächsischen Schulen der Reformationszeit lateinisch und griechisch nur im Dienste der Religion getrieben wurden, wenn sie für uns hauptsächlich der formalen Bildung des Geistes dienen sollen: so waren sie für Sturm Selbstzweck. Seine Schüler sollten lateinisch sprechen können, sprechen womöglich wie Cicero: weshalb? Darnach wurde nicht gefragt, es stand außer Frage, daß gewandter lateinischer Ausdruck höchstes Zeichen feiner Bildung sei.

Natürlich ward das religiöse Element darüber nicht vernachlässigt. Aber es wurde doch Cicero zu einer Art Nebenbibel erklärt; was die Bibel für Glaube und Sittlichkeit, das bedeutete Cicero für die Bildung.

So wenig wir mit dieser humanistischen Einseitigkeit sympathisiren können, so wenig vermögen uns Sturms Leistungen als Politiker ungetheilten Beifall abzugewinnen. Von seinen utopischen Plänen für den Türkenkrieg (das Lieblingsthema aller politischen Schriftsteller des sechszehnten Jahrhunderts) sehen wir dabei ganz ab, um nur den praktischen Staatsmann ins Auge zu fassen.

Bis zum Jahre 1576 war nemlich Sturm neben seinem Rectorat fortwährend als Diplomat, sogar als bestellter und bezahlter diplomatischer Agent verschiedener europäischer Fürsten thätig. Selbstverständlich drehten sich seine Geschäfte fast ausschließlich um confessionelle Angelegenheiten.

An allen Bestrebungen für die Ausbreitung des Protestantismus nahm Sturm den regsten Antheil, aber auch zu allen religiösen Friedensversuchen bot er die Hand, ob es sich nun um die Einigung der protestantischen Bekenntnisse unter einander oder um die Vermittlung zwischen Katholiken und Protestanten handelte. Stets suchte er auch den Katholiken Gerechtigkeit widerfahren zu lassen. Hierin erkennen wir den jüngeren Genossen Butzers und Jacob Sturms, deren Grundsätze sich auf ihn vererbten. Aber auch auf diesem Gebiete ist er von utopischen Anwandlungen nicht frei. Von einer kirchlichen Notablenversammlung verspricht er sich Wunderdinge, seine Wünsche verwandeln sich ihm gleich in Hoffnungen, und auf diese giebt er mehr als auf die Logik der Thatsachen.

Aber Sturms Spezialität waren die Beziehungen zwischen Frankreich und Deutschland. Hierfür ist er die anerkannte Autorität. Sein Programm lautet: Allianz der deutschen Protestanten mit Frankreich; Förderung aller Elemente, welche eine protestantische Wendung des französischen Hofes herbeiführen könnten. Sturm rechnete dabei ohne die französische Begehrlichkeit und entwickelte in mancher Hinsicht eine Vertrauensseligkeit, welche Mitleid erwecken muß. Diese Franzosen waren ihm bei weitem zu schlau, er ist bei aller diplomatischen Feinheit ein viel zu ehrlicher gläubiger Deutscher, um gegen die Künste eines ränkevollen Machiavellismus aufkommen zu können. Selbst die Bartholomäusnacht öffnet ihm die Augen nicht ganz, er läßt sich noch zu Gefälligkeiten für deren Urheber bereit finden.

Und doch war er ein begeisterter Freund der Hugenotten. Unerschütterlich blieb er in seinem Eifer für diese Helden, wie er sie nannte, die um der religiösen Freiheit willen bluteten, die alle Welt bewunderte und denen Niemand half. Ja er hat sich selbst in die mißlichsten finanziellen Verhältnisse gebracht, um die hugenottische Bewegung zu unterstützen. Als Madame de Roye, die Schwiegermutter des Prinzen von Condé, im Herbst 1562 nach Straßburg kam, um Geld aufzunehmen, verschaffte ihr Sturm bedeutende Summen, für die er Bürgschaft leistete und die er nur zum kleinsten Theil und erst nach vielen Jahren, nach langem vergeblichen Warten, Bitten und Fordern zurückerhielt, nachdem man ihn wiederholt auf die gewissenloseste Weise mit leeren Versprechungen abgespeist hatte und er in die bitterste Noth gerathen war, da die Gläubiger sich natürlich an ihn hielten.

Von Seite Sturms war in dieser Sache nicht blos edle Aufopferung, sondern auch ein gut Theil beklagenswürdiger Schwäche im Spiel. Er fühlte sich geschmeichelt durch die Gunst hochgeborener Abenteurer, die ihn nur als bequemes Werkzeug ausnutzten. Wir vermissen an Sturm jene stolze patriotische und bürgerliche Sprödigkeit, die wir für das wesentlichste Zeichen unabhängiger Männlichkeit ansehen. Wir beobachten an ihm Züge von Kleinheit, welche auch sonst öfters bei Rednern, Dichtern, Künstlern mit formeller Virtuosität gepaart auftreten. Solche Naturen sind nicht auf sich selbst gestellt, sie brauchen die Menschen, sie sind empfindlich, reizbar, eitel; sie geizen um Beifall und können Widerspruch nicht vertragen; sie sind, wo sich ernsterer Widerstand zeigt, Anfällen von Muthlosigkeit und Verdüsterung unterworfen, in denen sie das Spiel vor der Zeit verloren geben. Und doch genügen vielleicht einige blendende Phrasen, einiger aristokratischer Parfum, um ihre ermattete Seele wieder aufzurichten und in Schwingungen von übermäßiger Heftigkeit zu versetzen.

Alles dies paßt auf Johannes Sturm, den eleganten Ciceronianer mit der vornehmen würdevollen Haltung, dem bedeutenden ausdrucksvollen Gesicht, den beredten Lippen, dem schönen langen, sorgfältig in Locken geordneten schwarzen Bart. Er blickte manchmal recht hochmüthig herab auf die bürgerliche Gesellschaft, die ihn umgab, als deren Grundzug ihm die Mittelmäßigkeit erschien. Aber haben ihm seine Beziehungen zu hohen Herrschaften, auf die er so viel Gewicht legte, auch nur das geringste reelle Glück gebracht?

Gleichviel jedoch, wie man in dieser Hinsicht über Sturm urtheilen und aburtheilen mag, er war immer der hervorragendste Mann Straßburgs in der zweiten Hälfte des sechszehnten Jahrhunderts und das Haupt der freisinnigen religiösen Partei, die sich im übrigen aus den angesehensten Lehrern der Hochschule und des Gymnasiums, insbesondere den Italienern wie Petrus Martyr und Hieronymus Zanchi, aus den sonstigen anwesenden Fremden, namentlich der französischen Gemeinde, und aus den wenigen Ueberbleibseln der alten Straßburger Kirche, wie Frau Katharina Zell und Konrad Hubert (S. 183), zusammensetzte.

Hier also die Schule, dort die Kirche; hier Freisinn, dort Orthodoxie; hier Toleranz, dort Verketzerung; hier Annäherung an den Calvinismus, dort starres Lutherthum; hier Johannes Sturm, dort Marbach.

Bei der Empfindlichkeit Sturms, bei der Herrschsucht Marbachs konnten Reibungen nicht ausbleiben. In der That lieferten Marbach und seine Helfershelfer den liberalen Gegnern eine Reihe von Gefechten und Schlachten, welche mit dem vollständigen Siege der Zeloten endigten.

Peter Martyr wurde 1556 von Marbach aus Straßburg hinausgeärgert und folgte einem Rufe nach Zürich.

Martyrs Schüler Hieronymus Zanchi aus Bergamo, seit 1553 an der Straßburger Hochschule mit Erfolg thätig, ein sanfter bescheidener friedlicher Charakter, war der nächste, dessen Rechtgläubigkeit in Frage gestellt wurde. Es entspann sich ein Streit, der für die innere Geschichte des Protestantismus eine große prinzipielle Wichtigkeit erhielt. Die Lutheraner trennten sich bei dieser Gelegenheit von den Reformirten in Bezug auf die Lehre von der Prädestination, und sie trennten sich damit von Luther selbst, sie schwächten das Prinzip der Reformation ab, indem sie dessen consequente Ausbildung bei Seite drängten und die äußeren Gnadenmittel ungebührlich in den Vordergrund schoben.

Verschiedene auswärtige Gelehrte betheiligten sich an dem Streite, die einen ergriffen für Zanchi Partei, andere wurden als Schiedsrichter nach Straßburg berufen und suchten mehr im lutheranischen Sinne zu vermitteln. Sie entwarfen die Straßburger Concordie (1563), welche Zanchi mit Vorbehalt unterschrieb. Aber Marbach wußte ihm das Leben so sauer zu machen, daß er noch in demselben Jahre eine Predigerstelle in Chiavenna annahm.

Der Prediger der französischen Gemeinde, der auch von Marbach alle möglichen Verfolgungen auszustehen hatte, weigerte sich, jene Concordienformel zu unterschreiben und zog sich dadurch die Schließung seiner Kirche zu: womit die französische Gemeinde in Straßburg überhaupt aufhörte und die Stadt den Ruhm einer Zufluchtstätte der Verfolgten mehr und mehr einbüßte.

Die Herausgabe der Werke Butzers, welche der getreue Konrad Hubert beabsichtigte, wußte Marbach zu hintertreiben und Hubert überhaupt unschädlich zu machen.

Durch alle diese Schläge wollte er mittelbar auch den hochangesehenen Rector treffen, dem er Verschlagenheit und Falschheit vorwarf, der aber wenigstens seine Geringschätzung der Prediger sehr unverholen zur Schau trug. Trotzdem wirkte man bei der Einrichtung der Akademie noch friedlich zusammen. Doch kam es bald zu ernsterer Spannung und verschiedenen Conflicten, bis endlich 1571 die Fehde offen ausbrach. Heftige Streitschriften wurden gewechselt, Marbach ließ es an Verketzerung nicht fehlen, der Rath gebot endlich beiden Theilen Stillschweigen.

Der Friede war aber nur äußerlich: als sich im Jahre 1577 das lutherische Kirchenthum mittelst der berüchtigten Bergischen Concordienformel von den Reformirten auf das strengste absonderte und durch zahlreiche Bannflüche seine Lehren bekräftigte, da war es für die Straßburger Gesinnungsgenossen natürlich eine große Angelegenheit, den Stadtrath zur Unterschrift dieser Zwietrachtsformel, wie sie die Gegner treffend nannten, zu bewegen. Die Folge solcher Bestrebungen war erneuerter Kampf. Und wenn Marbach jetzt mehr in den Hintergrund trat, so hatte er sich bereits vor einigen Jahren in seinem jungen Landsmann Johann Pappus (geb. 1549) aus Lindau einen rüstigen Kämpen beigesellt, der ihn an Feuer, Activität und Talent, an Ehrgeiz und Herrschsucht, an Eitelkeit, Einbildung und Arroganz sogar übertraf.

Pappus hatte die Stirn, in öffentlicher Disputation beweisen zu wollen, daß die Verdammung und Verketzerung religiöser Gegner ein Ausfluß der christlichen Liebe sei. Dagegen zu protestiren, konnte sich Sturm nicht enthalten, es gab heftige Scenen, und als die Behörde weitere Disputationen verbot, wurde geschrieben — geschrieben unter Beistand auswärtiger Bundesgenossen mit Erbitterung von beiden Seiten; geschrieben unter Beschuldigungen aller Art, kränken den Persönlichkeiten, gehässigen Entstellungen, gemeinen Scheltworten geschrieben mit jugendlicher Kampfluft, übersprudelndem Witz, überlegener Sicherheit von Seite Sturms, nicht ohne schwerfällige Schulgelehrsamkeit von Seite seiner Gegner. In kaum drei Jahren (1578—1580) sind gegen vierzig Streitschriften gewechselt. Auf den Kanzeln wurde das Volk gegen die „Rottengeister" an der Schul aufgehetzt. Wo sich Bürger trafen, gab es dogmatisches Gezänk Schmähgedichte an den Straßenecken forderten zu Gewaltthat auf Die Schüler, die Rathsherren, ja die benachbarten Fürsten ergriffen für und wider Partei. Von den auswärtigen Mitkämpfern de Pfaffen wurde Sturm mit Ehrentiteln wie Lügner, Ketzer, Ver derber der Jugend, Galgenstrick bedient.

Als im März 1581 Marbach starb und Pappus sein Nachfolge als Präsident des Kirchenconventes wurde, da wandten sich sämmt liche Prediger in einer Eingabe gegen Sturm an den Rath, der an 7. December 1581 die Absetzung des alten Mannes verfügte.

Dieser Act der Willkür — Sturm war verurtheilt ohne ein einzige Vorladung, ohne ein einziges Verhör — erregte in den wei testen Kreisen schmerzliche Sensation. „Ach Gott, wie ist man mi dem Manne umgegangen!" rief Landgraf Wilhelm von Hessen aus Sturm selbst schrieb an Zanchi: „Ich verachte diese Beleidigung." Und in der That, wenn er auch, um sein Recht zu wahren, einer Proceß gegen den Rath beim Reichskammergericht anstrengte und s lange fortführte, als seine Geldmittel reichten: so verlebte er doch seine letzten Tage in innerem Frieden und ohne Bitterkeit gegen di Welt. Selbst die unglückseligen Hugenottenvorschüsse, die ein fü allemal seinen Wohlstand untergraben hatten, konnten ihm de Gleichmuth nicht rauben.

Einsam und fast erblindet wohnte er in seinen Landhause z Northeim: seine fünf Kinder hatte er verloren, zwei Frauen ware ihm gestorben, die dritte lebte meist in Straßburg, um durch de Unterhalt von Pensionnairen Geld zu verdienen. Der alte Cicero tianer aber pflegte seinen Garten und seine Aecker, bekümmerte sich selbst um alle Bedürfnisse seines Haushalts und suchte aus dem Verkaufe von Gemüse kärglichen Gewinn zu ziehen. Dazwischen arbeitete er, so weit es seine geschwächten Augen erlaubten, an seinem Werke über den Türkenkrieg. An den langen Winterabenden träumte er von Jugend und Heimath; Erinnerungen der Kindheit, Spiele und Ausflüge in den Bergen der Eifel tauchten vor ihm auf. Und nie fehlte es ihm an treuen Freunden, aus nah und fern erhielt er Besuche, zahlreiche Beweise fortdauernder Verehrung liefen bei ihm ein, sein Ruhm war nicht verblaßt, als der Zweiundachtzigjährige zu März 1589 starb.

Für die Straßburger Pfaffen gab es nun keinen nennenswerthen Gegner mehr. Fand sich ja ein Oppositionsmann, so wußte man ihn rasch zu beseitigen. Die Concordienformel, die in dem größten Theile des protestantischen Elsaß Geltung erlangte, wurde zwar in Straßburg trotz aller Bemühungen des Pappus nicht ausdrücklich vom Rathe angenommen: aber die 1598 publicirte Kirchenordnung kam einer solchen Annahme so ziemlich gleich. Ob es galt, einen Prediger anzustellen, einen Professor zu berufen, ein Stipendium zu ertheilen, eine Ehe einzusegnen, Taufpathen zuzulassen: immer mußte die lutherische Rechtgläubigkeit des Betreffenden außer Zweifel stehen. Das kirchliche Leben war geknebelt. Die Saat der Duldung und Liebe, welche einst Meister Mathis im Münster ausgestreut hatte, war zertreten.

Vierzehntes Kapitel.

Auf der Höhe der Cultur.

Welche Formen die Religion im Elsaß annahm, haben wi[r] gesehen. Wie das classische Alterthum tief in die allgemeine Bil[-]dung eingriff, hat sich uns gezeigt. Aber noch sind wir weit dav[on] entfernt, ein Gesammtbild des geistigen Lebens jener reichen Gegen[d] zu besitzen. Das sechszehnte Jahrhundert offenbart uns hier ein[e] solche Fülle des Schaffens, daß es fast unmöglich ist, sie allseitig z[u] beleuchten. Wohin wir blicken, in Naturwissenschaft, Industri[e,] Kunst, Geschichtschreibung, Dichtung, überall frische Thätigkeit, übera[ll] Ernst und Eifer, überall zum Theil gute, zum Theil ausgezeichnet[e,] zum Theil bahnbrechende und in jener Zeit einzige Leistungen.

In den Naturwissenschaften hat das Elsaß freilich keine[n] Namen allerersten Ranges aufzuweisen, wie die Schweiz ihre[n] Theophrastus Paracelsus und Konrad Gesner besitzt. Dennoch nimm[t] die Landschaft auch in dieser Hinsicht eine höchst ehrenvolle Stel[-]lung ein.

Die Nähe fortgeschrittenerer Länder wie Frankreich und Italie[n] aber auch der altbewährte Wohlthätigkeitssinn von Straßburg, sein[e] zahlreichen Hospitäler und Lazarethe, haben es bewirkt, daß hie[r] bereits im fünfzehnten Jahrhundert der Anfang zu einer vernünfti[-]geren Chirurgie gemacht wurde. Das Buch der Chirurgia von de[m] zu Bologna, Padua, Paris gebildeten Hieronymus Brunschwi[g]

(1497), das Feldbuch der Wundarznei von Hans von Gersdorff (1517), die „chirurgischen Experimente und Salben" des Gregorius Flügutz (1518) legen von dem Geiste treuer Naturbeobachtung und einfachen Heilverfahrens Zeugnis ab, der hier früher als im übrigen Deutschland einzog. Es wurde damit ein höchst mangelhafter, ja unleidlicher Zustand beseitigt. Man erzählt, daß König Mathias Corvinus von Ungarn trotz großer Belohnungen, die er versprach, erst nach vier Jahren schmerzlichen Suchens einen Chirurgen fand, der ihm eine alte Wunde heilte: dieser Wundarzt war ein Elsässer.

Im sechszehnten Jahrhundert begegnet uns an der Straßburger Hochschule der Freund Johannes Sturms und ehemalige Leibarzt Franz des Ersten, Johann Winther von Andernach (geb. 1487, gest. 1574), der Frankreich gerade wie Sturm wegen der Religionshändel verließ und sich um Wiederbelebung, Bekanntmachung, Uebersetzung und Commentirung griechischer Aerzte das größte Verdienst erwarb: auch in der Medicin bewährt Straßburg den Charakter der classischen Renaissance.

Unter den übrigen elsässischen Aerzten wollen wir nur die beiden Havenreuter, Vater und Sohn, nennen, die ebenfalls in Straßburg wirkten und zu den angesehensten Praktikern der Zeit gehörten. Von Sebald Havenreuters (1508—1589) Sorgfalt, Gewissenhaftigkeit und Uneigennützigkeit wußte man gar nicht Rühmens genug zu machen. Und sein Sohn Ludwig (1548—1618) war nicht blos ein geschickter Arzt, dem sehr glückliche Curen gelangen, sondern auch ein vielseitiger Gelehrter, den seine lobreichwendenden Zeitgenossen mit maßloser Uebertreibung den zweiten Aristoteles und zweiten Hippokrates nannten, der von Deutschland, Frankreich, Italien, England und Spanien angestaunt werde.

Wenn wir ferner die ältesten „Väter der Botanik" im Elsaß finden, wenn Otto Brunfels in Straßburg († 1534), Hieronymus Bock zu Hornbach im Wasgau lebte († 1554), wenn Tabernämontanus in Bergzabern geboren war († 1590): so können wir nicht umhin uns zu erinnern, daß der Gartenbau im Elsaß von lange her in schwunghaftem Betriebe stand: wie denn die Straßburger Gärtner eine besondere Zunft bildeten und in verschiedenen Phasen der Reformation eines der wichtigsten, weil unruhigsten und jeder Demagogie zugänglichsten sozialen Elemente der Stadt ausmachten. Aber noch ein anderes kommt in Betracht. Das Verdienst von Otto Brunfels' Kräuterbuch (1532) bestand in den vortrefflichen naturgetreuen Abbildungen, welche der hochberühmte Straßburger Holzschneider Hans Weiditz lieferte: erst bei Hieronymus Bock (1539) findet sich der Anfang guter Beschreibungen und die allerersten schwachen Versuche der Classification. Und wenn in dem botanischen Werke des wenig jüngeren Baiern Leonhard Fuchs die botanische Abbildung schon ihrem Gipfel sich nähert, während die Beschreibung noch lange dahinter zurückbleibt, so hat wieder ein Straßburger, der Formschneider Veit Rudolf Specklin, daran wesentlichen Antheil: so daß das hochentwickelte Kunstgewebe von Straßburg, auf das wir zurückkommen, sich dergestalt in der Geschichte der Botanik verewigt.

An die Botanik schloß sich die Landwirthschaft. Ein Hauptwerk des sechszehnten Jahrhunderts, die sieben Bücher vom Feldbau (1579, seit 1587 auf fünfzehn Bücher vermehrt) rührte von dem Straßburger Arzt Melchior Sebiz her und machte hauptsächlich französische Fortschritte der Agricultur den Deutschen zuerst zugänglich und mundgerecht.

Dieselbe Vermittlerstellung nimmt Straßburgische Wissenschaft auch auf einem anderen Gebiete der Nationalökonomik ein: Georg Obrecht (geb. 1547 gest. 1612) ist der erste staatswirthschaftliche Theoretiker Deutschlands, der mit Anlehnung an Frankreich gewisse Finanzmaßregeln, die im Gefolge des fürstlichen Absolutismus auftreten, befürwortet. Seine Lieblingsidee ist, den Staatsschatz mit Luxussteuern aller Art zu füllen und womöglich auch eine sehr weitgehende Sittenpolizei finanziell auszubeuten und z. B. auf Trunkenheit, auf Fluchen, Schwören und Gotteslästerung Geldstrafen zu setzen.

Die französischen Juristen, welche in Straßburg wirkten, sind

ins schon begegnet. Und was die Geschichtschreibung anlangt, so
haben wir deren größten Vertreter, Sleidan, ebenfalls kennen gelernt
S. 235). Was nach ihm folgte, reicht entfernt nicht an ihn
hinan. Johannes Sturm ist leider nicht dazu gekommen, die Geschichte seiner Zeit zu schreiben, wie er vorhatte: wenn irgend einer,
so wäre er dazu berufen gewesen. Die anderen sind recht fleißig,
aber sie leisten nichts ausgezeichnetes. Die allgemeine Geschichte
tritt meist als Fortsetzung des Sleidan, die Landesgeschichte noch
immer als Fortsetzung des Königshofen auf. Die Edelsassische
Chronik des Bernhard Hertzog ist ein trockenes unkritisches Sammel-
werk ohne historischen Sinn.

Am eigenthümlichsten stehen noch die geschichtlichen Collectaneen
des Ingenieurs Daniel Specklin aus Straßburg (geb. 1536,
cit. 1589) da, dem man auch eine gute Karte des Elsasses verdankte. Er ist ein origineller energischer Geist, voll Leidenschaft
und universellem Interesse. Er hat den offensten Sinn für das
was man heute Culturgeschichte nennt; aber er hat leider nicht eben-
soviel Sinn für historische Wahrheit. Er ist sich wohlbewußt, wie
sehr der Ruhm seiner Vaterstadt auch durch geistige Leistungen begründet war, und diese sucht er daher umfänglich zu vergegenwärtigen. Aber er hat eine geschäftige Phantasie und eine träge
Kritik, er macht kühne Combinationen, die er ohne Bedenken als
Thatsachen hinstellt; und es scheint, daß er auch noch weiter ging
und Erfindungen nicht scheute. Er beabsichtigte eine protestantische
Tendenzerzählung, er arbeitete die religiöse Geschichte Straßburgs
im Sinne des Protestantismus um, der bei ihm eigentlich im vierzehnten Jahrhundert schon beginnt. Johannes Tauler erscheint
als eine Art Luther, Kaisersberg und Wimpheling sind Propheten
der Reform. Der revolutionäre Keim, der thatsächlich in diesen
Männern lag, ist unter Specklins Pflege äußerst üppig ins Kraut
geschossen.

Aber Specklins eigentliche Bedeutung liegt auf einem anderen
Gebiete. Er war der berühmteste Militairarchitekt seiner Zeit. Er

hat in dieser Eigenschaft seinen Namen auch litterarisch auf die Nachwelt gebracht durch die „Architectura von Vestungen", welche im Jahre 1589, seinem Todesjahre, erschien. Fortschritte der Befestigungskunst, welche Vauban nachher in ganz Europa zur Geltung brachte, sollen darin niedergelegt sein. Jedenfalls hat man ihn mit Recht den elsässischen Vauban genannt. Er befestigte Straßburg Schlettstadt und ziemlich alle elsässischen Städte der Ebene; er baut manches Fort in den Vogesen; er befestigte auch andere deutsche Städte wie Ulm und Ingolstadt; und er widmete sich diesem Berufe mit einer Hingebung, die etwas religiöses hatte: in der That meinte er sein Heimatsland gegen türkische Invasionen schützen zu müssen, und so war er überzeugt, im Kampf gegen diesen Erbfein seine Pflicht als Christ zu erfüllen. Ach, der gefährlichste Erbfein saß nicht im fernen Osten, und der westliche Nachbar kannte die Mittel, um Specklins Fortificationen ohne Blutvergießen zu übersteigen. Gegen diesen Feind konnte auch die berühmte Straßburger Artillerie nichts helfen; und die Uebungsschießen „mit groben Stücken oder halben Schlangen" — wie uns aus dem Jahre 1590 eins in Reimen beschrieben wird — waren vergeblich angestellt. Doch wurde das wohlgefüllte Zeughaus zu den Sehenswürdigkeiten der Stadt gezählt, welche sich kein Fremder entgehen lassen durfte und das auch z. B. Frischlin seinen wiedererstandenen Cäsar mit sachverständigem Munde staunend beleben läßt.

Aber mit eben so großem Staunen wie vor den Werken der Kriegsindustrie, stand wol der Fremde vor einem hochberühmten Schaustücke friedlicher Technik, vor dem künstlichen astronomischen Uhrwerk im Münster, das allgemein als eine Meisterleistung betrachtet wurde, zu dessen Vollendung sich Handwerk, Kunst und Wissenschaft vereinigt hatten. Der Mathematiker Konrad Dasypodius der Astronom Woickenstein, die Uhrmacher Isaac und Josias Ha recht, der Maler Tobias Stimmer hatten dabei zusammengewirkt Reicher figuralischer und malerischer Schmuck umkleidete die sinnreiche Construction, welche außer Stunden und Minuten auch Tage, M nate und Jahre und verschiedenes andere anzeigte: das ganze freilich nur ein kostbares hübsches Spielzeug.

Mit der Kunst ging es im Elsaß, wie überall in Deutschland, im Laufe des sechszehnten Jahrhunderts gewaltig abwärts. Die Zeiten der Schongauer und Hans Baldung Grien waren vorüber: selten, daß man einmal in elsässischen Holzschnitten den Einfluß Dürer'scher Schule zu spüren meint. Die Reformation wirkte unmittelbar nicht günstig. Der Maler Heinrich Vogtherr, Bürger zu Straßburg, bezeugt im J. 1538: Gott habe durch die Schickung seines heiligen Worts in ganzer deutscher Nation allen subtilen und freien Künsten einen merklichen Abbruch gethan. Aber gerade in Straßburg finden wir, wenn schon Malerei und Bildnerei verfielen, doch mindestens das Kunsthandwerk in der zweiten Hälfte des sechszehnten Jahrhunderts auf einer sehr hohen Stufe.

Der Holzschnitt hatte für die Litteratur nicht mehr so große Bedeutung wie einst bei Sebastian Brant und Thomas Murner, schon weil die Kunst des Lesens verbreiteter war, seit die Volksschule sich hob: früher eine nothwendige Ergänzung, war er jetzt eine angenehme aber nicht unerläßliche Beigabe. Dafür entstehen eigene Bilderbücher, in denen Holzschnitte die Hauptsache sind, gleichviel ob sie von Text begleitet werden oder nicht. Darin hat gerade Straßburg ausgezeichnetes geleistet und in dem Hauptwerke dieser Art, einer Porträtsammlung von Gelehrten und Dichtern des sechszehnten Jahrhunderts mit beigefügten lateinischen Lobsprüchen (Nicolaus Reusners Icones) rühren die Holzschnitte von einem der hervorragendsten Künstler dieser Zeit, dem schon genannten Maler Tobias Stimmer aus Schaffhausen her, der meist in Straßburg arbeitete. Das Buch ist ein wahres Pantheon jener reichen Zeit, eine beträchtliche Anzahl bedeutender Männer können wir nur hier von Angesicht zu Angesicht kennen lernen und die scharfen ausgearbeiteten, von Stimmer so charakteristisch wiedergegebenen Züge lassen uns oft mehr von dem innersten Sein dieser mannigfaltigen Geister errathen, als ihre eigenen Schriften und die meist in blasser Allgemeinheit lobtriefenden Biographien.

Andere Holzschnitt- und Kupferstichwerke sollen als Vorlagen für Maler, Architekten, Goldschmiede, Waffenschmiede, Seidensticker, Steinmetzen, Schreiner dienen. Sie eröffnen uns in Straßburg den Ausblick auf eine wahrhaft staunenswürdige Höhe einiger dieser Kunst- und Industriezweige. Ueberall sind die Formen der Renaissance maßgebend und werden mit der größten Freiheit weiter gebildet. Der Straßburger Maler Wendelin Dieterlin (1540—1599) entwickelt in seinen Entwürfen (Architectura 1598) eine ganz abenteuerliche Phantasie. Plastisch-decorativer Schmuck wird auf das umfassendste überall herbeigezogen. Am zügellosesten läßt er sich in Zeichnungen zu Brunnen gehen. Menschen- und Thierknäuel, Jagden und Drachenkämpfe, heilige und profane, christliche und mythologische Gegenstände, Alles muß herhalten, um die äußerste Unruhe und rastlos pulsirendes Leben in den Steinmassen, zum Theil aber höchst originelle Gebilde hervorzubringen. Es sind gemeißelte Dithyramben, Ausgeburten einer losgelassenen Phantasie, welche den antiken einfachen Formen einen Ueberfluß wunderlicher Schnörkel umhängt und aufstülpt und welche in der bildenden Kunst zu ähnlichen Resultaten gelangt, wie sie uns Fischart in der Poesie darbieten wird.

Aber sehen wir ab von solchen höchst subjectiven Eingebungen, die schwerlich je zur Ausführung kamen. Auch bescheidenere Vorlagen, nach denen sicherlich gearbeitet wurde, zeigen uns künstlerisch feine Durchbildung bis in die kleinsten Details. Mag es sich nun um Thür- oder Fenstereinfassungen, mag es sich um Bilderrahmen, mag es sich um Schränke, um Kamine, um Leuchter, um Schwertgriffe handeln: überall sind die Formen der Renaissance, zwar selten mit reinem Geschmack, aber stets mit lebhafter Phantasie durchgeführt und immer prächtig und verschwenderisch, namentlich in den Kapitellen überreich ausgestattet.

Im Elsaß hatte man Freude am Luxus. Man fühlte sich im Besitz einer hohen Cultur; nicht ohne berechtigten Stolz nannte nan die heimische Landschaft gern das Edelfaß; in einem gewissen Glanze des äußeren Lebens prägte sich ein vornehmer großartiger Zug aus. Der Wohnungsluxus war kaum geringer als der Kleider- und Tafelluxus, der den Predigern, Moralisten und Satirikern so viele Seufzer über die sündige Welt auspreßte.

Das Elsaß war ein reiches Land. Industrie und Handel standen auf hoher Stufe. „Der fruchtvolle Paradiesgarten des oberen Deutschlands und dessen reicher Speis- und Zehrgarten" oder „die Speiskammer, der Weinkeller und die Kornscheuer der umliegenden Länder" — in solchen Ausdrücken redete die alte Zeit vom Elsaß. Getreide, Küchengewächse, Kastanien, Bauholz und insbesondere Wein wurde massenhaft exportirt. Die Straßburger Schiffahrt beherrschte den oberen Rhein. Die Straßburger Johannismesse (seit 336 eingerichtet) wurde aus ganz Deutschland, Schweiz und Frankreich zahlreich besucht. Mit Genua und Köln theilt Straßburg den Ruhm, die ersten Wechsler auf seinen Märkten gesehen zu haben.

Wie sollte sich nicht unter dem Segen der Natur, den menschliche Thatkraft so erfolgreich verwerthete, die übermüthigste Genußsucht ausbilden. Die Kochkunst der Elsässer, insbesondere was Zubereitung der Fische betrifft, war in der Umgegend ebenso berühmt, wie der elsäßische Wein in ganz Deutschland und weit darüber hinaus. Man wurde nicht satt, Feste zu feiern. Mummereien und Volksbelustigungen waren sehr beliebt und die angesehensten, würdigsten Personen nahmen daran Theil. Der Grundsatz leben und leben lassen wurde so wörtlich befolgt, daß man Gutmüthigkeit genug besaß, um Legionen von Bettlern großzuziehen, deren Unternehmungslust sie in die fernsten Länder führte, so zwar, daß sie europäischen Ruf genossen und daß z. B. das Londoner Bettlerquartier nach ihnen **Alsatia** benannt wurde.

Erst wenn wir diese Lebensfreude, Leichtlebigkeit, Lässigkeit im Auge behalten, gewinnen wir das volle Verständnis für den eigenthümlichen Verlauf der Reformation in Straßburg, gewinnen wir das volle Verständnis für die bemerkenswerthe Thatsache, daß Un-

duldsamkeit und Zelotismus erst von außen herein in die elsässische
Hauptstadt getragen werden mußten; ein sinnenfrohes Volk kommt
nicht von selbst darauf sich für die Subtilitäten eines Glaubens-
artikels zu zerfleischen.

Darum ist es auch das Elsaß, worin man im Jahrhundert
der Reformation unter allen Landschaften Deutschlands noch am
meisten neben der Religion auch für andere Dinge Sinn behielt
Die öde Controversschriftstellerei absorbirt hier nicht Alles. Das
religiöse Interesse wirkt nicht wie jene Scheiterhaufen der italienischer
Bußprediger, in denen aller Schmuck und Zierat in Flammen auf
geht. Die ästhetischen Elemente des Lebens stehen noch in Kraft
sie bringen Freude und veredeln. Denn das Elsaß war kein Phäaken
land, Straßburg war kein Capua der Geister, nie fehlt es ihn
an hochsinnigen Männern, die zu idealer Erhebung anleiten. Wen
man unter Cultur die allseitige gleichmäßige Ausbildung menschlicher
Kräfte versteht, so hat im Deutschland des sechszehnten Jahrhundert
das Elsaß die höchste Cultur. So lange der Kampf gegen Rom in
Vordergrunde der nationalen Arbeit steht, tritt es hinter Sachsen zurück
Aber vorher und nachher hat das Elsaß die Führerschaft auf den
Gebiete der Litteratur. Vorher durch Kaisersberg, Brant, Wimphe
ling, Murner; nachher durch Wickram, Fischart und Johannes Sturm

Die zwanziger Jahre producirten auch im Elsaß wesentlich
nichts anderes als theologische Abhandlungen, Flugschriften un
Kirchenlieder. Die Drucker und Buchhändler waren äußerst thäti
die Reformation zu unterstützen, wie wir sahen.

In den dreißiger Jahren beginnt die ausgebreitete Uebersetzer
thätigkeit, und während das Straßburgische Schulwesen seinen großen
Aufschwung nimmt, regt sich auch die deutsche Dichtung wieder außerhal
der Kirche, und zwar zunächst im Drama, meistens geistlichen Inhalts

Dazu kommt im Anfang der fünfziger Jahre eine sehr reich
Erzählungslitteratur, Schwänke, Novellen, Romane, repräsentir
hauptsächlich durch Jörg Wickram, Jacob Frey und Martin Mon
tanus, alle drei zugleich Dramatiker.

Und an sie schließt sich von 1570 bis 1590 die umfassende Thätigkeit Johann Fischarts, der als Humorist und Publicist unter den Zeitgenossen nicht seines gleichen hatte.

Das deutsche Drama des Elsasses kann sich (wenn wir von den Stücken des Valentin Boltz und Mathias Holtzwart absehen, die zu Basel aufgeführt wurden) an Fruchtbarkeit mit dem Schweizer Schauspiel so wenig messen, wie mit den Leistungen der Hans Sachs, Leonhart Kulmann, Peter Probst und Jacob Ayrer zu Nürnberg. Erst zu Anfang des siebzehnten Jahrhunderts sollte das Straß= burgische Drama sich die Siegespalme erringen, aber auch dann nur für das lateinische Schauspiel.

Das deutsche Drama des Elsasses war Volksschauspiel. Es war unberührt von dem Muster der Antike und ganz vereinzelt bleibt der Versuch des Straßburgischen Gymnasiallehrers Jonas Bitner, Uebersetzungen classischer und humanistischer Originale mit seinen Schülern aufzuführen: die antike Richtung war eben selbständig durch das lateinische Schuldrama vertreten, und das genügte.

Das elsässische Volksschauspiel hatte auch nichts von der skizzen= haften Art des Hans Sachs: es liebte die breite epische Ent= wickelung wie meist in der Schweiz. Nichts wird übersprungen, nichts geht hinter der Scene vor sich, nichts wird bles durch Er= zählung bekannt: Alles vollzieht sich vor den Augen des Zuschauers in strenger zeitlicher Aufeinanderfolge von den Anfängen der Ge= schichte bis zum Schluß. Die Handlung soll bunt und farbenreich sein, es muß viel geschehen, die Wirklichkeit muß bis ins Kleinste nachgebildet werden. In Wickrams Tobias wird uns bei jedem traurigen oder freudigen Familienereignis weder Beileid noch Gra= tulation der Nachbarn geschenkt, niemals fehlt der Festschmaus, niemals fehlt beim Essen das Tischgebet am Anfang und Schluß, niemals fehlen ausführliche Begrüßungs= und Abschiedsreden beim Kommen oder Gehen, niemals fehlt selbst das Lied, mit welchem die Reisenden ausziehen: „In Gottes Namen fahren wir."

Die Bühne erhebt sich in drei Stufen, gleichsam Terrassen,

über einander: die unterste für die Hölle, die oberste für den Himmel, die Mitte für die Menschen. Dieser mittlere irdische Raum ist selbst oft wiederum eingetheilt wie eine Landkarte: die eine Bühnenecke heißt z. B. Ninive, die entgegengesetzte heißt Rages: der junge Tobias zieht im Angesicht des Publicums von Ninive nach Rages. In Ninive selbst übersieht man gleichzeitig das Innere des königlichen Palastes, die Straße vor Tobias Hause und das Innere dieses Hauses selbst im Durchschnitt. An jeden dieser verschiedenen Orte kann der Dichter jeden Augenblick die Handlung verlegen. Während der junge Tobias bei Raguel sein Mittagessen verzehrt, können seine Eltern zu Hause ihrer Sehnsucht nach ihm Worte leihen.

Mehr oder weniger paßt diese Schilderung auf alle elsässischen Volksschauspiele. Arbeiten von auswärts mit etwas strafferem dramatischen Bau werden hier im Sinne des breitesten epischen Verlaufes umgearbeitet. Es sind gespielte Historien. Selten, daß einmal die mehr classisch geschulte sächsische Dramatik einigen schwachen Einfluß ausübt.

Die alten höchst undramatischen Lehrspiele, worin bald ein frommer Einsiedler, bald der getreue Eckart die verschiedenen Stände nach der Reihe abkanzelt oder worin die wohlbekannten Narrenfiguren Sebastian Brants und Thomas Murners auftreten, hielten sich nicht lange. Auch komische Stoffe, worin die Nürnberger Dramatik so ausgezeichnetes leistet, finden wir nur selten. Novellen hat der einzige Martin Montanus dramatisirt. Meist werden alttestamentliche Geschichten bearbeitet, wie Abraham und Isaac, der ägyptische Joseph, das Urtheil Salomonis, Tobias, oder neutestamentliche Parabeln wie der verlorne Sohn, der reiche Mann und arme Lazarus, der König der seinem Sohne Hochzeit machte.

Religiöse Polemik, welche anderwärts im Drama zum Theil glänzenden Ausdruck fand, begegnet uns hier nicht. Doch aber spielen die confessionellen Beziehungen der Zeitgeschichte manchmal herein. Dr. Alexander Seitz leutet vor dem schmalkaldischen Kriege (1540) die Parabel vom Hochzeitsmale zu einer Bekämpfung des Glaubenszwanges aus, den die Fürsten üben wollen: ein Kaiser, der dem Tische des Himmelskönigs unfreiwillige Gäste zuführt, wird davon selbst zurückgewiesen. Die Anspielung auf das, was man von Karl dem Fünften fürchtete, ist deutlich genug.

Dagegen steht der katholische Priester Johann Rasser zu Ensisheim auf Seite der habsburgischen Intoleranz. Als im Jahre 1574 die Juden aus dem österreichischen Elsaß vertrieben wurden, feierte er dieses Ereignis durch ein auf drei Tage vertheiltes Spiel, worin derselbe Stoff gegen die Juden ausgebeutet wird, welche auf wiederholte Ladung nicht zum Gastmale des Herrn herangekommen sind; und die ganze Belagerung und Zerstörung von Jerusalem wird uns in diesem Rahmen vorgeführt.

Das beste elsässische Volksstück, das wir kennen, ist der Joseph von Thiebold Gart, Bürger zu Schlettstadt (1540).

Die äußere Form ist freilich etwas wunderlich für unseren Geschmack und unsere Gewohnheiten. Wie auf vielen Gemälden über den Wolken himmlische Gestalten schweben und auf die irdischen Schicksale herunterblicken, so sieht hier Christus mit Propheten und Aposteln zu, wie die Ereignisse sich abspielen, und an hervorragenden Stellen ergreift diese ideale Gesellschaft das Wort, um Parallelen zwischen der Geschichte Josephs und dem Leiden und der Auferstehung Jesu zu ziehen.

Solch dramatisirter Bibelcommentar hindert aber den Dichter keineswegs, in Darstellung menschlicher Leidenschaft so weit, ja vielleicht weiter zu gehen, als irgend einer seiner deutschdichtenden Zeitgenossen. Er strebt nach lebendiger Charakteristik und weiß mit ein paar Strichen z. B. den unaustilgbaren Neid der Brüder oder eine eifersüchtige zimperliche Duenna trefflich zu vergegenwärtigen. Auch allgemeine Stimmungen und Zustände versteht er als Hintergrund der individuellen Erlebnisse und Empfindungen mit den einfachsten Mitteln auszudrücken. Der Glanzpunct seiner Arbeit aber ist der zweite Act, die Liebe von Potiphars Weib Sephora zu Joseph.

Wie Sephora in einem Monologe ihrer Liebe Worte leiht; wie sie den gewaltigen Amor anruft, das gestrenge Kind — was es ihm denn für Ehre bringe, ein schwaches Weib zu bezwingen? —; wie sie dann schwankt zwischen dem heißen Wunsch der Gegenliebe und doch kämpft mit ihrer Leidenschaft „du schändliches Feuer, weich weit hindan"; und wie sie gleich wieder im nächsten Augenblick sich mit dem Gedanken beschäftigt, ihm ihre Liebe zu gestehen — aber Scham werde ihr den Mund verschließen — doch nein, sie wolle ihm schreiben — und wie er dann zufällig hereintritt und alle ihre Entschlüsse und Vorsätze dahin schmelzen:

> Er ists, ich wags und sollt ich schon —
> Ein meines Herzens höchste Kron,
> Du bists, nach dem mein Herz verlangt,
> An Dir mein Leib und Leben hangt —

und wie dann ein glühendes Bekenntnis folgt; wie sie abgewiesen wird und nun die Reue in ihr mit neuer Hoffnung streitet; wie sich dann ihre Verlogenheit und Falschheit zuerst gegenüber dem Gatten offenbart und nachher, als Joseph bei einem neuen Liebesattentate fest bleibt, sich gegen ihn kehrt, worauf die bekannte Entwicklung folgt: — das Alles, so wenig wir es absolut genommen allzuhoch anschlagen dürfen, hat in der original-deutschen dramatischen Poesie des sechszehnten Jahrhunderts kaum irgendwo seines gleichen.

Dabei gebietet der Dichter über einen vergleichsweise melodischen streng gebauten Vers und über eine wirklich poetische Sprache (ein seltener Vorzug in jener Zeit) und er ist gleich weit entfernt von akademischer Rhetorik wie von schulmeisterlicher Geschwätzigkeit: die Sprache hat ihre ganze unberührte Kraft und ungezwungene Freiheit.

Das Werk des Bürgers Thiebold Gart ist von seinen Zeitgenossen mit Beifall aufgenommen und noch mehrfach gedruckt worden. Man hat ihm aber doch Wickrams Tobias offenbar weit vorgezogen. Von keinem Stücke des sechszehnten Jahrhunderts können wir eine so große Bühnenwirkung und Verbreitung nachweisen, wie von diesem Tobias, der aus Colmar nach Straßburg, Speier und Heidelberg einerseits, nach Schaffhausen und St. Gallen andererseits seinen Weg macht.

Aber Jörg Wickram, der zuerst als Maler in Colmar lebte und 1554 Stadtschreiber zu Burkheim am Rhein (im Breisgau) wurde, hat noch eine ganz andere Bedeutung: Jörg Wickram ist der Vater des deutschen Romans.

Die Lectüre von Prosaromanen war bei unserem Volke seit dem Anfange des sechszehnten Jahrhunderts im Schwang. Die Volksbücher von der schönen Magelone, vom Kaiser Octavian und wie sie alle heißen, haben sich von jener Zeit an ununterbrochen erhalten und sind noch heute nicht verschwunden. Zum Theil beruhen sie auf alter einheimischer Sage, zum Theil sind sie aus Uebersetzungen hervorgegangen. Und von den letzteren hat namentlich wieder Straßburg manche, die aus französischen Quellen geschöpft waren, unserer Litteratur zuerst vermittelt. Auch der schöne griechische Roman von Theagenes und Chariklea ist im Elsaß (1559) übersetzt und viel gelesen worden.

Jörg Wickram nun versucht es zuerst solche Volksromane selbständig zu erfinden, und wenn er sie auch meist in ferne Gegenden verlegt, um durch das fremdartige Kostüm den romantischen Zauber zu erhöhen: so sind es doch stets deutsche Gestalten mit deutschem Empfinden, die er schafft.

Wickram war ein guter Bürger, er war ein guter evangelischer Christ und war begeistert für das Gedeihen der einheimischen Dichtkunst. Er stiftete zu Colmar eine Meistersängerschule, er schloß sich an Hans Sachs an, er erneuerte ältere deutsche Gedichte. Er war ohne eigentliche gelehrte Bildung und kannte das classische Alterthum nur so weit, als ihm Uebersetzungen den Zugang dazu öffneten. Er hatte Freude an der Natur, er hatte Freude an schönen Menschen, er war ein gelassener Beobachter und wußte klar und angenehm in gleichmäßigem Fortschritt zu erzählen.

Durch sein Schaffen geht ein ziemlich einheitlicher Zug. Wickram ist der Familiendichter des deutschen Bürgerthums. Die bürgerliche

Familie ist der Punct, um den sein Interesse sich hauptsächlich dreht. Ehe und Kinderzucht sind die Gegenstände, denen er am meisten Wärme entgegen bringt. Schon seine Dramen beschäftigten sich mit diesen Aufgaben fast ausschließlich. Sein verlorner Sohn ist ein verzogenes Lieblingskind, daß die Eltern bewundert, vergöttert und verderbt haben. Die Früchte schlechter Erziehung sollen in dem Stücke anschaulich werden. Sein Tobias dagegen zeigt ein reines makelloses durchweg musterhaftes Familienleben, das schönste Verhältnis zwischen Mann und Frau, zwischen Eltern und Kindern. Ja beim Tode des alten Tobias lernen wir auch seine Enkel noch kennen, eine stattliche kleine Schar, welche die Mutter dem Greise zuführt. „O lieb traut goldnes Mütterlein, beginnt das jüngste, soll mein Großvater nimmer leben, wer wird mir dann noch Weißbrod geben?" Und so weiß jedes den Großvater zu rühmen, das eine seine Geschenke, daß andere seine schönen Lehren. Der Dichter will andeuten, wie der Geist der Liebe in diesem Hause wohne und schon die Kleinsten erfülle.

Dieselben Themata finden wir in Wickrams Romanen wieder. Der „Knabenspiegel" ist nichts anderes als der verlorene aber reuig wiederkehrende Sohn. Die Erzählung „von guten und bösen Nachbarn" ist eine einfache alltägliche Familiengeschichte ohne alle inneren Conflicte, nur mit äußeren Gefahren, die glücklich abgewendet werden.

Zwei andere Romane sind einem vielbehandelten Thema der modernen bürgerlichen Litteratur, den Standesunterschieden in der Liebe, gewidmet. In „Gabriotte und Reinhard" gehen zwei edle Liebespaare daran zu Grunde. Im „Goldfaden" überwindet der Bauernsohn Leufried das Hindernis seiner niedrigen Geburt und erringt sich die schöne Grafentochter Angliana.

Ein lehrhaftes Gedicht in erzählender Form, „der irre reitende Pilger," schildert das Ideal eines christlich beschaulichen, durch Geist und Bildung veredelten Lebens, dem alle Stände sich nähern können, das aber in bestimmten Gegensatz zu römischem Kirchenwesen gestellt wird. Und so gehen auch noch andere Schriften durch

Zusammenstellung lehrreicher Geschichten direct auf Sittenbesserung aus.

Daneben hat es Wickram freilich nicht verschmäht, mit seinen litterarischen Arbeiten auch der bloßen geselligen Unterhaltung — der Kurzweil, wie man damals sagte — zu dienen. Wo sich irgend eine Handvoll Leute zusammenfand, sei es in der Kneipe, sei es in geladenen Gesellschaften, sei es in zufälliger Reisekameradschaft auf Schiffen oder Rollwagen (Gesellschaftswagen, Omnibus), da war es hauptsächlich das Erzählen von Anekdoten und Schwänken, womit man sich amüsirte. Und um für solche Unterhaltungen Stoff zu liefern, verfaßte Wickram sein Rollwagenbüchlein, eine Sammlung von kleinen Geschichten, wie sie einst Johannes Pauli herausgegeben hatte (S. 156). Dem Wickram schloß sich Jacob Frey, Stadtschreiber zu Mauersmünster, mit einem ähnlichen Unternehmen an, das er „die Gartengesellschaft" nannte. Und Martin Montanus, ein Katholik aus Straßburg, schrieb einen „Wegekürzer" und einen zweiten Theil der „Gartengesellschaft" in derselben Absicht.

Regelmäßig versichern die Verfasser solcher Bücher, daß sie nichts in dieselben aufgenommen hätten, was man nicht vor ehrbaren Frauen und Jungfrauen erzählen könne. Wenn wir die Geschichten trotzdem zum Theil für höchst unflätig erklären müssen, so haben die Frauen und Jungfrauen des sechszehnten Jahrhunderts dergleichen eben nur komisch und nicht anstößig gefunden. Und es gereicht dem lebenslustigen Elsaß keineswegs zur Unehre, das übrige Deutschland mit der leichten Waare versehen zu haben, welche bestimmt war, „in den schönen Gärten, bei den kühlen Brunnen, auf den grünen Wiesen, bei der edlen Musik" erzählt zu werden und „die schweren vertrossenen Gemüther wieder zu recreiren und aufzurichten."

Ganz anders freilich als die Fabrikanten solches litterarischen Kleinkrams steht in der Schätzung der Nachwelt ein genialer Mann wie Johann Fischart aus Straßburg da, zu dem wir uns jetzt wenden.

Gehen wir ohne Umschweife auf den Kern seiner Persönlichkeit les, suchen wir ihn dort auf, wo seine gewaltige Natur unbezähmbar über alle Dämme fluthet, betrachten wir seine Uebersetzung von François Rabelais' unsterblichem satirischen Roman, seine „Geschichtschrift" oder „Geschichtklitterung" von Gargantua.

Fischart begnügt sich nicht sein Original zu übersetzen, er will es übertreffen. Aber waren die gresken Figuren des Franzosen, die noch heute in so frischen Farben glänzen wie am ersten Tag, war dieses ungeschlachte Riesenkind Gargantua das unter dem Ruf „zu saufen! zu saufen!" das Licht der Welt erblickt, waren Papa Grandgosier und Mama Gargamella, diese Urbilder aristokratischer Schlemmerei und Wüstheit jener Zeit, waren die gelehrten Pedanten Tubal Holofernes und Janotus de Bragmardo, war der lächerliche dünkelhafte Welteroberer Pichrochol (Bittergroll, sagt Fischart), war der humoristische streitbare Mönch Jean des Entommeures (Jan Onkapaunt nennt ihn Fischart), waren alle diese Ausgeburten einer colossalen Phantasie, eines unsterblichen Witzes, einer unvergleichlichen Gestaltungskraft, waren sie überhaupt zu überbieten?

Fischart ist kein Poet, der darauf ausgeht, Menschenbilder plastisch auszumeißeln. Er schafft wol einmal im unmittelbaren Kampfe sich ein Zerrbild des gehaßten Gegners, das er mit einem dichten Hagel satirischer Pfeile überschüttet. Aber das künstlerische Geschäft des Romandichters und Dramatikers ist nicht seine Sache. In der gegenständlichen Erfindung kann er mit Rabelais nicht wetteifern, e versucht es auch nicht; aber wo er französische Sittenschilderungen durch deutsche vermehren oder ersetzen kann, wo er sich in Reflexionen ergeben darf, wo es sich um Verspottung thatsächlicher Lebenszustände handelt, wo es auf Witz, Laune, Humor im einzelnen an kommt, wo es gilt einen lustigen Einfall wie durch Spiegelreflex zu verzehnfachen und zu verhundertfachen, wo er tausend ungeahnt Kräfte und Heimlichkeiten unserer Sprache aus den entlegensten Schachten und Schlupfwinkelchen hervorlocken, in Fluß bringen un wie neckische sprühende Wasserkünste im Kreuzundquerregen über de erstaunten Leser ausgießen kann: da hat Fischart die schon wunde baren und reichen, ja überreichen Wagnisse des Vorbildes gradezu ins unglaubliche gesteigert.

Alle Dichter und Prosaisten des sechszehnten Jahrhunderts zeigen sich mehr oder weniger mit der Volkssprache und allem Volksthümlichen vertraut; Sprichwörter und sprichwörtlicher Ausdruck sind ganz gewöhnlich, die populären Derbheiten finden überall Eingang. Aber was sind alle anderen deutschen Schriftsteller in dieser Beziehung gegen Fischart! Die natürliche Popularität des sechszehnten Jahrhunderts ist bei Fischart zu einem starken Trieb, dieser Trieb zu einem bewußten Streben, dieses Streben zu einer festgewurzelten Passion geworden. Fischart ist ein Sammler, er ist der älteste Sammler, der Volksthümliches bei sich einheimst und in bewundernder Freude aufhäuft. Er sammelt Sprichwörter, Kinderspiele, Volkslieder, er sammelt wunderliche und seltsame Benennungen der verschiedensten Gegenstände, er sammelt Merkwürdigkeiten der Volkssitte und Topographie. Er hat ein wahres Curiositätencabinet des deutschen Volkes in seinem Geiste angelegt. Aber alle seine angesammelten Schätze und Kostbarkeiten sind nicht in Schaukästen zierlich geordnet und zu behaglicher Betrachtung vor uns ausgelegt: sondern es ist, als ob alle diese — mit Fischart zu reden — „sternamhimmligen und sandammeerigen" Raritäten bei nächtlicher Weile plötzlich toll geworden und in eine quecksilberne „fantastengreuliche" Bewegung gerathen wären.

Fischarts Sprache im Gargantua ist schäumender Champagner. Sie muthet uns an wie jene Raketen, die hoch in die Luft aufschwirren und oben in strahlende Garben von tausend Lichterchen und Sternchen zerstieben.

Ein Satz der gewöhnlichen Rede ist ein Wassertropfen. Bei Fischart sehen wir den Wassertropfen unter dem Sonnenmikroskop, zahllose wunderliche Gestalten werden da lebendig und fliegen, schwirren, rennen, tanzen, springen, wirbeln, taumeln, purzeln unter und über einander her: kaum daß man noch eine Ordnung, kaum daß man noch Zusammenhang entdeckt und daß man sich bewußt bleibt, man habe es mit einer fortschreitenden Erzählung zu thun.

Es ist eben ein Fortschreiten mit Hindernissen. An jeder Station wird Halt gemacht, in jeder Kneipe wird geschwelgt. Doch das ist ein falsches Bild. Denn ein solches Reisen wäre sehr behaglich, und behaglich ist Fischart gar nicht, vielmehr lebhaft bis zum Uebermaß. Ruhen läßt er uns nicht, wir fühlen uns gehetzt, getrieben, gejagt, wir werden athemlos, wir keuchen, wir stöhnen, wir werden müde, unsre Stimmung wird Ungeduld, wir flehen um einen Augenblick des Stillstehens — aber wir sind von der wilden Jagd mitgerissen in ihrem rasenden Galopp — ja, es ist die wilde Wörterjagd; Fratzen, Ungethüme, Scheusale umgeben uns; Wortcaricaturen tauchen im Zwielicht auf, „abenteuerlich" ist „affenthenerlich", melancholisch ist maulhenkelisch, Podagra ist Pfotengram, Republik ist Reichpöblichkeit, Theologei ist Tollerei — und so gehts fort in unendlichen Wandlungen und Verhüllungen, Fischart besitzt den Zauberstab um aus dem harmlosesten Wort einen Proteus zu machen. Sein Gargantua ist die sprachliche Walpurgisnacht.

Mit dem Gargantua läßt uns Fischart in seine innerste Natur blicken. Ein solches übermächtiges Temperament, ein solches umgetriebenes gehetztes Dasein: das war der Mann selbst. Ruhen? Stille sitzen? Zuerst wollte er nicht, dann konnte er nicht. Er durchreist halb Europa, er eignet sich außer den beiden classischen noch verschiedene moderne Sprachen an, er häuft durch Erleben und Erlernen eine riesige Summe von Kenntnissen aus allen Wissenschaften in sich auf. Aber er führt immer eine unsichere Litteratenexistenz, obwol er 1574 zu Basel den juristischen Doctor machte; er muß sich zu mancher Schriftstellerei bequemen, gegen die er innerlich sich sträubt; er sehnt sich allmälich auch nach einer festen Position, der Wunsch, ein Haus zu gründen, stellt sich ein, er klopft hier und dort an; aber erst um 1583 verschafft ihm ein Rappoltsteiner die Stelle eines Amtmanns zu Forbach. Nun heiratet er, und ein Knabe und ein Mädchen sind die Frucht seiner Ehe. Er besitzt nun das Glück, daß er so schön zu rühmen wußte; er hat ein „holdselig, anmütig, zuthätig, mundsüßig, liebäuglig, mild, nett, glatt, schön und zart erschaffen Weib"; und er hat Kinder, „der Eltern schönsten Wintermaien, Leidvergeß und Wendunmuth, des Vaters Leitstäbe und Stützen, in welchen sein Alter wieder blühsam wird"; er hat wodurch er sich gesegnet fühlt und was ihm alle Arbeit süß macht. Aber er genoß die „traumgebildet hoffend Freud" nicht lange. Schon im Jahre 1590 starb er, noch nicht fünfzigjährig.

Auch der Ruheloseste kann nicht fortwährend in Aufregung leben. Wie ein wüthender Tänzer wol sich einmal besonders ausrasen will, so rast sich Fischart im Gargantua aus. Aber er hat auch gehaltenere Stimmungen, er kann auch einfach und klar in sorgfältiger Entwickelung reden, und wenn wir ihn da weniger bestaunen, so ist er uns mehr wohlthuend und erfreulich. Insbesondere der Vers legt ihm Zaum und Zügel an, aber wie geistreich und belebt, wie voll von zierlichen Spitzen und Wendungen sind Fischarts Gedichte, wie weit entfernt von dem gewöhnlichen öden und kahlen, schleppenden, hinkenden, lückenhaften und ausgeflickten Gesimsel des sechszehnten Jahrhunderts.

Es zieht sich eine Ader volksthümlichen Humors durch Fischarts poetisches Produciren. Sein erstes Werk ist der gereimte Eulenspiegel und im Sinne der beliebten Thierpoesie wie Reineke Fuchs dichtet er seine köstliche Flöhhatz. Nehmen wir dazu ein ironisches Lob des Podagra (Podagrammisch Trostbüchlein), so haben wir die harmlose Schriftstellerei Fischarts, worin der Scherz um seiner selbst willen auftritt, so ziemlich beisammen. Aber sein eigentlicher Lebensberuf ist die Publicistik. Ob er nun für die Volksaufklärung zu wirken sucht, indem er die Wahrsagerei und die Wetterprophezeiungen der Kalender lächerlich macht, wie in „der Prattik Großmutter"; ob zum Preis der Ehe, ob er für christliche Kinderzucht das Wort ergreift; ob er über die Politik seiner Vaterstadt oder über allgemeine europäische Verhältnisse seine Meinung ausspricht; ob er für den Straßburger Gottesdienst Psalmenlieder dichtet, ob er gegen den Katholicismus, ob er gegen die Jesuiten kämpft, ob er für die Hugenotten und den Calvinismus sich ereifert: überall sind es praktische

Zwecke, überall sind es öffentliche Interessen, denen er seine Dienste weiht. Und mit welcher Ausrüstung tritt er an diese Aufgabe heran! Kein Schriftsteller von den ältesten Zeiten bis auf die Gegenwart hat unsere Sprache so intim gekannt, keiner hat darüber so souverän geherrscht wie er. Und kein Publicist nach ihm vielleicht hat eine so universale Bildung aufzuweisen wie er. Aber gleichwohl müssen wir sagen: seine Leistungen bleiben hinter so glänzenden Vorbedingungen zurück: denn er ist kein Volksredner, er kann sich darum nicht messen mit demjenigen, als dessen publicistischer Nach folger er uns erscheint, mit Luther.

In Politik und Religion steht Fischart immer dort, wo wir die besten seiner Zeit, wo wir Johannes Sturm und seine Freunde gefunden haben. Auch er bewahrt die guten Traditionen der großen Straßburger Reformatoren. Auch er ist gegen den Glaubenszwang. Auch er ist ein Feind des orthodoxen Lutherthums und seiner Concordienformel, ein Feind jener „Kanzelärmel, die der unformularige und unconcordirenden Welt heut Gebetformulare vorgeschrieben haben". Auch er ist ein Gegner der Marbach und Pappus, wenn er auch nach dieser Seite hin nur gelegentliche Nadelstiche und niemal kräftige Haupthiebe ausgetheilt hat. Auch ihm ist es eine wichtige Angelegenheit die Blicke der Deutschen fortwährend auf die Schicksale der Hugenotten in Frankreich zu lenken, da ja — wie er sagt — die Deutschen seit lange den Ruhm haben, daß ihnen auch fremd Unbill und Schmerzen zu treuen Herzen gehe und da ihnen vielleid ähnliche Tyrannei drohe, wie sie jetzt die Franzosen erleiden müssen. Im Verein mit seinem Schwager, dem unternehmenden Buchhändler Bernhard Jobin, sorgt er dafür, daß alle wichtigeren Ereignisse der westlichen Religionskämpfe sofort durch Flugschriften in Deutschland bekannt werden.

Ja noch eine andere altstraßburgische Tradition, das gute Vernehmen mit den evangelischen Städten der Schweiz, finden wir bei Fischart wieder. Zweimal äußert er sich über politische Beziehungen seiner Vaterstadt, und beidemal handelt es sich um eine Annäherung an die Schweiz. Als im Jahre 1576 eine Anzahl von Zürichern jene berühmte Schiffahrt zum Straßburger Freischießen unternahmen und an einem Tage zurücklegten, bei der sie einen Hirsebrei von Zürich noch warm nach Straßburg brachten: da verherrlichte Fischart diese Expedition durch eines seiner besten Gedichte, das „Glückhaft Schiff"; aber er pries nicht blos die handfeste Arbeitsamkeit, das standhafte Gemüth, die strenge Hand, die nicht ermüd't; er beschrieb die Fahrt nicht blos als ein Symbol menschlicher Willenskraft und Leistungsfähigkeit: sondern sie galt ihm auch als ein Unterpfand nachbarlicher Freundschaft und gegenseitiger Hilfsbereitschaft. Und als diese Schützenfestpolitik einen ernsteren Hintergrund erhielt und wirklich Anno 1588 eine Allianz zwischen Zürich, Bern und Straßburg zu Stande kam, um sich gegen die drohenden Uebergriffe der spanischen Politik zu wahren, welche bereits die katholischen Kantone der Eidgenossenschaft an sich gezogen hatte: da war es wieder Fischart, welcher das neugeschlossene Bündnis in Vers und Reim wie ein Herold verkündigte und mit dem Segenswunsch begleitete:

 Freiheitsblum ist die schönste Blüh:
 Gott lasse diese werthe Blum
 In Deutschland blühen um und um,
 So wächst dann Fried, Freud, Ruh und Ruhm.

Wenn wir nun daneben sehen, wie in Fischart die wüthendste ultprotestantische Polemik gegen Rom und das Papstthum wieder auflebt — wenn wir sehen, wie er den Bienenkorb, ein Werk des niederländischen Freiheitskämpfers Philipp Marnir übersetzt und verehrt, um den Katholicismus in allen seinen Theilen schonungslos dem Gelächter preiszugeben — wenn wir lesen, mit welchem unbarmherzigen Spott und übermüthiger Kampflust er Franciscaner und Dominicaner verfolgt, mit welchem concentrirten Haß er gegen die Jesuiten zu Felde zieht, gegen die „neu Heuchlersect, das Jesuitisch Papstgeheck, das da päpstlich Heiligkeit nennt die höchste Obrigkeit" — wenn er im Anschluß an eine französische Satire die Entstehung dieses Ordens, den er in Jesuwider umtauft, als ein Werk des Teufels und seiner Großmutter hinstellt um die Macht der Hölle auf Erden neu zu begründen — wenn er die loyolische (er sagt lugvollische) Gesellschaft als einen Ausbund von Rachgier, Neid, Wollust, Ehrgeiz, Meineid, Gift, Aufruhr, Lug und Trug, Heuchelei, Sophisterei, Jugendverführung, Mordstiftung und Zwietracht schildert und den Orden gradezu als den Ursprung alles gegenwärtigen Uebels bezeichnet — wenn er sich ereifert gegen den spanischen Landdurst und Blutdurst, gegen die spanische Landfreibeuterei und Landfriedbrücherei — wenn er laut aufjubelt bei dem Untergang der spanischen Armada: „nun wird selbst der Papst erzittern,

> Wenn er hört bei seinen heil'gen Tagen
> Daß die Ketzer den Sieg davon tragen,
> Und mag wol sagen recht in Zornden,
> Es sei auch Gott nun ketzrisch worden" —

und wenn Fischart daran die Mahnung knüpft, nun mögen auch die Deutschen Gottes Ruf nicht überhören, der zur Freiheit lockt, und wenn er mit der Aufforderung schließt:

> Man hat nun tapfer vorgesprungen,
> Jetzund auch tapfer nachgedrungen! —:

so ist es uns, als ob wir schon das Trommelrasseln und das Säbelklirren des dreißigjährigen Kriegs vernähmen. Und doch waren das nur kleine Scharmützel und Vorspielgefechte, es war das litterarisch Accompagnement für die Fehden und Reibungen der Gegenreformation, welche auch das Elsaß mit ihren Wirkungen nicht verschonte

Fünfzehntes Kapitel.

Gegenreformation.

Zur Zeit, als Karl V. mit den deutschen Protestanten in Krieg gerieth, erhob sich das französische Königthum zu dem ersten Raube deutscher Reichsstädte und Territorien. Fortan konnte sich in Deutschland niemand täuschen, daß es neben Metz, Verdun und Toul eine politische Frage gab, welche Straßburg hieß. Am kaiserlichen Hofe hatte man mit voller Klarheit die Gefahr erkannt und man findet in den Akten des alten Reichs aus der Zeit nach dem Religionsfrieden ein höchst merkwürdiges beräthliches Gutachten, welches die Lage der Dinge in treffender Weise kennzeichnet. Man beabsichtigte damals nichts geringeres, als Straßburg zu einer Residenzstadt des jeweiligen römischen Königs zu erheben. Während der Kaiser die Angelegenheiten des deutschen Reiches leiten sollte, wurde es als eine würdige Aufgabe für die schon beim Leben der Kaiser gewählten römischen Könige betrachtet die deutsche Grenzwacht gegen Frankreich persönlich zu übernehmen und zu diesem Ende dauernd in Straßburg zu wohnen. Ohne Frage darf man in einem von maßgebender Seite gemachten Vorschlage dieser Art den Beweis für das große Gewicht erblicken, welches von allen Seiten auf Straßburg gelegt wurde; zugleich aber tritt auch in dieser merkwürdigen Denkschrift die enge Verbindung des deutschen Kaiserthums mit den katholischen

Interessen hervor, welche für den weiteren Gang der Geschichte der Westmark so verhängnisvoll geworden ist. Denn derselbe Mann, welcher uns mit dem Vorschlage einer Residenzverlegung nach Straßburg überrascht, will den nationalen Schutz noch in einem andern Sinne verstanden wissen. Er will das Vordringen des Calvinismus hindern, er will der bedrohten katholischen Kirche einen Damm entgegensetzen, er will dem deutschen Reich aber auch der Gegenreformation desselben dienen. Die Partei, welche mit den Ideen und der Kraft des Kaiserthums rechnete, wollte das Reich beschützen, aber nur ein katholisches Deutschland, wie es Rom und das tridentinische Concil wünschten. Gegen Ideen dieser Art befand man sich aber in Straßburg, wie wir gesehen, seit einem halben Jahrhundert im Kampfe.

Am 27. November 1568 starb der Bischof Erasmus von Straßburg, der das Steuerruder seiner Kirche durch die schwere Kriegszeit und die noch schwerere des Religionsfriedens nicht ohne Geschicklichkeit geleitet hatte. Zwar konnte er dem Abfall zahlreicher Städte und Gemeinden auf Grund der Bestimmungen des Augsburger Reichsgesetzes nicht wehren, aber im ganzen und großen hatte er doch das Bisthum gerettet und die Gefahren der Saekularisation desselben beseitigt. Behaglich war freilich das Dasein des Bischofs und seiner Domherrn nicht zu nennen. In dem protestantischen Straßburg hatten sie mancherlei zu leiden und der Rath mußte beständig Beschwerden hören und Streitigkeiten schlichten. Erasmus selbst lebte am liebsten fern von dem Treiben der alten Bischofstadt und die meisten Domherrn wohnten mit ihm in Zabern. Aber einige der letztern blieben in Straßburg zurück, und erfuhren nicht ohne üble Folgen für ihre gute katholische Gesinnung die Einflüsse einer Welt, welche die höchsten Autoritäten der alten Zeiten, Papst und Concilium, längst schon abgethan hatte. Schon seit früherer Zeit fanden sich Domherrn in Straßburg, die sich von den evangelischen Ansichten angezogen fühlten. Oft waren es sehr individuelle Neigungen, welche die vornehmen Herrn des Domstiftes zu heimlichen Bekennern der neuen Lehren machten. Der Cölibat, welcher im Mittelalter mit einer gewissen Schonung menschlicher Schwächen gehandhabt wurde, war seit dem Tridentiner Concil ein recht in die Augen springendes Unterscheidungsmerkmal katholischer und evangelischer Priester geworden. Seine Aufrechthaltung wurde jetzt katholischerseits strenger gefordert als ehedem, und Abweichung von den Lehren des Trienter Concils in dieser Beziehung wurde stets als Anfang reformatorischer Bestrebungen angesehen. Die katholische Kirche fand im eigenen Schooße Schwierigkeiten genug zu überwinden und nicht zu den kleinsten gehörte die Aufrechthaltung der Tridentinischen Lehre und Disciplin in den reichen Domcapiteln und bischöflichen Sitzen selbst. In allen rheinischen Bisthümern, besonders in Köln, zeigten sich Neigungen zur Reformation. Vornehme Domherren, welche die katholische Kirche nicht um die fast erblichen Pfründen bringen konnte, ohne Gefahr ganze Familien dadurch zu beleidigen und zurückzustoßen, Söhne hochadliger Häuser, welche die katholische Kirchenpolitik sanft zu behandeln allen Grund hatte, beugten sich schwer und ungern unter die neuen römischen Gesetze, welche recht zum Trotze gegen jede Neuerung eingeführt worden waren. In Straßburg fand man berühmte Namen, wie die Wittgenstein, Solms, Winneburg, und Truchseß unter den Mitgliedern des Capitels, weltläufige Männer, welche das engherzige Treiben der Jesuiten und ihrer Richtung in der Kirche nicht theilten.

Die Wahl von Erasmus Nachfolger ging unter den Anzeichen einer starken Spaltung der Mitglieder des Capitels vor sich, aber die streng katholische Partei siegte und ein Graf von Manderscheid, Johann IV. ward Bischof. Er war von Köln gekommen, wo er als tüchtiger Kämpe ultramontaner Gesinnungen bekannt war. Die katholische Welt hatte überall ihre glückliche Epoche der rückläufigen Bewegung begonnen; zum deutschen Kaiser war ein Mann erwählt worden, auf den die Katholiken zählen zu können hofften — Rudolf II. In einzelnen Fürstenthümern, wie in Fulda, in Staaten, wie Oesterreich und Baiern, arbeitete die römische Partei mit allem Nachdrucke. Als Johann von Manderscheid Bischof in Straßburg wurde, mußte er sich sagen, daß hier kaum noch der Anfang gemacht sei, um den Weinberg umzugraben. Er brauchte Arbeiter, — aber die Klöster waren ausgestorben, die alten Ordenshäuser theils saekularisirt, theils weltlichen Freuden mehr, als kirchlicher Thätigkeit hingegeben. Der alte Einfluß der Dominikaner und Franziskaner unter den guten Bürgern der Städte konnte nur mehr wie eine dunkle Sage aus der Vergangenheit den lebenden Geschlechtern erscheinen. Da rief der neue Bischof die Jesuiten und sie waren schnell zur Hand. In Molsheim wurde im Jahre 1580 das erste Collegium des bekehrungssüchtigen Ordens im Elsaß begründet. Erst ging es nur langsam vorwärts. Der Weg der Erziehung, den der Orden betrat, bedurfte Zeit zur Entfaltung der Macht. Galt es doch gerade bei der eigenartigen und particularen Natur des Elsässischen Volkes besonders Einheimische heran zu ziehn und sich aus rechten Elsässern zu rekrutiren. Die Anstalt in Molsheim ward unter den späteren Bischöfen großartiger angelegt, die eigentliche Blüte des Ordens im Elsaß fällt überhaupt erst in die französische Zeit. In Ensisheim, wo die österreichische Regierung bereits früher mit dem gröberen Geschütz des Kapuziner-Ordens die Restauration begonnen hatte, faßten die Jesuiten erst seit 1614 Fuß, weil sich bis dahin niemand zu Stiftungen bereit fand. Nun aber schaffte der Erzherzog Maximilian Mittel für ein Ordenshaus der Gesellschaft Jesu. In Ruffach war sie schon früher vom Erzherzog Leopold angesiedelt worden, am besten ging es ihr in Hagenau wo sie 1604 das Wilhelmiter Kloster an sich brachte und bald ein zweites Haus dazu erhielt. In Straßburg und Colmar wurde sie aber erst durch französische Hülfe 1683 und 1698 heimisch. Im Jahre 1750 zählte man im Elsaß 174 Jesuiten neben 270 Kapuzinern, 190 Dominikanern und 156 Franziskanern; rechnet man dazu die Mönche anderer Orden, so betrug die Summe des regulirten Clerus im Elsaß 1554 Personen, was nach der damaligen Schätzung der gesammten christlichen Einwohnerzahl ein Verhältniß wie 1:228 ergibt.

Wenn man so den 200jährigen Zeitraum betrachtet, welchen das Elsaß seit den Jahren der Vorherrschaft des Protestantismus durchschritten hatte, so muß man gestehen: das Werk der Gegenreformation, welches Johannes von Manderscheid begonnen, war nicht ohne Früchte geblieben; das weitausgedehnte Feld, auf welchem Jacob Sturm einstens seinen Samen gesäet, wurde von der katholischen Kirche zum größten Theil wieder erobert — und an der Spitze der streitbaren Schaar kirchlicher Kämpfer zog Johann von Manderscheid in das Münster von Straßburg ein.

Aber welche gewaltigen Kämpfe lagen zwischen dem Anfangs- und Endpunkte dieser Epoche, Kämpfe, an denen das gesammte Europa Theil genommen und in welchen alle Nationen ihre Kräfte auf dem Boden des Elsaß in den schwersten Kriegen gemessen haben, welche die Weltgeschichte kennt. Die beiden Parteien der alten und neuen Kirche, die sich jetzt noch im Domkapitel von Straßburg bekämpften, standen bald in Gestalt von riesigen Mächten des Welttheils gegen einander auf. Wie ein Stein, der in den See geworfen wird, so zog der confessionelle Streit an jedem Orte sofort die fernsten Mächte in seine Kreise hinein. Der erste Versuch des strengen Bischofs von Straßburg die katholische Richtung in seinem Stift zu rehabilitiren, griff sofort in die politischen Combinationen der großen Mächte ein. Fein gesponnene Fäden der Diplomatie liefen in den Capitelstreitigkeiten des Elsaß zusammen.

Johann von Manderscheid zeigte sich dem protestantischen Rathe von Straßburg von Anfang an abgeneigt, und weigerte sich, wie üblich war, die Rechte der Stadt zu beschwören; — um so lieber unterstützte daher der Stadtrath die protestantisch gesinnten Domherrn. In Straßburg wußte man recht gut, daß noch des Bischofs Mutter eine gute und eifrige Protestantin gewesen; der katholische Eifer des Sohnes war den Bürgern daher noch verhaßter. Da begab sich im Jahre 1583 im Kurfürstenthum Köln ein Ereigniß, welches auf das Straßburger Domcapitel zurückwirkte. Gebhart der Erzbischof von Köln war zu gleicher Zeit Domdechant

bei dem Straßburger Capitel, und er erneuerte den Versuch, den schon
einer seiner Vorgänger gemacht hatte, zur evangelischen Kirche über-
zutreten, und das Stift zu saekularisiren; aber die katholischen Domherrn in Köln wählten den Herzog Ernst von Baiern an Stelle
des Abgefallenen zum Erzbischof und in Straßburg gab man sich
alle Mühe, Gebhard nunmehr auch seiner Domherrn Stelle zu ent-
heben. Das war der Anfang der offenen Spaltung. Beide Parteien nahmen die Hilfe des Raths in Anspruch, um Aemter und
Einkünfte sich zu sichern, und die Katholischen verklagten den Rath
wegen seiner Parteilichkeit beim Reichskammergericht. Schon kam
es zu offenen Gewaltthaten, und es ist erheiternd zu lesen, wie sich
die Domherrn beiderseits der Schätze und Vorräthe der Kirche,
welche im Bruderhof nächst dem Münster aufgestapelt waren, zu
bemächtigen suchen. Heute dringen die protestantischen ein und
verkaufen die großen Getreidevorräthe, um sich für alle Fälle schad-
los zu halten, und morgen kommen die katholischen mit vielen
Wagen, um die kostbaren Schätze nach Zabern und in andere
sichere Orte zu schaffen. Aber die Protestanten verhindern die
Ausfuhr und der Rath kann nicht dulden, daß das Eigenthum
des Stiftes von Straßburg weggebracht werde. Da hängen die
Katholischen große Schlösser vor die Thore des Bruderhofs und
stecken die Schlüssel zu sich, aber die Protestanten kommen mit
Brechwerkzeugen und bestehen auf ihrem Antheil an dem Besitze
der Kirche. Und siehe, wie sie wieder die reichen Gewölbe betreten,
da finden sie große Säcke vergraben, um die man sie betrügen wollte,
Säcke mit schwerem Silber und Gold, welche die Katholischen heimlich bei Seite geschafft hatten. Also folgerten sie nicht ohne Grund,
sie seien seit Jahren verkürzt und in ihren Pfründen beeinträchtigt
worden, aber die anderen verlangten völlige Entschädigung beim
Kammergericht, denn nicht für Ketzer hätten die frommen Seelen
dereinst das herrliche Stift mit zeitlichen Gütern gesegnet. So tobte
der Streit um den Niebelungenhort des Bisthums gar manches
Jahr zwischen den Domherrn unentschieden, und die Rechtsweisheit

weder im Rathe von Straßburg noch beim Kammergericht wußte sich recht in den Handel zu schicken.

Dies alles aber war nur das Vorspiel zu einer ernsteren Verwickelung, welche für die Schicksale des Elsaß politische Folgen herbeiführte. Denn als der Bischof Johann von Manderscheid 22. April 1592 starb, so mußte die Wahl seines Nachfolgers für Recht und Besitz der Domherrn entscheidend werden. Die Protestantischen wählten den Enkel eines zwar fernen aber angesehenen Fürsten, den Brandenburger Markgrafen Johann Georg und die Katholischen sahen sich nun ebenfalls um die Hilfe eines mächtigen Mannes um, und erhoben den Cardinal Karl, einen jüngeren Sohn des gleichnamigen Herzogs von Lothringen zum Bischof. Die einen hofften von den zahlreichen deutschen Protestanten, die andern von der mächtigen Partei der französischen Katholiken die sichere Hilfe und Schutz. Der Straßburger Handel war über eine Nacht zu einer europäischen Angelegenheit geworden. Hier die katholische Ligue von Frankreich, dort die protestantischen Verbündeten Deutschlands, hier die kaiserliche Autorität und das Interesse des Papstthums, dort der protestantische Sinn der elsäßischen Bevölkerung, alles gerieth in Bewegung und Kampf.

Der bischöfliche Krieg, welcher zehn Jahre dauerte, hatte vielerlei Ungemach für das Land, für die Städte im Gefolge. Wenn die lothringischen Reiter über Zabern herangeritten kamen, setzten die deutschen Condottiere aus der Pfalz, aus Sachsen und Thüringen über den Rhein, und die einen wie die andern schonten nicht Freund und Feindesgebiet, als wollten sie ihre Verstudien für die Zeiten des dreißigjährigen Krieges im Elsaß beginnen.

Johann Georg nahm nur den Titel eines Administrators des Stiftes von Straßburg an, weil er das kanonische Alter zum Bischof nicht hatte. Sein Großvater war nicht der Mann, der aus eigenem Antriebe sehr viel für den ferngelegenen Handel zu thun vermochte, aber sein Einfluß unter den protestantischen Fürsten war groß genug um Helfer zu schaffen. Seit 1591 bestand die Torgauer Union der protestantischen Fürsten, deren Aufgabe es zunächst war, diese Angelegenheit in den Kreis ihrer Thätigkeit zu ziehen. Und durch diesen Bund der Protestanten war auch Heinrich IV. von Bourbon, der neue König von Frankreich in die Sache verwickelt, denn er so wie die Torgauer Union hatten sich vorzugsweise gegen das gewaltige Bündnis zu wehren, durch welches die Lothringer den ganzen Westen Europas dem katholischen System Spaniens zu unterwerfen suchten.

Man kennt diese rastlosen, finstigen und fanatischen Heißsporne der katholischen Welt des 16. Jahrhunderts: die Herzoge von Guise. Sie hatten schon längst ihr Augenmerk auf das Elsaß gerichtet, denn hier sammelten sich immer die Söldnerschaaren, welche den Hugenotten in Frankreich zur Hilfe zogen. Wie oft waren während der französischen Bürgerkriege die lothringischen Reiter ins Elsaß gestreift, um die Schaaren der deutschen Protestanten zu zerstreuen. Besonders Straßburg war der Sache der Katholiken in Frankreich immer gefährlich; zahlreiche Hugenotten fanden Schutz und Aufnahme in dieser festen Stadt, wenn in Frankreich ihr Banner zu sinken begann. Wie gerne hätte der lothringisch-spanische Bund schon längst einen Prinzen dieses Hauses im Besitze des Bisthums gewußt. Als dieser Wunsch nun endlich zur Wahrheit wurde, hatte die Macht der Guisen jedoch in Frankreich ihren Höhepunct bereits überschritten. Der Führer der katholischen Ligue, Heinrich von Guise, so gut wie der König Heinrich III. waren beide ermordet worden, und Heinrich IV. kämpfte mit großem Erfolg schon das dritte Jahr um den französischen Thron.

Der regierende Herzog von Lothringen Karl III. begann um das Erbe des Hauses zu fürchten, und näherte sich allmählich dem glücklichen König von Frankreich, dessen hugenottische Vergangenheit hinter die großen Interessen des nationalen Königthums von Frankreich ohnehin stärker und stärker zurücktrat. Wenn Herzog Karl III. seinem Sohne das Straßburger Bisthum bewahren wollte, so war durchaus nötig, daß er mit dem König Heinrich IV. sich vertrug, denn eben auf diesen hatte der Tergauer Bund seine Hoffnung gesetzt, daß er die Lothringer aus Elsaß vertreiben werde.

Bischof Karl war ein äußerst kluger und kriegslustiger Fürst, wie alle diese Prinzen des lothringischen Hauses. Schon längst war er zum Cardinal der römischen Kirche erhoben, er war auch Bischof von Metz. Als er nach Zabern kam, fand er unter den Domherrn seiner Partei einen erfahrenen Mann, der ihm tapfer zur Seite stand, den Decan Franz von Krichingen, welcher keinen Augenblick Bedenken trug, die katholische Wahl mit Waffengewalt zu behaupten. Nicht ohne die berühmten lothringischen Reiter möge der Cardinal in Zabern erscheinen, so erklärte der Decan des Capitels schon in Nancy am Hofe des Herzogs und in der That man rüstete sich so gut man konnte.

Der Krieg war eigentlich schon eröffnet; die Straßburger hatten ihre in solchen Händeln so oft bewahrte Neutralität aufgegeben, und raten entschieden auf Seite des brandenburgischen Bischofs. Sie rüsteten 60 Reiter, vier Fahnen Fußvolk und 8 Kanonen aus, womit sie zunächst gegen Kochersberg zogen und diese feste Burg belagerten. Dort hatte ein eifrig katholischer Hauptmann mit kleiner Besatzung sich eingeschlossen und versuchte den Straßburgern zu trotzen. Das war Michael Bürckel von Ruffach, der schon zur Zeit als Erzbischof Gebhard von Köln protestantisch wurde, durch eine fanatische That bekannt und den Protestanten verhaßt worden war. Denn ihm wurde zur Last gelegt, den Bruder des Erzbischofs, Karl von Truchseß seinen Obristen, schmählich verrathen zu haben. Michael Bürckel wußte, daß er sein Leben zu vertheidigen habe, als die Straßburger vor Kochersberg rückten. Am 25. Mai hatten die Straßburger den ganzen Tag die Thore geschlossen, damit außerhalb der Stadt niemand von der Absicht des Raths zu erfahren vermöchte, und erst als die Dunkelheit heranbrach, zogen die Truppen aus und hofften Kochersberg zu überraschen. Aber der Hauptmann hatte gute Kundschaft und wies das Ansinnen zurück, sich zu ergeben. Da ging es an ein gewaltiges Schießen aus zwei Mörsern, denen

die Mauern nicht lange Widerstand leisteten. Aber die wenigen
deutschen Landsknechte der Festung vertheidigten sich tapfer. Als
Bresche geschossen war, ergab sich die Besatzung und Michael Bürckel
wurde Sonntag den 28. Mai in Straßburg mit dem Schwerte
hingerichtet. Karl von Lothringen und seine Anhänger erhoben nicht
geringe Beschwerde darüber, daß man den treuen Hauptmann des
Bisthums in widerrechtlicher Weise und, wie behauptet wurde, trotz
des gegebenen Versprechens des freien Abzugs ermordet hätte. Mit
solchen schweren Anklagen wurde der Streit der Parteien vor den
Richterstuhl der Geschichte gezogen und man bemerkte in den öffentlichen Erklärungen und Schriften des Elsaß schon das Wetterleuchten
des Hasses, der nachher im großen Kriege das ganze deutsche Reich
erschütterte.

Zunächst aber waren die Straßburger überall siegreich, sie nahmen
Dachstein und Geipolsheim für den protestantischen Bischof in Besitz und würden Zabern, den Hauptsitz der katholischen Domherrn
angegriffen haben, wenn nicht der Kaiser den Erzherzog Ferdinand
von Tirol mit dem Schutze der Stadt beauftragt hätte und es doch
allzu gefährlich gewesen wäre, auch mit der österreichischen Macht in
Conflict zu gerathen.

Inzwischen waren die langersehnten lothringischen Schaaren
herbeigekommen, während die protestantischen Fürsten Deutschlands
mit der Hilfe zögerten und alles von ihren diplomatischen Unterhandlungen mit Heinrich IV. von Frankreich erwarteten. Auch die
Straßburger wendeten sich an Heinrich IV., bekamen aber nur gute
Worte und Versprechungen, denn der König war noch im eignen
Lande nicht vollständig Herr und mußte froh sein, daß die Lothringer
nicht Zeit hatten, seinen Gegnern in Paris die Hand zu reichen.

Herzog Karl von Lothringen war selbst nach dem Elsaß gekommen. Mit der gewöhnlichen Eile suchte das Landvolk Schutz hinter
den Mauern von Straßburg. Zu Schaffoltsheim kam es am
24. Juni zu einem größeren Kampfe zwischen den Straßburgern
und Lothringern. Unter den schwarzweißen Fahnen des hohen-

zollerschen Bischofs hatten etwa 500 Landsknechte den Ort besetzt, als die Lothringer mit doppelter Anzahl des Fußvolks und 600 Speerreitern unvermutet denselben überfielen. An einen geordneten Rückzug war nicht zu denken, und so nahmen die Straßburger heldenmütig den ungleichen Kampf an. Nur das in der Stadt verbreitete Feuer nöthigte sie endlich zur Flucht, aber der Hauptmann Ludwig Rabi konnte mit einer Anzahl von guten Schützen das Schloß erreichen, welches die Lothringer nicht anzugreifen wagten. Herzog Karl zog gegen Dachstein und Kochersberg, um auch dort die anfänglichen Erfolge der Protestanten zu vernichten. In Kochersberg nahm er furchtbare Rache wegen der Hinrichtung des Hauptmanns von Burckel. Denn die Lothringer beschossen die Stadt mit solchem Erfolge, daß die Besatzung gegen freien Abzug capitulirte; dennoch wurden 54 Mann gefangen, und in einer Scheune ermordet, der Hauptmann gehenkt. Auch Dachstein gewannen die Lothringer wieder und selbst in Straßburg war man ernstlich besorgt, sie möchten der Stadt sich bemächtigen, wie sie die meisten städtischen Besitzungen erobert hatten.

Der Stadtrath von Straßburg hatte einmal vor Jahren an die Kölner Bürger geschrieben, sie möchten sich nicht in die Händel ihrer Bischöfe mischen. Jetzt aber konnten die eigenen Bürger mit dem Vorwurf hervortreten, der Straßburger Rath wisse andere zwar zu belehren, aber selbst habe er „die Hand zwischen Thür und Angel gesteckt" und könne nun nicht mehr los. Von allen Seiten ward zwar vermittelt, aber die schwere Schädigung des Landes dauerte fort. Der Kaiser und Erzherzog Ferdinand von Oesterreich verlangten, daß die Stiftsgüter dem kaiserlichen Sequester überantwortet werden, bis die Streitfrage über die Wahl vom Reiche entschieden wäre. Die Torgauer Bundesstände dagegen hofften, daß König Heinrich IV. den Lothringer Herzog bekriegen und so nöthigen werde, die Ansprüche seines Sohnes auf das Straßburger Bisthum aufzugeben. Die Protestanten hatten die Angelegenheit wiederholt in Erörterung gezogen, keiner der Fürsten wollte aber für das frandenburgische Interesse Geld oder Mannschaften aufbringen. Was man auf diplomatischem Wege leisten konnte, wurde besonders auf dem Tage von Heilbronn versucht, wo die Union der protestantischen Fürsten in ein neues wichtiges Stadium ihrer Entwickelung trat. Das schlimmste dabei war, daß lediglich Heinrich IV. durch diese Verhältnisse zu einem mächtigen moralischen Einfluß im Elsaß gelangte, ja schließlich doch als der eigentliche Schiedsrichter und Friedensstifter angesehen wurde, als der mächtige und glorreiche Fürst, der die zerstampften Felder dem Landmanne wieder zum sicheren Anbau seines Korns übergab und die Straßen, welche der Kaufmann zog, zu sichern wußte. Denn Heinrich IV. war es, der den Frieden vermittelte, durch welchen die Straßburger Angelegenheit nach zahlreichen Präliminar-Verhandlungen im Jahre 1604 definitiv geordnet wurde.

Es wurde festgesetzt, daß der Cardinal von Lothringen das Bisthum Straßburg gegen eine Summe von 130000 und eine jährliche Rente von 9000 fl. zu Gunsten des auf seine Ansprüche verzichtenden Prinzen von Brandenburg behalten sollte. Der Straßburger Stadtrath, welcher große Entschädigungsforderungen an beide Parteien gestellt hatte, vermochte nichts zu erreichen. Für die Stimmung von Straßburg gegenüber den deutschen Fürsten war der unglückliche Ausgang dieses bischöflichen Streites ein nicht zu unterschätzender Baustein zum späteren Abfall von Deutschland. Nach Jahren noch haben Straßburgische Geschichtschreiber erzählt, wie die mächtigsten Fürsten, der Kurfürst von Brandenburg, der Herzog von Braunschweig, der König von Dänemark und soviele Grafen, Söhne und Verwandte im Straßburger Capitel gehabt hätten, und wie der Lothringische Krieg doch nur bewiesen hätte, daß keine Treue und kein Zusammenhalten bei den evangelischen Ständen zu finden gewesen wäre. Das eingreifendste aber war, daß die Versuche der Protestanten auf Straßburg, als völlig gescheitert zu betrachten waren. Denn nun waren die Katholiken durch Erfahrung gewitzigt auf das sorgfältigste bemüht, das Uebel der Confessionsspaltungen innerhalb des Domcapitels zu beseitigen, indem sie die Mitglieder desselben nur nach genauer Prüfung ihrer Gesinnungen wählten.

Schon vor dem Tode des Cardinals von Lothringen hatten die katholischen Domherrn in Verbindung mit den Jesuiten von Molsheim alle Aufmerksamkeit der Nachfolgefrage zugewendet. Der Cardinal von Lothringen selbst hätte das reiche Bisthum am liebsten einem Vetter dem Grafen von Vaudemont zugewandt, aber viel mehr Gründe waren für eine Verbindung mit dem österreichischen Hause, von welchem die steirische Linie mindestens ebenso starke Garantien tüchtiger Katholicität gab, als die lothringische Familie, und dabei im Elsaß mächtiger und gebietender war, als diese. Der zweite Sohn jenes Karl von Steiermark und der staatsklugen Marie von Baiern, Leopold, war zum geistlichen Stande bestimmt und schon im Jahre 1599 durch den Einfluß des kaiserlichen Raths Dr. Corraduz zum Domherrn in Straßburg erwählt. Er war zugleich Bischof von Passau und vereinigte mit diesem Bisthum den Straßburger Sitz, als ihn die Wahl der Domherrn nach Cardinal Carls Tode (24. November 1607) ohne Widerspruch traf. Der Papst ertheilte auf das bereitwilligste seine Zustimmung dazu. Denn die Curie wußte sehr wol, welche Anziehungskraft für die mächtigen Häuser Europas es damals noch hatte, die großen geistlichen Fürstenthümer in die Hände der zweitgeborenen Söhne zu bringen. Das österreichische Haus und besonders der Bruder dieses Leopold, Ferdinand II., war es ja, auf den die fortschreitende Bewegung der römischen Kirche in Deutschland das allergrößte Vertrauen setzte: sollte der Papst da nicht das materielle Wol der habsburgischen Familie nach Kräften zu fördern suchen? Zwar hatte der habsburgische Prinz gleich seinem brandenburgischen Vorgänger weder canonisches Alter, noch geistliche Weihen, und mußte sich gleichfalls mit dem Titel eines Administrators begnügen, aber wie völlig verändert war der Gang der Dinge im Elsaß, seit die bischöfliche Gewalt von Straßburg mit den landgräflichen und reichsvogteilichen Rechten im habsburgischen Hause vereinigt war. Führte auch Erz-

herzog Leopold nicht selbst die Regierung, so übten doch seine zwei
elsässischen Minister, der Domherr von Kriechingen und sein Bruder
Franz, der Feldhauptmann, ebenso wie die österreichischen Räthe
einen weithin geltenden Einfluß im Lande aus.

Es durfte überhaupt als ein wesentlicher Erfolg der katholischen
Sache betrachtet werden, daß man im Elsaß so vollständig Fuß gefaßt. Während man gegen Ende des Jahrhunderts noch das Ueber-
wuchern der Unionsfürsten in der Westmark, ja selbst den gefährlichen Einfluß von Brandenburg im Süden von Deutschland zu
fürchten hatte, war jetzt alle Macht an den entscheidenden Stellen
den hochkatholischen Mächten Oesterreich, Baiern, Lothringen zu
theil geworden, und in dem Jülich'schen Erbfolgekriege, der
im Jahre 1609 seinen Anfang nahm, konnte die katholische Welt
in Deutschland getrost mit der protestantischen die ersten Gänge
ihres langjährigen Zweikampfes versuchen.

Wer die verworrene deutsche Fürstenpolitik in dieser Epoche
nicht berücksichtigt, vermag sich kaum zu erklären, wie das Elsaß in
einer Angelegenheit, wie die Jülich'schen Erbfolge, zum Schauplatz des Krieges mehr als Jülich selbst gemacht werden konnte.
Hier im Elsaß wurden die Heere ausgerüstet, welche um die Jülich'sche Erbfolge kämpften, hier begegneten sich die protestantischen
und katholischen Stände, die Union und die Liga, um eine Angelegenheit auszufechten, die doch dem Elsaß gänzlich fremd war.
Hierzu hat kein anderer als Leopold von Oesterreich Veranlassung
gegeben, denn gleich als er Bischof von Straßburg wurde, hatte ihn die
katholische Partei ausersehen, um Jülich zu besetzen und so einen weiteren Schritt auf der Bahn der Katholisirung Deutschlands zu machen.

Die Erbfolgefrage selbst war seit Jahren Gegenstand der lebhaftesten diplomatischen Erörterungen der deutschen Unionsfürsten.
Nicht eben im besten Einvernehmen unter einander, mußten sie es
leben, daß der Kaiser das Land bis zum Reichsgerichtsurtheil in d
Hand des Bischofs von Straßburg legte, der es sequestiren soll
bis zum rechtlichen Austrag der Streitigkeiten. So sollte eine tha

sächliche Lösung der Frage eintreten, und Erzherzog Leopold war ganz der Mann dazu, sie herbeizuführen, wie das Elsaß eine geeignete Operationsbasis für die militairische Besetzung des rheinischen Landes. Da brachen der Pfalzgraf vom Rhein, der Markgraf von Baden und der Herzog von Würtemberg in das Elsaß ein, und warfen den bischöflichen Hauptmann von Kriechingen in die festen Plätze zurück, welche sie zu belagern begannen. Auch Molsheim fiel damals nach fanatischer Gegenwehr in die Hände der Protestanten. Dann aber führte ein tapferer Oberst eine Zeitlang die Sache des Bischofs, das war Graf Ernst von Mannsfeld, der im österreichischen Dienste stand, aber bald darauf eine politische Wendung machte, abfiel, und zu der Union der Protestanten übertrat. Das Elsaß hatte schwer zu leiden, und obwol die Städte sich nach Kräften neutral verhielten, so hatten doch fast zwei Jahre hindurch die Kriegsvölker beider Parteien große Verwüstung über das Land gebracht.

Selbst in Straßburg war die Furcht vor den Anschlägen des Bischofs Leopold so gewaltig, daß allerlei Phantasiegebilde von Gefahren entstanden, die man demnächst für bevorstehend erachtete. Unter anderen hatte sich das Gerücht verbreitet, die Jesuiten von Molsheim, welche nach dem Stifte Jung St. Peter ihre begehrlichen Blicke gerichtet hätten, seien die Anstifter eines geheimen Planes, Straßburg in die Hände des Bischofs zu liefern. Bei der Johannismesse sollte sich eine möglichst große Anzahl von Soldaten als Kaufleute verkleidet in der Stadt versammeln, Waffen, Pech und Schwefelkränze einschwärzen, die Stadt durch Brandstiftung in Verwirrung bringen und dem bischöflichen Kriegsvolk die Thore öffnen. Nicht gering war der Schrecken, die Einschüchterung der guten Bürger von Straßburg. Seit Jahren hatten sich Gerüchte solcher Art zu jeder Jahrmarktszeit in Straßburg vernehmen lassen. Sollte wol der Stadt ihre Gefahr, ihre Hilflosigkeit bei dem unvermeidlichen Zusammenstoße der Parteien Deutschlands recht deutlich gemacht werden? Aber wer waren diejenigen, welche ein Interesse daran nahmen, die Stadt Straßburg so zu beängstigen?

Die Jülich'sche Erbfolgefrage und das Auftreten Leopolds von Oesterreich am obern und untern Rhein hatten die Beziehungen der protestantischen Union zu Heinrich IV. von Frankreich, welche seit den Straßburger Capitelstreitigkeiten so oft angeknüpft wurden, im eigentlichen Sinne zur reifen Frucht gezeitigt. Noch ließen die Rücksichten auf Spanien den König von Frankreich solange zögern bis er das System des Angriffs vollständig genug ausgesponnen hatte, um in Italien und Deutschland hinreichende Bundesgenossen zu finden. Aber schon rückte die Zeit näher, wo er, fest entschlossen auf jede Gefahr hin die österreichische Festsetzung in Jülich zu hintertreiben, zum Kriege sich rüstete. Epernon, Sully, Nevers, Rohan hielten sich in Bereitschaft, die Commandos zu übernehmen, die Schweizer waren auf dem Wege zu den Hommes d'Armes zu stoßen. Man hörte den König sagen: „gegen das Land Jülich würde eine geringe Schaar genügen, allein alle die Ungebühr, die er von Spanien her erfahre, mache es für ihn nothwendig, eine stattliche königliche Armee von 30,000 Mann ins Feld zu stellen." Chalons, Mezieres und Metz waren die Sammelplätze. Der Bischof Leopold von Straßburg sollte in Zabern rasch von dem letztgenannten Orte aus überfallen, seine Verbündeten niedergemacht, seine Feinde zum Beistand aufgefordert werden. Auf die Protestanten in Straßburg glaubte man zählen zu können. Natürlich versicherte Heinrich IV., daß er nichts suche, als den rechtmäßigen Fürsten von Jülich und Cleve zu ihrem Besitz zu verhelfen. Aber welches auch die Pläne des Königs sein mochten, und wie chimärisch auch die neuen Karten von Europa aussahen, welche das französische Cabinet der politischen Kannegießerei vorzulegen wußte — das eine läßt sich wol behaupten, das Elsaß wäre nicht wieder Heinrich IV. entrissen worden, wenn der Krieg seinen Fortgang genommen hätte.

Am 18. Mai war des Königs Abreise zur Armee bestimmt, am 14. traf ihn Ravaillacs Dolch, der von fanatischen Priestern zur Ermordung des Königs vorlängst bestimmt worden. Es war eine von den eingreifenden Thaten der Geschichte, welche beweisen können, was „Ein Mann weniger in der Welt" zu bedeuten hat. Papst Paul V. rief über die Nachricht aus: „der Herr der Heerschaaren hat es gethan", und in Wahrheit war die ganze Lage Europas verändert. Die protestantische Union mußte sich entscheiden, ob sie zum Angriffe übergehen, ob sie in bisheriger schwacher Defensive das Feld dem spanisch-habsburgischen Vordringen, wie im Elsaß und in Jülich, so auch anderwärts noch, räumen wolle. Sie entschloß sich zu dem ersteren, und der große deutsche Krieg war unvermeidlich.

Sechszehntes Kapitel.

Renaissance und Volksthum in der Litteratur.

Die Männer, auf denen das geistige Leben des Elsasses in der zweiten Hälfte des sechszehnten Jahrhunderts vorzugsweise beruhte, waren um 1590 todt. Johannes Sturm, Daniel Specklin, Sebald Hawenreuter starben 1589, Fischart folgte ihnen im nächsten Jahre. Johannes Sturm und Fischart bezeichnen die beiden Gegensätze, in denen sich unsere Litteratur damals bewegte; und jeder ist in seiner Richtung die erste und höchste Kraft der Zeit. Johannes Sturm vertritt das antik-classische Element, die Renaissance, Fischart repräsentirt wesentlich das deutsch-volksthümliche Element in der Litteratur. Die Renaissance ist tief eingedrungen in das geistige Leben unseres Volkes, bald erhielt sie Verstärkung durch die Litteratur sämmtlicher romanischer Völker Europas, welche ihrerseits aus der Wiederbelebung des Alterthums zum guten Theil erwuchsen. Wie weit kann sich ihnen gegenüber das deutsche Volksthum erhalten? Das ist die Frage, um welche sich die deutsche Litteraturgeschichte der nächsten zwei Jahrhunderte dreht.

Zunächst beobachten wir in Straßburg, wie zu Anfang des siebzehnten Jahrhunderts das Renaissance-Drama in lateinischer Sprache durch Kaspar Brülow seinen Höhepunct erreicht und wie gleichzeitig Wolfhart Spangenberg im Anschluß an die Straßburger Meistersingerschule ein veredeltes volksthümliches Drama und im Anschluß an Johann Fischart die humoristische Thierdichtung ausbildet.

Blicken wir zurück auf die ältere Geschichte des lateinischen Dramas, sofern es von Elsässern gepflegt wurde. Die leider verlorene Komödie Wimphelings „Stilpho" (1494) geißelte die Unwissenheit und das Buhlen um die Gunst der römischen Kurie. Jacob Micyllus (geb. 1503, gest. 1558), ein Straßburger, der seine Wirksamkeit jedoch außerhalb der Heimat in Frankfurt und Heidelberg fand, — ein Philologe, der auch als lateinischer Lyriker zu den besten seiner Zeit gehört und dessen Verdienste um die Uebersetzung römischer Historiker wir schon oben (S. 244) erwähnten — Jacob Micyllus stellte in seiner Comödie „Apelles" das Wirken der Kabale dar. Im Apelles, einem einfachen reinen schlichten auf das Ideale gerichteten Charakter, der uns die Seligkeit eines der Kunst gewidmeten Lebens schildert, spiegelt der Verfasser offenbar sich selber, den stillzufriedenen Gelehrten, wieder. Den Gegensatz bildet das Hofgetriebe, wo Intrigue und Verleumdung herrschen: ihnen scheint der Künstler unterliegen zu müssen, aber höhere Mächte greifen zu seinen Gunsten ein, die Wahrheit in Person nimmt ihn in Schutz und offenbart seine Unschuld. Es ist ein Intriguenstück wie sie das sechszehnte Jahrhundert mehrfach hervorgebracht hat und worin sonst meist der Teufel die Rolle des Intriganten spielt.

Johannes Witz (Sapidus), Gymnasiallehrer erst in seiner Vaterstadt Schlettstadt, dann in Straßburg (S. 194. 198), der durch beißende Epigramme auf das römische Kirchenwesen seinem Namen Ehre machte, dichtete zur Eröffnung des Straßburger Gymnasiums eine Auferweckung des Lazarus, welche zu ihrer Zeit viel Anerkennung fand und auf die deutsche Dramatik in Sachsen wie in der Schweiz Einfluß übte. Den Andeutungen der biblischen Erzählung folgend geht er mit bewußter Kunst auf Kontrastirung der Charactere aus. Die praktische alte Martha, die ausgezeichnete Krankenwärterin, das Hausmütterlein, die so thätig, pünctlich, fleißig, umsichtig und ängstlich für die Wirthschaft sorgt und das Gesinde so energisch in Ordnung hält, ist ganz vortrefflich geschildert. Von ihr heben sich Maria und Lazarus nur um so entschiedener ab, das ideale Geschwisterpaar, die schwärmerischen Anhänger Jesu, die so ganz auf beschauliches Leben gerichtet sind, daß sie selbst Essen und Trinken vergessen würden, wenn Martha nicht wäre. Auch auf die Nebenfiguren, Pharisäer und Knechte, erstreckt sich die Abstufung der Charaktere, je nachdem sie sich zu Jesu halten oder ihm feindlich sind. Die salbungsvollen breiten Reden werden durch eine satirische Schilderung der über Lazarus befragten Aerzte, die sich unter einander in die Haare gerathen und alle nichts wissen, angenehm, aber leider nur einmal unterbrochen. Als Vorbild des Stils war für Sapidus die römische Comödie maßgebend, deren Pflege dann Johannes Sturm bei den Schulaufführungen vorzugsweise begünstigte.

Um 1590 vollzieht sich auch in dieser Hinsicht eine Wendung: die Tragödie beherrscht von nun an die Straßburger akademische Bühne. Sophokles und Euripides halten ihren Einzug und spornen zur Nacheiferung an. Michael Hospein aus Straßburg macht den Anfang, hält sich aber mit seinem trojanischen Pferd (1590) und seiner Dido (1591) noch allzu sklavisch an die Erzählung in Virgils Aeneide: und doch drängte sich Alles herbei zu den Aufführungen, so daß das Theater die Menschen nicht fassen konnte. Der Antheil des ungelehrten Publicums wurde überhaupt jetzt so lebhaft, daß man ihm vollständige Verdeutschungen in die Hände gab, damit es der Vorstellung in allen Einzelheiten zu folgen vermochte.

Die Blüteepoche des Straßburger lateinischen Theaters fällt in die ersten zwei Jahrzehende des siebzehnten Jahrhunderts. Und Kaspar Brülow ist der Name, an welchen sich diese Blüte hauptsächlich knüpft.

Kaspar Brülow war zu Pyritz in Pommern 1585 geboren und kam etwa 1607 nach Straßburg, um dort zu studiren. Man hielt den begabten Mann fest, machte ihn zum Gymnasiallehrer und später auch zum Universitätsprofessor der Poesie und Geschichte: als solcher starb er 1627, erst 42 Jahre alt.

Er war von früher Jugend an auf dramatische Poesie gerichtet, und Niemand ist so ausdauernd für die Straßburger Bühne thätig gewesen, wie er. Er lieferte alle Jahr ein Stück: 1612 die Andromeda, 1613 den Elias, 1614 die Chariklea, 1615 den Nebukadnezar, 1616 den Julius Cäsar: damit scheint seine Productionskraft plötzlich zu versiegen und es folgt nur noch 1621 der Moses, die schwächste seiner Schöpfungen.

Leider besitzt Brülow noch keine Ahnung von der nothwendigen Einheit der Handlung im Drama. Architektonik und Oekonomie des Ganzen ist bei ihm höchst mangelhaft. Voraussetzungen werden vergessen, Motive wiederholen sich, neue Figuren werden noch im fünften Act eingeführt, von straffem Aufbau und fester Gliederung keine Spur. Auch für ihn scheint das Drama noch dialogisirte Geschichte zu sein. Wie konnte es ihm sonst einfallen, die ganze Biographie des Moses von der ägyptischen Knechtschaft an bis zum Tode des Volksführers in fünf Acte zu pressen, einen Stoff der von vornherein nichts als eine lose Folge von Scenen erwarten ließ? Wie mochte er sich sonst entschließen, in seinem Julius Cäsar alle die Begebenheiten zusammenzudrängen, welche Shakespeare in zwei Tragödien, im Cäsar und in Antonius und Cleopatra, behandelt hatte? Wie konnte er sonst darauf kommen, die mannigfaltigen Abenteuer des griechischen Romans, in welchem die äthiopische Königstochter Chariklea als Kind ausgesetzt und nach den buntesten Schicksalen in Griechenland und Aegypten den Eltern zurückgegeben wird, zu einem Drama zu verarbeiten?

Aber an diesem Stoffe lockte ihn eingestandenermaßen die Mannigfaltigkeit der Affecte im raschesten Wechsel; Furcht und Hoffnung, Trauer und Freude, Trennungsschmerz und Wiedersehen, keusche sanfte Liebe und wilde Raserei der Leidenschaft, das alles fand er hier vereinigt und fand es so vortrefflich durchgearbeitet, daß sich ganze Scenen fast unverändert beibehalten ließen. Und wenn er um der Masse der Begebenheiten willen überall sich äußerst kurz fassen mußte, so hatte er nur um so mehr Gelegenheit, sein eminentes Talent zu beweisen und mit wenigen sicheren Strichen die einzelnen Momente der Handlung ganz drastisch zu vergegenwärtigen.

Eins wenigstens wußte Brülow: daß das Drama lebendige

Vergegenwärtigung leidenschaftlich bewegter Handlung fordere. Un[d] dieses eine hat er stets geleistet. Brülow versteht es nicht, ein regel[]rechtes ganzes Drama zu componiren, aber er versteht wie wenig[e] den Bau der einzelnen Scene, diesen Theil der dramatischen Techni[k] hat er mit wahrer Meisterschaft gehandhabt.

Zuweilen gelingt ihm auch eine Folge von Scenen, ja ei[n] ganzer Act so, daß er kaum besser gedacht werden könnte. De[n] ersten Act des Elias z. B. eröffnet er mit einer weihevollen ernste[n] Stimmung; lange Reden voll Sentenzen, gleichsam langgezogen[e] feierliche Accorde bilden den Eingang: wir sehen die Wittwe vo[n] Sarepta, wir sehen die Krankheit, den Tod, die Wiedererweckun[g] ihres Sohnes durch Elias. Wie dann Jesabel auftritt und, inde[m] sie einem Boten den Auftrag ertheilt, Elias zu suchen, sofort ihre[n] ganzen Charakter enthüllt, ihren glühenden Haß gegen den Prophete[n] ihren Fanatismus, ihre wilde Energie, ihre Herrschsucht, ihr Selb[st]gefühl und Machtbewußtsein — sie ist der wahre König, Achab mu[ß] durch sie gedrängt werden —; und wie alle diese Eigenschaften si[ch] vor uns nachher im einzelnen entwickeln, wie sie bald ihren Man[n] aufstachelt, bald den Propheten Michaeas bedroht, bald mit ihre[n] Kindern zum Baal betet, bald mit dem Götzenpriester Ananias si[ch] den glückseligen Zustand Israels ausmalt, den Baals Verehrun[g] heraufführen werde — wie dann Elias zuerst dem König und An[a]nias entgegentritt und den Baalscultus mit den schärfsten Wort[en] bekämpft, und wie Jesabel hinzukommt, zitternd vor Aufregung, a[ls] sie Elias erblickt, wüthend, daß hier noch discutirt werde, daß Eli[as] nicht sofort bestraft sei; wie sie ihn mit Schmähungen überschütt[et,] er seinerseits aber nichts zurückhält, bis er mit Gewalt entfernt wi[rd] (womit der Act schließt): darin ist eine solche Steigerung, ein solch[es] Wachsen und Anschwellen, eine solche innere gewaltige Nothwendi[g]keit, daß man selbst bei diesem ganz bekannten Stoff sich ein[es] großen Eindrucks nicht erwehren kann.

Brülows glänzende, wenn auch oft sehr kalte, künstliche u[nd] allzu äußerlich rhetorische Technik lernt man am meisten würdige[n] wo er bestimmte Vorbilder gehabt hat, denen er die wesentlichen Motive, ja selbst die Ausdrücke entlehnt. Die Erfindung gehört oft ganz dem Vorgänger, aber was die Erfindung werth war, ersieht man erst aus dem, was Brülow damit anfängt. Wie weiß er Licht und Schatten zu vertheilen, wie weiß er die Aufmerksamkeit auf einen Punct zu heften, wie weiß er Spannung zu erregen, wie weiß er den Dialog zu führen, besonders in leidenschaftlicher Erregung, wo die streitenden Theile sich Satz um Satz in kurzer Wechselrede zuwerfen.

Er arbeitet den schlagenden Effect mit gleicher Sicherheit im Tragischen, wie im Komischen heraus. Denn die Einmischung komischer Nebenfiguren und Scenen in die ernsteste Handlung findet sich mehrfach: theils sind es Bauern, theils Teufel, theils Wahrsager und Hexen, welche dazu dienen.

Hierin wie in dem Geiste seines Schaffens überhaupt erscheint uns Brülow ganz modern, und er ist sich dessen vollkommen bewußt. „Unser Publicum mag keine Erzählungen und Berichte — sagt er —, es will Alles mit eignen Augen sehen, wir müssen seine Schaulust befriedigen: wie sollten wir also die Gesetze des antiken Dramas befolgen?" Darum hat schon seine Sprache, so vielfach theils der Ton des römischen Lustspiels, theils der Ton der griechischen Tragödie anklingt, doch in ihrem Grunde ein ganz modernes Gepräge. Aus der antiken Technik nimmt Brülow nur was ihm paßt: er nimmt die Sentenzen, er nimmt die kurze Wechselrede, er nimmt den Chor. Aber letztern meist ganz äußerlich zur Bezeichnung des Actschlusses und ohne besondere Sorgfalt darauf zu verwenden. Der Text ist einfach und ziemlich inhaltslos, Hauptsache war der mehrstimmige Gesang, der meist von Thomas Wallifer (S. 240) herrührte.

Brülows geschickter Scenenbau, seine echt dramatische Sprache, sein lebhafter Dialog drängt sich der Beobachtung mehr auf, als seine Charakteristik, die er gleichwol nicht vernachlässigt. Schon in einem ersten Stück z. B. finden wir die sanfte ahnungsvolle liebliche und opferwillige Andromeda sehr gut kontrastirt gegen ihre

Mutter Caſſiopea, deren Egoismus, Stolz, Eitelkeit und gottesläſter
licher Uebermuth keine Grenzen kennt, bis ſie das Unglück beugt.
Ein verwandter Charaktertypus kehrt in der Jeſabel, in de
Cleopatra und im Nebukadnezar wieder. Der Ausbruch des Wahn
ſinns bei dem letzteren (alle ſeine Reden athmen von vornherein
Größenwahn) iſt vortrefflich geſchildert. Ueberall bildet Gottes Mach
und Herrlichkeit den Hintergrund, von welchem alle Figuren, die unſe
Dichter ſchafft, ſich abheben. Leider ſpielt die überirdiſche Welt in
unmittelbaren Vertretern manchmal zu aufdringlich in Brülow
Dramen herein. Man ſieht auch in anderen Dingen deutlich: e
iſt theologiſch und ſelbſt ſchulmeiſterlich beengt. Darum kann e
ihm wol begegnen, daß er dem Lehrhaften zu breiten Raum vergönnt
Im „Cäſar“ werden wir nicht blos über die ganze römiſche Geſchichte
ſondern bei Gelegenheit der Ermordung Ciceros auch über deſſen
ſämmtliche Werke belehrt. Und durchweg bindet ſich der Dichte
ängſtlich an die gegebene Erzählung, freie Erfindung iſt ſo gut wi
ausgeſchloſſen.

Dennoch war Brülow leicht das bedeutendſte dramatiſche Talent
das unſere Litteratur in der Zeit vor Leſſing aufzuweiſen hatte
Wie viel konnte er leiſten, wäre er in eine freiere Atmoſphäre ver
ſetzt worden, hätte er etwa inmitten einer glänzenden, gebildeter
Ariſtokratie gelebt, hätte er die edelſte Blüte einer ganzen Nation
zum Publicum gehabt.

Es liegt nahe, an ſeinen großen Zeitgenoſſen, an Shakſpeare
zu erinnern. Brülow reichte gewiß an Shakſpeare nicht heran, abe
er übertraf Shakſpeares Vorgänger. Doch was half das unſere
nationalen Bildung? Was wäre Shakſpeare ſelbſt ſeinem Volt
geworden, wenn er lateiniſch gedichtet hätte? Shakſpeare wäre ver
geſſen, wie es Brülow iſt.

Brülow übrigens ſteht nicht allein da in ſeiner Zeit, Brülov
iſt nur der beſte und fruchtbarſte Dichter einer ganzen Schule, di
ſich näher oder ferner an das Straßburger Akademietheater anſchloß
Neben ihm dichtete Johann Paul Cruſius, ein geborner Straßburger

essen „Heliodorus", ein bigottes, stellenweise albernes und höchst
willkürlich componirtes Stück, ziemlich tief unter Brülows Producten
steht. Vor ihm dichtete ein Ungenannter, dessen trefflicher „Saul"
Brülow in manchem verschwebte. Auch eine Ueberarbeitung des
Sophokleischen Aiax zeigt verwandte Grundsätze: was bei dem
Griechen vorausgesetzt wird oder hinter der Scene geschieht, erscheint
hier auf der Bühne: man kann den Unterschied antiken und mo=
dernen Dramas mit Händen greifen. Dagegen legten z. B. Andreas
Saurius aus Cottbus (später Syndicus zu Aalen), dessen Zerstörung
Sodomas 1607, und Heinrich Hirtzwig zu Speier, dessen Belsazar
1609 in Straßburg aufgeführt wurde, allen Nachdruck ausschließlich
auf Schilderung der Charaktere und Zustände, welche daher bei ihnen
den breitesten Raum einnehmen. Und Theodor Rhodius, Pfarrer
zu Asselheim bei Worms, der zu Straßburg seine Bildung empfing,
hielt sich in seinen Tragödien (wovon die meisten alttestamentliche
Stoffe, eine aber die Bartholomäusnacht behandelte) streng an die
antiken Formen.

Bis in die Zeiten des dreißigjährigen Krieges hinein reicht in
und um Straßburg die Wirksamkeit des humanistischen, der Bühne
ergebenen Kreises, den wir schilderten. Wie stand es unterdessen mit
der deutschen Dichtung?

Straßburg besaß ungefähr seit 1450 eine Gesellschaft der Meister=
singer, die sich während des fünfzehnten und sechszehnten Jahrhun=
derts nicht sonderlich bemerkbar machte. Der Aufschwung der Schule,
die verbreitete classische Bildung, wirkte nicht günstig. Man ver=
nahm Klagen, „wie solche künstliche Uebung in hochdeutscher Sprache
zu dichten und zu singen, von Tag zu Tag im Abnehmen, und da=
durch auch nach und nach in schimpfliche Verachtung gekommen."
Aber um 1590 trat auch hier der Umschwung ein. Angesehene
Geistliche schlossen sich der Gesellschaft an; der Magistrat suchte sie
zu fördern: dramatische Aufführungen, die sie veranstaltete, zogen
ein größeres Publicum herbei. Zuerst gab man Stücke von Hans
Sachs, dann schritt man zu eignen Schöpfungen vor: denn im Jahre

1601 hatte die Gesellschaft an Wolfhart Spangenberg einen für seine Zeit hervorragenden Dichter gewonnen, der nachher während eines Jahrzehnts etwa die fruchtbarste litterarische Thätigkeit entwickelte.

Magister Wolfhart Spangenberg war ein gelehrter Theologe, sehr fromm und sehr bibelfest, ein Kenner des classischen Alterthums, aber auch ein Kenner der vaterländischen Geschichte und der alten einheimischen Poesie, die man soeben aus vergilbten Pergamenten wieder zu enträthseln begann, kurz ein Mann von der vielseitigsten Bildung, der es aber nicht verschmähte, sich in den dramatischen Formen des Hans Sachs an das Volk zu wenden, um es durch Unterhaltung zu belehren und zu einem gottgefälligen Leben anzuleiten.

Selten hat er so harmlose Possen gemacht wie sein „Glückswechsel" eine ist. Drei mit ihrem Stand unzufriedene Leute, ein Bauernbursche der Landsknecht, ein Landsknecht der Pfaffe, ein Pfaff der Bauer werden will, begegnen einander und errichten einen Bund bei dem die beiden Gescheiten — der Pfaffe und der Landsknecht — den dummen Bauer prellen wollen, aber durch allerlei Verwickelungen selbst ihr Geld verlieren, das auf die rechtmäßigste und unschuldigste Weise dem ehrlichen Bauer zufällt, ohne daß er selbst irgend etwas gethan, um ihnen das Ihrige zu nehmen.

Anspruchsvoller ist ein ähnliches Thema in „Wie gewonnen, so zerronnen" behandelt. Ein Wüstling, Namens Spielkunz, schwindelt in der Maske eines Edelmanns dem alten Wucherer Reichhart 200 Kronen ab. Des Erfolges froh, hat der Betrüger nichts eiligeres zu thun, als auf das Land hinauszugehn und sich einen tüchtigen Rausch zu trinken. Taumelnd und lallend kommt er auf die Straße, fällt nieder, schläft ein und verliert beim Aufstehen, confus und schlaftrunken wie er ist, die erbeutete Geldtasche, welche ein Bauer Namens Frommann findet, ein armer einfältiger aber sehr gottesfürchtiger alter Knabe, der von seiner Frau jämmerlich gescholten und gequält und sogar zum Schulbesuch gezwungen wird, wo er lesen und schreiben lernen und sich zu einem Amt befähigen soll. Das Hauptinteresse ruht nun auf der Scene, wo der gute From-

mann von Spielkunz und dem Dorfschulzen ausgefragt wird und
n aller Offenheit und Aufrichtigkeit seinen Fund erzählt, wo aber
urch die hastige, ungeduldige Art Spielkunzens einerseits und durch
ie ungeschickte Ausdrucksweise Frommanns andererseits verschiedene
Mißverständnisse entstehen und die Identität des gefundenen und
erlorenen Schatzes nicht herauskommt, so daß Spielkunz in seinem
lerger einen Verzicht ausspricht und Frommann den gottbescherten
Reichthum mit bestem Gewissen behalten darf, natürlich als Lohn
ür seine Frömmigkeit.

Als „tragödische Vorbildung" bezeichnet Spangenberg ein drittes
Stück: „Mammens Sold." Landsknecht, Wucherer und Bauer haben
ich nach den Rathschlägen des Satans gerichtet, um Vermögen zu
rwerben. Er verspricht ihnen Frau Reichthum zum Lohn, nach der
ie nun sehnlichst verlangen, die sich aber bald als der Tod enthüllt
und sie alle mit ihren Pfeilen erlegt. Dasselbe geschieht nachher
en drei Frauen der Verstorbenen, die sich in ihrem Verlust äußerst
asch finden und denen der Tod vom Satan als ein Freier ange-
ündigt und zugeführt wird.

Ein viertes Stück, „Geist und Fleisch", schildert das verschie-
ene Verhalten zweier Christenpaare, eines bürgerlichen und eines
äuerlichen, in einer heidnischen Glaubensverfolgung. Der Bauer
nacht zuerst große Worte über den unerschütterlichen Muth und die
erausfordernde Kühnheit, die er beweisen wolle, nachher aber läßt
r sich durch das geschickte Zureden seiner Frau und durch weltliche
Vortheile, die ihm winken, zum Abfall bewegen. Der christliche
Bürger, der von vornherein Besorgnis ausspricht, das Fleisch sei zu
schwach, um dem Geist zu gehorchen, er fürchte, dem Martyrium
nicht gewachsen zu sein, hält sich, bestärkt durch sein kühnes Weib,
o fest und tapfer, daß ihm ein Wunder zu Hilfe kommt und er
en heidnischen Richter selbst bekehrt.

Mit diesen und anderen für die Gesellschaft der Meistersinger
verfaßten Spielen war aber die poetische Wirksamkeit Spangenbergs
lange nicht abgeschlossen.

Er übersetzt eine Anzahl antiker und moderner Tragödien und Comödien theils als Lesedramen aus selbständigem Interesse am Stoff, theils als Textbücher für ungelehrte Zuschauer des Academietheaters.

Er setzt Fischarts humoristische Thierdichtung fort, indem er den Antheil, welchen sein großer Vorgänger für das Flohgeschlecht, für die interessante schwarze Legion der Herren Zwicksie, Zopfsieseck, Leistapp, Nimmerruh, Hindenpick, Springinsröckel zu erregen gewußt hatte, nun auch für Gänse und Esel, ja sogar für Mücken und Läuse in Anspruch nahm.

Er bewegt sich außerdem mit großer Vorliebe in den kleinen Gattungen der Poesie, in Räthseln, Parabeln, Gleichnissen, Glückwünschen und sonstiger Gelegenheitsdichtung.

Sein berühmter „Ganskönig" beschreibt uns die Vogelversammlung, auf welcher die Gans zum König gewählt wird, und stellt diesen neuen König als ein ungeheuer edles Wesen dar, das willig sich ins Martyrium ergibt und alle Jahre auf St. Martins Tag zum Besten der Menschheit den Feuertod erleidet. Sein „Eselkönig", den er leider nicht selbst vollendete, enthält eine Satire gegen die Rosenkreuzer, die als heuchlerische Höflinge, als charakterlose abenteuernde Charlatans und Machtstreber dargestellt werden. In seinen Uebersetzungen wird Spangenberg manchmal zum Bearbeiter, der sich Zusätze erlaubt und z. B. mitten in ein griechisches Trauerspiel gewisse Lieblingsgegenstände deutscher Kunst verpflanzt: da tritt der Tod ganz als die deutsche Volksfigur auf und führt sich als einen „freien Mähder" ein, für den die Welt nur eine große Matte mit viel zarten Blümlein sei, durch welche seine Sense achtlos schneidet; da dürfen sich in der Familie die Kinder so viel mehr hervorwagen mit ihren kleinen Herzen und ihrer naiven Sprache, da klammern sie sich etwa an die sterbende Mutter an und wollen sie nicht fortlassen und versprechen brav zu sein, wenn sie nur bei ihnen bliebe: „Ach, sterbt nicht, liebes Mütterlein — jammert das Söhnchen — ihr müßt noch länger bei uns sein." „Ach Vater — ruft das Töchterchen — ach Vater, unser Mütterlein ist gar müd und will schlafen ein."

Täuschen wir uns indessen nicht und vertrauen wir dem günstigen Gesammteindruck nicht allzusehr. Das was in Spangenbergs
Schriften zum ersten Male recht handgreiflich zum Vorschein kommt,
ist der deutsche bürgerliche Philister, dessen Signalement sich etwa
so zusammenfassen läßt: respectabel, sittlich und ehrbar; guter Familienvater; sehr guter Christ d. h. strenggläubig und stark pharisäisch gegenüber anderen Confessionen; Schwung und Leidenschaft
serpent; leidenmäßiger Respect vor dem was er die Obrigkeit nennt
und worunter er unter Umständen jeden Büttel versteht; dabei sehr
trotzmäulig wo es gilt auf die Tyrannen, auf Hof und Fürsten im
Allgemeinen zu räsonniren; in Summa: ungefährlich.

Spangenberg selbst erscheint uns innerhalb dieser Gattung als
ein liebenswürdiger Magister, der in vielfältigen persönlichen und
gesellligen Beziehungen sich wohlfühlt, die er durch sein poetisches
Talent zu schmücken und anmuthig zu beleben weiß. Nie versäumt
er, bei allen guten Freunden, Gönnern und Gevattern zu Geburtsund Namenstagen mit den Erzeugnissen seiner Muse aufzuwarten.
Aber auch mit Dame Phantasie verkehrt er in den Formen einer
etwas steifen altfränkischen Galanterie. Er hat keine unbefangene
Freude an der Welt, er sucht Allem lehrhafte Beziehungen auszureißen, er ist eine grundernste Natur: aber er besitzt doch eine Ader
wirklichen Humors, welche das Urgutmüthige zu schildern weiß, das
uns zwischen Lächeln und Rührung hält. Er ist nicht originell: aber
er ist gründlich. Er ist nicht geistvoll und genial wie Fischart: aber
er versteht mit einem etwas schwerfälligen Apparat schließlich doch
Gestalten zu schaffen, die existiren können. Alle seine Werke zeigen
scharfumgrenzte etwas typische und immer sehr einfach gedachte Charakterbilder, und eine strenggeführte folgerichtige Handlung, welche
Fülle und Anschaulichkeit nicht vermissen läßt.

Spangenberg ist eifriger Protestant und äußert bei jeder Gelegenheit die tiefste unterwürfigste Verehrung vor dem theuren Gottesmanne Luther. Kein Wunder daher, daß er es an Polemik gegen
den Katholicismus nicht fehlen läßt: aber diese Polemik hat nichts

von der leidenschaftlichen Heftigkeit Fischarts. Es sind mehr kleine Plänkeleien und gutmüthiger Spott gegen allerlei Ceremonien und Feste der alten Kirche, gegen die lügenhaften Legenden (die Lügenden, wie man sie gerne nannte), gegen das Ablaßwesen, gegen den Heiligencultus u. s. w. Reizend ist seine Schilderung des papierenen Kalenderhimmels der Heiligen, die sich dort offenbar in keiner allzu gemüthlichen Situation befinden: müssen sie doch für ihr ganzes „Papyreum" fortwährend fürchten, wenn etwa die Mäuslein ein Loch darein fräßen und ein Heiliger durchfiele, der dann nicht mehr zurückgelangen könnte. Und wie knapp ist es bei ihnen mit Nahrung und Kost bestellt! Wie ängstlich muß das Futter für den Schimmel aufgespart werden, mit dem sich der heilige Georg und der heilige Martin gemeinschaftlich behelfen! Kurz, man sieht: die ganze Gesellschaft ist pensionirt und muß sich recht kümmerlich durchschlagen.

Während aber Spangenberg so harmlos scherzte, entbrannte um ihn her der confessionelle Federkrieg mit erneuerter Heftigkeit. Durch die Erhebung der jesuitischen Lehranstalt Molsheim zu einer Universität (1617) und das gleichzeitig gefeierte hundertjährige Jubiläum der Reformation stieg Wuth und Eifer auf den höchsten Grad. Der witzige Gottlieb Dachtler, der gelehrte Oseas Schabäus waren die Vorkämpfer auf protestantischer, der Molsheimer Jesuit Peter Röst auf katholischer Seite. Dachtler schrieb z. B. über das „Affenspiel der Bettelmönche mit dem heiligen Evangelio," er schrieb gegen die Jesuiten als die Janitscharen der Päpste, er schrieb einen „Jesuiterischen Schlangenbalg" zum Beweis, daß der Jesuitismus nur ein neuer Balg der alten Bettelmönche sei; Oseas Schabäus schilderte die Jesuiten als den Schwanz des apokalyptischen Thieres, aller Laster voll; Peter Röst seinerseits suchte die Gegner zu ärgern, indem er die altüblichen persönlichen Verleumdungen Luthers vorbrachte.

Von allen diesen Streitigkeiten weit abseits finden wir den Lütticher Daniel Sudermann (geb. 1550, gest. nach 1631) der nach langem Hofmeisterleben bei verschiedenen Grafen und Herren in Straßburg als Vicar am Bruderhof zur Ruhe gelangte und in den religiösen Ansichten Schwenckfelds das Licht des Heils erblickte, welches ihm die Nacht der Sünde und der Gottverlassenheit erhellte. Er war ein Mann von ernstem Gemüthsleben, edlem Ausdruck und bilderreicher Phantasie, von rastloser Thätigkeit und wunderbarem Fleiß. Er sammelte alle Schriften der Mystiker des vierzehnten Jahrhunderts, und ihre Ideen, namentlich Taulers, waren die Leitsterne seines eigenen litterarischen Schaffens. In diese stille Gedankenwelt vertieft er sich, während die ersten Stürme des dreißigjährigen Krieges sein Alter umtoben. —

Ungefähr gleichzeitig mit dem Ausbruche des gräulichen Kampfes trat die deutsche Litteratur in eine neue Phase: litterarische Gesellschaften bildeten sich nach dem Muster der Florentinischen Akademie; die Poesie der vorgeschrittneren europäischen Nationen, der Franzosen, Niederländer, Italiener, Spanier, wurde maßgebend für die unsrige; der Styl der Renaissance wurde das entscheidende Merkmal der Kunstpoesie auch in deutscher Sprache. Die fruchtbringende Gesellschaft, Martin Opitz, die schlesische Dichterschule bezeichnen diese Wendung.

Aber die Wendung war lange vorbereitet, und der Schauplatz der Vorbereitung ist gerade die südwestliche Ecke Deutschlands, das Elsaß und die Pfalz, Straßburg und Heidelberg. Schon Fischart steht in enger auch litterarischer Beziehung zu Frankreich, in lyrischen Gedichten ahmte er romanische Formen nach. Ihm folgten andere Straßburger wie Peter Denais und Isaak Habrecht; auch Daniel Sudermann dichtete Lieder nach französischen Melodien. In Mümpelgart kamen zu Ende des sechszehnten und im Anfang des siebzehnten Jahrhunderts die ersten französischen Schäferromane in deutscher Uebersetzung heraus. Und der Straßburger Litterat Georg Friedrich Messerschmid, der sich 1617 in einer witzlosen abgeschmackten Schrift „von des Esels Adel und der Sau Triumph" versuchte, hat italienische und spanische Satiren übersetzt.

Allein diese südwestlichen Anfänge erhielten anderwärts ihre Fortsetzung. Für die Zeit des dreißigjährigen Krieges stellt sich das

Bild der elsässischen Litteratur ganz anders dar. Weit entfernt von romanisirenden Tendenzen kehrt das Elsaß, wie wir sehen werden, die eigensinnigste Deutschheit heraus. Die Schule Opitzens hat hier keinen Boden; die Straßburger „aufrichtige Tannengesellschaft" (gestiftet 1633) fristete nur wenige Jahre ein unfruchtbares Leben; die Gedichte eines Mathias Schneuber, eines Jesaias Rompler von Löwenhalt waren der Mit- und Nachwelt sehr gleichgiltig; die Melodien eines Valentin Strobel sind verklungen.

Aber noch heute lesen wir mit Vergnügen die Satiren des Moscherosch als das vornehmste Spiegelbild des inneren Lebens jener Jahre; noch heute kann niemand die lateinischen Gedichte des in Ensisheim geborenen, aber in Baiern wirkenden Jesuiten Jacob Balde (1604—1668) ohne Bewunderung für seine nur zu reiche Phantasie und seine nur zu große, in Virtuosenstückchen schwelgende Kunstfertigkeit aus der Hand legen; noch heute benutzt der Gelehrte dankbar das Theatrum Europaeum und andere historische Werke des Straßburgers J. Ph. Abelin; und wenigstens unter den Zeitgenossen war der Straßburger Geschichtsprofessor Mathias Bernegger aus Hall in Oesterreich (1582—1640) als vielseitiger Gelehrter, als Philologe, Mathematiker und Staatsrechtslehrer weithin angesehen. Er stand mit Hugo Grotius und Keppler in Briefwechsel und trug dazu bei, Galilei in Deutschland bekannt zu machen: es charakterisirt die politische Stellung Straßburgs, wenn wir finden, daß Bernegger 1633 in öffentlicher Trauerrede Gustav Adolf feiert und ein Jahr früher im Auftrage des Magistrats eine Lobrede auf Ludwig XIII. von Frankreich hält, um ihn als Hort der deutschen Freiheit zu preisen.

Wir greifen hier nur Moscherosch zu näherer Betrachtung heraus. Er ist mit seinen realistischen Zeitbildern vergleichsweise ein volksthümlicher Schriftsteller. Und merkwürdig trifft es sich, daß der Mann, der seine Richtung fortsetzt und im Simplicissimus (1669) das Soldatenleben des dreißigjährigen Krieges so ergreifend schildert, daß der Katholik Hans Jacob Christoph von Grimmelshausen aus Gelnhausen — zwar nicht dem Elsaß angehörte, aber doch in nächster

Nachbarschaft als bischöflich Straßburgischer Schultheiß zu Renchen im badischen Oberlande lebte.

Johann Michael Moscherosch seinerseits war 1601 zu Wilstätt bei Straßburg geboren, besuchte in Straßburg Schule und Universität und erhielt auf einer Reise nach Paris Gelegenheit, sich jenes Franzosenthum in der Nähe anzusehen, das er später so gründlich haßte.

Seines Zeichens Jurist, zuerst Hofmeister in adeligen Häusern, dann Amtmann zu Finstingen, später Fiscal in Straßburg, wurde er endlich Geheimer Rath zu Cassel und starb 1669.

Als Amtmann hatte er die Schrecknisse des dreißigjährigen Krieges vollauf kennen gelernt. „Ich bin — schrieb er am 23. October 1640 — ich bin wie einer der auf dem sturmbewegten Kriegsmeere schwebet, zwischen den Klippen und dem Wogengedräng des untergehenden Vaterlandes, der sein und der Seinen Brod und Unterhalt nicht durch die Freigebigkeit eines Fürsten oder durch einen Ehrengehalt oder eine gesicherte Besoldung empfängt: sondern ich muß mein Brod selber suchen hinter dem Pflug und ängstlich muß ich mir die dazu gelegene Zeit ausspähen unter den Geschossen der Feinde, den Gefahren eines täglich bedrohten Lebens und der steten Sorge, daß man mir meine Ackerpferde und mein Zugvieh raube. Eine Muskete auf dem Rücken, eine Handbüchse in der Rechten, eine Pistole im Gürtel und eine kleine Schußwaffe in der Tasche, so gehe ich hinter den arbeitenden Thieren her, und um schwarze Gedanken zu verscheuchen sinne ich auf irgend ein Gedicht."

Krankheit und Armuth rieben ihn fast auf. Und doch war es eine Zeit, in der man leicht reich werden konnte, wenn man nur die richtigen Mittel nicht scheute. „Ich wollte wol ein großer Herr sein, wenn ich Gott nicht förchtete", sagt Moscherosch seinen Kindern in der „Christlichen Vermächtnus oder schuldigen Vorsorg eines treuen Vaters" (1643), worin wir seine Sinnesart am Besten kennen lernen.

Kein Wunder, wenn ein rechtlicher Mann und Familienvater, der seiner Existenz von heute auf morgen nicht sicher war, zu einer überaus ernsten Gemüthsstimmung gelangte. Er charakterisirt sich einmal selbst: „Von Natur zwar ist mir viel lachen ein Ekel, sauer sehen hasse ich auch, Narrenpossen und thörichte Gesellschaften sind mir ein Greuel und doch hat Scherz seine Zeit." Aber seit vielen Jahren sei Lust und Fröhlichkeit wegen ausgestandener unglaublicher Trübsal und Gefahr bei ihm sehr eng gespannt, „so daß, wenn ich lachen will, es schwerlich geschieht, daß ich nicht des Unglücks und der bösen Zeit gedenken und die Freude mit einem Seufzer temperiren sollte."

Trost und Anhalt waren für ihn nur Gebet und Bibel, neben der Religion läßt er höchstens die Geschichte gelten, alle Wissenschaft, die den Menschen nicht besser macht, verwirft er. Er warnt vor der Philosophie, vor dem wälschen Atheismus, vor der Wort- und Buchstabenklauberei der Philologie. Er fürchtet selbst zu viel studirt zu haben, die juristischen und politischen Künste halten ihn oft von heiligen Betrachtungen ab.

Die großen reichsfreien Städte — er nennt Straßburg und Nürnberg in erster Reihe: „diese herrlichen Städte gehen mir über alles wegen ihrer vortrefflichen Polizei in geistlichen und weltlichen Sachen" — diese Städte also sind ihm der letzte Hort der Sittlichkeit und Unabhängigkeit. Dort werde Gottes Wort noch viel mehr geliebt als auf dem Lande; Frömmigkeit, Zucht, Ehre und Gerechtigkeit viel mehr geehrt als auf dem Lande. Das Land gehöre den Fürsten, Grafen, Herren und Edlen. Diese alle aber sind Hofleute, richten sich nach dem Oberhaupte wie nach der Sonne, und das untergräbt den Charakter. Für den Höfling sind Zucht, Ehre, Gottesfurcht, Redlichkeit bürgerliche Tugenden: die gehen den Fürsten nichts an. „Der thut was er will: und was er will, das ist, ob es schon nicht wäre."

Die Verderbnis der Zeit und eine ausgebreitete litterarische Bildung machten Moscherosch zum Schriftsteller. Er ist ein strafender zürnender Satiriker. Gesinnung und Ton erinnern an Brant und Wimpheling, auf die er vielfach zurückgreift: Wimphelings „Deutschland" (S. 163) gab er neu heraus.

Den Grund des Uebels erblickt er in der Ausländerei, in der Macht, welche insbesondere das Franzosenthum in Sitte, Sprache, Anschauung erlangt hatte. „Ich glaube — sagt er — wenn man eines neusüchtigen Deutschlings Herz öffnen und sehen sollte, man würde augenscheinlich befinden, daß fünf Achtel desselben französisch, ein Achtel spanisch, zwei Achtel italienisch und ein Achtel, doch nicht wohl, deutsch daran sollte gefunden werden." Die eindringende fremde Cultur hat einen sehr ernsten politischen Hintergrund gerade für das Elsaß. Und wie man sich zu allen Zeiten, in denen äußere Vergewaltigung drohte oder schon auf uns lastete, gern an die Geschichte wendete und sich an alter angeblicher Germanenherrlichkeit erbaute, so war es auch bei Moscherosch, der (wie sich bald zeigen wird) seine Zeitgenossen vor den Richterstuhl der Vorfahren citirt.

Moscherosch schreibt eine ziemlich trockene, selten rhetorisch- oder humoristisch gefärbte Prosa, welche auch durch dichterische Bruchstücke in verschiedenen Sprachen zwar bunter aber nicht belebter werden kann. Nur wo er Selbstgeschautes schildert, wo er Zustände der Zeit vorführt, da bewährt er mit Erfolg den Grundsatz, den er einmal aufstellt, er giebt jedem Ding seine natürliche Farbe, er zeichnet wahr und eindringlich treue Abbilder der Wirklichkeit.

Moscherosch' Hauptwerk sind seine „Strafschriften" oder „Wunderliche und wahrhaftige Gesichte Philanders von Sittewald", welche im Jahre 1642 vollendet wurden, den größten Beifall erhielten und vielfache Nachbildung erfahren haben.

Es ist ein Buch von ungleicher Ausführung und ungleichem Werth. Zur Hälfte finden wir Bearbeitung eines spanischen Werkes, das in der Einkleidung von Traumgesichten ein satirisches, sehr allgemein gehaltenes Weltbild enthielt. Im übrigen finden wir Schilderungen aus dem Soldatenleben des dreißigjährigen Krieges von erschreckender Wahrheit — Schilderungen aus einer Gesellschaftssphäre, deren Leben sich in die Worte zusammenfassen ließ: „Die Erde ist mein Bett, der Himmel meine Decke, der Mantel mein Haus, der Wein mein bestes Leben" — Illustrationen des Satzes, den ein Theilnehmer trunken aufstellt und nüchtern befolgt: „Der ist des Teufels, der sich über einen Bauern erbarmt" oder jenes anderen: „Wenn jedermann so viel arme Bauern, so viel Wittwen und Waisen gemacht hätte als ich, die ganze Welt würde deren voll werden." Wir finden ferner eine langweilige Erzählung der Geschichte des Turniers; eine ironische Vertheidigung des Podagras, ein Thema, das schon Fischart und andere vor ihm hinlänglich ausgebeutet hatten; Gespräche über den Werth der Frauen; Ausfälle gegen den Ciceronianismus und gegen die Reisewuth nach fremden Ländern. Hervorzuheben aber ist der Besuch Philanders von Sittewald auf Schloß Geroldseck.

Philander hat in diesen elenden Zeiten die bittersten Erfahrungen gemacht. Er hat sich müssen in allerlei Leute Köpfe schicken und, wie Hanswursts Hut, auf allerlei Weise winden, drehen, drücken, ziehen, zerren und bügeln lassen. Er ist etlichemal ausgeplündert, geängstigt, gebrandschatzt, tribulirt, verjagt und vertrieben worden. Er hat sich bald als Hofmeister, Rentmeister, Advocat, Sprachmeister; bald als Jäger, Verschneider, Stallmeister; bald als Amtmann, Baumeister, Schulz, Büttel, Bauernarzt, als Roß- und Kuhhirt, gebrauchen lassen. Er ist Schütze, Soldat und Bauer gewesen. Das wird ihm endlich zu viel, er will der Unruhe und Kriegsgefahr entfliehen und sich auf den Parnaß begeben als an einen Ort des Friedens, der Ruhe und des Glückes, wo es noch hergehe wie im Schlauraffenlande.

Aber unterwegs wird er von etlichen Reitern aufgefangen und nach Schloß Geroldseck im Wasgau gebracht, wo König Ariovist (Ehrenvest, deutet Moscherosch) mit Armin (Hermann), Wittekind und anderen deutschen Helden der Vergangenheit Hof hält. Sie sitzen in großer Gravität und Stärke des Leibs auf eingemauerten Sesseln, mit langen breiten Bärten, das Haar mitten auf dem Haupt in einen Knoten zusammengewunden, große Schwerter an der Seite, lange Wurfspieße in der einen Faust, große Schilde in der andern; ihr Leib mit Wolf-, Bären- und Hirschhäuten geziert, woran zum Theil noch die Geweihe oder Hörner sich befanden: „welches förchterlichen war anzusehn."

In diese ehrwürdige Versammlung nun wird Philander vorgefordert und soll sich verantworten, ob er ein Deutscher sei. „Er nenne sich ja Philander — fährt ihn Ariovist an — Haben denn die deutschen Namen nicht Lusts und Zierde genug, um euch zu nennen? Was habt ihr denn für Treu in eurem Herzen gegen euer Vaterland? Wählt ihr wälsche Namen und bedenket nicht, daß durch wälsche Tyrannen, insonderheit den Cäsar, und durch wälsche Untreu Alles bei euch in Zerrüttung kommen?" Man sieht, für Ariovist fällt Wälsch und Römisch ganz zusammen.

„Willst du ein Deutscher sein — ruft Herr Deutschmeyer (Intuitiomarus) den armen Philander an — willst du ein Deutscher sein mit deinem neuen närrischen Hut? Wie viel Gattungen von Hüten habt ihr in wenig Jahren nicht getragen, bald einen Hut wie ein Butterfaß, bald wie einen Zuckerhut, bald wie einen Schweizer Käse, bald mit ellenbreiter, bald mit fingerbreiter Stülpe, bald von Kameelhaar, bald von Biberhaar? Mit solchen neuen Trachten halten die Wälschen eure Herzen gefangen und gebunden und lenken sie wohin sie wollen."

Ein dritter Held des Alterthums kritisirt Philanders nach französischer Mode tief in die Stirn herunterhängendes Haar: „Wer sich seines eigenen Haares schämt, der ist nicht werth, daß er einen Kopf hat." Ein vierter ereifert sich über Philanders gestutzten und gekräuselten Bart. Ein fünfter nimmt Philanders Kleider vor: er sehe ja aus, als ob er geradeswegs von Paris komme: „Man spüret wol, daß ihr Verächter eures Vaterlandes seid und dessen Verräther. Sollte Kaiser Karl der Große, Kaiser Ludwig und Otto deine à la mode Hosen und Wams sehen, sie würden dich als einen wälschen Lasterbalg aus dem Lande jagen." Ein sechster tadelt Philanders Sprache, er verdammt die vielen Fremdwörter, mit denen er die uralte deutsche Heldensprache verunstaltet: „Würde es denn wol dem Adler geziemen, wenn er sich mit Hahnen-, Raben- und Kuckuksfedern bekleiden und zieren wollte?"

Wittekind endlich liest dem geängstigten Philander für seine höfischen

Bücklinge, für sein Neigen und Beugen, für sein Gaukeln mit Händen und Füßen den Text: das sei ein Ausfluß der wälschen weibischen und weichlichen Heuchelei und Schmeichelei, welche allen redlichen deutschen Herzen von jeher verhaßt war. Wird denn ein solcher Weichling muthig die Wehr zucken, wenn offenbare Feinde sein Vaterland angreifen? Diese Weichlichkeit ist schuld, daß ihr Städte und Festungen so willig dem Feinde überlaßt. Diese Weichlichkeit ist schuld, daß kein Fürst mehr einen redlichen aufrichtigen Diener bekommen kann, der ihm rücksichtslos die Wahrheit sagt. Diese Weichlichkeit ist schuld, daß niemand mehr auf den allgemeinen Nutzen, auf Recht und Pflicht, daß jeder nur auf sein eigenes Ansehn bei den Leuten, auf seine Reputation Acht hat. O pfui Teufel, was würden solche alamodisch Weichlinge erst thun, wenn sie von den Feinden des Vaterlands mit hohen Aemtern, mit centnerschweren Geschenken gelocket und gereizt werden sollten? O weh, da würde man groß Wunder sehen! Da würde ein offener Feind weit tapferer und mannlicher sein, als sie. O alte Mannheit! o alte deutsche Tapferkeit und Redlichkeit, wo bist du hin geflogen? Ihr Deutschlinge! Ihr ungerathene Nachkömmlinge! Was hilft euch alle neue Unart? Altes Wesen her! Alte Gebärden her! In Hitz und Frost übt euch, nicht in Schminken und Schmucken. Alte Herzen her!"

„Ihr wollt unsere Nachkömmlinge sein — nimmt der „Erzkönig" Ariovist wieder das Wort — wie will denn euer Wesen so gar nicht mit dem unsrigen übereinstimmen? Wie kommt es, daß alle Neuerungen von den Wälschen müssen hergenommen werden, so gar daß ihr euch befleißigt, ihnen auch in den Lastern gleich zu sein, in Fressen und Saufen, in Fluchen und Spielen, in Gottschänden und verleugnen? Ja ihr Deutsche selbst, auf daß ihr euch desto eher unter einander aufreibet, müßt euch mit Gold und Geld erkaufen lassen, damit ihr euer eigen Vaterland, eure eigenen Freunde quälen, unterdrücken, aussäckeln, verderben und in Dienstbarkeit bringen möget."

Wir wollen es nicht leugnen: Moscherosch übertreibt, Moscherosch ist etwas zu sehr teutonisch, er ist etwas zu sehr Franzosenfresser: kann er doch sogar allen Ernstes böse werden, weil man den Salat nicht mehr mit den Fingern, sondern mit der Gabel ißt. Aber läßt sich nicht bei ihm wie bei allen deutschen Franzosenfressern ein Berechtigtes vom Unberechtigten, eine Wahrheit von der Uebertreibung sondern?

Mindestens dies eine war berechtigt, daß der Deutsche aus seinem zerrissenen, zersplitterten, darniederliegenden, in seiner Wehrkraft geschwächten, jedem Angriff schutzlos preisgegebenen Vaterlande mit Furcht und Sorge, mit Neid, Eifersucht und Haß über die Vogesen hinüberblickte und in der friedlichen Cultureroberung das ernste Vorspiel einer militärisch-politischen Tragödie zu sehen meinte, deren Ausgang auch schon vor dem westfälischen Frieden nicht zweifelhaft sein konnte.

Siebzehntes Kapitel.

Der dreißigjährige Krieg.

Unter den Nachbarstaaten des Elsaß gab es einen, der in sein[er] Politik gegen die deutschen Grenzbewohner einen immer gleiche[n] unwandelbaren Charakter bewahrte. Während alle übrigen Mäch[te] und Herrschaften durch Feindseligkeiten wie durch Bündnisse, und i[n] dem letzteren Falle nicht minder als im ersteren, die Städte d[es] Elsaß schädigten und von ihrem Wolstand zehrten, war Frankrei[ch] allein immer bereitwillig, immer voll Freundschaft, immer v[on] lauernder Begierde die deutsche Braut zu erobern und an sich zu zieh[en.] Man liest zuweilen, daß die französische Politik gewaltsam verfuh[r,] aber man wird das doch erst von dem Augenblick an finden, wo d[ie] Beute dem gewaltigen Machthaber bereits sicher war. So lange d[er] gallische Nachbar auf der Lauer lag, war er von einer bewundern[s]würdigen Feinheit und Liebenswürdigkeit, — besonders gegen Stra[ß]burg, das er immer zu herzen und zu ködern gewußt hat.

Seit uns eine größere Masse diplomatischer Schriften vorlieg[t,] etwa seit der Zeit des Königs Franz geht ein gleichartiger Zug dur[ch] alle Verhandlungen zwischen Straßburg und den französischen Könige[n,] der dem Leser einen ähnlichen Eindruck macht, wie dem Kunstforsch[er] die lange Reihe der Bilder der französischen Akademie, die so vie[l] Schule, so viel Gewandtheit, so vielen Formenreichthum, aber imm[er] einen und denselben Geist verrathen. Die französischen Staatsmänn[er] nd genau wie ihre Maler, und wenn jemand eine Geschichte der anzösischen Diplomatie schriebe, so müßte er zeigen, daß dieselbe nter allen Formen sich Jahrhunderte lang gleich geblieben, etwas pisches besitze, wie die französische Malerei.

In allem, was diese französischen Diplomaten thaten und schrieen, herrschte die Tradition, und es ist nichts interessanter, als ein uch zu lesen, in welchem in unserem Jahrhundert ein für Frankich sehr begeisterter deutscher „Maire" von Straßburg alle Briefe usammenstellte, welche die französischen Machthaber an den Rath iner deutschen Vaterstadt gerichtet haben. Der Eindruck ist nur ein derer, als der, welchen der Herausgeber erwartete. Denn während eser ein Denkmal französischer Größe zu liefern meinte, muß der abefangene Leser vielmehr staunen, wie eine ganze Nation die heuchrische Phrase mit solcher Meisterschaft durch so lange Jahrhunderte ihren verschiedensten Gliedern schulmäßig gebrauchen lernt, um nen Raub ohne Gleichen vorzubereiten.

Wir wissen schon wie König Franz und König Heinrich mit traßburg in Verkehr traten und wie der Rath von Straßburg in wissen verzweifelten Lagen gleichsam die Hand zum Bunde ausreckte, um sich gegen Gewaltthätigkeit nach anderer Seite hin zu ützen. Wir erinnern uns der Absichten Heinrich's II. auf Straßburg, chdem Metz, Toul, Verdun genommen waren. Der König theilte n Straßburgern damals (1552) das Geschehene selber mit und stellte h als einen guten Vater dar, der die Freiheit der Bürger gegen e Tyrannei der Habsburger schütze. Noch bezeichnender ist das erfahren der Franzosen während ihrer Bürgerkriege. Wie sehr sich e Parteien in Frankreich bis zur Raserei der Mordnächte verfolgten, ihrem Verhalten gegen die Deutschen sind sie beide gleich zuvormmend, sowohl die Guisen, wie die Hugenotten suchen die Freundaft und das Bündnis des mächtigen Straßburg. Karl IX., Heinh III., Heinrich IV., alle legen eine gleich große Sorgfalt für s Gedeihen des nachbarlichen Freistaats scheinbar an den Tag, und ist eigenthümlich zu lesen, wie der schwachsinnige Bartholomäusnachtsköntg die protestantische Stadt von Straßburg versichert de[s] guten Willens eines Königs „qui vous est bon, seur et constan[t] amy." So lange nun der französische Thron von der katholische[n] Partei beherrscht war, hatte es keine Gefahr, daß seine Schmeicheleie[n] allzu verführerisch oder seine Drohungen allzu ängstigend in Straß[-] burg wirkten. Aber anders lag die Sache, wenn solche Sprache vo[n] einem wirklichen Freund der Protestanten kam, der den langersehnte[n] Frieden der Parteien in Frankreich früher und besser zu bringe[n] wußte, als es in Deutschland möglich war. Heinrichs IV. Regierun[g] bildete in dieser Beziehung einen gewaltigen und gefährlichen Ab[-] schnitt der Stimmungen des deutschen Elsaß. Wir haben gesehen wie Heinrich IV. in die bischöflichen Händel eingriff, wie er sich zun[t] Kriege in der Jülich'schen Frage rüstete. In den Briefen, welche de[r] Rath von Straßburg in diesen schwierigen Zeiten an den Köni[g] richtete, nimmt man mit Schmerz die zunehmende Verehrung wah[r] der sich die Deutschen rücksichtslos hinzugeben begannen. Wenn di[e] berühmteste und mächtigste deutsche Stadt immer vertraulicher mi[t] dem weitergreifenden französischen Nachbar verkehrte, wenn es zu[r] Regel wurde schiedsrichterliche Aussprüche von dem französische[n] Könige zu erwarten, wenn man den Frieden des Landes mehr durc[h] diesen, als durch die deutsche Reichsgewalt gesichert glaubte, wa[s] mußte im Falle eines Conflictes der großen Mächte das Schicksal de[r] Grenzländer über dem Rheine werden?

Mansfeld und die kaiserliche Restauration.

Als sich in Prag die Revolution gegen Ferdinand II. erhob un[d] der Pfalzgraf Friedrich den verhängnisvollen Schritt that, die böh[-] mische Krone anzunehmen, konnte kaum jemand im Elsaß vorau[s-] setzen, daß diese Thatsache die unmittelbarste Rückwirkung auf di[e] Ruhe und den Frieden der deutschen Westmark ausüben werde. Di[e] Städte und Herrschaften des Elsaß hatten keinerlei Berührungspunct[e] mit der fernen böhmischen Angelegenheit. Nur Straßburg war Mit[-] glied des protestantischen Bundes, als dessen formelles Haupt der Kurfürst Friedrich von der Pfalz galt. Aber bei der Mannigfaltigkeit der Reichsstände und ihrer Interessen im Elsaß hatte sich schon in den letzten Jahren in der Jülich'schen Erbfolgefrage gezeigt, wie die Verwickelungen im Reich für dieses Land jederzeit bedrohlich werden konnten. War der Schauplatz des jülichischen Krieges größtentheils im Elsaß, weil der Administrator des Bisthums von Straßburg, der Erzherzog Leopold von Oesterreich, die Sequestration des herrenlosen Landes in Anspruch nahm, so enthielt die Reichsacht, welche Kaiser Ferdinand über den Pfalzgrafen Friedrich verhängte, eine neue Aufforderung, das protestantische Land dieses unglücklichen Fürsten ebenfalls in den Machtkreis der katholischen Welt zu ziehen. Andererseits war nicht zu läugnen, daß auch die protestantischen Unionsfürsten ihre Gedanken auf die österreichischen Besitzungen gerichtet hielten, welche als Vorposten der römischen Welt sich im Elsaß ausdehnen. Der Bisthumsstreit vom Jahre 1592 und die Möglichkeit, in dem protestantischen Lande zu Macht und Ansehen zu gelangen, übte noch immer den größten Reiz auf die protestantische Fürstenpolitik. Wäre die Union in Böhmen siegreich gewesen, so hätte sich der Rückschlag ohne Zweifel auch im Elsaß gegenüber dem hier begründeten habsburgischen Uebergewicht geltend gemacht. Es ist nicht zu verkennen, daß man in Straßburg alle Vorbereitungen traf, um die Unionspläne auch in diesem Lande auszuführen. Zur Zeit, als dem Bruder des Bischofs Leopold in dem fernen Böhmerland die Krone entrissen wurde, hatte der vorsichtige Rath von Straßburg eine Reihe von Maßregeln ergriffen, die auf Krieg schließen ließen. Obwol ringsum alles im Frieden war, wurde doch die große Rheinbrücke, deren Wacht Straßburg als eines seiner theuersten Vorrechte betrachtete, mit vermehrten Schanzen und Geschützen versehen; es wurden Kriegsvölker geworben, als die Nachricht von dem Tode des Kaisers Matthias kam; es wurden Sicherheitsmaßregeln gegen die von Erzherzog Leopold im Oberelsaß gesammelten zur Bekämpfung der böhmischen Rebellen bestimmten Söldner getroffen. Es war eine

Zeit, wo die geheimnißvollsten Pläne allerorten gehegt wurden, wo eine Spannung der Gemüther herrschte, die vom Rhein bis an die Karpathen reichte. Die Geschäfte in Straßburg waren fast ganz den öffentlichen Berathungen entzogen worden. Die Dreizehner besorgten in aller Stille den diplomatischen Verkehr, welcher immer schwieriger und bedenklicher wurde.

Aber alle die Pläne, welche die Union der Protestanten etwa gegen die habsburgische Macht in Deutschland geschmiedet hatte, waren mit dem Sturz des Winterkönigs in Böhmen mit einemmale gescheitert. Die evangelischen Reichsstände waren plötzlich in die Defensive geworfen, und sahen sich in einem Lande, das nun seit Jahren zu den eifrigsten in der Reformation zählte, angegriffen, bedroht; sie sahen die Kurwürde der Pfalz auf den papistischen Herzog von Baiern übergehn, sie sahen das Stammland Friedrichs V. von österreichischen Heeren aus dem Elsaß, von bairischen, ja von spanischen Truppen aus den Niederlanden überfallen.

Die Stadt Straßburg half sich, wie so oft in solcher Noth, mit einer Neutralitätserklärung; von Kaiser Ferdinand hatte sie zwar sehr ungnädige Schreiben erhalten, aber der Rath befriedigte alle Forderungen der geldbedürftigen Reichsgewalt so pünctlich, daß der Friede der Stadt nicht weiter gestört ward. Aber das übrige Elsaß konnte dem Kriege voraussichtlich nicht ausweichen, da die meisten Truppen ihre Verpflegung in diesem Lande suchten und die Sammlungen derselben zum Angriff auf die Pfalz hier vorzugsweise stattfanden. Dazu kam, daß der Markgraf von Baden zu den erbittertsten Gegnern des Kaisers Ferdinand zählte, daß der tapfere Graf von Mansfeld, welcher vor den bairisch-liguistischen Truppen zwar aus Böhmen weichen mußte, die Kriegspartie nicht verloren gab und das Elsaß als den geeignetsten Schauplatz kannte, um der siegreichen Macht des Kaisers und der katholischen Bundesfürsten ein neues Schach zu bieten.

Denn man muß sich erinnern, daß Mansfeld schon früher im Elsaß kämpfte, da er noch im österreichischen Dienste stand (S. 291). Als er nachher mit dem Kurfürsten von der Pfalz nach Böhmen kam, kommandirte er etwa 4000 Mann, mit denen er sich vor dem siegreichen österreichisch-liguistischen Heere glücklich nach Franken rettete, wo er die Werbetrommel von neuem rühren ließ. Da des Kurfürsten Schwiegervater, der König von England, Geld schaffte, so war Mansfeld guter Dinge, an Truppen war kein Mangel. Zuerst wendete er sich in die Pfalz, wo die Spanier unter Spinola die Städte des Kurfürsten in Besitz genommen hatten und eben daran waren Frankenthal zu belagern. Unerwartet war der Graf von Mansfeld herbeigezogen, fast der einzige von den Parteigängern des Kurfürsten, welche den Spaniern in der Pfalz das Brennen und Rauben verleiden mochten. Da der Mansfelder nun gegenüber den Spaniern seinen in Böhmen erloschenen Kriegsruhm rasch wieder herstellte, hoffte er sich des Elsasses bemeistern zu können, und dort vielleicht selbst eine Rolle zu spielen.

Wenn in den früheren Kriegen die Gegner des Bischofs und der österreichischen Herrschaft so oft den kürzeren zogen, so meinte man, der Grund davon wäre gewesen, daß man die Reichsstädte allzeit geschont habe. Mansfeld dagegen faßte die großen Orte ins Auge. In Hagenau, wo sonst der Sitz der Reichsvögte war, wollte er sich niederlassen und von da das Land reformiren. Am 20. November 1621 erschienen seine Truppen vor der Stadt und forderten zur Capitulation auf. Aber die Hagenauer antworteten mit ihren Kanonen, und erst als die ganze Macht des Mansfelders heranzog, wurden die Bürger verzagt. Niemand hätte geglaubt, daß der abenteuernde Feldhauptmann ein so großes Heer aufbringen könnte. Der Graf von Mansfeld verstand aber die Kunst den Krieg ohne Geld zu führen nach der damals aufgekommenen Devise, daß der Krieg den Krieg ernähre. Nachdem Hagenau gefallen war, zog Mansfeld gegen Zabern, wo das Gut des Bischofs die beutelustigen Truppen lockte. Andere Theile des Heeres streiften nach Oberelsaß und besetzten Colmar und Ensisheim. Dort vermochte der lächerliche Hauptmann von Ossa keinen Widerstand zu leisten, Städte und Dörfer mußten gewaltige Contributionen zahlen. Dagegen besaß Zabern eine zu günstige Lage, als daß das Unternehmen Mansfelds in der rauhen Winterszeit gelingen konnte. Gerade hier am Hauptsitz des Katholicismus verließ ihn das Kriegsglück und als im nächsten Jahre die Parteigänger des Kurfürsten bei Wimpfen von Tilly geschlagen wurden, war Mansfelds Stellung im Elsaß überhaupt nicht haltbar. Zwei Jahre später, als die Dänen zum Krieg sich entschlossen, hatte ihn das Geschick auf größere Kriegsschauplätze gerufen, und sein Stern erblich vor einem noch gewaltigeren Kriegshauptmann, dem Wallenstein, der für den Kaiser das Schwert führte.

So war die Unternehmung Mansfelds im Elsaß gescheitert. Wie kam es, daß Straßburg, auf welches Mansfeld in bestimmtester Weise rechnen zu können glaubte, dem Kurfürsten von der Pfalz und den Freunden der Union nicht hilfreiche Hand bot? Der staatskluge Rath hatte ganz im Geheimen seinen Frieden mit Kaiser Ferdinand schon gemacht, als Mansfeld ins Elsaß zog.

Die Anforderungen der Union, welche große Summen von den Bürgerschaften begehrte, standen allerdings nicht im entsprechenden Verhältnisse zu dem, was die Fürsten leisteten. In Straßburg beschwerte man sich wiederholt über die geringe Unterstützung, welche der Union von Brandenburg und andern Bundesverwandten zu Theil wurde. Mit den Worten, daß die Fürsten es darauf abgesehen hätten, die Städte arm zu machen, verweigerte Straßburg am 10. Oktober 1621 alle weiteren Beiträge an die Union, und kündigte den früheren Bund. Die Stadt versuchte ernstlich sich mit dem Kaiser auszusöhnen, und in Aschaffenburg unterhandelten ihre Gesandten mit Ferdinands Räthen ohne zu ahnen, welche Pläne im Schooße der katholischen Propaganda bereits in den Religionsfragen gehegt wurden. Denn indem sich viele süddeutsche Städte, gleich Straßburg, dem siegreichen Kaiser in die Arme warfen, konnte es doch nur eine Frage der Zeit sein, wann die katholische Reichsregierung zu dem Entschlusse schreiten werde, den zahlreichen Kirchen und Stiftern, welche der katholischen Lehre entzogen waren, ihren ursprünglichen Charakter wieder zu geben.

Die Regierung von Straßburg war nicht mehr in den Händen von Männern, welche den außerordentlichen Verhältnissen gewachsen waren. Die Ammeister und Städtmeister der vorhergegangenen Jahre, worunter etwa Matthias Geiger und Mörsel hervorzuheben sind, waren unbescholtene und rechtliche Bürger, aber mit den alten Staatsmännern der Republik konnten sie nicht mehr verglichen werden. Die Hauptstützen der politischen Action mußten unter den Dreizehnern gesucht werden, unter den Sekretären und Beiräten, welche gewissermaßen ein neues Element in der Stadtregierung geltend machten: Juristisch gebildete Leute, Advocaten, die wol Geschäftsgewandtheit besaßen, aber denen alle jene Tugenden abgingen, welche in den kleinen Stadtrepubliken des Mittelalters aus der Einfachheit, ja Einfalt des Bürgersinnes oft am meisten emporblühten. Unter diesen finden wir den Sekretär der Fünfzehner, Jakob Bernheim, den Dreizehner Huß, den Doctor Jmlin und seinen Gegner Josias Glaser, den wir noch näher kennen lernen werden, alles Männer, welche mit ihrer Welterfahrung, ihrem sogenannten weiteren politischen Blick, mit ihrem universellen, französisch geschulten Geiste in dem alten Gemeinwesen von Straßburg Bahnen eröffneten, Gegensätze weckten, die bis zu den äußersten Consequenzen des Umsturzes der alten Verhältnisse führten. Jener Reichsbürgerliche Patriotismus, welcher auf die Stadtgemeinde und ihre Erhaltung ausschließlich, ja mit ängstlicher Sorgfalt gerichtet war, mußte mehr und mehr im Abnehmen begriffen sein, wenn es möglich war, daß sich Männer in Amt und Würden behaupteten, welche unzweifelhafte Sympathien für die französische Krone hatten.

Und bei dieser Zerbröckelung des alten Reichsbürgerlichen Sinnes trat nun das Bestreben einzelner Fürsten immer bedenklicher hervor, das Elsaß zum Schauplatze ihrer landesherrlichen Pläne zu machen. Ereignisse, wie die Mansfeldische Invasion waren geeignet die alte politische Schule von Straßburg gänzlich zu vernichten. Alle Parteien, welche die Zustände des Elsasses für unhaltbar ansahen, arbeiteten gleichsam mit an der Vernichtung der mittelalterlichen Selbständigkeit des Landes. Die einen suchten ihr Heil in dem unbedingten Anschluß an Oesterreich, die andern blickten nach andern Mächten, die Schutz und Sicherheit gewähren konnten; und unter diesen hatte Frankreich seine Netze langsam und vorsichtig, aber weitaus am sichersten ausgeworfen.

Als die Stadt Straßburg mit dem Kaiser Ferdinand ihren Frieden machte und dadurch zur Auflösung der protestantischen Union wesentlich beitrug, wurde ihr ein Gegengeschenk zu theil, welches aus den Händen eines so vorherrschend katholischen Reichsoberhauptes gegenüber dem protestantischen Gemeinwesen einen eigenthümlichen Eindruck macht. Kaiser Ferdinand erhob die Straßburger Schule zu einer Universität, mit allen den Rechten ausgestattet, welche die kaiserliche Majestät damals noch in Künsten und Wissenschaften allein zu ertheilen berechtigt war. Am 14. August 1621 wurde die neue Universität mit großer Feierlichkeit eröffnet. Man creirte Doctoren und Magister aller Fakultäten, der Eindruck des Ereignisses auf die Bürgerschaft in Straßburg war ein äußerst günstiger. In einer Epoche des furchtbarsten Krieges, der seinen Anfang genommen, wurde ein Denkmal deutscher Kaisermacht an der Schwelle des Uebergangs zur französischen Herrschaft dem deutschen Elsaß geschaffen, und blieb noch lange ein wirksames Band deutscher Gemeinschaft, als die politische Welt bereits umgestaltet und das Zeitalter Ludwigs XIV. über das Schicksal der Westmark entschieden hatte.

Wenn aber in der Stiftung der Universität von Straßburg von Seite Ferdinands II. ein Act unerwarteter Toleranz gegenüber dem protestantischen Gemeinwesen erblickt werden konnte, so sollte man aus dem Traume des confessionellen Friedens nur allzu rasch erwachen müssen.

Mancherlei Gewaltschritte kamen bereits seit Rudolfs II. Regierung auf die Tagesordnung des Elsasses, wie wenn die Aebtissin von Andlau auf den Gütern des Klosters die protestantischen Kirchen schloß, Taufen der Kinder in protestantischen Kirchen den Unterthanen bei schweren Strafen verbot und anderes mehr. Systematischer begann man erst nach dem Abzuge des Mansfeldischen Heeres an die Gegenreformation zu schreiten. Erzherzog Leopold, der Administrator des Bisthums schaffte den evangelischen Gottesdienst im Jahre 1624 an Orten, die seiner Gewalt unterstanden förmlich ab, und vertrieb die Prediger von Haus und Kirche. Schon aber konnte man auch es wagen die Städte ins Auge zu fassen, besonders da man in Hagenau den Protestanten zur Last legte, sich mit den geächteten Häuptern der Union gegen die kaiserliche Majestät verbunden zu haben. Den protestantischen Einwohnern von Hagenau ward der Gottesdienst im Jahre 1624 nur in einem Privathause gestattet, und vier Jahre später wurde allen, die den Glauben nicht ändern wollten, geboten, die Stadt zu verlassen. In Schlettstadt hatte sich der Stadtrath schon 1624 von dem Bischof ein Mandat abringen lassen, durch welches alle protestantischen Schulen und Kirchen, ja selbst Privatgesellschaften und Zusammenkünfte von Protestanten verboten wurden. In Colmar war durch das unmittelbare Eingreifen Ferdinands II. die Gegenreformation durch ganz besonders schroffe Maßregeln eingeführt. Eine Untersuchungskommission sollte in dieser Reichsvogteistadt feststellen, welche Stiftungen und Kirchen ihrer ursprünglichen katholischen Bestimmung entfremdet worden wären; und diese Commission entschied binnen vierzehn Tagen, daß alle protestantischen Kirchen geschlossen werden müßten. Ein Befehl des Kaisers verbannte die Protestanten aus dem Rathe, bald nachher aus der Stadt. Das alte Colmar, das seine städtische Selbstherrschaft gegen manchen Kaiser sich zu bewahren gewußt hatte, wurde fast am schärfsten der katholischen Restauration unterzogen.

In Straßburg konnte die kaiserliche Gewalt nicht auf Grund von Vogteilichen Rechten eingreifen, aber nicht ohne Besorgnis sah man ringsumher die katholische Ordnung der Dinge Platz greifen, — und nun geschah, daß das verhaßte Restitutionsedikt vom Jahre 1628 als ein allgemeines Reichsgesetz beschlossen und seine Publication und stricte Durchführung von der kaiserlichen Regierung auch in Straßburg gefordert wurde. Viele und gehässige Druckschriften waren vergebens von Straßburg gegen die furchtbare katholische Propaganda geschleudert worden, welche die Siege der kaiserlichen Heere und der Ligisten im fernen Norden gegen die Dänen schleunig benutzt hatte, um die religiöse und geistige Arbeit der vorhergegangenen Zeit mit einem Male der Vernichtung preiszugeben.

Zwar Erzherzog Leopold, der Administrator des Bisthums, hatte schon im Jahre 1626 sich seiner geistlichen Würde entledigt und seine Bisthümer resignirt, um sich verheiraten zu können, aber die Verhältnisse des Straßburger Bisthums zur Stadt wurden dadurch nur schlimmer, denn der neue Bischof, der kein anderer war, als ein unmündiger Sohn Kaiser Ferdinands II., Leopold Wilhelm, hatte noch keinerlei Verpflichtung übernommen, sich an die Verträge seiner Vorgänger zu halten. Die katholischen Domherrn in Zabern arbeiteten mit Energie an der Verdrängung ihrer alten Rivalen in Straßburg. Die Güter, welche früher getheilt worden waren, sollten herausgegeben werden, auch die drei Stiftskirchen, das Münster, Jung- und Alt-St. Peter, wurden von den Katholiken begehrt, selbst die Dominikaner machten Anforderungen ihre alten Besitzungen in Straßburg wieder zu bekommen. Von der kaiserlichen Regierung ergingen scharfe Mandate in Betreff der Restituirung aller dieser geistlichen Güter.

Das war der Höhepunkt der katholisch kaiserlichen Reaction. Wenn man die allgemeine Geschichte Deutschlands in diesem Augenblicke in Betracht zieht, so weiß man sich zu erinnern, wie selbst die stärksten Stützen des Wiener Hofes, Räthe des Kaisers, der General Wallenstein, dessen Thaten allein die imponirende Weltstellung Oesterreichs ermöglicht hatten, der Präsident des Hofkriegsraths in starrem Schrecken über die Höhe des kaiserlichen Fanatismus Warnung auf Warnung häuften und ernstlich mahnten, die Protestanten nicht zum Aeußersten der Verzweiflung zu treiben.

Allerdings glauben wir heute nicht mehr, wie ehedem, daß das, was nun von Seite der deutschen Fürsten, was insbesondere von den Schweden in diesem Augenblicke unternommen worden ist, um das habsburgische Uebergewicht in Deutschland zu zerstören, aus religiösen Motiven in erster Reihe entsprungen wäre. Allein in den Reichsstädten und unter den Bürgerschaften, bei der großen Masse des Volkes darf man die confessionellen Antriebe und Leidenschaften in keiner Weise unterschätzen, die seit dem Restitutionsedict entfesselt worden sind. In Straßburg war man über die Politik des Kaisers um so erbitterter, da man doch freiwillig mit dem Kaiser Frieden gemacht, während alle Welt gegen den Stadtrath Vorwürfe erhob, daß dessen Verfahren Ursache gewesen wäre, wenn Mansfelds Versuche vor wenigen Jahren im Elsaß scheiterten. Die Partei wuchs, welche von Kaiser und Reich nicht anders dachte, als von Feinden des Landes und welche den Abfall vom Reiche als die Erlösung von steter Gefahr schon damals betrachtet hätte.

Und wie merkwürdig; immer in solchen Augenblicken finden wir die französische Diplomatie auf dem Gebiete von Straßburg thätig, immer mit Liebesanträgen bereit, die Leiden der Stadt zu lindern und ihre Freiheiten zu schützen. Schon im Jahre 1624 hatte sich ein französischer Gesandter in Straßburg eingefunden, de la Haye, welcher ein Corps von 15000 Mann zum Schutze gegen jeglichen Feind anbot. Auch finanzielle Hilfe wurde von Seite der französischen Regierung den Straßburgern versprochen und gewährt, denn seit etwa zwei Jahren war das sonst so geordnete Finanzwesen dieser reichen Stadt in tiefen Verfall gerathen. Sehr schlechtes Geld, welches viele Münzherren in den letzten Jahren in betrüglicher Absicht schlagen ließen, welches aber auch durch unerhörte Münzfälschungen in Cours gekommen war, beförderte den Börsenschwindel in unerhörteter Weise. Im Elsaß traten einige Nothjahre hinzu. In Straßburg entstand wachsendes Mißtrauen gegen den Rath, dessen einzelne Mitglieder im Verdachte der Theilnahme an der verhaßten Agiotage standen. Die einzelnen Körperschaften des Rathes haderten unter einander, die Fünfzehner und die Dreizehner standen einander schroff entgegen, und der Ammeister Heller sprach es im Jahre 1628 vor ganzer Rathsversammlung aus, daß man in der

Stadt von nichts anderem singe und sage, als von der Herren Fünfzehner bösem Haushalten.

So waren die Verhältnisse in Straßburg, im Elsaß überhaupt, als die französische Monarchie von der Hand Richelieus gelenkt wurde. Ludwig XIII. und sein gewaltiger Minister befanden sich auf dem Zuge gegen Mantua, als sie Nachrichten von den Wirkungen des Restitutionsedikts Kaiser Ferdinands II. erhielten. Der französische Geschäftsträger in Straßburg, Zingelsheim, war der Meinung, daß die Zeit gekommen sei, wo eine Summe Geldes unter die lockern Verhältnisse der alten Reichsstadt geworfen, nicht ohne Vortheil bleiben könnte. Ludwig XIII. ließ die Straßburger vertrösten, aber man muß es daneben erstaunlich finden, in welche Dinge die französische Regierung sich einmischte. Da findet sich, daß die protestantischen Unterthanen von Straßburg der Abtei von Haslach die Zehnten verweigern und der König von Frankreich wandte sich nicht ohne energische Mahnung an den Straßburger Rath, denn der Abt von Haslach hatte seinen Schutz angesprochen. Man sieht, wie diese Politik sich gleich blieb: Stets in der einen Hand das drohende Schwert, in der anderen die Süßigkeiten französischer Schutzherrlichkeit, Freundschaft und Freiheit.

Die Schwedenkriege.

Zunächst hielt Richelieu die Zeit noch nicht für gekommen, um selbst in den deutschen Krieg einzugreifen, er setzte andere Mittel in Bewegung, um den Krieg in Deutschland fortzuspinnen. Als Gustav Adolf im fernen Norden landete, so ahnte wol niemand, daß das schöne Elsaß auch für die Schweden einer der vorzüglichsten Kriegsschauplätze werden würde. Aber nachdem Gustav Adolf im Siegeslaufe Norddeutschland durchzogen, alle protestantischen Reichsstände zu einem Bund vereinigt und die katholisch-kaiserliche Macht bei Leipzig besiegt hatte, wandte er sich nach Franken, besetzte die katholisch gebliebenen Bisthümer, welche das protestantische Deutschland wie ein eiserner Gürtel umgaben, und ging bei Steckstadt über den Rhein. Mainz, Oppenheim, Speier, Landau, Weißenburg fielen in die Hände der Schweden.

Wenn man diese Reihe von außerordentlichen, Ferdinands II. Macht mit einemmale niederschmetternden Ereignissen betrachtet, so kann man sich wol vorstellen, wie in den Reichsstädten der Glaube allgemein verbreitet war, es wäre ein Streich des Cardinals Richelieu gewesen, da wenige Tage vor der Schweden Landung der Kaiser seinen Feldhauptmann, den Wallenstein, abgedankt und so seine Macht selbst untergraben hatte. Dem schlauen Capuziner Pater Joseph, der im Auftrage Richelieus in Deutschland reiste, schrieb man die eingreifendsten Wirkungen auf alle diese Dinge zu. Auch in Straßburg traf Pater Joseph mit Persönlichkeiten zusammen, welche über die Beziehungen ihrer Stadt zu Frankreich die weitgehendsten Absichten hegten. Darunter befand sich der Stadtsekretär Josias Glaser, der aus seinen Gesinnungen jedenfalls kein Hehl machte, da er kurze Zeit später den Titel eines schwedischen Raths annahm und hiezu die Bewilligung der Behörde zu erlangen wußte. Die in Straßburg sehr verbreitete Opposition gegen das Haus Habsburg schaarte sich seit lange um die französischen Geschäftsträger. Die strengen Maßregeln des Kaisers in den letzten Jahren, mehrfache Anforderungen der österreichischen Truppen im Elsaß, und Uebergriffe derselben in die Herrschaftsrechte der Stadt, hatten eine Partei von Unversöhnlichen geschaffen, welche das Wort „Schutzherrlichkeit Frankreichs" als einziges Mittel gegen die von allen Seiten drohenden Gefahren bezeichneten. Dieser Partei war es willkommen, daß man im September 1631 genötigt war in neue Beziehungen zu Frankreich zu treten und ein Anlehen bei der französischen Krone zu machen, welches Herr de l'Isle unterhandelte.

Indessen war der Schwerpunkt der kriegerischen Ereignisse doch weder jetzt, noch in den folgenden Jahren in Straßburg zu suchen, denn die Stadt reichte mit ihrer so oft erprobten Neutralitätspolitik noch immer aus. Versuche, sich Straßburgs gewaltsam zu bemächtigen, mußten bei der Vertheidigungskraft der großen Stadt sicherlich als vergeblich gelten, obgleich man Absichten solcher Art bald der einen, bald der andern Partei sehr bestimmt zuschrieb und einmal sogar als notwendig erachtete, daß der Rath Mönche und Nonnen, die man des Einverständnisses mit Oesterreich für verdächtig hielt, aus der Nähe der Stadtmauern in andere weniger verführerische Stadtviertel versetzte. Im ganzen konnte man sagen, das Schicksal des Elsasses war bei weitem schlimmer, als das von Straßburg, da die Schweden kamen und den Krieg gegen die Oesterreicher unter Obrist Ossa und Montecuculi, gegen die Lothringer und Spanier zugleich eröffneten, und furchtbare Schläge gegen jede Stadt und Gemeinde führten, welche sich nicht unterwarf oder gar zu dem Bischof, zu Oesterreich, zu den Lothringern und Spaniern hielt. Als die Schweden am 7. Mai 1632 Herrn Nikodemus von Ahausen nach Straßburg schickten, damit sich der Rath erkläre, ob er Freund oder Feind sein wolle, so begann das zweifelhafte diplomatische Spiel, welches Mansfeld gegenüber beobachtet wurde, von neuem. Wie oft mußte der Rath dennoch gestatten, daß schwedisches Volk über die Rheinbrücke zog, wie oft hat dann wieder der Kaiser Klagen und Drohungen gegen die Stadt ausgesprochen, und wie schwer waren die Contributionen aufzubringen, durch welche die Neutralität des städtischen Gebiets, bald den Schweden, bald den Oesterreichern, bald den Lothringern abgekauft werden mußte. Es war eine unklare und nicht selten zweideutige Stellung, welche Straßburg einnahm, — es war nicht mehr das Bewußtsein stolzer Entsagung, womit die Königin der elsässischen Städte den Parteien ihrer Nähe gegenüberstand, indem ihr Beitritt der einen oder der andern Seite das unbedingte Uebergewicht gegeben hätte; es war die Neutralität der bodenlosen Schwäche, die Politik eines kleinen von seinen Traditionen lebenden Staates, der gegenüber den gewaltigen Mächten der Zeit nichts mehr zu besagen hatte.

Zur Zeit als König Gustav Adolf zu neuen Siegen an den

Lech gezogen, im Spätherbst 1632 seine Kräfte mit Wallenstein bei Lützen gemessen und siegend untergegangen war, zog der Pfalzgraf Christian von Birkenfeld im Elsaß umher, ohne daß er Zuzug von Straßburg oder anderen Orten erhalten hätte, wie er erwartete. Erst als General Horn mit starker Macht heranrückte, wurden die Oesterreicher und Lothringer, die bischöflichen und spanischen Truppen der Reihe nach besiegt, die meisten festen Plätze und Reichsstädte besetzt. Da wurde mit stürmender Hand die starke Festung Benfelden erobert, gegen Schlettstadt, Hagenau, Ensisheim, auch gegen die Bischofsstadt Zabern zogen die unbezwinglichen Regimenter der furchtbaren Schweden; Colmar wurde nach manchem Widerstandsversuche, welcher den Rath der Stadt dem Schicksal des Spottes preisgab, genommen. Die Unterwerfung des Landes war fast vollständig, man konnte daran denken, die Jura- und Vogesenpässe zu überschreiten und den Lothringern und Spaniern in Burgund Verlegenheiten zu bereiten.

Nur im Sundgau erhoben sich die Bauern gegen schwedische Truppenzüge und Besatzungen, wodurch ein gräuelvoller Kampf entstand, der jedenfalls zu den Bildern des Schreckens und der Entartung, deren die Geschichte dieses Krieges so voll ist, am meisten Beiträge geliefert hat. Im Sundgau geschah es, daß man verwundete schwedische Officiere auf die Straße brachte, damit sie von jedem Vorübergehenden mißhandelt werden sollten, so daß die Jesuiten sich selbst ins Mittel legen mußten, um den Eifer ihrer furchtbaren Anhänger zu mäßigen. Im Oberelsaß erzählen Jahrbücher und Rathsprotocolle jene schauerliche Mähre, daß der Hunger die Menschen zum Leichenraub getrieben habe. Es wird behauptet, daß durch zwei Jahre die Felder unbebaut geblieben wären; zum Hunger gesellte sich eine pestartige Krankheit. In der That: die Herrschaft der Schweden bezeichnet die Zeit des allertiefsten Elends dieses unglücklichen Landes, und dennoch nahm man die Nachricht von dem Siege der kaiserlichen Waffen bei Nördlingen nur trauernd auf, denn lediglich neue Mißhandlungen erwartete man von den einziehenden Truppen, nachdem sich die Schweden überall zum Rückzuge anschickten.

War es da zu verwundern, daß die Blicke des Elsasses sich immer mehr nach dem mächtigen Frankreich richteten? Man könnte nicht behaupten, daß dieses ohne jede Sympathie der deutschen Bevölkerung den kühnen Griff nach dem Rheine gethan habe. Aber das eine kann man nicht scharf genug betonen, wie der Plan der Besitzergreifung aus der finstersten und rücksichtslosesten Ueberlegung einer Henkerseele hervorging, welche lediglich darauf rechnete: Je größer das Elend, in welches das Land durch den Krieg versetzt wird, desto besser und sicherer die Aussicht, es für Frankreich zu gewinnen.

Für die Art und Weise, wie das deutsche Reich dieses Elsaß verloren, ist die einfache Thatsache bezeichnend, daß es kein gewaltiger Krieger, kein Eroberer, kein Mann von vordrängender Leidenschaft war, der es nahm, sondern ein in den Kanzleien des Staates zum politischen Führer Europas emporgekommenes Talent, dazu ein **Priester und Cardinal**. Zwar wußte er auch im blauen Stahlharnisch mit blankem Schwert an der Spitze der Armeen zu erscheinen, aber immer erst dann, wenn der Sieg seiner Sache gewiß war. Ob er in Mantua das Uebergewicht des nationalen Königthums, ob er in Rochelle die Demütigung einer widerspenstigen Religionspartei beabsichtigte, das Erscheinen seiner Soldaten war immer nur der letzte Act eines handlungsreichen Schauspiels.

So hatte Richelieu auch seinen Plan auf das Elsaß langsam reifen lassen. Die Schutzbedürftigkeit der Rheinländer wurde von einem Kurfürsten von Trier damals zuerst unumwunden und unbedingt ausgesprochen, und es war dadurch den kleineren Reichsständen ein gar verführerisches Beispiel gegeben. Philipp von Sötern, der sein Erzbisthum, wie Sixtus V. den Kirchenstaat befestigt und zwei für die damalige Zeit sehr starke Festungen, den Ehrenbreitenstein und Philippsburg erbaut hatte, erklärte öffentlich zur Zeit des Schwedenkriegs, daß Kaiser und Reich unvermögend wären Schutz zu gewähren und daß er sich deshalb an Frankreich wende. Seine Festungen erhielten französische Besatzung. So begann im Norden die Umklammerung des Elsasses; gleichzeitig hatte Richelieu im Süden sein Augenmerk auf Mömpelgard gelenkt. Im September 1633 besetzten die Franzosen Schloß, Citadelle und Thore der würtembergischen Stadt, und sogleich in nächster Nähe auch Blamont und Hericourt. Während dessen spann Richelieu sein Netz gegen Lothringen aus. Indem er die Oberherrlichkeit der französischen Krone über das Herzogthum behauptete, und mit dem lothringischen Herzog allerlei Verhandlungen führte, um ihn für eine Vermählung zwischen dem Thronerben von Frankreich und der lothringischen Prinzessin Margarethe zu gewinnen, besetzte er Nancy, die bedeutendste Festung der damaligen Zeit. Aber auch im Elsaß selbst gewann er bereits die festen Punkte seiner glücklichen Operationen. Im Sommer 1634 rückten die kaiserlichen Truppen unter dem Grafen Salm gegen Buchsweiler, Ingweiler und Neuweiler. Die schwedischen Truppen waren nicht stark genug, um die Orte zu halten; da waren es die Bürger dieser Städte, welche zuerst die französischen Truppen herbeiriefen. Und sogleich war Richelieu bereit, den so oft zugesagten Schutz den Bewohnern des Elsaß in vollem Maße zu Theil werden zu lassen. Fürwahr ein verführerisches Beispiel! und in der That auch die Gegenpartei befolgte es unter Umständen mit gleich gutem Erfolg. Denn als jener Graf von Salm vom Rheingrafen im Felde geschlagen und auf seiner Feste Hochbarr belagert wurde, wußte er sich mit den Franzosen zu verständigen. Die Belagerer fühlten sich ihrer Beute schon sicher, als ein französischer Oberst aus dem Schlosse hervortrat und ihnen erklärte, es gehöre jetzt dem König von Frankreich. Auch Hagenau und Reichshofen ließ Graf Salm in die Hände der Franzosen übergehn, weil er es ihnen lieber gönnte, als den Schweden und den Evangelischen. Ganz ähnlich ging es wenige Monate später mit Colmar und Schlettstadt; die Franzosen waren von Freund und Feind unterstützt, ja ersucht, Städte und Festen zu besetzen; es war niemals in ähnlicher Weise ein Feind dem tapfern elsässischen Volke auf den Nacken gekommen, wie diese Soldaten des schlauen Cardinals von Frankreich. „Die verhoffte Ruhe und Sicherheit, — so sagt ein alter Geschichtschreiber des schwedischen Krieges über diese Ereignisse im Elsaß — überwog bei den Einwohnern alle andern Motive."

Indem aber Frankreich durch seine schutzheuchlerische Politik gegenüber den einzelnen Reichsständen die größten Erfolge erzielte, that doch Richelieu auch wieder alles, daß das Bündnis von Heilbronn, welches nach Gustav Adolfs Tod von den Schweden mit den oberdeutschen Reichskreisen geschlossen worden war, nicht aufgelöst werde. Nur sorgte er auch hier, daß der schwedische Kanzler keine unbedingten Vollmachten von den Verbündeten erhielt und der vorzüglichste Einfluß den Franzosen blieb.

Ein deutsches Fürstenthum.

Unter den gewaltigen Kriegshäuptern, welche in diesen leidensvollen Jahren das Elsaß beherrschten; und die bald unter französischen, bald unter kaiserlichen und österreichischen, bald unter lothringischen und spanischen Fahnen das Land überwältigten, nahm keiner eine Stellung von so eigenthümlicher Art ein, wie Bernhard von Weimar, dessen Versuch im Elsaß zu einer selbständigen Macht zu gelangen, die größte Beachtung verdient.

Wer hätte nicht von dem tapfern und liebenswürdigen Urenkel des sächsischen Kurfürsten Johann Friedrich gehört, der nach dem Tode des Schwedenkönigs bei Lützen das Commando ergriff und über dem Grabe Gustav Adolfs den Sieg an seine Fahnen heftete. In Herzog Bernhard eröffnete sich der sächsisch-ernestinischen Linie noch einmal eine günstige Aussicht, die verlorne Machtstellung in Deutschland wiederzugewinnen. Der Besitz der Bisthümer Würzburg und Bamberg machte die Gründung eines neuen mitteldeutschen Fürstenthums möglich; als Herzog von Franken ließ sich der edle Sprosse des sächsischen Hauses huldigen. Allein die Schlacht von

Nördlingen zerstörte diese Absichten. Mit dem kaiserlichen Heere zogen auch die Bischöfe in ihre Fürstenthümer wieder ein. Bernhard von Weimar war auf eine neue Kriegswerbung angewiesen, wenn er sich nicht gänzlich als überwunden betrachten wollte und dazu konnte nur Frankreich die nöthigen Mittel gewähren. Wie sehr ihn nun auch seine Lage in den Dienst des französischen Königs drängte, bekannt ist, wie Bernhard seine Stellung als freier Reichsfürst selbst in dem äußerlichen Ceremoniell am Hofe Ludwigs XIII. keinen Augenblick verkannt wissen wollte. Es machte gewaltigen Eindruck auf die Höflinge, als sich Bernhard in Gegenwart des Königs bedeckte, nachdem Ludwig XIII. bei dem Empfange des Herzogs es auch gethan hatte. Die Verhandlungen Bernhards mit Richelieu hatten bei diesem selbständigen Auftreten des deutschen Fürsten nicht sofort den besten Erfolg. Sehr enttäuscht war er das erstemal nach der Nördlinger Schlacht von Paris zurückgekehrt. Sein Plan war, am Oberrhein in dem altösterreichischen Gebiete ein sächsisches und evangelisches Fürstenthum zu gründen: so sollte der alte seines Kurfürstenthums beraubte Ahnherr von einem jüngeren Ernestiner an dem Hause Oesterreich gerächt werden.

Bernhards Unternehmung fand nun bei dem Cardinal Richelieu nicht die volle Unterstützung. Mit nicht mehr als 18,000 Mann war Bernhard im Sommer 1637 ins Elsaß gekommen. Er hatte gegen sich die bairische Armee und die tüchtigsten Generale der katholischen Partei: Savelli, Piolani, Sperreuter und vor allem Johann von Werth, den tapfern Reiterführer, der die Franzosen bis nach Paris gejagt und wie kein anderer deutscher Feldherr die wälschen Herzen in Schrecken versetzt hatte. Eben damals sprach noch alle Welt von dem kühnen Kriegszug Johann von Werths ins Herz von Frankreich, welcher den Cardinal Richelieu fast um seine Stellung gebracht hätte, und geeignet schien, eine völlige Umwälzung in der französischen Politik hervorzubringen.

Jetzt stand Johann von Werth am oberen Rhein. Es gereichte ihm zu großer Genugthuung, daß er sich mit dem lutheranischen

Helden gleichsam im Zweikampf, etwas abseits von den großen Armeen der Schweden und des Kaisers messen konnte. Johann von Werth schreibt einmal an den Bischof von Bamberg: „Herzog Bernhard hat ausgesagt, er fürchte keinen Feind in der Welt, nur meine Truppen; lebe also der Hoffnung mit diesem, des h. röm. Reichs Erzfeind die größte Ehre einzulegen, wie es mir denn gänzlich versteht, ihn in Person zu erwischen." Es ist etwas von der unvertilgbaren Stammesfeindschaft, deren Deutsche gegen einander fähig sind, was in den beiden Feldherrn lebte; Bernhard von Weimar voll des religiösen Eifers, wie er ihn von seinen Altvordern überkommen, war ganz davon durchdrungen, daß er die rechte Partei habe und eine gute Sache verfechte. „Jan de Weert" — der Niederrheinländer — sah nichts als den Reichsfeind, den Verräther in dem Manne, der mit Frankreich unterhandelte. Bernhards fromme Seele hing an den Uebungen des Königs Gustav Adolf. Zweimal wurde im Heere täglich Betstunde gehalten. Mit Gott griff man an, und während des Kampfes sah man den kühnen Führer die Hände falten und Gott um Beistand anflehn. In Johann von Werths Charakter zeigen sich keinerlei Züge frommer Stimmung, religiöser Art. Der Haß gegen die Schweden und Franzosen ist seine vornehmste Religion. Mehr äußerlich und politisch, als in herzlicher Demut, steht er mit den Priestern seiner Kirche auf gutem Fuß, der katholischen Sache dient er, weil er das Reich darauf begründet hält.

Das waren die Männer, die jetzt um das Schicksal des Elsaß mit einander kämpften. Als Herzog Bernhard im raschen Siegeslaufe das Elsaß zunächst besetzt hatte, wandte er sich an die Straßburger Bürger, damit sie ihm die Rheinbrücke öffneten, und den Durchzug gestatteten. Da gab es aber nun die immer gleichen Schwierigkeiten im Rathe; man fürchtete den Kaiser und dessen Rache, wenn man sich offen auf Seite Bernhards schlug. So wurde der Uebergang über den Rhein auf Schiffbrücken versucht, wozu freilich Straßburg Material lieferte und dann dafür von den Kaiserlichen doch auch in harte Strafe genommen wurde. Bei den Dörfern

Rheinau und Wittenweier wurde der Uebergang bewerkstelligt, aber der wachsame Kurfürst von Baiern sendete alle verfügbaren Truppen an den obern Rhein; und Johann von Werth stürmte die Verschanzungen, welche der Weimarer zum Schutze seiner Brücken aufgerichtet hatte. Johann von Werth selbst wurde durch einen Schuß in der linken Wange verletzt, aber der Kampf ruhte keinen Augenblick bis Bernhard von Weimar am 23. October 1637 sich genöthigt sah, den Rhein zu verlassen. Bernhards Truppen lagen zu Dellsperg in Winterquartieren, und mußten im Frühjahr den Angriff der Kaiserlichen erwarten; aber im Anfange des Jahres 1638 ward eine neue Verabredung mit den Franzosen getroffen, durch welche sich Ludwig XIII. u besseren Subsidien verpflichtete. Als nun Bernhard von Weimar eine Armee wieder verstärken konnte, ergriff er die Offensive, ging bermals über den Rhein und begann Rheinfelden zu belagern. llein die gesammte feindliche Macht rückte zum Entsatze der östereichischen Festung heran, und Johann von Werth glaubte seinen egner völlig vernichtet. Aber schon nach drei Tagen stand Bernhard it noch viel größeren Massen wieder am Platze und zersprengte die aiserliche und bairische Armee in einem glücklichen Anlauf. Johann en Werth, Savelli Sperrreuter wurden gefangen. Es sei der unlücklichste Tag seines Lebens, klagte Johann von Werth, als er dem ehaßtesten seiner Feinde in die Hände fiel. Für Bernhard aber hatte r Sieg die größten Consequenzen, Rheinfelden, Rütteln, Freiburg fneten die Thore. In Ensisheim, dem Sitze der österreichischen Reerung, war Bernhards Hauptquartier; hier rüstete er sich zu einer ntscheidenden That, zur Belagerung und Einnahme von Breisach.

Auf beiden Seiten kannte man die Wichtigkeit des Platzes zu ut, als daß nicht alle Anstrengungen hätten gemacht werden sollen. weimal suchte der General Götz, erst bei Wittenweier, dann wieder unmittelbarer Nähe von Breisach die Festung zu entsetzen, auch e Lothringer rückten heran und wurden bei Thann von Bernhard schlagen. Aber endlich mußte Breisach capituliren, nachdem es die äßlichsten Hungerqualen erlitten.

Es war am 19. Dezember 1638, als der Held von Weimar in Breisach einritt; nicht ohne Mitleid nahm er das Elend der Bevölkerung wahr, und da er mit Verwunderung sah, daß der Commandant der abziehenden Garnison noch 60 gute Pferde mit sich führe, ließ er ihn hart genug an, weil er Bürger und Soldaten, besonders aber die Gefangenen, sich selbst aufessen oder Hungers hätte sterben lassen.

Der Plan des Weimarer Herzogs konnte zunächst als gelungen betrachtet werden. Die Franzosen hatten ihm vertragsmäßig den erb- und eigenthümlichen Besitz der Landgrafschaft Elsaß zugesagt Auch der Breisgau war in seinen Händen. Wenn es überhaupt noch eine Form gab, in welcher das alte Reichsland bei dem Reiche zu erhalten war, so war es das neue Fürstenthum Bernhards von Weimar. In Straßburg begann man auch wol die Bedeutung der Sachsen für die Selbständigkeit des Landes zu erkennen. Die Beziehungen zu Bernhards Regierung wurden intimer und häufiger als bisher, so daß es Richelieu gefährlich fand, die beiden Mächte fester und fester ineinander verwachsen zu lassen.

Die politische Lage von Straßburg zeigte sich hoffnungslos wenn man die Blicke auf die Zustände des elsäßischen Landes richtete. In Benfelden herrschten die Schweden, in Ensisheim und Breisach der Sachsenherzog, in Zabern und Hagenau die Franzosen Die deutsche Reichsgewalt war seit Februar 1637 in den Händen Ferdinands III., welcher bei seinem Bestreben die österreichische Herrschaft im Elsaß wieder herzustellen wenig Rücksicht auf die Reichsstädte nahm. In Straßburg war man mehr als jemals auf sich selbst gewiesen, und doch zeigte sich eine reichsstädtische Politik, wie sie das Mittelalter kannte, völlig unhaltbar. Die Notwendigkeit eines unbedingten Anschlusses an eine der großen Mächte trat immer mehr hervor, aber gerade darüber waren die Parteien mit sich selbst zerfallen und in bittern Haß gerathen. Es gab in der guten Stadt Straßburg Männer, die den Anschluß an das Reich predigten, wie Herr Imlin, und die Frage nicht zu beantworten vermochten, wo d

Reich zu suchen sei, und es gab Franzosenfreunde, wie Josias Glaser, die von den andern als Verräther gescholten wurden.

Innen und außen, wo man auch hinblickte, es war ein furchtbares Zusammenbrechen aller Verhältnisse, auf denen das uralte Reichsland ruhte. In diesen chaotischen Zustand des Landes suchte der neue elsäßische Herzog Bernhard mit fieberhafter Thätigkeit Ordnung zu bringen. Er beschränkte die willkürliche Wirthschaft der französischen Beamten, verfügte kräftig zur Beförderung des Ackerbaues, der noch immer darnieder lag, schaltete überall umsichtig als Landesherr, Strenge übend gegen den österreichisch gesinnten Adel und gegen die zu Verrath geneigte katholische Geistlichkeit.

Aber Frankreich war schlecht zufrieden mit Bernhards Fürstenpolitik, und Richelieu begehrte die Auslieferung von Breisach an die französische Krone. War schon der Paß ins Reich bei Straßburg sobald nicht zu erlangen, so sollte die Position bei Breisach ein dauernder Besitz von Frankreich werden. Allein Bernhard wies mit Stolz jedwede Forderung zurück, welche Deutschland Schaden bringen konnte. Noch suchte er des Cardinals Begehrlichkeit durch andere Objekte zu entschädigen und zu beruhigen. Im Frühjahr 1639 machte er glückliche Züge nach Hochburgund; dort sollte Frankreich seine Vergrößerungen auf Kosten Spaniens erhalten. Er sendete seinen vertrautesten Offizier und Diplomaten, den Schweizer Erlach, nach Paris, um mit Richelieu zu unterhandeln, aber am Hofe Frankreichs war man entschlossen, mit dem Manne, den man als Werkzeug angesehen und der sich auf eigene Füße zu stellen gewagt, zu brechen. Schon glückte es dem Cardinal Richelieu, den Unterhändler Bernhards selbst zu erkaufen; und der Verrath war angesponnen, als der dreiste und anspruchsvolle Marschall Guébriant im Juni bei dem Herzog von Weimar anlangte, und Herausgabe der mit dem Gelde Frankreichs und angeblich nur für Frankreich gemachten Eroberungen begehrte. Immer bestimmter trat hervor, was Richelieu wollte, aber noch stand zwischen dem Elsaß und der Krone Frankreichs ein deutscher Held, der die Unabhängigkeit desselben mit seinem

22*

Leben deckte. Dieses Leben war den Plänen Richelius im Wege. Am 14. Juli 1639 erkrankte Bernhard von Weimar in Hüningen, ließ sich nach Neuenburg bringen und starb daselbst am 18. Juli Morgens. Es wäre wunderbar gewesen, wenn nicht die bestimmteste Behauptung Platz gegriffen hätte, daß jene politische Differenz durch eine gewaltsame That des Cardinals von Frankreich zu Ende geführt worden sei. Man glaubte an die Vergiftung des Herzogs, weil die allgemeinen Umstände und die persönlichen Schicksale hier so absichtsvoll in einander zu greifen schienen, daß man die Hand zu sehn meinte, welche dies alles bewirkte. So eigenthümlich vereinigen sich in der Geschichte persönliche und zufällige Dinge mit den allgemeinen langsam vorbereitenden Kräften und Ideen, wenn die Zeit da ist, wo Staaten untergehn und neue Bildungen entstehen sollen.

Frankreich und der Friede.

Herzog Bernhard hatte vor seinem Ende den Versuch gemacht, die Eroberungen seinem Hause zu sichern: er verlangte, daß die Armee, die er geschaffen und die so viele Siege erfochten, als ein Ganzes bestehn bleiben sollte. Aber Bernhards Brüder wurden von Richelieu rasch bei Seite geschoben. Die Erbschaft des Weimarers ging mühelos in die Hände der Franzosen über. Sogleich am 28. Juli ging der Baron D'Oissonville im Auftrage der französischen Regierung nach Breisach. Er führte lauter gefüllte Geldsäcke mit sich, denn das war die Operationsbasis, auf der Frankreich das Elsaß erwarb. Für den Herrn von Erlach waren eventuell 200,000 Livres in Bereitschaft gestellt, wenn er die Festung Breisach auslieferte und das Heer „envers et contre tous" für Frankreich verpflichte. Auch damit wollte sich Richelieu schon begnügen, wenn Erlach in Breisach als Befehlshaber bleiben, einen französischen Unterstatthalter und zur Hälfte französische Besatzung annehmen wollte. Die gleichen Bedingungen wurden den Befehlshabern der andern Plätze vorgelegt. Die Obristen der Regimenter wurden alle besonders bestechen. Einige sollen bis zu 20,000 Livres erhalten haben. Es gab Agenten von hoher Stellung, wie de la Grange aux Ormes und Graf d'Avaur, welche keine andere Aufgabe hatten, als Bernhards Heer und seine Zeitungen zu kaufen. Es ist ein bezeichnender Ausdruck der Entrüstung, welche irgend ein deutscher Offizier damals in Worte kleidete: „Unserm kaum begrabenen Fürsten, welcher durch seine Tugend die allerschönste Braut, die Festung Breisach erworben, ist von den französischen Hähnen das Hirschgeweih aufgesetzt, er zum Hahnrei gemacht, und die ehrliche Dame ist mit den Franzosen beschrieen worden. Nun heißt es: ihr Brüder, die Braut ist verzückt, der Tag hat sein End', die Spielleute sind bezahlt, die Morgengabe ist verdient, der Kranz ist zerrissen, die Frau ist eine Courtisane, das Wappen quartiert, die Heirat vertheilt. Der letzte Stich gewinnt das Spiel — die Dame, um welche wir Deutsche mit Granaten, die Franzosen mit Ducaten, wir mit Musqueten, sie mit Pistolen, wir mit Pferd und Infanterie, sie mit Furianterie und geladenen Mauleseln, wir mit Schanzen, sie mit Schenken, wir mit Feld-, sie mit Hofstücken, wir mit Schlagen, sie mit Salben, wir mit Schießen und Stechen, sie mit Bestreichen und Schmieren, wir mit Blut, sie mit Gut, wir mit Kriegen, sie mit Trügen geworben; was wir gewonnen mit Stürmen, haben wir mit Schirmen verloren. Der Hahn ist im Korbe, sitzt auf fremden Eiern, er hat den Nutzen, das Kränzlein und den Preis, die andern den Sack."

Das war die Stimmung, in welcher man gleichsam waffenlos der Occupation der Franzosen entgegensah. Daß es lediglich durch List und Trug geschah, daß die deutsche Nation nicht einmal die Beruhigung hatte, von einem Stärkern übermannt worden zu sein, das war es, was dem Verluste des Elsasses den in jenen Worten zuerst empfundenen Wermuthstropfen beigesellte, den kein wahrhaft deutsches Herz jemals verwinden konnte.

In Zeit von einem halben Jahre waren die Franzosen Meister von Breisach, Ensisheim, Colmar, der Herrschaften im Sundgau und fast aller Städte, mit Ausnahme von Straßburg. Man machte

Projekte, eine geregelte Verwaltung einzuführen, die den Verhältnissen des Landes nach Möglichkeit entsprechen und zugleich den französischen Besitz sichern sollte. Einen Vorschlag dieser Art hat man von der Hand des Sekretärs von Straßburg Josias Glaser gefunden. Wenn sein Straßburgischer Gegner und Rivale Dr. Imlin sein den Franzosen empfohlenes Verwaltungsprogramm geradezu Verrätherei nannte, so ist diese Bezeichnung nur theilweise richtig. Für die Annexion des Elsasses war der Baron von Oissonville in so entschiedener Weise thätig, daß es dazu eines Rathschlags nicht weiter bedurfte. Die Erfahrungen eines im Elsaß einheimischen Mannes mußten dagegen der französischen Regierung äußerst willkommen sein, wenn es sich darum handelte, die Verwaltung des Landes einzurichten.

Ohne den Friedensschluß abzuwarten ließ Richelieu die besetzten Orte so behandeln, wie hundert Jahre früher Metz, Toul und Verdun, welche ohne Vertrag einverleibt wurden. Guébriant, dessen Rücksichtslosigkeit schon Bernhard von Weimar kennen gelernt, war ganz der Mann, um das erlistete Gut durch tüchtige Garnisonen zu behaupten. Wenn die Anekdote wahr sein sollte daß Richelieu einst seinem Mitarbeiter, dem Pater Joseph, als dieser starb, zum Troste zugerufen habe: „Courage, Père Joseph, courage, Brissac est à nous", so durfte der sterbende Cardinal (1642) sich noch mit mehr Recht sagen, Elsaß ist französisch.

Die Feldzüge der Franzosen unter der Regierung Mazarins waren Offensivstöße gegen Baiern und Schwaben, die Rheingrenze dagegen war von den kaiserlichen und bairischen Heeren kaum mehr bestritten. Nur einmal gegen Ende des Jahres 1644, nachdem Guébriant seinen bei Rottweil erhaltenen Wunden erlegen war, gab die Schlacht von Tuttlingen den Baiern ein solches Uebergewicht, daß auch der Oberrhein in Gefahr kam. Mazarin aber traf die glückliche Wahl Türennes zum Feldherrn der französischen Armee. Dem gelang es trotz der Niederlage bei Freiburg auch Mainz und Philippsburg, welche schon verloren gegangen waren, zu besetzen;

und im folgenden Jahre schlug man bei Mergentheim und Allersheim, während bereits die Friedensverhandlungen in Münster im Gange waren, und die Franzosen die Welt der Diplomaten in gerechtes Erstaunen setzten durch den Grundsatz, daß ein französischer König Unterhandlungen über Orte, die seine Truppen ohnehin besäßen, nicht gestatten könnte.

Die kaiserliche Diplomatie hatte gehofft, mit der Anerkennung des den Franzosen noch durch keinen Friedensschluß förmlich abgetretenen Besitzstandes in Lothringen ein billiges Angebot zu thun. Die französischen Gesandten aber wiesen höhnend die Zumuthung zurück, diese Fragen in die Erörterung zu ziehen. Verhältnißmäßig rasch hatten die Franzosen die prinzipielle Grundlage des westphälischen Friedens beim Congresse, was ihren eigenen Gewinn betraf, durchgesetzt. Bevor noch die Fragen über die Gestaltung Deutschlands, über die Entschädigungen der einzelnen Fürsten, über die Angelegenheiten der Confessionen weiter discutirt werden durften, konnten die Franzosen ihre Sache als abgemacht betrachten. Schon am 17. September 1646 sandten die französischen Bevollmächtigten einen Courier an die Königin-Regentin, um sie zu benachrichtigen, daß der deutsche Rheinstrom Frankreichs Grenze sei, sie priesen die Fürstin glücklich, unter deren Regierung dies geschehen wäre.

In derselben Form, in welcher damals die Abtretung verabredet worden ist, wurde sie auch nachher jenen Friedenstractaten einverleibt, welche den tiefsten Punkt in dem geschichtlichen Leben unseres Volkes bezeichnen.

Der 11. Artikel dieses westphälischen Friedens lautet:

„Die Oberherrschaft, die Landeshoheit und andre Rechte, die bisher das römische Reich auf die Bisthümer Metz, Tull, Verdun und deren Städte und Gebiete gehabt hat, sollen künftig auf eben die Weise der Krone Frankreich zustehen und ihr auf ewig einverleibt sein. Es begeben sich der Kaiser für sich und das ganze Haus Oesterreich, wie auch das römische Reich aller Rechte auf die Stadt Breisach, die Landgrafschaft Ober- und Niederelsaß, Suntgau, die

Landvogtei der zehn im Elsaß gelegenen Reichsstädte, Hagenau, Colmar, Schlettstadt, Weißenburg, Landau, Kaisersberg, Obereheim, Roßheim, Münster im Georgerienthale, Thüringheim und aller Dörfer, die zu denselben gehören, und übergeben sie dem allerchristlichsten König und der Krone Frankreich, so daß die genannte Stadt Breisach sammt den Dörfern Hochstedt, Niederimsing, Harten und Acharren und dem ganzen Gebiete, soweit es sich von alten Zeiten erstreckt hat, nunmehr der Krone Frankreich gehören soll. Ferner sollen die besagten beiden Elsaß und Sundgau wie auch die zehn Städte mit allen dazu gehörigen Unterthanen, Städten, Dörfern, Schlössern, Wäldern, Bergwerken, Gewässern, Weiden und sammt allen Rechten ohne allen Vorbehalt, mit der Oberherrschaft nun bis zu ewigen Tagen dem allerchristlichsten König und der Krone Frankreichs zustehn, ohne daß der Kaiser, das Reich und das Haus Oesterreich, oder ein Andrer widersprechen könne, daß auch keiner irgend ein Recht oder eine Gewalt in den genannten, dies- und jenseits des Rheins gelegenen Ländern je gebrauchen dürfe."

Es wurden bei diesen Bestimmungen jedoch zwei Punkte wie absichtlich dunkel gelassen: die Frage, welche Stellung Frankreich als Oberherr dieser Reichsgebiete im Reiche selbst einnehmen solle, und wie sich die Reichsstände wieder ihrerseits zum Reiche verhalten werden. In Bezug auf den ersten Punkt hatte Frankreich nicht undeutlich die Absicht gezeigt, als Reichsstand in den deutschen Fürstenbund selbst einzutreten, aber dieses äußerste suchten die kaiserlichen Gesandten auf das entschiedenste zu verhindern. Dagegen wurden die **Reichsrechte** der unmittelbaren Stände Deutschlands im Elsaß im 12. Artikel des westphälischen Friedens **anerkannt**, jedoch so, daß ausdrücklich der früher zugestandenen **Oberherrschaft Frankreichs dadurch nichts vergeben** sein sollte. Es war deutlich zu verstehen, daß aus diesen Verhältnissen neue Ansprüche des unersättlichen Nachbarn sich ergeben mußten.

Denn wenn in der Geschichte des Abfalls der Westmark vom deutschen Reiche ein durchgreifendes Prinzip sicher gestellt werden kann, so ist es dies, daß der Verlust in der allmählichen Entgliederung und Zerbröckelung Deutschlands, überhaupt in der Katastrophe des Reichs begründet war. Nicht das absolute Maß der Stärke und Bedeutung der Franzosen, an keiner Stelle der tragischen Entwickelung die stärkere Energie, die höhre Einsicht, die größre Tapferkeit, sondern nur der relative Werth einer fremden national geeinigten Königsmacht gegenüber einem gespaltenem Volke hat den deutschen Strom zu Frankreichs Grenze machen können. Die Westmark gehörte Deutschland an, bis der letzte Rest der alten Kaisermacht verschwand, bis zum letzten Tage staatlicher Einheit. Mit dieser zugleich ging auch das Elsaß im westphälischen Frieden verloren. —

Aber schon steigt im fernsten Osten der Staat des großen Kurfürsten empor, dessen Enkel beides, die Reichseinheit und das Elsaß, wiedergewinnen sollte.

Achtzehntes Kapitel.

Der Fall von Straßburg.

Die Kraft des französischen Staats beruhte auf der rücksichtslosen Ausdehnung der königlichen Gewalt. Da gab es keine Sonderrechte, Befreiungen und Ausnahmen von den königlichen Gerichtshöfen, von Zöllen und andern Regalien. Es war ein wirklicher, ein leibhaftiger Staat, mit welchem das an privilegirten Ständen, Sonderrechten und individuellen Verhältnissen in so reichlichem Maße ausgestattete elsässische Land zum erstenmale in Berührung kam. Zunächst trat nun aber eine Periode der unbehaglichsten Reibungen ein, welche in Folge dieser Gegensätze entstanden waren. Der westphälische Friede hatte den deutschen Reichsständen alle Rechte vorbehalten, aber in demselben Athemzuge las man in dem Artikel doch die Bestimmung, daß durch die reichsständischen Rechte der Oberhoheit des französischen Königs nichts abgebrochen sein solle. Einige behaupten, daß die Formulirung dieser Friedenstractate ein unverzeihlicher Fehler der Diplomatie gewesen sei, aber wenn man aufrichtig sein will, so muß man sagen, daß in den Verhältnissen selbst ein unversöhnlicher Gegensatz bestand zwischen einem Staate, der eine starke monarchische Spitze besaß und einem Lande, welches aus dem mittelalterlichen Staatsrecht noch mit keinem Schritte herausgekommen war. Die kaiserlichen Gesandten glaubten in Münster den verlorenen Gliedern des Reiches wenigstens Sicherheit ihrer Privat-

rechte schuldig zu sein, die Franzosen hingegen betonten die Hoheits=
rechte ihres Königs, womit für die französische Staatsauffassung
alles bezeichnet war, was sie wünschten. So kam es zu den Unklar=
heiten des Friedensinstruments.

Aber auch die zahlreichen Franzosenfreunde im Elsaß lebten in
einer gewaltigen Täuschung, indem sie meinten, das von ihnen im
idealsten Lichte gesehene Schutzverhältniß des starken Königs an der
Seine werde die Eigenart des Elsasses unberührt lassen. Man
hoffte, daß die Provinz eine gewisse Selbständigkeit und Selbst=
verwaltung behalten werde, aber gerade das Gegentheil geschah.
Im September 1657 gründete Ludwig XIV. einen obersten Ge=
richtshof, gleich den alten Parlamenten des Reichs, für die neuen
Länder in Metz. Nach Lothringen war auf diese Art der Gerichts=
und Instanzenzug im Elsaß verwiesen; und überhaupt hatte man
hier bis dahin keinen Begriff von der umfassenden Thätigkeit einer
Behörde, wie die von Metz war, welche zugleich in die religiösen
Dinge einzugreifen die Pflicht hatte, für Erhaltung der königlichen
Domänen, für die oberherrschaftlichen Schutzrechte sorgte und die
Verwaltung in allen einzelnen Punkten controllirte. Der Gerichtshof
zu Metz vereinigte die Vollmachten des Reichskammergerichts mit
ausgedehnten fiskalischen und politischen Rechten, es war eine Be=
hörde, welche in den Städten ein nicht geringes Erstaunen und eine
instinctive Abneigung wachrief. Als man die sämmtlichen Reichs=
stände des Elsasses zu der feierlichen Eröffnung einlud, hatten sich
die guten Bürger der alten Reichsstädte die bedenkliche Lage ihrer
uralten Gerichtsprivilegien nicht verhehlen können, und eilten nach
Ensisheim, um gegen alle Beeinträchtigung ihrer Rechte zu protestiren.

Wie wenig konnte das indessen helfen. Als Landvogt war der
Graf von Harcourt bestellt worden, aber das war ein bloßer Beamter
des Intendanten, der wieder kein anderer war, als der Minister des
Reiches, der große Colbert, der wol durch seine Maßregeln, aber
kaum mehr als dem Namen nach den Bürgern im Elsaß bekannt
wurde. Wo man einst in den unmittelbarsten Beziehungen zu dem

Kaiser, den man als Herrn der Welt ansah, gestanden hatte, verkehrte man jetzt mit Beamten, deren oberste Spitze schon unnahbar erschien. Nach Harcourt übernahm eine kurze Zeit Mazarin die Stelle des Landvogts, aber nur, um sie seinem Verwandten, dem Herzog von Mazarin zu überlassen, der sie auch nach dem Tode des Cardinals behielt. Zwischen diesen Statthaltern und den Städten kam es zu den mannigfaltigsten Streitigkeiten, die besonders dann einen hartnäckigen und gefährlichen Charakter annahmen, wenn die religiösen Interessen durch die Maßregeln der Regierung berührt wurden. Eidesverweigerung der Stadträthe von der einen Seite, Anspruch auf die Leitung der Wahlen auf der andern Seite, hier Beschwerden bei dem Reichskammergericht, ja bei dem Regensburger Reichstag, dort Anklage auf Felonie und Hochverrath bildeten eine gleichsam geschlossene Reihe von inneren Kämpfen, welche die Franzosen mit administrativem Geschicke, mit einer Virtuosität der Chikane gegenüber den Widerspenstigen zu führen wußten, und in denen die Deutschen doch schließlich vollkommen ermüdeten.

Vor allem konnte es den schlauen Franzosen nicht zweifelhaft sein, daß die Recurse der Elsässischen Städte an das deutsche Reich notwendig zu Boden und bei wiederholter Gelegenheit dem Fluche der Lächerlichkeit anheim fallen mußten. Mit mathematischer Sicherheit konnte die Regierung daher darauf rechnen, daß bei der völligen Unfähigkeit jeglicher Reichsbehörde das im Elsaß formell noch bestehende Reichsrecht zu schützen, ein Umschwung der Gesinnungen zu Gunsten der französischen Verwaltung schließlich nicht ausbleiben konnte.

Auch hatte sich Frankreich einen Bundesgenossen in der katholischen Bevölkerung geschaffen, welche unter anderm durch ein Gesetz vom Jahre 1662 in der Erwerbung von Grundeigenthum gegenüber den Protestanten bevorzugt worden ist. Indem die Regierung Colonisirung und Einwanderung im Elsaß begünstigte, beschränkte sie doch gleichzeitig das Recht der Niederlassung auf die Katholiken. Ueberall und nach allen Seiten hin fand man die französische Staatsmaschine in den neuen Verhältnissen thätig.

Es wäre noch viel rascher gelungen den alemannischen Widerstand, besonders der kleinen Städte, zu beseitigen, wenn nicht die fortwährenden Kriegssteuern in den Dezennien nach dem westphälischen Frieden den Einwohnern des Elsasses täglich gelehrt hätten, daß doch auch der große König nicht im Stande sei, die von seinen Anhängern so oft gepriesene und vorausgesagte Sicherheit und Ruhe zu gewähren.

Bis zum Jahre 1659 dauerte der Krieg zwischen Frankreich und Spanien, welcher das Elsaß nicht unberührt ließ. Die Friedensjahre, die nach dem pyrenäischen Frieden folgten, waren nur wie eine kurze Rast auf der Bahn der Eroberungen Ludwigs XIV. Als Kaiser Leopold im Jahre 1672 der von den Franzosen nun schon zum zweitenmale hart bedrängten holländischen Republik zu Hilfe kam, war wieder das Elsaß der vorzüglichste Schauplatz des Krieges, nicht anders, als zu der Zeit, wo des Reiches Rechte und Gewalt in der deutschen Westmark noch lebendig waren. Türenne und Condé schalteten an der Spitze der französischen Heere in dem mit halbem Herzen noch dem Reiche zugethanen Lande um so rücksichtsloser, als das Kriegsrecht Gelegenheit gab, an die Stelle der guten Worte den rauhen Ton des souveränen Königs zu setzen. In diesen Zeiten war es äußerst gefährlich, die Reichsrechte, welche im westphälischen Frieden vorbehalten worden, anzurufen, und mancher Ort mußte die Drohung vernehmen, daß Ludwig XIV. Beeinträchtigung seiner Landesherrlichen Rechte als Rebellion von Unterthanen bestrafen werde.

Oesterreichischerseits wäre man nicht abgeneigt gewesen, die elsässischen Gebiete während des holländischen Krieges wieder zu erobern, aber die politischen Combinationen, die zu diesem Ziele führen sollten, konnten kaum den elsässischen Städten sehr erwünscht scheinen. Denn die Verbindung, in welche Oesterreich mit den Lothringern trat, dessen jüngerer Herzog Karl zugleich die Reichsarmee commandirte, war auch jetzt geradeso wie im dreißigjährigen Kriege das geeignetste Mittel, um bei den Elsässern den Rest der Sympathien für das deutsche Reich zu vertilgen. Immerhin aber wurde der Krieg für das zwischen Lothringen und Oesterreich eingeklemmte Elsaß doppelt verderblich. In diesen Kriegsjahren war es, wo Frankreich die deutschen Bürger der zehn Reichsstädte nicht bloß an den Anblick der französischen Garnisonen, sondern auch an die Befehle seiner Gouverneure gewöhnte. Der Krieg wurde zu einer Schule des staatlichen Lebens und der vorherrschend militärischen Ideen im Sinne des französischen Königthums. Die Opposition, die noch vor dem holländischen Kriege in den Städten des Elsaß gegen die französische Herrschaft sich eifrig geregt hatte, verstummte seit demselben mehr und mehr und die Söhne der alten Reichsbürger, welche widerstrebend das französische Joch ertrugen, hatten nicht mehr viel einzuwenden, daß der mächtige König von Frankreich der oberste Herr ihrer Städte sei.

Nur Straßburg hatte noch einmal die ganze Qual eines Zustandes, der den Schwachen zum Spielball der Starken und Gewaltigen machte, zu durchleben, eines Zustandes, welcher im dreißigjährigen Kriege schon in voller Unhaltbarkeit zu Tage getreten und jetzt sich schlimmer wiederholte. So lange Friede herrschte, hatten die Franzosen die traditionelle Politik listiger Schmeicheleien gegenüber dem Stadtrath und Bürgern von Straßburg mit gutem Erfolge fortgesetzt. Als Ludwig XIV. bald nach dem Abschlusse des westphälischen Friedens nach Metz kam, ließ er den Straßburgern Nachricht von seinem sehnlichen Wunsche geben, Abgeordnete der Stadt bei sich zu sehn, und als der Rath vier Abgesandte nach Metz schickte, um den glorificirten König zu begrüßen, und nicht weniger als fünf Ergebenheitsadressen durch dieselben überreichen ließ, eine an den König, eine an die Königin, eine an den Herzog von Anjou, eine an den Cardinal Mazarin und eine an die übrigen Minister des Königs, — alle voll der kläglichsten Schmeicheleien französischen Stils, wie sie die tapfere Reichsstadt in ihrer deutschen Muttersprache nie einem deutschen Kaiser in allen Jahrhunderten ihres Bestandes zu heucheln genöthigt worden ist — erhielten die

Bürger von Straßburg von dem Könige die Antwort, daß er „die Freundschaft und die Liebe seiner Vorfahren unvergänglichen Andenkens für die benachbarte gute Stadt geerbt habe und daß er nichts sehnlicher wünsche, als derselben die Hilfe seiner Truppen leihen zu können, wenn sich Gefahr eines Angriffs zeigen sollte; denn seine Armee würde immer bereit sein, einzustehen für das, was in Münster beschlossen worden und für die „Freiheit" der Fürsten und Stände, welche noch zum deutschen Kaiserreich gehörten." Wenn man zweifeln konnte, was Ludwig XIV. unter der Freiheit der Stände verstand, so konnte man sich aus der Antwort, die der Cardinal Mazarin gleichzeitig auf die Adresse der Straßburger gab, Belehrung verschaffen, wenn es in derselben hieß, daß der König von Frankreich der deutschen Reichsstadt sein Wohlwollen und Protectorat zu Theil werden lassen wolle.

Als hierauf der holländische Krieg ausbrach, hatte man gleich anfangs Gelegenheit, den energischen Schutz der französischen Truppen kennen zu lernen, denn diesen kam natürlich alles darauf an, den Uebergang der Deutschen über die Straßburger Brücke zu verhindern. Aber in Straßburg war die überwiegende Majorität der Bevölkerung noch immer der Meinung, daß die freie Stadt des römischen Reichs selbständiges Entscheidungsrecht über ihr Verhalten gegenüber den kriegführenden Mächten besitze. Da schritt der Prinz von Condé ohne vorhergehende Unterhandlung mit dem Stadtrath zu dem einfachsten Mittel, den Paß der Straßburger Rheinbrücke den kaiserlichen Truppen zu verlegen. Am 14. November ließ er bei Nacht von Breisach acht Schiffe den Rhein hinabfahren, fünf waren mit Mannschaft besetzt, drei davon waren Brander, welche um Mitternacht unter der Straßburger Brücke befestigt und angezündet wurden. In Kehl und Straßburg ertönten die Sturmglocken, als die Flammen mit furchtbarer Schnelligkeit emporzulodern begannen, die Bürgerschaft erschien auf den Stadtwällen, die Truppen wurden gesammelt, die Wache auf der Rheinschanze wurde verstärkt, aber der Brand konnte nicht mehr gelöscht werden. Die französischen

Truppen landeten, vergnügt über das vollbrachte Werk, in der Wanzenau und marschirten durch das Straßburgische Gebiet nach Breisach zurück. Die Pasquillensüchtige Zeit mochte in der That in diesen Ereignissen einen reichen Stoff für die Satire gegen den weisen Stadtrath von Straßburg finden, der vom hohen Münsterthurm das Werk der Zerstörung besah und seinen Mangel an Vorsichtsmaßregeln zu beklagen reichliche Muße hatte. Denn wie die Sachen standen, so mußte der Rath den Streit um jeden Preis vermeiden; hatte doch die Wache bei der kleinen Zollschanze den Auftrag erhalten nicht einen Schuß auf die Franzosen abzufeuern, weil dies von dem allmächtigen König von Frankreich leicht als Bruch der Neutralität gedeutet werden konnte.

Alles, was der Rath thun konnte, war, sich an den König einerseits und an Kaiser und Reich andererseits mit diplomatischen Schriften zu wenden. Aber der Regensburger Reichstag war schon lange gewöhnt, auf die breiten Rücken seiner Staatsmänner Acten dieser Art gewälzt zu sehn, ohne das es ihm große Beschwerden verursachte, und der König von Frankreich war nicht gewillt, diese günstige Gelegenheit vorbeigehn zu lassen, ohne den Straßburgern zu zeigen, wer der Herr der Situation sei. Vielmehr sollte die Stadt noch erfahren, daß ihr altes schönes Vorrecht, Hüterin des Rheinpasses zu sein, bereits in schnödester Weise ihren Händen entfallen sei.

Die Straßburger hatten den kühnen Schritt gewagt, gegen den Willen der französischen Kriegsleitung die Brücke wiederherzustellen und nun geschah es ihnen, daß die Brücke zum zweitenmal nicht wieder durch Kriegslist, beseitigt wurde, nein, der Stadtrath wurde gezwungen, dieselbe sofort mit eigenen Mitteln abzutragen. Die furchtbare Aufregung, welche in Straßburg unter den Bürgern entstand, als der Befehl des Königs demütig ausgeführt wurde, läßt erkennen, daß man die Bedeutung des Moments nur zu deutlich begriff. Es war nicht sowol die Thatsache, daß die Brücke dem Handel und Verkehr entzogen wurde, als vielmehr das beschämende

Gefühl, daß der König von Frankreich es sei, der in der freien Stadt Gesetze vorschrieb, — das war es, was das Volk zum Aufstande trieb. Gegen den französischen Residenten Frischmann wendete sich der leidenschaftlichste Ausbruch des Hasses. Man zog vor das Haus des Ammeisters Wencker, man beschuldigte den Magistrat des Verraths und verlangte Wiederherstellung der Brücke. Eine große Masse des Volkes zog hinaus um selbst Hand ans Werk zu legen. Die Stadtthore mußten geschlossen werden, die Wachen wurden verstärkt; man berief die Schöffen, um die Stadtregierung zu rechtfertigen und die tobenden Elemente zu beruhigen, aber alles vergeblich, erst nach vielen Tagen und nach Anwendung energischer Maßregeln wurde die Ruhe äußerlich hergestellt. Es war das letzte Aufathmen des Geistes städtischer Unabhängkeit. Gleichwie man im alten Athen nach langem Kampfe der Parteien die Friedens-Säule endlich umgestürzt hatte, auf welcher die Verträge mit Philipp von Macedonien geschrieben standen, so war der Streit um die Rheinbrücke in Straßburg das Vorspiel des Falles. Nur noch das Beispiel Athens, welches den Todesstreich in ruhmvoller Schlacht zu erhalten verzog, konnte in Betracht gezogen werden, wenn man die Lage der Dinge erwog. Aber es wäre ungerecht, wenn man die Bürger des 17. Jahrhunderts nach dem Maße jener einfachen Verhältnisse des griechischen Alterthums beurtheilen wollte. Wol gab es auch hier Redner und Politiker der einen oder der anderen Richtung, wol kämpfte man auch hier gegen einen König, der das Wort des Horaz verstand, Thore der Städte mit Gold zu öffnen." Aber Straßburg war nie ein gebietendes Haupt einer eigenen Welt, wie Athen, es war immer nur ein Glied einer nationalen Macht, mit welcher es stand und fiel, und in deren Abglanz es gedeihen oder verkommen mußte, wie eben die Nation selbst groß oder klein im politischen Leben bestand. Ueber den Ausgang der Schlacht von Chäronea konnten die Athener die siegesfrohesten Hoffnungen hegen. Ein Kampf von Straßburg mit dem gallischen Riesen hätte nicht einmal zu einem ruhmvollen Ende zu führen vermocht.

23

So war denn der ältesten deutschen Reichsstadt das Sterben eines Märtyrers vom Schicksal bestimmt, mit allen den langsamen Qualen und der Unruhe, welche der von seinem Volke verlassene und preisgegebene Held in bereits entfremdetem Lande erleidet.

Um nicht von neuem das Volk aufzuregen, war der Stadtrath genötigt, mit mehr Heimlichkeit, als sonst, die Verhandlungen mit den großen Mächten zu führen. Im Mai 1673 ging in geheimer Mission der Stadtrath Günzer an den Hof Ludwigs XIV. Das kurzgefaßte Schreiben, in welchem der König die Straßburger wieder zu seinen Gnaden aufnahm, war freilich nicht dazu angethan, von einem deutschen Manne ohne Schamröthe gelesen zu werden. Im Juli kam Ludwig nach Bitsch, das er soeben in seine Gewalt gebracht hatte, die Straßburger waren genötigt worden, ihn zu bewillkommnen, und der Stadtmeister Bernold, der Ammeister Brackenhoffer und der Stadtsyndicus Fried kehrten mit großen goldenen Ketten die sie aus der Hand des nun wieder huldvollen Königs erhielten zurück. Im August kam Louvois nach Straßburg, er mußte mit Ehrensalven empfangen werden.

Alle diese Umstände befestigten den Glauben der Bevölkerung daß der Rath vollkommen in den Händen der Franzosen sei. Es war die Straßburger Bürgerschaft selbst, welche das Wort zuerst aussprach, das man seitdem unausgesetzt zur Erklärung der Katastrophe wiederholt: Bestechung der Rathsherren. Zu dem Unglück gesellte sich solchergestalt der Schimpf, welcher auf dem Gemeinwesen der ältesten Stadt Deutschlands lastete. Aber wir wollen gleich hier bemerken, daß die Acten der Geschichte nichts zu Tage gefördert haben, was den Verdacht gegen den Rath rechtfertigt. Die Maßregeln, die er zu ergreifen genötigt war, zwingen nicht durchaus auf eine verbrecherische Handlung zu schließen. Seit Decennien war eine bösartige leidenschaftliche Stimmung unter den politischen Parteien der Stadt vorhanden. In der leichtsinnigsten Weise wurden Persönlichkeiten der niederträchtigsten Handlung beschuldigt. Bekannt sind die Verunglimpfungen, welche der An meister Dietrich durch die Pasquille des Dr. Obrecht erfahren. Als dieser Unglückliche nach den harten Gesetzen jener Zeit hiefür den Tod erlitt, gab die Hinrichtung selbst wieder neuen Stoff zu Verdächtigungen. Die Agenten Frankreichs brauchten nur diesen schlechten Bürgergeist in der Bevölkerung fleißig zu nähren, es war nicht nötig, daß einzelne Mitglieder des Raths geradezu für bestimmte Leistungen an die französische Regierung oder ihre Kriegsmacht sich verkauft haben mußten. Der französische Resident Frischmann fand ein so reichliches Feld der Intrigue vor, daß man vielleicht am meisten vermuten könnte, er selbst möchte die Verdächtigung französischer Bestechung nicht unverbreitet gelassen haben. Gegen einen Mann, wie Günzer, der die vollständige Verkommenheit des Stadtwesens kannte, war man mit dem Vorwurf der Verrätherei von dem Momente bei der Hand, wo er jenen traurigen Abschluß der Rheinbrückendifferenz am Hofe des Königs zuwege brachte. Soll man annehmen, daß er damals schon für das Ereignis in Sold genommen sei, das acht Jahre später unter Umständen, die noch gar nicht berechnet werden konnten, eingetreten ist?

Der holländische Krieg entwickelte sich nicht so günstig für Ludwig XIV., daß er damals schon an den Raub von Straßburg zu denken in der Lage gewesen wäre. Louvois pries es schon als eine glückliche Leistung der französischen Armee im Elsaß, daß es gelang in den zehn Reichsstädten die vollständige Herrschaft von Frankreich zu sichern und dieselben in das militärische Netz der französischen Grenzvertheidigung einzubeziehn. Die österreichischen Truppen unter Montecuculi vermochten sich nicht gegen Türenne im Elsaß zu behaupten, aber zu einer Belagerung von Straßburg fehlte auch den Franzosen die nötige Ruhe und Mannschaft. So zog sich der Krieg ohne Entscheidungen in die Länge. Nachdem Türenne bei Sasbach am 27. Juli 1675 gefallen war, versuchte der Marschall von Crequi wenigstens die Befestigungen der Stadt Straßburg am Rhein zu gewinnen, und am 26. Juni 1678 wurde die Kehler Schanze erstürmt, aber Straßburg selbst anzugreifen wagte Crequi im Angesicht des Herzogs von Lothringen, der zwar die gröbsten Fehler gemacht hatte, doch nicht. Die Franzosen mußten sich genügen lassen, einen wohlgezielten Kanonenschuß gegen den Thurm des Münsters zu richten, dann zogen sie ab, nachdem sie die Schanzen geschleift und die Rheinbrücke vollends verbrannt hatten.

Alles das war geschehn, während in Straßburg unter dem Scheine der Freundschaft und des Friedens Herr von Laloubère als französischer Gesandter fungirte, und seine Stellung benutzte, um dem Postmeister Zeitungsnachrichten aus Deutschland „par représailles" abzupressen. Mehrmals glaubten die Straßburger, daß es zur Belagerung der Stadt kommen werde, aber der Ammeister Dietrich, dessen achtungswerthes Verhalten von Laloubère selbst anerkannt wurde, wußte durch Umsicht und Ausdauer den Mut der Bürgerschaft ungebrochen zu erhalten, bis der Friede von Nymwegen die Gefahr zu beseitigen schien.

Freilich zeigte sich schon in den Friedensunterhandlungen, welche am 5. Februar 1679 zwischen Frankreich und Deutschland abgeschlossen wurden, daß die Selbständigkeit der alten Reichsstadt so gut wie verloren war, denn als sich der Stadtrath um die ausdrückliche Anerkennung der Integrität seines Gebiets in dem Vertrage bemühte, wagten die kaiserlichen Unterhändler nicht mehr eine Formel vorzuschlagen, durch welche Frankreich bestimmter als im westphälischen Frieden gezwungen werden wäre, die Rechte der Reichsgebiete im Elsaß zu achten.

Sofort wurden von den französischen Staatsmännern die unglaublichsten Folgerungen aus den vorhergegangenen Friedenstractaten gezogen. Während Sebastian von Vauban den Festungsgürtel erbaute, dessen Stärke den Franzosen noch heute die einzige Stütze ihres verlorenen militärischen Ansehens darbot, begannen die Reunionskammern in Metz und Breisach ihre Zaubersprüche zu fällen, welche die halbe Welt zu Vasallen der französischen Krone erklärten. Dieser Institution Ludwigs XIV. ist in der französischen Sprachtechnik der Name und die Bedeutung von Gerichtshöfen beigelegt worden, welche Ansprüche des Königs feststellten, die ihm angeblich kraft jener Rechtstitel gebührten, welche er in den Friedensschlüssen erlangt hatte. Die deutsche Sprache hat aber kein ehrliches Wort zu finden vermocht, um die juristische Comödie zu bezeichnen, die in Metz, Breisach und Besançon aufgeführt wurde, und so ist mit Recht das fremde französische Wort der Reunionskammern für diese einzige historische Erscheinung den Deutschen immer ein fremdes geblieben. Diese sogenannten Gerichtshöfe haben gefunden, daß der Herzog von Würtemberg verpflichtet sei, dem Könige von Frankreich als seinem Souverän zu huldigen, sie haben entdeckt, daß die Pfalzgrafen von Veldenz und Lützelstein, der Herzog von Zweibrücken, die Grafen von Salm und Saarbrück Unterthanen der französischen Krone wären. Durch die kühnsten historischen Untersuchungen wurde die Kammer von Breisach bestimmt zu judiciren, daß die sämmtlichen im Elsaß angesessenen Reichsunmittelbaren, Fürsten, Aemter, Stände, Ritterschaft als Vasallen des Königs zu erklären seien.

Den Aussprüchen der Reunionskammern folgte die Gewalt auf dem Fuße. Selbst gegen die mächtigsten und größten der angeführten Stände hatte die französische Regierung das executive Verfahren nicht gescheut. Die Beamten der entfernteren Reichsglieder wurden verjagt, ihre Aemter geschlossen, ihre Renten vorenthalten; ein Schauspiel ohne Gleichen! welchem das deutsche Kaiserthum machtlos zuzusehen hatte. Denn während die Klagen der zahlreichen Reichsglieder in der trostlosen Versammlung des Reichstags von Regensburg noch kaum das Stadium der ersten Ueberraschung überschritten hatten, rüstete sich Frankreich bereits zu einer weiteren Besitzergreifung, zu der unerwartetsten und bedeutendsten von allen, und war — um Ranke's Wort zu gebrauchen — mit der unbefangensten Miene von der Welt.

Am 9. August 1680 fällte die Breisacher Reunionskammer den Ausspruch, daß die Vogteien von Wasselen, Barr und Illkirchen zur Krone Frankreichs gehörten und daß der zeitliche Besitzer — die Stadt Straßburg — als Lehnsträger zu betrachten und demnach dem Könige den Huldigungseid zu leisten hätte. Das war der Knopf, an welchen Frankreich den Straßburgischen Rock anzunähen entschlossen war. Eine Täuschung über die Bedeutung der Frage bestand auf keiner Seite. Weder in Straßburg, noch auf dem Reichstag von Regensburg, noch in Wien war man im unklaren, was Frankreichs Absicht sei. Auch waren schon im Dezember deutsche Gesandte in der Lage, aus Paris zu berichten, daß die französische Regierung den Straßburgern rund erklärt habe, sie sollten sich zwar ihrer alten Freiheit und Selbständigkeit auch ferner erfreuen, aber unter der Protection des Königs. Weigerten sie sich aber, den Huldigungseid zu leisten, so würden sie mit Gewalt der Waffen bezwungen werden.

Von diesem Augenblicke an konnte und durfte von einer Ueberraschung nicht mehr die Rede sein. In der That bildete denn auch die Huldigungsfrage das ausschließliche Thema der politischen Berathungen und Verhandlungen des Jahres 1681. Die politische Anekdote hat in der späteren Zeit die Katastrophe in ein mystisches Dunkel gehüllt, welches den Machthabern nur erwünscht sein konnte, die sowol in Straßburg, als im deutschen Reiche eine seltene Unfähigkeit und Schwäche an den Tag gelegt hatten. Schleichende Agenten, welche den Rath von Straßburg bestechen, heimliche Anschläge, Boten, welche Zeichen und Briefe auf der Basler Rheinbrücke wechseln müssen, ohne daß sie einander kennen und von einander wissen, und anderes romantisches Flitterwerk hat die geschäftige Phantasie der Welt geboren, um ein Ereignis erklärlich zu machen, das in der That nichts war, als ein gewaltiger, massiv auftretender Triumph der französischen Diplomatie und Uebermacht. Heimlich und mit größter Umsicht betrieben wurde von der französischen Regierung nichts, als die militärischen Maßnahmen, die Rüstungen und Vorbereitungen der Armee, nicht anders, wie es in solchen Fällen zu allen Zeiten wolgeordnete Staaten thun und gethan haben.

Die Frage selbst lag so offen vor, wie je eine politische Angelegenheit der Welt, und das Concert der Mächte spielte dieselbe bereits in den mannigfaltigsten Variationen; der Fehler war nur der, daß Virtuosen und Kapellmeister des deutschen Reichs Stümper waren, die sich den Staatsmännern Ludwig XIV. in keiner Weise gewachsen zeigten.

Während man von Seite der kaiserlichen Regierung auf den Vorschlag Ludwigs XIV. einging, über die durch die Reunionskammern bewirkten Gewaltsamkeiten einen internationalen Congreß in Frankfurt zusammentreten zu lassen, bei welchem Kurfürsten und Fürsten, auch Städte vertreten waren, wurde gleichzeitig der französischen Intrigue eine österreichische entgegengestellt, welche doch nur dann einen Erfolg hätte haben können, wenn eine reelle Macht hinter den guten Absichten zu finden gewesen wäre. Die österreichische Politik machte einen Anlauf als Schützerin des Reiches sich in Straßburg sehr laut vernehmen zu lassen, aber die für eine solche Rolle nötigen Truppen standen nur auf dem Papier der Depeschen, welche in der Sache geschrieben wurden. Es war vielleicht eine der unglücklichsten Stunden für Straßburg und das deutsche Reich zugleich, als der österreichische Gesandte Baron von Mercy in Straßburg anlangte und an den Rath mit den weitgehendsten Zumutungen herantrat, österreichische Truppen zum Schutze der Stadt aufzunehmen; die Unterhandlungen wurden auch nicht glücklich geführt und es war dafür gesorgt, daß sie sofort die allergrößte Publicität erhielten. Baron Mercy war ein schwerfälliger den Verkehr auch in solchen Lagen mit ängstlichen Formen umgebender Diplomat, der Monate lang mit der größten Gründlichkeit die Vorfrage noch nicht zu erledigen im Stande war, ob der Magistrat von Straßburg überhaupt die Aufnahme von kaiserlichen Truppen eigentlich zugestehe oder nicht. Der französische Gesandte konnte wiederholt berichten, daß der Stadtrath sich mit Baron Mercy nicht einigen könne und wolle, während dieser steife Vertreter des Reiches sich nicht von der Stelle rührte und die Frankfurter Conferenzen gleichzeitig von einem Monat zum andern verschoben wurden.

Französischer Resident war in diesem Augenblicke ein Sohn jenes Frischmann, der im holländischen Krieg das geschilderte Vorspiel des Falles der Stadt in Straßburg erlebte. Dennoch hoffte der König dem Stadtrath eine Freundlichkeit zu erweisen, da er an die Stelle des hochfahrenden Laloubère einen in Straßburg wolbekannten und angesehenen Mann zu seinem Vertreter ernannte. Frischmann war für die schwierige Stellung vollkommen geeignet, er war gerade so genau mit allen Personen und Verhältnissen vertraut, als Mercy unwissend war. Der Stadtrath glaubte ihn wiederholt mit Ehrengeschenken bedenken zu müssen, welche der französische Gesandte nur annahm, wenn es herkömmliche Naturalleistungen waren. Frischmann stand in guten Beziehungen zu dem Stadtschreiber Dr. Günzer, der uns schon in früherer Zeit als ein der französischen Monarchie sehr zugethaner und befreundeter Mann bekannt geworden ist. Auch die übrigen einflußreichen Mitglieder der ständigen Rathscollegien, wie Zedlitz, Stößer, Obrecht verkehrten mit Frischmann, und weil diese Männer in seinen Depeschen oftmals genannt sind, so entstand der Verdacht, daß sie nicht ganz reine Hände behalten hätten. Doch kann es nicht Aufgabe der Geschichte sein, Möglichkeiten zu erörtern. Die Art und Weise, wie Frischmann von diesen Beamten Straßburgs zu sprechen pflegt, macht den Eindruck, als ob er nur Dr. Günzer seit längerer Zeit kenne, mit den anderen kommt er im Laufe des Jahres 1681 wiederholt doch meist in amtlichen Geschäften zusammen. Ohne alle Frage drängen sich jedoch diese und viele andere Straßburger Männer in äußerst gefälliger Weise an den französischen Gesandten heran. Es ist ein Gefühl in diesen Menschen, welches sie dem Dämon schicksalsvoll in die Arme treibt; die meisten von denen, welchen politische Dinge geläufig sind, verhalten sich in der schwierigen Lage, wie Männer, welche nicht erkennen lassen, ob sie mehr fürchten oder wünschen, was die Zukunft bringt, aber über den schließlichen Ausgang keinen Zweifel mehr in ihrer Seele haben.

Darf die Geschichte da von Verrath sprechen?

Es liegt keine Spur von einer Handlung vor, durch welche ein Einzelner oder eine Behörde der Stadt Straßburg um bestimmten Lohn zur Herbeiführung französischer Herrschaft gewirkt hätte. Blickt man auf die Stimmung der Bürger, der Bevölkerung im ganzen, so wäre nicht der leiseste Wunsch zu entdecken gewesen, unter französische Oberherrlichkeit zu gerathen. Aber nicht der bessere oder schlechtere Wille der Bevölkerung, sondern lediglich die Frage war maßgebend für Frankreich, ob es sich irgend eines energischen Widerstandes zu versehen habe, wenn es die Freiheit der Stadt knicken wollte? Es konnte lediglich darauf ankommen, eine hinreichende militärische Macht zu versammeln, um der seit Jahrzehnten gequälten Bürgerschaft zu imponiren. Die Schöffenversammlung war durchaus abhängig von der materiellen Lage. Straßburg stand am Abgrunde. Seit Jahren hatten die Kriege jeden Export verhindert; die Bevölkerung der Stadt war in Abnahme, die Lebensmittelpreise ungemein hoch, die Wechselschulden der Einzelnen wie der Gemeinde überstiegen alle Mittel, um in geordnete Bahnen zurückzulenken. Dazu muß man dann noch bedenken, daß der Hauptgläubiger von Straßburg niemand anders war, als der König von Frankreich, der durch seine Wechsel die Wohlfahrt der Stadt gleichsam in seiner Hand hielt.

Nicht zu unterschätzen war endlich ein in Straßburg zwar noch schwaches aber rühriges Element, welches wie überall im Elsaß unbedingt der französischen Herrschaft huldigte. Das waren die Katholiken; an ihrer Spitze der Bischof Egon von Fürstenberg, welcher der einzige Straßburger war, von dem man actenmäßig nachweisen kann, daß er mit seinen Brüdern Geld von Frankreich erhalten hat. Seit dem 29. April 1680 hatte er sich 60,000 Livres jährlich in Anticipativ-Raten ausbedungen. Und noch eine andere sehr merkwürdige Maßregel ersieht man aus den Acten. Convertiten, welche sich an den König von Frankreich mit der Mittheilung wendeten, daß sie vom Lutherthum zur römischen Kirche übergetreten seien, wurde eine Pension ausgesetzt, und diese zu erreichen machte so wenig Schwierigkeiten, daß an eine planmäßige Verwaltungsmaßregel des allerchristlichsten Königs hierbei gedacht werden darf. Wenn man zu alledem an die steigende Ausbreitung der Jesuiten und anderer Orden in Straßburg sofort nach Beginn der französischen Herrschaft sich erinnert, so dürfte man die Elemente leicht errathen, welche die französische Occupation begünstigten.

Doch auch den Katholiken fällt eine eigentlich handelnde Rolle in der großen Katastrophe nicht zu; das vorherrschende Symptom des Straßburger Falles war Unthätigkeit, Kleinmut, Hilflosigkeit, Resignation. Auch die Verhandlungen des Rathes tragen dieses Gepräge von dem ersten Momente, in welchem die Huldigungsfrage auftauchte, an sich. Die im Dezember von Frankreich gestellte kategorische Forderung wagte man gar nicht zu beantworten; das eigentlich bezeichnende an der Entwickelung der Dinge scheint uns zu sein, daß es zu einer einfachen bündigen Ablehnung der französischen Zumutungen gar nicht kam. Man wartete die Conferenzen in Frankfurt ab, allein die Verhandlungen zerschlugen sich; man unterhandelte mit Mercy, aber man wünschte durchaus nicht einen Conflict mit Frankreich herbeizuführen. Während Frankreich in alle Welt hinaus schrie, der Kaiser wolle Straßburg überfallen und habe 40,000 Mann gesammelt, schob es dem Gegner die Absichten zu, die es selber hatte.

Obwol nach den eigenen Berichten Frischmanns Rath und Bevölkerung der Stadt der Ueberzeugung waren, daß die Bewegungen französischer Truppen im Elsaß, die doch nicht gänzlich verschwiegen bleiben konnten, gegen die Freiheit der Stadt gerichtet seien, ließ sich der Rath dennoch, um nur jeden Anstoß aus dem Wege zu räumen, von der französischen Politik nach und nach völlig entwaffnen. Er gab im Februar 1681 den Vorstellungen Frankreichs Gehör und stellte die Arbeiten zum Wiederaufbau der Rheinschanzen ein; er ließ sich im März das Recht auf den Besitz von 1200 Schweizersoldaten vom französischen Minister absprechen, die man zum Schutze der Stadt gemiethet, und er entließ in Folge dieser Reclamationen Frankreichs seine einzigen schlagfertigen Truppen. Der Rath in steigender Angst vor der Gefahr that alles, um den Conflict zu vermeiden, und hatte keine Ahnung, daß er den Ueberfall auf diese Weise herbeizog.

Es ist nicht festzustellen, wann der französische König den Entschluß faßte, die Straßburger nun schon seit Monaten schwebende Frage in einer raschen und militärischen Weise zu Ende zu bringen. Die Ansammlung von Truppen fand während des ganzen Sommers im Elsaß statt. Vauban, der große Festungsbauer, erhielt schon im August den Befehl, Anfangs October vor Straßburg zu erscheinen. Die Instructionen, welche an den Befehlshaber der elsässischen Truppen General Montclar ergingen, sind von Ende August und Anfang September datirt. Die Truppen der nördlichen Departements erhielten Mitte September den Befehl, sich marschbereit zu halten. Die Reise des Königs nach Straßburg scheint aber erst in den letzten Tagen des Septembers beschlossen worden zu sein. Die militärische Ausführung des Unternehmens lag so ausschließlich in den Händen Louvois, daß selbst Frischmann in Straßburg über den bevorstehenden Angriff und dessen Details nicht genau unterrichtet war. Als die französischen Truppen heranrückten, war er in der Stadt mit einer gewissen Rücksichtslosigkeit sogar in einer nicht ungefährlichen Lage gelassen worden.

Louvois hatte längeren Widerstand, oder mindestens nicht so rasche Unterwerfung der Stadt erwartet. Denn er hatte die Operationen schon zwei Tage vor seiner eigenen Ankunft beginnen lassen und es fehlte wenig, daß er zu den Capitulationsverhandlungen zu spät gekommen wäre, die er sich doch ausdrücklich vorbehalten und für welche Montclar keine genügenden Instructionen hatte. Es liegt auch hierin ein Beweis dafür, daß man sich den Fall Straßburgs keineswegs als eine vorher abgekartete Sache vorstellen darf.

In der Nacht vom 27. auf den 28. September besetzte der Oberst Asfeld die Zollschanze am Rhein. Als man des andern Morgens von dem Ueberfall in Straßburg Kunde erhielt, war die Aufregung gewaltig, aber an Widerstand war nicht zu denken, da die gesammte Stadtmiliz nicht viel mehr als 400 Mann betrug und überdies von Oberst Asfeld einem Abgesandten des Stadtraths selbst die Erklärung abgegeben wurde, daß Montclar mit 30,000 Mann bei Illkirch stehe und heranrücke. Im übrigen wurden die Straßburger an eben diesen General gewiesen, indem der Obrist jeder politischen Discussion auswich, zu der er keine Vollmachten besaß. Später wurde von den Franzosen beharrlich die Behauptung aufgestellt, die Straßburger hätten die Absicht gehabt, kaiserliches Volk in die Stadt einzulassen, und nur diesem äußersten vorzubeugen, sei die Aufgabe der französischen Armee gewesen. Man sieht also, daß die schlecht verhüllten und noch weit schlechter vorbereiteten Absichten der kaiserlichen Regierung nun gar den Vorwand abgeben mußten, durch welchen die militärische Gewaltthat gerechtfertigt wurde.

Schon im Laufe des 28. Septembers, es war Sonntag, konnte der Stadtrath sich überzeugen, daß die Mittheilung vom Heranrücken der gesammten französischen Macht nur zu wahr sei, denn in derselben Nacht waren die umliegenden Straßburgischen Aemter und Dörfer von General Montclar besetzt und die Leute verhindert worden in die Stadt zu ziehen. Um Straßburg zog sich ein enger Kreis von Truppen, die Stadt war völlig unvorbereitet, man hatte nicht einmal Kanonen in hinreichender Zahl auf den Wällen. Wenn man in der Eile des Tages alle Kriegsvorbereitungen treffen ließ, so geschah es mehr, um die große Masse der Bevölkerung zu beschäftigen, als um Widerstand zu leisten. Man ließ die Kanonen auf die Mauern bringen, aber keine Munition dazu. Kein einziger Mensch im Stadtrath dachte daran, es zu einer Belagerung kommen zu lassen.

Am 29. September trafen die städtischen Bevollmächtigten bereits Louvois selbst im Lager der Franzosen bei Illkirch. Seine Forderungen waren einfach: Unterwerfung der Stadt unter die Oberhoheit der französischen Krone, Huldigung dem Könige, und Aufnahme einer Besatzung. Dafür sollte Straßburg seine Rechte und Freiheiten behalten und in den Schutz des Königs genommen werden; Verweigerung der Annahme dieser Bedingungen drohte Louvois als Rebellion zu bestrafen und er erklärte, daß er die Stadt der Verwüstung und Plünderung preisgebe werde, wenn er genötigt wäre, sie mit stürmender Hand zu erobern. Es fehlte nicht an den bekannten theatralischen Scenen heftiger Ausbrüche, durch welche französische Generale bis auf Napoleon I. so oftmals bei Unterhandlungen Einschüchterung und Erfolge bewirkten.

In Straßburg folgte auf die patriotische Erhebung und den begeisterten Aufruf zur Vertheidigung, den die Sturmglocken am Sonntagsmorgen wach gerufen, sehr rasch eine gewaltige Ernüchterung der Gemüter. Schneller als die Franzosen gehofft hatten, war die große Masse in Schrecken gesetzt worden. So lange man meinte, es handle sich um einen Kampf mit den Dragonern Asfelds, war aller Mut unter den Bürgern vorhanden, aber Montclars 30,000 Mann und Louvois Drohungen hatten schon am Montag Abends eine vollständige Umstimmung hervorgebracht. Bezeichnend für diese erschütternde Wirkung sind die Bemerkungen des französischen Gesandten Frischmann in Briefen an Louvois während der Cernirung der Stadt: Der Stadtrath war für die Sicherheit der Person Frischmanns so sehr besorgt, daß er, um ihn vor Insulten zu schützen eine starke Wache vor sein Haus legte, die ihn verhinderte auszugehn. Frischmann will dagegen die Nothwendigkeit der Maßregel nicht nur nicht anerkennen, sondern er meint, daß sie gegen ihn gerichtet sei, um ihn zu verhindern, unter der Bevölkerung für die Capitulation zu wirken.

Louvois hatte den Abgesandten des Raths nur eine äußerst geringe Bedenkzeit gegeben. Nur mit Mühe ließ er sich eine Fristerstreckung bis Mittwoch um sieben Uhr gefallen. Die Schöffen, welche der Stadtrath zur Berathung berief, und denen sich eine Anzahl von Notabeln der Stadt, wie Professoren, Mitglieder des Kirchenconvents und andere beigesellen durften, waren rasch für die Annahme der Capitulation bestimmt worden. Der nüchterne Sinn, welcher in dem Berichte des Stadtraths Joachim Franz über die Ursachen der Capitulation dem heutigen Leser nicht geringes Erstaunen erregt, war die Grundstimmung dieser Versammlung. Die „kurze jedoch gründliche Erzählung der Ursachen, warum sich die Stadt Straßburg an den

König von Frankreich ergeben habe," ist eine trockene Anklageschrift gegen das deutsche Reich, welches nichts mehr zu bieten im Stande war, aber sie enthält kein Wort eines hoffnungsreichen Eintritts in eine neue Epoche. "Weil nun Straßburg, so lautet der Motivenbericht am Schlusse, wegen seiner Selbsterhaltung sich gleichsam bis aufs Mark ausgesogen, aber eben dadurch vollends in Ohnmacht gesunken, und vor diesmal kein Mensch es retten wolle und könne, so folge der natürliche Schluß, daß es besser sei, durch einen erträglichen Accord den gänzlichen Ruin und Untergang der Stadt und Bürgerschaft, soviel als möglich abzuwenden, gleichwie ja auch große Potentaten schon oft viele Städte und Schlösser, ja wol ganze Länder eher dem Feinde überlassen, als der Verwüstung preisgegeben hätten."

In der Nacht vom 29. auf den 30. September arbeiteten die Stadtsecretäre die 10 Artikel der Capitulation aus, welche den folgenden Morgen von Louvois mit wenigen Aenderungen angenommen wurden. Unter den letztern findet sich die Bestimmung, daß das Münster den Katholiken zurückgegeben, in Rechtssachen über 1000 L. die Appellation an das Gericht in Breisach gestattet, und endlich die Waffen und Munition des Stadt-Zeughauses in den Besitz der königlichen Armee übergehen sollen. Die denkwürdige Capitulations-Urkunde ist unterzeichnet von Louvois, Stadtmeister Zedlitz, Altammeister Dietrich, Fröreisen, J. Ph. Schmidt, Reichshoffer, Jonas Störr, J. J. Frantz, Christ. Güntzer.

Noch am selben Tage folgte die Besetzung der Stadt; den Eid der Treue leistete der Magistrat am 4. Oktober in die Hände des Generals Montclar. Am selben Tage begann Vauban die Citadelle zu bauen, welche der stolze Franzose für stark genug hielt, daß keine Macht Europas ihm den Paß ins Reich je wieder nehmen sollte. Schon näherte sich Ludwig XIV. mit allem Staatsglanz, den sein Zeitalter aufzubringen wußte, um am 23. Oktober in Straßburg seinen Einzug zu halten. Aber am auffallendsten war es vielleicht, daß der Bischof von Straßburg, als wäre er der Johannes der französischen Majestät, schon drei Tage vorher mit Pauken und Fahnen in die Stadt kam, vom Münster Besitz ergriff, denselben in demonstrativer Weise von neuem weihte, und dann bei dem Empfange des neuen Königs that, als wäre er der Hausherr in Straßburg, der Bischof, dessen Heerde daselbst in diesem Augenblicke höchstens einen Winkel des großen Münsters zu füllen im Stande war. Je mehr aber die katholische Partei bei der Anwesenheit Ludwigs XIV. in den Vordergrund trat, und je mehr die Feierlichkeiten einen katholischen Charakter recht absichtlich zur Schau trugen, desto stiller wurde es unter den Bürgern der alten deutschen Stadt, und ihre Geschichtschreiber wollen behaupten, daß keiner gerufen habe: Es lebe der König.

Noch war Ludwig XIV. von seinem Straßburger unblutigen Triumphzuge nicht heimgekehrt, als in ganz Deutschland ein lauter, aber desto ohnmächtigerer Schrei der Entrüstung sich erhob. Selbst französischen Gesandten fiel in Regensburg und Würzburg die Erbitterung auf, die sich der Deutschen bemächtigt hatte. In den politischen Kreisen schien man der Ueberzeugung zu sein, daß es nun zu einer seltenen Einigung unter den Ständen des deutschen Reiches kommen müsse, um diese Schmach zu rächen; der französische Bevollmächtigte bei der deutschen Reichsversammlung wußte nur mit der Hoffnung zu trösten, daß diese Stimmung in den Formalitäten der Reichsverfassung begraben werden würde. Auch die populäre Litteratur hatte sich des Gegenstandes, wie selten in jenen Zeiten geschah, mit Eifer bemächtigt. Hoffmannswaldau bietet seinen ganzen epigrammatischen Witz auf, um Ludwig XIV. zu geißeln, der den Deutschen sagen könne: „Ich hab Euch nicht bekriegt, ich hab Euch nur betrogen." Das Volkslied erhebt sich in allen möglichen Klageweisen, schon vor der Katastrophe in Warnungen, nachher in bitterem Unmut. Aber auch an Satiren gegen Straßburg fehlt es nicht, aus denen man ersieht, daß sich die Meinung sehr rasch verbreitete, es sei Verrath im Spiel gewesen, und die Straßburger müßten nun ihre Untreue am Reiche büßen. Ein „letzter Reichs-Abschied von der

Mutter, dem römischen Reich, an die enterbte Tochter, nun französischen Stadt Straßburg" geißelt die Treulosigkeit der Grenzstadt, welche ihr Unglück selbst verschuldet hätte, und gibt dem Unmut Ausdruck, daß die Straßburger nicht rechtzeitig kaiserliche Besatzung, wie sie sollten, aufgenommen hätten. Sehr beachtenswerth ist, daß selbst Leibnitz in den zahlreichen lateinischen und deutschen Gedichten, zu denen ihn das Ereignis gestimmt hatte, einer gleichen Auffassung vorzugsweise Raum gibt:

„Pfuy Straßburg, schäme dich . . . .
. . . mußt mit vielen Schmerzen
Verspotten lassen dich zu deiner Pein und Last."

Von den politischen Schriften sind die, welche Leibnitzens Namen tragen, ein bleibendes Gut deutscher Litteratur geworden. Welche prophetischen Worte sind es, die er da aussprach: „Wer den Schlüssel zu seinem Hause seinem Nachbarn, seinem Feind, seinem formidabeln Feind, einem Feind, der eine ewige Ambition und Jalousie gegen das römische Reich unterhält und nimmermehr quittiren wird, überlassen muß, der kann gewis nicht ruhig darin schlafen."

Was konnten freilich alle diese poetischen und unpoetischen Ergüsse helfen in einer Zeit, wo nur erst eine sehr leise Ahnung davon hie und da in politischen Schriften hervortrat, wo und in welchem Punkte die Quelle des Uebels, die Ursache der Schwäche deutscher Nation zu suchen sei. War es nicht auffallend genug, daß ein so erhabener Geist wie Leibnitz ein Ereignis in seiner ganzen politischen Schwere erfassen und dabei in der conservativsten Reichstradition leben und wirken konnte? — Zu keiner Zeit war der deutschen Nation die Erkenntnis ihrer lebendigen und sterbenden Kräfte verborgener, als im 17. und 18. Jahrhundert, wo man die Asche des Reichs in staatsrechtlich geschmückten Urnen aufbewahrte, und sich wunderte, daß daraus kein neues Leben sproß.

Was der Kaiser, was die deutschen Regierungen nach der Straßburger Gewaltthat in Szene setzten, um dem Erbfeind entgegenzutreten, führte zu keinerlei Resultaten. Noch war die Conferenz in Frankfurt, welche die Reunionsfragen zu erörtern hatte, nicht zu ihrer definitiven Constituirung gelangt, obwol sie seit Monaten berufen war. Die Straßburger Angelegenheit gab ihr ein neues schätzbares Material der Erörterung; aber die Vorschläge, welche die Franzosen machten, waren nur Beweise ihres Uebermuts. Sie versprachen Freiburg zu räumen, wenn die Festungswerke von Philippsburg dafür geschleift würden. Als die Conferenz nachher nach Regensburg verlegt wurde, erklärten die französischen Gesandten, daß über die Auslegung der Friedensschlüsse von Münster und Nymwegen überhaupt nicht zu discutiren sei. Das war zu derselben Zeit, wo der allerchristlichste König mit Ungedult die Nachricht erwartete, daß die Türken Wien eingenommen hätten, und wo sich die französischen Minister fürchteten, Ludwig XIV. die Nachricht zu bringen, daß die Türken vor Wien geschlagen und in die Flucht gejagt seien. Im Juni 1684 eroberte der Marschall Crequi Luremburg und nahm Trier ein, die Holländer und Spanier, welche den Krieg unglücklich eröffnet und unglücklich fortgesetzt hatten, suchten zu Frieden zu gelangen, und am 15. August schloß der Kaiser einen Waffenstillstand mit Ludwig XIV. zu Regensburg, durch welchen die Thaten der französischen Reunionskammer anerkannt und Straßburg bis auf weiteres mit der Kehler Schanze in Frankreichs Besitz bleiben sollte. Auch der neue Krieg, der dann durch die große Coalition Wilhelms III. von England in Gang gebracht worden war, endete am 30. Oktober 1697 mit dem Ryswicker Frieden in welchem das deutsche Reich definitiv die Stadt Straßburg an Frankreich abtrat und der Rhein zur Grenze voller Souveränetät des Königs gemacht wurde.

Wie werden sich wohl die Bürger der alten deutschen Stadt in ihre neue Lage gefunden haben? Die Befestigungen Straßburgs, welche Vauban ausführte, verursachten zunächst nicht unbeträchtliche Ausgaben. Von Sulz bis Straßburg, vier Stunden in der Länge wurde der Breuschkanal angelegt, dessen Erhaltungskosten die Stadt übernehmen mußte, die sich jährlich auf 20000 L. bezifferten. Außerdem mußte die Stadt vertragsmäßig eine Reihe von Kasernen erbauen, deren Kosten auf 800000 L. veranschlagt wurden, ein militärisches Hospital mußte hergestellt werden, welches 120000 L. kostete. Die jährliche ordentliche Steuer, welche Straßburg zu zahlen hatte, betrug 100000 L. Dazu kamen unter allerlei Formen die in Frankreich von den Bürgerschaften geforderten sogenannten Donsgratuits an den Hof, die man gegen das Ende des Jahrhunderts auf 1,515000 L. berechnete. Die Stadt hatte überdies für Offizierswohnungen, Holz und Beleuchtung der Kasernen zu sorgen, und die Stadtrechnungen verzeichnen noch außerdem ansehnliche Geschenke, welche den königlichen Beamten gemacht werden mußten. Die Selbständigkeit der Stadtverwaltung wurde von den Franzosen höchstens dem Scheine nach geachtet, Ulrich Obrecht erhielt die Stelle eines königlichen Prätors, der die Oberaufsicht über das Stadtwesen führte, und allerdings die geeignetste Persönlichkeit war, um dem königlichen Interesse zu dienen; auch Günzer trat in den königlichen Dienst in einer der Straßburger Verfassung völlig unbekannten Stelle als Consulent. Nach allen Seiten war so das französische Netz ausgespannt, welches jede Selbständigkeit der Bewegung erstickte.

Volle Freiheit der Action erhielten nur die katholischen Orden, welche in immer größerer Zahl in Straßburg sich verbreiteten. Die Jesuiten von Molsheim richteten sich im Bruderhofe, die Kapuziner in einem neuen Kloster ein, das der König erbauen ließ; andere Corporationen, wie die Johanniter, verlangten für ihre im 16. Jahrhundert verlorenen Besitzungen Entschädigungen. Im königlichen Dienst wurden nur Katholiken geduldet. Günzer und Obrecht waren gleich nach der Occupation zur römischen Kirche übergetreten. Von dem Stadtmagistrat wurde verlangt, daß er aus Rücksicht für das Bekenntnis des Königs am Frohnleichnamsfeste der Prozession des Bischofs das Ehrengeleite gebe. Seit 1687 mußten der Magistrat und die Stadtämter zur Hälfte mit katholischen Bürgern besetzt werden. Wer in den Schoß der katholischen Kirche zurückkehrte, erhielt Abgabenfreiheit für drei Jahre und durfte während dieser Zeit auch durch Schuldklagen nicht verfolgt werden; gemischte Ehen wurden verboten, bei Uebertritten folgten die Kinder dem katholischen Theile der Gatten in der Religion. Sobald endlich in einem Orte des Elsasses sieben katholische Familien ansässig waren, mußte ihnen der Chor der Kirche eingeräumt, die katholische Pfarre und Schule von der ganzen Gemeinde erhalten werden; wogegen an Orten, deren protestantische Bevölkerung unter ein Drittel herabgesunken war, Schule und Kirche ausschließlich den Katholiken eingeräumt wurden.

Wie man sieht, war es eine radicale Veränderung, welche die Franzosen mit den robesten Gewaltmitteln im Elsaß und besonders in Straßburg durchführten. Die Folge davon war, daß die Stadt ihre großartige Bedeutung verlor, die Bevölkerung ihren Glauben wechseln mußte, und vorherrschend katholisch wurde.

Die Zunahme der Stadtbevölkerung, so viel man aus den trefflich erhaltenen Angaben dieser merkwürdigen Stadt erkennt, war im 16. Jahrhundert wesentlich durch Einwanderung vom Lande bestimmt, was man immer als den vorzüglichsten Beweis für das Gedeihen der Städte ansehn darf. Dem entsprechend ist auch der Fremdenverkehr in den früheren Jahrhunderten ein ganz außerordentlicher gewesen. Im Jahre 1581 wurden 99748 Gäste auf der Elenden Herberge gespeist. Wenn man von den Jahren, wo Epidemieen herrschten absieht, so betrug die Zahl der im 16. Jahrhundert jährlich Verstorbenen durchschnittlich 1500 Menschen. Die Zahl der Geburten ist erheblich geringer und hält sich in einem halben Jahrhundert vor Ausbruch des dreißigjährigen Krieges zwischen 800 und 1000 Menschen. Daraus ergibt sich, daß jährlich eine bedeutende Zahl von Fremden in den Stadtverband eintrat. Bis 1632 hebt sich die Zahl der Geburten auf 1200, hierauf tritt ein Rückgang in der Anzahl der Geburten, und ein noch stärkerer in der der Todesfälle ein. Die Bevölkerung von Straßburg berechnete man im Jahre 1697 auf 26311 Menschen. Unter diesen waren 168 katholische Familien. Der Feuereifer der französischen Gesetze vermochte also trotz alledem in den ersten Jahren nur langsam Früchte zu zeitigen. Aber schon unter der nächsten Generation machte die Katholisirung erstaunliche Fortschritte. Im Jahre 1728 war die Anzahl der katholischen Familien um mehr als das fünffache erhöht, denn es wurden 582 Kinder katholisch getauft. Die Protestanten bilden noch die Majorität mit 752 Taufen, aber die Eheschließungen in beiden Confessionen halten sich bereits in diesem Jahre die Wage, hier 184, dort 182. Dieses Verhältnis bleibt bis in die Vierziger Jahre ziemlich constant, wo die katholischen Ehen sehr rasch auf 256 steigen gegen 164 protestantische. Unter den letztern starben die Reformirten fast ganz aus. Im Jahre 1790 war das Verhältnis 221 : 181; katholische Taufen gab es 1017, protestantische 652. Die Gesammtzahl der Bevölkerung war um die Mitte des 18. Jahrhunderts auf 48170 Menschen gestiegen.

Wer diese Bevölkerung betrachtete, unter welcher etwa 500 Ordensleute beider Geschlechter sich befinden mochten, der konnte kaum das alte protestantische Straßburg des sechzehnten Jahrhunderts wieder erkennen. Die gewaltige Katastrophe des Jahres 1681 hatte ihre Wirkungen zwar nicht auf das nationale Bewußtsein ausgedehnt, aber in dem religiösen und politischen Charakter dieser deutschen Bürger war eine Wandelung ohne gleichen vor sich gegangen. Die Geschichte darf aber, indem sie das große Ereignis nach allen Seiten hin würdigt und deutet, der Schicksale eines einzelnen Mannes nicht vergessen, der an dem Wendepunkte zweier Zeitalter seiner Vaterstadt als ein Opfer des alten Glaubens und der alten deutschen Freiheit steht, der Altammeister Dominikus Dietrich. Gerade dieser war es, dem man fast in ganz Deutschland den hartnäckig geglaubten Verrath der Stadt vorzugsweise zuschrieb, es waren bestimmte Behauptungen solcher Art in deutschen Zeitungen gemacht, zwar widerrufen worden, aber der Verdacht blieb an seinem Namen haften, bis neuere elsässische Geschichtsforschung und Biographie ein unbefangeneres Urtheil über diesen Mann begründete. Wie wenig glaubwürdig die Gerüchte über Dietrich waren, hätte schon daraus entnommen werden können, daß die französische Regierung gerade in diesem angesehenen Straßburger Bürger ein hervorragendes Hindernis ihrer Pläne erblickte. Dietrich wurde im Anfange des Jahres 1685 an den Hof Ludwigs befohlen. Ohne daß ein bestimmtes Geschäft vorlag, wußte man ihn mit Freundlichkeiten hinzuhalten, bis man eines Tages die Zumutung an ihn richtete, katholisch zu werden; er lehnte ab und schon am folgenden Morgen erhielt er vom Könige ein Verbannungsdekret nach Gueret, wo er von aller Welt abgeschlossen und genötigt wurde seinen einzigen Diener, weil dieser Protestant war, zu entlassen. Nun wurden Bekehrungsversuche gemacht, — selbst Bossuet soll dazu ausersehen gewesen sein, Dietrich zum Uebertritte zu bereden, — so vergingen Jahre, ohne daß man in Straßburg von ihm hören durfte. In dieser Not seiner Seele hat Dietrich dem scheidenden Diener eine Urkunde übergeben, worin er sein evangelisches Bekenntnis bezeugt, damit für den Fall seines Todes nicht das Gegentheil behauptet werde. Man entließ ihn endlich nach seiner Heimat, aber nur um ihn sogleich wieder nach Vesoul zu verbannen, wo er bis 1690 festgehalten wurde und nur zurückkehren durfte, da er alt, krank und ungefährlich schien. Aber auch in Straßburg wurde er in seinem Hause eingeschlossen und konnte nur mit seiner Familie verkehren. Am 9. März 1694 endlich starb der verfolgte und unglückliche Ammeister, welcher die Capitulation von Straßburg unterzeichnet hatte.

Neunzehntes Kapitel.

Die Universität Straßburg.

Ein Freund, der auf lange Zeit Abschied nimmt, pflegt uns wol ein Andenken zu hinterlassen, womit er in dem Kreise seiner Lieben fortzuleben hofft. Als das Elsaß sich auf zwei Jahrhunderte von seinen deutschen Brüdern trennte, hat es ihnen fast im Augenblick des Scheidens ein Vermächtnis zugewandt, das im deutschen Geistesleben segensvoll gedieh und lange fortwirkte.

Anno 1666, achtzehn Jahre nach dem westfälischen Frieden, fünfzehn Jahre vor der Annexion Straßburgs, zog Philipp Jacob Spener, ein junger Geistlicher von einunddreißig Jahren (geb. 1635 in Rappoltsweiler, gest. 1705), aus der elsässischen Capitale nach Frankfurt am Main, um die Kirche dieser Stadt zu leiten und jene glänzende Laufbahn zu eröffnen, welche zwanzig Jahre später sich in Dresden fortsetzen und endlich in Berlin ihren Abschluß finden sollte. Jene elsässische Richtung auf praktisches Christenthum, die wir in Tauler, in Kaisersberg, in den Straßburger Reformatoren gleichmäßig beobachten konnten, bricht in Spener noch einmal mächtig durch und wird durch ihn dem gesammten deutschen Protestantismus zugeführt, innerhalb dessen sie den ganz unleidlichen Zustand des verknöcherten Lutherthums zerstören und die große Blüteepoche unserer Nationallitteratur vorbereiten hilft.

Wie kläglich war es um die Schöpfung Luthers bestellt! Die

theologische Wissenschaft ging in der Polemik auf, die Polemik drehte sich um Subtilitäten der Dogmatik, die Dogmatik war mehr scholastisch als biblisch; den festen Grund der Bibel, den Luther einst mühsam erkämpfte, hatte man verlassen; das Göttliche schien abermals von willkürlicher Menschensatzung überwuchert. Die Predigt bewegte sich in albernen erkünstelten Methoden, unanständige Schimpfreden und unwürdige Witzeleien waren an der Tagesordnung, die mühsam ersonnenen Reden mit ihrer prahlerischen Gelehrsamkeit rauschten an den Ohren der Gemeinde vorüber, ohne das Gemüth zu berühren. Die Gegenstände, von denen sie handelten, mochten den Zuhörern oft kaum dem Namen nach bekannt sein: denn der religiöse Unterricht, die Kunst des Katechisirens war ganz vernachlässigt. Der Priester stand wie in der alten Kirche vornehm über dem Volke, er fühlte sich als Gelehrter und verschmähte die innige Berührung mit dem Volke, ja er konnte oft nicht einmal als ein Vorbild der Frömmigkeit und tadellosen Wandels gelten.

Das war die Welt, in welche Spener eingriff. Und was er ihr entgegenzusetzen hatte, das lag schon in ihm fertig, als er die Heimat verließ. Nicht blos durch die Geburt, auch durch Erziehung und Bildung gehörte er dem Elsaß an.

Sein Vater war Rappoltsteinischer Beamter, und Gräfin Agathe, seine Taufpathin, nahm sich des ernsten leidenschaftslosen, von Geburt an dem geistlichen Stande bestimmten Knaben liebreich an, indem sie ihn in der Sorge um das Heil seiner Seele bestärkte. Die Bibel und andächtige Erbauungsbücher, welche abseits von der offiziellen Zionswächterei nur die christliche Gottseligkeit und nichts anderes befördern wollten, Bücher, wie wir sie z. B. auch in Moscherosch's Haus gebraucht finden, machten seine erste geistige Nahrung aus. An dem Rappoltsteinischen Hofprediger Stoll besaß er ein Vorbild der echten praktischen Frömmigkeit und einfachen schriftgemäßen Predigt, dem er — nach seiner eigenen Versicherung — die ersten Funken eines wahren Christenthums verdankte. Unter seinen Lehrern an der Universität Straßburg, die er 1651 zog, wies ihnen

Konrad Dannhauer, ein populärer lebendiger Prediger in Kaisersbergs Manier, nachdrücklich auf die Schriften Luthers und lehrte ihn die Bibel mit der gehörigen Versenkung in die Persönlichkeit der Autoren auslegen. Daneben stand ihm Professor Johannes Schmidt als Beispiel christlicher Sanftmuth und Demuth vor, und außerhalb der Universität konnten ihn Nachwirkungen Daniel Sudermanns (S. 306) für die Mystiker gewinnen, die er später so ernstlich empfahl. Bald erweiterten Reisen seinen Gesichtskreis, ein Aufenthalt in Genf zeigte ihm in Jean de Labadie den glühendsten auf strenge Sittlichkeit und Reinigung des verderbten kirchlichen Lebens gerichteten Eifer, und seine Verbindung mit den Rappoltsteinern eröffnete ihm den Blick in das Leben der höheren Stände, in die geheimen und offenen Schäden, in die bewußten und unbewußten Bedürfnisse auch dieser Gesellschaftsklasse.

Dergestalt reich ausgerüstet mit Kenntnissen, welche ihm Leben und Studium an die Hand gaben, trat er 1663 eine Freipredigerstelle zu Straßburg an und begann Vorlesungen an der Universität. Ein Jahr darauf Doctor der Theologie und beglückt in junger Ehe, entfaltete er auf Kanzel und Katheder eine so segensreiche Thätigkeit, daß man die größten Hoffnungen auf ihn setzte und die bald eintretende Berufung nach Frankfurt wie eine Fügung des Himmels ansah, der ihn zu wichtigen Dingen bestimmt habe.

Man hatte sich nicht getäuscht. Spener bewies sich als echter Evangelist. Er war kein Reformator, aber ein Restaurator. Das verdunkelte Bild der Reformation des sechszehnten Jahrhunderts wollte er herstellen, wie es ihm vorschwebte. Das Streben, Neuerungen auf die Bahn zu bringen, war ihm so fremd wie irgend ein anderer Ehrgeiz. Er will nie persönlich gelten. Er ist eine gar einfache Natur, fein und zart, verständnisvoll, weit entfernt von theologischem Hochmuth, ein Mann von rührender Bescheidenheit und wahrhafter Demuth, klar in dem was er will und beharrlichunerschrocken bei aller Zurückhaltung und Mäßigung. Voll aufrichtigen Strebens nach Gerechtigkeit und ängstlich gewissenhaft, verleugnet er die christliche Liebe auch gegenüber seinen Feinden nie, Beschuldigungen machen ihn nicht irre, Verleumdungen bringen ihn nicht auf, die heftigsten Angriffe besiegt er durch ruhigen Ernst und geduldige Entgegnung. Sein Gleichmuth, seine Selbstbeherrschung bleiben unerschütterlich.

Auch er ist gläubiger Lutheraner. Auch bei ihm fehlt es Anfangs nicht an Schroffheiten gegen andere Confessionen. Aber mehr und mehr kehren Milde und Duldung ein. Wer in einer andern Kirche einen lebendigen durch Werke thätigen Glauben zeigt, der gilt ihm als Kind Gottes. Allen Gewissenszwang verwirft er, von menschlicher Autorität in Glaubenssachen will er nichts hören. Selbst Luther ist ihm nicht unantastbar: der liebe Mann verlange ja selbst nicht, daß man seine Schriften apotheosire: neben der „theuren Geisteskraft" glaubt er darin auch „den Menschen" zu entdecken. Aber der Geist Luthers ist es, der ihn leitet. Im Geiste Luthers macht er wieder Ernst mit dem allgemeinen Priesterthum, im Geiste Luthers bekämpft er das neuaufgekommene Standesprivilegium, im Geiste Luthers weist er Alle, Alle, auf die Bibel, auf dieses unerschöpfliche Bergwerk, aus dem man immer mehr herrliches Erz durch gottseligen Fleiß herausholen und uralte Wahrheiten an den Tag bringen könne.

Und doch finden wir in Spener eine ganz andere Grundstimmung als in Luther. Dort Heiterkeit, hier Trübsinn. Dort Aufschwung, hier Niedergeschlagenheit. Dort Kraft, hier Schwäche. Luthers Gott ist ein harter Zuchtmeister, der den Uebermüthigen zur Unterwerfung zwingt. Speners Gott ist ein milder Tröster, der dem innerlich Gebrochenen einen Stab zur Stütze darbietet. Beide wollen den Egoismus bändigen: aber der Egoismus der Zeitgenossen Huttens ist der des Glücks, das keine Schranken achtet; der Egoismus der Epigonen des dreißigjährigen Krieges ist der des Elends, das sich auf Selbsthilfe angewiesen sieht.

Wenn langlastende Drangsal die Menschen roh macht und verhärtet, so hat andererseits das Unglück auch erweichende und sänftigende Kraft. Diese Seelenweichheit ist die Signatur der Periode, welche Spener einleitet. Er kommt einem Zug der Zeit entgegen. Darum hat er mit den einfachsten Mitteln, mit seinen schlichterbaulichen Predigten, mit seiner Verschmähung des gelehrten Tandes, mit seiner Vernachlässigung des Dogmatischen über dem Praktischen, mit seinem Bibelcultus, mit seinen Katechesen, mit seinen Hausandachten, mit seinen geistlichen Conversationen so gewaltige Wirkungen erzielt. Darum gelang es ihm, in weiten Kreisen der lutherischen Kirche dem ganzen Leben die Uniform der Frömmigkeit anzuziehen, das Christenthum aus dem Kopf ins Herz zu bringen, und den Spitznamen der Pietisten zu einem Ehrennamen zu machen, den auch wir in seiner historischen Begrenzung als solchen gelten lassen können.

Der Pietismus war mit all seinen Ausartungen, seinem Bußkampf, seinen Erweckungen, seinem Traum- und Visionswesen, worin sich die Zustände der alten Mystik zu erneuern schienen und woran Spener selbst wenig Schuld trug, der Pietismus war mit all seinen Uebertreibungen ein mächtiger Hebel unserer nationalen Entwickelung. Der Pietismus hat uns zum Theil zurückgegeben, was wir im zwölften und dreizehnten Jahrhundert besaßen. Der Pietismus hat dem Einzelnen wieder das eigene Innere erschlossen. Er hat ihn wieder auf die Regungen seiner Seele achten gelehrt. Er hat wieder das Gefühl zu einer sittlichen Macht erhoben. Er hat das exclusiv Männische der Zeit vom fünfzehnten bis siebzehnten Jahrhundert gebrochen. Er hat die Frauen geistig emancipirt. Er hat das Publicum Klopstocks erzogen. Er hat in der religiösen Sentimentalität den Grund zur Liebessentimentalität gelegt. Er hat auf religiösem Gebiete selbst die Brüdergemeinde und durch sie mittelbar auch Schleiermacher hervorgebracht.

So tief begründet, so weit wirkend war die geistige Umwandlung, in welcher noch einmal — zum letzten Mal — ein Elsässer als Führer den Deutschen voranschritt. Aber Spener ging, wie wir wissen, von Frankfurt nach Dresden und endigte, der erbgesessenen sächsischen Orthodoxie weichend, in Berlin. Sachsen und Brandenburg-Preußen sind zunächst, d. h. in der Zeit vor Goethe, die gelobten Länder unserer geistigen Cultur. Aber so daß das wachsende Preußen mehr und mehr alle fortschrittlichen Elemente anzieht, welche das sinkende Sachsen von sich stößt. Pietismus und Rationalismus, ja französischer Materialismus erhalten in Preußen ihre Stätte. Der Epicuräismus unbefangenen Lebensgenusses und der Stoicismus strenger Pflichterfüllung finden sich mit nationalem Pathos und fester Staatsgesinnung in der Person des großen Monarchen wie in seinem Volk zusammen und erzeugen eine poetische Litteratur, an welcher nur die städtischen Republiken der Schweiz und Hamburg, und auch diese nur sehr gelegentlich und eingeschränkt, Theil haben. Unterdessen gedeiht in Sachsen höchstens ein Abklatsch französischer leichter Poesie, französischer Geselligkeit, französischer Liederlichkeit; und der Rhein sowie Süddeutschland stehen ganz zurück, bis sich der Schwabe Wieland ebenfalls der französischen Strömung anschließt.

So hat auch im Elsaß die Poesie keine nennenswerthen Leistungen hervorgebracht, und in dem wenigen herrscht französischer Einfluß. Der Jurist Johann Georg Schmied von Straßburg (gest. 1733) ist mit seiner travestirten Aeneide ein Nachfolger Scarrons und Vorläufer Blumauers. Heinrich von Nicolay aus Straßburg, erst Professor an der Universität seiner Vaterstadt, dann russischer Staatsrath (geb. 1737, gest. 1820), ist ein Nachahmer Gellerts in der Fabel und schwankartigen Erzählung, ein Nachahmer Wielands im ritterlichen Epos. Und Konrad Pfeffel aus Colmar (1736 bis 1809), der bekannteste und vielseitigste dieser Dichter, gehört in dieselbe Richtung.

Pfeffels poetische Thätigkeit beginnt 1754 und dauert bis an sein Lebensende fort. Wir besitzen von ihm nicht weniger als 25 Dramen, 8 Bände „poetische Versuche" und 10 Bände Romane und Novellen. Seine Tragödien und Komödien beruhen durchweg auf französischen Mustern, seine kleineren Gedichte theilweise: es sind Fabeln, Erzählungen, Episteln, Lieder; die ersteren überwiegen;

Gellert und Florian sind die Vorbilder, denen er nacheifert, und Gellert scheint ihm als der größte deutsche Dichter überhaupt zu gelten. Dabei bleibt er auch, nachdem Goethes Gestirn schon aufgegangen war: wenigstens gegen die Genies, gegen den Shakspeare Cultus, gegen den Werther verhält er sich ablehnend.

Ueberall zeigt er sich als rechter deutscher Privatmensch jener Zeit, der das Evangelium der Genügsamkeit und Mäßigkeit verkündigt und nicht müde wird, die Reize eines friedlichen und verborgenen Daseins zu preisen. Das schließt aber sein Interesse an öffentlichen Dingen nicht aus. Vielmehr ist es eine hervorstechende Eigenthümlichkeit seiner Fabeln, daß sie meist direct und ausgesprochen der politischen und religiösen Aufklärung dienen.

Der Dichter gehört zu den Gemäßigten, den Männern der rechten Mitte. Er bekreuzigt sich vor Inquisition und Hexenprozessen, vor Intoleranz und Verfolgungssucht. Aber andererseits stellt er die „Philosophie" als staatsgefährlich hin, dem „Philosophenorden" sagt er nach: „Ihm war das Rauben und das Morden, nur nicht der Aberglaube recht." Und Lessings Wolfenbüttler Fragmente begeistern ihn zu der Aeußerung:

    Gelahrte Herrn Fragmentenschreiber,
    O werdet lieber Straßenräuber.

Auch politisch erkennen wir in ihm leicht den correcten Liberalen der gegen die Privilegien, die Regalien und Orden, gegen das Soldatenwesen, die Eroberungssucht und den Krieg überhaupt ankämpft der die Sklaverei verabscheut und mit Empörung von dem Menschenschacher deutscher Fürsten redet, der sogar den josephinischen Experimenten unbefangen gegenüber steht und den Despotismus in jeder Form verwirft:

    Mir grauet, edler Freund, vor unsern goldnen Zeiten:
    Das Gute, das ein Fürst despotisch thut,
    Und wär' es noch so schön und noch so gut,
    Empört so sehr als Grausamkeiten.

Wie er früher die Tyrannen warnte vor dem Sklaven, der die

Kette bricht, so jubelt er der französischen Revolution zu, besingt die Erstürmung der Bastille und feiert die Stadt Paris:

> Dies zweite Babylon,
> So viele Menschenalter schon
> Ein Grab des Muthes und der Sitten,
> Paris ist nun der Freiheit Thron.

Er wird aber bald bedenklich, ob die Constitution, welche die Philosophen berathen, auch auf die thatsächlichen Verhältnisse passen werde; wendet sich dann mit Schrecken ab vor dem Convent, kann auch dem Directorium nicht viel gutes nachrühmen und huldigt schließlich der Genialität Napoleons.

Pfeffels Romane und Novellen behandeln die gewöhnlichen Lieblingsthemata der Aufklärungslitteratur. So verschieden das Costüm sein mag, ob modern, ob mittelalterlich, ob orientalisch, ob idyllisch-schäferlich, immer begegnen uns dieselben Gestalten; prinz= liche Wüstlinge, welche an der Tugend adliger Fräuleins scheitern; verführte Mädchen, welche die Unschuld des Herzens bewahren und schließlich noch „Männer ohne Vorurtheile" finden; feingebildete Waisen, welche sich durch Schicksalshärte zum Dienen verurtheilt sehen, deren herrliche Eigenschaften aber auch in der Erniedrigung hervor= leuchten und reiche Freier anlocken; Fürsten, die allen Ehrgeiz der Herrschaft fahren lassen um nur Menschen zu sein; Ritter, welche können lieben und à la Toggenburg im Angesicht des Klosters ihre Tage vertrauern. Standesschranken in der Liebe, heimliche Ehen und ihre Folgen sind ein vielgebrauchtes Motiv. Auch an Räuber= und Corsarengeschichten fehlt es nicht. Gespenster werden nur als Masken zur Heilung vom Aberglauben eingeführt. Dazu kommen Erzählungen aus der Schreckenszeit der Revolution, meist edle Aristo= kraten, die unschuldig verfolgt, aber zuletzt gerettet werden, die sich übrigens zu dem Grundsatz bekennen: „Wenn man Mensch ist, ist man mehr als Baron."

Pfeffels Personen sind alle edelmüthig, aufgeklärt und tugend= haft: Bösewichter scheinen kaum zu existiren, oder wenn sie einmal auftreten, werden sie im Verlaufe der Begebenheiten gewiß gebessert. Die gelungenste Figur, die Pfeffel überhaupt geschaffen, ist wol der alte Haudegen in „Lina von Saalen", ein gutmüthiger Polterer, der unter der soldatischen Rauheit seines Aeußeren das beste Herz verbirgt. Hier wie in dem bekannten Gedicht von der Tabackspfeife („Gott grüß euch, Alter, schmeckt das Pfeifchen?") und sonst merkt man, daß der Dichter, welcher einer Kriegsschule zu Colmar vorstand, Gelegenheit hatte den Soldatenstand nach dem Leben zu studiren.

Der Charakter seiner Dichtung im Ganzen ist weichlich. Nirgends sind die Conflicte tragisch zugespitzt und meist spielt Geld die Hauptrolle als beglückendes Moment. Heroismus zeigt sich in Lebensrettungen, Edelmuth meist in Geldgeschenken. Der Held, der Vater und Tochter aus einem brennenden Hause befreit, vergißt nicht ihre abgelegte Brieftasche mitzunehmen. Gefühle und Rührungen sind sehr verbreitet, Thränen werden massenhaft vergossen, Ohnmachten gehören zu den regulären Lebenserscheinungen. Als Motto unter Pfeffels Bild könnte man seine eigenen Verse setzen:

Sei stolz, o Freund, auf dein empfindsam Herz;
Ist es gleich oft gefährlich für die Jugend,
So schmilzt es auch bei unsrer Brüder Schmerz;
Empfindsamkeit ist das Genie der Tugend. —

Wie seltsam fremd muthen uns solche Aeußerungen an! Wie viel sympathischer fühlen wir uns berührt, wenn wir die einfache Hütte eines anderen elsässischen Dichters betreten, dessen geistliche Lieder freilich erst in neuester Zeit (1858) gedruckt erschienen, dessen Leben aber schon in die Jahre 1727 bis 1808 fällt, — des Zimmermanns Michael Meckert aus Heiligenstein am Fuße des Ottilienberges. Er war kein gewöhnlicher Mensch. Ohne schulmäßige und wissenschaftliche Bildung aufgewachsen, wie er ist, drängt es ihn mächtig, aus Welt und Büchern seine Begriffe zu erweitern und seine Anschauung von den „Wundern Gottes", wie er sich ausdrückt, zu bereichern. „Habt Ihr Jesum lieb?" fragte ihn einst ein Fremder, der bei ihm einkehrte. Das Wort traf sein Herz, und seit dem ist er ein Wiedergeborener, ein Erweckter, wie es der Pietismus nannte. Seine Lieder fließen aus dieser Gesinnung. Sie lehnen sich an die Weise älterer lutherischer Sänger wie Paul Gerhardt. Sie athmen jene einfache kraftvolle ihrer selbst gewisse Frömmigkeit, die zu jeder Zeit verstanden wird, ob man nun gläubig sei oder nicht.

Wir sehen, der elsässische Parnaß des achtzehnten Jahrhunderts ist nicht sehr bevölkert. Dennoch war der litterarische Glanz des Elsasses noch nicht ganz verblaßt. Nur sammelt er sich fast ausschließlich um die Universität und auch hier nur um wenige Häupter.

Durch Philologen, Historiker und Staatsrechtslehrer wie Samuel Gloner, Mathias Bernegger, Heinrich Bökler; durch die Nähe Frankreichs und die bequemere Gelegenheit Französisch zu lernen — war Straßburg gegen die Mitte des siebzehnten Jahrhunderts zu einer Prinzenuniversität geworden, welche die vornehme Welt aus allen Theilen Deutschlands (wenn auch niemals in sehr großer Zahl) besuchte.

An der theologischen Facultät wirkten Männer von Ruf und Ansehen. Außer den schon erwähnten Lehrern Speners, Konrad Dannhauer und Johannes Schmidt sind um und nach 1650 der zelotische Dorsche, der als Kirchenhistoriker berühmte Bebel und der um die Erklärung des alten Testaments verdiente Sebastian Schmidt zu nennen.

Aber unter dem französischen Regiment war es mit dem Gedeihen der protestantischen Theologie zu Ende. Gleich nach der Annexion wurde ein jesuitisches Seminar und ein Collegium zur Erziehung der Jugend gegründet und 1701 die Molsheimische Universität (S. 306) nach Straßburg verlegt. Die protestantische Facultät war nunmehr das Ziel fortwährender offener und versteckter Angriffe, Verläumdungen und Intriguen. Manche bedeutende Lehrer wollten unter solchen Umständen nicht bleiben und Auswärtige begaben sich nicht leicht auf so unterwühlten Boden. Es trat eine Art Erstarrung der theologischen Wissenschaft ein. Spener, der berühmteste Zögling der Straßburger Schule, übte keine Rückwirkung auf dieselbe aus. Wittenberg und Straßburg waren die letzten Hauptburgen der lutherischen Orthodoxie. Hartnäckig verschloß man sich gegen den Pietismus. Eher gestattete man noch den freisinnigen Auffassungen Zutritt. Von dem Professor Pfeffinger wird um 1710 geschrieben: „Wenn er nur einige Funken der Frömmigkeit (des Pietismus) sieht, sucht er sie zu unterdrücken; in seinen Vorlesungen streut er fast den Samen des Naturalismus aus: die Geheimnisse des Glaubens kehrt er in Scherz und erklärt, daß es mit der Redlichkeit schon genug sei." Aber Dr. Fröreisen, der seit 1722 Professor, von 1731 bis zu seinem Tode 1761 Präsident des Kirchenconventes war, hat zeitlebens einerseits gegen die Rationalisten, andererseits gegen die Pietisten, speciell gegen Zinzendorf und die Herrnhuter, den wüthendsten Krieg geführt, ohne daß es ihm doch gelingen konnte das Einströmen der neuen Ideen gänzlich zu hindern.

Eine wohlthuendere Gestalt ist sein College Dr. Reuchlin (gest. 1788), auch ein strenggläubiger Theologe, aber ohne Fanatismus und mehr auf praktisches Christenthum Gewicht legend. An ihn reihen sich die ausgezeichneten freisinnigen Praktiker Johann Georg Stuber, Reuchlins Schwiegersohn und Oberlins Vorgänger im Steinthal, Lorenz Blessig, der Hort des elsässischen Protestantismus in den Stürmen der Revolution, und der Pfarrer Oberlin, der Wohlthäter des Steinthals, von dem in einem folgenden Kapitel mehr erzählt werden soll: lauter Namen, die man noch heute im Elsaß mit Dankbarkeit und Verehrung nennt.

Aber die eigentlichen Sterne der Universität Straßburg müssen wir unter den Juristen, Historikern und Philologen suchen. Die mächtigen lateinischen Folianten des Schatzes deutscher Alterthümer (Thesaurus Antiquitatum Teutonicarum) von Schilter, des altdeutschen Wörterbuchs von Scherz und Oberlin, der **Alsatia illustrata** und **Alsatia diplomatica** von Schöpflin sind die wahren und werthvollsten Monumente elsässischen Geisteslebens in der Zeit, die wir betrachten.

Auch auf diesem Gebiete fand eine Art Erstarrung statt: die Richtung, welche man um die Mitte des siebzehnten Jahrhunderts eingeschlagen hatte, wurde beibehalten und treu gepflegt durch das ganze achtzehnte Jahrhundert. Die Elsässer bewahren damit die Tradition einer gelehrten Thätigkeit, welche im übrigen Deutschland nur spärliche Vertretung fand und doch für die deutsche Wissenschaft tiefgreifendste Bedeutung erlangen sollte. Die Schilter, Scherz und Oberlin erhoben das Interesse am deutschen Alterthum, das uns bei Wolfhart Spangenberg und Moscherosch entgegentrat, zu wissenschaftlichen Leistungen von dauerndem Werth. Sie haben damit Jacob Grimm in die Hände gearbeitet, dem die Früchte ihres Fleißes noch ganz unmittelbar zu Gute kamen.

Johannes Schilter aus Pegau in Meißen, ein Zeitgenosse Speners (1632—1705) wurde 1686 nach Straßburg berufen; Johann Georg Scherz (1678—1754) und Jeremias Oberlin, der Bruder des Pfarrers im Steinthal (1735—1806), stammten aus Straßburg selbst. Schilter und Scherz waren Juristen, Schilter speciell machte sich auch um die Erforschung des altdeutschen Rechts verdient, Oberlin verband deutsche und classische Alterthumswissenschaft, deutsche und romanische Sprachforschung. Alle drei wirkten an der Universität. Ihre altdeutschen Studien erscheinen wie die folgerichtige Entwickelung Eines wissenschaftlichen Gedankens: erst Stoffsammlung aus entlegenen Bibliotheken, dann Verwerthung desselben in lexikalischer Form bei stufenmäßiger Erweiterung des Gesichtskreises.

Als Jacob Grimm die heutige Wissenschaft der altdeutschen Philologie begründete, als er das riesige Unternehmen wagte, eine Geschichte der germanischen Sprachen in allen ihren Verzweigungen zu entwerfen: da fand er bei Schilter fast alle Materialien beisammen, aus denen er ein Bild unserer Sprache im achten bis elften Jahrhundert gewinnen konnte; da fand er bei Scherz und Oberlin den gesammten altdeutschen Sprachschatz, wie er in den hauptsächlichen Litteraturdenkmälern bis ins fünfzehnte Jahrhundert verlag, auf treffliche Weise verzeichnet. Und als Jacob Grimm und Andere die deutsche Poesie des dreizehnten Jahrhunderts, die feinsten Blüten

einer wahrhaften Glanzepoche unseres geistigen Lebens mit ganz neuem
Antheil durchforschten; als sie die Gestalten jener alten Dichter zu
neuem Dasein, neuer Wirkung riefen: da war es Scherz und Oberlins altdeutsches Wörterbuch, das ihnen den Zugang zu der poetischen
Sprache jener Zeit erschloß und ihnen das Verständnis des Ni-
belungenlieds, das Verständnis Wolframs von Eschenbach, Gottfrieds von Straßburg, Walthers von der Vogelweide erleichterte.
Wenn große geniale Männer die Leistungen ihrer Vorgänger zu ver-
dunkeln scheinen, so setzen sie sie andererseits doch erst ins hellste
Licht. Was uns die Arbeiten von Schilter, Scherz und Oberlin
werth sein mußten, zeigte erst Jacob Grimm.

Oberlins Bedeutung ist aber mit seinen altdeutschen Studien
nicht erschöpft. Seine Aufmerksamkeit erstreckte sich auch auf das
französische Mittelalter. Er ist auch hier ein historischer Sprach-
forscher. Er studirt Altfranzösisch und vergleicht damit die neueren
französischen Volksdialekte. Er weiß, daß die romanischen Sprachen
aus der Vergröberung des Lateinischen im Volksmunde hervorgegangen sind.

Oberlins Leistungen für das classische Alterthum, in ihrer Art
ebenfalls tüchtig und warmer Anerkennung würdig, können sich doch
mit den Arbeiten seines Zeitgenossen und Landsmanns Johann
Schweighäuser (1742—1830) nicht messen. Glänzt Oberlin
durch Vielseitigkeit, so ist Schweighäuser groß durch Beschränkung.
Sehen wir Oberlins Interesse gleichmäßig auf die Wörter und die
Sachen, auf alte Literatur und Kunst gerichtet, so geht Schweighäuser gänzlich in jener bescheideneren Thätigkeit auf, welche den
Sprachgebrauch eines Schriftstellers erforscht um die echte Gestalt
seiner Werke aus den Verderbnissen der Ueberlieferung herauszuschälen.
Gibt Oberlin ausschließlich lateinische Dichter und Prosaiker heraus,
so hat sich Schweighäuser namentlich um die griechischen Historiker
verdient gemacht: sein Hauptwerk ist eine Ausgabe des Vaters der
Geschichte, Herodots. Schweighäusers Behandlungsweise ist so umsichtig, so fleißig, so sehr auf die breiteste Grundlage umfassender

Sammlungen und Beobachtungen gestützt, daß seine Arbeiten noch heute unbestrittenen Werth behalten.

In andere und doch verwandte wissenschaftliche Regionen führt uns die Betrachtung eines Mannes, der dem Elsaß nicht durch Geburt angehört, aber vielleicht mehr als irgend jemand sonst gethan hat, um diese Landschaft als Historiker zu verherrlichen, die Betrachtung Johann Daniel Schöpflins (1694—1771). Wenn ein späterer elsässischer Dichter singt:

> Der Schwarzwald, die Vogese,
> Sie sehn si fründli an;
> E nochberliches Wese!
> Sie sind si zuegethan —

so kann Schöpflin als der persönliche Ausdruck dieser Zusammengehörigkeit beider Rheinufer betrachtet werden. Im Badischen geboren, in Basel und Straßburg gebildet, hat er seine praktische Wirksamkeit an der elsässischen Universität gefunden. Aber seine wissenschaftliche Thätigkeit vergaß das Geburtsland nicht. Er hat neben seinen Forschungen über die Geschichte des Elsasses auch zu einer badischen Geschichte noch Zeit gefunden, wenn gleich seine Hauptwerke allerdings der Adoptivheimat gewidmet sind.

In Schöpflin gewahren wir eine so ungemeine Verstandes- und Wissenskraft, eine solche Vereinigung seltenster gelehrter Eigenschaften und verschiedenster Forschungsrichtungen, wie sie zu allen Zeiten als der besondere Vorzug auserwählter Geister angesehen worden ist. In der Behandlung des elsässischen Alterthums greift er auf Beatus Rhenanus (S. 166) zurück: auch er ist ein mistrauischer kritischer Geschichtschreiber, während die bisherigen Nachfolger des Beatus alle überlieferten Fabeln geglaubt und womöglich vermehrt hatten. So war Schöpflin einer der ersten, welche der Vermischung keltischen und germanischen Alterthums entgegentraten. Die Zeit der Römer, ihre Provinzialverfassung, ihre Cultur reconstruirt Schöpflin mit allen Mitteln der heutigen Archäologie: Schriftsteller, Inschriften, Baureste, Grabsteine, Altäre, Sculpturen und Münzen, Alles muß ihm dienen, um in sorgfältigster Verwerthung ein Gesammtbild zu schaffen. Er hatte nicht umsonst in Rom den Ausgrabungen an Ort und Stelle beigewohnt und sich in den damaligen Stand der Alterthumsforschung von ihren berufensten Pflegern einweihen lassen.

Auch die Darstellung des Mittelalters ruht auf dem umfassendsten Fundamente. Nicht blos die Chroniken, auch die Urkunden, Wappen, Siegel, Kunstdenkmäler, werden herbeigezogen. Geographie, Verfassung und Sitten, Sprache und Litteratur finden Berücksichtigung. Schöpflin schreibt die Geschichte jedes einzelnen elsässischen Adelsgeschlechts, jedes einzelnen elsässischen Ortes von den ältesten Zeiten bis auf seine Tage. Landschaftliche Ansichten, Stadtpläne und sonstige Illustrationen unterstützen die Erzählung. Alle Gesichtspuncte thatsächlicher Forschung, die der Historiker verfolgen muß, finden sich darin. Aber allerdings Schöpflin bleibt in der thatsächlichen Forschung stecken, es fehlt die Zusammenfassung, die Facta sind nicht in Fluß gebracht, man glaubt oft mehr ein politisch-geographisch-statistisches Lexikon vor sich zu haben, als ein Geschichtswerk. In formeller Hinsicht übertraf ihn daher der bedeutendste seiner Nachfolger, der frühverstorbene Abbé Grandidier aus Straßburg (1752—1787), dessen Straßburgische Kirchengeschichte in schönem, an den besten Mustern gebildetem französischen Styl geschrieben ist.

Schöpflin war ein Localhistoriker, aber er war keineswegs nur eine Localberühmtheit. Seine wissenschaftliche Autorität reichte über das ganze gebildete Europa. Auf seinen Reisen wurde er überall von Amtswegen empfangen und geehrt wie ein Fürst. Er hat Berufungen nach Petersburg, Leiden und Wien ausgeschlagen: selbst die Ehre, den künftigen Kaiser (Joseph II.) zu erziehen, lockte ihn nicht von Straßburg weg, hätte er sie doch durch den Uebertritt zum Katholicismus erkaufen müssen. Die Akademien der Wissenschaften zu Mannheim und zu Brüssel wurden unter seinem maßgebenden Einflusse gegründet. Die französische Regierung schickte ihn einmal mit einem diplomatischen Auftrag nach London. Das ganze Gewicht seiner Persönlichkeit mochte er wol zur Geltung bringen, wenn er in seiner feinen eleganten Weise die offiziellen Universitätsreden hielt. Er wird geschildert als ein Mann von hoher Gestalt, ansehnlich und wohlgewachsen: „In ihm bemerkte man das Bild des Redners. Seine Augen zeugten von der Lebhaftigkeit seines Geistes. Nichts Finsteres, nichts Trauriges herrschte in seinen Mienen. Seine Stirne war entfaltet und heiter wie seine Seele. Mit seiner tiefen Gelehrsamkeit verband er ein ungemein offenes, gefälliges und liebenswürdiges Wesen."

Wir gehen wol nicht fehl, wenn wir annehmen, daß es vor allem die Persönlichkeit Schöpflins war, welche der Universität Straßburg jene Anziehungskraft für auswärtige Besucher zurückgab, die sie seit der Annexion der Stadt verloren hatte. Wieder fanden sich Prinzen und junge Edelleute gerne ein, um sich im Französischen zu vervollkommnen und die Völkerrechtskurse zu hören, die hier regelmäßig und in bequemer praktischer Weise gelesen wurden: als Begleiter solcher reisender Großen sind Herder und Lenz nach Straßburg gekommen.

Gerade um 1770, als Schöpflin nur noch ein Jahr zu leben hatte, als Oberlin eben Professor geworden war (einstweilen noch für Logik und Metaphysik) und als Koch und Lorenz allgemeine Geschichte vortrugen, waren auch die Naturwissenschaften tüchtig vertreten: der Chemiker Spielmann verkündete die Entdeckungen Lavoisiers, Lobstein lehrte Anatomie, Ehrmann leitete die Klinik und der Zoologe Herrmann legte den Grund zum naturwissenschaftlichen Museum. Wie in Göttingen beruht auf exacter Natur-, Geschichts- und Alterthumsforschung der Ruhm der Universität.

Und eben diese beiden Universitäten, Straßburg und Göttingen, sind es, welche zu Anfang der Siebziger Jahre in die Entwickelung unserer Poesie so bedeutsam eingreifen. An beiden sammelt sich ein Kreis von jungen Männern, in deren Streben und Denken ein neuer Fortschritt unseres geistigen Lebens zur Entfaltung gelangt.

Das Resultat der mit Preußens Erhebung verknüpften Culturbewegung erhielt immer schärferen Ausdruck. Schon hatte Klopstock,

in die germanischen Wälder flüchtend, die Parole ausgegeben: keine
Nachahmung mehr! deutsche Originalpoesie! Schon hatte Lessing
seine kritischen Schlachten gegen das Franzosenthum geschlagen. Schon
suchte Herder das Eigenthümlich-deutsche in Sprache und Poesie
herauszuarbeiten. Der nationale Zug war das Kennzeichen der aufstrebenden Generation. Die litterarische Fremdherrschaft des westlichen Nachbars sollte abgeworfen werden. Homer, Ossian, Edda,
die Minnesänger, Shakspeare, das Volkslied waren die Zeichen, in
denen man auszog, um zu siegen. Das waren die Mächte, denen
sich Goethe in die Arme warf, mit denen er einen festen Bund
schloß, während der anderthalb Jahre (April 1770 bis September
1771), die er in Straßburg zubrachte. War er noch in Leipzig von
den Fesseln der französischen Muse umstrickt gewesen, so riß er sich
jetzt los und gab sich der germanischen gefangen. „Deutschheit
emergirend", so bezeichnet er selbst mit zwei Worten diese Epoche.
Er sammelt elsässische Volkslieder. Er studirt das altgriechische
Volksepos: die Helden Homers wurden bei ihm alle so schön, groß
und frei. Er bringt den Manen Erwins von Steinbach sein Todten-
opfer dar. Er übersetzt Ossian. Er lernt aus dem Landprediger
von Wakefield die einfachsten Verhältnisse des Privatlebens poetisch
auffassen. Er trägt sich mit Stoffen der deutschen Geschichte und
Sage, mit Götz und Faust. Er entnimmt aus Shakspeare, aus
diesem „schönen Raritätenkasten, in dem die Geschichte der Welt vor
unseren Augen an den unsichtbaren Fäden der Zeit vorbeiwallt" —
er entnimmt aus dem falschverstandenen Shakspeare die Vorstellung
eines Schauspiels, daß auf die altdeutsche dramatisirte Historie des
sechszehnten Jahrhunderts zurückführt: er will es sogar wagen, in
diesem Sinne mit Voltaire und Shakspeare selbst zu wetteifern und
Caesars Lebensgeschichte zu behandeln, wie später den Götz ... Alles
in Straßburg nicht durchweg erst begonnen, aber zu äußerster unbedingt herrschender Kraft gediehen. Und dies kein Zufall. Grade
die Nähe Frankreichs trieb entschieden in den Gegensatz. Die beiden
nationalen Geistesmächte, die sich in Deutschland ablösten, waren

hier dicht beisammen, sie lagen hier im Kampf, das Land deutsch, die Stadt mehr und mehr verwälscht. Aber es war nicht blos der Gegensatz, in Straßburg selber gingen beschworene uraltdeutsche Heldengeister um. Hatten hier nicht Schilter und Scherz gewirkt? Hatte nicht Schöpflin ein Stück deutschen Mittelalters ausgegraben, so voll und rein, wie wenig andere? War da nicht Oberlin und warb für die Minnesinger? Und ragte da nicht wie ein verweltlicher Riese Erwins Schöpfung auf? Unter allen gothischen Kirchen Deutschlands war dies die einzige, zu welcher durch alle Wandlungen des Geschmacks hindurch wenigstens die Anwohner stets mit Verehrung emporblickten. Schon im siebzehnten Jahrhundert (1617) hat Oseas Schadäus ein eigenes Buch darüber geschrieben und von da an ging die Münsterlitteratur ununterbrochen fort. Zu Goethes Zeit war der Orgelbauer und Rathsherr Johann Andreas Silbermann, ein Mitglied der weltberühmten Orgelbauerfamilie, die erste Autorität für das Münster wie für die localen Alterthümer überhaupt.... Der Münsterthurm, das Wahrzeichen Straßburgs, ist auch das Wahrzeichen der in Deutschland wiedererweckten germanischen Kunst.

Der aber, der sie weckte, der junge Wolfgang, war kein einseitiger Teutone, war schon damals ein ganzer Mensch, in Natur und Geist vertieft, ins Leben fest hineingewachsen — trieb Chemie und Medicin, besuchte Kliniken und Werkstätten, fand noch Zeit zu Juristerei und Promotion, fand Zeit das Land zu durchstreifen, in Sesenheim einzukehren, zu lieben und geliebt zu werden und seine Liebe in unsterbliche Lieder auszuströmen.

Die Bilder der Freunde, welche Goethe damals umgaben, bleiben auf ewig von ihm unzertrennlich. Jener gute Mann vor allen, der ohne ihn gewiß vergessen wäre, der Actuarius Salzmann, der liebreiche alte Junggeselle, der sich an Feiertagen fremde Kinder einlud und mit ihnen spielte, weil er keine eigenen hatte, — der ehrwürdige Popularphilosoph, der Sokrates und Pädagog des Goethischen Kreises, der Präsident der Tischgesellschaft, in welcher der Frankfurter Student mit Lerse, Jung u. a. zusammentraf.

Herder stand ferner, er war krank und verdrießlich, nur Goethe und Jung durften ihm nahen. Ihm gefiel es nicht in Straßburg. Er erklärte es für den elendesten, wüstesten, unangenehmsten Ort, den er in seinem Leben gefunden. Was in dem jungen Freunde steckte, der ihn so aufmerksam anhörte und so geduldig ertrug, ahnte er — fortwährend mit sich selbst beschäftigt — nur erst von ferne. Die Andern aber um Goethe her stehen schon unter seinem Einfluß: Jung-Stilling, den sein bewunderter Freund eigentlich erst zum Schriftsteller machte; der unglückliche Lenz, der den größeren unerreichlichen Genossen so beneidete; der Straßburger Leopold Wagner, der den Stoff zu seiner „Kindermörderin" dem noch ungeschriebenen Faust entwendete.

Auch nachdem Goethe aus Straßburg weg ist, merkt man noch seinen nachwirkenden und aus der Ferne herüberwirkenden Einfluß. In Salzmanns „Gesellschaft zur Ausbildung der deutschen Sprache" (sie war die Fortsetzung von litterarischen Kränzchen, die schon zu Anfang der sechsziger Jahre begonnen hatten) wurden Goethes Tendenzen gepflegt. Hier las Wagner seine roh naturalistische Kindesmörderin. Hier las Ramond aus Colmar seine französisch abgefaßten, aber im Styl des Götz gehaltenen historischen Dramen. Hier las Lenz Uebersetzungen aus Shakspeare, Uebersetzungen englischer Balladen, Briefe über die Moralität der Leiden des jungen Werther und verschiedene Reden über die Herrlichkeit der deutschen Sprache und über ihre Kräftigung aus den Volksmundarten. Er meint, die Deutschen seien dazu gemacht, in Werken des Geistes Gesetzgeber aller benachbarten Nationen zu werden. Und er spricht das schöne Wort: „Der Geist, meine Herren, leidet keine Naturalisationen, der Deutsche wird an der Küste der Kaffern so gut als in Diderots Insel der Glückseligkeit immer Deutscher bleiben und der Franzose Franzos." Ob das wahr ist für die Elsässer, von denen er es sagt? Wir hoffens.

Goethe aber, als er vierzig Jahre später auf diese Zeit zurückblickte und in seiner Lebensgeschichte den Straßburger Aufenthalt erzählte, hat mehr geliefert als ein Stück Selbstbiographie, mehr als ein farbenprangendes Culturbild, mehr als ein herrliches Idyll — er hat nicht blos ein Kunstwerk geschaffen, worin wir die blühende Landschaft bewundern mit den prächtigen wahren Gestalten, die sie beleben — er hat damit zugleich dem Elsaß für alle Zeiten eine Stätte gewonnen in dem Herzen jedes Deutschen, ja er hat die Wiedereroberung vorbereiten helfen: denn von den tausend sehnsüchtigen Gedanken, die wir hinübersandten zu den fremdgewordenen Brüdern jenseits des Rheins — wie viele wären wol gedacht, wie viele wären wol gefühlt worden ohne Goethes Schilderung, ohne dies bezaubernde Gemälde, getaucht in Sonnenglanz und Aetherduft? Ein Stück von uns, ein bester Mensch, hat da drüben geliebt und gelitten und ein Herz gekränkt — ihn selbst übermannte die Rührung, als er seine Schuld (Er nennt es so) erzählte.

Zwanzigstes Kapitel.

Französische Verwaltung.

Auch noch im 18. Jahrhundert, da das Elsaß ganz zur französischen Provinz herabgesunken war, machte sich das deutsche Culturleben wie sich soeben gezeigt hat, hier in selbstständiger Weise geltend. Das ganze geistige Dasein des Volkes zog seine Nahrung aus den Wurzeln, welche tausendjährig im deutschen Boden gewachsen waren. Alle Versuche der Franzosen, die Eigenthümlichkeit des alten Stammes auf dem Gebiete der Wissenschaft und Litteratur zu überwältigen, scheiterten selbst in einer Zeit, wo ihre große classische Periode bereits eingetreten, Deutschland im ganzen überflügelt, und französische Sprache und Litteratur zum höchsten Einflusse, den sie je erreichten, unter uns gelangt waren. Selbst in dieser Zeit bewahrte das Elsaß seine geistige Eigenart.

Und dennoch kann man nicht verkennen, daß die Assimilirung des deutschen Landes unbedingte Fortschritte machte. Wo lagen die Quellen, die Ursachen, dieser eigenthümlichen Erscheinung? — Auf dem Gebiete des politischen Lebens, in dem Wirken ihrer Regierungen und Staatsmänner zeigten sich die Franzosen den Deutschen gewaltig überlegen; ja die Geschichte muß es unparteiisch anerkennen, wie entschlossen, klug und geschickt die französischen Machthaber vorgingen, um das fremdartige Element ihrem Staate nicht bloß ein- und unterzuordnen, sondern vor allem dienstbar und dienstwillig zu machen.

Von politischen Grundlagen aus wurde die Gallisirung des Elsaß in Angriff genommen, und in dieser Richtung waren die wesentlichsten Resultate schon vor der französischen Revolution durch die ordentliche Regierung Frankreichs erreicht worden. Die Revolution vermochte diese politischen Siege in der Tiefe der Bevölkerung zu befestigen, sie brachte den französischen Staatsgedanken in weiten Kreisen zum Bewußtsein, aber die politische Versöhnung, die politische Assimilirung war nicht erst durch die Verkündigung der Menschenrechte herbeigeführt, sie war ein Werk französischer Regierungsthätigkeit, französischer Verwaltungskunst und Staatskunst, der Dinge, welche dem deutschen Volke in seinen meisten Stämmen so schwer eigen zu machen waren, und die ihm vielleicht immer versagt geblieben wären, wenn nicht der Staat des großen Kurfürsten politischen Geist Schritt für Schritt der Nation einzuimpfen gewußt hätte.

Die Maßregeln, welche die französische Regierung im Elsaß ergriff, nachdem die Eroberungen abgeschlossen waren, hatten einen völlig anderen Charakter als die, welche man zur Verlockung der Schwachen gebraucht hatte. Schon früher konnte auf dem religiösen Gebiete der tiefeingreifenden Gesetze gedacht werden, welche darauf hinzielten, mit der Vergangenheit zu brechen und sichere Anhänger Frankreichs zu schaffen. Auch in der Verwaltung des Landes sollte dem elsässischen Volke der schwerwiegende Arm der französischen Regierung fühlbar gemacht werden. Ohne Furcht und Zagen gab der Intendant La Grange in den letzten Jahren des 17. Jahrhunderts seine drakonischen Gesetze über die Einführung der französischen Gerichtssprache. Bis auf den heutigen Tag hat das elsässische Volk ohne Widerrede seine Muttersprache aus den Aemtern seines Landes verbannt gesehen. Ja derselbe Intendant konnte es wagen, Verfügungen über die Einführung französischer Moden und Kleider zu treffen, ohne daß man einer allzuheftigen Opposition begegnete. Es war den Franzosen ganz recht, daß sie durch ihre scharfen Maßregeln zahlreiche Auswanderungen aus ihrer neuen Provinz veranlaßten. Wer nicht zufrieden war, konnte gerne seine Wege gehen, sei es, daß er aus confessionellen, nationalen oder politischen Gründen dazu getrieben wurde, die alte Heimat zu verlassen. So erklärt sich, daß in der zweiten Hälfte des 17. Jahrhunderts eine Verminderung der Bevölkerung von 250,000 Einwohnern des gesammten Landes auf 245,000 sich ergab, aber nachdem diese Krise überstanden war, hob sich dann im 18. Jahrhundert die Bevölkerung desto rascher, nicht nur in Bezug auf die Zahl, sondern auch auf ihren Wohlstand. Denn neben den Maßregeln der Strenge und Unbeugsamkeit ließ die Regierung nichts ungeschehen, was zur Hebung von Handel und Wandel, zur Verbesserung des Ackerbaues, zur Beförderung der industriellen Verhältnisse des Landes irgend dienen konnte. Es war noch Colberts Verdienst, daß die Straßburger Handelsartikel von allen Zöllen in der Provinz nicht bloß, sondern auch im übrigen Frankreich befreit wurden. Die Rheinschifffahrt wurde der Straßburger Schiffergemeinschaft bis Mainz hin ausschließlich eröffnet. Steuerfreiheit bis zu 12 Jahren für Bauerngüter, welche brach lagen und für Urbarmachung des Bodens begünstigte die Landwirthschaft. Der Tabakbau, der seit 1620 begonnen hatte, wurde von der Regierung befördert. Der Export von elsässischem Weine stieg in diesen Jahren zu seiner früheren Höhe und Bedeutung. Man sorgte für die Sicherheit der Straßen, — die Regierung nahm den Bau und die Ueberwachung derselben in ihre Hände. Es wurden Posteinrichtungen von größerer Vollkommenheit getroffen, als zuvor bestanden.

Wo gab es damals eine Regierung, welche in diesem Maße Wohlthaten auf ein Land zu häufen gewußt hätte, wie die französische? Es war, wie wenn eine neue Welt von bisher unbekannten Gütern sich eröffnet hätte, welche dem immer sehr nüchtern denkenden Landmanne und Bürger des Elsaß die nationale Frage ganz und gar in den Hintergrund drängte. Daß man auf politischem und religiösem Gebiete eingeengt war, vielfache Gewaltsamkeiten duldete, hatte vielleicht geradezu etwas beruhigendes für die deutschen Gewissen, — denn sie konnten sich sagen, gegen diesen festen Willen einer großen Regierung anzukämpfen, die daneben soviel gutes zu schaffen wußte, wäre Thorheit.

Auch in den früheren Reichsstädten, wo die Stadträthe keineswegs ein schwaches oder nachsichtiges Regiment zu führen pflegten, gewöhnte man sich mehr und mehr an die Anwesenheit der französischen Beamten, und die sogenannten Prätoren, welche die Regierung einsetzte, bildeten nicht selten ein heilsames Gegengewicht gegenüber den alten, zu Mißbräuchen geneigten Stadtregierungen. Diese Prätoren haben in den elsässischen Städten recht eigentlich die Arbeit der Französirung vollbracht; es war gleichsam ein Bund der absoluten Regierungsgewalt des Königs mit dem von den Stadträthen vielfach unterdrückten Volke. Daher die Erscheinung, daß die Prätoren in Straßburg von den alten Familien, von den erbgesessenen Magistraten mit großem Mißtrauen betrachtet wurden, aber in der Masse des Volkes die unverkennbarsten Sympathieen fanden.

Glücklich traf es sich für die französische Regierung in Straßburg, daß sie eine Anzahl einheimischer Männer fand, die sich unbedingt ihren Interessen anschlossen und durch ihre unzweifelhafte französische Gesinnung einerseits, ihre deutsche Herkunft andererseits für das Vermittleramt der Prätoren besonders geeignet waren. Jener Ulrich Obrecht, der bei dem Falle Straßburgs sich als einer der Ersten der französischen Macht in die Arme warf, blieb Prätor bis zum Jahre 1701, dann folgte ihm sein Sohn bis 1705. Die Familie Klinglin, welche man hierauf in dieses Amt brachte, stammte aus dem österreichischen Elsaß, war zwar nicht in Straßburg einheimisch, aber Johann Baptist Klinglin, Mitglied der elsässischen Ritterschaft, hatte durch 20 Jahre hindurch einen unbedingt gebietenden Einfluß erworben. Sein Sohn Franz Joseph kam in Streit mit dem Stadtrath, und der Sturz dieses Mannes wird uns einen tiefen Einblick in die Parteiungen bieten können, welche die französische Regierung mit großem Geschicke zu ihrer immer stärkeren Befestigung benutzte.

Die politische Anhänglichkeit an Deutschland ging in der Westmark ebenso rasch verloren, als die nationale und geistige Eigenart sich zäh und ausdauernd erwies. Schon zur Zeit des spanischen Successionskrieges, wo der kriegerische Ruhm der Franzosen zu erbleichen begann, und wo die ungeheuersten Niederlagen den König Ludwig XIV. zu Verhandlungen nötigten, in denen zum erstenmale seit nahezu zweihundert Jahren Europa wieder in der Lage war, den Franzosen Friedensbedingungen zu dictiren, war von einer Frankreich feindlichen Haltung des Elsaß nichts zu verspüren. Denn obwohl die siegreichen Heere des Prinzen Eugen mehr als einmal die Westmark betreten hatten, so zeigte sich doch keinerlei Neigung zum Abfalle von dem französischen Könige. Man beklagte die harten Kriegsverwüstungen, man berechnete den Schaden, welchen die alliirten Mächte den Elsässern verursachten, man zählte nicht weniger als 136 Dörfer und Städte, welche zerstört und geplündert worden seien, aber während in der Franche Comté Unruhen ausbrachen, in Besançon sich eine Verschwörung gegen Frankreich vorbereitete, blieb das Elsaß ruhig, und über Straßburg klagten die kaiserlichen Feldherrn, daß es sich gerade wie zur Zeit des holländischen Krieges, äußerst feindselig gegen die Reichstruppen betragen hätte, wenn auch vereinzelte Erinnerungen an die alte Reichsfreiheit nicht völlig ausgestorben waren, und zu publicistischer Agitation benutzt werden konnten.

Dennoch faßten die Verbündeten des Kaisers die Abtretung aller neueren Eroberungen Frankreichs ernstlich ins Auge. Im Jahre 1709 schickte Ludwig XIV. seinen Minister Torcy nach dem Haag, um die drückenden Vorschläge, welche die Verbündeten gemacht hatten, zu ermäßigen. Er hätte unter anderm die Räumung von Straßburg für einen zweimonatlichen Waffenstillstand zugestehen wollen, während dessen der Friede verhandelt werden sollte. Wäre der Krieg für eine deutsche Sache geführt worden, so konnte Straßburg gerettet werden, aber der Schwerpunkt der Frage lag in den dynastischen Absichten Oesterreichs einerseits und in der Feindschaft der Holländer und Engländer gegen eine bourbonische Regierung in Spanien andererseits. Auch im Jahre 1710, wo Ludwig XIV. bereit gewesen wäre, Straßburg und die im westphälischen Frieden erlangten zehn Reichsstädte zurückzugeben, war man zu keinem Frieden gelangt, weil es im deutschen Reiche durchaus keine Macht gab, welche diesen außerordentlich günstigen Zeitpunkt in Deutschlands Interesse verwerthen wollte. Was lag dem österreichischen Hofe an Straßburg und den zehn Reichsstädten, wenn er nicht für Karl III. die spanische Krone erhalten konnte. Um aber dies zu erwirken hätte Ludwig XIV. seine Mithilfe leisten sollen, den österreichischen Prinzen in Madrid auf den Thron zu setzen, von welchem der Enkel Ludwigs erst herabgestürzt werden mußte. Niemals zeigte sich in der neueren Geschichte Deutschlands deutlicher, als in diesem Kriege, wie thöricht diejenigen waren, welche im deutschen Reiche noch immer an den todten Formen des Regensburger Reichstags hingen und seine Phrase des Reichskriegs in die Welt schrieen, während der Kaiser das ganze Elsaß sammt Straßburg mit leichtem Herzen zurückwies, um seinem Bruder die spanische Krone zu sichern. Wenn das Reichsoberhaupt einen dem Reiche so günstigen Frieden nicht schloß, so darf man sich nicht wundern, daß die Elsässer Glauben und Vertrauen an Reich und Reichskrieg verloren gaben und nicht die leiseste Miene machten, von Frankreich abzufallen.

Als drei Jahre später unter völlig veränderten Verhältnissen der Friede von Utrecht abgeschlossen wurde, kam man von keiner Seite mehr auf die Abtretungsvorschläge des Elsaß, wie sie in den früheren Verhandlungen ernstlich gemacht waren, zurück, ja auch Prinz Eugen, der zu Rastadt mit Marschall Villars verhandelte, war nicht mehr in der Lage, von den so günstigen Anträgen der Jahre 1709 und 1710 Gebrauch zu machen, denn er mußte zugeben, daß Oesterreich den Krieg nicht um die elsässischen Reichsländer unternommen hatte, sondern um die spanische Krone, und er wußte, daß Karl VI. seine heißesten Wünsche nicht in den Fragen der Rheinfestungen, sondern in gewissen Begünstigungen von Cataloniern und andern Spaniern erblickte, die er so unglücklich war, verlassen zu müssen.

Prinz Eugen hatte Mühe, neue Forderungen des französischen Gesandten in Rastadt zurückzuweisen, denn Villars glaubte vom Reiche auch noch Landau, Breisach und Philippsburg, welche Orte schon früher in französischem Besitz gewesen waren, wieder verlangen zu dürfen.

Bei den zahlreichen territorialen Veränderungen, welche das 18. Jahrhundert in einer langen Reihe von Kriegen herbeiführte, dachte doch niemand mehr ernstlich an dem elsässischen Besitze Frankreichs zu rütteln. Vielmehr gewann Frankreich eine neue Sicherung und Abrundung seiner östlichen Länder durch die Verzichtleistung des Hauses Lothringen auf sein altes, angestammtes Herzogthum, welches freilich schon nach allen Seiten von Frankreich eingeengt und seiner Oberherrlichkeit unterworfen war. Immerhin lag noch zwischen Straßburg und Paris ein ausgedehntes Gebiet, welches von einem Reichsfürstlichen und von Frankreich unabhängigen Geschlechte beherrscht wurde. Die Verpflanzung der Lothringer nach Toskana und Oesterreich und die Erwerbung Lothringens durch König Ludwig XV. war daher ohne Zweifel auch für das Elsaß von der eingreifendsten Bedeutung. Es schien, daß eine Epoche lang entbehrter herzlicher Freundschaft und Einigkeit zwischen dem Hause Oesterreich und dem von Frankreich angebrochen wäre, als diese Fragen in so erwünschter Weise im Jahre 1735 geordnet wurden. Die pragmatische Sanction Kaiser Karls VI. wurde von Frankreich auf das feierlichste anerkannt, der lothringische Stamm in Oesterreich reichte die Bruderhand dem der Bourbonen, mit dem er so oft in Streit war. Denn nun schienen alle Differenzen geschlichtet zu sein. Frankreich war groß durch Lothringen geworden, und Lothringen sollte in Oesterreich und Toscana groß sein. Es war eine seltene Friedensseligkeit erwacht, der man auch auf der Universität von Straßburg auf obrigkeitliches Geheiß beredte Worte zu leihen gezwungen wurde. Schöpflin feierte in einer großen historisch-politischen Rede, das Wunder, daß zwei Mächte, welche wie er bemerkte, seit den Bruderkriegen der Enkel Karls des Großen in stetem Kampfe um ihre Grenzen gelegen hätten, nunmehr durch die Weisheit der

Regierung von Frankreich vollständig zu Frieden und Einigkeit gebracht worden wären.

Aber schon nach wenigen Jahren war der Friedensrausch vergessen und im österreichischen Erbfolgekriege streiften die ungarischen Reiter Maria Theresias, wie zu den Zeiten jener Enkel Karls des Großen abermals und abermals über den Rhein in das Elsaß, und bereiteten eben soviel Schrecken, wie damals, als der Streit um die Rheingrenze begann, welchen Schöpflin in offiziellem Auftrag als erloschen erklären mußte. Auf die Elsässer machte es jedoch gar keinen Eindruck, als der Husarenoberst Menzel in einem Manifest sie aufforderte, zum deutschen Reiche zurückzukehren; und Ludwig XV. wurde nur mit um so größerer ja mit unglaublicher Verehrung im Elsaß empfangen, als er im Herbste 1744 selbst kam, um den Krieg zu leiten und die Treue der deutschen Bevölkerung zu befestigen.

Was konnte dem gegenüber der Schatten des Kaiserthums unter den Elsässern für einen Eindruck hervorbringen? Kaiser Karl VII. war in diesem Augenblicke aus seinem bairischen Stammlande vertrieben worden und flüchtete vor denselben österreichischen Truppen, welche die Losreißung des Elsasses von Frankreich herbeizuführen dachten. Wenn aber Oesterreich über die Absichten der pragmatischen Sanction hinausgehend, den unerwarteten und in Deutschland überraschenden Versuch machte, das neue lothringische Haus mit der deutschen Kaiserwürde selbst schmücken zu lassen, so war es doch bei weitem nicht stark genug, um sich gegen Frankreich und Preußen zugleich im Felde zu behaupten. Der Einfall König Friedrichs II. in Böhmen im Sommer 1744 nötigte die ungarischen Truppen zum raschen Rückzug aus dem Elsaß. Im ganzen Erbfolgekriege wurde von Oesterreich kein weiterer Versuch gewagt, den Besitz des Elsasses den Franzosen streitig zu machen.

Aber erst der siebenjährige Krieg führte jene merkwürdige Machtverschiebung herbei, deren man sich schon vor dem Erbfolgekriege zu erfreuen glaubte, und erst Preußens wachsende Stärke trieb Oesterreich in die Arme des französischen Reiches, welches seine Eroberungen am Rhein nunmehr im Bunde mit dem deutschen Kaiser erweitern zu können hoffte. Als später die Allianz der alten unversöhnlichen Häuser in der Vermählung der Tochter Maria Theresias, der unglücklichen Maria Antoinette, mit dem Dauphin Ludwig XVI. ihren förmlichen Abschluß fand, feierte man in Straßburg die glänzendsten Feste, deren Zeuge Goethe war.

Wer dächte hier nicht an Goethes ahnungsvollen Eifer über die Geschmacklosigkeit, mit welcher der schöne Pavillon auf der Rheininsel, wo die Braut den Bevollmächtigten Frankreichs übergeben werden sollte, innen verziert war. Es war die Geschichte der Medea, die in der drastischen Darstellung häßlicher Tapetenbilder der jungen Prinzessin bei ihrem ersten Eintritte in Frankreich vorgeführt wurde. Aber Goethes Straßburger Bekannte wollten nichts von dergleichen „Grillen" hören, auf welche „die ganze Straßburger Population, so wenig wie die Königin selbst mit ihrem Hofe jemals gerathen würde." In der Freude über die Beleuchtung des Straßburger Münsters, hinauf bis zur höchsten Thurmesspitze, hatten Abends die Freunde den Streit über Tapeten und Geschichte der Medea vergessen, aber Goethe fand Grund genug, sich später desselben zu erinnern. Die drohenden Anzeichen großer Umwälzungen des französischen Staatswesens konnte man nach Goethes Versicherung auch im Elsaß kaum verkennen, und die Entartung der hohen Gesellschaft von welcher Straßburg ein glänzendes Exemplar in dem Bischof von Rohan besaß, trat dem deutschen Beobachter, auch wenn er sich äußerst wenig um politische Dinge bekümmerte, überall vor Augen.

Als ein deutliches Zeichen der starken Corruption, welche auch in Straßburg in der zweiten Hälfte des 18. Jahrhunderts vorhanden, betrachtete man den Prozeß, in welchen nach langjähriger Thätigkeit der Prätor Klinglin verwickelt wurde. Indessen bietet die Geschichte dieses Mannes mehr als eine Seite für die richtige Erkenntnis der Zustände dar, welche im Elsaß seit der französischen Eroberung eingetreten waren.

Die alten Stadtbehörden in Straßburg zeigten sich den mannigfaltigen Neuerungen im Gebiete der Verwaltung abgeneigt; wenn Klinglin auf einem Verpachtungssystem in Bezug auf Zölle und Steuern bestand, weil die eigene Verwaltung des Raths äußerst schlecht war, wenn er auf rationelle Forstwirthschaft drang, wenn er Güterverkäufe vornehmen ließ, weil die Erträgnisse schlecht waren und die Capitalien besser angelegt werden konnten, so befand er sich im fortwährenden Streit mit dem Rath. Gleichwol mußte allgemein zugestanden werden, daß während seiner 20jährigen Verwaltung Handel und Wandel wie noch niemals blühten. Gewaltige Bauten brachten den Handwerkern viele Beschäftigung, Künste und Wissenschaften wurden von dem königlichen Prätor begünstigt. Er hatte einen Anhang, der in gewissen Classen um so größer war, je verschwenderischer er lebte, und je mehr er durch Glanz zu blenden wußte. Seine legalen jährlichen Einkünfte berechnete man auf 32,000 L.; es erleidet aber keinen Zweifel, daß er auf unrechtmäßige Weise bei weitem mehr erwarb und daß er den betrügerischen Gewinn mit dem Minister d'Argenson theilte. Dafür war dieser sein Gönner und seine Stütze bei Hofe gegenüber allen Anklagen, bis im Jahre 1752 der Einfluß des Finanzministers Machault den König Ludwig dazu bestimmte, gegen Klinglin einen Prozeß anstrengen zu lassen, der mit dessen Verurtheilung endigte. Wie man aber im Volke die Sache noch 20 Jahre später betrachtete, davon giebt uns Goethe ein merkwürdiges Zeugniß, wenn er erzählt, daß man noch häufig „in Straßburg des u n g l ü c k l i c h e n Prätors gedacht, der, nachdem er die höchste Stufe irdischer Glückseligkeit erstiegen, Stadt und Land fast unumschränkt beherrscht und alles genossen, was Vermögen, Rang und Einfluß nur gewähren können, endlich die Hofgunst verloren habe, und wegen alles dessen was man ihm früher nachgesehen, zur Verantwortung gezogen worden, ja sogar in den Kerker gebracht, wo er, über siebenzig Jahre alt, eines zweideutigen Todes verblichen."

So findet sich in dem Leben dieses Mannes, wenn wir uns nicht täuschen, ein getreues Abbild der Verhältnisse, welche Frankreich im Elsaß geschaffen. Ueberall untergräbt es die alten allerrings vielfach vermorschten Zustände, überall erhebt es sich für Bewegung, Neuerung, Verbesserung, Thätigkeit und regt die conservativen Gemüter zum Widerspruche auf, die sich von den Grundsätzen städtischer Rathsgewalt und patriarchalischer Stadtverwaltung nicht trennen mögen. Aber dieses Neue zeigt auch die Schäden einer absoluten und willkürlichen Regierung, welche die mannigfaltigsten Laster duldet oder begünstigt und ein System tiefer Corruption herbeiführt. Das Land wird rücksichtslos von der Regierung ausgebeutet, aber sie bietet ihm dafür Vortheile materieller Art. Alles muß dazu dienen, die Steuerkraft zu heben, die Einkünfte der Regierung zu vermehren. Was man in Straßburg durch tiefeingreifende Aenderungen in der Stadtverwaltung gewinnt, wird durch zahlreiche Bauten von Kasernen und Festungswerken wieder verbraucht. Es ist ein bodenloser Abgrund, in welchen die französische Regierung die auf alle Weise eröffneten Hilfsquellen des reichen Landes wieder fallen läßt. Alle Hebung der Cultur, alle Bewegung der ökonomischen Kräfte bleiben ohne Resultate, ohne Gewinn für die Zukunft, — das ist genau derselbe Zustand, wie er in allen Provinzen Frankreichs herrschte und wie er überall die große Umwälzung vorbereitete.

Ueber Einnahmen und Ausgaben der Städte und Gemeinden des Elsasses sind wir nicht gleichmäßig gut unterrichtet. Wir finden im allgemeinen die Angabe, daß die im Jahre 1697 auf 120,000 L. berechnete Kopfsteuer sich in der zweiten Hälfte des 18. Jahrhunderts auf die ansehnliche Summe von 9,000,000 L. vermehrte. Nur von Straßburg liegen genauere Daten über die ökonomische Lage vor. Die Stadt wurde durch außerordentliche Steuern stärker in Anspruch genommen, als das übrige Elsaß. Diese betrugen im Jahre 1758 durch sechs Jahre jährlich 100,000 L., während die übrigen Städte zusammen nur 63,460 L. bezahlten. Es war allerdings eine richtige Verwaltungsmaßregel Klinglins, wenn er die zahlreichen nur ein bis zwei Procent tragenden Stadtgüter verkaufte; aber die nie zu befriedigende französische Regierung lernte auf diese Weise die reichen Einnahmsquellen Straßburgs nur zu gut kennen, stellte immer höhere

Forderungen und verwies den Stadtrath auf die großen Güter, deren Verkauf zur Deckung des jährlichen Defizits bereitwillig nach dem Systeme Klinglins immer von neuem zugestanden wurde. In wenigen Jahren wurden um mehrere Millionen Stadtgüter verkauft, die Schuldenlast von Straßburg war aber dennoch bis auf fünf Millionen gestiegen, und die Maßregeln der Sparsamkeit und Einschränkung des Budgets kamen in Straßburg gerade so zu spät, wie im gesammten französischen Reich, welches mit raschen Segeln dem finanziellen Ruin zusteuerte, der zur Berufung der Notabeln vom Jahre 1787 und der Stände vom Jahre 1789 drängte.

Das Zeitalter der Revolution nahm seinen Anfang.

Einundzwanzigstes Kapitel.

Die Revolution.

Die politischen Beziehungen des Elsasses zu Frankreich gestalteten sich im Laufe des 18. Jahrhunderts über alle Erwartungen günstig. Noch bewahrten die Einwohner ihr vollkommen deutsches Wesen, noch hingen sie an ihren angestammten Sitten und Einrichtungen unverändert und in treuer Beharrlichkeit, aber sie lernten die Herrschaft der Franzosen nach vielen Seiten hin schätzen, sie erkannten die Vortheile eines großen Staates, sie waren durch die französische Administration politisch angezogen und gewonnen. Dennoch zeigte sich, daß immer noch ein gewaltiger Unterschied zwischen zwei fremden Nationen bestehen bleibt, die unter demselben schützenden Dache des Staates wohnen; denn es ist zweierlei, einer fremden Regierung theilnehmend sich anzuschließen, und mit einem Staate in gemeinsamer geistiger Verbindung innerlich verwachsen zu sein. Daß von einer solchen Verschmelzung im engeren Sinne wie auf nationalem so auf politischem Gebiete nicht die Rede war, da die französische Revolution ihren Anfang nahm, ergiebt sich deutlich aus der Vergleichung der Bewegungen in der politischen Litteratur Frankreichs und des Elsasses, aus den völlig verschiedenen Interessen, welche die Bevölkerungen diesseits und jenseits der Vogesen in Absicht und Ziel der geforderten Staatsveränderungen an den Tag legten, und aus dem Umstande, daß man selbst in Straßburg in den gebildetsten Kreisen kaum ein sicheres Verständnis für die gewaltigen Fragen besaß, welche die französischen Politiker mit leidenschaftlicher Schärfe seit Jahren erörterten. Eine Thätigkeit, wie sie Sieyes entfaltete, hatte in dem seit Jahrhunderten bürgerlich und stadtrechtlich entwickelten Lande keinen rechten Boden. Der Essai sur les privilèges konnte hier keinen Anklang finden, wo man politische Freiheit eben von der privilegirten Stellung, welche man bei der Capitulation ausdrücklich vorbehalten, für untrennbar erachtete. Die Agitation für den dritten Stand gab den Bürgern der elsässischen Städte keine Anknüpfungspunkte für eine politische Thätigkeit, und die Ausdehnung der bürgerlichen Rechte auf die ganze Nation rief in ihnen die schwersten Bedenken hervor.

Man hatte zwar auch in Straßburg mancherlei Klagen gegen die alten Geschlechter, und noch mehr gegen die Polizeiverwaltung und gegen die Herren Fünfzehner, aber die Bewegungen, die in Folge davon entstanden, waren nicht verschieden von denen, welche im 14. und 15. Jahrhundert stattgefunden hatten. In der Zeit, wo man in Frankreich die Theorien des constitutionellen Staates entwickelte, wo man die englische Verfassung mit vielem Misverständnis zu einem für die ganze Welt passenden Kleid zurechtschnitt, wo man die Grundlagen der gesammten alten Staatseinrichtungen erschütterte, nahm in Straßburg die Frage über die Einführung neuer städtischer Fleischwagen das Interesse der gesammten Bevölkerung ausschließlich in Anspruch. Seit dem Jahre 1784 hatte diese Angelegenheit zwischen Stadtrath, Metzgerzunft und Bevölkerung eine nicht zu beendende Reihe von Streitigkeiten und Verhandlungen hervorgerufen, welche viel Staub aufwirbelten, in denen aber doch der Wunsch und das Bedürfnis einer neuen Ordnung der Stadtmagistrate in ernster Weise hervortrat. Die Reformbestrebungen, welche in Straßburg der Revolution vorhergingen, trugen immer noch das Gepräge der historischen Entwickelung einer deutschen Stadt an sich. Was man hier unter Erweiterung der bürgerlichen Freiheiten verstand, das hatte gar wenig mit der Freiheitsbewegung gemein, welche in Paris immer vernehmbarer wurde.

Im Jahre 1787 wurden in Folge der Beschlüsse der Pariser Notabelnversammlung die Provinzialstände berufen. Es war eine Maßregel, welche im Elsaß volles Verständnis und aufrichtigen Dank fand, und besonders war man erfreut, daß die städtischen Vertreter vermehrt und der neue Landtag zu gleichen Theilen aus Adel und Geistlichkeit einerseits und aus Bürgern andererseits zusammengesetzt wurde. In dieser den individuellen Verhältnissen der Provinz entsprechenden Versammlung erblickte man eine hoffnungsreiche Institution, an der sich die besten Kräfte des Elsasses betheiligten. Hier waren die gesetzlichen Vertreter des Landes zu einer vollkommneren Form der Berathungen gelangt, hier konnten die deutschen Sonderinteressen einen unverfälschten Ausdruck finden. Die Reform hätte, wenn es nach dem Sinne der Elsässer gegangen wäre, hier ihr Ende haben können, ohne daß man geahnt hätte, daß das große französische Reich von ganz anderen Leidenschaften und Antrieben erfüllt war.

Es war gleichsam eine fremde Welt, in welche die Elsässer eintraten, als der König die Reichsstände im Jahre 1789 berief. Zum erstenmale kamen die Deputirten des deutschen Landes in die Metropole, um an den Berathungen über das gesammte Reich theilzunehmen. Es war unverkennbar, daß sich das Elsaß in die neue Lage nicht leicht zu schicken wußte.

Auf das Elsaß entfielen nach dem Wahlgesetze vom 24. Januar sechs Deputirte vom Adel, sechs von der Geistlichkeit und zwölf von den Städten. Das wichtigste war, daß die Vertreter des Landes von den Wählern mit sogenannten Beschwerdeheften versehen werden durften, welche die Wünsche der Bevölkerung enthielten und den Abgeordneten zur Richtschnur ihres Handelns dienen sollten. Aus diesen Beschwerdeheften ist man am besten in der Lage zu ersehen, welches die vorherrschende politische Ueberzeugung im Elsaß war, als die Revolution ihr Haupt erhob. So mannigfach nun auch der Inhalt dieser Instructionen für die Landesvertreter war, so ist doch kein Zweifel, daß dieselben im ganzen einen conservativen

Charakter trugen. Die vorherrschende Beschwerde, die stärkste Befürchtung richtete sich gegen jede Beeinträchtigung der provinzialen Sonderstellung, der Privilegien des Landes, der Verträge, welche die Freiheit garantirten. Es zeigt sich noch immer die Vorstellung des alten Reichsrechts wirksam, wonach die Rechte und Freiheiten der Individuen durch die Privilegien gemehrt und durch ihre Entziehung verringert zu werden pflegen. Aber die Beschwerdehefte gehen noch um einen Schritt weiter. Man will nicht blos die historisch begründete Selbständigkeit aufrecht erhalten wissen, es wird ausdrücklich verlangt, daß das Land durch Erweiterung provinzialer Institutionen in den völligen Besitz der Vorrechte einer wirklich fremden Provinz gesetzt werde.

Faßt man diesen Gedanken als den obersten leitenden Grundsatz der Stimmung des Elsasses recht ins Auge, so wird man sagen können, daß im übrigen die Wünsche des Landes in Bezug auf liberale Einrichtungen keineswegs hinter dem zurückstanden, was von anderen Provinzen oder Städten, selbst von Paris begehrt werden ist. Die Wünsche des Elsasses sind nur in Bezug auf die Reichsstände so außerordentlich bescheiden, nicht weil ein Mangel des Verständnisses für ständische Rechte überhaupt vorhanden gewesen wäre, sondern weil die Reichsstände vom ersten Augenblicke an etwas unfaßbares, unbekanntes, unklares waren, womit der Elsässer in seiner gesammten freiheitlichen Geschichte keine Fühlung finden konnte. Aber in Bezug auf innere Staatseinrichtungen fehlt es nicht an praktischen Wünschen: Frei gewählte Munizipalverwaltungen, Verminderung der Abgaben an die Grundherrschaften, Abschaffung der Käuflichkeit der Gerichtsstellen, Einführung einer Abschätzung von allem in dem Lande liegenden Grundeigenthum ohne Unterschied der Stände. Wie man sieht, verrathen die Beschwerdehefte keinen unpolitischen Sinn und sind nicht ohne liberale Intentionen einer selbständig denkenden Bevölkerung, aber sie stimmen allerdings nicht mit der großen Strömung überein, welche sich in diesem Augenblicke in Frankreich überall kund gibt. Wäre nicht schon in dem Worte, daß man die Vorrechte einer wirklich fremden Provinz zu erwerben wünsche, deutlich genug die Stellung der Elsässer zu der Revolution bezeichnet, so müßte man ihre Auffassung des französischen Staatswesens aus der Forderung entnehmen, daß kein Militärsystem, keine Recrutirung in ihrem Lande Platz greifen, die französische Armee vielmehr nur durch freiwillige Werbung im Elsaß sich ergänzen solle. Zur Blutsteuer fühlten sich die Bewohner einer „wirklich fremden Provinz" damals in keiner Weise noch verpflichtet.

So standen sich also die Gegensätze zwischen der Constituirung des Elsasses und derjenigen Frankreichs in vollständiger Klarheit gegenüber. Die Franzosen entstellten dieses Verhältnis gleich damals so, als kämen diese Wünsche des elsässischen Volkes von einem Zurückbleiben in der politischen Doctrin gegenüber den weit vorgeschrittenen Freiheitsideen Frankreichs; und thöricht genug haben selbst elsässische Geschichtsschreiber diese Auffassung zuweilen wiederholt, in der That aber war es der nationale und politische Gegensatz, der zwar durch die geschickten und zum Theil trefflichen Administrativmaßregeln der französischen Regierung verdeckt und vergessen werden konnte, aber in dem Augenblicke, wo eine große Wendung eintrat, und wo sich das Nachdenken der Menschen auf eine Neugestaltung des Staatswesens richtete, in voller Schärfe hervorbrechen mußte.

Denn darin lag der schwere Unterschied zwischen den noch immer deutsch gebliebenen Elsässern und den Franzosen, daß diese den Fortschritt in einer einheitlichen freien Verfassung, jene in einer Erweiterung der individuellen Rechte und der provinzialen Selbständigkeit erblickten. Diese verstanden unter der Freiheit die Beschränkung der königlichen Gewalt und ihre Ersetzung durch die Regierung von souveränen Volksvertretern, jene konnten nur mit der Geltung ihrer Eigenart politische Freiheit für vereinbar halten.

Die Ideen der Centralisation und Nivellirung, wie sie das französische Volk in historischer Folgerichtigkeit in sich entwickelt hatte, waren den Elsässern zur Zeit des Beginns der französischen Revolurien etwas völlig fremdes; wenn sie nachher Eingang fanden, so war dies ein Resultat der Verführung, Erkünstelung und des Schreckens, keine Erscheinung, die sich aus der elsässischen Geschichte hätte entwickeln können. Je mehr die Franzosen zur strengen Einheit strebten, desto nothwendiger trat im Elsaß die Forderung hervor, als eine wirklich fremde Provinz behandelt zu werden. Wenn die Franzosen hierin ein Zurückbleiben in der politischen Cultur erblickten, so haben sie den kühnen Fechterstreich gemacht, daß sie die natürliche Scheidewand, den nationalen Gegensatz, der in den Bestrebungen des Elsasses lag, ignorirten und dadurch vielleicht am meisten die verblüfften Deutschen in die Bahn der revolutionären Bewegung drängten, auf welcher ihre Entnationalisirung eine beschlossene Sache und das nothwendige Ende sein sollte.

Indessen mußten doch die gewaltigsten Hebel in Bewegung gesetzt werden, um die Elsässer von ihrem mit nationalem und politischem Vollbewußtsein eingeschlagenen Wege der Neugestaltung des Staates abzuwenden. Mit Erstaunen vernahm man in Straßburg die Beschlüsse der Reichsstände, hörte man von dem Kampfe zwischen Königthum und Volksvertretung, von den Forderungen des dritten Standes. Der Stadtrath war immer noch nicht mit der Aufstellung der Wünsche, die er seinerseits und im Namen der Stadt stellen sollte, zu Ende gekommen. In den Berathungen über die Stellung Straßburgs überwog die Ansicht jener gemäßigten und deutschdenkenden Männer, welche in der Aufrechthaltung des Jahrhunderte alten und durch die Capitulation von Frankreich garantirten Stadtrechts die einzige wahre Grundlage der Freiheit und mithin auch der gesetzlichen Reform sehen zu müssen glaubten. Zwar hatten die Rathsherren nicht leugnen können, daß seit Jahren die in der Bürgerschaft gährende Opposition, insbesondere gegen die Fünfzehner, eine Neugestaltung nötig machte, und ein Ausschuß war niedergesetzt worden, um Verbesserungen der Verfassung einzuführen. Allein in diesen Bestrebungen wollte man nichts von der altangestammten Autonomie vermissen, und während man von Paris aus drängte, die nothwendigen Reformen einzuführen, während die bei der Reichsvertretung thätigen Straßburger Gesandten immer dringender den Stadtrath mahnten, sich den allgemeinen Reichsgesetzen unbedingt zu unterwerfen, sah der Straßburger Stadtrath nur mit Mistrauen auf die neue französische Regierung und die ministerielle Einflußnahme auf das innere Verfassungswesen der Stadt. Von einer unbedingten Annahme aller in Versailles beschlossenen und zu beschließenden Gesetze mochte man selbst in den kleineren Städten des Elsasses, am wenigsten aber in Straßburg hören.

Die Zähigkeit des deutschen Stadtraths sollte nun durch einen Mann gebrochen werden, den die französische Regierung mit großem Geschick auszuwählen gewußt hat. Unter dem Vorwand, daß der Prätor der Stadt Gérard krank wäre, wurde Friedrich von Dietrich, Urenkel des unglücklichen Ammeisters, der die Capitulation von Straßburg vor hundert Jahren unterzeichnet hatte, als königlicher Commissär entsendet, ein Mann von seltenen Talenten, unbedingter Hingabe an die Grundsätze der neuen Verfassung, durchdrungen von der großen Litteratur, welche die Geister in Frankreich in Bewegung gebracht hatte. Der Tag, an welchem er in Straßburg in feierlicher Weise vor dem im Rathhaus versammelten Magistrat sein Amt antrat, 6. Juli 1789, bezeichnet den Beginn der revolutionären Epoche des Elsasses.

Man mag sich, indem man die merkwürdige Thätigkeit Friedrichs von Dietrich betrachtet, gerne daran erinnern, daß sein Geschlecht nicht elsässischen, sondern lothringischen und ohne Zweifel französischen Ursprungs ist, denn die Familie Didier ließ sich erst um die Mitte des 16. Jahrhunderts in Straßburg nieder. Nach der Katastrophe von Straßburg und dem unglücklichen Ende des Ammeisters war sie in ihrem Wohlstand beträchtlich zurückgekommen, aber der Vater Friedrichs brachte sein Haus zur höchsten Blüte. Als Goethe im Elsaß war, hörte er den Namen mit nicht geringer Achtung nennen, wenn er in Gegenden wanderte, wo lange unbenutzte Waldungen die ersten Spuren rationeller Bewirthschaftung zeigten, und der einsame Eisenhammer den Beginn eines großen industriellen Aufschwungs des gesegneten Landes zu verheißen schien. „So erfuhr ich, sagt Goethe, bei einiger Nachfrage leicht, daß von Dietrich früher, als andre sich der Gebirgsschätze des Eisens, der Kohlen und des Holzes, mit gutem Erfolg zu bedienen gewußt und sich zu einem immer wachsenden Wohlhaben herangearbeitet habe." Dietrich der Vater lebte noch in voller Thätigkeit, als sein Sohn als königlicher Commissär nach Straßburg kam. Der Vater nahm auch an dem elsässischen Provinziallandtag theil, dessen Bedeutung in der Revolution, der sein Sohn die Wege zeigte, untergehen sollte. In ihnen beiden heben sich zwei Epochen der Geschichte deutlich von einander ab. Der junge hoffnungsvolle Sohn, 1748 geboren, machte seine Studien in Frankreich. Er unternahm große Reisen, und besaß einen geachteten Namen als mineralogischer Schriftsteller. Aber seine Werke schrieb er französisch, wie er auch in seinen Ideen, seiner Weltanschauung ganz und gar ein Franzose geworden. Er war mit Turgot und Condorcet in Verbindung getreten, war Mitglied der Akademie und galt bei der Regierung Ludwig XVI. soviel, daß man ihm in seinem 31. Jahre schon das Amt eines Generalsekretärs bei den Schweizer Garden übertrug.

Als Friedrich von Dietrich dem Straßburger Magistrat sich als königlicher Commissär vorstellte, war er entschlossen, mit den Sonderbestrebungen und Ausnahmsstellungen der Städte und der Provinz ein Ende zu machen. In Straßburg hatte man eine Ahnung davon, daß Dietrichs Mission diesen Hintergedanken zulasse, dennoch wurde die Stadtverfassung durch ein völlig unerwartetes Ereignis über den Haufen geworfen. Eine Revolution, als provinziale Nachahmung des Pariser Bastille-Sturmes, am 21. Juli mit allen Schrecken pöbelhafter Zerstörung in Szene gesetzt, machte allen Berathungen über neue Stadteinrichtungen ein rasches Ende. Der gesammte Rath mußte abdanken, und eine neue Behörde trat ins Amt. Niemand hätte behaupten dürfen, daß der Aufruhr mit der Ankunft Dietrichs im Zusammenhange stehe, aber sicher ist, daß die gesammte französische Garnison mit dem Gewehr bei Fuße zusah, als das Rathhaus gestürmt und geplündert, die Archive zerstört und die tollsten Excesse begangen wurden. Man gab die Schuld davon dem Kommandanten Klinglin, der, ein Sohn des verurtheilten Prätors, ein Interesse daran genommen hätte, daß die Acten des Magistrats aus dem Wege geräumt würden.

Die Bürgerschaft von Straßburg war durch den Aufstand eingeschüchtert, und wenn die französische Revolution die particularen Interessen des Landes und der Städte erst überwinden mußte, um zu voller Wirksamkeit in dem alten deutschen Reichsland zu gelangen, so kann man sagen, dieser erste Act war in unblutiger Weise, aber nichts destoweniger mit äußerster Wirksamkeit vollzogen worden.

Wie in Straßburg, so waren inzwischen auch im übrigen Elsaß gewaltsame Erhebungen vorgekommen, welche sehr mannigfaltige Ursachen hatten. In Colmar sympathisirte der Stadtrath weit mehr mit der Pariser Bewegung, als die Masse des Volkes; hier trat daher eine den Straßburger Ereignissen gerade entgegengesetzte Richtung hervor. Das Volk erhob sich gegen die Obrigkeit, weil diese den Neuerungen der Franzosen sich überall günstig erwiesen hatte.

In den zu Straßburg gehörenden Landgebieten und unter den Bauern des Sundgaus kamen Erscheinungen zu Tage, die an die Zeiten des Bauernkrieges erinnerten. Man erhob sich gegen die Herrschaften und gegen die geistlichen Stifter und Klöster. In diesen unteren Ständen faßte man die neue Freiheit in ganz materiellem Sinne auf, und hier hatten die französischen Revolutionsideen keine Befürchtungen wegen des Verlustes der Vorrechte und Privilegien des Landes wachgerufen; kein Gesetz brachte jemals in diesen Kreisen eine tiefere Befriedigung hervor, als die Beschlüsse der Nationalversammlung vom 4. August, wodurch die letzten Spuren der feudalen Rechte vertilgt worden sind. Gleichzeitig wurden auch die sämmtlichen Vorrechte der Provinzen, Städte, Corporationen, Zünfte mit einemmale abgeschafft, und in diesem Augenblicke trat sofort der Gegensatz zwischen der historischen und nationalen Sonderstellung des Elsasses und dem neuen französischen Staate in vollerer Kraft hervor.

Wäre der Stadtrath von Straßburg nicht schon durch die Revolution vom 21. Juli aus dem Sattel gehoben worden, so wäre es ohne Zweifel zu einem offenen Bruche zwischen der alten deutschen Stadt und dem neuen Frankreich gekommen. Aber die Ideen der Freiheit hatten vollständig die Oberhand über Rücksichten nationaler Art gewonnen. Als Mittelpunkt aller Bestrebungen der elsässischen Freiheitsfreunde stand Dietrich wie eine starke Säule da, um welche die Anhänger der dreifarbigen Nationalkokarde sich schaarten und von wo sie Richtung und Weisung erhielten.

Noch gaben jedoch die alten Parteien nicht alle Versuche auf, für Straßburg und das Elsaß überhaupt eine Ausnahmestellung gegenüber den Gesetzen des 4. August zu erlangen. Aber sowol in Paris, wie von den Freiheitsfreunden des Elsasses wurden diese als reactionär bezeichneten Schritte energisch zurückgewiesen. Das Elsaß wurde trotz aller Proteste in zwei französische Departements getheilt und die Städte mußten trotz aller Widerrede die vorgezeichnete Communalverfassung annehmen. Nur an einigen kleineren Orten, wie in Schlettstadt und Hagenau kam es bei Gelegenheit der Municipalitätswahlen zu verdrießlichen Auftritten. In Straßburg dagegen wurde am 18. März 1790 Friedrich von Dietrich unter dem Jubel seiner Anhänger zum ersten Maire erwählt.

Dietrich' stand auf dem Gipfel seiner Macht, als er zugleich mit den siebzehn Munizipalitäts-Räthen und sechs und dreißig Notabeln, die alle an Stelle der alten Magistrate aus unmittelbaren Wahlen des Volkes hervorgegangen waren, die Regierung übernahm. Es waren recht theatralische Szenen, wie sie dem Geiste der Franzosen weit mehr, als dem elsässischen Stamme entsprachen, da der neue Maire vor der Gemeinde seinen Eid ablegte und bald darauf beim Gottesdienst in der Kirche plötzlich an den Altar trat, sein Gelöbnis erneuerte und mit Aufbietung aller seiner glänzenden Rednergaben die Bürger aufforderte, für die Verfassung und Freiheit

Gut und Blut zu geben. Er schwur, und die Bürger schwuren, und doch wußte man kaum in Straßburg, ob nicht in Paris schon als überwunden gelte, was man eben im Elsaß noch gelobte und bejubelte. So gewaltige Keime eines großen der Menschheit schließlich zum Segen dienenden Fortschritts hier auch gelegt wurden, so wenig konnte doch der eigenthümliche Gegensatz, der zwischen der deutschen Vergangenheit und der französischen Zukunft des Elsasses sich immer mehr offenbarte, das Bild einer harmonischen Entwickelung gewähren. Alle Mittel wurden in Bewegung gesetzt, um durch Volksverbrüderungen und cosmopolitische Schwärmereien den Uebergang zu erleichtern. Die Poesie mußte ganz in den Dienst der Freiheit treten. Als man den großen rheinischen Völkerbund in Straßburg gründete und phantastisch um den Bundesaltar tanzte, und voll von Franzosenthum war, mußte fast auffallend erscheinen, daß man sich ausschließlich der deutschen Sprache bediente, um seine Gefühle auszutauschen. Man war damals im Elsaß noch zu verschämt, um sich offen als Franzosen zu bezeichnen und es kam der unbestimmtere Ausdruck „der freien fränkischen Nation" auf. Bei dem rheinischen Bundesfest wurden Eichen in Straßburg gepflanzt, von welchen ein Dichter rühmte, daß sie den „Franken" geheiligt seien:

Franken, die nach Größe streben,
Die vor keinem Feinde beben,
Welcher ihrer Freiheit droht.
Franken, die mit jedem Jahre
Hier an diesem Hochaltare
Schwören: Freiheit oder Tod.

Weniger schwerfällig hatte man sich in den vornehmen Kreisen des Elsasses in die französische Denkungs- und Lebensweise hineingestürzt. Der Theil des Adels, der Patricier, der Offiziere des alten deutschen Reichsgebiets, welcher nicht vorgezogen hatte, aus aristokratischen freilich mehr, als nationalen Rücksichten, auszuwandern, alle jene, welche Franzosen aus freier Wahl werden wollten, suchten eine gewisse Gemütsberuhigung darin, möglichst rasch den alten deutschen Rock auszuziehen. In dem Salon der Gemalin des Maires Dietrich versammelte sich diese neue französische Welt, um sich in den Genüssen der freiheitlichen Litteratur Frankreichs zu üben. Frau von Dietrich war eine sehr gebildete Dame; ihre Herkunft wies aber in einer langen Reihe von Verfahren auf nichts anderes hin, als auf Baseler Bürger, denn sie war aus der wohlbekannten Familie Ochs, und ihr Bruder war der bänderreiche deutsche Geschichtschreiber seiner Vaterstadt. Madame Dietrich-Ochs war in herzlichem Einverständnis mit ihrem Gemale eifrig bestrebt, für die neue französische Ordnung der Welt zu wirken. Von dem Zauber des französischen Geistes gleichsam gefangen, darf man sie zu den gewissermaßen idealistischen Erscheinungen zählen, welche man in der jungfräulichen Epoche der Revolution in Frankreich, unter den Frauen der guten Pariser Gesellschaft in diesen Tagen eines noch reinlich erhaltenen Gefühls der nationalen Begeisterung in liebenswürdiger Weise findet. Ob dieser nationale Aufschwung der Seele jedoch der Straßburger Frau aus altem Baseler Bürgergeschlechte so durchaus natürlich war, läßt sich nicht sagen; aber ihrem Salon ist das Andenken der französischen Nation durch ein denkwürdiges Ereignis gesichert; denn als im April 1792 der Krieg an Oesterreich erklärt worden war, fand sich ein junger Artillerieofficier bei Madame Dietrich, Namens Rouget de l'Isle. Der patriotischen Stimmung, welche in diesem Augenblicke alle beherrschte, gab der junge Officier einen bleibenden Ausdruck, indem er den damals in Umlauf gekommenen Text eines Revolutionsliedes, wie es schien aus plötzlicher Inspiration, in Musik setzte und unter dem Beifall der Anwesenden sang. Das war die Marseillaise. In weniger freiwilliger Weise hatte der Kapellmeister von Straßburg Ignaz Pleyel, ein Schüler Haydns, sein großes Oratorium zur Verherrlichung der Pariser Revolution vom 10. August 1792 unter Aufsicht eines Gensd'armen componirt. Aber immer von neuem mußte das gewaltige Musikstück, „die allegorische Sturm-Glocke" im Chore des Münsters aufgeführt werden, welches die Begeisterung für die Revolution zu hellen Flammen entfachte.

Nichts war unterlassen worden, um die Bevölkerung Straßburgs und der übrigen Städte für die neuen Ideen zu gewinnen und zu bearbeiten. Der Maire selbst beförderte die Gründung der Volksgesellschaften, welche von Paris ausgehend über ganz Frankreich verbreitet waren. Selbst Knaben wurden in Straßburg zu einem Club vereinigt, um die Aufgaben des neuen einheitlichen Vaterlandes zu berathen. Daß Dietrich sich nicht den Ehrgeiz versagen konnte, sich selbst an die Spitze der Volksgesellschaften zu stellen, Vorträge zu halten, und gleichsam Parteimitglied zu sein, bezeichnete er selbst später als einen seiner größten Irrthümer. Denn schon kam die Zeit, wo das Treiben der Parteien immer heftiger und gefährlicher, die Gegensätze immer stärker wurden.

Sehr bezeichnend für das Elsaß und seine deutsche Vergangenheit ist es, daß keine Maßregel der französischen Gesetzgebung eine so gewaltige Bewegung hervorrief, wie die Gesetze über die Einziehung der geistlichen Güter und über die Beeidigung der Priester, welche Ende des Jahres 1789 und Anfang 1790 von der Nationalversammlung ausgegangen waren. Es kam auf dem Lande und selbst in den Städten zu starken Gegenrevolutionen, als man die eidweigernden Priester von Seite der Regierung verjagte und die sogenannten geschworenen Geistlichen von Seite der Gemeinden zurückwies. Auch der Bischof von Straßburg, der die Flucht ergriffen hatte, wühlte durch Hirtenbriefe und geheime Boten nach Kräften den Boden auf; es kam zu Widersetzlichkeiten gegen die Anordnungen der Behörden; man vermochte nicht so rasch dem Gange der Revolution zu folgen. In Colmar wurden die Commissäre, welche von Zeit zu Zeit im Elsaß erschienen waren, jetzt noch als königliche, später als republikanische, immer um die langsamen Begriffe der provinzialen Bevölkerung aufzumuntern und zu steigern, sehr übel empfangen und mit der Laterne bedroht, welche in Paris umgekehrt nur der Schrecken der Aristokraten und Dunkelmänner war. Ausbrüche dieser reactionären kirchlichen Gesinnung waren in Straßburg von dem Maire mit vieler Umsicht durch Mut und geistige Ueberlegenheit verhindert worden. Auch war da, wo protestantische Kirchen bestanden, Erinnerungen an die einstige Vorherrschaft des evangelischen Bekenntnisses, und ein wohlthätiger Einfluß gebildeter Kreise vorhanden waren, wie in Straßburg, der Boden ungleich ungünstiger für die clericale Agitation, die Bischof von Roban veranlaßte. Da dieser selbst als eidweigernder Priester erklärt und auf die Liste der Emigranten gesetzt war, so hinderte nichts einen aufgeklärten Priester, den Abbé Brendel, Professor am bischöflichen Seminar, welcher sich für die katholische Zulässigkeit des Verfassungseides ausgesprochen hatte, zum ersten constitutionellen Bischof von Straßburg zu erheben. Um aber die Zahl liberaler Priester zu vermehren, um eine Stärkung der aufgeklärten Männer zu bewirken, wurde von dem Maire im Einverständnis mit dem neuen Bischof die Einwanderung von fremden Elementen nach Straßburg begünstigt, unter denen Eulogius Schneiders Name in erster Reihe steht.

Wie sehr im ganzen und großen die conservative Gesinnung gegenüber den Ereignissen, welche sich in rascher Stufenfolge in Paris vollzogen, im Elsaß die Oberhand behielt, kann man am deutlichsten aus den Wahlen ersehen, welche in den nächsten Jahren sowol für die Gemeinde= und Departementbehörden, wie auch für die gesetzgebenden Versammlungen stattfanden. Es ist der Mühe werth, diesen Gradmesser der politischen Stimmung des Elsasses zusammenhängend zu betrachten.

Man weiß, unter welchen Verhältnissen die Wahlen zur ersten legislativen Versammlung in Frankreich vor sich gingen. Die Flucht des Königs hatte den constitutionellen Parteien recht eigentlich den Boden bei den Wahlen entzogen, Kriegsgerüchte und zahlreiche Nachrichten von wahren und erfundenen Rüstungen der Emigranten wurden von der demokratischen und republikanischen Partei ausgestreut und bei den Wahlen im eigenen Interesse benutzt. Unter dem Scheine, daß die Freiheit überall bedroht, die Verfassung in Gefahr wäre, wurde eine Ueberzahl demokratischer Elemente in die erste gesetzgebende Versammlung gewählt. Nur im Elsaß war das Ver=

hältnis umgekehrt, der allergrößte Theil der Deputirten war conser=
vativ, constitutionell, royalistisch; von der demokratischen Richtung,
welche in Paris bereits zur Herrschaft strebte, hatten die Elsässer
nur erst eine dunkle Ahnung. Waren sie auf solche Weise schon
durch ihre Wahlen verdächtig, so zeigten sie durch einige den Depu=
tirten mitgegebene Beschwerdehefte ihre Unverbesserlichkeit in deutschen
Sympathieen, indem sie für den Gebrauch der deutschen Sprache bei
der Administration und im Gerichtswesen entschieden auftraten.

Das Jahr darauf waren die Wahlen zum Nationalconvent
ausgeschrieben worden, nachdem die Ereignisse des August 1792 den
Sieg der demokratischen Prinzipien feststellten. Wieder hatten die
Elsässer sich an die gemäßigte Strömung der Zeit gehalten, und
obwol die Regierung den Einfluß der ungemein zahlreichen An=
hänger der constitutionellen Verfassung in Straßburg befürchtete,
und desshalb nicht diese Stadt, sondern Hagenau zum Wahlort be=
stimmt hatte, so waren dennoch die Jakobiner in der entschiedensten
Minorität geblieben. Die Elsässer hatten abermals mit der raschen
Entwickelung der Franzosen nicht Schritt zu halten vermocht, schon
kam vielmehr die Zeit, wo die Constitutionellen im Elsaß jeden
Augenblick gefaßt sein mußten, eben weil sie Elsässer waren, als
Verräther angeklagt und des Einverständnisses mit den Oesterreichern
beschuldigt zu werden.

Zwar war in Straßburg das Jakobinische Element allmählich
zu einer selbständigen Bedeutung herangewachsen, aber es war haupt=
sächlich von den Fremden vertreten und gefördert, welche zahlreich
sowol aus Frankreich wie aus Deutschland eingewandert waren.
Dietrich erkannte zu spät, daß er durch die Berufung derselben sich
selbst die schlimmste Geißel gebunden hatte. Da war der schon ge=
nannte Eulogius Schneider, vorher Professor in Bonn, von eifrigen
republikanischen Gesinnungen, früher Ordenspriester und um so radi=
caler, je mehr er beweisen wollte, wie ehrlich sein Abfall von der
alten Kirche wäre. In Straßburg machte ihn der constitutionelle
Bischof Brendel zum Domvicar, seine Hauptthätigkeit war aber auf

die Herausgabe der Zeitschrift Argus und auf die Leitung der Volksgesellschaften im Geiste des Jakobinerthums gerichtet. Sein Werk
war es vorzugsweise, daß sich die Volksgesellschaften in zwei Parteien spalteten, daß man auf dem „Spiegel" jeden Versuch, die alte
Eintracht der Liberalen wiederherzustellen, schnöde zurückwies, daß
man sich in vollen Gegensatz gegen den Maire setzte, der noch einmal die Unvorsichtigkeit beging, mit den politischen Clubs gemeine
Sache zu machen, und sich an die Spitze der Gemäßigten und Constitutionellen zu stellen. Neben Schneider wirkte Jung und Butenschön, während auch die Franzosen ihre Sendlinge in Straßburg
hatten, und der Savoyarde Monet ebenso wie der Redacteur des
französischen Couriers, Laveau, den weitestgehenden Ideen der Pariser
Schreckensmänner unbedingt hingegeben waren. Wenn man beachtete,
daß zwischen diesen elsäßischen Jakobinern und der Pariser Mutter-
gesellschaft der innigste Verkehr herrschte, daß die elendesten Denunciationen an die Tagesordnung gekommen waren, daß man in Paris
schon längst nicht ohne Mistrauen auf die deutsche Grenzstadt blickte,
und daß man das Zurückbleiben des gesammten Elsasses in den
Bahnen der Revolution hauptsächlich der gemäßigten Denkungsweise
Dietrichs zur Last legte, so konnte man dem Treiben der Straßburger Jakobiner, welche den Sturz des Maires mit eiserner Consequenz verfolgten, wol leicht den sichersten Erfolg prophezeien.

Wie schlimm und undankbar hat da die französische Nation dem
Manne gelohnt, welcher durch seine Anhänglichkeit und Begeisterung
für die neue Freiheit ohne Zweifel am meisten die Gallisirung des
Elsasses befördert hatte!

Allerdings muß doch eine Ahnung von Dietrichs Verdiensten um
Frankreich auch unter den Republikanern vorhanden gewesen sein,
denn da die ersten Denunciationen der Jakobiner gegen den Maire
von Straßburg in Paris einliefen, ließ der Minister Roland dieselben
unbeachtet und brachte sie zur Kenntnis desselben. Aber dieser erste
fruchtlose Versuch steigerte die Anstrengungen von Dietrichs Feinden.
Es gelang ihnen, eine Anklage gegen denselben in Besançon zu be-

wirken, von der er nach glänzender Vertheidigung freigesprochen wurde. Es ist eines der lehrreichsten Actenstücke der französischen Revolution, in welchem der unbescholtene Mann die verschiedenen Denunciationen zusammenstellte, welche, sich untereinander gröblich widersprechend, zu seiner Anklage benutzt wurden. Aber auch die Freisprechung schützte ihn nicht vor weiterer Verfolgung. Nach den Augustereignissen 1792 und der Proklamirung der Republik wurde Dietrich abgesetzt und vor die Schranken der gesetzgebenden Versammlung gefordert. Dietrich war nicht zweifelhaft über die Bedeutung dieser Maßregel. Er entfernte sich von Straßburg, um zunächst auf freiem Fuße die Beweise seiner Unschuld leichter sammeln zu können; als aber ein Verhaftsbefehl gegen ihn erfolgte, floh er in die Schweiz. Das wurde als Eingeständnis seiner Schuld betrachtet und man setzte ihn auf die Liste der Emigranten. Eine solche Schmach weckte den ganzen Stolz und Ehrgeiz der männlichen Seele Dietrichs so, daß er sich freiwillig den französischen Gerichten stellte und in seinen Tod ging. Sein Prozeß wurde abermals in Besançon geführt, und schien sich nicht hoffnungslos zu gestalten, solange die Girondisten in Paris am Ruder waren, aber durch die Herrschaft der Jakobiner wurde Dietrichs Schicksal entschieden. Er wurde von Besançon nach Paris gebracht und saß Monatelang in der Abtei gefangen. Erst das erneuerte Drängen der Straßburger Jakobiner, von denen Monet und Laveau gegen ihn zeugten, führte seine Verurtheilung herbei; er starb am 29. December 1793 auf der Guillotine. Noch sind uns die Briefe erhalten, welche Dietrich während langer Erwartung des Todes schrieb. Voll Adel der Seele, voll Ueberzeugungstreue, vermögen sie dennoch den deutschen Leser nicht zu erwärmen. Denn Dietrichs Geschick lieferte doch nur den Beweis, daß die natürlichen Gegensätze von deutsch und wälsch nicht auszutilgen waren und daß auch er nicht vermochte, das Mistrauen zu bannen, welches die Franzosen gegen alle Elsässer ohne Ausnahme hegten, und welches die fortschreitende Revolution bald zu einem unerhörten Racenkampfe entwickeln sollte.

Seit der Proklamirung der Republik in Frankreich nahm das Parteiwesen im Elsaß einen von der Entwickelung der Dinge in Paris völlig verschiedenen Charakter an. Hatten sich die Volksgesellschaften in Straßburg noch an der großen Spaltung gleichmäßig betheiligt, welche zwischen den Feuillants und Jakobinern der Hauptstadt eingetreten war, so zeigte sich dagegen in den Parteischattirungen der Jakobiner des Elsaß ein eigenthümliches Wesen, das dem Centrum des Reichs fremd, von den Pariser Jakobinern anfangs kaum vollständig beachtet, aber für die Verhältnisse der Grenzprovinz ausschließlich maßgebend geworden war. In der Fülle der republikanisch-demokratischen Bestrebungen machte sich abermals der nationale Gegensatz, der immer bestanden hatte, geltend. Es war, wie wenn die französische Revolution im Elsaß den Beweis hätte liefern wollen, daß unter allen Abwandlungen der Verfassungsform und der Grundsätze des Staates eine unüberwindliche Macht constant blieb: der unaustilgbare Kern der deutschen Bevölkerung. Der französische Maire Dietrich bedurfte liberaler Bundesgenossen, wie wir gesehen haben, aber wenn er auf das deutsche Volk wirken wollte, so mußten es Deutsche sein; diese Deutschen, die ihre Heimat verlassen hatten, wurden aber Feinde des französischen Maires und schlossen sich naturgemäß an die äußersten Parteien der Auflösung des alten Staats und an die Feinde des französischen Königthums an. Die Einwanderer enthüllten sich als Republikaner, welche aber nichts destoweniger Deutsche waren und eben deshalb dann wieder von ihren politischen Gesinnungsgenossen den französischen Jakobinern gehaßt, verfolgt und gestürzt werden mußten.

In Eulogius Schneiders Schicksal tritt dieser Conflikt der nationalen Interessen weitaus am schärfsten hervor. Es ist rührend zu sehen, wie sich nach seinem Tode seine Schwester in Straßburg bei Freunden in Deutschland um Zeugnisse bemühte, welche beweisen sollten, daß der „fremde Priester" schon vor seiner Einwanderung in Frankreich ein ausgesprochener Republikaner gewesen sei, und er die Grundsätze der Demokratie schon auf seinem Lehrstuhl in Bonn vertheidigt hätte. Denn die Franzosen suchten den Charakter des deutschen Republikaners noch nachträglich zu verdächtigen; — er, der bis zur äußersten Grenze des Irrthums alle politischen Verbrechen seiner jakobinischen Partei mitgemacht hatte, mußte durchaus unter dem elsäsischen Volke als Lügner, als Spion, als verkappter Priester dargestellt werden, der die Republik und ihre Gewalt mißbraucht hätte. Schneider, welcher selbst ein elendes Werkzeug in den Händen der Schreckensmänner geworden war, wurde von denselben Schreckensmännern wegen Misbrauchs der Guillotine guillotinirt. In der That, niemals ist der deutsche Hang, auf Kosten der nationalen Denkungsart dem politischen Geiste der Franzosen Zugeständnisse zu machen, schwerer geahndet werden, als an Eulogius Schneider.

Wenn man Schneiders Oden nach Klopstockschen Mustern, wenn man seine Zeitschrift in Straßburg, in welcher der specifische Humor deutscher Litteratur herrscht, betrachtet, so muß man sagen, eine wunderliche Vermischung war zwischen dem modernen politischen Franzosenthum und der unvertilgbaren deutschen Art zu Tage getreten, über deren cosmopolitischen Charakter unter vielen Deutschen eine Art innerer Jubel entstehen konnte, indem sie sich über die Gewalt nationaler Dinge täuschten, deren Unhaltbarkeit aber die Revolution selbst zeigen sollte.

Bald nach der Einführung der Republik waren die Volksrepräsentanten Rühl, Denzel und Centurier nach Straßburg gekommen, durch welche die Municipal- und Departementbehörden von den Aristokraten, wie man alle Gemäßigten zu nennen anfing, gereinigt und den Händen der Jakobiner anvertraut wurden. Monet wurde Maire von Straßburg, Eulogius Schneider erhielt das traurige Revolutionsamt eines öffentlichen Anklägers. Sofort machte sich der grausame Charakter der neuen Aera in der Verfolgungssucht gegen die Mitglieder der früheren Regierung kenntlich. Zahlreiche Verbannungen, Verhaftungen und Verurtheilungen folgten, schon wurde die Guillotine auf dem Marktplatz von Straßburg aufgepflanzt, als Schreckmittel gegen alle Verächter der Assignaten, gegen die, welche das von der Regierung aufgestellte Maximum der Lebensmittelpreise überschritten, welche Verrath an der Republik übten, mit den Emigranten in Verbindung waren, oder die Rekrutirungsgesetze misachteten. Die ersten Opfer des Schreckens fielen im Elsaß am Osteronntag des Jahres 1793 (31. März). Es waren junge Leute, welche sich der Rekrutirung widersetzt hatten, aus Molsheim, Bergbiten und Avolsheim. Wie man von Seite des elsässischen Volks über die demokratische Beweiskraft der Guillotine innerlich dachte und urtheilte, darüber konnte ein Ereignis Belehrung geben, welches vor dem Hause Schneiders stattfand, da man dem Unwillen der Straßburger endlich Gehör gab und die Guillotine vom Hauptplatz entfernte. Ein Volkshaufen stürzte die Mordmaschine vor den Fenstern des öffentlichen Anklägers um, und er selbst entzog sich den Gefahren, die ihn bedrohten, nur durch rechtzeitige Entfernung vom Hause.

Gleich bei diesem Anlasse zeigte sich, daß der Maire von Straßburg denen nicht ferne stand, welche die Unpopularität des ausländischen Gehilfen der Revolution zu schüren verstanden. Denn zwischen Monet und Schneider war der Gegensatz des französischen und deutschen Jakobinismus recht zum Ausdruck gelangt. In eigenthümlicher Weise bekämpften sich diese Gegner, welche niemals ein Geständnis darüber gemacht haben, was es eigentlich sei, das dem andern verhaßt war. Denn daß Schneider ein Deutscher war, konnte natürlich in dem neuen demokratischen Staat nicht öffentlich zum Verbrechen gemacht werden; es mußten immer andere Gründe herhalten, welche den Streit nährten. Aber der französische und der deutsche Jakobinismus suchten beiderseits an demokratischen Grundsätzen sich zu überbieten, es war schwer einander beizukommen mit dem Katechismus des Jakobinerthums. Schneider that das' mögliche, um die Franzosen an demokratischen Grundsätzen zu überbieten, denn er mußte ja zeigen, daß die Deutschen mindestens ebenso fortgeschrittene Menschen wären, wie die Franzosen, und die Franzosen wälzten vergeblich die äußersten Argumente der Gleichmacherei herbei, um den deutschen Priester mit seiner Vergangenheit in Widerspruch zu bringen: Sie beriefen die sogenannten Propagandisten aus allen aufgeklärten Städten der Republik und ließen diese Apostel einer neuen Religion von den Kirchen und Predigerkanzeln Besitz ergreifen; aber Schneider und seine deutschen Genossen, die Jung, Butenschön, Cotta und wie sie alle heißen, wollten sich natürlich nicht spotten lassen und feierten den Triumph der Vernunft im Münster mit. Man hatte längst die Glocken beseitigt, jetzt sollte auch der Thurm des Münsters allen Ernstes abgetragen werden, um den widerlichen Anblick eines die andern überragenden Gebäudes zu beseitigen. Die deutschen Republikaner hatten keine Klage über die Verstümmelung des deutschen Kunstwerks, denn sie durften nicht in den Verdacht gerathen, Finsterlinge zu sein, welcher ihre Existenz in Frankreich sofort vernichtet hätte. Und als man die rothe Mütze oben auf der Spitze des Thurmes dem ehrwürdigen Denkmal deutscher Religiösität aufsetzte, weil sich der alte Riese zu mächtig erwies, seinen Steinbau zu erschüttern, so ermannte sich Schneider zwar zu ohnmächtigem Widerspruch, aber schließlich mußten auch hier die deutschen Republikaner nachgeben, weil sie in der Aufklärung nicht hinter den Franzosen zurückstehen durften.

Es war ein noch gräßlicherer Wettlauf der beiden Nationalitäten, der auf dem Gebiete der Justiz begann, und in welchem recht bezeichnend das Jakobinerthum des deutschen Schneider vor dem des Maires Monet unterliegen mußte. Hatten die deutschen Republikaner im Elsaß auch Schritt zu halten gewußt im Gebiete des demokratischen Wahnsinns, so waren sie doch immer Stümper geblieben auf dem Felde französischer Grausamkeit; und der öffentliche Ankläger des niederrheinischen Departements zog sich bald den Unwillen der Pariser Schreckensherren wegen der Art seiner Justizverwaltung zu. Keineswegs fehlte es dem Revolutions-Tribunal, welchem Schneider vorstand, an Thätigkeit, Energie und gutem Willen, aber die Grundanschauung, welche sich in den Urtheilen des

Gerichtes erkennen ließ, war genau so weit von der der französischen Tribunale entfernt, als der Rachebegriff von dem Justizbegriff. Schneidern wurde zum Vorwurf gemacht, daß er viele ungerechte Urtheile gefällt habe; die Franzosen haben ihn förmlich als einen jener Schreckensrichter verklagt, welche mit systematischer Absichtlichkeit fremdes Elend herbeigeführt hätten; und dennoch wurde er während seiner Amtsführung beständig zu größerer Strenge angestachelt, wegen allzu laxer Gerichtsvollziehung getadelt. Der Erklärungsgrund dieses scheinbaren Widerspruchs lag darin, daß Schneiders Revolutionstribunal verhältnismäßig sehr wenige Menschen guillotinirte, dagegen eine ganz ungemein große Anzahl zu schweren Geldstrafen, Vermögensconfiscation und Deportation verurtheilte.

Schneider rühmte seine Amtsführung besonders deshalb, weil er alle Zwecke der Schreckensjustiz erfüllt zu haben glaubte. Er hatte den Werth der Assignaten gegen alle Courschwankungen unerbittlich geschützt, er hatte die Lebensmittelpreise genau beaufsichtigt, er hatte die Entfernung der Feinde der Republik aus dem Lande durch fleißiges Rechtsprechen bewirkt. Aber den Franzosen gab diese deutsche Emsigkeit lediglich den Grund zu der Verdächtigung, daß er eine unnötig große Zahl von Menschen, ohne die wahren Zwecke der Revolution zu erreichen, misshandelt hätte; denn der Franzose wollte Blut sehen, die Guillotine in täglicher Arbeit wissen, die vornehmen, aber gemäßigten alten Bürger, die Aristokraten aus dem Wege räumen. Statt dessen hatte das Revolutionstribunal im ganzen Elsaß noch nicht drei Dutzend Hinrichtungen in vielen Monaten vollzogen, darunter Weiber und Landleute unschädlicher Sorte, während angesehene Häupter verschont geblieben waren.

Zur Zeit als die republikanischen Armeen von den Verbündeten im Herbste 1793 geschlagen worden waren, kamen die Freunde Robespierres, die Conventscommissäre St. Just und Lebas nach Straßburg. Das war der von den Franzosen, von Monet, von den Propagandisten listig auserwählte Augenblick, um ihrem Racenhaß die Zügel schießen zu lassen. Deutlicher und offener sprach man von den unverbesserlichen Deutschen, welche die großen Ideen des französischen Volkes niemals verstehen würden, von den Gefahren, die es habe, die Grenzfestung in den Händen deutscher National= garden zu lassen. Man begann mit den Massen=Verhaftungen, mit der Absetzung der deutschen Beamten und vor allem des Stabs der Nationalgarde. Schneiders Genosse Jung wurde zu dem gehässigen Amte ausersehen, die Listen der „Verdächtigen" anzufertigen. Schneider selbst, von St. Just und Lebas allzu großer Milde beschuldigt, mußte sich beeilen, einen „Justizgang" durch das Land zu machen und ein paar hundert Aburtheilungen zur Beschwichtigung der Con= ventionscommissäre vorzunehmen; aber alle diese Versuche der deut= schen Republikaner, ihre nationale Stellung durch lohndienerische und feile Unterwerfung unter die Grundsätze des Jakobinismus zu retten, den Deutschen im Elsaß und wo möglich auch jenseits des Rheins die Liebe des republikanischen Brudervolks der Franzosen durch Hen= kersdienste abzugewinnen, waren vergeblich. Das französische Mis= trauen gegen die Deutschen konnte dadurch nicht beschwichtigt werden, daß sie sich zu Revolutionsbütteln erniedrigten.

Der von Monet und seinen Gesinnungsgenossen längst be= schlossene Sturz Schneiders und seiner Freunde trat rasch und un= erwartet ein, und knüpfte sich an ein Ereignis, welches nicht ohne ein tragikomisches Moment den Anlaß zu seiner Anklage abgeben mußte. Schneider hatte sich während seiner letzten Rundreise ver= lobt und war mit seiner jungen Frau nach Straßburg zurückgekehrt. Da er die gesammten Effekten seines neuen Hausstandes mitführte, bedurfte er sechs Pferde, welche schon in derselben Nacht Ursache seiner Verhaftung wurden. Denn diese sechs Pferde verletzten in den Augen des Maires und der Conventscommissäre die Einfachheit republikanischer Sitten und Schneider wurde ohne Verhör und Urtheil am 15. December 1793 auf der Guillotine durch vier Stunden aus= gestellt. Den betreffenden Beschluß hatten aber St. Just und Lebas schon zwei Tage vor Schneiders Ankunft in Straßburg bei der Nach= richt seiner bevorstehenden Rückkehr gefaßt.

Die Bürger von Straßburg wollten anfangs nicht glauben, was geschehen war; als sich aber das immer dichter herandrängende Volk von der Wahrheit überzeugte, daß es wirklich Schneider sei, den man an den Schandpfahl gebunden, entstand ein ungeheurer Jubel, den gefürchteten Peiniger los geworden zu sein. Schneider wurde nach Paris geführt, in der Abtei gefangen gesetzt und am 1. April 1794 guillotinirt, genau ein Jahr nach dem Tage, an welchem in Straßburg die ersten Opfer seiner schrecklichen Justiz gefallen waren. Seine Anklage bildete eine wahre Sammlung von abgeschmackten und leichtsinnigen Beschuldigungen. Denn man traut seinen Augen nicht, wenn man liest, daß Schneider als Freund des „Bösewichts Dietrich" und als ein von England bezahlter Emissär bezeichnet wird, der sich zur Aufgabe gemacht hätte, die Fortschritte der Revolution durch den Unwillen, den sie durch seine Maßregeln rege machen müsse, aufgehalten zu haben. Welche eigenthümliche Vergeltung in den historischen Geschicken der Menschen hatte sich an Schneider vollzogen!

———

In Straßburg war man aber in einer schweren Täuschung begriffen, da man meinte, daß mit Schneiders Sturz die Tyrannei des Schreckens vorüber wäre. Das sogenannte zweite Revolutionstribunal war fast durchaus von Franzosen gebildet. Monets Allgewalt wurde bald den zahlreichen Verhafteten fühlbar, welche bis jetzt noch leidlich gut gehalten worden waren. Die Gefahren der feindlichen Invasion im Winter 1793 94 ließen jede Gewaltthat zur Sicherung der Grenzprovinz als gerechtfertigt erscheinen. Aber erst im Frühjahr und Sommer 1794, wo längst keine feindliche Armee mehr im Elsaß stand, begann die diktatorische Gewalt des Wohlfahrtsausschusses ihren nationalen Vernichtungskrieg gegen das deutsche Elsaß.

Diese bisher mehr heimlich wirkende Richtung der französischen Revolution trat nach dem Sturze der deutschen Republikaner offen an das Tageslicht. In dem von Franzosen ganz beherrschten Jakobinerclub konnte nun die Frage aufgeworfen werden, ob nicht alle Elsässer, welche der französischen Sprache nicht mächtig seien, zu deportiren wären. Die Propagandisten verlangten die Versetzung aller Landbewohner des Elsasses in das Innere von Frankreich und die Einführung französischer Colonieen an ihrer Stelle. Der Maire Monet bekannte sich mit beachtenswerther Offenheit zu dieser Ansicht und erklärte frei, daß es die Aufgabe der Revolution wäre, die Deutschen in der gefährlichen Grenzprovinz zu vernichten. An der Absicht der Massentödtungen, welche diese Franzosen in Straßburg hegten, kann man leider zur Ehre der Menschheit nicht zweifeln, denn die Beweise liegen allzu bestimmt vor, daß man 6000 deutsche Gefangene im Rheine ersäufen wollte. Die Ausführung des Projektes unterblieb durch einen Zufall, indem sich kein ganz entmenschter Commandant in Straßburg fand, der die Hand dazu geboten hätte. Im Januar 1794 wurden Cotta, Martin, Boch, der Holsteiner Butenschön, Jung, die Brüder Edelmann, Wolff und fast die gesammte Masse jener Männer ins Gefängnis geworfen, welche unter dem Namen der deutschen Jakobiner begriffen waren. Die meisten dankten ihr Leben nur dem Umstande, daß sie nach Dijon, und von da erst nach Paris gebracht wurden, wo sich ihre Verurtheilung so lange verzögerte, bis Robespierre gestürzt worden war.

Deutlicher, als aus den einzelnen Schicksalen aller dieser Unglücklichen, deren Prozesse die Geschichte nicht verfolgen kann, wird die antinationale Tendenz der Revolution in einer Rede bezeichnet, welche Monet der Maire am 10. Mai 1794 gehalten hat, und welche nie dem Gedächtnisse des deutschen Volkes entschwinden soll. Er hob die Gefahren hervor, in welchen sich das Elsaß fortwährend befände, weil es den Angriffen der Feinde der Republik im Innern und von Außen am meisten ausgesetzt wäre. Den Grund des Uebels suchte er in der eingewurzelten Antipathie der Einwohner gegen die Franzosen und in der offenbaren Neigung derselben zum Deutschthum. Der Name Franzos oder Wälscher gelte als ein Schimpfwort, das Wort Deutscher bezeichne einen Landsmann. Die wohlhabenden Classen hätten sich am meisten der deutschen Geistescultur angeschlossen, und wären deshalb von der Republik aus den Aemtern gedrängt worden. Im übrigen wurde der Plan der neuen Colonisirung des Landes jetzt bestimmter gefaßt, indem Monet vorschlug, allen verdienten französischen Soldaten im Elsaß Landanweisungen zu geben. „So würden sich die Ideen aufklären, der physische Charakter selbst durch die Vermischung der Generationen sich umwandeln, die germanische Barbarei im Elsaß verschwinden, und die Republik wäre sodann nicht französischer im Innern von Frankreich."

In der That, man wird hier an das schon erwähnte Projekt der französischen Republikaner erinnert, den Münsterthurm abzutragen, aber in beiden Fällen scheiterte die Gewalt der französischen Revolution: der Münsterthurm steht heute noch und das deutsche Volksthum hat man eben so wenig völlig auszurotten vermocht.

Zweiundzwanzigstes Kapitel.

Die Napoleonische Herrschaft und die deutschen Freiheitskriege.

In keiner andern Provinz Frankreichs wurde der Sturz Robespierres und der Schreckensmänner mit mehr Befriedigung vernommen, als im Elsaß, denn nirgendwo war die politische Lage durch den nationalen Kampf so verschlimmert, wie eben hier, wo der alte deutsche Stamm durch die Revolution vernichtet werden sollte. In mehr als einer seiner Erzählungen schildert Pfeffel die Empfindung des Aufathmens, welche im Elsaß bei der Nachricht des großen Ereignisses hervortrat. Ende August 1794 sendete der Convent den Repräsentanten Foussedoire, welcher die Aenderung der Grundsätze der Pariser Regierung den Bewohnern des Grenzlandes dadurch sogleich am einleuchtendsten zu machen wußte, daß er den Maire Monet absetzte. Erst jetzt fing man an, sich von den gräßlichen Bedrückungen deutliche Rechenschaft zu geben, die man seit der Ankunft der Conventscommissäre St. Just und Lebas zu erdulden gehabt hatte. Die Gefangenen und Verdächtigen wurden freigegeben, die überfüllten Kerker geleert. Die Aufhebung der revolutionären Gesetze, unter denen die in Bezug auf die Religion ohne Zweifel die drückendsten waren, erregte große Befriedigung. Das Münster in Straßburg wurde wieder dem Gottesdienste geweiht. Die vertriebenen Prediger der Protestanten kehrten zurück. Selbst die eidweigernden Priester der Katholiken glaubten die Zeit gekommen, wo sie sich wieder in ihrem Vaterlande einfinden durften. Schon erschienen selbst Leute, welche auf den Emigrantenlisten standen, im Elsaß neuerdings thätig. Die Reaction trieb gewaltige Wogen, eine sehr erklärbare Unruhe trat ein.

Gesinnung und Stimmung des Elsaß zu erproben, gaben die Wahlen in den nächsten Jahren am meisten Gelegenheit. Das Wahlgesetz des Jahres 1795 war zwar beschränkter, als die früheren, man darf aber nicht zweifeln, daß der wahrhafte Ausdruck der öffentlichen Meinung in den Wahlen zu Tage trat. Der Kampf war nicht unbedeutend, den die Jakobiner und Terroristen unternahmen, um noch einmal das Uebergewicht zu erlangen, aber sie unterlagen vollständig. Die Abgeordneten des Niederrheins waren fast durchaus aus der Reihe der früheren Feuillants, der gemäßigten Republikaner, genommen, die des Oberrheins dagegen sämmtlich schon frühere Mitglieder des Convents, alle hatten gegen Robespierre gestimmt und seinen Sturz mit herbeiführen helfen. Unter denselben war Reubel von Colmar, welchen das gesetzgebende Corps am 28. October 1795 in das Vollziehungsdirekterium wählte.

Johann Baptist Reubel war 1746 geboren, er war der vornehmste und begabteste Vertreter der Revolution im oberrheinischen Departement seit 1789. Im Vollziehungsdirekterium hielt er mit Barras und Lareveillere-Lavaux die Grundsätze der Demokratie gegen Letourneur und Carnot aufrecht, und bildete mit seinen beiden Gesinnungsgenossen nach dem Staatsstreich vom 18. Fructidors (4. Sept. 1797) das Triumvirat, welches sich der Opposition der Gemäßigten im Einverständnisse mit dem General Augereau zu entledigen wußte. Reubels Einflusse wurde es zugeschrieben, daß man im Ober-Elsaß die Zügel der Demokratie schärfer gegenüber den vielen zurückkehrenden Priestern und Aristokraten anzog. Eine allgemeine Gährung war auch im Niederelsaß und besonders in Straßburg bemerkbar, wo man von Verschwörungen und Complotten träumte, und viele Verhaftungen vernahm. Noch einmal sollte es den nach Ruhe und nur nach Ruhe strebenden Bürgern des Elsaß recht klar gemacht werden, daß in der Republik die Schwankungen und Gewaltsamkeiten der Parteien nicht aufhören würden. Eben dieses Ruhebedürfnis, in der alten deutschen Bevölkerung stärker verbanden als unter den beweglichen Franzosen, machte auch, daß die Epoche der napoleonischen Herrschaft, der man mit Riesenschritten entgegenging, nirgendwo willkommener und freudiger begrüßt wurde, als eben wieder im Elsaß.

Inzwischen hatte die Regierung des Direktoriums im Ober-Elsaß noch eine der wichtigsten Gebietsveränderungen vollzogen, die in den neuesten Zeiten zu verzeichnen sind. Wir wissen, daß die Stadt Mülhausen, welche die Oberherrschaft Frankreichs zwar anerkannte, in Bezug auf ihre innere Verwaltung und territoriale Stellung nicht dem Bunde der alten Reichsstädte, sondern seit dem 16. Jahrhundert dem Bunde der Eidgenossen angehörte (S. 211). Reubel, dem die oberelsäßischen Verhältnisse nahe genug lagen, wirkte für die Auflösung dieser alten Bundesgenossenschaft und für die volle territoriale Einfügung von Mülhausen in den französischen Staat. Das eigenthümlich doppelseitige Verhältnis dieser Stadt zu der Schweiz und zu Frankreich war seit dem Beginne der Revolution ebenso unhaltbar geworden, wie das durch die alten Friedensschlüsse garantirte Recht der deutschen Reichsstände im übrigen Elsaß. Wenn die französische Revolution mit den Sonderrechten und Privilegien der elsässischen Reichsstände möglichst rücksichtslos verfuhr und mit wahrer Freude die politischen Beziehungen vernichtete, welche französische Unterthanen zu den reactionären Mächten des deutschen Reichs unterhalten hatten, so mußten der Schweiz, der Schwesterrepublik gegenüber wol größere Rücksichten genommen werden, aber in Wahrheit war die Stellung Mülhausens zur Schweiz den rechten Franzosen nicht weniger verhaßt, als die Privilegien der Reichsstände.

Im Anfange des Jahres 1798 ließ Reubel im Namen des Direktoriums den Mülhausern den Antrag auf vollständige Aufnahme des Gebiets in die französische Republik stellen, nachdem schon früher die Handelsverträge förmlich gekündigt worden waren, durch welche die kleine schweizerische Enklave einzig und allein ihre Existenz zu fristen vermocht hatte. Alle Lebensadern waren der kleinen Freistadt unterbunden worden. Die Beschlußfassung über die Capitulation war daher eine Formsache. Es konnte nur davon die Rede sein, die Bürgerschaft zu befragen, um die fertige Capitulation bestätigen zu lassen. Dennoch ging es nicht ohne Widerspruch ab, denn die alten Mülhauser Familien wollten nichts von Frankreich wissen. Wenn trotzdem ein sehr erklärlicher Aufschwung der gewerbtreibenden Stadt durch die Vereinigung mit Frankreich sofort entstand, so war dieser nicht die Folge der französischen Anstalten, wie es zum Theil im übrigen Elsaß der Fall war, sondern besonderer Verhältnisse und Eigenthümlichkeiten, auf welche wir noch zurückkommen werden. Die Abschaffung der alten Verfassung, der Insignien der alten deutschen Reichsstadt, die gewaltsame Einführung der revolutionären Einrichtungen, die Eingriffe in die Privatverhältnisse, wie sie in der Republik üblich waren, alle diese Dinge hatten zunächst auch in Mülhausen eine tiefe Unbehaglichkeit erzeugt und auch hier war es erst die Regierung Napoleons, welche die Wunden heilte und zugleich die französischen Sympathieen weckte, von denen seit jener Zeit die Nachkommen des ehemals besten deutschen Volksstammes so unheimlich angekränkelt worden sind.

Denn an dem Wendepunkte der Weltgeschichte, welchen der 18. Brumaire bezeichnet, in der Begründung des Napoleonischen Frankreichs sind die Ursachen zu suchen, durch welche die nationalen Grundlagen des Elsasses erschüttert wurden. Die französische Epoche der elsässischen Geschichte nahm hier ihren Anfang. Wie die französische Verwaltung des 18. Jahrhunderts die Elsässer politisch mit Frankreich zu versöhnen und zu verbinden wußte, so datirt der nationale Anschluß von der Herrschaft Napoleons. Bis auf diese Zeit, auch während der Revolution waltete eine particularistische Strömung, welche durch Geschichte und Volksthum begründet war, ununterbrochen vor. Daß sich die Elsässer selbst zur französischen

Nation rechneten, und daß man umgekehrt den Unterschied zwischen einem Elsässischen und andern Franzosen offiziell nicht mehr anerkannte, ist wesentlich ein Resultat der Napoleonischen Herrschaft. Schon in dem ersten Coalitionskrieg gegen die französische Republik war das Elsaß von den Kriegsbegebenheiten stark berührt worden. Zu dem Terrorismus der Jakobiner, zu der bodenlosen Assignatenwirthschaft, zur Unsicherheit des Eigenthums, zur Theuerung und Hungersnoth gesellten sich die Schrecken des Krieges, welcher mit häufig wechselndem Glücke am Rheine geführt wurde. Besonders der Norden des Landes hatte zu leiden. Im Jahre 1792 drangen die Verbündeten von Speier her gegen Landau, da aber der Feldzug mit dem Rückzug der deutschen Mächte endete, so litt das Elsaß fast mehr unter den zuchtlosen Schaaren des Generals Luckner und seiner französischen Freiwilligen, als von den Feinden. Eine längere Besetzung des Elsasses durch die Verbündeten erfolgte erst im Herbst 1793, wo durch den energischen Angriff der Preußen die Moselarmee der Franzosen hinter die Saar bis Saargemünd und Bitsch zurückgeworfen und in ihren Verbindungen mit der Rheinarmee unterbrochen worden war. Dieser glückliche Kampf der Preußen bestimmte endlich auch die langsam vorrückenden Oesterreicher unter Wurmser zu einem Angriffe auf die Weißenburger Linien, welche am 13. Oktober genommen wurden. Der Norden des Elsasses fiel in die Hände der Sieger, welche selbst Straßburg bedrohten. Es ist nicht ohne lehrreiches Interesse, die Stellung der preußischen und österreichischen Armee zu Volk und Land in diesem Augenblicke zu beachten. In den Kreisen der Emigranten und bei den Führern der Heere rechnete man damals auf das bestimmteste, daß sich unter der alten deutschen Bevölkerung Sympathieen für die Verbündeten kundgeben würden. Man hoffte selbst Festungen, wie Landau, durch Verrath gewinnen zu können. Aber nichts von alledem trat ein. Landau wurde durch die Vorsicht Custines gerettet und die Elsässer, genau wie die Franzosen, sahen Preußen und Oesterreicher als Eindringlinge, Feinde der „fränkischen Freiheit", Fürstenknechte und Barbaren an. Alle Berechnungen auf die einstige Deutschheit dieser Länder erwiesen sich ebenso täuschungsvoll, als zur Zeit des österreichischen Erbfolgekrieges. So hat die Geschichte die auffallende Thatsache zu verzeichnen, daß, während beide Parteien, sowol die französischen Jakobiner wie auch die Oesterreicher von den Bewohnern des alten Reichslandes fortwährend den Verdacht hegten, sie würden bei erster Gelegenheit von Frankreich abfallen, das elsäsische Land vielmehr durch die folgenden Kriege recht mit Frankreich verschmolzen wurde.

Auch in den nächsten Jahren, als Moreau die französische Rheinarmee commandirte und der Krieg gegen Oesterreich in Deutschland unentschieden geführt wurde, hielt man im Elsaß zähe an der Verbindung mit Frankreich fest. Dann aber, als die Nachrichten von den Siegen des großen Feldherrn aus Italien nach Frankreich gelangten, stürzte sich das elsäsische Volk mit altgermanischer Ueberschwänglichkeit in den kriegerischen Enthusiasmus des Napoleonischen Zeitalters hinein. Indem zahlreiche Elsässer in dem Heere Napoleons I. zu hohen Officiersstellen gelangten, wurde das Land ganz und gar von den Ideen des französischen Ruhmes erfüllt. Es war zur Ehrensache geworden, Franzose zu sein und zu heißen, und der ersten Nation Europas anzugehören.

Es war zur Zeit des Rastadter Congresses als Napoleon zum erstenmale nach Straßburg kam und als gefeierter Held und Retter Frankreichs von den guten Bürgern im Gasthofe zum rothen Hause wo er abgestiegen war, angestaunt wurde.

Wenn aber der Bonapartismus die allertiefsten Wurzeln schlug, so war dies nicht allein Folge der kriegerischen Lorbeeren, sondern auch der glücklichen materiellen Verhältnisse, welche Consulat und Kaiserreich zu schaffen wußten. Die französische Revolution hatte den Elsässern ein ungeheures Handelsgebiet eröffnet, dessen Ergiebigkeit in dem von der Natur so reich gesegneten Lande etwas durch alle Jahrhunderte unbekanntes gewesen war. Allein die Drangsale der Revolutionszeit hatten diese Vortheile nicht zur Entfaltung kommen lassen. Jetzt erst, da die Regierung Napoleons Ordnung in den Staat brachte, kamen die Früchte der Centralisation des großen Staates zum Bewußtsein und diese Erkenntnis des gewaltigen Gewinns gereichte nun umgekehrt wieder dem Bonapartismus zum Vortheil.

Die religiösen Irrungen waren zwar schon theilweise unter dem Vollziehungsdirektorium beseitigt worden, zu einem Frieden zwischen dem Staat und den Confessionen, welche sich in voller Freiheit entwickeln konnten, kam es jedoch erst durch Napoleons Regierung. Auf den Bischofsstuhl von Straßburg wurde ein gemäßigter und verständiger Mann berufen. Das unter dem Namen der organischen Artikel bekannte Gesetz vom 8. April 1802 betraf die Einrichtung aller vom Staate anerkannten Religionen und beruhte auf den durch die Revolution festgestellten Grundsätzen der Gewissensfreiheit und gegenseitigen Duldung. Die protestantische Kirche erhielt durch dieses Gesetz die im wesentlichen bis heute fortdauernde Ordnung. In den Consistorien wirkten Pastoren und Laien zusammen, und ein Direktorium als oberste Kirchenbehörde wurde für die beiden Rheinischen Departements eingesetzt.

Das Seminarium zur Heranbildung protestantischer Geistlichen erfüllte zunächst die dringendsten Bedürfnisse, bis im Jahre 1808 die protestantisch-theologische Fakultät gegründet wurde, welche bis auf den heutigen Tag die einzige Unterrichtsanstalt des Elsasses blieb, in welcher sich Traditionen der alten Verbindung mit deutscher Wissenschaft lebendig erhielten. Auch die anderen in Straßburg bestehenden Fakultäten verdankten ihren Ursprung dem Universitäts-Gesetze Napoleons I. vom 17. März 1808. Denn die alte deutsche Universität, sofern sie sich nicht während der Revolutionsstürme ganz auflöste, zerfiel in lauter Spezialschulen, welche erst durch das genannte Gesetz zu dem Charakter von Fakultäten wieder erhoben worden sind. Freilich für deutsche Begriffe haben sich diese Napoleonischen Fakultäten von Straßburg niemals zu dem Range einer wahren Hochschule erhoben, und das blühende Leben der alten deutschen Universität des 18. Jahrhunderts verdorrte unter dem französischen Unterrichtsprinzip im 19. Jahrhundert vollständig. Es ist eine der betrübendsten Erscheinungen der neuesten Straßburgischen Geschichte, daß man im Anblicke der benachbarten deutschen Universitäten nicht lebendigere Erinnerungen an das bewahrte, was die Deutsche Universität ehemals war. In Bezug auf die mittleren Schulen hatte Napoleons Regierung ebenfalls sehr befruchtend gewirkt, dagegen ist die Volksschule stiefmütterlich im Elsaß behandelt worden, und mußte es, wie sich noch zeigen wird, um so mehr bleiben, als die Aufgaben, welche die französische Regierung der Volksschule setzte, widernatürlich und nicht zu erreichen waren.

Einiges für Volksschulwesen leistete übrigens im niederrheinischen Departement der Präfekt von Lezay-Marnesia, welcher überhaupt als der hervorragendste Mann im Gebiete der Verwaltung galt. Seine Thätigkeit fiel in die Zeit des höchsten Glanzes der Napoleonischen Herrschaft von 1809 bis 1813 und kein französischer Beamter hatte sich gleicher Popularität und dankbarer Erinnerung im Elsaß zu erfreuen, wie dieser. Marquis von Lezay trat auch als politischer Schriftsteller hervor, und war ein Freund deutscher Litteratur und Poesie. Durch seine Uebersetzung des Don Carlos hatte er Verständnis nicht blos für deutsche Sprache, sondern auch für deutsches Wesen gezeigt. Napoleon lernte seine Dienste als Resident am kleinen Hof von Salzburg nach dem Lüneviller Frieden schätzen. Lezay-Marnesia administrirte mehrere Jahre mit größtem Erfolge in Coblenz das Departement Mosel und Rhein, und wirkte in Straßburg für die Hebung des Landes in jeder Beziehung. Die größte Thätigkeit verwendete er für den Fortschritt der Argicultur. Er lehrte dem Landmanne neue Methoden des Tabakbaues und der Behandlung der Blätter, er führte den Bau der Zuckerrübe in der Zeit der Colonialsperre ein, und legte dadurch den Grund zur Wohlhabenheit vieler Familien. Seine Obstpflanzungen, seine Straßenbauten kann man noch heute im Elsaß rühmen hören.

Männer wie Lezay-Marnesia erklären die Erscheinung, daß im

Elsaß die Präfektureinrichtungen rasch und mit wunderbarem Erfolge eingebürgert wurden, obwol kaum ein anderes Land in seiner Geschichte dem Prinzip der Selbstverwaltung und Gemeindeautonomie so leidenschaftlich ja mit ängstlichem Eigensinn anhing, als die alte deutsche Westmark. Wenn jedoch in der Masse des elsässischen Volkes schon im 18. Jahrhundert ein Zug hervortrat, den die Präteren zur Aufrichtung der französischen Beamtenhierarchie zu benutzen verstanden, so zog man mittelst der Präfekturverwaltung diese Stimmung der Bequemlichkeit, des büreaukratischen Systems der Bevormundung gewaltig groß. In den gebildeten Bürgerkreisen, welche einst in der deutschen Stadtverfassung von dem Bewußtsein voller Verantwortlichkeit für Wol und Wehe der Stadt und des Landes erfüllt waren, machte sich wie im übrigen Frankreich jener Geist tiefer Abhängigkeit geltend, welcher alles von den Centralbehörden, von der Regierung, von der tonangebenden Hauptstadt erwartet, und wenig Spuren der alten Selbstbestimmung zeigt.

Durch das überragende Genie des Mannes, welcher an die Spitze des nationalen Staates trat, wurde diese Erscheinung nur zu leicht erklärlich gemacht. An dem Kriegsruhm des kaiserlichen Heeres hatten die Elsäſſer ihren wolverdienten nicht unbeträchtlichen Antheil. Sowol in den Leistungen, welche das Land in Bezug auf die Stellung von Mannschaften aufzuweisen hatte, als auch in den Verdiensten, welche hervorragende Generäle in der Armee erworben, war diese Provinz den meisten übrigen altfranzösischen Gebieten weit überlegen. Voran stehen hier die beiden Straßburger Kellermann und Kleber; jener schon 1735 geboren, erlebte den Glanz und Sturz des Kaiserthums; Marschall von Frankreich und Herzog von Valmy bereits als Napoleon das Kaiserthum gründete, gehörte er der älteren Generation der Generäle an, deren Werth der große Feldherr jedoch nicht unterschätzte. Gefeierter als Kellermann war Kleber, 1753 geboren und zu Cairo am 14. Juni 1800 ermordet. Am ausdauerndsten focht Rapp von Colmar an Napoleons Seite, und stritt noch für seine Sache im Elsaß, als die hundert Tage zu Ende waren. Er kämpfte in Aegypten, in Italien, bei Austerlitz, bei Aspern, vertheidigte Danzig gegen die Verbündeten im Jahre 1813 in oft gerühmter Weise und starb als sechszigjähriger im Jahre 1823. Auch Lefebvre war ein Elsässer, in Ruffach 1755 geboren, welcher bei Thann, Abensberg, Eckmühl und Wagram an den Lorbeeren des Kaisers Antheil hatte. Doch überlassen wir billig der französischen Kriegsgeschichte die gründlichere Würdigung dieser Männer, wie sie auch von den zweifelhaften militärischen Fähigkeiten Scherers von Delle, und von den Verdiensten mancher andern elsässischen Offiziere, wie Westermann, Geitert, Türckheim, Feistbamel zu erzählen haben mag.

Hier wird es genügen zu sagen, wie an diesen kriegerischen Vorbildern die nächsten Generationen des Elsasses sich in französischem Sinne erwärmen konnten, wie die zahlreichen Veteranen der großen Armee eine national-französische Richtung in den Volksgeist des alten kriegerischen germanischen Stammes zu bringen vermochten, wie des Kaisers militärische Akademien und Anstalten weit über sein Dasein hinaus die gesuchte Schule ehrgeiziger Jünglinge aus alten Bürgergeschlechtern geworden, und wie sich endlich der elsässische Bauer an den französischen Soldatenrock zu gewöhnen vermochte.

Das Elsaß hatte alle Fühlung mit Deutschland vollkommen verloren, als die große nationale Bewegung in Preußen gegen Napoleons Gewaltherrschaft begann, und als die deutschen Patrioten mit Staunen erfahren mußten, daß sich der Aufschwung der deutschen Ideen am Rheinstrom vollständig brach und im Elsaß sich keinerlei Spur alter Volksgemeinschaft mit den deutschen Brüdern äußerte.

Die Truppen, welche am 21. December 1813 den Rhein zwischen Schaffhausen und Basel überschritten, waren Oesterreicher unter dem Commando Schwarzenbergs, dessen Hauptquartier am 6. Januar in Mömpelgard war. General Bianchi rückte gegen Belfort, welches cernirt wurde, Frimont auf Ensisheim. Die Baiern unter Wrede waren bei Basel über den Rhein gegangen, blokirten Hüningen und wandten sich gegen Colmar, um den General Victor, der das Elsaß behauptete von Süden her zu drängen, während von der schlesischen Armee, welche am 1. Januar den Mittelrhein überschritten hatte, das russische Corps Wittgensteins das Niederelsaß besetzte, und die Franzosen zum Rückzug nötigte. Nur in Colmar und im Schirmeckerthal war es zu Gefechten gekommen; bei Straßburg, Hüningen und Belfort wurden bloße Beobachtungstruppen aufgestellt, zur Einnahme oder Belagerung dieser Festungen kam es nicht. In Straßburg selbst hatten die Franzosen wenig Besatzung zurückgelassen, der Festungsdienst konnte mit voller Sicherheit den Nationalgarden anvertraut werden. Die Franzosen zeigten nicht die mindeste Furcht, daß sich die deutsche Bewegung, von welcher die linksrheinischen Deutschen in der Pfalz, wie in Köln und Trier ergriffen worden waren, auch dem elsässischen Volke mittheilen könnte. Wenn dort von den preußischen Officieren die Aufnahme nicht genug gerühmt werden konnte, welche den Rettern und Befreiern zu Theil wurde, so war im Elsaß unter der Bevölkerung die abgeschmackteste Besorgnis, es möchten die Verbündeten die Wiederherstellung der patrizischen und aristokratischen Einrichtungen der früheren Zeiten bezwecken, fast allgemein verbreitet.

Dennoch gab es einen Moment, wo es möglich gewesen wäre, die Elsässer mit dem Gedanken einer Abtrennung von Frankreich vertraut zu machen, damals als das Schicksal Napoleons sich immer schlimmer zu gestalten anfing und die Zurückführung der Bourbonen auf den Thron von Frankreich keinem Zweifel mehr unterlag. Denn die alte Dynastie war im Elsaß nicht erwünscht. Der protestantische Theil der Bevölkerung erblickte in der Regierung des katholischen Hauses mit richtiger Vorahnung eine Restauration in katholischem Sinne, und fürchtete die besten Früchte der Revolution einzubüßen. Auch die Bauern im Lande waren der weißen Cokarde gegenüber äußerst mistrauisch. Wenn in diesem Augenblicke, aber auch nur in diesem Augenblicke, von einer wahrhaft deutschen Macht ein entscheidendes Wort gesprochen worden wäre, so konnten die Erinnerungen an das deutsche Reich auch hier, wie in den mittleren

Rheingegenden noch einmal erweckt werden. Aber im Lager der Verbündeten war nicht entfernt der Gedanke der Gewinnung der alten Reichsländer vorhanden; die Kriegsführung selbst war nicht auf eine Besitzergreifung des Landes gerichtet. In Straßburg konnte schon aus dem Umstande, daß an eine Belagerung nicht entfernt gedacht wurde, geschlossen werden, daß territoriale Abtretungen Frankreichs von Seite der Sieger nicht in Aussicht genommen seien.

So sind denn auch im ersten Pariser Frieden die Grenzen so günstig für Frankreich gezogen worden, daß man bis auf den heutigen Tag noch immer mit Erstaunen fragt, welche Gründe die Verbündeten hiezu bestimmt haben, und immer noch keine andere Antwort zu geben weiß, als die, welche in dem zweifelhaften Werte Großmut liegt. Indessen kann man, da die Akten des ersten Pariser Friedens dunkel sind, einige Erwägungen kaum von der Hand weisen.

Unter den Mächten, von welchen verständnißweise allein zu erwarten gewesen wäre, daß sie die Abtretung des Elsaß von Frankreich fordern würden, war Preußen nicht in der Lage, dasselbe für sich in Anspruch nehmen zu können, und Oesterreich folgte dem ausgesprochenen Systeme der Concentrirung und Arrondirung seines ausgedehnten Staatswesens, wie es ja entschlossen war sogar Freiburg, als zu weit entlegen, aufzugeben, obwol seine Anrechte niemand hätte bestreiten können. Von dem festgehaltenen Mittelpunkte der Monarchie, wie sie Kaiser Franz im Sinne hatte, ließ sich die Kleinstaaterei Italiens und Deutschlands weitaus am besten den Zwecken der österreichischen Politik dienstbar machen. Eine ausgedehnte und von den Franzosen im höchsten Maße bedrohte Grenze, hätte Oesterreich abhängig gemacht von der Unterstützung der deutschen Staaten, selbst des deutschen Volkes, unter allen Dingen sowol für Metternich, wie für Kaiser Franz, die verdrießlichste Perspektive von der Welt.

Was hätte aber Preußen in Lothringen und Elsaß suchen sollen? Zur Zeit des ersten Pariser Friedens war in Deutschland kaum eine starke Bewegung sichtbar, welche die Wiedergewinnung des Elsasses

als nationale Forderung aufgestellt hätte. Erst nach dem Friedens=
schlusse begann eine Agitation gegen die Bestimmungen, durch welche
die alten deutschen Reichsländer im Besitze des Erbfeindes gelassen
wurden. Es war Görres, der voranging, nachher folgte Arndt mit
der bekannten Schrift „Der Rhein, Deutschlands Strom, nicht
Deutschlands Grenze." Von da ab erwachte die Sehnsucht der
Deutschen, ein sichtbares Pfand ihres Sieges, ihrer Riesenleistungen,
ihrer Sicherheit zu besitzen. Aber diese Stimmung ging weit hinter
den Friedensverhandlungen her. Sie war jedoch stark und mächtig,
und daher kam es, daß man nach dem zweiten großen Kriege, welchen
neben den Engländern die Deutschen ohnedies allein entschieden
hatten, bei den Unterhandlungen des zweiten Pariser Friedens zum
erstenmale energisch und bestimmt von der Losreißung Lothringens
und Elsaß von Frankreich sprach.

Der Unterschied in der Behandlung dieser Frage bei den Frie=
densschlüssen von 1814 und 1815 lag in der Stellung Preußens
zu derselben, denn so wenig es früher durch territoriale Interessen
bestimmt war, die Losreißung zu begehren, so entschieden war es
engagirt, da die ganze Angelegenheit eine nationale Bedeutung er=
halten hatte. Gewichtige Stimmen, welche nicht unbeachtet bleiben
konnten, erhoben sich für die Erwerbung der alten Reichsländer und
sprachen lauten Tadel über die Bestimmungen des ersten Friedens
aus. Blücher und Gneisenau, Stein und Humboldt gaben dem
allgemeinen nationalen Gefühle Ausdruck. Es war für die deutsche
Großmacht unmöglich, den legitimistischen Sympathien ihrer Ver=
bündeten nochmals stillschweigend beizupflichten: Preußen mußte
endlich das Wort der deutschen Forderungen in die Wagschale der
Friedensverhandlungen werfen, und es kann nicht geläugnet werden,
daß dasselbe die englischen, russischen und österreichischen Gleich=
gewichtsbestrebungen sofort auf das Tiefste beunruhigte.

Hierin lag aber auch der einzige nationale Gewinn des zweiten
Pariser Friedens, daß Preußen die deutschen Ansprüche auf Elsaß
und Lothringen betonte, daß es sich zum Dolmetsch dessen machte,

was alles Volk begehrte und erwartete, und daß in Folge davon das Bewußtsein erwachte, dem deutschen Volke sei durch die Mißgunst der fremden Mächte ein Schuldbrief unbezahlt geblieben, den es nur, weil es nicht auf eigenen Füßen stand, nicht einzulösen vermochte. Daß aber Hardenberg die nationale Forderung zur Zeit des zweiten Pariser Friedens sowenig durchsetzte, wie zur Zeit des ersten, ist natürlich und man darf hinzufügen, es ist ein großes Glück gewesen, daß der nationale Wunsch damals nicht in Erfüllung ging. Preußen that, was möglich war; König Friedrich Wilhelm III. nahm die Frage in eigene Hand, und rettete durch ein ewig denkwürdiges Gespräch mit Kaiser Alexander die Ehre des deutschen Großstaates, mehr zu thun aber wäre weder klug noch nützlich gewesen. Preußen hätte noch größere Opfer bringen müssen, als es ohnehin am Wiener Congreß schon gebracht hatte, um einen lebensunfähigen, halbfranzösischen und jedenfalls grundschlecht deutschen Kleinstaat mehr zu schaffen. In der That, das war kein Ziel, um welches dem Kanzler Hardenberg Vorwürfe bis auf den heutigen Tag gemacht werden sollten, daß er es nicht erreicht habe.

Denn wenn es auch die Besten unseres Volkes waren, welche im Jahre 1815 die energische Demütigung Frankreichs, die entschiedene Abrechnung mit dem Raube, der seit mehr als 200 Jahren an Deutschlands Grenzen Platz gegriffen, forderten, so waren doch die Pläne in dieser Beziehung aus dem Stadium einer reinen Gemüts-Politik, einer doctrinären Betrachtungsweise nicht hinausgekommen. Niemand hätte auch nur entfernt an eine Annexion der Länder durch Preußen zu denken gewagt. Die Projekte, welche gemacht werden sind zur Gründung eines selbständigen kleinen Staates, fanden natürlich am meisten Widerspruch im Elsaß selbst. Mit Schrecken dachte man hier daran der Vortheile verlustig zu werden, die ein großes Staatswesen dem Lande bot. Von Seite Oesterreichs zeigte man überdies nicht viel Neigung, dem für den lothringisch-elsässischen Fürstenstuhl in Aussicht genommenen Erzherzog Karl das gewagte Unternehmen anzuvertrauen. Von welchem Standpunkte auch die Sache angegriffen wurde, es erhoben sich unüberwindliche Schwierigkeiten, und es zeigte sich, daß zur Wiedergewinnung der alten Reichsländer vor allem ein Reich da sein müßte, um sie aufzunehmen, daß in Deutschland selbst erst die Bedingungen geschaffen sein müßten, unter denen Eroberungen haltbar und dauerhaft sein könnten. So war es denn der russischen Diplomatie nur allzu leicht möglich geworden, gegenüber den Zukunftsträumen des deutschen Volkes das Programm durchzuführen, welches der Graf Capodistrias gleich nach der Schlacht von Waterloo bei der Hand hatte, und nach welchem dem Grafen von Artois keine beschwerlichen Friedensbedingungen und dem französischen Volke keinerlei Zügel seines Ehrgeizes und noch weniger eine Strafe für seine Friedensstörungen auferlegt werden durften.

Die das Elsaß berührende einzige Abänderung des ersten Pariser Friedens bestand darin, daß während dieser die Queich zur Grenze von Frankreich machte, im zweiten Friedensschluß Landau abgetreten und die Grenze an die Lauter zurückgeschoben wurde.

Während übrigens die Diplomaten in Paris über die Elsaß-Lothringische Frage verhandelten, fehlte viel, daß das Streitobjekt in ihren Händen gewesen wäre. Denn die meisten Festungen des Elsaß waren im Besitze der Franzosen, und General Rapp erschwerte nicht ohne militärische Geschicklichkeit den österreichischen und süddeutschen Truppen die Besetzung des Landes, auch nachdem die Entscheidung in Belgien bereits gefallen und der Einmarsch der Preußen und Engländer in Paris erfolgt war. Denn erst in den letzten Tagen des Juni war der Prinz von Würtemberg im Unter-Elsaß und Fürst Schwarzenberg mit mehr als 80,000 Mann im Sundgau eingebrochen, ohne daß man wagte Straßburg anzugreifen, dessen Besitz vor allem nötig gewesen wäre, wenn man den deutschen Ansprüchen Nachdruck verleihen wollte.

Nur die Festung Hüningen wurde belagert, und ihre Einnahme bildete den Abschluß der kriegerischen Ereignisse im Elsaß und gab Veranlassung zu einer der kühnsten Kriegsphantasien, welche die

Erinnerung der Franzosen nicht bloß, sondern auch der Elsässer festhielt. Denn bis auf unsere Tage wußte jeder gute Franzose die Historie von dem berühmten Vertheidiger Hüningens dem General Barbanegre zu erzählen, welcher mit 150 Mann einer ganzen Armee Widerstand geleistet hätte, und die Bewunderung selbst der Feinde erregte, als er nach der Capitulation von dem freien ehrenvollen Abzug der Besatzung Gebrauch machte und mit einigen Officieren an der Spitze von fünfzig oder wie andere gar behaupteten, nur drei Mann durch die endlosen Reihen der Belagerungsarmee marschirte. Die Wahrheit war die, daß die Besatzung von Hüningen neben den Liniensoldaten aus mehr als 3000 Mobilgarden bestand, welche aber vor der Capitulation, schon während der Belagerung, zum Feinde in schmählicher Weise übergelaufen waren, so daß am Tage der Uebergabe Barbanegre, wenn auch nicht mit 50, so doch allerdings nur noch mit 1917 Mann regulärer Truppen abziehen konnte.

So war das letzte kriegerische Ereigniß des Jahres 1815 im Elsaß zu einer jener Mythen umgewandelt worden, welche den Glauben nährten, die Integrität des französischen Reiches sei unter allen Umständen durch die Tapferkeit, Unüberwindlichkeit und Aufopferungsfähigkeit der Franzosen gesichert, und es wäre nicht eine Folge des guten Willens und der diplomatischen Intriguen, sondern ein Beweis der nie völlig zu besiegenden Kraft gewesen, wenn die alten deutschen Länder ungestört im Besitze Frankreichs geblieben sind. Sage, absichtliche Entstellung und officielle Lüge hatten die alten Bewohner des Reichslandes völlig außer Stande gesetzt, über die wahren politischen Machtverhältnisse auch nur zum Nachdenken zu gelangen. Auch nach Napoleons Sturz erhielt sich im elsässischen Volke die Fabel von der ersten Nation der Welt, welcher anzugehören unsere einstigen Stammesbrüder als ihren höchsten traurigen Ehrgeiz erachteten.

Was sich trotzdem an Liebe zur alten Mutter in mancher stillen Brust erhalten hat, das offenbarte sein bescheidenes Dasein nur in wenig gelesenen Büchern, in poetischen Ergüssen, in vertraulichen

Briefen von Freunden; diese Gebiete muß man aufsuchen, wenn man erfahren will, ob die energische französische Verwaltung des 18. Jahrhunderts, ob die hohen Ideen und die furchtbaren Gewaltthaten der Revolution, ob der Napoleonische Weltruhm im Elsaß noch etwas übrig gelassen haben, was der deutschen Nation verwandt, Baustein zu ihrer ferneren Geschichte werden kann.

Dreiundzwanzigstes Kapitel.

Geistige Zwitterschaft.

Zwitterschaft ist ein Ausdruck, den Goethe gebraucht, um das Wesen der Licentiaten Melbrüh in Arnolds Pfingstmontag zu bezeichnen, der mangelhafte Bildung und sehr beschränkten Gesichtskreis durch Affectation und vielfältige Einflechtung schlecht ausgesprochener französischer Wörter und Redensart zu verhüllen sucht.

Wir meinen nicht gerade dasselbe, aber Aehnliches, wenn wir uns hier die Bezeichnung Zwitterschaft für die geistige Cultur des Elsasses im neunzehnten Jahrhundert erlauben. Man kann auch geistig zwischen zwei Stühle zu sitzen gerathen und wir glauben, daß die Elsässer in diesen Fall gekommen sind.

Zwar der Dichter Ehrenfried Stöber protestirte ziemlich heftig, als deutsche Zeitungen sich unter dem Eindruck der Freiheitskriege beigehen ließen, die Elsässer Zwittergeschöpfe zu nennen. Und er gab sich Mühe zu beweisen, daß man sehr wol im Hinblick auf alles Gute, was man Frankreich verdanke, mit Begeisterung französischer Bürger sein und dabei dennoch alles Große und Schöne, was Deutschlands Geister hervorgebracht, ehren könne. Politisch Franzose, geistig ein Deutscher: das wäre nach seiner Meinung etwa die Formel des Elsässers. Und von ihm selbst hat man auf seinem Grabe gesagt: „Ein ganz französisches Herz schlug neben seiner deutschen Kunst."

Aber es war ein schwerer Irrthum, solch ein Doppelverhältnis auf die Dauer für möglich zu halten.

Wenn der Maire Friedrich Schützenberger im Jahre 1838 bei der dritten Säcularfeier des Straßburger Gymnasiums einen Trinkspruch mit dem Wunsche schloß: „Mögen unsere Söhne und Enkel fortfahren, unser altes Volksthum zu pflegen, mögen sie, Franzosen dem Herzen nach, nie aufhören, Straßburger zu sein" — so lag darin schon eine abwehrende Wendung gegen das allzuwillige und allzuvöllige Verlassen deutscher Art, das immer mehr und mehr einriß. Und hierüber läßt der poetische Drechslermeister Daniel Hirtz keinen Zweifel, wenn er den Maire mit den Worten lobt:

> Der Väter Sitten und ihr Sprooch,
> Die sinn 'm nit zum Ekel noch,
> Stroßburjer isch er un wills bliwe,
> Wenns andri noch so affich't triwe.

Das „affichte Treiben" nahm eben von Jahr zu Jahr zu. Der böse Feind säte wälsches Unkraut unter den deutschen Waizen. Die beständige Sprachvertauschung führte nachgerade das Gegentheil jener Ausgleichung der Nationalvorurtheile herbei, welche man sich von der Doppelstellung einst versprochen. Die Gleichgiltigkeit gegen die angestammte Natur wuchs immer verhängnisvoller. Schon begann in den fünfziger Jahren das heranwachsende Geschlecht sich einer Sprache zu schämen und eine Litteratur zu ignoriren, „die doch — wie sich der wackere Elsässer Gustav Mühl ausdrückt — bis in die letzte Zeit die kräftige Muttermilch der Gebildeten unter uns gewesen und die, zu unserer eigenen Schande sei es gesagt! gerade jetzt wieder reichlichere Anerkennung in Frankreich selbst findet."

Zuerst war es selbstverständlich, daß ein elsässischer Gelehrter deutsch schrieb, dann wechselte man wol mit beiden Idiomen ab, und zuletzt konnte es vorkommen, daß ganze schriftstellerische Existenzen innerhalb des französischen Sprach- und Culturgebietes ihre Stelle suchten. War es doch ein Mittel den Erfolg zu sichern. Deutschgeschriebene Zeitschriften, welche den heimatlichen Interessen dienten, wie die elsässischen Neujahrsblätter, die Alsatia, brachten es nicht, zu regelmäßigem ungestörtem Fortbestehen: die Revue d'Alsace erscheint seit zwanzig Jahren und die besten litterarischen Kräfte des Landes sind ihr dienstbar.

Wie das redliche wohldenkende Männer schmerzlich empfanden, mag uns einer der besten und edelsten neueren Gelehrten, der 1858 verstorbene Ludwig Schneegans, sagen, der einem Freunde im Jahre 1856 brieflich klagte: „Ach, es ist betrübend genug, daß man in diesem Lande immer und immer wieder und überall sich fragen muß: ob deutsch, ob wälsch? Wo da Charakter und Selbständigkeit hinkommen, das wissen und sehen wir, leider! alle nur zu deutlich und handgreiflich vor unseren Augen. Wie oft kam mir nicht schon, wenn ich daran dachte und mit schwerem Herzen all die unsäglichen Gebrechen und Nachtheile des sprachlichen Zwitterzustandes unseres theuren Vaterlandes erkannte, Juvenals alte Klage in den Sinn:

Omnia graece,
Cum sit turpe m is nostris nescire latine.

(Alles griechisch, da doch latein nicht zu können, viel schimpflicher ist für die unsern.) In dieser Hinsicht stimme ich einem unserer Freunde vollkommen bei; auch mich entrüstet und empört es im tiefsten Herzensgrunde, wenn ich — wie in der letzten Zeit zumal — von Seiten gewisser Herren gewisse runde und hohle Phrasen über deren angebliche Bewunderung und Zärtlichkeit sogar für deutsche Sprache und deutsches Nationalelement im Elsasse hören und lesen muß. All dies, vergessen wir es nicht, mein Lieber, ist eitel Hohn und Spott. Es ist genau, als ob ich einen Krieger sähe, der dem von ihm erschlagenen, sterbend am Boden liegenden Feinde das Schwert noch einmal in die Hand gibt und ihm in schön gewählten Phrasen zuruft: Jetzt, mein Bester, vertheidige dich; ich gebe dir dazu die vollständigste Freiheit. Ach! er, der Sieger, hat ja nichts mehr zu befürchten von dem Gegner: bluttriefend und bereits mit dem Tode ringend liegt letzterer ja am Boden, und bald wird das Auge ihm brechen im Sterben!"

Nicht ohne Befriedigung lesen wir jetzt solche Klagen und düstere Prophezeihungen. Mit Freude entdecken wir auch sonst warme Anerkennung deutscher Art und deutschen Wesens bei einzelnen elsässischen Schriftstellern. Rühmte Pfeffel an den Deutschen ihren stäten, geraden und gesetzten Charakter, ihren Biedersinn, ihre Ehrfurcht für Moralität, ihre rührende Gutmüthigkeit; so klingt es ähnlich, wenn Professor Reuß 1838 schreibt: „Wir reden deutsch heißt ja nicht blos, daß wir unsere Muttersprache nicht abschwören wollen, sondern es heißt, daß wir in unserer ganzen Art und Sitte, in unserem Glauben, Wollen und Thun deutsche Kraft und Treue, deutschen Ernst und Gemeingeist, deutsche Uneigennützigkeit und Gemüthlichkeit bewahren und als ein heiliges Gut auf unsere Kinder vererben wollen. Das ist unser Patriotismus."

Darum werden die elsässischen Dichter auch nicht müde ihre Muttersprache zu preisen als ein Symbol deutscher Art und Tüchtigkeit. So Daniel Hirtz. So Karl Bernhard, der als früherer Chasseur d'Afrique hinlänglich Gelegenheit hatte, sich an französischer Gloire zu berauschen. So Adolf Stöber:

Muttersprache deutschen Klanges,
O, wie hängt mein Sinn an dir!
Des Gebetes und Gesanges,
Heilge Laute gabst du mir.
Sollt ich deine Fülle missen,
O, mich kränkte der Verlust,
Wie ein Kind, das man gerissen
Von der warmen Mutterbrust.

Mehr als einmal kehrt daher auch ein Gedanke wieder, den Professor Reuß am schönsten ausspricht: „Auf beiden Rheinufern wohnt für uns nur Ein Volk, Schlachten und Welthändel können es zersplittern und durch Zollhäuser und Schlagbäume trennen, aber die Herzen scheiden sich nicht." So grüßen sich bei Ehrenfried Stöber der Schwarzwald und die Vogesen als freundliche Nachbarn: eine Stelle, die wir schon oben S. 387 anführten. So halten bei August Stöber das Straßburger Münster und der Freiburger Dom nächtliche Zwiesprach und „tauschen die Klagen des Heimwehs um die längstvergangne Welt" und der Rhein, der dazwischen fließt, sagt den Anwohnern: „Ihr müsset Brüder sein." So erhebt sich endlich Hirtz zu noch bestimmteren Wünschen und zu kühnen Phantasien, deren nahe Verwirklichung er sich wol nie träumen ließ. Eines Sonntags am frühen Morgen steht er oben in der Münsterkrone und blickt hinaus auf Baden und den Schwarzwald, auf das Elsaß und das ganze Rheinthal:

    Nicht Grenzen sollten scheiden
      Dies biedre Volk, dies Land;
    Bei Gott, 's wär zu beneiden,
      Umschläng's Ein festes Band!
    Verwächst zu Einem Stamme
      Dies Volk einst und dies Thal:
    Glüht eine Freudenflamme
      Auf Erwins Ehrenmal!

Leider hat alle Sympathie den Elsässern so wenig geholfen wie uns. Unter was für Flammenzeichen die Deutschen in Straßburg einzogen, davon wollen wir nicht reden. Aber auch das natürliche innere Verhältnis zur Muttercultur war zerstört, es war unterbrochen seit der Revolution.

Goethes Anfänge sahen wir noch in Straßburg fruchtbar, wir erinnern uns Leopold Wagners und des Dichters Ramond. Aber die Zeit von Goethes reifstem Schaffen, die Zeit des Zusammenwirkens mit Schiller, kurz unsere eigentliche classische Litteraturepoche ging am Elsaß ziemlich spurlos vorüber: in den Jahren der schönsten Blüte selbst waren seine besten Geister mit der Revolution vollauf beschäftigt, und später ließ sich nichts mehr nachholen. Die entschiedenste poetische Einwirkung hat wohl Peter Hebel ausgeübt, dessen „alemannische Gedichte" zum Theil in einem elsässischen Taschenbuche erschienen und dessen Schriften ihren Weg selbst in die Hütte des elsässischen Bauern fanden.

Die elsässische Mundart bildet — abgesehen von ihren nördlichen, fränkischen Verwandtschaftsbeziehungen — einen Theil der alemannischen. Und solche Verhältnisse verrücken sich selten: unsere Angabe gilt für das neunte Jahrhundert, wie für das dreizehnte, für das sechszehnte wie für das neunzehnte. In der großen Poesie der Stauferzeit gab es eine hochdeutsche Gemeinsprache, in Gottfrieds von Straßburg unsterblichem Epos durfte die Mundart nur leise anklingen. Aber schon die zweite Hälfte des dreizehnten Jahrhunderts löste die Bande einer gemeinsamen Cultur, die Stadtchronisten des folgenden Säculums, die Friedrich Closener und Königshofen, bedienten sich ungescheut des ihnen geläufigen Straßburger Jargons, der auch bei Sebastian Brant noch ohne Milderung erklang. Aber bald darnach und vollends mit der Reformation, mit der Ausbreitung von Luthers Bibelübersetzung schleifen sich die localen Eigenthümlichkeiten wieder mehr und mehr, wenn auch langsam und selbst bei Fischart noch nicht gänzlich ab. Bei Moscherosch ist der Prozeß im Allgemeinen fertig und der Dialekt verschwindet aus der Litteratur. Aber die classische Epoche, welche die Einheit der Cultur am entschiedensten vollzog, hat doch zugleich decentralisirt und das eigenthümliche Leben der Mundarten emancipirt. Sie waren meist keine Schönheiten, diese ländlichen Musen, welche plötzlich in den Salons auftreten sollten. Und auch das echte „Stroßburjerisch" mit seinen tiefen oo für aa (Haar ist Hoor, Schlafmütze ist Schloofkapp, Abend heißt Owe), mit seinen vielen aaue für agen (klagen wird zu klaaue, Kragen lautet Kraaue, der Schwartenmagen ist ein Schwaardemaaue), mit seinen seltsamen Conjunctiven (statt ich schriebe, hieße, verriethe — sagt man: schriebdidi, hießdidi, verrodidi) macht keine Ausnahme von der Regel. Aber was an äußerer Schönheit fehlte, konnten häusliche Tugenden ersetzen, das reiche Gemüth, die Anmuth und Unschuld der Empfindung, der schmeichelnde Ton der Vertraulichkeit und alle die verborgenen Reize, die jeder an den heimatlichen Lauten besser fühlt als er sie schildern kann.

Die Krone der mundartlichen Poesie im Elsaß ist Arnolds Pfingstmontag (1816), ein Lustspiel, das bekanntlich Goethe seines höchsten Lobes würdig hielt.

Der Mediziner Reinhold aus Bremen, der in Straßburg demnächst promoviren soll, liebt Lieschen Starkhans. Der Theologe Wolfgang Mehlbrüh liebt Klärchen Prechter. Aber ein alter Geck, der Licenciat Mehlbrüh, den wir unseren Lesern schon zu Eingang des Kapitels vorstellten, sucht Lieschen für sich zu gewinnen; das muntere kecke Christinchen macht einen Anschlag auf Reinhold; um Klärchen Prechter wirbt Herr Gläßler von Colmar; und die Familien Starkhans und Mehlbrüh, die Eltern von Lieschen und Wolfgang haben diese beiden für einander bestimmt. Alle diese Verwickelungen lösen sich natürlich dahin, daß die jungen Leute ihren Willen durchsetzen, daß Reinhold sein Lieschen, daß Wolfgang sein Klärchen bekommt. Gläßler nimmt Christinchen und Licenciat Mehlbrüh stattet sie aus. Der Pfingstmontag vereinigt drei glückliche Paare und viele seelenvergnügte Menschen.

Das Stück ist ein wahres Muster des treuesten Sittengemäldes, welches die innigste Heimatliebe sorgsam schaffen kann. Aber als Drama dürfte es vor schärferer Kritik kaum bestehen. Auf die Charakteristik der Personen und Zustände fällt alles Gewicht. Die Handlung rückt nicht aus der Stelle. Sie ist zum Theil auf unwahrscheinliche Voraussetzungen gebaut, und die wichtigsten Vor- und Entwickelungen sind oft hinter die Scene verlegt, wir empfangen schon das fertige Resultat. Die Personen theilen sich zum Besten des Zuschauers manchmal persönliche Angelegenheiten mit, über die sie unter einander längst im reinen sein müssen. Und die Gelegenheit, um Straßburger Localsitte und Localsprache recht vollständig vorzuführen, um die Namen der Kinderspiele, um die Namen der Weine, der Speisen und Küchenbedürfnisse, der Spaziergänge und Gesellschaftsspiele, welche in Straßburg beliebt waren und sind, dem Publicum bekannt zu machen oder vielmehr durch die bekannten ein damit schon vertrautes Publicum zu ergötzen, — diese Gelegenheit wird mehrfach mit unverkennbarer und deshalb störender Absichtlichkeit herbeigeführt. Goethe nennt das epische Ausbreitung — nun wol, aber auch das Epos dürfte sich nicht so ausbreiten. Selbst die großen Ansammlungen von Stoff, welche sich der humoristische Roman gestattet, können alle Formen sprengen. Aber merkwürdig ist es, wie das Streben Fischarts, Volkscharakteristik in künstlerischem Rahmen zu liefern, hier im Drama wiederkehrt.

Geringere Ansprüche macht Ehrenfried Stöbers „Daniel oder der Straßburger" (1823).

Diese kleine Comödie ist beinah rührend in ihrer Einfachheit und Genügsamkeit. Ein reicher liefländischer Baron, der in Straßburg studirt hat, sich dort verliebte und verlobte und nun, nach fünfjähriger Abwesenheit, nachdem alle seine Briefe verloren gegangen, zurückkehrt, um seine schon verzweifelnde Braut zu holen; der grundehrliche Straßburger Kellner Daniel, der Bruder dieser Braut und der Held des Lustspiels, der eine alte frömmelnde Heuchlerin als Diebin entlarvt und für seine Ehrlichkeit so glänzend belohnt wird, daß er sein schwäbisches Schätzle heirathen kann — wahrlich, keine Erfindungen von hoher Originalität oder von irgend welcher Prätension, aber mit solcher Liebe behandelt, mit einem solchen Schatz von Heimatsgefühl ausgestattet, so durch und durch deutsch in dieser äußeren Armuth bei dem inneren Gemüthsreichthum, daß man sich nicht enthalten kann, all die rechtschaffenen Leute, bis zu dem dummen ungeschickten Aufwäter Hans-Dännel herab, all dies gemüthliche, zufriedene, bei bescheidenen materiellen Genüssen selige Philisterthum, innig ins Herz zu schließen. Mit dem wärmsten ausschweifendsten Entzücken wird vom Elsaß, von seinem Reichthum, von seiner Schönheit, von allen seinen Vorzügen gesprochen. Und stets ragt das Münster über dem Ganzen: „Wie sollte ich denn leben können, wenn ich meinen Münsterknopf nicht mehr sähe", sagt Daniel, der Kernstraßburger, als ihm sein künftiger Schwager den Vorschlag macht, liefländischer Gutsherr zu werden.

Mit dem Pfingstmontag, mit dem Daniel ist das elsässische Drama des neunzehnten Jahrhunderts ziemlich erschöpft. Das Straßburger Theater hatte nur für französische Vorstellungen Raum. Ein junger Dramatiker, Schneegans, der in den allerletzten Jahren auftauchte und sich an Stoffen wie Tristan, Maria Stuart, Johann von Leiden nicht ohne Glück, aber allzusehr befangen in dem Jagen nach bloßem Theatereffect versuchte, mußte sich nach Deutschland wenden, um seine Stücke auf der Bühne zu sehen. Ein französisches Drama von Erckmann = Chatrian „l'Alsace en 1814," das man in Straßburg aufführte, wurde schon bei der zweiten Vorstellung unterdrückt.

Auch Novelle und Roman sind nur spärlich vertreten. Wir nennen Alexander Weills „Sittengemälde aus dem elsässischen Volksleben", deren Verfasser in französischer Sprache ebenfalls Dorfgeschichten und ein Stück Selbstbiographie, außerdem aber philosophische Romane, Verse, Erziehungsschriften, eine historische Studie über Schiller und viele publicistische Arbeiten geliefert hat. Wir nennen die „elsässischen Lebensbilder" und den „alten Eli", historische Novellen und Volkserzählungen, auf die wir zurückkommen. Und wir erinnern an die bekannten Romane der Herren Emil Erckmann und Alexander Chatrian, welche unter der Firma Erckmann-Chatrian, aber nur französisch schreiben: zwar stammen sie aus dem lothringischen Pfalzburg, doch sind auch ihre Schriften vielfach elsässische Lebensbilder, hart an der Grenze läßt sich zwischen elsässischem und lothringischem Wesen nicht scheiden, die Vogesenthäler zwischen Pfalzburg und Zabern sind der beliebte Schauplatz, die sagenberühmte Burg Niedeck spielt eine Rolle und elsässische Specialitäten, wie die heilige Ottilie, wie der Chronist Bernhard Hertzog, befruchten die Phantasie der beiden Autoren. Zu dem Elemente des Kleinstädtischen und der Dorfgeschichte gesellt sich das im Elsaß so beliebte Soldatische. Und das Friedensbedürfnis des erwerbenden Bürgers im Gegensatze zu den Forderungen der militärischen Gloire fügt einen weiteren charakteristischen Zug dem Bilde ihrer vielgelesenen und auch in Deutschland gern bewunderten Erzählungen hinzu.

Die deutsche Poesie des Elsasses hat ihre Hauptkraft auf die kleinste Gattung, auf die Lyrik, auf Ballade und Lied, geworfen.

Wir erinnern uns Pfeffels, wir haben Eulogius Schneider kennen gelernt; seinen oft sentimentalen Gedichten merkt man den Blutmenschen nicht an. Wir gesellen ihnen zunächst August Lamey (1772—1861) bei, der als noch nicht zwanzigjähriger junger Mensch in seinen „Gedichten eines Franken am Rheinstrom" (1791) die Revolution besang, dessen „dekadische Lieder" in den elsässischen Tempeln der Vernunft angestimmt wurden, dessen dramatische Scenen nach wälscher Classicität strebten, der aber später nach dem Muster Uhlands heimatliche Sagen in Romanzen und Balladen umgoß. Niklas Beckers Rheinlied erwiderte er durch eine „Streithymne", worin er den seltsamen Vorschlag machte, die Deutschen und die Franken sollten sich erst tüchtig hauen und dann die Hand sich reichen „zum Bund auf lange Zeit."

Der etwas jüngere Ehrenfried Stöber (1779—1835) dessen „Daniel" wir besprachen, war durch sein alsatisches Taschenbuch, seine Monatsschrift Alsa, seine poetische und publicistische Thätigkeit, so lange er lebte, ein Eckstein deutschen Wesens im Elsaß. Und auf seine Söhne August (geb. 1808) und Adolf (geb. 1810) hat er Art und Gesinnung und poetisches Talent vererbt.

Auch Ehrenfried Stöber brachte schon als zwölfjähriger Knabe der großen Revolution seine Huldigung dar: in einem kleinen Drama läßt er einen alten Schweizer nach Frankreich ziehen, ins Land der jungen Freiheit, um die neue Sonne zu begrüßen. Während der Restauration und bald wieder nach 1830 steht er in der Opposition und kämpft gegen Despotismus und Fanatismus.

Eulogius Schneider hat ihn zuerst zur Dichtung angeregt. Späterhin nennt er Pfeffel, Voß, Jakobi, Haug und Hebel als seine Verbilder: Goethe und Schiller, man sieht es, fehlen. Dem entspricht auch ungefähr sein Gesichtskreis. In den Balladen überwiegen die heimatlichen Stoffe und eine ziemlich allgemeine ausgeblaßte Romantik mit düsteren oder rührenden Stimmungen. Sonst finden wir nur die Alltagsempfindungen, die jeder bei ruhigstem bürgerlichen Leben hat. Er freut sich über Frau und Kinder, er bewundert die schöne Natur auf seinen Spaziergängen, ihn erheben die großen Ideen und all der reißende Fortschritt, von welchem die Zeitungen erzählen. Am wärmsten wird er immer, wo es die Heimath gilt:

> Das Rheinthal ist unser Vaterland,
> Das Elsaß drin sein Diamant.

Und am originellsten muthen uns noch seine mundartlichen Gedichte an.

Dasselbe ungefähr, was wir von Ehrenfried Stöber bemerkten, können wir seinen Söhnen, können wir den Friedrich Otte (Georg Zetter), Theodor Klein, Gustav Mühl, Carl Canditus, Christian Hackenschmidt und wie sie alle heißen, nachsagen. Der formvollendetste dürfte Adolf Stöber sein. Hervorragende Individualität finden wir in keinem. Das locale Interesse überwiegt, es ist landschaftliche Poesie, die alte Sage ergibt den fruchtbarsten Stoff: zu August Stöbers „Elsässischem Sagenbuche" haben fast alle die genannten beigetragen. Und im allgemeinen gilt: je volksthümlicher, desto origineller. Darum ist uns fast der Drechslermeister Daniel Hirtz (geb. 1804) unter seinen Brüdern in Apoll der liebste: ein einfacher gläubiger Mann von seltener Bescheidenheit —

> Er singet, ob ihm gleich die Leier
> Und kühner Dichterschwung gebricht —

er nimmt uns mit auf die Wanderschaft, er eröffnet uns sein Herz, er führt uns in sein Haus ein und in das Handwerk, das er sich erwählt, die Religion und die öffentlichen Angelegenheiten des Vaterlandes beschäftigen ihn so gut wie die Familienfeste seiner Freunde und die kleinen Ereignisse der Provinzialstadt: aber sein Bestes gibt er, wo er in der Mundart heimische Scenen, Anekdoten, Sittenbilder aus unmittelbarer Beobachtung in scharfen Umrissen zeichnet. In ihm scheinen die alten Meistersinger, die bis an die Revolution heran ein kümmerliches Dasein in Straßburg fristeten, wieder aufzuleben. Andererseits scheint Friedrich Weyermüller, Krämer zu Niederbronn (geb. 1810), die Richtung Michael Meckerts fortzuzusetzen, indem er den Geist des altlutherischen Kirchenliedes erneuert, den populären Ton anstrebt und in der That mit seinen Dichtungen ins Volk dringt.

Glänzendere Erfolge hatten die Elsäser in der **bildenden Kunst** aufzuweisen. Hier brauchten „diese guten Provinzbewohner" keine Muttersprache zu verleugnen, um sich durch mühsame Vorstudien den Weg zu Pariser Triumphen zu bahnen. Die plastische und malerische Phantasie ist an nationale Schranken nicht so streng gebunden wie die poetische. Die Zahl der elsässischen Künstler erscheint sehr groß und besonders in den letzten Jahren gewaltig angewachsen: 1853 zählte man acht, 1857 zwanzig, 1865 fünfundvierzig elsässische Aussteller in Paris, seitdem regelmäßig zwischen dreißig und vierzig, die meisten Maler, nur etwa ein Zehntel Bildhauer und Architekten.

Der Kunstsinn der Provinz hat dabei kein Verdienst, denn er ist — das einzige Mühlhausen abgerechnet — gleich Null. Der Straßburger Kunstverein zählt wenig Mitglieder. Die moderne Privatarchitektur des Elsasses erregt das Entsetzen kunstgebildeter Beschauer. Die Plastik erhält keine öffentlichen Aufträge: wenn der ältere Landolin Ohnmacht (1760—1830) noch vielfach in Straßburg offiziell beschäftigt wurde, so haben die Neueren, die Bartholdi, Friederich, Graß (drei Künstler sehr ungleich an Geist und Begabung), nur aus ihrem eigenen Patriotismus die Aufforderung geschöpft und nur darin ihren Lohn gefunden für die Statuen der Martin Schön, Pfeffel, Jacob Sturm u. A., welche sie den betreffenden Städten zum Geschenk machten. Die elsässischen Maler haben nur selten in ihrer engeren Heimath Beschäftigung, nur selten elsässische Käufer gefunden.

Natürlich strömte Alles nach Paris und zersplitterte sich dort unter die verschiedenen modischen Richtungen. Eine elsässische Malerschule mit gemeinsamen Charakter gibt es nicht. Die akademisch correct behandelten antiken Stoffe eines Ehrmann und Ulmann neben den bewegteren farbenglänzenden Darstellungen Leopold Levys und den sinnlich lüsternen Nachtseiten J. J. Henners; die humoristische Phantastik Gustav Dorés neben den eleganten Familienbildern August Steinheils, neben den elsässischen Dorfscenen Gustav Briens, Karl Marchals, Felix Haffners, Theophil Schulers, neben den tyrolischen und badischen Bauernstücken Gustav Jundts; endlich die vielseitige Gewandtheit Louis Schützenbergers, der an fast allen diesen Richtungen theilnimmt — es ist eine bunte Masse, aus der sich wiederum nur das Heimathliche des elsässischen Genrebildes in wirklich bedeutender Eigenthümlichkeit hervorhebt. „Das Elsaß — bemerkt der Geschichtschreiber der modernen französischen Malerei — hat sich in seinem bäuerlichen Leben einen gemüthlichen Zug bewahrt, der an deutsche Art und Weise erinnert und den Maler anregt, in dieses schlichte Dasein eine tiefere Innigkeit und Seele zu legen, in der besonderen Erscheinung des Stammes zugleich allgemein menschliches Leid und Glück energischer zum Ausdruck zu bringen."

Denselben Zug auf das Locale treffen wir auch in den Wissenschaften, nur daß selbstverständlich Theologie, Philosophie und Naturforschung einen höheren Flug nehmen müssen. Aber die Wissenschaft Jacob Grimms z. B., die deutsche Philologie, die Wissenschaft von deutschem Alterthum und deutscher Nationalität, welcher Schilter, Scherz und Oberlin einst so kräftig verarbeiteten, ist sie denn im Elsaß noch weiter gepflegt worden, seit sie in Deutschland ihren großen Aufschwung nahm? August Stöber, G. Stoffel, u. A. haben Sagen, Märchen, Kinderlieder, Volksaberglauben, Sprichwörter gesammelt; Strobel machte sich um Sebastian Brant verdient; Bergmann, Spach, Schuré popularisirten für die Franzosen deutsche Forschungen. Aber die eigene Arbeit beschränkt sich auf die Volkspoesie der Landschaft, die elsässische Litteraturgeschichte überläßt man größtentheils dem Fleiße der rechtsrheinischen Brüder, sprachliche Untersuchungen werden nicht angestellt, Ausgaben kaum versucht, selbst die Grammatik und das Wörterbuch der heimatlichen Mundart nicht gründlich und systematisch bearbeitet.

Ebenso wenig hat die classische Philologie nennenswerthe

Leistungen aufzuweisen. Die Geschichte ist fast nur Localhistorie, Geschichte des Elsasses, seiner Gaue, seiner Städte, seines Adels, seiner Berühmtheiten: Friese, Graf, Strobel, Heinrich Engelhardt, Lehr, Spach und manche Andere wären zu erwähnen. Der ehrliche alte Straßburgische Schullehrer Johannes Friese und der Archivar Ludwig Spach können als die äußersten Gegensätze der inneren Entwickelung gelten: jener in seiner schlichten, treuherzigen Erzählungsweise noch ein Deutscher; dieser in Sprache, Stil und Behandlungsweise überwiegend französisch, farbenreich, geschmackvoll, unterhaltend, schriftstellerisch geschult durch Versuche im Sittenroman und Culturbild, in lyrischen und dramatischen Gedichten (l'Empereur Sigismond à Strasbourg, historische Oper), übrigens ein hochgebildeter Mann voll innigen Antheils an deutschem Wesen, der auch den deutschen Ausdruck in Vers und Prosa mit Gewandtheit handhabt, und in mancher Hinsicht wol als der geistige Mittelpunct des heutigen Straßburg betrachtet werden darf.

Nicht minder drehen sich Archäologie und Kunstgeschichte um die Erzeugnisse der Provinz. Ihnen sind die Arbeiten von Moriz Engelhardt, Golbéry und Gottfried Schweighäuser, von Ludwig Schneegans, Gérard, Straub, von Ring, Müntz u. A. gewidmet, die trotz der großen Thätigkeit, welche auf diesem Gebiete — namentlich durch die Société pour la conservation des monuments historiques d'Alsace — entwickelt wurde, in Bezug auf exacte Forschung größtentheils noch viel zu wünschen übrig lassen.

Am meisten erkennen wir den Geist der deutschen Wissenschaft in der Theologie: nicht in den Heiligenforschungen und Reformationshistorien des Convertiten Vicomte Théodore Renouard de Bussierre, auch nicht in dem vielbändigen Werk über „die Convertiten seit der Reformation" von dem Straßburger Bischof Dr. Andreas Räß, noch weniger in der beschränkten und leidenschaftlichen ultramontanen Revue catholique; wohl aber in den Schriften der protestantischen Theologen in und außerhalb des Straßburger Seminars. Auch hier hat eine Unterbrechung des Contacts mit Deutsch-

land stattgefunden, die schon aus älterer Zeit datirt. Aber die jetzt
wirkende Generation stellte die Verbindung her, und Eduard Reuß,
Karl Schmidt, Röhrich, Baum sind Namen vom besten Klange in
der deutschen Gelehrtenrepublik: mildbenkende Männer, in deren Gesinnung die besten Straßburger Traditionen wiederkehren und deren
wissenschaftliche Thätigkeit sich geschichtlichen Studien zuwandte.
Prof. Reuß behandelte das Neue Testament, vielfach abweichend von
den kritischen Resultaten der Tübinger Schule. Prof. Karl Schmidt
ist einer der ersten Kenner des mittelalterlichen Sectenwesens, hat
sich um die Erforschung der Mystiker die allergrößten Verdienste
erworben und mit seinen Biographien Melanchthons, Peter Martyrs,
Johannes Sturms auch unsere Kenntnis des sechszehnten Jahrhunderts wesentlich bereichert. Der verstorbene Pfarrer Röhrich hat
seinen Landsleuten die beste Spezialgeschichte der Reformation geschenkt, welche überhaupt existirt; seine „Geschichte der Reformation
im Elsaß" ist ein wahrhaft musterhaftes Werk, das Professor Baum,
der Biograph des französischen Reformators Beza, durch sein Leben
Capitos und Butzers in ausgezeichneter Weise ergänzt.

Die durch Edmond Scherer angeführte freie Richtung des französischen Protestantismus sammelt sich seit 1850 um die von Colani
zu Straßburg gegründete Revue de théologie, während andererseits
die Straßburger Tractatgesellschaft durch ihre Schriften christliche
Frömmigkeit in die tieferen Schichten des Volkes zu verbreiten sucht.
Zu diesen „Straßburger Tractaten" gehören die „elsässischen Lebensbilder" einer ungenannten Verfasserin, welche in der Form anmuthiger
kleiner, besonders durch liebliche Kindergestalten belebter Novellen
das Andenken der Reformationszeit, Speners u. A. erneuern. Weniger ist der Dichterin ihr „alter Eli" gelungen, eine Erzählung
aus dem Volksleben, worin der liebe Gott die Frömmigkeit doch
gar zu prompt in klingender Münze bezahlt.

Wenden wir uns von der Theologie zur Philosophie, so
stoßen wir auf die unvermeidliche Lücke. Wie in der Poesie die Einwirkung Goethes, so fehlt hier der Zusammenhang mit Kant.

An der Arbeit der Aufklärungsphilosophie nahm das Elsaß noch in ehrenvollster Weise Theil. Heinrich Lambert von Mülhausen (1728—1777), der sich aus tiefster Armuth bis zum Gelehrten und zum Mitgliede der Berliner Akademie emporrang, war einer der geachtetsten und originellsten Philosophen vor Kant. Moses Mendelssohn begrüßte sein „Neues Organon" (1764) als eines der vortrefflichsten Werke, welche das Jahrhundert hervorgebracht. Er lasse darin alle seine Vorgänger hinter sich und lege auf einigen Gebieten keinen Schritt zurück ohne Entdeckungen zu machen. Ja Kant selbst erklärte ihn für einen Mann von entschiedener Scharfsinnigkeit und Allgemeinheit der Einsichten, und macht ihm 1765 das Compliment: er halte ihn für das erste Genie in Deutschland, welches fähig sei, in derjenigen Art von Untersuchungen, die ihn (Kant) auch vornemlich beschäftigen, eine wichtige und dauerhafte Verbesserung zu leisten. Aber gerade die durch Kants reife Werke hervorgebrachte Revolution, die drei Kritiken und die ganze Bewegung, welche sich daran schloß, glitten an Lamberts Heimat vollständig ab.

Erst als seit den zwanziger Jahren der Einfluß deutschen Geistes auf den französischen immer entschiedener zu Tage trat und die Franzosen immer tiefer von der Ueberzeugung durchdrungen wurden, daß sie vor allem hinter die Geheimnisse der deutschen Philosophie zu gelangen suchen müßten: da kamen ihnen einige Elsässer zu Hilfe. Joseph Willm schrieb die betreffenden Artikel in der Encyclopédie des gens du monde, welche eine Straßburger Buchhandlung nach dem Muster des Brockhaus'ichen Conversationslexikons 1833 bis 1845 herausgab. Joseph Willm verfaßte außerdem eine Geschichte der deutschen Philosophie von Kant bis Hegel, Ott ein kürzeres Buch ähnlichen Inhalts, Christian Bartholmeß eine Geschichte der Berliner Akademie und verschiedene philosophische Schriften. Sofern eigene Ansichten zu Tage kommen, fehlt die deutsche Kühnheit, die deutsche Entschlossenheit, der deutsche rücksichtslose Wahrheitssinn. Man will Glauben und Wissen versöhnen, man fragt, ob die Moral nicht Schaden leide, man sucht zu vermitteln, man bemüht sich abzuschwächen und zu mildern: kurz man ist ängstlich und befangen.

Wenn es feststeht, daß seit mehr als hundert Jahren die deutsche Geisteswissenschaft den Andern das Banner verträgt, so verhält es sich nicht ebenso mit der Naturforschung. Engländer, Franzosen, Deutsche konnten sich gegenseitig mittheilen, bald war dieser voran, bald jener, wer heute gab, mußte morgen vielleicht empfangen: eine Rangordnung war kaum möglich und der Austausch längst organisirt: es hatte keine so entscheidenden Folgen, ob man sich durch Geburt und Erziehung auf den einen oder anderen Culturkreis angewiesen fand.

Darum scheint es uns auch weniger wichtig, die Bethätigung der Elsässer innerhalb der französischen Naturforschung genauer festzustellen. Nur auf einen Umstand wollen wir hinweisen, da unsere westlichen Nachbarn gern die Chemie als eine ihnen besonders zugehörige Wissenschaft in Anspruch nehmen. Zwei der bedeutendsten französischen Chemiker, Karl Friedrich Gerhardt (1816—1856) und Adolf Wurtz (geb. 1817), stammen aus Straßburg. Beide sind Schüler von Liebig und beide haben durch Uebersetzungen zwischen deutscher und französischer Wissenschaft vermittelt.

Aber lassen wir die Naturwissenschaften bei Seite und sehen wir zu, ob unsere Betrachtungen nicht eine **allgemeinere Folgerung** gestatten.

Was hat das elsässische Geistesleben, das nach tausendjähriger Gemeinsamkeit sich doch nicht gänzlich aus dem alten Verbande reißen ließ, was hat das elsässische Geistesleben während dieser letzten sechszig Jahre, der Jahre eines unerhörten Aufschwungs und niegesehenen Fortschritts, was hat es uns Deutschen geleistet?

Mit Ausnahme der protestantischen Theologie ist das elsässische Geistesleben local, heimatlich, landschaftlich geblieben. Es hat damit Interessen ausschließlich verfolgt, welche die deutsche Wissenschaft und Poesie nie vernachläßigt, in denen sie aber auch nie auf-

30

geht. Und die Art, wie diese Interessen gepflegt wurden, steht nicht auf der Höhe der modernen Forschung, sie läßt es an Kritik, an Umsicht, an Tiefe, an Genauigkeit, kurz an strenger Wissenschaftlichkeit fehlen. Trotz einer großen geistigen Regsamkeit, welche in den übrigen Provinzen Frankreichs nirgends ihres gleichen hat, konnte das Elsaß mit der Entwickelung des deutschen Mutterlandes entfernt nicht Schritt halten.

Dies also wäre die Heimat Otfrieds von Weißenburg und Gottfrieds von Straßburg, dies das Vaterland Taulers, Königshofens, Brants, Wimphelings, Murners, Butzers, Fischarts, Moscherosch', Speners, Oberlins? Dies wäre das Land, in welchem Meister Eckard, Erwin von Steinbach, Geiler, Johannes Sturm, Brülow, Spangenberg, Schilter, Schöpflin wirkten? Das ist daraus geworden? Nein, es scheint klar, hier war Sonne und Luft nicht günstig, das Klima war seit der Revolution zerstört, worin die Elsässer gedeihen konnten.

Aber übertreiben wir nicht. Hüten wir uns vor Einseitigkeit. Untersuchen wir, ob nicht vielleicht Anderen zu Gute kam, was uns entging. Müssen wir nicht das französische Geistesleben näher betrachten, um auf die Spuren elsässischer Größe zu stoßen?

Wir haben doch auch diese Frage schon überall beantwortet. Wir haben auf verschiedenen Gebieten beobachtet, wie . die Elsässer den Franzosen deutsche Geistesschätze zuführten. In Straßburg sind die St. René-Taillandier, die Génien u. A. mit deutschem Wesen vertraut geworden. Der Elsässer Theodor Braun übersetzte Schillers Tragödien. Zweimal vereinigten sich Elsässer ausdrücklich zu einer Revue germanique, einmal 1829 bis 1837, das andere Mal zur Zeit des zweiten Kaiserreichs, beidemal unter dem fühlbaren Impulse mächtiger Culturströmungen. Aber haben an solcher Thätigkeit bedeutende Erfolge gehangen? Hat die Vereinigung der getrennten Elemente ein neues drittes ergeben? Hat die Transfiguration auch die Sache gefördert? War der unzweifelhafte relative Werth dieser Vermittelungen für die französische Bildung auch ein absoluter für die menschliche? Oder — haben wir es mit einer bloßen Uebertragung zu thun, welche den Franzosen das Deutschlernen ersparte, ohne daß die Dinge selbst etwas gewannen?

Wir fürchten das letztere. Und wir glauben, daß die Elsässer ihre schönsten Leistungen für Frankreich einzig und allein dem alten deutschen Mutterlande verdankten. Denn außerhalb des Geschäftes der Vermittelung, wo finden wir die Elsässer? Entdecken wir einen einzigen tonangebenden Elsässer unter allen den geistigen Koryphäen der Restauration und des Julikönigthums?

Man wird vergeblich suchen. Das Elsaß, la France allemande, wie sie es nannten, erschien den Franzosen (nach L. Spachs Ausdruck) als eine Art von Böotien, begraben unter den Nebeln des Rheins. Erst unter dem zweiten Kaiserreich errangen die Romandichter Erckmann-Chatrian, der Danteübersetzer und Kritiker Louis Ratisbonne, der Philosoph und Publicist Charles Dollfus, die Maler Brion, Haffner, Jundt durchschlagende Erfolge. Elsässische Litteratur, elsässische Kunst machte sich mit Ehren geltend. Aber in beiden war wieder das Heimatlich-Locale der entscheidende Factor. Und beide stehen in Einer Reihe mit ähnlichen Erscheinungen anderer Provinzen. Die Bretagne, die Provence thaten sich in ihrer Eigenthümlichkeit nicht weniger hervor, als das Elsaß. Das zweite Kaiserreich, das Paris mittelst der Departements, die Städte mittelst der Bauern beherrschte, hat litterarisch und künstlerisch die Localgeister entfesselt und die lange in unberührter Originalität verborgenen Sonderexistenzen an die Oeffentlichkeit gezogen. Mithin: erst als diese Entfesselung überhaupt geschah, erst als die provinzielle Eigenart überhaupt in ihre Rechte trat, zeigt sich auch das Elsaß lebhafter betheiligt.

Und im allgemeinen dürfen wir nun behaupten: Das geistige Leben des Elsasses steht unter zweierlei Impulsen, unter dem provinziellen und dem deutschen. Dem Nationalfranzösischen gehört zwar schließlich das äußere Kostüm der Bildung, aber seine innere Macht offenbart sich nicht in Schöpfungen, sondern nur in Hemmungen. Tröstliche Auskunft für die Zukunft, für die deutsche Zukunft des wiedergewonnenen Landes! Wo die meiste provinzielle Originalität steckt, da steckt die meiste Opposition gegen das Franzosenthum. Die Mütter, die ihre Kinder mit „Schlof, Kindele, schlof" einwiegen; die alten Weiberchen, die den wilden Jäger, das wilde Heer, das Nachtkalb in den Lüften schnaufen hören; die Bauern, in deren Bergen Riesen be raben liegen in deren Sennhütten zur Winterszeit die Zwerge einziehen; die deutschpredigenden Pastoren in den Landgemeinden und nicht zuletzt die treuen protestantischen Vertreter theologischer Wissenschaft, die sich in Frankreich so isolirt fühlen mußten — sie alle, alle sind unsere Verbündeten, gleichviel ob sie wollen oder nicht, sie stehen unter der Herrschaft geistiger Mächte, die sie früher oder später nothwendig in unsere Arme treiben müssen. —

Als im Jahre 1836 der Hegelianer Eduard Gans das Elsaß besuchte, da fand er das Wirkliche vernünftig und erklärte mit unfehlbarer Miene gegenüber den verwegenen Deutschthümlern der Freiheitskriege: „Solche Rückeinverleibungsversuche gehören zu den politischen Unmöglichkeiten." Unterdessen wurden wir nicht müde zu singen: „O Straßburg, o Straßburg, du wunderschöne Stadt" und „Zu Straßburg auf der Schanz da ging mein Trauern an". Und wie viele sangen es mit dem Accente der Wehmuth und Sehnsucht. Aber die Lieder waren ursprünglich ganz anders gemeint und die Soldaten, welche sie etwa um 1700 erfanden, hatten eher einen Fluch auf den Lippen als einen Segenswunsch für die alte deutsche Reichsstadt. Straßburg war die nächste französische Festung an der Grenze. Dahin entläuft der deutsche Taugenichts seinen Eltern, um sich anwerben zu lassen. Vergebens kommt die Mutter und fleht: „Ach Hauptmann! lieber Hauptmann! Gebt mir den Sohn heraus."
Und wenn ihr mir gebet
Selbst noch so vieles Geld,
Muß doch dein Sohn jetzt sterben
In weiter breiter Welt.

Oder der deutsche Soldat steht auf dem Straßburger Wall und hört das Alphorn drüben anstimmen, ins Vaterland muß er hinüberschwimmen, da fischen sie ihn im Strome auf.

Das Elsaß selbst ist solch ein verlorener Sohn und hat den fremden Uniformrock angezogen. Aber gewiß! Auch für ihn wird bald das Alphorn klingen und ihm sein altes Vaterland, das ihn verlassen, das er verlassen, wieder in Herz und Seele schmeicheln.

Vierundzwanzigstes Kapitel.

Gegenwart und Zukunft.

Gleich nach dem ersten Pariser Frieden sprach Görres in seiner Zeitung ein sehr merkwürdiges, seitdem oftmals wiederholtes Wort über das Elsaß und seine Bewohner aus. Indem er betrübt der feindseligen und undeutschen Stimmung gedenkt, welche sich in den Freiheitskriegen in unverkennbarster Weise in der alten deutschen Westmark äußerte, fügt er mit tiefem Verständnis politischer Gegenwart und Zukunft den Leser beschwichtigend das folgende hinzu: „Soviel ergiebt sich aus allem, daß diese Provinzen uns sehr entfremdet sind, und so wie gegenwärtig die Umstände bei uns liegen, wären wir keineswegs in Fassung gewesen, diesen Geist zu bezwingen und auszurotten. Daß sie uns angehören, ist allem Volke klar, und somit sind sie ein Gegenstand künftigen Streites geworden, sie werden uns auch einmal zu Theil werden, wenn wir erst dazu gekommen, uns von innen also auszuklären, daß wir ohne Gefahr die fremdartige Masse in uns aufnehmen können."

In einer langen Reihe historischer und politischer Schriften wiederholt sich bis auf unsere Tage herab diese zur Zeit der Pariser Friedensschlüsse aufgekommene Grundanschauung über das Verhältnis von Deutschland zu dem entrissenen Bruderstamme genau so, wie sie sich in den angeführten Sätzen ausspricht. „Was vorangehn müßte

— so urtheilte noch in allerjüngster Zeit einer der sorgfältigsten Geschichtschreiber des zweiten Pariser Friedens — was vorangehn müßte, damit Deutschland seine verlorenen schönen Grenzlande nicht allein wiedergewinnen, sondern auch mit Sicherheit an sich fesseln könne, sagt sich wol Jeder selbst." So setzte sich in Deutschland die Ueberzeugung immer mehr fest, daß der zweite Pariser Friedensschluß ein schweres Unrecht für Deutschland bedeutete, eine Kränkung der nationalen Ehre, des nationalen Verdienstes. Beide Nationen aber, sowol die Franzosen, wie die Deutschen sahen durch ein volles halbes Jahrhundert die Grenzbestimmungen des Jahres 1815 für unhaltbar, unsicher und bedrohlich an. Was sich in Frankreich in lautem Geschrei nach der Rheingrenze lärmend, öffentlich prahlerisch erhob, das lebte in Deutschland als eine drückende Empfindung erlittenen Unrechts still, tief und in geduldig wartender Brust. Der Abscheu vor den Verträgen von 1815 war hüben und drüben eine bewegende nationale Kraft.

Die Franzosen erfreuten sich des Vortheils faktischen Besitzes der deutschen Länder, aber sie hatten endlose Schwierigkeiten in der Bekämpfung des fremden Elements. Den heilig gehaltenen Hoffnungen der Deutschen dagegen kamen die deutschen Laute des alten Bruderstammes, die Aeußerungen seiner soeben geschilderten Litteratur, die Erinnerungen einer glorreichen Vergangenheit immer ermunternd und auffordernd entgegen. Aber ihnen fehlte, was in jenen alten und neuen Worten immer als die Voraussetzung galt: sie besaßen alles das, was die Franzosen vollauf hatten, um den Raub zu assimiliren, nicht entfernt, sie besaßen keine Einheit, keinen Kaiser und Reich, keine Macht der Nation.

Es war wie ein Wettlauf beider Völker; es erhob sich die Frage, ob die Franzosen mit der Assimilirung und Französirung des Elsaß, ob die Deutschen mit der gesuchten Einheit früher zu Ende kommen würden. Daß aber die unvergänglichen deutschen Reichsideen gleichsam einen natürlichen Zusammenhang mit der elsässisch-lothringischen Frage in dem Bewußtsein der Deutschen hatten, konnte man im Sommer des größten Jahres deutscher Geschichte erkennen, als mit überwältigender historischer Logik der nächste Gedanke der eben erreichten großen nationalen Einheit die Wiedergewinnung des Elsaß, wie die notwendige Consequenz der einigen, einheitlichen deutschen Heerfahrt, plötzlich, zauberhaft auf allen Lippen schwebte.

Ein dritter Pariser Friede ohne Herbeibringung des Elsaß war eine Unmöglichkeit. So sicher die deutsche Einheit für immer verloren war, wenn Preußens König besiegt wurde, so gewis kehrte kein deutscher Kaiser von Paris ohne das schöne Unterpfand der nationalen Auferstehung zurück.

Als vor fünfzig Jahren die Garnisonen der Alliirten aus den französischen Grenzfestungen abzogen, welche man mehr zum Schutze der Bourbonen, als zur Sicherung der Verträge drei Jahre lang zurückgelassen hatte, waren im Elsaß die Besorgnisse der Deutsch-Franzosen über die Trennung von der „großen Nation" längst geschwunden. Alle Regierungen aber, welche Frankreich in fünfzig Jahren sah, zogen aus den Unterhandlungen beim zweiten Pariser Frieden die Lehre, daß man das Land durch festere nationale Bande an den Staat knüpfen müsse. Die Restauration tilgte die Spuren der Revolution in Frankreich mit fanatischer Gründlichkeit, aber was die französischen Jakobiner gegen das Deutschthum beabsichtigten, war der Zweck aller Regierungen des 19. Jahrhunderts, nur daß sie denselben jedesmal mit andern Mitteln erreichen wollten.

Indessen vermochte die Restauration keinen großen Einfluß auf die Dinge im Elsaß auszuüben, denn es fehlte hier an legitimistischen Sympathien. Der Kampf, welchen Ultraroyalisten und Ultramontane gegen den Liberalismus und die Aufklärung namentlich in Religion und Schulsachen begannen, machte sich besonders im Elsaß geltend, wo es mehr Schulen gab, als im übrigen Frankreich. Die Vorliebe der bourbonischen Regierung für Jesuiten und Schulbrüder oder Ignorantiner war der rationalistischen Denkungsart des alten deutschen Stammes geradezu entgegengesetzt. Dazu kam das Notjahr 1817, in welchem der Preis des Hectolitres Weizen im Elsaß auf 100 Frs. stieg. Die Besuche bourbonischer Fürsten in Straßburg, erst des Herzogs von Berry, dann des Grafen von Artois, erst als Prinz, dann als König, hatten wenig Veränderung in der Stimmung des Landes hervorgebracht. Was in diesen Jahren der Restauration zum Wole des Landes geleistet wurde, ging lediglich von dem Volke selbst aus, war der inneren Tüchtigkeit der Bewohner zu danken.

Als ein leuchtendes Beispiel solcher gesegneter Thätigkeit glänzte schon vor der Napoleonischen Zeit ein merkwürdiger philantropischer Geist, auf welchen die Elsässer mit Recht stolz sein konnten, weil sich in ihm die allgemeinen humanitären Ideen des vorigen Jahrhunderts mit der durchaus praktischen und auf bestimmte Ziele gerichteten Denkungsart verbanden, welche charakteristisch ist für den alemannischen Stamm. Das war der Pastor Oberlin, Bruder jenes epochemachenden deutschen Sprachgelehrten, von dem wir früher sprachen (S. 384).

In den entlegensten Theilen der Vogesen findet sich das Steinthal, eine wüste Gegend mit acht Dörfern, deren Bewohner während einer langen Zeit verschiedener grundherrschaftlicher Misverwaltung bis zum tiefsten Elend menschlichen Daseins herabgesunken waren. Dieselben waren größtentheils evangelisch, und schon früher hatte ein ehrenwerther Mann, Pastor Stuber, auf die trostlose Lage der abgeschiedenen Gegend aufmerksam gemacht. Allein die französische Regierung ließ sich die keinen Steuerertrag versprechenden Gebirgsdörfer nicht im mindesten angelegen sein und so war alles auf die Schultern von Pastor Stubers Nachfolger, Oberlin, geladen. Was dieser in sechszig Jahren rastloser Thätigkeit hier geleistet, wurde allgemein bewundert. Er wußte Geld zu beschaffen, um Straßen zu bauen, er wußte neue Erwerbszweige zu eröffnen, Hilfsvereine zu stiften, Schulen und Bibliotheken zu gründen, und vor allem die Baumwollspinnerei in diesen Gegenden einheimisch zu machen. Erst im Jahre 1818 ist die französische Regierung auf Oberlin aufmerksam geworden, und belohnte seine durch ein Menschenalter geübte Thätigkeit durch die gewöhnlichen Auszeichnungen. Wahre Hilfe und Unterstützung aber vermochte Oberlin nur unter den Deutschen des Elsaß, nur in der „Provinz" zu erhalten. Wer heute das Steinthal besucht und erstaunt ist, was der thätige Mensch einer unwirthlichen Natur abgerungen, kommt leicht in die Versuchung der französischen Verwaltung des Elsaß ein Verdienst zuzuschreiben, welches ihr jedoch nicht zukommt, sondern durchaus elsässischer Selbsthilfe zu danken war. Erst im Jahre 1826 starb der 86jährige seltene Mann noch immer in Thätigkeit, ein wahrer Apostel des Fortschritts der Menschen, durchaus auf eigene Kraft gestellt, jenen alten Franken vergleichbar, welche einst aus diesen rheinischen Gegenden in die bairischen Gebirge gezogen sind, mit dem Kreuz in der Hand die neue Cultur zu verbreiten.

Auch im Oberelsaß finden wir eine ähnliche auf Selbstthätigkeit der wackeren Bevölkerung beruhende Entwickelung der wirthschaftlichen Verhältnisse. Auch hier erhob sich gegen Ende des vorigen und im Anfange unseres Jahrhunderts ein neues Leben auf dem Gebiete der Industrie, auf welchem die sozialen Prinzipien unserer Zeit früher und besser zur Anwendung gebracht wurden als irgendwo anders. Mit Recht darf das Elsaß auf seine musterhaften Arbeitereinrichtungen stolz sein, welche sich in Mülhausen auf durchaus praktischem Wege, bevor die Theorie Fragen dieser Art zu behandeln begann, entwickelten. Es wäre aber ein Irrthum, wenn man dem Einflusse Frankreichs diese Erfolge beimessen wollte. Die Mülhäuser Fabriksgeschichte reicht in die Zeit hinauf, wo die Stadt noch nicht mit dem französischen Staate vereinigt war; bereits im Jahre 1746 wurde die erste Baumwollenfabrik von Jakob Smalzer, Samuel Köchlin und Johann Heinrich Dollfuß errichtet und damit dem Lande ein neuer wichtiger Industrie- und Erwerbszweig gesichert.

Gleich anfangs machte sich eine beachtenswerthe Sorgfalt für das Wol der Arbeiter in der neuen Schöpfung geltend, und war geeignet, fleißige Hände aus der Ferne herbeizuziehen. Die meisten Arbeitskräfte kamen aus der deutschen Schweiz herüber und die besonderen politischen Verhältnisse der kleinen Republik Mülhausen, als einer von Frankreich durchaus eingeschlossenen schweizerischen Enclave, legten es den Fabrikherrn nahe genug, tüchtige Arbeiter durch entsprechende Veranstaltungen, vor allem durch größere Sicherung der Existenz, auf die Dauer an sich zu ziehen und zu fesseln. Es entstand ein Grundstock von Arbeitern, welche gleichsam in untrennbarer Verbindung mit der Fabrik standen, und ihre Ansprüche und Beziehungen von Eltern auf Kinder vererbten. Aus der bis dahin vorzugsweise mit Ackerbau beschäftigten Landbevölkerung, und innerhalb des nicht sehr stark bevölkerten Stadtgebiets ließ sich das Arbeiterbedürfnis der geistvollen und unternehmenden Fabrikherrn nicht befriedigen. Es bildete sich um die industrielle Schöpfung eine in sich abgeschlossene Arbeiterrepublik.

Das war die historische Basis der Mülhäuser heute zur höchsten Blüte gelangten Associationen. Diese Grundlage war vor der französischen Annexion gewonnen, sie entfaltete sich in größerem Maßstabe, als das Handelsgebiet für Mülhausen durch die Napoleonische Herrschaft so unendlich wuchs. In der Restaurationszeit folgte ein natürlicher Rückschlag, aber die Baumwollenspinnerei hatte bereits eine so gewaltige Ausdehnung genommen, das Beispiel von Köchlin und Dollfuß so anregend gewirkt, daß nach kurzer Pause ein neuer Aufschwung folgte und im Jahre 1826 die große industrielle Gesellschaft gegründet wurde, welche durch Vereinigung gewaltiger Capitalien nicht bloß eine Vermehrung der Production herbeiführte, sondern auch alle die Institutionen ins Leben rief, die seither die Aufmerksamkeit der wirtschaftlichen Welt in so hohem Grade erregten.

Zwar ging man nicht sogleich an die Beseitigung der schlimmsten Uebel, welche die rasch angewachsene Arbeiterbevölkerung drückten. Noch wußte man gegen die überwältigende Zunahme derselben nicht die rechten Mittel zu finden, durch welche das Loos der Massen zu verbessern war. Als die französische Akademie im Jahre 1835 eine allgemeine Untersuchung über die Lage der Arbeiter in Frankreich anstellte, fand M. Villermé dieselben in Mülhausen meist noch in ihren alten weit von den Fabriken entfernten schlechten Wohnungen untergebracht, die Familien traurig verwahrlost, das Schicksal der Kinder höchst beklagenswerth. Aber es bedurfte nicht erst der äußern Anregung, um die Mitglieder der Sozietät zu bestimmen, daß sie sich die Verbesserung des Looses der arbeitenden Klasse ernstlich angelegen sein ließen. Es lag in den Traditionen Mülhausens, daß die Fabrikherrn, genau wie ihre Väter im vorigen Jahrhundert, zu neuen Schöpfungen im Sinne einer fortgeschrittenen Zeit bereit waren.

Heute verweisen alle jene, welche die Besserung sozialer Verhältnisse nicht von der Aufstellung bloßer Träumereien erwarten, auf die elsässischen und Mülhäuser Institutionen. Die wahrhaft wissenschaftliche Theorie geht in diesem Falle hinter den Erfahrungen einer geschichtlichen Entwickelung einher, welche das Oberelsaß wie kein anderes Gebiet auf dem europäischen Continent auszeichnet. Mit der Folgerichtigkeit des praktischen Lebens sind hier unter stets liberaler Befriedigung neu auftauchender Bedürfnisse, Sparkassen, Pensions- und Versicherungsvereine, Krankenanstalten, Arbeiterhäuser, Schulen und Bibliotheken gegründet worden. Genaue Gliederung der Arbeit, bestimmte Leistungen der Sozietät in außerordentlichen Fällen des Misgeschickes der Arbeiter und die tiefgewurzelte moralische Ueberzeugung, daß ein gemeinsames Band die Interessen von Arbeitern und Arbeitgebern umschlinge, alle diese Erscheinungen eines fortgeschrittenen Fabrikslebens haben für das herrliche Land unverwüstliche Quellen des Wohlstandes geschaffen. Man berechnete im Jahre 1865 den Werth des im Elsaß von den Spinnfabriken verbrauchten Rohprodukts auf etwa 100 und den Fabrikationswerth auf 175 Millionen Francs. Diese große industrielle Thätigkeit vertheilt sich jedoch auf die verschiedenen Theile des Landes höchst ungleich. Der Colmarer Bezirk übertrifft heute alle übrigen, sowol an Zahl großer Etablissements, als auch an Productionskraft. Es leben in diesem allerdings sehr ausgedehnten Arrondissement 25,569

Arbeiter, um tausend mehr, als im Mülhäuser Bezirk. Die Bevölkerungszahl stellt sich hier auf 164, dort auf 216 tausend Einwohner. Auffallend ist aber, daß auch der durchschnittliche Tagelohn für den Arbeiter in Colmar höher ist, als in Mülhausen, hier 2,08 dort 2,50 Francs. Eine deutlichere Vorstellung von den Verhältnissen der Arbeiter in Mülhausen erhält man durch die Beachtung ihrer regelmäßigen Bedürfnisse. Man berechnete nämlich, daß der einzelne Mann in den Arbeiteranstalten in Mülhausen seinen täglichen Bedarf mit 75 Cent. decken kann, hierbei berechnete man im Jahre 1860 für Dejeuner 10, für Diner 30, Souper 25 und ¼ Litre Wein 10 Cent. Das Diner, welches die Arbeiterküchen um diesen Preis liefern, ist reichlich und besteht aus Suppe, Brot, Fleisch, Gemüse. Nicht geringer ist die industrielle Thätigkeit im Bezirke von Belfort, wo 24,000 Arbeiter unter einer Gesammtbevölkerung von 135,300 Menschen leben. Der Arbeitslohn stellt sich aber in diesem Bezirke erheblich geringer, als in Colmar und beträgt durchschnittlich für den Mann nur 1,95 Fr.

Unbedeutend sind die industriellen Verhältnisse in den Bezirken von Zabern, Weißenburg und Schlettstadt. Die Zahl der Fabriken und der Fabriksarbeiter ist in allen dreien noch nicht halb so groß wie in Mülhausen allein. Dagegen zeigt der Straßburger Bezirk deutlich genug die alte Neigung für industrielle Thätigkeit, welche in der Geschichte der Stadt gut genug begründet wäre. Es bieten sich aber hier eigenthümliche Schwierigkeiten dar. Man zählt im Arrondissement von Straßburg 154 Werkstätten, aber nicht mehr als 3000 Arbeiter. Trotz dieser geringen Zahl ist kein Mangel an Arbeitskräften da, denn der Arbeitslohn ist hier niedriger, als in Colmar und in Mülhausen. So hat sich das Bild des Elsaß, wie wir es aus den früheren Jahrhunderten kennen, gänzlich verändert. Das alte Straßburg ist nicht mehr die Capitale der elsässischen Production, die oberen Gegenden, welche ehedem geringeren Gewerbereichthum besaßen, überflügeln die niederelsässischen Städte. Haupthindernis der zeitgemäßen Entwickelung von Straßburg ist sein enger, mittelalterlicher Festungsgürtel. Die französische Regierung hat das industriereiche Paris zu der gewaltigsten Festung von Europa gemacht, aber das alte Straßburg hat sie unverändert gelassen, und so in doppelter Hinsicht an der Capitale des Elsaß gesündigt. Denn sie hat ihrer Grenzfestung weder die militärische Sicherheit der modernen Kriegskunst, noch auch der alten Gewerbsstadt die Möglichkeit industrieller Entwickelung gegeben.

In einigen wichtigen Zweigen der Industrie ist Straßburg in unserm Jahrhundert gänzlich zurückgegangen, während es vor der Revolution darin Frankreich voraus war, ja dem französischen Kunstgewerbe mancherlei Wege zeigen konnte. Auf dem Gebiete der Fayence- und Porzellan-Manufactur hatte Straßburg schon in früheren Zeiten einen guten Ruf. Im Jahre 1709 etablirte sich ein gewisser H a n n o n g aus Mastrich in Straßburg und associirte sich nachher mit J o h a n n H e i n r i c h W a c k e n f e l d, einem Fayencier, dem es gelungen war, einige Geheimnisse der Meißener Porzellanfabrikation zu erfahren und in Straßburg nutzbar zu machen. Noch bis in die Zeit des Kaiserreichs erhielt sich hier dieser Zweig der Industrie lebendig, und hatte auf die Entstehung und Entwickelung der Fabriken von Sevres bedeutenden Einfluß genommen. In unserer Zeit aber ist unter anderen auch diese Straßburger Eigenthümlichkeit in der alles verschlingenden Centralisation Frankreichs untergegangen. Die kunstreichen Gewerbe der altdeutschen Reichsstadt wird man heute dort vergeblich aufsuchen. Der industrielle Stolz und Reichthum des elsässischen Landes liegt heute in der Baumwollenmanufactur, und hat, wie dieser Fabricationszweig überall zu thun pflegt, auch hier eine gewisse Art von Baumwollenpolitik hervorgetrieben, die gewis niemand unterschätzt, die aber manche Erscheinungen unserer Tage erklärlich macht. Vor allem kann man darnach begreiflich finden, daß Sorge und düstere Anschauungen bei der Verrückung der staatlichen Grenzen im Elsaß in erschreckendem Maße und in einem Deutschland feindlichen Sinne erwacht sind und sich wol heute auch noch nicht völlig beruhigt haben.

Wenn wir von der Zukunft des Landes, gestützt auf seine Vergangenheit, die hoffnungsreichsten Vorstellungen hegen, so sind wir nicht so unbescheiden, ein Urtheil darüber aussprechen zu wollen, wie sich der neue Markt der elsässischen Produktion zu dem alten verhalten wird. Vermutlich wird auch die tiefsinnigste wirthschaftliche Prophetie hierin keine sicheren Schlüsse machen können. Die Weltgeschichte wird zwar nicht so ausschließlich von der Baumwolle regiert, als man in vielen englischen und manchen continentalen Kreisen behaupten möchte, aber unzweifelhaft wird das neue deutsche Reich und Kaiserthum alle Anstrengungen machen, dem wiedergewonnenen Lande die Segnungen seines Fleißes und seiner Arbeit auf alle Weise zu erhalten. Was ließe sich besseres und einfacheres über diese hochaufgeworfene Frage der Zukunft sagen?

Wenn es aber auf dem Gebiete der materiellen Interessen nicht leicht sein mag, zu bestimmen, welche augenblicklichen Hemmungen, welche möglichen Veränderungen eintreten werden, so kann man glücklicherweise in allem, was geistige Cultur betrifft, desto sicherer die Rückkehr des elsässischen Landes zu der hohen Bedeutung erwarten, die es durch seine und in seiner Verbindung mit dem deutschen Mutterlande, wie wir wissen, immer gehabt hat.

Mittelpunkt des geistigen und gesellschaftlichen Lebens blieb auch in unserm Jahrhunderte Straßburg. Nicht nur Gelehrte und Künstler, wie sich gezeigt hat, schlugen hier vorzugsweise die Stätte ihrer Wirksamkeit auf, sondern auch durch eine Reihe von hervorragenden Männern in der Verwaltung behauptete Straßburg trotz mancher beengender Umstände den Prinzipat unter den Städten des Elsaß. Sowol in der Mairie, als auch in der Präfectur war die französische Regierung meistens bemüht bedeutenden Namen Rechnung zu tragen.

Zur Zeit der Restauration war Herr von Kentzinger, auf dessen Thätigkeit für neuere Geschichte des Elsaß wir früher hinweisen konnten, (oben S. 317) eine lange Reihe von Jahren hindurch Maire von Straßburg. Er war Katholik und wurde durch die

Julirevolution von seinem Posten verdrängt. Es folgte ihm ein Mann, dessen Namen im Elsaß mit den Ideen des liberalen Regimes verbunden ist und im vorzüglichsten Andenken in Straßburg steht.

Friedrich von Türckheim, der Sohn von Goethes Lili, wurde am 10. Dezember 1780 geboren. Er übernahm im Jahre 1806 die Leitung des väterlichen Banquiergeschäfts, nachdem er nicht ohne schwere innere Kämpfe seine Studien und Bücher verlassen, und einer wissenschaftlichen Laufbahn entsagte, zu der er Neigung und Talent gehabt hätte. Er schloß sich dem Präfecten Lezay-Marnesia freundschaftlich an, zu dem ihn mancherlei Berührungspunkte hinzogen und mit dem er die Vorliebe für Cultivirung des Landes theilte. Seine prachtvolle Besitzung Thumenau, wenige Stunden südlich von Straßburg, war auf beiden Seiten des Rheins in unwirthlichster Gegend entstanden. An den sandigen Flußufern erhoben sich Wälder und Gärten seiner eigenen Anlage. Seine politische Wirksamkeit begann er erst in seinem 44. Jahre. Er wurde in das erste von Karl X. berufene Parlament gewählt, und hielt sich zur strengsten Verfassungspartei. Von seiner Thätigkeit in der Kammer darf man als lehrreich für die ökonomischen Verhältnisse des Unter-Elsaß nicht unbeachtet lassen, daß er im Vereine mit dem späteren Finanzminister Humann gegen das Tabakmonopol auftrat, da es die Interessen seiner fleißigen Landsleute auf das entschiedenste schädigte. Seine Wahl und Ernennung zum Maire von Straßburg, welche das freudigste Aufsehen erregte, bestimmte ihn, sein Mandat als Deputirter niederzulegen, da er sich den Aufgaben der Stadt ausschließlich zu widmen wünschte. Nur die Generalversammlungen des Departements fanden in ihm einen thätigen Präsidenten, und erst im Jahre 1835, nachdem er das Bürgermeisteramt resignirt hatte, ließ er sich noch einmal in die Kammer wählen, wo aber die Partei, der er sich anschloß, bald das Ruder aus der Hand verlor. Er bemühte sich neben den landwirtschaftlichen Interessen auch für die der Protestanten im Elsaß, wie er denn Präsident des General-Consistoriums Augsburgischer Confession durch viele Jahre hindurch war. Allein auf beiden Gebieten vermochte man sowenig unter dem Julikönigthum, wie unter der Restauration besondere Rücksichten für die eigenthümlichen Verhältnisse des Grenzlandes gegenüber der mechanischen Centralisation des Reiches zu erringen. Türckheim starb nach langen Leiden erst im Jahre 1850 und hinterließ nur geringes Vermögen.

Es war und blieb der Schmerz der tüchtigsten elsässischen Männer, daß die wenigsten von ihnen in Frankreich zu der so sehr gewünschten Anerkennung zu kommen vermochten. In den hohen Staatsämtern war es fast niemals Elsässern gelungen, einflußreiche Stellungen zu erhalten. Man benutzte, wie versichert wird, in Paris zu allen Zeiten unzählige fleißige Hände aus dem Elsaß zum Dienste niederer Beamten, allein jede Gelegenheit, ihre Localkenntnisse in den höheren Aemtern der Verwaltung nutzbar zu machen, war ihnen fast immer entzogen. Die Folge davon war, daß die Elsässer sich häufig zurückgesetzt fanden und in vertraulichen Mittheilungen durch fünfzig Jahre hindurch ebenso bestimmt über die „Wälschen" zu klagen und zu seufzen hatten, als man heute laut und lärmend ihre rein französischen Sympathieen behauptet.

Von allen den Celebritäten des Elsaß, welche in der Wissenschaft oder im politischen Leben sich hervorthaten, ist ein Einziger im französischen Staat zu hoher Stellung gelangt: Johann Georg Humann Türckheims Parteigenosse in den Kammern von 1824. Im gleichen Jahre, wie Türckheim geboren, begann er schon früher als dieser sich ausschließlich der politischen Laufbahn zuzuwenden. Nach dem Tode Casimir Périers trat er in das Ministerium vom 11. October 1832 mit Marschall Soult an der Spitze, zugleich mit Guizot und Thiers, und übernahm das Portefeuille der Finanzen. Das Ministerium vertrat die liberalen Anschauungen, welche sich insbesondere in dem Gesetze vom Jahre 1833 Ausdruck verschafften, das die Zahl der Volksschulen erheblich vermehrte und die Gehalte der Lehrer verbesserte. Besonders die letztere Maßregel dankte man

31

dem Finanzminister, und wenn auch das Elsaß unter den Provinzen bei weitem die größte Zahl von Schulen schon besessen hatte, so war doch auch hier die Zunahme und der Besuch derselben seit dieser Zeit sehr erfreulich. Im Jahre 1837 kam indeß Humann mit seinen Collegen in ein Zerwürfnis, weil er bei dem Budget die Aeußerung gemacht hatte, daß Zeit und Umstände der Herabsetzung der Zinsen der Staatsschuld günstig seien. Seine Collegen, die von dieser wichtigen Maßregel nicht früher unterrichtet waren, bewirkten das Ausscheiden des Finanzministers aus dem Cabinet, welches aber nach wenigen Tagen der Mittelpartei ganz das Feld räumen mußte. Aber nun begann das Spiel der Intriguen, welches erst zum Ministerium Thiers und dann nach dessen unglücklicher Rheinpolitik zu der abermaligen Berufung Soults und Guizots führte, in welchem Cabinet Humann noch einmal das Portefeuille der Finanzen 1840 übernahm und dasselbe bis zu seinem Tode 1842 behielt.

Gewiß hatte das ausnahmsweise Glück dieses Straßburger Kindes vielen Antheil an der Vorliebe der Elsäffer für die Juliregierung. Der constitutionelle Sinn der elsässischen Bevölkerung hatte sich ja schon in den Tagen der Revolution bewährt, und wurde von den Jakobinern so arg mishandelt. Das Bürgerkönigthum mußte natürlich in einer Provinz, deren große Vergangenheit vorzugsweise bürgerlich genannt werden konnte, viele Sympathieen erwecken. Von der bodenlosen Intrigue und der beispiellosen Corruption, welche dieses unwahrste der zahlreichen französischen „Regimes" bezeichnete, von den Betrügereien bei Gelegenheit der Gesetze über die neuen Eisenbahnen, von der Käuflichkeit der Beamtenstellen, von dem hinter den Coulissen getriebenen Spiel des Hofes, von allen den bekannten Beigaben des parlamentarischen Lebens, wie es das Bürgerkönigthum verstand, schien man im Elsaß wenig zu wissen oder zu merken. Wie die Deutschen jenseits des Rheins damals mit Neid und Nachahmungssucht auf die Pariser Constitutionscomödie blickten, so fühlten sich die Elsäffer glücklich, daß sie dabei mitspielten. Damals bildete sich im Elsaß jene sich überhebende

Stimmung, welche jedem Straßburger Philister zu gestatten schien, über die Kläglichkeit der deutschen Nation zu spotten, bei welcher die parlamentarische Freiheit nicht recht gedeihen konnte, und höchstens als ein Ableitungsmittel gegen die nationalen und wahrhaft patriotischen Bestrebungen praktischer, besonders preußischer Staatsmänner in kleinstaatlichen Dosen verabreicht wurde.

Kaum jemand hatte damals den Mut die gefeierte französische Charte in ihrem wahren Lichte zu beleuchten und unfehlbar drohte jedem der öffentliche Meinungsvoranger, welcher diese Verfassung als das was sie war, als einen höchst traurigen englischen Wechselbalg angesehen hätte. In einer Zeit, wo man in Deutschland selbst die Erfüllung der nationalen Bedürfnisse immer und immer wieder von nichts als der blinden Nachahmung der bürgerköniglichen Verfassung erwartete, durfte man es den Elsässern freilich nicht zum Vorwurf machen, daß sie anfingen, sich als die „constitutionellen Franzosen" weit erhaben über den zurückgebliebenen alten Stammesbrüdern zu fühlen. In einer Epoche, wo der Weg nach Paris als die Pilgerfahrt hoher Politik galt, hatte man das Recht verwirkt, über Undeutschheit der Elsässer zu klagen. War es nicht natürlich, daß sich Straßburg als eine Etappen-Station der Freiheit betrachtete?

Daß trotz aller lauten Bewunderung, trotz aller constitutionellen Begeisterung für Frankreich doch mancher Widerspruch im Elsaß ungelöst blieb, und daß es an wahrhaft innerlicher Zufriedenheit gerade solchen Männern gebrach, welche an der Spitze der Geschäfte standen, beweist die Geschichte der Amtsführung Friedrich Schützenbergers. Er war der zweite Nachfolger Türckheims. Denn als dieser 1835 sein Amt niederlegte, folgte ihm zunächst ein Herr Lacombe nach, während dessen Verwaltung Schützenberger, einer der Adjuncte des Maires, bereits einen großen Einfluß gewann. Im Frühjahr 1837 wurde der letztere endlich selbst zum Maire seiner Vaterstadt erhoben. Nicht leicht wird aber die Biographie eines Mannes, dessen Thätigkeit anerkannt war, dessen Charakter in der höchsten Achtung seiner Mitbürger stand, dessen äußere Glücksumstände nichts zu wünschen übrig ließen, nach allen Seiten hin einen so entschiedenen Eindruck tiefer Unbefriedigung machen müssen, als die des Maires Schützenberger. Unter seinen Auspicien hat man die Publication einer historischen Quellensammlung für das alte deutsche Straßburg begonnen. Das Werk wurde bestens ausgestattet, und ist wie ein Abbild des innern Wesens dieser Straßburgischen Deutsch-Franzosen. Deutscher schwerwiegender Inhalt mit französischer Vorrede und leichten französischen Anmerkungen! Es ist als ob der Geist Friedrich Schützenbergers ein porträtartiges Denkmal hätte erhalten sollen. Aber auch die Schicksale des Buches bieten Vergleichungspunkte mit denen dieser elsässischen Männer. Denn in Frankreich hat man das schöne Werk der deutschen Stadt gar wenig gewürdigt, da sein reicher deutschgeschriebener Inhalt nicht verstanden werden konnte, und in Deutschland fanden die Gelehrten die Anmerkungen dazu nicht bloß in der Sprache, sondern auch in der Mache allzu französisch, und glaubten die alten ehrwürdigen Straßburger Schriftsteller weit besser herausgeben zu können.

In seiner Jugend hatte Schützenberger eine deutliche Vorstellung von der unglücklichen Lage eines gleichsam vaterlandslosen Sohnes des alten deutschen Landes. Sein unruhig hin- und hergeworfener Geist vermochte keine sichere Bahn zu gewinnen. Er gab sich einem gewissen idealen Republikanismus hin, und zeigte sich hierin deutlich genug als Abkömmling einer alten reichsbürgerlichen Familie. Er versuchte auch als deutscher Poet sein Glück und hoffte durch allgemeine philosophische und historische Studien sich einen gewissen geistigen Zusammenhang mit Deutschland wahren zu können. Zugleich machte er Reisen in Deutschland, ging hierauf in die Schweiz und kehrte in seine Vaterstadt zurück, um sich der juristischen Laufbahn zu widmen. Als Schützenberger Maire von Straßburg geworden war, traf er mancherlei philanthropische und soziale Einrichtungen zu Gunsten des Proletariats und später zur Verbesserung der Strafhäuser, aber er war in diesen Unternehmungen nicht sonderlich glücklich. Auch theoretisch beschäftigte ihn die soziale Frage und er trat als Schriftsteller mit einem umfangreichen Werke hervor, das sich aber auf dem in dieser Richtung überfüllten französischen Markte ebenfalls nicht zu der so sehr gewünschten Anerkennung durcharbeiten konnte.

In der Verwaltung war Schützenberger mit dem Präfecten Louis Sers in manche Differenzen gerathen, welcher der Nachfolger Choppins war, von dem noch zu sprechen sein wird. Aber Louis Sers (1837—1848) war unter allen Präfecten seit Lezay-Marnesia der einzig bedeutende Mann. Er hatte in Deutschland seine Bildung genossen und that vieles für Straßenbauten, für die aufkommende Dampfschifffahrt und Eisenbahnen.

Während der Verwaltung Sers gab es aber endlose Streitigkeiten über den Gebrauch des Chors in den Simultankirchen, und die Reibungen zwischen den beiden Confessionen war der Präfect kaum zu beschwichtigen im Stande, bis das Prinzip des Neubaues der Kirchen für jeden Cultus festgesetzt werden war. Indessen blieben doch confessionelle und Schulverhältnisse auch noch nachher eine stets unversiegbare Quelle des Mißverständnisses. Die allermeisten Maßregeln der französischen Regierung erregten auf diesen Gebieten Unzufriedenheit unter den elsässischen Protestanten und Lehrern, und mußten zu Mißstimmung Anlaß geben, weil jedes für ganz Frankreich berechnete Gesetz rücksichtslos gegen das Elsaß und dessen spezielle Bedürfnisse war. Denn es gab keine zweite Provinz, wo eine gleiche Zahl von Protestanten und eine gleiche Mischung von lutherischen, reformirten und katholischen Confessions-Verwandten sich gefunden hätte, und in keiner zweiten Provinz stießen die Schulordnungen auf einen nationalen Gegensatz, wie hier. In diesen Kreisen des Elsaß konnten daher deutsche Besucher stets reichliche Klagen über wälsche Unbilden vernehmen, und haben aus denselben häufig den Trost geschöpft, daß das alte deutsche Land noch nicht verloren sei. — Schon die Regierung Louis Philipps begann mit dem Versuche, das Französische zur herrschenden Sprache in Schule und Kirche zu machen. Während der populärste Kanzelredner der neuesten Zeit in

Straßburg, der Abbé Mühe, im Münster auf der Kanzel Geilers von Kaisersberg seine Predigten nicht anders als deutsch hielt, fand sonst unter den Katholiken der Sprachenzwang weit weniger energischen Widerspruch. Die protestantische Kirche dagegen fordert zu bestimmt einen genauen Unterricht in den Quellen des Glaubens, als daß es hier möglich gewesen wäre, weit vorwärts zu kommen. Die Bibel und ihre Lectüre blieben immer ein undurchdringliches Bollwerk gegen den Versuch der Ausrottung der deutschen Sprache.

Was die Verfassung der protestantischen Kirche des Elsaß anbelangt, so beruhte sie fortwährend auf der Grundlage, welche Napoleon I. geschaffen hatte (s. oben S. 438). In der reformirten Kirche war das Presbyterial- und Synodal-System beibehalten worden; die Verfassung der lutherischen Kirche bestand aus presbyterialen, episcopalen und consistorialen Elementen. Aber das Fundament, die presbyteriale Organisation der einzelnen Gemeinde mangelte in der lutherischen Kirche, während in der reformirten Kirche dem französischen Staate der Schlußstein des Gebäudes, die Nationalsynode, fehlte. Zur Zeit der Restauration war an eine Besserung der Gesetzgebung auf diesem Gebiete nicht zu denken. Erst nach der Julirevolution begann man durch zahlreiche Petitionen bei den Kammern und Ministerien eine Agitation zur Verbesserung der Zustände unter den Protestanten. Man klagte vor allem über die starke Abhängigkeit der Kirche vom Staate und von den Aufsichtsbehörden der Departements. Endlich fühlte sich die Regierung im Jahre 1840 gedrungen, Hand an die Beseitigung der Beschwerden zu legen. Der Cultusminister Teste bereitete eine Ordonnanz vor, durch welche die Gemeinden der lutherischen Confession in den Besitz von Presbyterialräthen kommen sollten; der Wirkungskreis der einander übergeordneten Behörden wurde bestimmt bezeichnet. Allein der Staatsrath amendirte den Entwurf so, daß die Abhängigkeit der Kirche vom Staate noch größer geworden wäre. Zu einer Behandlung des Gegenstandes als Staatsgesetz in den Kammern wollte man von Seite des Ministeriums nicht gerne schreiten. So blieb es fast ganz beim Alten.

Die Bewegung unter den Protestanten wuchs bis zum Jahre 1848, wo die evangelische Kirche in Frankreich stark in die revolutionären Bahnen hineingezogen wurde. Louis Napoleon octroyirte hierauf im Jahre 1852 ein neues Statut für die evangelischen Kirchen, welches den Gemeinden die Presbyterialräthe zugestand.

Sehr beunruhigend gestalteten sich unter der Herrschaft der Bourbonen die Verhältnisse der Confessionen untereinander. Die Charte von 1814 hatte zwar den Grundsatz der Religionsfreiheit ausgesprochen, aber man kennt die besondere Bestimmung, nach welcher in einem nächsten Artikel neben der Religionsfreiheit der Katholicismus doch zur Staatsreligion erklärt wurde. Bei der so sehr gemischten Bevölkerung des Elsaß konnte es an Conflicten nicht fehlen. Die Simultankirchen waren fortwährend ein Gegenstand des Streites. Die Katholiken behaupteten bei denselben den ausschließlichen Besitz des Chors in Anspruch nehmen zu können. Auch sonst gab es manchen Eigenthumsstreit. Ist es doch selbst möglich gewesen, gegen das protestantische Seminar in Straßburg wegen des Besitzes des Thomasstiftes einen langjährigen Prozeß anzustrengen.

Natürlich war in den verschiedenen Bezirken des Elsaß die Stellung der Confessionen zu einander nach der Zahl ihrer Bekenner ziemlich verschieden. Im Straßburger Arrondissement, wo sich 74,192 Lutheraner neben 4853 Reformirten und 151,171 Katholiken finden, konnte von einer Beschränkung des evangelischen Bekenntnisses nicht die Rede sein; ebenso günstig liegen die Verhältnisse im Weißenburger Bezirk, wo etwa 30,000 Protestanten gegen 51,000 Katholiken wohnen. Zunächst steht Colmar mit 35,000, Schlettstadt mit 15,000, Mülhausen mit 16,000 Protestanten, im letzteren Bezirke fast durchaus reformirte, in den erstern lutherische. Dagegen sinkt die Anzahl der Protestanten in Zabern auf 8000 gegen 47,000, in Belfort gar auf 3000 Protestanten gegen 129,000 Katholiken herab.*)

---

*) Die statistischen Angaben beruhen auf Daten vor 1865, aus welchem Jahre die benutzten Mittheilungen von Ristelhuber stammen.

Wenig Rückwirkung übt die confessionelle Mischung auf die Volksschule aus, denn diese ist fast durchaus confessionell, und wenigstens auf dem Papier sind für alle Bekenntnisse sehr zahlreiche Volksschulen vorhanden. Man zählt im ganzen Elsaß 1464 katholische und 422 protestantische Volksschulen. Sie vertheilen sich aber in auffallender Weise in die einzelnen Bezirke. So hat Mülhausen nur zwei, Belfort nur fünf protestantische Schulen. Dagegen weist Zabern für seine verhältnismäßig geringe Zahl von Protestanten genau ebensoviele Schulen für diese (133) wie für Katholiken auf. In Straßburg ist das Verhältnis 109 gegen 244.

Auch die Juden, welche im Elsaß bekanntlich sehr zahlreich wohnen, am zahlreichsten im Straßburger Bezirk (9444) und im Colmarer (6646), im ganzen 34,380, besitzen 55 selbständige israelitische Volksschulen.

Ist nun aber auch das Volksschulwesen, was die Zahl der Schulen, was den Besuch der Kinder, besonders während der Wintermonate betrifft, durchaus untadelhaft, so sind die Erfolge des Unterrichts desto kläglicher durch die Mißhandlung der Muttersprache und durch die gewaltsame Cultivirung des Französischen. Alle Zeit gieng mit dem fortwährend sich als höchst unfruchtbar erweisenden Versuche verloren, den Kindern soviel französisch beizubringen, als die Herren Inspektoren, welche von der Regierung mit Rücksicht darauf gewählt wurden, billiger oder unbilligerweise nur verlangen konnten. Dabei hatte man bekanntlich in den allerletzten Jahren als ein großes Resultat Dezennien langer Quälerei amtlich bezeichnet, daß ein Drittel der Kinder bereits zu kleinen Franzosen gestempelt worden wären. Die Resultate in den verschiedenen Schulen waren natürlich sehr verschieden. In den israelitischen ganz vorzüglich, in den katholischen im Niederelsaß besser als im Oberelsaß, in den protestantischen weit geringer, in den städtischen besser als in den ländlichen, in den Privatschulen vorzüglicher als in den öffentlichen.

Daß man seit einigen Jahren auch die Kinderbewahranstalten ja selbst die deutsche Erfindung der Fröbel'schen Kindergärten von der Regierung dazu mißbrauchte, um die aus den Familien nicht zu verbannende deutsche Sprache zu verdrängen, ist von Elsässern und Deutschlothringern am schwersten empfunden worden. Unter den Opponenten gegen die Verwälschung der Primärschule befand sich in den letzten Jahren selbst der Cantonalrath einer elsäsischen Mittelstadt, und katholische Geistliche begannen sich in diesem Punkte an ihre protestantischen Amtsbrüder anzuschließen. Nicht ungenannt dürfte an dieser Stelle der Name des Abbé Thomas von Metz bleiben, der im April 1869 eine unerschrockene Petition der Bewohner von Deutschlothringen an den Kaiser der Oeffentlichkeit übergab, und darin die demoralisirenden Wirkungen der Verwälschung der Volksschule hier, wie im Elsaß, mit gewaltigen Strichen malte. Punkt für Punkt widerlegte er die Gründe, welche die Schulbehörden für ihre Verordnungen anzuführen pflegten, unter denen die vom 29. März 1865 so rund als möglich erklärte: „Der Gebrauch der deutschen Sprache ist nur als ein vorübergehendes, wenn auch unvermeidliches Mittel zu dulden, zum Zwecke der Verständigung zwischen Lehrer und Schülern, in der ersten Zeit des Schulbesuches." Nicht etwa Ausschluß des französischen beim Volksschulunterrichte ist es, was die Opposition anzustreben wagte, sondern nur nach Gleichberechtigung der Sprachen giengen sich die kühnsten Wünsche.

Aus den angeführten statistischen Verhältnissen zeigt sich indessen, daß der Erfolg aller dieser französischen Verordnungen in der praktischen Wirklichkeit nicht allzu groß war, und noch ist daher keine Gefahr vorhanden, daß es zur moralischen Wiedereroberung des Elsaß zu spät sei. Das richtige Verhältniß des Unterrichts der deutschen und französischen Sprache wird sich in kurzer Zeit auf ganz natürliche und zwanglose Weise ergeben. Die pädagogischen und rein sachlichen Gesichtspunkte werden für eine deutsche Regierung immer die einzig maßgebenden sein. Kreuzzüge gegen die französische Sprache wären in dem doppelsprachigen Lande gewiß ebenso verkehrt, als die Frage unentschieden ist, ob sich in den höhern Classen der Volksschulen der Parallelismus des Unterrichts in einer fremden aber so verbreiteten

Sprache, wie das französische im Elsaß, nicht auch pädagogisch verwerthen lassen wird. Wenn nur das Selbstbestimmungsrecht der Gemeinden nicht allzu stark eingeengt wird, so wird sich das nothwendige und nützliche bald von dem unnatürlichen und erzwungenen auf dem Gebiete des Unterrichts abscheiden.

Das beste, was die Elsässer durch ihre Verbindung mit Deutschland wieder gewinnen, und was ihnen eine neue durch die Franzosen fast völlig erstickte Welt wiedereröffnen wird, knüpft unmittelbar an die große Epoche ihrer Culturgeschichte an, an das treffliche Schulwesen der Reformation, welches in den deutschen Gymnasien und Universitäten die natürliche Entwickelung erfahren, während es in den Lyceen, Seminarien und Fakultäten der Franzosen sich kaum auf jener Höhe zu erhalten vermochte, welche es zur Zeit Jakobs und Johannes Sturms einnahm.

Schon der Anzahl nach waren die Lyceen oder Gymnasien im Elsaß gänzlich ungenügend. In diesem dichtbevölkerten Lande fand sich nur eines in Straßburg und eines in Colmar. Da alle französischen Lyceen zugleich Pensionate nach militärischem Zuschnitt sind, und auch alle dieselben übeln Eigenschaften entwickeln, welche man in Cadettenhäusern bemerkt, so darf man sagen, daß jener allgemein verbreitete Geist höherer Bildung, den man in den früheren Epochen gerade im Elsaß gefunden hat, von den Franzosen in bösester Weise unterdrückt worden ist. Statt einer gründlichen classischen Bildung hatte man den meist von Franzosen geleiteten Anstalten des Elsaß recht eigentlich die Aufgabe gestellt, der Jugend die Berührungspunkte mit deutscher Wissenschaft abzuschneiden. Während man zuweilen in Frankreich den Anlauf nahm, die deutsche Sprache in den Lyceen zu cultiviren, ist im Elsaß, nach dem übereinstimmenden Urtheile von Sachkennern, gerade diesem Lehrgegenstande nicht einmal jene Aufmerksamkeit geschenkt worden, welche er unter den wirklichen Franzosen finden durfte. Im übrigen trat in den beiden Lyceen zu Straßburg und Colmar, wie in allen französischen Gymnasien möglichst frühzeitig die Theilung des Unterrichts nach mathematischen und philologischen Fachgruppen ein, wobei jedoch eine Erhöhung der Leistungen gegenüber den deutschen Gymnasien keineswegs erreicht wurde. Obwol die sogenannten Baccalaureats-Prüfungen eine äußerliche Aehnlichkeit mit dem deutschen Abiturientenexamen hatten, so blieben doch die Leistungen besonders in den alten Sprachen, wie man allseitig zugesteht, erheblich hinter denen deutscher Gymnasien zurück.

Noch weniger konnten die sogenannten Colléges, Reste der alten Lateinschulen, deren Einrichtungen, Classenbenennungen und Methoden noch vollständig an die Jesuitencollegien erinnern, den Forderungen des modernen Schulwesens genügen. Es gab sechs solcher Colléges am Niederrhein und fünf am Oberrhein. Mit mehreren derselben sind ebenfalls sogenannte Internate oder Pensionate verbunden, welche überhaupt sehr beliebt sind, und deren Beschränkung manche Swierigkeiten bieten würde.

Es fehlte auch an dem inneren organischen Zusammenhange zwischen Universität und Gymnasien. Die letzteren haben nicht die Aufgabe der bestimmten Vorbereitung für das Universitätsstudium, und das Universitätsstudium wird nicht ausschließlich durch den Gymnasialunterricht bedingt. So findet sich auch an der Straßburger Universität ein sehr gemischtes Publikum von jungen Leuten, welche den mannigfaltigsten Berufsstudien zusammenhangslos nachgeben. Bekanntlich hatte man außer Paris nur noch den Straßburgern die Ehre des Besitzes einer Universität gelassen. Aber diese Universität, von der französischen Revolution durch das Decret vom 15. August 1792 vernichtet, von Napoleon 1808 durchaus neu eingerichtet, ist nicht mehr als ein Name. Während im übrigen Frankreich die verschiedensten Provinzialhauptstädte einzelner Fakultätsstudien, die einen medizinischer, die andern juristischer sich zu erfreuen haben, besaß Straßburg alle vier, oder vielmehr, da es eine besondere naturwissenschaftliche Facultät gab, alle fünf Facultäten, aber obwol sie sich in einer Stadt neben einander befinden, war doch ihr Zusammenhang unter einander nicht größer, als zwischen den Fakultäten in Besançon und Dijon. Was die Deutschen eine Universität nennen, was noch Goethe in Straßburg zur Entwickelung seiner mannigfaltigsten Interessen und wissenschaftlichen Neigungen zu rühmen und zu benutzen wußte, fehlte durchaus. Der französische Mechanismus hatte Straßburg vollständig um den Ruhm einer wahren Universität gebracht.

Auch wird man nicht behaupten können, daß die Erfolge der Universitätsstudien in Straßburg in den letzten Dezennien sehr groß gewesen wären. Es ist uns leider das Budget der Straßburger Fakultäten nicht vollständig zu benutzen möglich gewesen; was darüber in letzter Zeit verlautete, klingt in der That schlimm, ja kaum glaublich. Eine philosophische Fakultät, für welche der Staat 29,550 Fr. aufwendete, eine naturwissenschaftliche — ohne alle Laboratorien — welche 28,000 Fr. an Gehältern und 2500 für sämmtlichen Unterricht in Anspruch nahm, konnten nicht mehr gut kläglicher bestellt sein, doch waren die Gehälter für Einzelne nicht schlechter, als an manchen kleinen Universitäten. Einzelne Fakultäten, wie die protestantisch-theologische, mit der das Seminar in Verbindung steht, besitzen stiftungsmäßiges Vermögen, welches aber die Bedürfnisse heutzutage nicht mehr deckt. Wenn diese Fakultät, wie sich bei der Darstellung der litterarisch-wissenschaftlichen Verhältnisse gezeigt hat, die einzige ist, welche ihren Zusammenhang mit der deutschen Wissenschaft aufrecht erhalten, so darf man erwarten, daß sie sich als eine Zierde der neuen deutschen Universität bald zu noch größerer Bedeutung erheben wird.

Wenn aber an die neue deutsche Regierung die Aufgabe herantritt, das wieder zu beleben, was die Franzosen im Gebiete deutscher Wissenschaft hier zerstörten, so wird es sich um so nöthiger erweisen, die elsässische Geistesrichtung in ihrer großen epochemachenden Periode zu würdigen. Der deutsche Geist, der in der Reformation gewaltet, der Geist der Toleranz, der freien Forschung, der individuellen Entwickelung, der Geist, welcher den Staat Friedrichs des Großen auf die Höhe der Zeit und an die Spitze des deutschen Volkes gebracht hat, der echte deutsche Geist wird allein vermögen die Wege zu finden, welche das Elsaß der Geschichte einst gewandelt, als die Reichs=städtische Bevölkerung ihren höchsten Stolz darin gesehen, mit allem großen zu wetteifern, was die Brüder über dem Rhein leisteten.

Nur der Uebergang kann schwierig, das Resultat keinen Augenblick zweifelhaft sein. Denn wenn auch die letzten zwei Jahrzehnte hindurch das zweite Kaiserreich mit fieberhafter Unruhe an der Entnationalisirung des Landes arbeitete, so ist es ihm doch nicht gelungen, das elsässische Volk mit allen ängstlich ausgespannten Segeln in den Hafen des rechten Franzosenthums zu führen, ehe noch die deutsche Nation zu ihrer Macht und Einheit gelangt war.

Das zweite Kaiserreich hat im Elsaß durchaus nicht die begeisterte Anhänglichkeit genossen, wie das erste. Die Zeiten hatten sich verändert, wie das Elsaß selbst. Der industrielle Theil des Landes war nicht mehr so ruhmsüchtig, wie die Zeitgenossen der Revolution von 1789. Die Unsicherheit und die Willkürlichkeiten der kaiserlichen Regierung hatten der Opposition viele Elemente aus dem Elsaß zugeführt, obwol diese ihren Ausdruck nicht in den von den Präfekten der beiden rheinischen Departements meist „glücklich" geleiteten Wahlen fanden.

Wer hätte in Straßburg im Jahre 1836 gedacht, daß der Mann, der sich diese Grenzstadt zum Schauplatz seines ersten politischen Auftretens in Frankreich auserkoren, dereinst der Urheber der Trennung, der ewigen Trennung des Elsasses von Frankreich werden sollte!

Es war Sonntag am 30. Oktober, als der junge Louis Napoleon am frühen Morgen in der Kaserne des vierten Artillerieregiments in einer phantastischen Uniform nach dem Zuschnitt der alten Kaisertracht erschien. Er war von dem Obersten Vaudrey begleitet, der ihn den Soldaten vorstellte. Sie erhoben ein gewaltiges Geschrei: es lebe der Kaiser, und erklärten sich für seine Sache. Während man den Commandanten der Garnison und den Präfecten Choppin d'Arnouville, welcher von all' den Vorbereitungen der Sache nichts gemerkt hatte, in ihren Wohnungen verhaftete, zog das Regiment durch die öden Straßen von Straßburg vor die Infanteriekaserne zu dem Zwecke, auch die Linie für die Emeute zu gewinnen. Unter den Verschwornen befand sich außer dem Obersten, der Rittmeister Parquin, der Unterofficier Persigny, einige Lieutenants, die Sängerin Gordon und noch etwa 15 bis 20 Personen, welche ihre sorgfältig einstudirten Rollen mit französischem Comödiantentalent spielten, trotzdem aber ihr Ziel gänzlich verfehlten. In der Infanteriekaserne fand der kaiserliche Prätendent unerwarteten Widerstand. Die Officiere der Linie ließen sich nicht einschüchtern, und hielten die Disciplin unter ihren Truppen mit Entschlossenheit aufrecht. Der Lieutenant Pleignier legte Hand an den Prinzen und verhaftete ihn. Es kam zu einer kurzen Schlägerei zwischen den Artilleristen und Infanteristen, worauf die ersteren in ihre Kaserne zurückkehrten.

Die Regierung behandelte die ganze Sache, wie den tollen Streich eines Abenteurers. Aber der Ausgang des Geschwornenprozesses, welcher im Februar in Straßburg gegen Vaudrey und seine Genossen angestrengt wurde, hätte doch zeigen können, daß der Bonapartismus in Frankreich nicht ganz unter die Todten zu werfen war. Die Regierung Louis Philipps ließ den Prinzen Napoleon sogleich nach seiner Gefangennahme nach Cherbourg und von da zwangsweise nach Amerika bringen. Dieser Umstand gab den Geschwornen, welche die Abwesenheit des Hauptschuldigen der Regierung zur Last legten, Gelegenheit, ein freisprechendes Urtheil zu fällen. Da wurden Vaudrey, Parquin und die Sängerin Gordon von den Straßburgern als die Helden des Tages gefeiert und in halb Frankreich machte man Sammlungen für sie. Das Verdict der Straßburger Geschwornen wurde als ein Salomonischer Richterspruch gepriesen und gefeiert. Den wiederauferstandenen Kaiser der Straßburger Comödie aber, den die Welt als Thoren belächelte, sollte Frankreich noch näher und besser kennen lernen.

Die Regierung Napoleons III. bildete die Ueberraschungen zu einem System der Politik aus. Das Straßburger Attentat war seine erste Ueberraschung, die er der Welt bereitete, und die Capitulation von Sedan die letzte, aber auch für viele politische und unpolitische Menschen in Europa die größte.

Der Mann, welcher in Frankreich und außerdem in den meisten Staaten Europas ein politisches Publicum zu finden, — man weiß nicht, soll man sagen — so glücklich oder unglücklich war, welches seine Neujahrsreden als Orakel betrachtete, seine Gesundheitsbulletins mit zitternder Neugierde las, und sich Monate lang über die Natur seiner geheimen Leiden unterhielt — hat sein System der Ueberraschungen mit Meisterschaft gehandhabt. Kein Wunder, daß die Elsäſſer sich gewöhnten, den großen deutschen Ruf, der einst beim Sturz des ersten Kaiſerthums ertönte, den Ruf nach Elſaß und Lothringen, wie eine Mythe zu behandeln, und von Deutschlands Auferstehung nicht einmal träumten. Was jenseits des Rheines seit fünfzig Jahren jede Brust erfüllte, blieb im Elsaß gänzlich ungefühlt und unbedacht. Die geschichtlichen Ereignisse und Wandelungen, welche seit 1848 im Innern Deutschlands sich vollzogen, gingen spurlos an den Elsäſſern vorüber.

Das politische Leben der deutschen Nation wurde im Auslande so ziemlich allgemein für gleichbedeutend mit dem angesehen, was die österreichische Präſidialmacht am deutschen Bunde als solche ausgab. Als der Imperator von seinen italienischen Siegen heimkehrte, freute man sich noch einmal im alten Elsaß über das Glück, der großen Nation anzugehören und in den Regimentern der großen Armee zu dienen, welche Europa Gesetze gab, und für die vielberufene Civilisation kämpfte. Der Krieg von 1859 war gerade auch für das Elsaß so glücklich verlaufen! Nicht einmal über Truppendurchmärſche, die unter dem Oheim am Rheine bei keinem Feldzug fehlten, hatte man sich zu beklagen. Ganz ohne jede Beunruhigung war das Grenzland, ohne Beispiel in der Geschichte, in diesem großen Kriege durch die weise Politik des Kaisers geblieben. Nur die zahlreichen österreichischen Gefangenen wurden nach dem Friedensschluß über Straßburg in die Heimat transportirt. Da sah man in der alten Grenzstadt die buntesten Nationen und Uniformen in endloser Zahl ein- und ausmarschieren, gedrückte herabgekommene Gestalten, denen oft das Hemd am Leibe mangelte. An der Straßburger Schiffbrücke vertheilte ein Officier zum Angedenken an die große Nation jedem Gefangenen ein blankes Goldstück, drüben über dem Rhein harrten mildthätige, süddeutsche Hilfsvereine mit Liebesgaben, um die armen, heimkehrenden und tief gebeugten Oesterreicher für das nothdürftigste zu unterstützen. Was sprach man da alles in Straßburg von der deutschen Misère, und wie klein und unglücklich dachte man sich die Nation da drüben über dem Rhein, zu der man doch einstens verwandtschaftliche Beziehungen gefühlt hatte.

Was hinderte den Neffen, so meinte man damals in Frankreich, mit Deutschland nun zu verfahren, wie der Oheim gethan, da die deutsche Hauptmacht geschlagen wäre? Daß man mit Deutschland in Wahrheit noch nicht entfernt die Kräfte gemessen, das wußte und ahnte man nicht, und in dieser Täuschung wurde der französische Uebermut groß gezogen, welcher dem jähen Falle vorherging.

Erst als die beispiellose Beleidigung des greisen Königs in allen deutschen Herzen vom „Fels zum Meer" nur Ein Gefühl nationaler Vertheidigung erweckte, als die unverschämte Herausforderung des Ministers der „parlamentarischen Aera" in der französischen Kammer über Nacht ein einiges Volk in Waffen sich gegenüber sah, da blitzte zum erstenmale seit fünfzig Jahren der Gedanke durch die französischen Gemüter, daß drüben über dem Rheine eine Männerstarke Nation zu finden sein möchte, welcher man Metz und Lothringen, Elsaß und Straßburg rauben konnte, weil sie gespalten und uneins, die aber furchtbar sein müßte, wenn sie brüderlich um ein großes Haupt sich sammelte.

Ob man sich im Elsaß in diesen Tagen an das erinnerte, was in Deutschland vor fünfzig Jahren als ein geistiges Vermächtnis der späteren Generation hinterlassen wurde, ob man wußte, daß wir noch immer von dem „verlornen Gut an den Vogesen" sprachen, wo es „deutsches Blut vom Höllenjoch zu lösen" galt? — In Straßburg scheint man keinen freieren Blick in die militärische Lage der Dinge bewahrt zu haben, als in dem Heere des Imperators, wo man die Landkarten von Preußen in die Tasche gesteckt hatte, aber den Compaß für Elsaß und Lothringen vergessen und verloren. Wären nicht auch unsere elsässischen Brüder so gut wie die Franzosen von gallischer Verblendung bethört gewesen, so hätte nicht die schöne Bibliothek von Straßburg ein Opfer des Krieges werden müssen. Und noch aus einem andern Umstande läßt sich erkennen, wie wenig ruhige Erwägung im Elsaß, wie unter den Franzosen vorhanden war. Denn einem uralten, man möchte sagen stammeseigenthümlichen, Zuge folgend flüchteten sich die Landleute von nah und fern hinter die Mauern des nie eroberten Straßburg, um dann die Noth der belagerten Stadt zu vermehren.

Es folgte der vierte und sechste August. Das weite elsässische Land lag zu den Füßen seiner unwillkommenen, ja verhaßten Befreier, dort wo vor dreihundertundachtzehn Jahren die französische Raubsucht ihren Anfang genommen, um Metz spielte man den gewaltigen dritten Act des großen Dramas, welches mit dem erschütternden Zusammenbruch eines ganzen Volkes schloß. Denn des Imperators Fall war nicht das Ende, wie er auch nicht der Held des Dramas war. Es ist ein überlieferungswürdiges Wort von Leopold Ranke, das er in den Tagen der größten Erbitterung beider Nationen sagte: Deutschland führte den Krieg nicht gegen Napoleon und nicht gegen das französische Volk, sondern gegen Ludwigs XIV. Geist.

Inzwischen wurde am 13. August die Einschließung von Straßburg begonnen. Die deutschen Geschosse trafen so furchtbar sicher ihr Ziel, und doch mußte der tapfere Commandant die französische Ehre wahren. Alle Stadien einer regelrechten Belagerung bis auf die letzte, von der Menschlichkeit gerne vermiedene Katastrophe sollte die unglückliche Stadt, die siebenhundertjährige jungfräuliche Festung, erdulden. Seit der Belagerung des Königs Philipp von Schwaben im Jahre 1199 hatte sie keine regelrechte, kunstgemäße Eroberung erlebt. Es war, als ob die Schande des französischen Ueberfalls wenigstens durch einen ehrenvollen Verlust von Frankreich gesühnt werden wollte.

In Straßburg selbst klagte man nicht über die französische Vertheidigung, man entrüstete sich über die deutsche Beschießung. Wenn sie die Kugelspuren auf dem Münster, die wolgetroffenen und kunstmäßig zusammengeschossenen öffentlichen Gebäude, wenn sie die Ruinen der Vorstadt betrachteten, dann hätten, so heißt es, die Bürger laut und entsetzt erklärt: Zwischen Deutschland und Straßburg lägen die Trümmer der Belagerung als ewige Scheidungswände jeder Versöhnung. Aber ist nicht auf dem Thurme des Münsters oben die französische Kanonenkugel von 1678 in steinerner Inschrift verewigt, ohne daß sie die zahlreichen Generationen verhinderte, die da unten im Wechsel des Lebens den Notwendigkeiten der Zeiten nachgegeben, sich sogar für gute Franzosen zu halten?

Dazu gehört keine große Weissagungskunst, um behaupten zu können, daß Straßburg zuerst und am schnellsten die „große Nation" vergessen haben wird, denn wie die Größe seiner Vergangenheit, so liegt seine Zukunft durchaus in Deutschland. Wenn an der Stelle der Vauban'schen Citadelle eine gesicherte und in ihrer Ausbreitung unbehinderte neue Stadt bis an die Ufer des gewaltigen Rheinstromes sich ausdehnen, wenn das alte geliebte Kehl wieder gleichsam die Vorstadt bilden, wenn man auf den großen Rheinbrücken nach uralter Straßburger Gewohnheit herüber und hinüber wandeln wird, ohne um Paß und Heimatsrecht gefragt zu werden, dann werden auch die deutschen Kugeln am Münster sorgfältig gesammelt mit Inschriften geziert, und dem Fremden als die ersten allerdings schmerzlichen Boten deutscher Befreiung gezeigt werden.

Genau an demselben Tage, an welchem vor hundert neun und achtzig Jahren die ersten französischen Dragoner vor Straßburg erschienen, um den schmählichsten Raub ihres Königs zu vollführen, capitulirte es vor den tapfern deutschen Soldaten, welche General Werder führte. Und sollte man auch am Kleberplatz den Eroberer von Straßburg nicht so rasch durch ein Standbild ehren wollen, so mag man in einem neuen Rathhaus sich unschwer über ein Bild verständigen, welches verewigen soll, wie der eroberte Held eben an den Grenzen des Elsaß auf den eisigen Schlachtfeldern des 15., 16. und 17. Januar mit kleiner Heldenschaar gegen die Uebermacht eines letzten Unternehmens Bourbakischer Verzweiflung das elsässische Land vor neuer Kriegsverwüstung hütete und den blutigsten Krieg hier gewissermaßen beendete.

Nicht wie im Jahre 1815, wo der jugendliche Prinz von Preußen, nicht ahnend, daß er je den Thron seiner Väter besteigen werde, mit Friedrich Wilhelm III. zum erstenmale in Paris einzog, nicht mit der bittern Täuschung, daß es irgend einer andern Nation, daß es Europa gestattet sei, das deutsche Volk um den Lohn seiner Tapferkeit zu betrügen, kehrte Wilhelm, der Kaiser, zurück. Im ersten Artikel des Präliminarfriedens von Versailles, verzichteten die Franzosen zu „Gunsten des deutschen Kaiserthums" auf den deutschen Theil von Lothringen mit Metz und auf das Elsaß nach den Grenzen der jetzigen beiden Departements des Nieder- und Oberrheins mit Ausnahme der Festung und des Weichbildes von Belfort. Der zweite Artikel bestimmte die Zahlung von fünf Milliarden Francs an Se. Majestät den Kaiser von Deutschland. Die Grenze, welche im Versailler Präliminarfrieden zwischen Oberelsaß und Frankreich gezogen wurde, konnte aber aus mancherlei Gründen nicht festgehalten werden. Da man bei den Verhandlungen des Definitiv-Friedens schon in Brüssel auf die Nothwendigkeit aufmerksam war, eine Anzahl deutscher Gemeinden an der Luxemburgischen Grenze noch weiter zu gewinnen, so mußten die Compensationen in den französischen Gebieten um Belfort gesucht werden. Ueberdies war die im Versailler Frieden bis gegen das Departement Doubs ausgedehnte Grenze an und für sich unhaltbar, da das deutsche Gebiet sodann zwischen den Cantonen Delle und Belfort eine unförmliche Zunge in das französische hineinschnitt.

Der Frankfurter Friede erwarb dem deutschen Reiche nahezu 2 Quadrat-Meilen wirklich deutsches Land im Canton Briey an der Luxemburgischen Grenze und verzichtete dafür neben den schon früher abgetretenen Gemeinden der Cantone Belfort, Giromagny, Fontaine, Delle noch auf weitere 7 Quadrat-Meilen mit 25,546 Einwohnern, so daß im Ganzen durch die Grenze, welche vom Elsässer Belchen, der höchsten Spitze des Wasgaugebirges südöstlich läuft, etwa 12 Quadrat-Meilen mit 55,000 Menschen von dem ehemaligen Sundgau abgetrennt worden sind. Das Verhältnis von Elsaß-Lothringen zum deutschen Reiche ist durch das vom deutschen Bundesrathe vorgelegte und vom Reichstag in der 48. Sitzung vom 3. Juni 1871 angenommene Gesetz geregelt. Das wiedergewonnene Land ist deutsches Reichsland geworden, und wird von dem deutschen Bundeskanzler verwaltet.

In den Händen des Fürsten Bismarck soll der Umwandlungs-Prozeß des Reichslandes nach den wiederholt ausgesprochenen Grundsätzen der Geduld und Milde geführt werden, und obwol die allgemeine Meinung in Deutschland sich vielmehr dahin neigt, ein entschiedenes Vorgehn zu wünschen, so ließ sich doch die Verwaltung des Landes von dem angedeuteten Wege selbst durch die weitestgehende Opposition der Elsässer noch um kein Haarbreit abdrängen.

Beachtenswerth und lehrreich dürfte unter allen Umständen in der Verwaltung die Methode bleiben, welche die Franzosen in den letzten 150 Jahren anwendeten und welche viele lebenswerthe Seiten erkennen ließ. Sicherlich aber darf man von dem alten Stamme mit voller Zuversicht genau so denken, wie von Goethe's Adlerjüngling:

„Zuletzt heilt ihn allgegenwärtiger Balsam allheilender Natur."